国家社会科学基金重大项目

非洲阿拉伯国家通史

王铁铮　主编

索马里、吉布提和科摩罗史

李福泉　闫伟　等　著

商务印书馆
创于1897　The Commercial Press

国家社科基金重大项目
西北大学“双一流”建设项目资助

献礼西北大学建校120周年

《非洲阿拉伯国家通史》总序

王铁铮

当今的阿拉伯世界由22个阿拉伯国家所构成，其中12个国家[①]分布在亚洲西部和西南部，10个国家分布在非洲北部和东北部，即阿尔及利亚、利比亚、突尼斯、摩洛哥、毛里塔尼亚、埃及、苏丹、吉布提、索马里和科摩罗。这些国家均以伊斯兰教为国教，国民的绝大多数是信奉伊斯兰教的穆斯林。由于种种局限，国内世界史学界对阿拉伯国家的研究，通常主要聚焦于西亚和西南亚诸国，以及北非的埃及；从事非洲研究的学者，其侧重点则是撒哈拉以南非洲国家。这种状况导致国内学界对非洲阿拉伯国家历史的研究长期处于边缘化地位，以至于国内至今尚无一部全面反映非洲阿拉伯国家的综合性通史著作，同时也缺乏比较系统的非洲阿拉伯国家国别史研究的专著。

2010年底，以北非突尼斯的"布瓦吉吉事件"为导火线及以埃及"一·二五"革命为发端，西亚北非地区引发的政治剧变迅速在阿拉伯国家蔓延，最终导致突尼斯、埃及、利比亚和也门四个阿拉伯共和制政权的垮台和更迭，而叙利亚则处于旷日持久的血腥内战

① 这12个阿拉伯国家为伊拉克、叙利亚、约旦、黎巴嫩、沙特阿拉伯、巴林、卡塔尔、科威特、阿拉伯联合酋长国、阿曼、也门和巴勒斯坦。

中。此次阿拉伯变局折射出的内生性、突发性、连锁性和颠覆性这四大特点出人意料。但可以肯定的是，它是由阿拉伯国家多年来累积的各种内外矛盾所酿成。人们需要从历史的维度对其进行多层面、多视角的解读和反思，从而凸显了非洲阿拉伯国家通史研究的必要性和迫切性。

几乎在阿拉伯变局爆发的同时，即2010年12月下旬，我作为首席专家申报的国家社科基金重大项目“非洲阿拉伯国家通史研究”，在北京京西宾馆顺利通过答辩，获准立项。真是恰逢其时！2011年3月，项目组正式启动研究工作。历经八年磨砺，终于完成项目设定的目标：推出总篇幅近300万字的八卷本《非洲阿拉伯国家通史》这一最终研究成果。该成果包括：

《埃及史》

《阿尔及利亚史》

《利比亚史》

《摩洛哥史》

《突尼斯史》

《苏丹史》

《毛里塔尼亚史》

《索马里、吉布提和科摩罗史》

《非洲阿拉伯国家通史》是我国学者撰写的第一部比较全面反映非洲阿拉伯国家自古迄今的通史著作，各卷作者努力追求“通古今之变”，并以打造“信史”和“良史”为目标。首席专家负责全书的规划和统编，并对各卷初稿进行审阅和提出修改建议。后经作者反复打磨而成书。我们真诚希望这部八卷本的著作能够填补我国学界在非洲阿拉伯国家通史研究上的空白，从而丰富我国的世界史研究。

马克思主义认为，历史学是一切学科的基础。通史研究则被喻为历史学学科建设的龙头。通史研究不仅是衡量学科发展的一个重要标志，而且也在不同侧面代表一个国家史学研究的综合学术水平。[①]通史研究的特殊功能决定了其撰著的难度，而就非洲阿拉伯国家通史来说尤为如此。究其原因：一是国内学界对非洲阿拉伯国家历史研究的积淀极为有限，尚未形成一种可供借鉴的比较成熟的理论和研究体系；二是非洲阿拉伯国家历史研究的资源，特别是有关非洲阿拉伯国家古代史研究的文献史料十分匮乏。出现这种状况的一个重要因素是，阿拉伯人大都不太重视伊斯兰教诞生前的阿拉伯历史研究，称之为“贾希利亚”[②]，即蒙昧时期。这便造成阿拉伯人有关伊斯兰教诞生前阿拉伯历史论著的稀缺。而非洲阿拉伯国家中的一些小国，诸如吉布提和科摩罗等国，更是被国内学界喻为学术“盲区”，关注者和探究者亦属凤毛麟角。这就进一步加大了非洲阿拉伯国家通史研究的局限。

非洲阿拉伯国家通史的整体和系统研究涉及诸多问题，一部能够比较客观地把握和勾勒非洲阿拉伯国家历史演进脉络的撰著，需要对其中的一些重大问题进行审慎的梳理和辨析。这些问题主要可归纳为以下几方面：

一、非洲阿拉伯国家通史研究的理论指导。史学研究离不开理论指导，理论指导也是强化历史学科学性的前提。非洲阿拉伯国家通史属于综合性研究，涉及面宽广，包括历史、政治、经济、社会、外交、军事、民族、宗教、文化教育、妇女问题和生活习俗等诸领域。用理论来指导研究的重要性不言而喻。对于非洲阿拉伯国家通史研究来说，它首先面临的是选择或依据何种理论来带动历史研究。1978年之前，中国的世界史研究先后受“西方中心论”和“五种经济形态说”的影响和制约，特别是“五种经济形态说”作为苏联史学的主要模式而被中国的世界史研究所效仿。“苏联史学研究模式是一个完整的体系，虽然学术性很强，但缺点也很明显，即过分简单化，把一部丰富多彩的人类历史过程压缩成僵硬的发展模式，这就

① 彭树智主编：《阿拉伯国家史》，高等教育出版社2002年版，第3页。

② “贾希利亚”为阿拉伯语的音译，阿拉伯人将伊斯兰教诞生前的时期泛称为蒙昧时期。

否定了历史发展的多样性。"[①]故此，这一时期问世的中国世界史研究成果不可避免地带有类似的缺憾。

1978年后，伴随改革开放，中国的世界史学者开始围绕史学理论和方法论不断进行开拓性的探索，努力构建世界史研究的新体系。20世纪90年代以来，中国世界史学者通过深刻反思，并在吸纳西方新史学流派和"全球历史观"[②]有益养分的同时，着力于马克思主义唯物史观基础上的理论创新，先后提出了三种新史观，即吴于廑先生提出的"世界史纵横发展整体史观"、罗荣渠和钱乘旦教授提出的"现代化史观"、彭树智和马克垚先生提出的"文明史观"。"三大世界史观的提出是中国世界史学界20多年来的进步和成熟的标志，体现了中国世界史学界与世界史学的交流和融会，以及史学理论和方法应有的丰富性和多样性。"[③]

三大新史观的建构在理论上对非洲阿拉伯国家通史研究的路径和方向具有指导意义。非洲阿拉伯国家多达10个，这些国家的国情独特而复杂，呈现多元的色彩：一是非洲阿拉伯国家中既有历史悠久的文明古国和大国，也有历史短暂的蕞尔小国；二是各国普遍带有自身浓重的家族、部落、宗教习俗和族群文化的烙印，彼此在社会基础、经济禀赋、文化传统和价值取向等方面存在明显差异；三是多数非洲阿拉伯国家自古以来在不同历史阶段都曾长期经受轮番而至的异族王朝或帝国，以及列强的统治和奴役，强权和殖民枷锁对这些国家造成的严重创伤和后遗症，致使各国的历史进程迥然不同。三大新史观对世界史研究的新认知和新构架，不仅拓宽了世界史的研究范围和研究思路，而且开创性地对世界史的概念进行了再

① 钱乘旦：《中国的英国史研究》，《历史研究》1997年第5期。

② "全球历史观"兴起于20世纪50年代，代表人物是英国历史学家杰弗里·巴勒克拉夫、美国历史学家L.S.斯塔夫里阿诺斯和威廉·麦克尼尔等。该派为适应全球一体化发展所带来的新的时代特征，突破西方学术界根深蒂固的"欧洲中心论"，主张建立一种"将视线投射到所有的地区和时代"，"超越民族和地区的界限"，并从宏观的、联系的角度考察和分析人类社会历史演变走向的方法、观念和理论体系。

③ 李学勤、王斯德主编：《中国高校哲学社会科学发展报告1978—2008：历史学》，广西师范大学出版社2008年版，第273页。

界定，从而为我国的世界史研究注入新的活力。因此，三大新史观的创新理论亦可对非洲阿拉伯国家通史的研究提供理论上的借鉴和指导，并以此为杠杆，从不同层面和维度来探讨非洲阿拉伯国家不同时期历史演进的基本规律和主要特点，以及非洲阿拉伯国家通过何种途径，怎样由相互闭塞逐步走向开放，由彼此分散逐步走向联系密切，最终发展成为整体世界历史的一个有机组成部分。

二、多元文明的流变与古代北非历史。古代北非的历史实际上就是非洲阿拉伯诸国历史的源头。北非曾是多种古文明汇聚、碰撞与融合之地，不同文明在互相杂糅和兼容并蓄过程中所凝聚的强大能量，不仅推动着北非的历史演进，并使其成为人类社会生活最早实践的地区之一。古代北非的多种文明大致经历了三个发展阶段，每一个阶段都彰显出各自文明在古代北非历史上留下的极其深刻的烙印。

首先是古埃及和古波斯文明对古代北非历史的影响。埃及地处北非的十字路口，它把非洲和亚洲连接起来。埃及文明的历史发展具有“沉淀性”的特点，埃及也是多种文明层层累加而成的国家。[①]埃及古文明形成于公元前4000年左右，古埃及人借助母权制、传统宗教制度和“神授王权”的意识形态，先后经历了早王朝、古王国、中王国、新王国和后埃及等多个发展时期，建立了31个王朝，延续时间长达3000年之久。在漫长的历史进程中，古埃及人以其卓越的智慧创造了绚丽多彩的独特的传统文化：象形文字、金字塔和狮身人面像、卡纳克神庙、帝王谷、孟农巨像等遗存，以及发达的数学、建筑学、天文星象学和医学等，无不浓缩着古埃及人为人类文明做出的伟大贡献。因此，一些学者称埃及是非洲历史的真正精华。[②]古埃及文明构成了古代北非历史演进的一条鲜明的主线。

---

① 〔美〕菲利普·C.内勒：《北非史》，韩志斌等译，中国大百科全书出版社2013年版，第3页。

② 〔美〕埃里克·吉尔伯特、乔纳森·T.雷诺兹：《非洲史》，黄磷译，海南出版社、三环出版社2007年版，第42页。

古波斯人是雅利安人的后裔，大约在公元前2000年前期进入伊朗。[①]公元前550年左右，阿契美尼德人在伊朗高原崛起，建立了当时版图最大，也是世界上第一个地跨亚欧非三大洲的古波斯帝国，从而奠定了古波斯文明的根基。古波斯文明的辉煌，表现为宏伟华丽的新都——波斯波利斯、精美的浮雕和岩雕、连接帝国各地的被称为“御道”的交通网络，以及沟通尼罗河和红海的运河等基础设施。同时，它还集中体现在政治、经济、军事、法律和文化等典章制度建设上，尤其是波斯帝国的政治制度和法律体系成为后来中东地区出现的各个帝国和王朝纷纷效仿的样本。由于波斯帝国长期以琐罗亚斯德教为国教，古波斯文明又彰显出鲜明的宗教特征。如同古埃及一样，其对君权神授和正统观点的强调，深刻影响了波斯的发展。波斯曾一度是几乎囊括整个古代近东文明地区的奴隶制大帝国，它吸收了多种文明的先进性，表现出古波斯文化的多样性和一定的包容性特征，而且它超越了原有的文明中心，即两河流域和古埃及文明，成为主导文明。所谓“波斯帝国的文明秩序”，就是以生产力大发展所提供的强大经济、政治和军事力量为后盾，并通过更大规模的对外交往建立起来的。古波斯文明的重要价值还在于，在波斯帝国统治埃及大约130多年的时间里[②]，它完全打破了地域性单一文明交往的局限，实现了亚非两大古文明的互动性交往，推动了古代北非历史空前的跨越式演进。

古代北非文明的第二个发展阶段是古希腊、迦太基和古罗马文明对北非历史的再塑造。从公元前334年亚历山大东征，到公元前30年罗马消灭托勒密王朝，在300余年的时间里，北非进入“希腊化时代”。希腊人创造的文明是一种综合了古代东西方文明诸多因素而发展起来的独特的、新型的阶段性文明。它使古代北非原有文明区域的语言、文字、风俗、政治制度等都受到了希腊文明的洗礼。

---

① 〔美〕埃尔顿·丹尼尔：《伊朗史》，李铁匠译，东方出版中心2010年版，第3、27页。

② 自冈比西斯二世起，波斯人先后在古埃及建立了两个王朝，即第27王朝（前525—前404年）和第31王朝（前343—前332年），两个王朝在埃及的统治共计长达130余年。

希腊化时期的埃及经历了辉煌和繁荣，亚历山大城不仅是各种商业活动的中心，而且引领西方文明，兴起了第一次“科学革命”。[①]关于太阳系的理论、解剖学的诞生，以及物理学和地理学方面的诸多新成就，如阿基米德定律的创立、圆周率的划分、运用经线和纬线计算出的地球周长的近似值等，都陆续出现于亚历山大城。同时，这个时期的埃及也成为北非历史上跨文化主义的典型案例，马其顿人的宗教信仰与埃及的宗教信仰交融在一起。[②]但从根本上说，东方文明仍是希腊化文明的根基，正如美国著名科学史家乔治·萨顿所说：“希腊科学的基础完全是东方的，不论希腊的天才多么深刻，没有这些基础，它并不一定能够创立任何可与其实际成就相比的东西。”[③]

迦太基是作为马格里布地区第一个文明单元出现在古代北非舞台的又一个重要国家，大致位于今天的突尼斯。它是由来自地中海东南沿岸黎凡特地区[④]的腓尼基人在公元前1000年左右建立的殖民地。后来，历经几个世纪的发展演变，它成为一个独立的城市国家，并控制着从利比亚的的黎波里塔尼亚到伊比利亚的地中海沿海和大西洋海岸线的广大地区。腓尼基人通过不断与操柏柏尔语的当地居民的交往和通婚，创造了一种叫作“布匿”[⑤]的混合语言文化。腓尼基移民建立的迦太基城展示了古代人强大的适应性，而创建一个混合了腓尼基和非洲柏柏尔人要素的“布匿”社会，又说明了民族文化具有变通性。迦太基人主要从事海上贸易以及跨越撒哈拉大沙漠的黄金和象牙交易。及至公元前1000年的后半期，迦太基成为覆盖西地中海大部分地区的强大贸易帝国，是当时的政治和农业中心之

---

① 〔美〕菲利普·C.内勒：《北非史》，韩志斌等译，第22页。

② 同上书，第24页。

③ 〔美〕乔治·萨顿：《科学史和新人文主义》，陈恒六等译，华夏出版社1989年版，第64页。

④ 黎凡特是指现今的黎巴嫩、叙利亚、巴勒斯坦和约旦等地，另有“肥沃新月带”之称。

⑤ 布匿（Punic），即“古迦太基的”，是迦太基的腓尼基人和北非人混居而形成的文化和语言的称谓。

一。有研究者评论："作为城市国家的迦太基试图像一个帝国那样进行统治，并能够维持几个世纪之久，在世界历史上还是第一次。"① 亚里士多德赞扬迦太基的"政体"，实际上是一个贵族寡头制政体。雇佣兵由柏柏尔人和伊比利亚的辅助兵补充，构成了贵族政府的武装力量。②

但是，随着迦太基人在与罗马人争夺地中海西部霸权的三次布匿战争③中的败北，迦太基古城终被罗马人夷为平地。罗马势力迅速向北非拓展，陆续征服希腊化时代的埃及和柏柏尔部落，统一了北非，先后设阿非利加（即突尼斯）和埃及两个行省，北非的沿海地区与内陆在不同程度上又实现了所谓的"罗马化"。罗马人对北非的统治长达近6个世纪（公元前146—公元439年），在罗马人的治下，罗马文明继承了希腊文明、迦太基文明、腓尼基文明、日耳曼文明和埃及文明的精华，更具多样性特征。北非的农业和商业得到迅猛发展，发达的农业不断为罗马提供大量给养，成为帝国的粮仓。同时，罗马人还在北非修建了上百座城市，这些城市大都以罗马的商业区、竞技场、运动场和浴室等为建筑风格。故此，北非的罗马遗迹也是世界上现存最闻名的历史古迹。④

古代北非文明的第三个发展阶段是早期基督教在北非的扩张和影响。基督教是继犹太教之后在公元1世纪发源于巴勒斯坦的第二个一神教，具有跨文化的突出特点，它反映了希伯来人的一神论、古埃及宗教死而复生的永恒观念和希腊人的哲学思想。同时，基督教的普世主义和平等主义教义深深吸引着追随者。北非、尼罗河流域和非洲之角等地区的各民族是世界上最早的基督教信仰者群体之

---

① B. H. Warmington, *The North African Provinces from Diocletian to the Vandal Conquest*, Cambridge: Cambridge University Press, 1969, pp.47–48.

② Stephane Gsell, *Histoire Ancienne de l'Afrique du Nord*, 8 Vols, 4th ed., Paris: Librairie Hachette, 1920—1928, p.389.

③ 布匿战争指古罗马和迦太基两个奴隶制国家之间为争夺地中海西部统治权而进行的著名战争，前后共三次：第一次于前264—前241年，第二次于前218—前201年，第三次于前149—前146年。布匿战争的结果是迦太基被灭，古罗马争得地中海西部的霸权。

④ 〔美〕菲利普·C. 内勒：《北非史》，韩志斌等译，第9页。

一。公元2世纪，埃及和北非其他地区的一些城市中已出现众多基督教团体，而且基督教在穷人和政治上受压迫的人中间传播得最快。2世纪末，非洲基督教徒在亚历山大创办的教理学校——迪达斯卡利亚，成为早期的基督教学术中心，并培养了一大批对基督教早期发展起决定性作用的神学家和理论家。

早期基督教的不同教派围绕耶稣在多大程度上是神或人这个本质问题曾展开激烈争论，参与争论的两个重要派别，即阿里乌主义派和基督一性论派①，都以埃及为据点。由于这两个派别的教义同基督教主张的圣父、圣子、圣灵三位一体的正统教义相左，先后被罗马教会和帝国宣布为“异端”和“异教徒”。基督一性论派在公元451年的卡尔西顿会议被宣布为异教徒后，经受住了罗马教会和帝国权力旨在取缔和摧毁其信仰所发动的进攻，形成了埃及新的基督一性论的科普特教派。较之其他地区，科普特教派改变了北非和尼罗河流域的基督教发展轨迹，其内部产生了一种有别于罗马天主教教会或东正教教派所辖领地的宗教形式。②

公元7世纪上半叶，另一新的一神教——伊斯兰教在阿拉伯半岛诞生，并迅速向北非扩张，最终确立其主流宗教的地位。伊斯兰教并非简单地取代北非的地方宗教和基督教，而是逐步与这些宗教体系彼此混合，也就是经历了一个体系适应另一个体系，从而创造一种新的独特的宗教思想意识的所谓“调和”过程。③作为征服者，初创时期的伊斯兰教“顺应现世”，大量基督徒纷纷改宗。同时，阿拉伯帝国实行伊斯兰教的低税制，与拜占庭对北非属地的强制高税形成明显反差，扩大了伊斯兰教的吸引力。与此相反，基督教却因

---

① 阿里乌主义派（Arianism）亦称阿里乌斯派，是以生活在公元3世纪后期的亚历山大基督教司铎阿里乌命名的基督教派别。阿里乌坚持基督在各方面都与天父的本体和特性不同，基督也与人不同，基督没有人的灵魂，耶稣次于天父，是受造物，圣灵更次于圣子，并反对教会占有大量财产。该派在公元325年的尼西亚会议上被确定为“异端”后逐步向罗马以北地区扩张。基督一性论派（Monophysite）认为耶稣的神性超过人性，耶稣并非兼有全神和全人的本性，而是完完全全的神，故而只有一个本性。

② 〔美〕埃里克·吉尔伯特、乔纳森·T.雷诺兹：《非洲史》，黄磷译，第91页。

③ 同上书，第109页。

不同教派之间的长期内斗和分裂不断削弱着自身力量，特别是其教义始终未能真正融入北非大多数本地人的社会生活和意识形态中，无法应对伊斯兰教强劲的拓展之势，基督教因而经历了由盛转衰的变化。唯有科普特教派在埃及扎下根，时至今日，科普特教派仍是代表埃及、埃塞俄比亚基督教团体和信仰的教派。

多种文明的汇聚、碰撞、融合和更替，构成了古代北非历史流变波澜壮阔的画卷，并为北非古代史的探究提供了不可或缺的源泉和重要线索。它们不仅能够弥补阿拉伯人因忽略伊斯兰教诞生前古代北非史研究所造成的文献史料方面的缺憾，而且启迪人们从文明交往的视阈来进一步认识和领悟不同文明间交往的内涵、类型、因素、属性、规律和本质等，以及文明交往作为人类社会发展的动力，又是如何在具体的社会生产实践中，使不同文明的交往由低级向高级演进，由野蛮状态向文明化升华，尤其是如何从物质、精神、制度和生态等层面来实现文明交往自身的价值，推动社会历史的进步。简言之，文明交往论也是研究和解读古代北非历史的一把钥匙。

三、非洲阿拉伯民族国家构建中的氏族（家族）、部落、部族与民族国家认同问题。这是非洲阿拉伯国家历史研究中一个不可回避的重要课题。氏族、部落和部族通常被视为民族共同体发展中的一种历史类型，属于不同历史时期的社会政治形态。氏族和部落均以血缘关系为纽带来维系其存续，氏族是组成部落的基本单位，在氏族内部又可分为血缘家庭。氏族和部落观念根深蒂固，其成员对所属氏族和部落的忠贞是无止境、无条件的。[①]而部族已不再以血缘为纽带，它主要以地域为联系，建立在私有制的基础上，并有一套适合本部族的社会和政治制度。美国著名人类学家摩尔根将部落定义为“一种组织完备的社会”，其功能和属性是：具有一块领土和一个名称，具有独用的方言，对氏族选出来的首领和酋帅有授职和罢免之权，具有一种宗教信仰和崇拜祭礼，有一个由酋长会议组成的

① 〔美〕希提：《阿拉伯通史》，马坚译，商务印书馆1979年版，第29页。

最高政府，在某种情况下有一个部落大首领。[①]另一位人类学家约翰·霍尼格曼认为部落是“具有共同的领土,共同世系的传统,共同的语言,共同的文化,以及共同的族称,所有这一切就构成了连接诸如村落、群居、区域或世系等较小集团的基础”。[②]

北非的部落组织主要包括两大类：一类是由土著的柏柏尔人或是已被阿拉伯同化的柏柏尔人组成的部落；另一类是伴随伊斯兰教的兴起及对外扩张，大规模进入和分散到北非各地区的阿拉伯部落。阿拉伯著名学者伊本·赫勒敦认为，部落中的每一个小区域、每一个小部分，都属于同一个大的部落，它们又可分为许多小的族群和小的家族，比大的宗谱血统团结得更紧密、更牢固。部落的领导权就属于它们中间的核心族群，掌握领导权的族群必须具备优势和控制能力。[③]由于历史和社会发展的局限，非洲的多数阿拉伯国家都是由不同的部落或部族发展而来，这些部落或部族历史悠久，血缘谱系关系密切，部落社会基础牢固，内部结构庞杂，社会政治影响极大。在非洲各阿拉伯民族国家构建过程中，家族和部落因素始终是困扰其实现民族和国家认同、确立公民意识的难以消除的障碍。在一些国家，家族和部落甚至扮演着决定国家稳定、左右国家发展方向的关键角色。

以利比亚为例，利比亚国内有140多个部落，其中影响较大者有30多个。但在国家社会、政治和经济生活中真正发挥主导作用的则属于三大部落联盟，即东部地区的萨阿迪部落联盟、中部地区的阿瓦拉德-苏莱曼部落联盟[④]、西部和西南部地区的巴哈尔部落联盟。历史上，利比亚的各家族、部落和部落联盟之间积怨很深，矛盾重重，难以形成所谓国家层面的公共权力。因此，以血缘关系和共同

① 〔美〕路易斯·亨利·摩尔根：《古代社会》上册，杨东莼等译，商务印书馆1977年版，第109页。

② 转引自〔法〕莫·戈德利埃：《部落的概念》，沈静芳译，《民族译丛》1984年第4期。

③ 〔突尼斯〕伊本·赫勒敦：《历史绪论》，李振中译，宁夏人民出版社2015年版，第163—164页。

④ 卡扎菲家族所属的卡扎法部落和利比亚最大的部落瓦拉法部落都属于该部落联盟。

祖先凝聚而成的家族和部落以及伊斯兰传统，始终是处理政治和社会问题的主要方式和依据，致使利比亚在历史上有部落无国家，呈现出“碎片化”的政治地理特征。[①] 1969年卡扎菲发动军事政变夺取政权后，采取一系列措施和“革命手段”，试图对利比亚的部落社会进行自上而下的彻底改造，以便打破部落藩篱，并以国家认同取代部落意识，强化国家的内聚力，但收效甚微。根据民调，及至20世纪90年代末，利比亚民众对部落的认同仍高达96%，城市人群对部落的认同也有90%。[②]正是由于利比亚强大的部落势力，迫使卡扎非在其统治利比亚近30年后不得不改弦易辙，转而重新回归传统，更加仰赖利比亚的三大部落势力来维系其统治，直到2011年垮台。时至今日，政权更迭近10年后的利比亚，依然处于互不统属、一盘散沙式的部落割据态势，由此折射出部落因素对利比亚政局的根本性影响。

再以苏丹为例，根据考古学和人类学的研究成果，苏丹可能是世界上最早的人类诞生之地。早期的人类在苏丹经历了从氏族到部落再到部族的发展过程。在漫长的历史演进中，苏丹古老的部落体制经久不衰，并呈现多样化的特征，亦即以氏族部落构成的原始公社形态，或是以主体部落与不同血缘部落组成的酋邦，乃至大、小王国交替出现。因此，氏族部落自古以来始终是苏丹社会的基本单元和细胞。现今的苏丹大约仍有将近600个部落，使用2000多种语言。[③]苏丹的部落有南北之分，北方主要为阿拉伯部落和非阿拉伯部落。两者的区别有二：一是苏丹阿拉伯人必须以阿拉伯语为母语；二是其祖先必须来自阿拉伯半岛，或是具有阿拉伯的谱系关系，或是其部落已完全阿拉伯化。然而，所谓苏丹纯正的阿拉伯部落之说很可能只是一个历史虚构，它实际上反映了苏丹阿拉伯人对阿拉伯

---

① 闫伟、韩志斌：《部落政治与利比亚民族国家重构》，《西亚非洲》2013年第2期。

② Amal Obeidi, *Political Culture in Libya*, London: Routledge, 2001, p.121.

③ Mawut Achiecque Mach Guarak, *Integration and Fragmentation of the Sudan: An African Renaissance*, Bloomington: Authorhouse, 2011, p.12.

半岛谱系关联的强烈认同。这与出生于黎巴嫩的美籍历史学家希提的看法如出一辙：血缘关系，不管是虚构的，还是真实的，总是维系部族组织的重要因素。[①]苏丹北方规模最大、分布最广的阿拉伯部落是贾阿林部落，此外还有丹拿格拉和朱海纳部落。苏丹南方的部落主要为黑人部落，丁卡人构成了原苏丹的第二大部落，占原苏丹全部人口的10%，[②]约310万。[③]苏丹南北双方庞杂的部落结构，使它在独立后构建民族国家进程中屡遭挫折，内战绵延不绝，以至于在2011年苏丹南北双方分裂，南苏丹宣告独立。显然，苏丹的南北分裂同种族或部落冲突相关，但这只是一种表象，透过表象可以发现其中更深层的原因：一是南北双方明显存在伊斯兰教宗教文化和基督教宗教文化的差异，特别是当彼此的穆斯林和基督徒身份在强制性的伊斯兰化过程中被不断放大时，必然会导致矛盾的激化；二是苏丹土地贫瘠，自然条件恶劣，经济资源分配的不均衡致使不同部落和部族之间经常为争夺牧场、水源和其他生活物资而兵戎相见；三是苏丹南北双方政治权利方面的不平等。苏丹长期存在阿拉伯人和非阿拉伯人、白人和黑人之间的种族不平等，阿拉伯文明被人为地凌驾于黑人文明之上，北方隶属贾阿林部落的阿拉伯河岸部落[④]始终主导和控制着苏丹的政治和经济政策，并通过强制推行阿拉伯化和伊斯兰化把持国家大权，致使其他部落处于边缘化状态。家族和部落因素在苏丹民族国家构建中表现出了另一种特点。简言之，苏丹的家族和部落不过是民族国家构建过程中凸显各种矛盾冲突的一个载体。

---

① ［美］希提：《阿拉伯通史》，马坚译，第28页。

② John Obert Voll and Sarah Potts Voll, *The Sudan: Unity and Diversity in a Multicultural State*, Boulder, Colo.: Westview Press, 1985, p.13.

③ Mawut Achiecque Mach Guarak, *Integration and Fragmentation of the Sudan: An African Renaissance*, p.635.

④ 阿拉伯河岸部落是指那些生活在尼罗河河谷和青白尼罗河之间热带草原东、西部的部落，他们几乎都说阿拉伯语，均为穆斯林，并尽可能将自身谱系与阿拉伯半岛先知时代的圣裔家族联系在一起。参见R. S. O'Fahey, "Islam and Ethnicity in the Sudan", *Journal of Religion in Africa*, Vol.26, No.3,1996, p.259。

摩洛哥的部落社会，较之其他阿拉伯国家则有所不同。摩洛哥的部落社会主要由土著柏柏尔人构成，其人口约占摩洛哥全国总人口的40%，主要生活在摩洛哥南部的苏斯地区、中部的阿特拉斯山区和北部的里夫地区。尽管摩洛哥柏柏尔人人口众多，但摩洛哥柏柏尔部落社会与摩洛哥中央政府的关系却相对平稳，彼此之间总体上维持较好的融合度，代表了非洲阿拉伯国家部落与政府关系的另一类型。事实上，摩洛哥于1956年独立后，在民族国家的构建过程中同样经历了柏柏尔部落社会与中央政府长期的紧张对抗时期，双方为此都付出了沉重代价。直到20世纪80年代后，摩洛哥政府和柏柏尔部落在认真的反思中，渐次向理性回归，相互不断调整策略，管控矛盾和冲突，努力实现和解。促成这种变化的根本原因在于：摩洛哥作为一个“平民化”的君主制政体（摩洛哥阿拉维王朝国王的妻子、母亲、祖母和外祖母通常均来自平民，故而有平民化君主制之称），王权对柏柏尔部落的治理表现出适度的变通性和宽容性。例如，摩洛哥君主在政治上与柏柏尔部落上层和精英建立恩庇关系；在经济上实施安抚政策，承认柏柏尔部落土地的集体所有权；在文化上倡导将共同的宗教信仰，而不是单一的阿拉伯族群认同，作为摩洛哥的国家认同。而柏柏尔人的基本诉求也以温和的文化运动为主要内容，谋求柏柏尔语言文化应赋予的权利等，并不追求摆脱中央政府的自治、分立或独立。2011年，摩洛哥宪法修订案规定柏柏尔语和阿拉伯语享有同等的语言地位，从而为摩洛哥中央政府与柏柏尔部落关系的进一步发展创造了条件。然而，从长远看，如何解决柏柏尔部落社会内部不断扩大的贫富差距，以及柏柏尔偏远山区与摩洛哥城镇之间在社会经济发展方面存在的明显断层，依然是考验摩洛哥中央政府与柏柏尔部落关系深度融合的关键。

家族和部落因素在非洲阿拉伯民族国家构建中的影响无疑是多元而复杂的。其他国家诸如毛里塔尼亚、索马里和吉布提等国的家族和部落组织也都有自身发展演变的路径和规律，它们对各自民族国家构建的影响自然也是不同的。探究非洲阿拉伯国家的家族和部落问题必须把握两个维度：一是应该厘清非洲阿拉伯诸国主要家族和部落的基本情况，包括家族和部落的区域分布、成员的构成、生态环境和经济生产方式、组织结构和运作机制、内生矛盾冲突的调节、对外交往原则、文化传统和习俗的维护，等等；二是在全面认识非洲阿拉伯各国的家族和部落基本情况的基础上，需要运用经济基础决定上层建筑的唯物史观来阐释和解读非洲阿拉伯各国的家族和部落长期存续的原因。总体来说，非洲阿拉伯国家在获得独立和建立民族国家后，大都经历了不同程度的现代化发展，并对部落社会进行了相应改造，各国的部落呈现一定的萎缩之势。但家族和部落依然在国家的政治、经济和社会生活等领域发挥着重要影响，甚至是决定国家稳定的关键因素。而关于部落意识向国家认同的转化，也是一个双向度的问题。非洲阿拉伯国家滞后的社会发展和固有的传统文化，决定了各国根深蒂固的部落意识的转换将是一个缓慢的渐进过程。部落意识的弱化有赖于部落民众能够充分感受到他们在没有或失去部落庇护的情况下，同样能够享有更多的权益和更好的生活。这是一个不可替代的前提条件。而要实现这样的目标，不仅仰仗各国社会和经济发展所能提供的雄厚财力和物质基础，同时还依靠各国政府能够有效实施各种有利于协调部落与国家关系，促使部落民众生成国家认同的一系列相关手段和政策。因此，对上述问题的考量和辨析是探究非洲阿拉伯国家家族和部落问题的一种新的尝试。

四、列强对非洲阿拉伯国家的殖民统治及其影响。在近现代历史上，非洲阿拉伯国家不论大小，几乎都曾长期饱尝西方列强残酷的殖民掠夺和统治。法国率先在北非的马格里布地区建立了以阿尔及利亚为中心的殖民统治圈。1830年，阿尔及利亚沦为法国的殖民地；1881年，突尼斯成为法国的“保护国”；1888年，法国占领吉布提全境，并于1896年，在吉布提建立“法属索马里”殖民政权；[1]1912年，摩洛哥沦为法国的“保护国”，同年科摩罗四岛也成为法国的殖民地；1920年，毛里塔尼亚成为“法属西非洲”管辖的领地。英国紧步法国的后尘，它在奥拉比领导的埃及反英起义失败后，于1882年占领埃及，并将其变为“保护国”；1899年，在英国操纵下，苏丹成为英国和埃及的共管国；1887年，英国将索马里北部地区作为它的“保护地”，并于1941年控制整个索马里。1912年，意大利在意土战争后将利比亚变为它的殖民地；1925年，在索马里南部建立“意属索马里”。1943年，英国取代意大利，占领利比亚南、北两地区。西班牙在列强瓜分北非殖民地的浪潮中也分一杯羹。1912年，摩洛哥沦为法国的“保护国”后，西班牙旋即与法国签订《马德里条约》，摩洛哥北部地带和南部伊夫尼等地划归为西班牙的“保护地”。至此，非洲阿拉伯诸国陆续被西方列强纳入各自的殖民体系中。

马克思在《不列颠在印度统治的未来结果》一文中评价英国在印度的殖民统治时指出：“英国在印度要完成双重的使命：一个是破坏性的使命，即消灭旧的亚洲式的社会；另一个是建设性的使命，即在亚洲为西方式的社会奠定物质基础。”[2]但是，以法国为首的西方列强对非洲阿拉伯国家的长期统治只是完成了其破坏性的使命，即各国原有的传统社会经济结构在西方势力的冲击下遭到了毁灭性的破坏；而殖民者要完成的建设性使命则成了一个虚幻之梦。

以阿尔及利亚为例，马克思在马·柯瓦列夫斯基所著《公社土地占有制》一书摘要中揭露，自1830年法国入侵阿尔及利亚后，法国的殖民统治“手段有时改变，目的始终是一个：消灭土著的集体财产，并将其变成自由买卖的对象，从而使这种财产易于最终转到

---

① 在历史上，吉布提和索马里同属一个文化圈。法国于1850年前后入侵吉布提，1885年法国同吉布提地区的酋长们签订条约，确认法国在吉布提的统治地位。1888年，法国又同英国达成协定，两国以吉布提和泽拉之间的中线划分势力范围，吉布提一侧为“法属索马里”，泽拉一侧为“英属索马里”。1896年，法国在吉布提正式建立“法属索马里”殖民政府。

② 中共中央马克思、恩格斯、列宁、斯大林著作编译局编：《马克思恩格斯选集》第2卷，人民出版社1972年版，第70页。

法国殖民者手中”[①]。恩格斯撰写的《阿尔及利亚》一文，也对法国在阿尔及利亚的殖民统治进行了针针见血的深刻描述：“从法国人最初占领阿尔及利亚的时候起到现在，这个不幸的国家一直是不断屠杀、掠夺和使用暴力的场所。征服每一座大城市或小城市，每一寸土地都要付出巨大的牺牲。把独立视为珍宝、把对外族统治的仇恨置于生命之上的阿拉伯和卡拜尔部落，在残暴的袭击下被镇压，他们的住宅和财产被焚毁和破坏，他们的庄稼被践踏，而幸存的受难的人不是遭到屠杀，就是遭到各种奸淫和暴行的惨祸。”[②]

利比亚被形象地喻为第二次世界大战后由联合国“制造”出来的一个国家。实际上，这也是域外大国之间相互博弈、各自谋求在利比亚权益的一种妥协的产物。美国驻利比亚首任大使亨利·赛拉诺·维拉德（Henry Serrano Villard）曾指出，利比亚的历史基本上是征服与占领交替更迭的历史。[③]据统计，1912年利比亚被征服后，在意大利殖民统治的30年间，大约有11万利比亚人被关押在集中营，4万人死于疾病、虐待或者饥馑。最新的利比亚解密档案显示，意大利殖民者处死的囚禁者多达7万人。[④]而本土人口则从1907年的140万降至1933年的82.5万人。[⑤]

西方列强长期的殖民统治，造成非洲阿拉伯国家的贫穷和落后，社会发展异常缓慢。同时，被置于殖民体系中的非洲阿拉伯国家不得不在屈从或服务于各宗主国殖民权益的前提下，实施自身的政治、经济、外交和文化政策等，致使这些政策普遍带有明显的殖民依附色彩。例如，科摩罗的许多现代政治和法律制度就源于殖民时代，一位科摩罗律师比喻：“科摩罗国家是从法国复制而来的，它是复印

---

① 《马克思恩格斯全集》第45卷，人民出版社1985年版，第316页。

② 《马克思恩格斯全集》第14卷，人民出版社1964年版，第104页。

③ Henry Serrano Villard, *Libya: The New Arab Kingdom of North Africa*, New York: Cornell University Press, 1956, p.11.

④ Ronald Bruce St. John, *Libya: From Colony to Independence*, Oxford: Oneworld, 2008, pp.73–74.

⑤ Ibid., p.81.

件。”又如，吉布提独立后，法国在此长期驻扎4000人的军队，并宣称为吉布提提供所谓的“安全保障”。

此外，西方列强对非洲阿拉伯国家实施的殖民手段和方式，也因对象国不同而有所区别：对于那些战略和经济利益重要的国家，通常采取直接统治的方式；对于那些小国或经济权益有限的国家，它们往往通过挑选代理人，诸如当地的封建主和有名望的部落酋长、首领等实行间接统治。非洲阿拉伯国家对于西方列强的殖民统治一直进行着顽强抗争，但各国谋求独立和解放的途径，则因国情和殖民者统治方式的不同而呈现反差。一般来说，在那些殖民统治最残酷的国家，民众浴血反抗的斗争就更加激烈。阿尔及利亚是一个最典型的案例。阿尔及利亚人自1954年在奥雷斯山区打响武装斗争的第一枪后，经过七年艰苦卓绝的反法解放战争，最终粉碎了法国强加于阿尔及利亚人长达132年之久的殖民枷锁，于1962年赢得独立。科摩罗、吉布提和毛里塔尼亚这些小国基于自身的局限，以及它们同前宗主国法国的无法割断的各种联系，因而选择了非暴力的和平方式走向独立。利比亚历来是大国逐鹿争雄之地，它的建国彰显了大国在联合国舞台上折冲樽俎、不甘舍弃已有权益的博弈。故此，西方列强在非洲阿拉伯国家的殖民史是非洲阿拉伯国家近现代史的重要研究内容。殖民统治对各国历史进程所衍生的各种关键问题及影响，都需要依据可靠的史料做出尽可能符合客观事实的更深层次的再分析和全新的解读。

五、现代化运动与阿拉伯社会主义的治国实践。现代化源于西欧，是伴随近代工业革命所聚集的强大内动力而兴起的。“二战”结束后，作为新生的现代民族独立国家，非洲阿拉伯国家在战后世界现代化浪潮的冲击和驱动下，陆续走上现代化发展道路。外源性和后发性是非洲阿拉伯国家推进现代化的基本特点。非洲阿拉伯国家启动现代化的原动力、经济结构、资源禀赋、社会基础和价值取向等完全不同于西方，由此决定了它们不可能照搬西方模式。

现代化是人类文明发展和演进的最复杂的过程。世界各国的现代化实践，按经济形态来区分，大致可归纳为三大类，即资本主义类型、社会主义类型、混合类型，而每一种类型都有多种发展模式。[①]但任何一种发展模式都要适应一定的生产力发展水平，符合本国的具体国情。非洲阿拉伯国家的现代化总体上都属于混合类型，是一种尚未定型的现代化选择。它兼采资本主义现代化和社会主义现代化两种模型的不同特色，是将两大对立模型合成而产生的一种中间发展形式；在本质上是一种边缘资本主义的发展模式。[②]

阿拉伯社会主义的发展道路堪称战后多数非洲阿拉伯国家推进现代化的一种主流。这一现象的出现同战后西亚北非地区盛行的阿拉伯社会主义思潮密切相关。阿拉伯社会主义主要由阿拉伯民族主义、伊斯兰传统和科学社会主义的个别原理所构成，是一种带有浓厚阿拉伯-伊斯兰特色的社会思潮。非洲阿拉伯国家的所谓社会主义主张，名目繁多，形式不一。其中包括埃及的纳赛尔主义、阿尔及利亚的自管社会主义、突尼斯的宪政社会主义、利比亚的伊斯兰社会主义，以及索马里西亚德总统自封的“科学社会主义”[③]等。阿拉伯社会主义有几个共同点：一是把社会主义等同于伊斯兰教的教义精神，认为伊斯兰教是社会主义原则的渊源；二是把社会主义作为一种发展经济和振兴民族，进而实现国家现代化的纲领和手段；三是拒绝科学社会主义，明确反对无神论，强调以伊斯兰教信仰为基础，尊重民族和宗教文化传统，主张阶级合作和私有制的永恒性。[④]纳赛尔就曾表示，他的阿拉伯社会主义与马克思主义存在根本

---

① 罗荣渠：《现代化新论——世界与中国的现代化进程》，北京大学出版社1993年版，第150页。

② 〔埃及〕萨米尔·阿明：《不平等的发展》，高铦译，商务印书馆1990年版，第169页。

③ 索马里总统西亚德·巴雷自称奉行“科学社会主义”，但从不提以马克思主义为指导思想。他宣称其“科学社会主义”是与伊斯兰教“和谐一致”的，“伊斯兰教义中有社会主义的基础”。参见唐大盾等：《非洲社会主义：历史·理论·实践》，世界知识出版社1988年版，第37页。

④ 黄心川主编：《世界十大宗教》，社会科学文献出版社2007年版，第310—311页。

性差异，并且具体表现在五个方面。[①]这便昭示了阿拉伯社会主义的特殊属性。

阿拉伯社会主义之所以能够成为多数非洲阿拉伯国家选择的现代化发展模式，一方面是由于非洲阿拉伯国家长期深受殖民主义之害，导致其本能地排斥西方发展模式。亦如研究者所言，当资本主义与殖民国家和剥削特权联系在一起后，社会主义作为一种相反的意识形态，在非洲无疑成为普遍的诉求。[②]自20世纪50年代中期到70年代中期，阿拉伯社会主义在多数非洲阿拉伯国家的实践，确实取得了一些不容否认的成效。一些数据也可说明这一点。例如，埃及的工业总产值从1952年的3.14亿埃镑增加到1979年的61.6亿埃镑，增长了近19倍。同一时期，农业总产值由3.87亿埃镑提高到36.6亿埃镑，增长了8.46倍。[③]阿尔及利亚在1967—1978年国民经济保持年均7.2%的增长率，十多年间人均国民收入从375美元增至830美元。[④]突尼斯经过十年的建设，基本形成自身的民族工业体系，国有企业从1960年的不足25家发展到1970年的185家，国有经济在国民收入中的比例从1.8%上升到33.7%。[⑤]

然而，由于内外和主客观多种因素的局限，非洲阿拉伯国家在现代化进程中遭遇的挫折与失败远大于成功，是一种不成功的现代化尝试。它们面临一系列难题，诸如政治发展明显滞后于经济发展，经济发展对外的严重依赖性，生产结构的单一性与脆弱性，社会经济的二元性与对立性，工业分布的条块性与不均衡性，过度城市化和人口增长失控，生态环境不断恶化，等等。这些问题使非洲阿拉

---

① 1962年5月30日纳赛尔在全国人民力量代表大会上的发言，《金字塔报》，1962年5月31日。转引自唐大盾等主编：《非洲社会主义新论》，教育科学出版社1994年版，第96页。

② E. A. Alport, "Socialism in Three Countries: The Record in the Maghrib", *International Affairs*, Vol.43, No.4, Oct. 1967, p.692.

③ 唐大盾等：《非洲社会主义：历史・理论・实践》，第116页。

④ Massoud Karshenas, Valentine M. Moghadam, ed., *Social Policy in the Middle East: Economic, Political and Gender Dynamics*, New York: Palgrave Macmilian, 2006, p.42.

⑤ I. William Zartman, ed., *Tunisia: The Political Economy of Reform*, Boulder: Lynne Rienner Publishers, 1991, p.111.

伯国家在全球化时代难以摆脱被边缘化的命运。20世纪70年代中期以后，以阿拉伯社会主义为主导的非洲阿拉伯国家的现代化实践，无不经历了趋于衰势的变化。80年代末期，伴随东欧剧变和苏联解体，有关阿拉伯社会主义的议题在多数非洲阿拉伯国家逐渐成为一种历史记忆。从反思的角度看，理性处理宗教与现代化的关系问题，仍是非洲阿拉伯国家在现代化实践中不能回避的课题。宗教地域特征和传统文化使非洲阿拉伯国家的现代化之路充满了“悖论”。由于近代以来伊斯兰世界尚未真正出现比较彻底的宗教改革运动，未能在人的解放和价值取向等问题上实现跨越性的突破，伊斯兰世界在近代的各种社会改革基本上都没有超出改良范畴，其主轴大都以捍卫伊斯兰教传统价值观和巩固当权者的统治为目标。其所触及的仅仅是应对外来挑战的表象问题，而回避对其政治和思想体系的批判性内省与更新，从而制约着各国的文明演进和现代化进程。

阿拉伯社会主义作为一种民族主义思潮在战后的非洲阿拉伯国家盛行20年之久，它是独立后的非洲阿拉伯各国选择的一种现代化模式和社会制度。因此，其核心仍是国家定位和发展道路的问题，也是一个具有重大现实意义和理论价值的问题。对这些问题的深入研究和探索，将有助于充实和丰富马克思主义关于经济落后国家发展道路选择的相关理论。

六、早期的伊斯兰教和当代非洲阿拉伯国家的伊斯兰潮。恩格斯在《论早期基督教的历史》一文中指出：“伊斯兰这种宗教是适合于东方人的，特别是适合于阿拉伯人的。”[①]早期伊斯兰教在非洲的传播肇始于第二任哈里发时期穆斯林军队于公元639—642年对埃及的征服。非洲本土人最早的伊斯兰教皈依者大多为社会的上层，其中又以统治者和成功的商人最愿意改信伊斯兰教，穷人和乡村居民的改宗要晚得多。故此，早期的伊斯兰教在非洲被称为“宫廷和商业宗教”[②]，这一宗教首先在政界及商界权势人物中传播开来。后来埃

---

① 《马克思恩格斯全集》，第22卷，人民出版社1965年版，第526页。

② 〔美〕埃里克·吉尔伯特、乔纳森·T.雷诺兹：《非洲史》，黄磷译，第109页。

及人纷纷皈依伊斯兰教，这在很大程度上是因为当时的拜占庭统治者强加于埃及人的各种赋税过重，而新的伊斯兰政府所征税率很低。同时它对宗教自由的态度也比拜占庭要更宽容。科普特基督教徒直到11世纪依然占埃及人口的大多数，便是一个颇具说服力的佐证。

在伊斯兰教创立的初期，北非实际上也是那些发现自己与中央伊斯兰国家日益强大的逊尼派正统观念不合的穆斯林的庇护所。①伊斯兰教初期的两个重要少数派教派——什叶派和哈瓦利吉派②都在北非找到了避难地。哈瓦利吉派落脚于北撒哈拉沙漠中的小绿洲，以及卡比利亚和阿特拉斯山脉中的丘陵地带，他们同土著柏柏尔人建立了比较亲密的关系。什叶派在北非的势力和影响更大。什叶派首先在阿尔及利亚东南部站稳脚跟，并不断向外拓展。10世纪初，他们先后推翻了阿巴斯王朝在突尼斯的统治和打败柏柏尔-哈瓦利吉派。公元909年，什叶派首领奥贝德拉在突尼斯以先知穆罕默德之女法蒂玛的苗裔自居，被拥戴为哈里发，建立法蒂玛王朝，这是伊斯兰教什叶派的第一个王朝。国都为马赫迪亚。③随后，法蒂玛王朝征服摩洛哥，进而占领整个马格里布地区。969年攻占阿拉伯帝国统治下的埃及，973年迁都开罗，并在埃及实施了长达200余年的统治，直到1171年被推翻。基督教和伊斯兰教的初期，在北非的一个共同现象是：无论是基督教的少数派阿里乌斯派和一性论派，还是伊斯兰教的少数派什叶派和哈瓦利吉派，都把北非或是作为大本营，或是作为庇护地，这一现象的历史蕴含令人深思。或许正因为如此，近代以来北非阿拉伯诸国出现的各种伊斯兰复兴思潮或运动，都按

① 〔美〕埃里克·吉尔伯特、乔纳森·T.雷诺兹：《非洲史》，黄磷译，第95—96页。

② 哈瓦利吉派（Khawāridj），伊斯兰教早期派别之一。哈瓦利吉意为“出走者”。657年隋芬之战期间，穆阿维叶在面临失败时提出“以《古兰经》裁判”的停战要求。当时阿里营垒内分为主战和主和两派，阿里倾向和解，遂接受穆阿维叶的要求，引起主战派的极端不满，约有12 000人离开阿里的队伍出走，组成哈瓦利吉派。此外，该派认为哈里发应由穆斯林公选，当选者不应只限于古莱什人；同时主张在所有穆斯林中共同分配土地和战利品，故又称军事民主派。

③ 法蒂玛王朝初建都拉卡达，即今突尼斯的凯鲁万，后于920年迁都马赫迪亚，位于凯鲁万东南海岸。

照其自身的逻辑发展。就地缘政治来说，它不像西亚阿拉伯国家那样，处于中东各种矛盾的旋涡中，因而受外部影响相对较少。就对外交往来看，北非诸国毗邻欧洲，在历史上多为法、英等国的殖民地，与西方有密切的联系，故此对东西方文化和价值观差异的体验也比西亚阿拉伯国家更深刻。这些因素凝聚了北非伊斯兰复兴运动的多元化色彩。

20世纪80年代以来的北非伊斯兰复兴运动主要在埃及、苏丹和阿尔及利亚等国形成几个中心。一般来说，北非阿拉伯国家伊斯兰复兴运动的主调趋于温和与理性。这里并不否认在某些特定时空下出现的极端倾向。以埃及为例，由哈桑·班纳于1928年组建的穆斯林兄弟会（以下简称为“穆兄会”）是埃及最大的民间伊斯兰组织。20世纪70年代，虽然穆兄会分裂出一些激进组织，包括“赎罪与迁徙组织”和“圣战组织”等，但总体上看，埃及历届政府基本能够掌控来自宗教势力的挑战。纳赛尔时期，埃及政府与穆兄会的关系在合作、利用和打压中轮换。萨达特和穆巴拉克时期，穆兄会基本放弃暴力手段，转而采取和平、合法和半合法的斗争策略。穆兄会中占主导的温和派强调，以和平和渐进的方式实现伊斯兰化，以理性和现代的角度看待伊斯兰法和伊斯兰政府的功能。[①]由此，政府与穆兄会之间形成了容忍、妥协、限制和反限制关系的动态性变化，从而维持埃及社会的稳定。

哈桑·图拉比是20世纪90年代苏丹最有影响力的宗教政治思想家，有“非洲霍梅尼”之称。图拉比同1989年发动军事政变掌权的巴希尔合作，在苏丹建立了伊斯兰政权。图拉比主张实行政教合一，全面实现社会生活的伊斯兰化，并于20世纪90年代在苏丹实施所谓的“伊斯兰试验”。图拉比认为，他的伊斯兰试验是“建立在人民价值观基础之上，由知识分子引导，动用宗教资源促进不发达国家发

① R. H. Dekmejian, *Islam in Revolution: Fundamentalism in the Arab World*, New York: Syracuse University Press, 1985, p.181.

展的新尝试"[①]。他还认为，伊斯兰复兴最理想的情况是在没有内部压制和外部干涉的形势下通过和平、渐进的方式发展。[②]因而，一方面，他反对暴力，强调伊斯兰教的温和与宽容，认同与时俱进的宗教改革，倡导妇女解放和提高妇女地位等。这些都体现了图拉比伊斯兰试验的温和性。另一方面，图拉比的伊斯兰试验始终被限定在其合作者世俗的苏丹总统巴希尔设定的轨道内，巴希尔决不允许图拉比的宗教权势凌驾于其权力之上。事实上，代表国家政权的巴希尔与代表伊斯兰势力的图拉比的政教结合，从一开始就是一种权力借重和彼此利用的关系。在苏丹这种多部落多宗教的复杂的政治环境下，教权显然无法与世俗政权相抗衡。

阿尔及利亚是北非伊斯兰复兴运动的另一个类型，体现了阿尔及利亚宗教政治化和政治暴力化的双重特点。1989年诞生的阿尔及利亚"伊斯兰拯救阵线"（以下简称"伊阵"）是阿尔及利亚国内最大和最具影响力的伊斯兰复兴组织，其主要领导人阿巴斯·迈达尼是一个拥有英国教育学博士学位的大学教授，另一个是清真寺的伊玛目阿里·贝尔哈吉。实际上，他们分别代表阿尔及利亚伊斯兰复兴运动中的温和派与激进派两大势力。尽管存在思想意识上的分歧，但这并未成为双方合作的障碍，有研究者将他们对外发出的不同声音形象地喻为"双头性领导"下的"多声部合唱"[③]。两人迥然不同的风格，相得益彰，吸引了大批不满的阿尔及利亚人。[④]伊阵主张维护穆斯林共同体的统一，捍卫伊斯兰历史和文化遗产。[⑤]其最高目标是通过和平斗争的策略，实现阿尔及利亚的伊斯兰化。但是，军队作

---

① Hassan Al-Turabi, "U.S. House Foreign Affairs Africa Subcommittee Hearing on the Implications for U.S. Policy of Islamic Fundamentalism in Africa", www. Islamonline.net/iol-english/qadaya/qpolitic-14/ qpolitic1.asp.

② 王铁铮主编:《全球化与当代中东社会思潮》，人民出版社2013年版，第269页。

③ 蔡佳禾:《当代伊斯兰原教旨主义运动》，宁夏人民出版社2003年版，第132页。

④ Robert Motimer, "Islam and Multiparty Politics in Algeria", *Middle East Journal*, Autumn 1991.

⑤ John Ruedy, *Modern Algeria: The Origins and Development of a Nation*, Second Edition, Bloomington: Indiana University Press, 2005, p.252.

为阿尔及利亚独立战争胜利者的象征，不允许伊斯兰势力改变国家的世俗发展方向。当伊阵通过市政和议会选举即将掌控国家政权时，军队毫不犹豫地予以干涉，终止了其迈向权力舞台的步伐。而伊阵内部和政府内部对事态的不同认知，最终酿成了一个分裂的政府与一个分裂的伊斯兰反对派之间对抗的危机。[①]据统计，在随后四年多的时间里，暴力冲突和相互残杀此消彼长，约有6万平民和军人死亡。[②]阿尔及利亚被打上了暴力政治的特有符号。这种状况一直持续到1995年11月泽鲁阿勒赢得阿尔及利亚历史上首次自由选举的胜利，由此证明了阿尔及利亚人最终抛弃了困扰国家政治的宗教和世俗极端主义。[③]

从北非三国的伊斯兰复兴运动来看，尽管其目标和行动手段有相似之处，但三国互不统属，几乎不存在彼此的协调和支持。这种状态表明北非伊斯兰复兴运动的分散性和多样性，因而外溢影响有限。同时，它也揭示了北非伊斯兰复兴运动所聚集的能量和张力，无论是在同世俗政权合作还是在抗衡方面，都不足以占上风的总趋势，更无法改变世俗政权主导国家政治秩序和发展方向这一历史事实。

七、政治剧变和北非阿拉伯国家的未来走向。北非是2010年底2011年初阿拉伯政治剧变的发源地，诱发了整个阿拉伯世界的震荡。从本质上看，此次阿拉伯剧变的根源在于，阿拉伯威权主义政权在政治上的极度僵化和现代化发展的"错位"，以致无法满足阿拉伯民众对民生、民主、民权的期盼。换言之，阿拉伯变局实际上也是阿拉伯民众谋求重新选择现代化发展道路的一种抗争。

然而，旧政权的垮台并不意味着新制度的建立。早在政治剧变之初，巴林思想家贾比尔·安莎里在一篇文章中就写道："一层厚厚的浪漫主义之膜，正裹绕阿拉伯国家当前的变革要求。这种情形，

---

① William B. Quandt, *Between Ballots and Bullets: Algeria's Transition from Authoritarianism*, Washington, D. C.: Brookings Institution Press, 1998, p.58.

② 蔡佳禾：《当代伊斯兰原教旨主义运动》，第135页。

③ Martin Stone, *The Agony of Algeria*, London: Hurst & Company, 1997, p.120.

我们这一代人也曾经历过，我们曾经梦想过统一、自由和社会主义，但我们等来的却是专制，它带给我们的只有挫败和失望。”[①]另一位阿拉伯政治家指出，变革不应止于改变统治者，而应致力于改变社会，即改变社会的经济、文化基础。问题是：如何让变革从表面及于纵深，从形式过渡到实质？[②]这些担忧和发问似乎已预感到阿拉伯变局前景的迷惘。而后来阿拉伯变局的走向也印证了这一点：埃及经历了翻烧饼式的政权“轮回”，从穆巴拉克的垮台，到穆兄会的穆尔西在权力之巅的昙花一现，再到穆尔西被军人政权所取代，民主政治似乎离埃及依然遥远；卡扎菲之后的利比亚陷入四分五裂的武装割据状态，各派系之间的混战绵延不绝，新的政治秩序的重建渺无音讯；唯有突尼斯的局势让人看到了一缕“阿拉伯世界微弱的曙光”。2014年12月，突尼斯诞生首位民选总统，国内局势趋于相对稳定。但突尼斯的腐败之风并未得到有效遏制，根据国际组织提供的数据，2010年突尼斯在“透明国际”清廉指数中位列178个国家的第59位，2016年则在176个国家中名列第75位。[③]因此，突尼斯的社会改造和政治变革任重道远。

与此同时，阿拉伯国家的政治生态因政治剧变而发生明显变化，一些地区和国家出现权力“真空”。为抢占地盘和扩张势力，不同派系之间的恶斗持续升温。北非马格里布地区和非洲之角的索马里成为两个恐怖主义的渊薮。利比亚境内的恐怖活动日甚一日，它们所释放的破坏力对近邻突尼斯的稳定构成威胁；索马里青年党作为东非臭名昭著的恐怖主义组织，在阿拉伯政治剧变后进一步扩大活动领域，频繁制造一系列暗杀和暴恐事件，破坏索马里和平进程与民

① 〔巴林〕贾比尔·安莎里：《只有革命浪漫主义还不够》（阿拉伯文），《生活报》，2011年4月25日。转引自马晓霖主编：《阿拉伯剧变：西亚、北非大动荡深层观察》，新华出版社2012年版，第437页。

② 〔叙利亚〕阿多尼斯：《布阿齐齐的骨灰》（阿拉伯文），《生活报》，2011年4月28日。转引自马晓霖主编：《阿拉伯剧变：西亚、北非大动荡深层观察》，第438页。

③ Sarah Yerkes, Marwan Muasher, “Tunisia’s Corruption Contagion: A Transition at Risk”, https://carnegieendowment. org/2017/10/25/tunisia-s-corruption-contagion-transition-at-risk-pub-73522.

权社会。同时，索马里猖獗的海盗劫持活动[①]，也在严重干扰着国际水道的航行安全和各国间的经贸交往。

阿拉伯政治剧变距今已有十余年，反观非洲阿拉伯诸国的社会、政治、经济和意识形态的现状，多数国家仍然在过去的老路上徘徊不前，尚未在探寻新的发展道路中取得突破性进展，也没有找到能够理性化解长期困扰国家的社会、经济和族群割裂问题的有效策略。非洲阿拉伯国家的发展和创新之路如此之艰难，可从两个层面来解析：一是缘于自身的局限。多数非洲阿拉伯国家实际上都没有经受过现代大工业血与火的洗礼，迄今还不能形成一个真正能够体现或代表先进生产力，领导民众并得到民众广泛支持的社会阶层。这表明非洲阿拉伯国家仍处于由传统农业社会向现代工业社会转型的过程中。二是基于非洲阿拉伯国家固有的宗教地域特点。宗教被人为地承载了过多的非宗教因素，因而需要不断理顺信仰与理性、宗教与世俗、传统文明与现代文明等方面的关系，并且必须防止伊斯兰教义被随意曲解和“工具化”，从而挑起宗教狂潮，使国家的正常发展迷失方向。“伊斯兰社会民主演进的障碍不仅是政治层面的，而且在根本上还与价值观念有关。因此，要建立相对性、多元化的民主理性，就必须撼动神学与教法的基本结构。”[②]由此可见，实现与时俱进的宗教变革和激活人的创造力，将是非洲阿拉伯国家长期和不可懈怠的使命。

八、关于国外文献史料的使用。任何一项研究都离不开相关资源的支持，丰富可靠的史料是完成非洲阿拉伯国家通史研究最重要的前提条件。因此，这一研究必然要借助国外的各种文本资源。从语种来说，以英语为主，并且尽可能地吸纳阿拉伯语、法语、俄语等，以及中译本的文献史料；从文本来说，包括有关非洲阿拉伯10国各个时期

① 据国际海事署报告，在索马里海域发生的海盗袭击次数为：2006年18起，2007年48起，2008年111起，2009年215起，2010年219起，2011年236起。参见Elwaleed Ahmed Talha, *Political and Economic Impact of Somalia Piracy during the Period (1991–2012)*, The University of Tokyo, 2013, p.14 (http://www.pp.u-tokyo.ac.jp/courses/2013/documents/5140143_9a., 2014-10-2)。

② 〔突尼斯〕本·阿舒尔：《民主派和神学派的政治活动》，阿拉伯联合酋长国《联合报》，2011年3月14日。转引自马晓霖主编：《阿拉伯剧变：西亚、北非大动荡深层观察》，第438页。

的历史著作，重要人物的传记和回忆录，对重要政策和重大事件的专题研究，相关国家陆续解密的档案资料，新媒体和网站的各种述评，以及国内外学者发表的一系列相关学术论文等。项目组在研究和写作过程中，对于这些庞杂的文献史料，都须经过审慎筛选、相互比对和甄别，以便使所用史料客观、可靠和可信。项目组遵循的原则是，注重对文献史料的合理吸纳和消化，确保研究成果的质量和应有水准。

如前所述，非洲阿拉伯国家作为一个国家群，各国国情独特而复杂，呈现纷繁和多元的色彩。但非洲阿拉伯国家同样存在共性，在历史演进中面临的许多问题也是相同的。按照传统观点，对于国别通史的研究，通常的聚焦点大多是诸如政治制度、经济模式、社会结构等这些显性要素在历史发展进程中的演化。毋庸置疑，这些要素是通史研究不可或缺的核心内容。但本项目的作者并不仅仅拘泥于这些显性要素，而是审慎地选择更贴近客观社会现实，且能折射事物本质的一些问题来解析非洲阿拉伯国家的历史发展。这实际上是力图从一个不同的新视角，来探讨非洲阿拉伯国家综合性通史的一种尝试。而这种尝试完全取决于非洲阿拉伯国家的固有的独特国情，也是非洲阿拉伯国家历史进程中必须直面的重大议题。它有利于突破惯性思维的窠臼或定式，从更深层次认知非洲阿拉伯国家的变迁。更重要的是，这些问题能够从根本上深刻反映不同时期非洲阿拉伯各国社会、政治、经济和宗教文化等领域的独特样貌及嬗变，凸显非洲阿拉伯国家历史演进的脉络和轨迹。从一定程度上讲，它们构建了非洲阿拉伯国家通史研究的一个总体框架，也提供了一种宏观的视野和路径，以便在纵横维度的比较研究中揭示非洲阿拉伯国家历史发展的基本规律和主要特点。我们企盼八卷本《非洲阿拉伯国家通史》的问世能够为读者和研究者深度了解非洲阿拉伯国家的历史提供借鉴，并发挥其应有的社会效应。同时，对于书中的不足之处，恳请行家不吝指正和赐教。

2022年3月于西北大学中东研究所

目　录

Contents

绪论　索马里、吉布提、科摩罗三国概况

索马里位于“非洲之角”。历史上，尽管索马里存在古老的文明，也是印度洋贸易的要冲，但却未能形成统一的国家。1960 年索马里从英国和意大利的殖民统治下独立，第一次作为统一的国家出现。索马里与吉布提（Djibouti）接壤，属于同一文明区域。两国在民族和宗教构成以及历史变迁中具有共同特点。科摩罗则是印度洋上的岛国，具有独特的自然环境和历史发展进程。

地缘、地貌与自然环境

索马里[①]地处非洲大陆的最东端，也是非洲大陆向印度洋的延伸。1974 年，索马里加入阿拉伯国家联盟。从词源上看，索马里在当地具有多种意涵。有学者认为，“索马里”源于“萨玛勒”（Samaale）一词，即索马里最重要的四个部落的祖先。也有学者认为，该词在当地的意思是“成为穆斯林”，在阿拉伯语中为“财富”（dhawamaal）之意[②]。还有学者认为它来自于“去挤牛奶”（soo maal）之意。这也体现了索马里人的独特游牧文化与民族认同。[③]据西方学者考证，

---

① 索马里人将本国称为“Jamhuuriyadda Soomaaliya”，即索马里共和国之意。

② I. M. Lewis, Said Samatar, *A Pastoral Democracy: A Study of Pastoralism and Politics among the Northern Somali of the Horn of Africa*, Verlag Berlin-Hamburg-Münster, 1999, pp. 11–13.

③ Mohamed Diriye Abdullahi, *Culture and Customs of Somalia*, London: Greenwood Press, 2001, p.8.

“索马里人”（Somali）最早出现在15世纪早期埃塞俄比亚的赞美诗中。[①]

索马里半岛在地图上的形状类似于牛角，因此它也被称为“非洲之角”（Horn of Africa）。索马里南倚赤道，北达亚丁湾（Gulf of Aden），东部和南部濒临印度洋，国土面积为63.7万平方公里。索马里从北到南依次与吉布提、埃塞俄比亚和肯尼亚接壤，陆地边界为2385公里。由于西方殖民统治的缘故，索马里与埃塞俄比亚长期存在边界争端。索马里是非洲最东端和海岸线最长的国家，海岸线为3025公里。[②]索马里历史上是印度洋贸易，即非洲与中东、印度、中国乃至欧洲进行贸易的要冲。这种地缘特点也塑造了索马里的历史发展，使之成为不同文明交往之地。

自然环境是影响索马里历史流变的重要因素。北部毗邻亚丁湾的领土为多山地区，除此之外索马里以平原和高原为主，全国平均海拔为410米。但索马里海拔从北向南渐次降低。北方是埃塞俄比亚高原的延伸，海拔较高；南部则以草原为主，海拔较低。根据自然环境的不同，索马里由北至南大致可以分为三个地区。

索马里西北部沿亚丁湾地区被称为古班平原（Guban Plain），即从索马里与吉布提交界之地延伸到港口城市柏培拉（Berbera）的狭长地带，最宽处为56公里，最窄处仅为6公里。古班平原的海拔约为100米，常年干旱少雨，年降水量仅为50毫米左右。古班平原气温奇高、土地贫瘠，多以河床、山脊为主，人口属于索马里族的迪尔（Dir）和伊萨克（Isaaq）部落。这些部落以游牧为主，炎热的季节迁徙到南部的山区避暑。冬季温度适宜时，游牧民迁徙至古班平原。“古班”在当地意指“火烧”，这也说明该地区恶劣的自

① 该诗记载了埃塞俄比亚在耶萨克国王（Negus Yeshaaq）领导下战胜索马里的阿达勒苏丹国（Adal Sultanate）的历史。参见 Lee V. Cassanelli, *The Shaping of Somali Society: Reconstructing the History of a Pastoral People, 1600–1900*, Philadelphia: University of Pennsylvania Press, 1982, pp.15–16。

② 参见 The World Factbook, “Somalia”, https://www.cia.gov/library/publications/the-world-factbook/geos/so.html, Mar. 16, 2020，引用时间：2020年4月26日。

然环境。但是由于地处亚丁湾的西南岸，地理位置十分重要。泽拉（Zeila）和柏培拉等重要的港口城市和历史名城便坐落于此。

古班平原以南为戈利斯山脉（Golis），平均海拔为1600多米。古班平原以东为奥戈山脉（Ogo）。该山脉从索马里北部海岸一直延伸到印度洋，中北部的桑比勒斯山（Shimbiris）[①]海拔2416米，是索马里的最高峰。这些山脉拥有大量季节性的河流，向北流经古班平原，成为古班地区民众用水的重要来源；向南则达到索马里中部高原。这些季节性的河流在中部高原形成一系列河谷，中部高原由此分为三个地区中心：西北部为哈尔格萨（Hargeisa），是索马里第二大城市，曾是英属索马里的首府；从东部一直延伸到印度洋沿岸的努加尔河谷(Nugaal Valley)，河谷以南即豪德高原(Haud)[②]；东北部的杜哈罗河谷（Dharoor Valley）。这些河流发源于索马里的两大山脉，成为中部高原居民最重要的水源。这些河流夏季往往断流，河道也不固定，只有在雨量充沛时才注入印度洋。由于缺乏稳定的水源，该地区主要以游牧民为主。

索马里南部与肯尼亚接壤，以平原为主，海拔为0—200米，由西部到东部渐次降低。该地区有两条重要的河流：即谢贝利河（Shebeli River）与朱巴河（Juba River）。两者都发源于埃塞俄比亚高原。谢贝利河全长1800余公里，流经埃塞俄比亚和索马里两国，索马里人称之为“豹河”。该河在邻近朱巴河处干涸，只有水量充沛时才与朱巴河合流注入印度洋。朱巴河全长1659公里，最终在基斯马尤（Kismaayo）附近出海，注入印度洋。这两条河水资源相对丰富，形成的冲积平原是索马里最肥沃和富庶的耕作区，被誉为索马里的“美索不达米亚”。该地区在索马里人口密度最大，一定意义上是索马里的核心地区。[③]这里拥有摩加迪沙（Mogadishu）、马

① 桑比勒斯山也被称为Surud Cad。

② “豪德”在索马里语中为“南方”之意，豪德高原西北部与埃塞俄比亚的欧加登高原连为一体。

③ Raphael Chijioke Njoku, *The History of Somalia*, London: Greenwood Press, 2013, p.4.

尔卡（Merca）、布拉瓦（Brava）和基斯马尤等重要的港口城市，是历史上印度洋贸易的重要港口。

从气候上看，尽管索马里邻近赤道，却并非典型的赤道气候[①]。索马里不同地区的气候有很大差异，但总体上北部沿海和中部地区属于沙漠或干旱气候，南部和西北部地区属于半干旱气候。索马里的四季气温变化不大，但内陆与海边、高原与平原差距明显。北部沿海的古班高原是索马里气温最高的地区，年均气温可以达到30摄氏度以上，最高温度甚至高达45摄氏度。中部地区地处高原，气温较为凉爽，年均26摄氏度以下。南部地区多雨湿热，平均气温为26—28摄氏度。[②]索马里总体降水稀少。索马里人将四季分别称为："古"(gu，4—6月)、"哈加"(haggaa，7—9月)、"德尔"(dayr，10—11月)、"吉拉尔"（jilaal，12—3月）。其中，"古"和"德尔"即春秋两季为雨季，"哈加"和"德尔"即夏冬两季为旱季。索马里北部和中部地区年降水普遍在200毫米以下，东北沿海地区更是在100毫米以下；只有西北地区降水较多，可以达到200—500毫米。南部地区相对降水较多，可以达到300—600毫米。[③]

索马里由于地跨温带和热带，具有生物多样性的特征。据统计，索马里有5000余种植物，其中2500种（约55%）是索马里原生性的植物，但主要分布于谢贝利河和朱巴河流域。[④]索马里高原中部高原主要以灌木和杂草为主，东北部以及北部海岸一些地区甚至寸草不生。索马里南部的"两河流域"存在大量原生植物。如金合欢树、药用的芦荟作物、杜松树等。其中最知名的莫过于乳香木、没药树。古代埃及就从索马里获取没药，用于宗教仪式。

索马里具有十分丰富和多样的动物分布。据统计，索马里有1100多种脊椎动物，140余种为索马里独有。其中包括，655种鸟类、72

---

① 主要特征是湿润多雨、四季差异不大。

② SWALIM, *Climate of Somalia*, Nairobi, Oct. 2007, p.21.

③ Ibid., p.12.

④ Raphael Chijioke Njoku, *The History of Somalia*, p.6.

种淡水鱼类、232 种两栖动物、172 种哺乳动物。[①] 在古代，索马里中部地区存在广阔的草原，是狮子、猎豹、野牛、斑马、长颈鹿、河马、大象等大型哺乳动物的栖息之地。索马里鸽、索马里鸵鸟、小拟戴胜百灵、索马里云雀、索马里红雀等都是索马里所独有的物种。但是，气候的变迁、土地的沙漠化、游牧民的过度捕猎和对珍稀动物的非法贩卖使索马里的生物多样性遭到严重破坏。1850 年，英国探险家伯顿（Richard Francis Burton）到达索马里后，大量西方殖民者和探险者蜂拥而至，开始在索马里大肆捕猎，索马里的生态环境遭到严重破坏。索马里北部和中部地区的大象、犀牛、长颈鹿等大型哺乳动物在“二战”之前已基本灭绝。索马里拥有谢贝利河与朱巴河，以及 3025 公里的海岸线，具有丰富的渔业资源。就如今的勘探情况而言，索马里的矿藏并不丰富，主要为锡、铀、铁、煤炭、石膏，以及少量的石油和天然气。索马里是世界海泡石储藏最丰富的国家，但经济价值有限。

吉布提位于“非洲之角”北部，在历史上与索马里属于同一文化圈。吉布提北与厄立特里亚（Eritrea）相邻，西部和南部则分别与埃塞俄比亚和索马里接壤，东部毗邻红海（Red Sea）和亚丁湾，国土面积仅为 2.3 万平方公里。尽管吉布提国土狭小，但其地理和自然环境却十分复杂。大致而言，与亚丁湾连通的塔朱拉（Tadjoura）湾深入索马里腹地，将吉布提分为北部和南部两个地区。北部地区多为高大的山脉和高原，只有在海岸周边有些平原，但也多为荒漠。与塔朱拉湾相联结的中部地区则高原、洼地和湖泊相间。其中，阿萨勒盐湖（Lake Assal），低于海平面 155 米，是非洲大陆的最低点。吉布提的西部和南部地区主要以荒漠为主，可耕种的土地仅占国土面积的 0.1%，森林覆盖率仅占 0.2%。[②] 吉布提共设 6 个地区，首都为塔朱拉湾南岸的吉布提市。吉布提自然环境恶劣，四季气温差异不大，属于炎热的沙漠型气候。这与索马里北部地区的气候十分类似。

---

① Osman G. Amir, *Wildlife Trade in Somalia*, Zoo Landau in der Pfalz, 2006, p.6.

② 参见 The World Factbook, “Djibouti”, https://www.cia.gov/library/publications/the-world-factbook/geos/dj.html, Apr. 1, 2020，引用时间：2020 年 4 月 26 日。

除冬季降雨外，其他三个季节干旱酷热，气温一般在 32℃—41℃。吉布提年均降水量在 250 毫米以下，东北部沿岸地区甚至不到 100 毫米，只有塔朱拉湾西北地区可以达到 300 毫米。吉布提自然资源贫瘠，地震频发，有时还遭遇火山、海啸与洪水等自然灾害。但吉布提扼守曼德海峡，具有重要的地缘政治价值，美国和法国都在此设立军事基地。

科摩罗被称“月亮之国”、“香料之国”，是非洲一个位于印度洋上的岛国，位于非洲东侧莫桑比克海峡北端入口处，东、西距马达加斯加和莫桑比克各约 300 公里。科摩罗面积 2336 平方公里（包括马约特岛），国土由大科摩罗岛、昂儒昂岛、莫埃利岛和马约特岛组成，它们被誉为西印度洋上的“四颗明珠”。马约特岛为火山岛，山地呈南北向断续延伸，海拔不超过 610 米。中部与东北部平原较广，四周多珊瑚礁环绕。大科摩罗岛是科摩罗的最大岛，地处莫桑比克海峡北口，面积 1148 平方公里。它位于非洲、亚洲和波利尼西亚的交会处，北部为海拔 650 米的高原，多圆形小丘。南部为卡尔塔拉活火山，海拔 2560 米，是全国最高峰。沿海有狭窄平原，热带湿润气候。

截至 2014 年科摩罗未发现矿藏资源。森林面积约 5000 公顷，占国土总面积的 3.75%。全国可耕地面积 7 万多公顷，水力资源匮乏。科摩罗群岛属湿热海洋性气候，年温差变化不大，雨量充沛。全年大致可分为两个季节，即雨季和旱季。雨季从 11 月至来年 5 月，气温较高，湿度较大，多刮北风或西北风，时有暴雨。旱季从 6 至 10 月，气候较凉爽，空气相对较干燥，有时有较强的南风，并有雨。年平均气温 23℃—28℃，最高气温约 35℃，最低约 20℃。年降雨量为 1000—2500 毫米，2 月和 3 月降雨最多。不论在旱季或雨季，湿度都较大，相对湿度全年平均为 70%—80%。

民族人口分布与宗教信仰

从民族构成上看，索马里是非洲同质化程度最高的国家之一。据估计，索马里人口为 1100 万左右，其中索马里族占 85%，班图人

（Bantu）[①]、阿法尔人（Afar）和其他少数民族约占 15%。[②] 索马里还有极少数的意大利人、英国人和印度人等。相对而言，索马里族地位较高，而班图人等少数民族地位较低，甚至在历史上长期沦为奴隶。1990 年，索马里问题产生后，大约 200 余万索马里人沦为难民，流亡国外。[③] 索马里人绝大多数信仰伊斯兰教逊尼派教义，属于沙斐仪教法学派。索马里的人口年均出生率为 3.96%，是世界上出生率最高的国家之一。但极端的贫困也使死亡率居高不下。索马里人的平均预期寿命只有 52.8 岁，人口年增长率为 2%，近半数的人口为 14 岁以下。

索马里人口主要分布于西北部、南部以及沿海的港口城市，东北部和中部地区人口稀少。索马里语属于闪含语系（亚非语系）东库希特语族。索马里至少有 20 种方言，北部方言称为“马哈阿”（Mahaa），中部方言称为“马阿伊”（Maay）。中部方言是索马里的通用语言。1972 年，索马里政府以拉丁字母拼写中部方言，创造了索马里的文字体系。在此之前，索马里语一直没有文字。除索马里语外，阿拉伯语、英语和意大利语也是索马里的官方语言。阿拉伯语主要在北部地区和沿海城市使用，英语和意大利语主要在教育领域使用。南部地区的一些班图人也讲斯瓦希里语。

表 1　索马里不同年龄的人口分布

年龄段	0—14 岁	15—24 岁	25—54 岁	55—64 岁	65 岁及以上
比例（%）	43.15	19.04	31.43	4.2	2.19
人口总数（万）	476	120	347	46	24

资料来源：The World Factbook, “Djibouti”, https://www.cia.gov/library/publications/the-world-factbook/geos/dj.html, Apr. 1, 2020，引用时间：2020 年 4 月 26 日。

---

① 在我国古籍中，将班图人称为“僧祇”。

② 1975 年之后，索马里政府就未进行过人口统计。索马里族与阿法尔人（主要分布于埃塞俄比亚、厄立特里亚和吉布提）、奥罗莫人（Oromo，也被称为“盖拉人”，主要分布于埃塞俄比亚和肯尼亚）具有亲缘关系，都属于库希特语族。The World Factbook, “Somalia”, https://www.cia.gov/library/publications/the-world-factbook/geos/so.html, Mar. 16, 2020，引用时间：2020 年 4 月 26 日。

③ I. M. Lewis, *Understanding Somalia and Somaliland: Culture, History, Society*, New York: Columbia University Press, 2008, p.1.

吉布提人口为86.5万，其中索马里族占60%，阿法尔人占35%，阿拉伯人、埃塞俄比亚人等占5%。吉布提的索马里人大都属于索马里族迪尔部落伊萨（Issa）分支。从宗教上看，94%的吉布提人为逊尼派穆斯林，信奉沙斐仪教法学派，其余为基督徒。吉布提50%以上的人口在25岁以下，平均年龄只有23.9岁。吉布提大多数人口居住在吉布提市等东部港口城市，城市化率非常高。据统计，2017年，城市化率达到77.5%。[①] 吉布提有四种官方语言，即索马里语、阿法尔语、阿拉伯语和法语。前两种为吉布提的通用语言，后两者则是宗教或教育语言。吉布提的索马里语书写体同索马里。20世纪70年代初，吉布提一些知识分子利用拉丁字母创造了阿法尔字母。

科摩罗人口约80万（2018年），主要由阿拉伯人后裔、卡夫族、马高尼族、乌阿马查族和萨卡拉瓦族组成。通用科摩罗语，官方语言为科摩罗语、法语和阿拉伯语。超过95%的居民信奉伊斯兰教，主要为逊尼教派。[②]

分裂型的部落政治文化

索马里族最初来自埃塞俄比亚高原。由于索马里早期历史缺乏文献记载，因此无法确立索马里人何时迁移至此。一般而言，公元前4000年左右已迁徙到索马里北部地区，并且创造了独特的史前文化。当代索马里人将北部地区视为本民族的精神家园和象征。伊斯兰文明兴起后，阿拉伯商人开始在索马里沿海定居，索马里人不仅逐渐伊斯兰化，而且与阿拉伯人进行融合，遂形成后来的索马里族。索马里人将本民族视为闪米特人的后代，具体而言是先知穆罕默德的后裔，认同阿拉伯起源。一些阿拉伯部落认为他们的祖先是历史上的阿拉伯移民，他们娶了当地妇女，繁衍出索马里人。这也是索

---

① 参见 The World Factbook, “Djibouti”, https://www.cia.gov/library/publications/the-world-factbook/geos/dj.html, Apr. 1, 2020，引用时间：2020年4月26日。

② 中华人民共和国外交部：《科摩罗国家概况》，https://www.fmprc.gov.cn/web/gjhdq_676201/gj_676203/fz_ 677316/1206_677872/1206x0_677874/，2019年8月，引用时间：2020年4月26日。

马里于1974年加入阿拉伯国家联盟的重要原因。事实上，尽管受到阿拉伯－伊斯兰文化的深刻影响，索马里族依然是东非的本土民族。

10世纪之后，索马里族开始大规模向南迁徙，与奥罗莫人和班图人争夺牧场、耕地，并引发了这些民族的迁徙。索马里人逐渐拓展至整个非洲之角，形成了当前索马里的民族构成。随着不断迁徙与扩张，索马里族也成为东非的跨界民族。除索马里和吉布提外，埃塞俄比亚和肯尼亚分别有460万和240万索马里族。索马里族的跨界属性，以及游牧民季节性的跨界迁徙对于索马里与周边国家关系造成了严重影响。

表2　索马里部落社会的世系结构

<table>
<tr><th colspan="2">传说的祖先</th><th>主要部落</th><th>部落分支</th></tr>
<tr><td rowspan="6">先知穆罕默德的后裔</td><td rowspan="4">萨玛勒</td><td>迪尔部落（占总人口的7%）</td><td>伊萨（Issa）、戈达布斯（Gadabuursi）、比玛尔（Bimal）</td></tr>
<tr><td>伊萨克部落（总人口的22%）</td><td>哈巴尔·阿瓦勒（Habar Awal）、阿尤布（Ayub）、哈巴尔·尤尼斯（Habar Yunis）、伊达盖拉（Iidagalla）、阿拉伯（Arab）、穆罕默德·阿伯克尔（Mohamed Abokor）、易卜拉欣（Ibrahim）、缪斯·阿伯克尔（Muse Abokor）、艾哈迈德（Ahmad）</td></tr>
<tr><td>达鲁德部落（占中人口的20%）</td><td>马雷汉（Marehan）、欧加登（Ogadēn）、米朱提因（Majeerteen）、杜尔巴汉特（Dhulbahante）、沃桑杰利（Warsangeli）德士舍（Deshiishe）、雷卡斯（Leylkase）、阿维塔布（Awrtable）</td></tr>
<tr><td>哈维耶部落（占总人口的25%）</td><td>哈瓦迪尔（Hawadle）、瓦阿丹（Waadan）、哈布尔·吉迪尔（Habar Gidir）、阿布加尔（Abgal）、姆罗萨迪（Murosade）、加尔盖尔（Gaalgale）</td></tr>
<tr><td rowspan="2">萨卜</td><td>迪吉尔部落（占总人口的3%）</td><td>达巴雷（Dabarre）、吉杜（Jiddu）、突尼（Tunni）、吉勒迪（Geledi）、加雷（Garre）、比亚马尔（Biyamaal）</td></tr>
<tr><td>拉汉文部落（占总人口的17%）</td><td>有32个大的部落分支，形成了两大联盟</td></tr>
</table>

资料来源：Raphael Chijioke Njoku, *The History of Somalia*, p.14; David D. Laitin, Said S. Samatar, *Somalia: Nation in Search of a State*, Boulder: Westview Press, 1987, pp.32–33.

以家族、血缘关系为基础形成的部落社会是索马里社会的基础。索马里族有两大分支。一是萨玛勒人（Samaale）主要分布于北部和中部地区，由伊萨克（Isaaq）、迪尔（Dir）、哈维耶（Hawiye）、达鲁德（Darod）[①] 四个部落组成。伊萨克和达鲁德部落是从迪尔部落中分裂而来。这些部落大都为游牧部落。一些索马里人认为，“索马里”一词就是来自于这些部落的先祖萨玛勒。另一支是为萨卜人（Sab），由迪吉尔（Digil）和拉汉文（Rahanwein）两大部落组成。萨卜人的起源较为复杂，是索马里族与当地其他少数民族融合的结果。他们主要分布于索马里南部，以农耕为主，与班图人等南方少数民族交往密切。

严格地说，索马里族并不包括萨卜人。索马里部落规模不一，有的达 100 余万人，有的只有 10 余万人。这些部落是索马里重要的社会认同的来源和政治组织，但其结构松散，并不具有中央集权的制度。在部落之下又分为部落分支和家族等。索马里社会属于典型的“分支型社会”。

索马里是非洲少数具有民族、宗教和语言同质性的国家。但这些有利条件并未转化成现代索马里国家构建的动力。索马里独立后反而不断陷入内部纷争和动荡之中。这与索马里独特的社会结构和社会文化密切相关。

索马里土地贫瘠、气候干旱。除城市和南部一些地区外，索马里主要以游牧为主，并且将游牧视为尊贵的职业，鄙视农业生产。一些索马里游牧民甚至反对与农民和手工业者通婚。索马里谚语有云：“我们以畜牧为生，其他行业无所裨益。”[②] 这在一定程度上塑造了索马里的社会结构，部落成为索马里最重要的社会组织形式。部落首领被称为“苏丹”[③]，一般世袭继承，却没有多大的实际权力。

① 达鲁德部落也分布于索马里南部与肯尼亚边境地区。

② Lee V. Cassanelli, *The Shaping of Somali Society: Reconstructing The History of Pastoral People, 1600–1900*, p.11.

③ 在索马里，部落首领也有“Bogor”“Ugaas”“Wabear”（库希特语）等称谓，以及“Garaad”“Imaam”“Malaaq”（阿达勒王国）等叫法。这里的苏丹来自于阿拉伯语。

苏丹只是所有部落成员中平等的一员（primus inter pares）。索马里部落社会以血缘关系和社会契约（heer）共同维系。血缘关系以及由此衍生的谱系（abtirsiinyo）是索马里社会的基石，几乎所有索马里人都可以追溯到共同的两位祖先。每个家族和部落也以血缘关系凝聚，都具有各自的先祖。一些索马里人甚至可以追溯至之前20至25代的先祖。而不成文的社会契约则赋予每个部落组织成员以共同的权利、义务，使这些传统组织成为大小不一的社会经济共同体，同时也是具有防御功能的安全共同体。索马里人以效忠自己的部落和家族为要。索马里的六大部落由于人口众多、分布广泛，因此并未形成统一的社会组织。

索马里独特的自然环境和社会结构也塑造了独特的社会政治文化。索马里社会中等级和权威观念相对缺乏，索马里人注重个人自由和独立，具有强烈的个人主义倾向。[①] 除真主之外，索马里人的行为只对自己负责。相对而言，索马里南部农耕地区和城市的社会分化程度更高，因此存在等级制。部落的谢赫（Sheikh，即苏丹）只是名义上的首领，没有实际权力。

强烈的个人主义以及严酷的生存环境也使索马里社会冲突频发。英国人类学家普理查德提出的"平衡–敌对理论"（balance-opposition）同样适用于索马里，即索马里人以及不同层次的部落组织为了维持独立和平衡，因此倾向于相互敌对，以免使自身丧失自由。索马里部落社会组织之间矛盾频发，特别是部落和个人往往因为水源和牧场发生冲突。当冲突发生后，敌对双方按照宗族关系结成两大相互对立的群体，进行血亲复仇。有时小的矛盾可能引发大规模的冲突。只有遭遇共同的外部威胁，不同的部落组织才可能暂时联合。索马里的谚语对此有着形象的描述：我和我的氏族反对世界，我和我的兄弟反对氏族，我反对我的兄弟。[②]

---

① I. M. Lewis, Said Samatar, *A Pastoral Democracy: A Study of Pastoralism and Politics among the Northern Somali of the Horn of Africa*, p.1.

② 在中东的阿拉伯部落中也存在类似谚语。

索马里人还具有强烈的共同体观念。在严酷的社会和自然环境中，个人的生存依赖特定的血缘群体。因此，同一部落或家族事实上就是一个“命运共同体”。决定政治倾向和在某些问题上立场的不是是非曲直，而是血缘关系。部落组织提供集体安全，决定能否结成联盟，也决定着个人的社会地位。个人与部落组织一荣俱荣、一损俱损。

索马里部落社会属于所谓的“分支型社会”，整个社会沿着宗族的界限，裂变为大小不一的部落组织。这些组织以及个人之间相互平等、互不隶属。但是，索马里社会的上述特质本身也是整个社会统一性的体现。特别是，作为索马里人共同信仰的伊斯兰教和近代以来兴起的民族主义为当代索马里社会乃至民族认同提供了重要的历史资源。

国旗和国歌

14 世纪之后，索马里的伊法特（Ifat）和阿居兰（Ajuran）苏丹国主要以新月为旗帜，作为国家的象征。1960 年，索马里摆脱英国和意大利的殖民统治独立和统一后，采用利班（Mohammed Awale Liban）设计的国旗。该旗帜背景为浅蓝色，中央配之以白色五角星，索马里人称为“统一之星”，象征索马里的统一，即所有索马里人所有聚居区的统一。即吉布提、索马里兰、欧加登地区、肯尼亚北部和索马里南部（前英属索马里）的统一。这客观上反映了索马里政府具有大索马里（Great Somalia）民族主义的色彩，对索马里与埃塞俄比亚、吉布提和肯尼亚关系造成了消极影响。国旗的浅蓝色背景最初来自于联合国旗,寓意在联合国的主导下,索马里实现独立。但如今蓝色背景主要指印度洋和索马里蓝色的天空。

索马里独立之后，索马里的国歌由意大利作曲家朱塞佩·布朗所作，但国歌既没有歌词，也没有名称。2000 年，索马里过渡国民政府将《索马里人，起来》（“Soomaaliyeey toosoo”）定为国歌。这首歌曲起源于 20 世纪 40 年代，为索马里人所作，在索马里长期流传。这首歌曲歌词强调索马里人的团结，反对索马里社会的相互敌对。这在一定程度上也反映了索马里独立之后面临的社会分裂的严峻挑战。2012年，索马里临时宪法规定，以《赞颂国旗》（“Qoloba Calankeed”）取代《索马里人，起来》作为国歌。这首国歌更加强调国旗对于索马里民族认同的作用。

1977年，吉布提摆脱法国的殖民统治宣告独立，设立了本国的国旗。它为浅蓝、绿色和白色三色旗，左侧中央印有红色五角星。浅蓝代表天空，象征索马里族中的伊萨人（Issa Somalis）①；绿色代表大地的植被，象征阿法尔人；白色代表吉布提两大民族的和平。左侧的红色五角星象征为吉布提独立而牺牲的烈士，以及吉布提的民族团结。吉布提独立之后也设定了国歌，称为《吉布提》，歌词主要在歌颂吉布提的国旗，阐释国旗的内涵。

科摩罗国旗由一个绿色三角形以及黄色、白色、红色与蓝色的色调所组成，绿色与新月象征伊斯兰国家，也代表国名为“月亮群岛”之意；四颗五角星以及四横条都是代表组成国家的四大岛：黄色代表莫埃利岛，白色代表马约特岛，红色代表昂儒昂岛，蓝色代表大科摩罗岛。环绕的文字是法文与阿拉伯文国名“科摩罗伊斯兰联邦共和国”，底部的文字为“团结、正义、进步”。

科摩罗国徽呈圆形，圆面中央是八面扇形图案，周围由文字构成圆环。上半圆用法文、下半圆用当地文字写着“科摩罗伊斯兰联邦共和国”。文字由绿色月桂枝叶环绕，下端用法文写着“团结、正义、进步”。八面扇形图案上绘有一弯新月，新月上有四颗五角星。星月象征科摩罗信奉伊斯兰教。科摩罗的国家格言是“团结，正义，进步”（Unité, Justice, Progrès）。

---

① 与索马里国旗的颜色相同，可见吉布提与索马里两国的索马里族具有较为强烈的认同感。

政治生态

在古代，索马里与吉布提作为非洲之角的两个国家，存在于同一文化区域。公元前1万年左右，该地区已产生了独特的早期文化形态。但是，非洲之角的早期文明缺乏文献记载。一些国外学者认为，古埃及文献中的蓬特指的是索马里，但仍然存在争议。根据已有的文献和考古证据，在希腊化时代，非洲之角沿海地区形成了许多城市国家，进入了文明时代。在印度洋尤其是红海贸易中，非洲之角具有重要地位，它在与希腊、罗马、阿拉伯半岛和印度的交往中，形成了独特的文明。

伊斯兰教诞生后，逐渐传入非洲之角。与此相伴随，大量阿拉伯和波斯移民到达此地，不仅将新的宗教文化带到这里，而且也深刻地改变了非洲之角的历史发展轨迹。索马里开始认同于阿拉伯-伊斯兰文化，并且将自身的起源追溯到阿拉伯移民。伊斯兰教传入后，非洲之角逐渐形成了一系列地方性的苏丹国，后者联合奥斯曼帝国开始与信仰基督教的埃塞俄比亚长期争雄。但是，随着地理大发现以及西方的崛起，葡萄牙、英国、法国和意大利纷至沓来，非洲之角逐渐被纳入西方的殖民体系。吉布提成为法国的殖民地，而意大利和英国则分别统治着索马里的南部与北部。索马里与吉布提由此呈现出不同的历史发展轨迹。

西方国家对非洲之角的殖民统治客观上强化了当地的民族认同，并且激发了民族主义运动。1960年，索马里北部和南部分别脱离英国和意大利的殖民统治，宣告独立，双方于1960年7月合并成立了索马里共和国（Somali Republic）。索马里的民族独立运动也鼓励着吉布提人。1958年和1967年，吉布提两次举行全民公决，以决定独立建国还是继续接受法国人的统治。索马里族希望通过独立最终与索马里合并，阿法尔人则对此反对，倾向于接受法国人的统治。在法国殖民当局的策动下，吉布提未能独立。1977年，吉布提举行第三次全民公决，98.8%的民众支持独立。吉布提最终摆脱法国的殖民统治，宣告独立建国。

索马里和吉布提独立后呈现相似的历史发展轨迹。索马里独立之初确立了议会民主制度。但是，索马里缺乏相应的政治组织，虽然政党众多，但大都基于地方性的部落与家族，政治主张狭隘。部落主义和地方性的认同对于索马里的现代化进程造成了严重的影响。特别是，历史上索马里南方和北方具有不同的经济环境和政治文化，两者长期分裂。因此，在索马里统一后，两者的矛盾十分尖锐。索马里独立之初，政治秩序紊乱，社会冲突不断。1969 年，穆罕默德·西亚德·巴雷发动军事政变，建立了索马里民主共和国（Somali Democratic Republic）。西亚德奉行类似于阿拉伯民族主义的主张，确立了索马里革命社会主义党（Somali Socialist Revolutionary Party）一党制的威权主义体制，对内实行高压政治，在外交上倒向苏联，与埃塞俄比亚和肯尼亚存在严重的领土冲突。1991 年，索马里的反对派发动政变推翻了西亚德的统治，索马里由此陷入长期的动荡之中。如今，索马里严重分裂，大致出现了三个主要的政治实体:

（1）西北部的“索马里兰共和国”，大致相当于原英属索马里。1991 年，索马里兰废除与索马里南部的统一法案，宣布独立，首都位于哈尔格萨。索马里兰事实上处于独立的状态，并且一直寻求国际社会的承认。

（2）东北部的“邦特兰国”（Puntland）。邦特兰位于索马里兰的东部，毗邻亚丁湾，首府为加洛韦（Garowe）。1998 年，邦特兰制定了宪法，宣布建立自治国家。邦特兰仍然将自身视为索马里的一部分，并且主张索马里的统一。

（3）摩加迪沙政权。索马里内战爆发后，首都摩加迪沙成为各派武装争夺的对象。2004 年以来，政治伊斯兰力量“伊斯兰法院联盟”崛起，并且一度控制了摩加迪沙。

此外，2002 年，索马里西南地区建立了所谓的“索马里西南国”（South West State of Somalia）。该地区承认索马里临时政府的主权，属于索马里联邦的一部分。其政权建设相比索马里兰和邦特兰存在很大差距。

如今，索马里中央政府形式上对除索马里兰和邦特兰之外的地区具有主权，但在现实中仍然十分虚弱。军阀、地方部落以及政治伊斯兰仍然是索马里政治的主导者。而索马里兰和邦特兰的政治发展依然受到部落力量的深刻影响。

吉布提独立之初实行多党的议会民主制度。1979 年，吉布提总统古莱德·阿普蒂敦（Hassan Gouled Aptidon）废除多党制，建立了“争取进步人民联盟”（People's Rally for Progress）的一党制政府。此后的十年间，尽管吉布提保持着政治稳定，但却存在严重的隐患。古莱德以及“争取进步人民联盟”属于索马里族的伊萨克部落。索马里族对于权力的垄断引发了阿法尔人的强烈不满。1991 年，两者爆发内战。2001 年，吉布提实现全面和平，并于 2002 年实行多党制，但出自“争取进步人民联盟”的伊斯梅尔·奥马尔·盖莱（Ismaïl Omar Guelleh）长期执政。如今，吉布提的政局较为稳定。

科摩罗最早的居民为阿拉伯人和马达加斯加人。公元初年阿拉伯人控制了这里。19 世纪上半叶，法国人开始入侵科摩罗。到 1912 年，科摩罗四岛正式沦为法国殖民地。1975 年 7 月 6 日，科摩罗宣布独立，成立科摩罗共和国。1978 年 10 月 22 日，改国名为科摩罗伊斯兰联邦共和国。1990 年 3 月，赛义德·穆罕默德·乔哈尔（Said Mohamed Djohar）当选总统，组成科独立以来的第一个多党联合政府。

1995 年 9 月，科前总统卫队长、法国人德纳尔发动军事政变，科摩罗政治进入了动荡期。1997 年 7 月，昂儒昂岛要求脱离科摩罗归属法国，10 月宣布独立，这是对科摩罗统一的严峻挑战。1999 年 4 月 30 日，科军参谋长阿扎利上校发动军事政变上台。2001 年 2 月，科政府、反对党、昂岛当局等 9 方签署《科摩罗和解框架协议》，科全面民族和解进程正式启动。2002 年 3—4 月，科举行全国大选，阿扎利当选科联盟总统。2016 年 2—5 月，科摩罗举行两轮总统选举，前总统阿扎利当选新一任联盟总统。2018 年 2 月，科摩罗举行全国对话协商大会，在改革总统轮任制、取消副总统职位、取消宪法法院等方面取得共识。科摩罗政治向平稳方向发展。

经济环境

索马里独立后，开始着力发展民族经济。特别是，1969 年，索马里民主共和国建立后，开始效仿苏联模式，加强国家对经济发展的规划与干预，发展公有制经济。索马里政府不仅将索马里航空、银行、工业企业等外国或私人资本控制的企业国有化，而且控制农牧产品、工业品和药品等的生产与销售。同时，索马里还制订五年发展计划或三年发展计划，实行农牧业和渔业的生产合作，组建国有企业。这些政策推动了索马里民族经济的发展，在一定程度上减轻了对西方国家的依赖。摩加迪沙作为工业中心，能够生产香烟、火柴和小型船只，组装拖拉机等。但是，由于自然环境恶劣，以及缺乏资金、技术和高价值的矿产资源，索马里并未改变落后状况，也未能建立自己的工业体系，已有企业的产量也非常低，难以满足国内的需求。索马里仍然是一个以农牧业为主导的国家。尤其是，1991 年以来，索马里内战造成中央政府虚弱，大量人口流离失所，金融体系崩溃，基础设施遭受破坏，营商环境进一步恶化。索马里经济遭受进一步的打击。

如今，索马里是世界上最不发达的国家之一。据世界银行统计，51% 的索马里人日均支出低于 1.96 美元，处于贫困状态；31% 的索马里人处于绝对贫困状态。[①] 索马里的国民经济总量只有 70.52 亿美元，人均国民生产总值仅为 480 美元。[②] 索马里经济上仍然是一个传统国家。农业是索马里最重要的经济部门，占到 GDP 的 60%，以及出口商品的 50%。但是，大多数索马里人口从事的却是畜牧业，以

① The World Bank, "Somalia's Economy at Glance", https://www.unicef.org/esaro/2016-UNICEF-Somalia-Poverty-Profile.pdf, Aug. 2019, 2020-4-26.

② 中华人民共和国外交部：《索马里国家概况》，https://www.fmprc.gov.cn/web/gjhdq_676201/gj_676203/fz_677316/1206_678550/1206x0_678552/, 2019 年 7 月，引用时间：2020 年 4 月 26 日。

游牧或半游牧为主。工业仅占 GDP 的 7.4%。[①] 工业也主要以纺织、制糖等轻工业为主。在贸易方面，索马里主要向阿拉伯国家出口牲畜、香蕉、皮革、乳香、没药等，而索马里的生活用品和消费品几乎都来自于进口。索马里中央政府的主要收入来自于外部援助和侨汇等，没有自给能力。2017 年，索马里中央政府的债务占本国 GDP 的 76.7%。[②]

吉布提也是世界上最不发达的国家之一。在独立之初，吉布提经济发展较快。1991 年内战爆发后，吉布提的经济受到重创。直到 2000 年之后，吉布提的经济有所复苏，国家借助吉布提港重要的国际贸易地位，加大对于第三产业的扶持力度。如今，吉布提国民生产总值为 19.35 亿美元，人均为 2015 美元。[③] 相较于索马里，吉布提的自然环境更加恶劣，不适宜农业和畜牧业。加之吉布提国土狭小，人口不足百万，缺乏能源和矿产。因此，吉布提也不宜发展工业。由于吉布提地处亚丁湾，是连通红海和阿拉伯海的要冲，在国际贸易中具有重要的地位。吉布提独立后，服务业和贸易成为吉布提的支柱产业。吉布提 95% 的农产品和工业用品依赖进口。[④]2017 年，在国民生产总值占比中，农业占 2.4%，工业占 17.3%，服务业占 80.2%。[⑤] 服务业主要是服务港口贸易以及外国的海军基地的餐饮业、租赁、通讯和零售等行业。但是，吉布提仍然未能很好地利用港口带来的商机，经济发展较为滞后。2017 年，吉布提的失业率高达 40%，贫困问题严重。[⑥]

---

① The World Factbook, “Somalia”, https://www.cia.gov/library/publications/the-world-factbook/geos/so.html, Mar. 16, 2020，2020-4-26.

② “Somalia Economy 2019”, https://theodora.com/wfbcurrent/somalia/somalia_economy.html, Jan. 27, 2020，2020-4-26.

③ 中华人民共和国外交部：《吉布提国家概况》，https://www.fmprc.gov.cn/web/gjhdq_676201/gj_676203/fz_ 677316/ 1206_ 677872/1206x0_677874/，2019 年 8 月，引用时间：2020 年 4 月 26 日。

④ 同上。

⑤ The World Factbook, “Djibouti”, https://www.cia.gov/library/publications/the-world-factbook/geos/dj.html，Apr. 1, 2020，2020-4-26.

⑥ Ibid.

科摩罗国家弱小，经济发展水平很低。全国无矿产资源，水力资源匮乏。工业基础薄弱，规模很小，主要为农产品加工业。科摩罗是典型的农业国，80%的人口生活在农村，70%的劳动力从事农业生产。全国可耕地面积7万多公顷，主要粮食作物为水稻、玉米和薯类。粮食不能自给，需从国外进口。香草、丁香、鹰爪兰等经济作物是外汇收入的主要来源。渔业资源较丰富，主要鱼种为金枪鱼、红鱼和青鱼。但由于生产工具落后，科摩罗人只能在近海捕捞，捕鱼量不能满足国内需要。旅游资源丰富，海岛风光秀美，伊斯兰文化鲜明，但旅游资源尚待充分开发。财政收入主要靠税收和外国援助，赤字居高不下。截至2017年底，科摩罗外债总额1.9亿美元。外贸在科摩罗经济中占重要地位。2017年对外贸易总额2.3亿美元。外贸连年逆差，生活用品几乎全部依靠进口。基础设施建设基本依靠外援，法国是最大援助国。2018年，科摩罗国内生产总值为7亿美元，人均国内生产总值为860美元。据《2018年人类发展报告》人类发展指数（HDI）统计，2018年科在全球188个国家和地区中居第165位。[①] 2017年，科摩罗政府提出“2030新兴国家”发展战略，拟重点推进水资源开发和道路、港口等基础设施建设，改善卫生和教育体系，发展数字化和创新技术，但该战略受到多种因素的制约。

① 中华人民共和国外交部：《吉布提国家概况》，https://www.fmprc.gov.cn/web/gjhdq_676201/gj_676203/fz_ 677316/ 1206_ 677872/1206x0_677874/，2019年8月，引用时间：2020年4月26日。

第一章 索马里的早期文明

索马里是亚非文化交往之间的十字路口。[①]上古索马里有自己的文字，但如今仍未能释读。对于索马里史前的历史主要依据的是考古学、古埃及、古希腊和罗马的文献，只能够从侧面了解当时索马里历史的梗概。这里需要指出的是，历史上，索马里与吉布提属于同一文化区域，索马里的主体民族索马里族和吉布提的阿法尔人同根同源，并无本质区别。

一、索马里文明的曙光

索马里的史前文化

索马里具有口述史的传统，索马里人通过诗歌、传说、故事和歌曲等形式，以口耳相传的方式，传承部落的谱系、历史上的英雄和圣迹等。他们往往将本民族、部落的历史追溯至公元 7 世纪伊斯兰教的传入和早期阿拉伯移民。在殖民统治时期，西方学者也将索马里文明的源头指向阿拉伯 - 伊斯兰文明。因此，长期以来，索马里在前伊斯兰时代被认为没有历史。20 世纪中后期，随着索马里民族主义的兴起，索马里人也开始强调本土悠久和独特的文明。但是，

① Mary Jo Arnoldi, "The Artistic Heritage of Somalia", *African Arts*, Vol. 17, No. 4, 1984, p.24.

由于缺乏明确的文献记载，索马里早期文明湮没无闻。[①]

事实上，索马里濒临红海，是古代亚洲和非洲海上贸易的集散地，也是周边文明的汇聚和交往之地。根据近年来的考古发现，至少在旧石器时代，人类已在此繁衍生息，索马里具有东非地区最早的墓葬。可以说，索马里是非洲最早的人类聚居区之一，具有十分古老的文明。[②]20世纪七八十年代以来，西方学者对索马里尤其是北部地区进行了大量考古发掘，发现了100多处史前遗址。[③]根据考古发现，索马里以及非洲之角是现代人类的摇篮之一，并且在索马里发现了大量史前的岩画、巨石遗址、城镇遗址、文字、墓葬等。这也揭开了索马里早期文化的面纱。早在旧石器时代，索马里已具有人类活动的痕迹。索马里东北部的哈尔格萨曾发现阿舍利文化时期的石器遗存，距今约1.2万至4万年。在索马里南部的巴尔达尔地区（Bardale）也发现了大量史前的墓葬，大致可以追溯至公元前4000年。英国和澳大利亚的一些博物馆藏有许多索马里史前的石斧。

拉斯·吉尔文化

2002年法国考古学家在索马里西北部哈尔格萨[④]城郊拉斯·吉尔（Laas Geel）[⑤]发现的岩画最具代表性。[⑥]事实上，索马里当地居民早已发现这些岩画，但是他们感到不解和恐惧，认为是邪恶之地，敬而远之。考古学家认为该遗址大致出现于公元前1.5万年到公元前8000年，[⑦]属于旧石器时代晚期和新石器时代早期。这些岩画是

① Abdurahman Abdullahi, *Making Sense of Somali History*, Vol.1, Adonis & Abbey Publishers, 2017, p.37.

② Sada Mire, "Mapping the Archaeology of Somaliland: Religion, Art, Script, Time, Urbanism, Trade and Empire", *African Archaeological Review*, Volume 32, Issue 1, 2015, p.114.

③ Ibid., pp.116–119.

④ 哈尔格萨如今为索马里兰的首府。

⑤ 拉斯·吉尔为"骆驼的水源"之意。

⑥ 在索马里北部的拉斯·赫雷（Las Khorey）和艾拉尤（Elaayo）地区也发现了大约距今2000年的大量岩画。

⑦ 学术界对于这些岩画的年代的认识并不统一，也有学者认为该遗址介于公元前4000年到公元前3000年。

非洲最古老的岩画之一，有人认为是非洲保存最好的岩画。

拉斯·吉尔遗址主要包括洞穴中的岩画、墓碑遗址和城镇遗址。拉斯·吉尔的岩画主要以动物为主，包括牛、长颈鹿、羚羊、狗、骆驼等，同时还有人物和文字。在岩画中，牛戴着装饰性的项圈，穿着盛装。岩画中的人一般高举双手，站在牛的身前，膜拜母牛，但体形矮壮，与现代索马里人瘦高的体形差异明显。如今，索马里北部地区已发现拉斯·吉尔同时期的岩画 100 多处。尽管岩画分布十分广泛，但却具有类似的特征，主要包括：动物和人物的造型类似，大都以颜料作画而非雕刻，色彩多样、鲜艳，甚至有 10 种左右的色彩，牛大都具有装饰，兼具游牧和定居文化。从这些遗址来看，当时索马里北部地区生产力已有一定的发展，产生了较为专业的工匠，能够进行专业的绘画。同时，索马里人在狩猎的同时，已完成了对牛、羊和狗的驯养，很可能将牛作为宗教崇拜的对象。索马里人以游牧作为主要的生产方式，也可能存在定居文化。一些遗址中甚至出现了太阴历和文字，历法以 28 天为一个月，文字如今还没有获得释读。岩画中出现的长颈鹿等动物在如今的索马里已基本不复存在，说明当时的自然环境要好于现在。这些文化的创造者无从探知，但从岩画中人物推测可能与现代索马里人有所不同。①

疑窦丛生的早期文明

索马里动荡的局势使相关的考古发掘和科学研究难以深入展开。索马里的早期民族和历史仍然存在诸多的疑点。例如，哪些民族创造了索马里早期文明？他们与后来的索马里人存在何种关联？索马里早期文明是游牧还是农耕文明？索马里早期问题与周边文明具有何种联系？索马里早期文明为何衰亡？但从整体上看，这些考古发现打破了之前人们对于索马里早期历史的认知。西方学界长期认为，索马里人源于埃塞俄比亚南部，他们于公元 1 世纪左右向北迁入索

① Raphael Chijioke Njoku, *The History of Somalia*, London: Greenwood Press, 2013, pp.28–29.

马里。索马里口头传说则认为，索马里人源于阿拉伯人，并非索马里本土民族。从上述考古发现不难看出，在距今1万年前，索马里已出现了人类文明的曙光。[①]从语言学上看，索马里人与埃塞俄比亚的奥罗莫人和吉布提的阿法尔人同源，都属于库希特语族（属于闪含语系），公元7000年前已在非洲之角繁衍生息。

故此，索马里是非洲东北部较早诞生文明的地区，东北非最早的游牧民便出现于此。索马里文明的上限远不止是本土口述传统中的阿拉伯－伊斯兰起源。索马里的早期文明也是文明交往的结果。索马里当时处于埃塞俄比亚和也门之间，后两者的文明深刻地影响了索马里。索马里的岩画本身具有埃塞俄比亚－赛伯伊风格（Ethio-Sabaean）。当时，索马里的墓葬习俗以石墓为主，并且建造墓碑和纪念碑，这与埃塞俄比亚如出一辙。索马里作为海上贸易和文明交往的中介，其文明随着周边地区文明的迅速发展而呈现辉煌。

二、蓬特之地与埃及文明的影响

蓬特之地

随着埃及、阿拉伯半岛南部和希腊文化的迅速发展，与这些地区邻近的索马里同样受到影响，与上述地区进行广泛的贸易和文化交往，进而推动了索马里本土文明的发展。如今，一些考古学家在索马里发现存在金字塔式的建筑、遗弃的城市、古埃及的文物、石墙等。[②]这也体现出古代索马里与埃及等周边文明的密切联系。有些学者认为，在公元前3000年，苏美尔的文献中最早提及索马里，将之称为“梅鲁哈的黑土地”（Black Land of Meluha），当时的一些

---

① Raphael Chijioke Njoku, *The History of Somalia*, p.13.

② Sada Mire, “Mapping the Archaeology of Somaliland: Religion, Art, Script, Time, Urbanism, Trade and Empire”, *African Archaeological Review*, Volume 32, Issue 1, 2015, p.126.

索马里人到美索不达米亚进行贸易。[①]对于上古索马里的记载更多见于埃及文献。最值得一提的就是“蓬特之地”（Land of Punt）。“蓬特”仅在古埃及文献中有所记载。长期以来，学界对于“蓬特”的具体位置莫衷一是。埃及人认为，穿过东部沙漠，沿红海南下便到达蓬特。大致来说，有也门、黎凡特地区、红海西岸等不同说法。尽管蓬特有文字存世，但仍然无法释读，无助于解开“蓬特之谜”。

近年来，越来越多的学者开始认为蓬特的地理位置可能位于从厄立特里亚到吉布提、索马里北部，再到埃塞俄比亚东北部的广阔的空间。2010 年，埃及和美国学者对两只源于蓬特的古埃及狒狒木乃伊进行基因测序，结果表明这些木乃伊与当今东北非的狒狒十分相似，而与阿拉伯半岛的狒狒存在明显差异。近年来，波兰考古学家对古埃及文献中源于蓬特的蛇鹫进行研究，也得出了类似的结论。

一些西方学者进一步指出，蓬特可能位于如今索马里的东北部海岸。他们认为埃及文献和壁画中呈现的蓬特习俗与索马里东北部地区高度相似。此外，一些学者通过语言学的方法比较古埃及语和现代索马里语，发现许多单词相似。例如，歌曲（Hees）、狮子（Aar）、倾诉（Shub）、权杖（Usha）、圣人（Neder）、礼物（Hibo）、怨恨（Tuf）、河流（Webi）等。古代索马里人将这一地区称为“Bunn”，[②]该词来自于古埃及的“Pwenet”。希腊人又将“Pwenet”称为“Opone”，后者是索马里的古城。如今，索马里东北部地区称为“邦特兰”（Puntland）。蓬特逐渐成为当代索马里历史记忆的重要组成部分。蓬特的相关记载主要集中在埃及的文献当中。“蓬特之地”在古代埃及意指“诸神之地”（Ta-Netjer）。古代埃及宗教中的某些神灵来自于蓬特，如生育之神“比斯神”

---

① Ali Abdilahim Hersi, *The Arab Factor of Somalia History*, University of California, Ph D. Dissertation, 1977, p. 43.

② 如今索马里人仍将这一地区称为“Bunni”，甚至一些索马里人仍以古代埃及的神起名字。

（Bes）。古埃及从蓬特大量进口的没药和乳香在当时主要产自索马里北部和阿拉伯半岛南部。[①] 蓬特则从古埃及购得珠宝、工具和武器等。一些古代埃及人甚至认为，他们的祖先来自蓬特，后来顺尼罗河而下到达下埃及。蓬特在古代埃及以物产丰饶而闻名，埃及与之存在密切的贸易联系。

埃及与索马里早期文明

索马里人于公元前3000—前2000年驯化了单峰驼，并且将此传往埃及和马格里布地区。这极大地推动了古代北非，尤其是穿越撒哈拉沙漠的贸易。当时，非洲之角的先民已开始从事于当时的红海贸易，与古埃及具有一定的贸易联系。古埃及文献仅对蓬特进行粗略的记载，只能通过这些内容窥探蓬特的一些情况。蓬特是古埃及进口没药、黄金等奢侈品的重要地区。[②] 埃及与蓬特的联系最早可以追溯到第四王朝时期，埃及从蓬特进口黄金。第五王朝的法老萨胡尔（Sahure，公元前2458—前2446年）曾派遣使团到达蓬特。当时的帕勒莫石碑就记载了萨胡尔统治时期，埃及从蓬特进口8万单位的墨香，6000单位的金银矿，2.302万单位的乌木等商品。[③] 此后，埃及与蓬特的贸易不绝如缕。中王国时期，埃及更是将蓬特称为“矿产之地”。埃及从蓬特进口大量的没药和乳香。正如当时的文献《一个海上遇难者的故事》中所记载的故事，一条大蛇自称来自蓬特，声称所有的没药都属于它，蛇将遇难的埃及船员送回埃及，并赠送给他大量的香料、动物和奇珍异宝。[④]

新王国时期，蓬特与埃及的交往愈加频繁。特别是，在十八王朝女法老哈特谢普苏特（公元前1503—前1482年）的德巴哈

① Richard L. Smith, *Premodern Trade in World History*, London: Routledge, 2009, p.91.

② 进口的没药和乳香主要用于宗教领域。这两种商品原产于索马里和阿拉伯南部，被视为“最古老和最珍贵的商品”。

③ Jacke Phillips, “Punt and Aksum: Egypt and the Horn of Africa”, *The Journal of African History*, Vol. 38, No. 3, 1997, p. 426.

④ Ibid., p. 429.

里神庙（Deir el-Bahri）存世的碑文、石刻和壁画首次较为直观和生动地呈现了蓬特地区的物产和文化。这也成为认识蓬特的最重要资料。哈特谢普苏特创立红海舰队，负责与红海地区的贸易。她曾派遣 210 人、5 艘船只出访蓬特。当时的埃及人认为爱神哈托尔（Hathor），甚至认为古埃及的文化也来自蓬特。当时的埃及人同样通过红海达到蓬特。浮雕中还出现了蓬特国王帕拉胡（Parahu）和王后阿提亚（Atiya），他们的身边堆放着没药、金戒指、乌木等蓬特的商品，接见到达蓬特的埃及人。除此之外，在碑文中还记载了一些其他蓬特的商品，如药草、象牙、黄金、木材，以及狒狒、猴子、猎犬、牛、皮革、奴隶等。[①] 埃及人将携带的布、武器和装饰品换取蓬特的商品。

当时埃及的资料同样对蓬特地区风土人情有所记载。在相关的壁画中，蓬特的背景呈现粉色，象征着该地沙漠型的气候。同时，在壁画中还有很多植被、长颈鹿、犀牛、山羊和多种鸟类。蓬特人的房屋呈悬空状、编制而成，房屋底部由木头支撑，人们通过梯子进入房间。房间下面的镂空部分由编织物围挡，可能用于养殖牲畜。这或许反映了蓬特处于海边，土地潮湿、地势低洼。这种建筑样式也有助于预防蚊虫，以及其他动物的侵扰。当时，蓬特人是以放牧为生的游牧民。

在壁画中，蓬特人体形纤瘦，皮肤呈黑色、面容俊俏、鼻子挺拔、英勇善战，类似于现代索马里人，而与拉斯·吉尔壁画中的索马里人显著不同。但是，蓬特王后阿提亚和公主身形肥胖。蓬特男性穿着分叉的裙子，有些人留着长发和长胡须，与当时的埃及人外形上明显不同。

哈特谢普苏特建立的与蓬特的联系一直持续到新王国后期。这也显示出蓬特文明长期兴盛。图特摩斯三世统治时期（公元前 1479—前 1425 年）的一些文献记载了埃及与蓬特贸易，以及蓬特

① Jacke Phillips, “Punt and Aksum: Egypt and the Horn of Africa”, *The Journal of African History*, Vol. 38, No. 3, 1997, p. 430.

人出访埃及，并向埃及进贡的情形。但是，蓬特人在当时的壁画中已经“埃及化”，与哈特谢普苏特时期的蓬特人已不一样。这可能是当时工匠的臆造。拉美西斯三世时期（公元前1186—前1155年），埃及曾向蓬特派遣商队。当时的文献记载道：埃及人带回了他们想要的商品，从海上和陆上满载而归。这也成为迄今发现的蓬特与古代埃及进行贸易的最后记载。第二十六王朝时期（公元前664—前525年），当时的一些碑文对蓬特有所记录，此后蓬特基本上在古埃及文献中消失。

蓬特文明的交往性特征

蓬特与古代埃及具有1500余年的交往史，但限于存世的资料稀少，只能通过古埃及文献对蓬特进行简单勾勒。学界甚至对蓬特明确的地理范围都莫衷一是，对于蓬特的政治制度、王朝更替、经济生活、社会文化、宗教信仰等历史的细节更是无从知晓。事实上，蓬特这一概念在历史上本身也存在变化，不同时代囊括的地理范围不一。蓬特更多是古代埃及人对于红海南部沿岸地区的认知和想象，也是与古代埃及存在贸易关系的历史地理名词，而非特定的国家或文明。在古埃及人眼中，蓬特在某种意义上等同于没药。如今一般认为，蓬特由一些红海沿岸的城市国家构成，不仅出产没药、乳香等香料，而且还是从阿拉伯半岛、印度到非洲贸易的重要中介。可以说，蓬特通过与古埃及及其他周边先进文明的贸易联系，进而跨入了文明的门槛。古埃及文明对索马里的影响持续至今。现在索马里游牧民使用的木枕称为“Barshin”或者“Barshi”，而在古埃及称为“Barsi”。索马里如弓箭等一些武器和打猎工具的称谓，当代索马里流行的圆篷式的发型等也与古埃及类似。[①] 从整体上看，在上古埃及时期，东非地区尤其是红海西岸的蓬特是非洲大陆贸易，乃至亚非之间的贸易和交往的十字路口。[②] 这在希腊、罗马时代和伊斯

---

① Ali Abdilahim Hersi, *The Arab Factor of Somalia History*, pp. 69–70.

② Richard L. Smith, *Premodern Trade in World History*, pp.44–45.

兰化时期同样有所体现。

三、印度洋贸易中的索马里

希腊化时代的索马里

红海及其南部的印度洋在历史上称为厄立特里亚海（Erythraean Sea）。希腊罗马时代，人类的文明交往进入新时期，红海乃至印度洋贸易迅速发展。索马里是沟通这些海上贸易活动的重要节点，同时也是希腊、罗马、非洲、印度乃至前伊斯兰时代阿拉伯文化交往的十字路口。由于索马里本土文献阙如，无法深入了解索马里这一时期的历史变动，只能通过古代希腊和罗马文献，以及近年来的一些考古发现，廓清希腊罗马时代索马里与周边文明交往的梗概。

法老文明时代，索马里文明的轮廓仍然晦暗不清，甚至无从确认索马里进入了文明时代。在希腊罗马时代，索马里作为印度、阿拉伯南部地区和非洲香料贸易的中转站，已较为清晰地呈现于希腊和罗马的文献中。擅长航海的希腊人早已发现了索马里。一些西方人认为，希罗多德在《历史》中记载的长寿民族（Macrobians）就是索马里人。[①] 据称，他们处于希腊所认识的世界的最南端（埃及的南部）；由于饮食中含有奶和肉，寿命可达 120 岁。希罗多德认为，他们是全人类身材最高、最英俊的一族，他们以身高最高、力量最强者为王。[②] 这类似于古埃及人对蓬特人的描述，也与现代索马里人存在一定相似性。这些民族建立了统一的国家，善于游牧和航海，具有高超的建筑技术和财富。希罗多德称，波斯征服埃及后，国王冈比西斯曾派遣使者带着奇珍异宝劝降他们，但遭到拒绝。

在希腊化时代，索马里是东西方贸易的要冲。当时，托勒密家

① James Talboys Wheeler, *The Geography of Herodotus: Illustrated from Modern Researches and Discoveries*, London: Langman, Brown, Green, and Longmans, 1851, pp.315, 525–526.

② 〔古希腊〕希罗多德：《历史》，徐岩松译注，上海三联书店 2007 年版，第 153 页。

族统治埃及，并未将索马里纳入控制范围。托勒密王朝与塞琉古王朝长期争雄，前者为此从埃及猎象，以组建象军。[①] 而非洲红海沿岸的森林象[②] 易于驯化，因此成为托勒密王朝关注的重点。为此，托勒密王朝也在红海沿岸建立许多据点。托勒密二世在临近索马里的托勒密·塞隆（Ptolemais Theron）建立永久的据点，以便在非洲之角猎象。[③] 托勒密王朝在东非的猎象活动维持了 1 个多世纪。与此相伴随，托勒密与索马里具有了直接的贸易联系，但托勒密王朝并未直接控制索马里。在索马里南部的坦桑尼亚首都达累斯萨拉姆附近甚至也发现了铸有托勒密五世（公元前 115—前 80 年）名讳的货币。

托勒密王朝衰落后，红海贸易随之消解。而罗马帝国的崛起推动了范围更大的印度洋贸易的繁荣。罗马帝国对于东方的香料、象牙等奢侈品具有巨大的需求，棉布、铁等商品也依赖红海贸易。索马里作为印度洋贸易的重要支点，也为希腊、罗马、阿拉伯乃至印度商人所青睐。公元前 25—前 24 年，奥古斯都向红海西岸的阿拉伯半岛派遣远征军，试图打通商路，但未能成功。公元 106 年，罗马攻占红海东北岸的纳巴泰王国（Nabataeans）和希贾兹，进而沿红海而下，基本上控制了红海和亚丁湾地区，打击当地的海盗。这也为印度洋贸易的发展提供了相对安全的环境。

托勒密王朝和罗马帝国构建的帝国秩序在一定程度上推动了印度洋贸易，但公元前 3 世纪之后，阿拉伯商人却是印度洋贸易的主宰者。公元 1 世纪之后，希腊人利用季风，实现了从东非到印度的直航，削弱了阿拉伯人作为中间商的作用。这使印度商人在印度洋贸易的重要性上升。他们遍布索马里海岸，将印度的小麦、大米、

---

① 亚历山大东征时，在印度组建了象军，凸显出巨大的军事优势。塞琉古王朝继承了亚历山大的这一军种，但也切断了埃及从印度获取大象的可能性。托勒密王朝转而猎取非洲象。

② 非洲象主要有丛林象和森林象两种，前者体形高大不容易驯养。

③ Lionel Casson, “Ptolemy Ⅱ and the Hunting of African Elephants”, *Transactions of the American Philological Association*, Vol. 123, 1993, p. 248.

芝麻油、棉布、黄油和蔗糖等运往索马里，并由此销往罗马帝国。[①] 索马里商人受限于航海技术，只是印度洋贸易的参与者。他们将本地乳香、没药、龟壳以及非洲的象牙等销往近东或罗马帝国。这一时期，尽管遭到打压，阿拉伯商人仍然在印度洋贸易尤其是在索马里沿岸中占据主导地位。萨珊波斯于公元 3 世纪末崛起后，逐渐取代阿拉伯人的地位，到公元 6 世纪波斯人几乎垄断了印度洋贸易，并开始拓展在索马里海岸的影响，吞并了也门和东非沿岸的一些国家。

公元 3 世纪之后，罗马帝国急遽衰落，东非地区受到阿克苏姆王国（Aksumite）的影响。后者位于索马里北部的埃塞俄比亚和厄立特里亚，并且逐渐控制了吉布提和索马里北部地区，甚至一度占领阿拉伯半岛南部，进而呈现阿克苏姆王国与萨珊波斯在东非和阿拉伯半岛争雄的历史场景。公元 3 世纪，阿克苏姆王国铸造货币，以便扩大在印度洋贸易中的影响力。阿克苏姆王国在索马里以及红海贸易中的影响力一直持续到伊斯兰文明的兴起。

希腊人对索马里的记载

随着东西方的频繁交往，人们对于索马里的认识逐渐清晰，许多古希腊文献记载了红海沿岸的索马里城市。公元前 3 世纪，希腊地理学家埃拉托色尼（Eratosthenes）在《地理》（*Geography*）一书中记载了红海，表明当时的希腊人曾直接到达索马里。公元前 2 世纪，希腊地理学家阿伽撒尔基德斯（Agatharchides）的《论厄立特里亚海》（*On the Erythraean Sea*）则介绍了红海周边地区的地理和人文环境等。

从公元 1 世纪到 5 世纪，希腊地理学家斯特拉波、普林尼、托勒密等都曾到过索马里半岛。他们将索马里称为“巴博斯”（Barbars）。这一称谓可能源自索马里北部重要港口城市柏培拉。[②]

---

① Ali Abdilahim Hersi, *The Arab Factor of Somalia History*, 1977, p. 62.

② Abdurahman Abdullahi, *Making Sense of Somali History*, Vol.1, p.47.

特别是，公元 1 世纪的《厄立特里亚航海记》（*the Periplus of the Erythrean Sea*）[①] 明确记载了索马里沿岸的城市国家。如欧普尼（Opone）、艾斯纳（Essina）、萨拉派（Sarapion）、诺孔（Nokon）、马劳（Malao）、达莫（Damo）、摩斯隆（Mosylon）等沿岸城市。[②] 这些城市无一例外都以与印度和罗马贸易而闻名。印度和阿拉伯商人将南亚、东南亚和东亚的肉桂等香料运往索马里。索马里商人又通过红海将之高价卖往北非和罗马，获得了巨额的利润。因此，罗马人长期认为香料出产自索马里，将之视为“肉桂之地”、“香料之地”。[③] 近年来，东非地区发现了大量希腊化时代、罗马帝国和波斯帝国的钱币，其中索马里发现的最多。[④] 这也客观反映了当时索马里沿海城市的繁荣。

索马里的文化

从有限的文献和考古发掘中可以发现，希腊罗马时代，索马里并未形成统一的国家，没有中央集权的政府，也缺乏具有绝对权威的领导人。它主要以一些家族首领为中心，是相互独立的部落和家族构成的社会。[⑤] 索马里的文明呈现二元性的特征。一方面，索马里沿海已出现了繁荣的城市。它们由各自的首领统治，他们之间没有隶属关系。[⑥] 但是，随着周边国家的兴衰，这些城市有时受制于罗马、也门、萨珊波斯或埃塞俄比亚。也门人甚至在北部的海岸城市泽拉建立商业殖民地。[⑦] 这些城市通过与希腊、罗马、阿拉伯、印度甚至

---

① 作者佚名，为公元 1 世纪的希腊商人，本书也译为《红海环航记》。

② 萨拉派、诺孔、欧普尼就位于如今索马里的摩加迪沙、巴拉维（Baraawe）和哈丰（Hafun）。参见 Wilfred H. Schoff, *The Periplus of the Erythrean Sea*, London: Longmans Green, 1912.

③ Richard L. Smith, *Premodern Trade in World History*, p.93.

④ G. S. P. Freeman-Grenville, “East African Coin Finds and Their Historical Significance”, *The Journal of African History*, Vol. 1, No. 1, 1960, p. 42.

⑤ Ali Abdilahim Hersi, *The Arab Factor of Somalia History*, p. 179.

⑥ Ibid., p. 56.

⑦ I. M. Lewis, “Sufim in Somaliland: A Study in Tribal Islam I”, *Bulletin of School of Oriental and African Studies University of London*, Vol.17, No.3, 1955, p.589.

中国的贸易实现繁荣。同时，索马里人已能够制造海船，并且掌握了季风的规律，据此泛舟于红海之上。南部的谢贝利河与朱巴河流域已出现了农业文明和市镇。另一方面，索马里北部和中部内陆地区仍然以游牧文化为主，处于部落社会，没有形成国家。

随着索马里与周边文明交往的深化，其文化同样也受到周边文明的强烈影响。近年来，在哈尔格萨等地发现了大量刻有古代也门文字的岩画和墓葬。甚至一些学者认为，也门人前伊斯兰时代就在索马里沿岸殖民。同时，早期基督教也通过埃塞俄比亚传入索马里。索马里也出土了许多十字架的墓葬，以及用埃塞俄比亚语言书写的基督教文献。[①]索马里北部地区还发现腓尼基式的玻璃人物饰品，以及希腊－罗马式的陶器。公元5—6世纪，萨珊波斯控制印度洋贸易后，波斯的石制建筑技术、木雕技术、织布技术，以及石灰生产技术传入索马里。[②]从如今的考古发掘看，印度在索马里的文化影响反而不大。随着公元7世纪伊斯兰教的诞生以及阿拉伯人的到来，索马里的文明出现了重要的转向。

---

① Sada Mire, “Mapping the Archaeology of Somaliland: Religion, Art, Script, Time, Urbanism, Trade and Empire”, *African Archaeological Review*, Volume 32, Issue 1, 2015, pp.127–128.

② Ali Abdilahim Hersi, *The Arab Factor of Somalia History*, p. 66.

第二章　伊斯兰教与索马里文明的转向

公元7世纪兴起的伊斯兰文明迅速传至索马里，对索马里的历史与文明产生了重要影响。索马里也因此逐渐被纳入阿拉伯－伊斯兰文化圈。但是，索马里的伊斯兰化本身是漫长的过程，与之相伴随的不仅是大量阿拉伯人或西亚其他商人、传教者的到来，而且也包括索马里人的迁徙与向南部的征服，进而构筑了现在索马里的主要文明要素。在这一过程中，索马里也呈现出与前伊斯兰时代截然不同的历史风貌。

一、伊斯兰教在索马里的传播

前伊斯兰时代索马里宗教

目前，绝大多数索马里人信仰伊斯兰教，属于逊尼派的沙斐仪教法学派。索马里也是热带非洲全民信仰伊斯兰教的两个国家之一。[①]然而，伊斯兰教在索马里的传播与普及经历了漫长的历史过程，大致经历了由沿海到内陆的过程。先知的弟子最先将伊斯兰教带到索马里。此后，随着阿拉伯和波斯商人的到来，伊斯兰教在索马里沿岸地区形成迅速传播。但索马里内陆地区的伊斯兰化却是索马里人主导下完成的。这一进程直到16世纪才宣告完成。阿拉伯－伊斯

① 另一个为桑给巴尔。

兰文化的传入使索马里的文化呈现伊斯兰化的转向，在一定程度上也塑造了索马里人的阿拉伯认同观念。

在伊斯兰教传入索马里之前，索马里的北部沿海城市仍然盛行埃塞俄比亚的基督教，内陆的游牧民则以原始的万物有灵和偶像崇拜为主。索马里人属于库希特人的一支。前伊斯兰时代，索马里人宗教是具有主神的多神信仰。主神是被视为宇宙之父的扎尔（天神，Zār）[①]。包括人类在内的整个自然世界都属于扎尔。扎尔也成为索马里信仰的主神。索马里民谣对扎尔称赞道："儿童是你的，妇女是你的，牛也是你的。如果你喜欢我们的良驹，带走他们。如果我们的奴隶让你欣喜，带走他们。如果我们的妻子取悦了你，也带走她们。"[②]他们认为，扎尔通过太阳光观察世界，彩虹是扎尔的腰带，雨水是扎尔给与人类的恩赐，一些人因获得扎尔的青睐而获得控制雨水的能力。

除了主神扎尔外，索马里人认为万物有灵，太阳、月亮、山河湖海、草木、动物，甚至蛇蝎、昆虫都具有了超自然的能力。有些情况下，索马里部落与树木或动物存在精神联系，以部落母系先祖的姓名对之命名，但并非图腾崇拜。部落的瓦达德（Wadaad，即宗教人士）被认为有能力理解天神，以及人与周遭自然环境的关系。例如，他们认为，月亮和灌木具有一定的联系。当晚上灌木的落叶落到人身上，而此时恰好月亮没有出来，此人意味着将要死亡。同时，索马里传统上还盛行巫术与护身符。部落首领与神具有特殊关系，被认为具有祝福与诅咒的能力。

阿拉伯移民与南部沿海的伊斯兰化

早在史前时代，阿拉伯半岛与非洲之角已存在贸易与文化交流。[③]

① 对于扎尔的信仰存在于非洲之角和相邻的中东地区。甚至有些学者认为对于扎尔的信仰来自于伊朗。索马里的虔诚的穆斯林反对信仰扎尔，认为后者是魔鬼。Taghi Modarressi, "The Zar Cult in South Iran", in R. Prince, ed., *Trance and Possession States*, Montreal, 1986, pp. 149–155.

② I. M. Lewis, "Sufim in Somaliland: A Study in Tribal Islam Ⅱ", *Bulletin of School of Oriental and African Studies University of London*, Vol.18, No.1, 1956, p.146.

③ David D. Latin, Said S. Samatar, *Somalia: Nation in Search of a State*, Boulder: Westview Press, 1987, p.8.

在希腊罗马时代，由于阿拉伯人控制印度洋贸易，一些阿拉伯人尤其是也门人也已在索马里沿岸城市经商，并与索马里人通婚。公元570年的“象年战争”之后，埃塞俄比亚人撤离阿拉伯半岛，一些也门人追溯埃塞俄比亚到达非洲之角，后来定居摩加迪沙。但是，这一时期阿拉伯文化对索马里的影响并不大。

由于索马里与阿拉伯半岛隔海相望，伊斯兰教诞生后，很快传到索马里。索马里的“伊斯兰化”与“阿拉伯化”相伴而生。大量阿拉伯、波斯移民的到来推动了伊斯兰教在索马里的早期传播。在先知时代，一些圣门弟子为躲避麦加贵族的迫害，迁往埃塞俄比亚。公元615年，他们到达索马里北部港口城市泽拉（Zeila），[①]并在该地建造了齐卜海亚清真寺（Masjid al-Qiblatayn），[②]其中一些穆斯林留在了泽拉，当地的迪尔部落皈依伊斯兰教。一些索马里人由此认为，其先祖在公元622年的“徙志”之前就已皈依了伊斯兰教。[③]

但是，阿拉伯－伊斯兰文明最先在索马里的南部扎根。大批阿拉伯人移民索马里，其中既有对哈里发或逊尼派统治不满的宗教、政治反对派，也有在索马里寻找商机的阿拉伯人，还有一些阿拉伯人迫于阿拉伯半岛严酷的生存压力而迁往索马里。在7世纪末期，伊斯兰教真正传入索马里南部沿海地区，即贝纳迪尔海岸（Benadir Coast）[④]。公元695年，伊拉克的阿拉伯乌玛尼部落（Umani）拒绝向倭马亚王朝效忠和缴纳天课，并且支持在麦加自立的哈里发扎拜尔（Abdullahi ibn Zabair），因此遭到镇压。该部落被迫迁往索马里南部沿海地区避难。这也成为索马里最早的一批阿拉伯移民。[⑤]事实上，在此之前，索马里南岸已有一些亚洲穆斯林，但伊斯兰教的传播十分缓慢。乌玛尼部落的到来使索马里阿拉伯－伊斯兰文化

---

① Raphael Chijioke Njoku, *The History of Somalia*, London: Greenwood, 2013, p.xxii.

② 该清真寺意为双朝拜方向，即在清真寺内部存在两个朝拜用的神龛，分别朝向麦加和耶路撒冷。

③ Ali Jimale Ahmed, *The Invention of Somalia*, New York: The Red Sea Press, 1995, p.1.

④ 阿拉伯人最初将之称为僧祇（Zanj）海岸，即“黑人的土地”之意。

⑤ Ali Jimale Ahmed, *The Invention of Somalia*, p.5.

具有了支点，伊斯兰教迅速在索马里南部地区传播。此后，阿拉伯人 8 次大规模移民索马里。

贝纳迪尔海岸的索马里人更多是形式上皈依了伊斯兰教，他们的信仰和习俗混杂着大量本土的传统信仰。12 世纪中期的阿拉伯地理学家伊德里斯（Al-Idrisi）指出，在摩加迪沙以南的布拉瓦，当地居民没有任何信仰，他们将地面突起的石柱视为神灵，为之涂上鱼油，并且崇拜之。但这些部落并不食用鱼、贝类、青蛙和蛇等，在一定程度上又受到伊斯兰教的影响。[①] 如今，索马里南部地区发现了大量阿拉伯墓葬，其中的碑刻显示当时该地区有大批穆斯林。

这些穆斯林构成十分复杂，尽管阿拉伯人是主体，但也有相当数量的波斯穆斯林。例如，南部重要港口城市摩加迪沙有一个街区名为“辛佳尼”（Shingani）就是古代波斯内沙布尔的别称；当地的珊辛亚部落（Shanshiya）源自古波斯地名；贝纳迪尔在波斯语中意为“城市”或“中心”。从宗教上看，除逊尼派外，还存在大量什叶派尤其是宰德派穆斯林。公元 739—740 年，也门的一些宰德派到达贝纳迪尔海岸，并且统治这一地区长达 200 年。乌玛尼部落受此影响被迫向索马里南部内陆迁徙，到达了谢贝利河谷。如今，当地的吉勒迪部落声称来自乌玛尼部落。尽管当今索马里以逊尼派为主，但索马里人的宗教信仰中充满了什叶派的元素。这也是历史上宰德派遗留的历史痕迹。索马里人与其他逊尼派不同，将第四任哈里发阿里和法蒂玛的后代称为“阿斯拉夫”（Asharaf），并视作圣人。阿斯拉夫出生后具有神圣的光环和宗教权威。此外，索马里妇女每周还举行纪念法蒂玛的宗教活动，甚至索马里还纪念历史上的“女圣徒”。这在伊斯兰世界其他地区并不多见。此外，索马里人还将社会和政治领袖冠之以具有什叶派色彩的“伊玛目”称号。

摩加迪沙是索马里南部的传教中心和经济中心。倭马亚王朝时期，摩加迪沙已形成了城市国家，但其居民主要为阿拉伯移民。13

① Ali Abdilahim Hersi, *The Arab Factor of Somalia History*, University of California, Ph D. Dissertation, 1977, p. 118.

世纪初，阿拉伯人哈马维指出，索马里人是黑人，他们与亚洲人肤色不同，摩加迪沙主要是亚洲人而非黑人。[①]阿拉伯移民将当地的本土居民称为柏柏尔人（Berber），索马里北部重要的港口城市柏培拉也因此得名。[②]因此，摩加迪沙直到13世纪在某种意义上仍然是阿拉伯人的商业殖民地。[③]摩加迪沙是索马里南部地区的经济中心，它在很大程度上连通了谢贝利河与朱巴河流域。这两大河流沿岸存在许多市镇和农业区域，并且具有一定的农业和手工业生产。当地人能够生产一些布匹、石磨，以及粮食和皮革等。这些商品不仅用于本地，而且还出口到埃及和阿拉伯半岛。而摩加迪沙正是上述贸易的中心。伊斯兰教伴随着贸易，逐渐传入索马里南部内陆地区。

阿拉伯认同与北部沿海的伊斯兰化

与索马里南部地区相比，尽管北部地区与阿拉伯帝国毗邻，但伊斯兰教的传播反而更加缓慢。沿海城市泽拉和柏培拉是北部地区阿拉伯－伊斯兰文化的中心。阿拉伯人移民北部地区较晚，而且规模也较小。公元7—9世纪，阿拉伯人并没有索马里的地理观念，他们认为泽拉是阿比西尼亚（Abyssnia）的港口[④]和黑人的土地，信仰阿比西尼亚的基督教。该城市的穆斯林是迪米人，需要向城市统治者缴纳宗教税。13世纪上半叶，阿拉伯人哈纳维发现，这两个城市没有多少阿拉伯人，主要居民是黑人，很少有穆斯林。[⑤]索马里北部地区的伊斯兰化与阿拉伯移民相伴而生。所不同的是，南部地区大量的口述传说记叙了阿拉伯移民的到来，而北部地区的阿拉伯移民很少，更多的还是一些神秘的传说。北部的索马里人将伊斯兰教的

---

① Ali Jimale Ahmed, *The Invention of Somalia*, p.6.

② 阿拉伯人在索马里指称的柏柏尔人与北非的柏柏尔人的关系，现在还没有定论。

③ I. M. Lewis, "Sufim in Somaliland: A Study in Tribal Islam Ⅰ", *Bulletin of School of Oriental and African Studies University of London*, Vol.17, No.3, 1955, p.589.

④ 泽拉和柏培拉是阿比西尼亚商品出口贸易的重要港口。自阿克苏姆王国以来，阿比西尼亚人在索马里泽拉和柏培拉具有很大的影响力。因此，阿拉伯人将这两个城市视为阿比西尼亚的城市。

⑤ Ali Jimale Ahmed, *The Invention of Somalia*, p.7.

传播归结于三位阿拉伯圣徒。

第一位名为阿卜杜拉赫曼·贾巴迪（Sheikh Abdurahman Ibn Ismail Jabarti）。他于公元697年到达索马里东北部，[①]并娶当地迪尔部落联盟首领之女当比拉（Donbira）为妻。在索马里的传说中，贾巴迪最先在索马里游牧民众传教，并且取得了成功。如今，索马里北部的达鲁德部落联盟将贾巴迪视为先祖。艾哈迈德（Sheikh Ishaq Ibn Ahmed）是另一位圣徒。他于1104年离开巴格达到达泽拉和埃塞俄比亚的哈勒尔（Harar）传教，最终定居于亚丁湾附近的梅伊特（Meit）。索马里的伊萨克部落将他视为先祖。第三位阿拉伯圣徒为伊赫万（Yusuf Al-Ikhwan）[②]在索马里影响最大。他的事迹在索马里广为流传。一些索马里人认为，伊赫万是索马里北部的阿达勒（Adal）王国创立者的第五或第六代先祖，也有人认为他是“阿斯拉夫”，即阿里和法蒂玛的后裔。这些说法如今仍然无从证实，在某种意义上也体现了索马里人试图从伊斯兰教和阿拉伯文化中寻求历史和政治的合法性。伊赫万于12世纪中期到达索马里，并且与艾哈迈德曾会面。伊赫万引入阿拉伯元音来读索马里语的元音，进而使索马里人阅读和誊写《古兰经》更加便捷、容易。这也使伊赫万在索马里全境名声大噪。在索马里口述传统中，伊赫万被视为真主之道的传播者与捍卫者，他与不义和不信的国王作斗争的故事在索马里广为传播。索马里人甚至认为伊赫万是索马里伊斯兰化的核心人物。伊赫万的圣墓位于哈尔格萨附近，每年仍有穆斯林游访。

这三位穆斯林圣徒主要在索马里沿岸地区传教，只是在一定程度上影响了周边的游牧民，并未真正深入内陆地区。索马里关于他们的传说和事迹不乏存在杜撰的成分，并非完全是客观的历史事实。但是这同样反映了索马里伊斯兰化过程中的独特性。他们的传教活

---

① 也有人认为贾巴迪于公元13—15世纪之间到达索马里。参见Mohamed Haji Mukhtar, *Historical Dictionary of Somalia*, Maryland: The Scarecrow Press, 2003, pp.70–71.

② 也被称为“Sharif Yusuf Aw Barkhadle”，意为“被祝福的人”。

动却在很大程度上影响了索马里人的民族认同。索马里北部这些游牧部落在伊斯兰教诞生之前就已存在，它们不可能真的源于这些阿拉伯移民。事实上，在这些早期阿拉伯穆斯林的影响下，索马里北部的游牧民逐渐放弃了前伊斯兰时代的部落谱系和认同，将这些具有神圣宗教光环的阿拉伯移民纳入部落体系和传说当中，进而重新“发明”了民族与宗教认同。阿拉伯－伊斯兰文明在一定程度上将游牧部落进行了整合，打破了狭隘的部落和家族的血缘界限，进而将之纳入更大范围的伊斯兰世界。当然，随着10世纪之后，索马里北部游牧部落的扩张，以及伊斯兰教也逐渐向内陆地区传播。但是，北部地区的阿拉伯移民十分稀少，伊斯兰教在该地区的传播十分缓慢。13世纪前期的阿拉伯旅行家哈马维（Al-Hamawi）就指出，柏培拉的居民肤色很深，讲的是没有书写的语言，摩加迪沙则截然相反。①

不难发现，索马里南部和北部在早期的伊斯兰化中存在共性的特点，即都始于阿拉伯移民的到来，都具有“阿拉伯化”的痕迹，也都仅限于红海沿岸地区，并未深入内陆。但两者也存在明显的区别。随着伊斯兰教在北部地区的传播，一些索马里游牧民被整合到阿拉伯－伊斯兰文明当中，进而改变了他们的民族认同。这对于近现代索马里的民族构建和对外关系产生了深远影响。而南部地区的阿拉伯化体现在大量阿拉伯人的到来，而非本土民族认同的转向。此外，相较于南部海岸而言，伊斯兰教在北部地区的传播更加缓慢和艰难，也更难以吸引阿拉伯移民。

这一现象的出现是由多种因素造成的。首先，早期移民索马里的阿拉伯人大多是政治或宗教上的异见者，他们移民往往是为了躲避阿拉伯帝国的迫害。索马里北部沿岸与阿拉伯半岛毗邻，对于这些阿拉伯异见者或反对派而言并不安全。而南部海岸则距阿拉伯帝国的统治中心较远，统治者鞭长莫及。阿拉伯帝国共向索马里三次

① Mohamed Haji Mukhtar, *Historical Dictionary of Somalia*, p. xxvi.

派出远征军。第一次发生在公元7世纪末哈里发麦尔万时期。他派遣叙利亚将军哈斯阿米征服摩加迪沙和基卢瓦（Kilwa），从而将索马里南部海岸形式上纳入阿拉伯帝国的统治。[①]摩加迪沙向哈里发效忠，并且缴纳赋税，传播伊斯兰教。公元755年，哈里发曼苏尔曾向摩加迪沙派遣总督，以便征税和传播伊斯兰教。阿拉伯帝国另外两次远征主要是为了打击印度洋的海盗。但是，阿拉伯帝国并未对南部地区实现直接控制。事实上，索马里南部的苏丹国多次反对哈里发的统治，后者对之无可奈何。其次，伊斯兰教是城市的宗教，与城市文化相契合。当时的索马里南部沿海地区已出现了诸多城市国家，有利于伊斯兰教的传播。北部地区的城市较少，而且受到阿拉伯帝国和阿比西尼亚的影响，缺乏独立性。特别是，北部地区盛行的游牧文化以及部落习惯法与伊斯兰教存在严重的抵触。再次，索马里南部地区自然环境较好，谢贝利河与朱巴河流域十分肥沃，物产丰富。北部地区干旱少雨、炎热难耐、饥荒频发，除牛羊和骆驼等畜牧产品外没有其他物产。柏培拉和泽拉等北部港口也多风暴。[②]

伊斯兰化的本土动力

可以说，阿拉伯移民将伊斯兰教传入索马里，但也仅限于沿岸地区。伊斯兰教在索马里的传播是漫长的历史过程。14世纪，索马里的沿海地区才基本完成伊斯兰化。阿拉伯著名地理学家伊本·白图泰于1331年游历了泽拉和摩加迪沙。他发现这两个城市几乎都是索马里穆斯林，盛行伊斯兰文化。白图泰认为从泽拉到摩加迪沙，当地人没有任何不同。[③]当地的索马里人或是远渡重洋赴阿拉伯国家

① Mario I. Aguilar, “The Constitution of Somaliland: The Problem of Constitutional Generations and Clan Dissolution”, *Sociology Mind*, No.5, 2015, p.247.

② Ali Jimale Ahmed, *The Invention of Somalia*, pp.8-9.

③ 这里并非指统一的国家。伊本·白图泰可能发现了这一地区的共同性的特点或者是民族认同。参见〔摩洛哥〕伊本·白图泰：《伊本·白图泰游记》，马金鹏译，华文出版社2015年版，第145—147页。

和埃及，或是从索马里的阿拉伯人那里学习伊斯兰教义和教法。他们最终将伊斯兰教传入索马里的内陆地区，以及其他邻近的非洲社会，完成了索马里的伊斯兰化。

14 世纪之后，阿拉伯移民浪潮仍不绝如缕。在索马里的口述传统中，15 世纪有 44 位阿拉伯的谢赫从北部的柏培拉登陆，并且从不同方向向索马里内陆进发，传播伊斯兰教。[①] 柏培拉附近有座山名为“圣人之山”（Mount of Saints），据说这些谢赫曾在这里聚会，此山也因此得名。尽管索马里人如今仍对此津津乐道，但这些人的姓名大都湮没在历史之中，他们的英雄业绩更多的是索马里人的虚构想象。在索马里内陆地区，游牧文化盛行，生存环境恶劣。事实上，即便这些阿拉伯人在历史上真的进入内陆地区，也很难将索马里内陆的伊斯兰化的原因归结为这些人。索马里的伊斯兰化是由索马里人完成的，而非阿拉伯人。

14 世纪，索马里宗教精英成长起来，并逐渐成为传教的主力。伊斯兰教传入索马里后，不断有索马里人赴埃及爱兹哈尔清真寺、叙利亚、也门等地学习伊斯兰教的教义与教法。特别是，索马里与也门隔海相望，海陆交通十分便捷和发达。大量的索马里人渡海赴也门求学，其中许多索马里人在当地获得了很高的名望。当时，也门历史学家哈兹拉吉就指出，13—14 世纪，至少有 14 名来自泽拉的索马里人在也门成为著名的宗教人士，并且亡于也门。[②] 其中最著名的当数伊斯梅尔·贾巴迪（Sheikh Ismail al-Jabarti, 1322—1403）[③]。他是当时也门最知名的宗教学者之一，他统治着当时也门的宗教中心扎比德城（Zabid），每年有数万人到此地游访，就连也门苏丹都对他颇为忌惮。

除了这些索马里裔知名宗教人士外，还有大量索马里人在中东、北非尤其是也门学成后回到索马里传教，这使索马里本土的宗教力

---

① Ali Abdilahim Hersi, *The Arab Factor of Somalia History*, p. 130.

② Ibid., p. 132.

③ 也有人认为伊斯梅尔·贾巴迪是达鲁德部落联盟的先祖阿卜杜拉赫曼·贾巴迪的父亲。

量发展起来。13 世纪，摩加迪沙建立了大量宏伟的清真寺。15 世纪左右，摩加迪沙成为东非地区伊斯兰教传播的中心，被誉为“伊斯兰之城”。有很多学成归来的索马里人以及在本土接受教育的宗教人士，将传教的目标转向内陆地区，一些沿海地区的游牧民在伊斯兰化之后也向索马里南部和内陆地区迁徙、征服，最终使伊斯兰教在索马里内陆立足。特别是，14 世纪，一些阿居兰部落（Ajuran）民接受宗教教育，完成伊斯兰化，并且从南部沿海地区向内陆迁徙，直接推动了谢贝利河中下游地区的伊斯兰化。[①] 他们初期以和平的传教和移民为主，而后则开始通过军事征服的手段传教，征服了之前由非穆斯林占据的欧加登地区[②]，甚至将伊斯兰教传入埃塞俄比亚。他们于 15 世纪建立了阿居兰苏丹国，统治索马里的南部地区。

索马里内陆游牧民的伊斯兰化也伴随着不同文化的对抗。伊斯兰教传入非洲之角后，与当地的埃塞俄比亚基督教会和本土的多神信仰存在一定的竞争关系。但是，总体上这种竞争是以和平形式呈现。9 世纪之后，索马里南部和北部沿岸地区逐渐产生了一系列苏丹国。14 世纪后，一些国家试图摆脱阿比西尼亚的影响，而另外一些国家则与阿比西尼亚竞争地区的权力。这种对抗打着宗教的旗号。[③] 索马里的这些国家为了强化自身力量，维持国内稳定，招募更多的游牧民加入军队，因此开始极力宣扬伊斯兰教，甚至为此要求索马里内陆的游牧民强制皈依伊斯兰教。这种宗教对抗的话语也吸引着境外大量穆斯林到达索马里，参加针对阿比西尼亚人的“圣战”（Jihad）。这些游牧民皈依伊斯兰教之后，不仅开始服从国家政权，而且也显示出强大的宗教热忱。

不难发现，从公元 7 世纪末伊斯兰教传入索马里，直到 16 世纪索马里才基本完成伊斯兰化，时间长达 7 个多世纪。伊斯兰教在索

① Ali Abdilahim Hersi, *The Arab Factor of Somalia History*, p. 134.

② 位于埃塞俄比亚和索马里交界处。

③ 这些苏丹国与阿比西比亚的冲突在后文中将详述，在此不再赘述。

马里的传播大致分为两个阶段。最早，大量阿拉伯穆斯林到达索马里海岸尤其是南部地区，将阿拉伯－伊斯兰文明的火种带到了索马里，进而深刻地影响了当地的索马里人。随着沿岸地区城市文明的发展，以及当地人的伊斯兰化。特别是，随着阿拉伯－伊斯兰文明的到来，11—16世纪，索马里形成了一系列小型国家，大批索马里人受到伊斯兰教的浸染和影响。但是，16世纪之后，伊斯兰文明对索马里一些边远的内陆地区仍然鞭长莫及。这些本土化的力量最终推动了索马里内陆地区和游牧民的伊斯兰化，使索马里称为热带非洲少有的几个完全伊斯兰化的国家。

阿拉伯－伊斯兰文明在索马里的传播伴随着两种文明的互动与交往。同时，相较于中东和北非其他国家，伊斯兰教在索马里的传播具有显著的特点。在大中东地区，伊斯兰教的早期传播具有一定程度的阿拉伯化的痕迹。当然，在不同地区，阿拉伯化的程度不太一样。在埃及、马格里布、新月地带几乎完全实现了阿拉伯化，但在中亚、南亚、小亚细亚和伊朗更多的是文化上一定程度的阿拉伯化。索马里与阿拉伯－伊斯兰文明的交往主要是以和平方式实现的，阿拉伯人并未征服索马里，索马里也没有统一的政权以使得民众集体皈依伊斯兰教，更多的是缓慢的传播过程。尽管在某些情况下，索马里人存在与阿拉伯移民的血缘联系，产生了“索马里化”的阿拉伯人，或者“阿拉伯化”的索马里人。但从整体上看，索马里人却将自我“想象”为阿拉伯人。事实上，这是对阿拉伯－伊斯兰文化的认同。伴随着这种交往，索马里的伊斯兰教也具有了本土化的深刻印记。尽管逊尼派哈乃斐学派占索马里人口的绝对多数，但其中却掺杂着大量什叶派的痕迹。此外，索马里的伊斯兰教夹杂着本土信仰，甚至基督教的因素。索马里伊斯兰化的框架之下，还存在外来与本土的精神文化的融合，而这主要体现在索马里的苏非派（Al-Sufiyyah）信仰之中。

索马里的苏非派

伊斯兰教在索马里传播的前两个阶段以阿拉伯化和本土化为特

征，第三个阶段则主要体现为伊斯兰教与索马里本土宗教和文化的深度融合，即苏非主义在索马里的传播与发展。这一过程更加漫长，一直持续到 20 世纪。苏非主义在索马里十分盛行，对索马里的宗教与文化实践具有深刻影响。[①] 卡迪尔教团（Qadiriiya）、艾哈迈迪耶教团（Ahmadiyya）、萨里希教团（Salihiyya）和里法伊教团（Rifa'iyya）在索马里影响最大。其中，里法伊教团主要流行于索马里的阿拉伯人之中，传播范围相对有限，前三者成为索马里苏非派的主要代表。

卡迪尔教团是伊斯兰世界最早产生的苏非教团。15 世纪，该教团由阿布·巴克尔（Sharif Abu Bakr）[②] 传入埃塞俄比亚东部城市哈勒尔，并成为当地正统的教派，此后逐渐传入邻近的吉布提和索马里地区。艾哈迈迪耶教团和萨里希教团很晚才传入索马里。艾哈迈迪耶教团创立于 18 世纪，此后由阿里·梅伊（Sheik Ali Maye Durogba）传入索马里。萨里希教团最初是艾哈迈迪耶教团的分支，19 世纪末由穆罕默德·古利德（Sheik Muhammad Guled）传入索马里。艾哈迈迪耶教团和萨里希教团主要分布于索马里南部的农耕地区，特别是谢贝利河与朱巴河流域，前者更关注于传教，追随者在三大教团中最少；而后者思想较为激进，被正统的卡迪尔教团蔑称为"疯毛拉"[③]，具有强烈的民族主义倾向。20 世纪，萨里希教团鼓励索马里人摒弃狭隘的部落认同，追求民族统一，并且成为反对英国、意大利殖民统治的重要力量。卡迪尔教团则主要分布于索马里北部和中部的游牧部落地区，在南部农耕地区影响有限。值得注意的是，索马里的苏非派除了上述相对统一的教团组织之外，还有大量以圣徒尤其是早期阿拉伯传教者为中心的宗教组织。这些组织往往以血缘关系维系道统，崇拜共同的祖师即早期的阿拉伯传教

① Hussein M. "Adam, Political Islam in Somali History", in Markus V. Hoehne, Virginia Luling eds., *Peace and Milk, Drought and War*, New York: Columbia University Press, 2010, p.120.

② 也名 al-Qutb Rabbani，大约卒于 1508—1509 年，他是当时阿拉伯半岛南部地区知名的宗教人士。

③ Mohamed Haji Mukhtar, *Historical Dictionary of Somalia*, p.196.

者，圣墓是教团的中心。它们相对独立，不属于特定的教团。这些相互独立的教团组织在索马里更加普遍。

索马里是一个典型的部落社会，伊斯兰教在某种意义上是城市的宗教，两者之间存在一定的张力。苏非主义在一定程度上完成了部落社会与伊斯兰教的相互协调和融合，最终使伊斯兰文明本土化。

这种融合首先体现在教团组织（Jama'a）与部落组织的关系上。从形式上看，教团组织以道统作为传承方式，具有自身的谱系结构，这与部落的血缘而在一定程度上不谋而合。但是，作为一种新生的社会力量，教团组织的兴起必然扰动原有的社会权力结构。一般而言，两者的关系在索马里南北方存在一定差异。索马里北方以恶劣的自然环境和游牧文化而闻名。苏非教团脱离游牧部落无法生存，因此北方的教团大多依附于游牧部落。[①] 其中很多教团加入游牧部落，成为了部落的一个分支。例如，加萨尔·古达部落（Gasar Gudda）有七大分支，部落首领在其中的六个分支中轮流担任，第七个分支源于宗教圣徒，属于苏非派。在这种状况下，很多游牧部落将自身的谱系与教团的道统进行整合，进而强调部落的阿拉伯尤其是古莱希的起源。从北部的伊萨克和达鲁德两大部落联盟的谱系中可以发现大量神圣的宗教头衔，这在一定程度上反映了苏非教团融入了部落谱系中的事实，如 Holy、Saintly、Asheraf 等宗教头衔。这些部落也就具有了神圣的起源。教团的谢赫与成员在部落中处于较低的地位，需要服从部落长老和首领，并向部落效忠。当两者发生矛盾后，教团脱离部落组织，但必须归还土地。

索马里南部地区自然环境适宜农耕，许多苏非教团处于相对于部落的独立地位，形成了一些农业定居点。这些教团大致通过两种方式获得土地。一是教团的谢赫调解当地部落交界处的土地争端，通过自己的聪明才智获得存在争议的土地。这种土地相当于两个部落的隔离区和缓冲区。二是从部落租借土地，并向部落提供一定的

---

① I. M. Lewis, "Sufim in Somaliland: A Study in Tribal Islam Ⅱ", *Bulletin of School of Oriental and African Studies University of London*, Vol.18, No.1, 1956, p.149.

租金。但是土地的所有权仍然属于部落，当部落与教团发生矛盾后，部落有权收回土地。索马里南部地区存在大量类似的苏非教团定居点，很多都位于部落的交界之处。[①]有些教团甚至强大到可以介入部落内的事务，调解冲突。萨拉曼部落（Saraman）将阿斯拉夫（Asheraf）教团视为部落的“第三只脚”，教团的谢赫甚至受邀参加部落大会。[②]

这类教团的土地由谢赫在教团内部分配，实行集体劳动。教团的收入要截留一部分作为公用，以帮助穷人、资助成员朝觐等。当然，教团可以通过宗教活动和仪式获得部落及其他人的馈赠和捐助。索马里南部的宗教定居点相对灵活具有开放性，许多奴隶和部落民也脱离部落组织加入教团当中。因此，教团在一定程度上削弱了部落社会的影响力，瓦解了部落的谱系结构。但是，索马里南北方的这种差异是相对而言的，在南方也存在部落将一些教团纳入其谱系当中的现象。

苏非主义在索马里的传播推动了教团与内陆地区部落组织的深入交往，与之相伴的则是伊斯兰教对部落社会的深度渲染，以及伊斯兰文化与本文宗教信仰的融合，进而呈现出一种独特的宗教文化现象。苏非派除了作为社会力量外，还具有宣教的功能。这些宗教人士可能是历史上索马里内陆地区唯一的知识阶层。他们走村串巷，在部落之中开设临时的宗教学校，无偿为非穆斯林、部落民尤其是儿童教授伊斯兰教教义、教法、《古兰经》相关知识、阿拉伯语的读写，以及礼拜和斋戒等伊斯兰教的基本礼俗等。苏非派宗教人士因此也被戏称为“丛林宣教者”。这可能是部落民接受的全部宗教教育，对之产生了重要的影响。

苏非主义还深植于索马里部落民的社会生活之中。苏非派的谢赫有时还充当非官方“卡迪”（宗教法官）的角色，在索马里称为

---

① I. M. Lewis, “Sufim in Somaliland: A Study in Tribal Islam Ⅰ”, *Bulletin of School of Oriental and African Studies University of London*, Vol.17, No.3, 1955, p.599.

② Ibid., p.598.

瓦达德（Wadaad）[①]，负责处理部落内的婚丧嫁娶、财产继承等事务。索马里遍布圣墓，苏非教团往往以圣墓为中心，这些圣墓也成为当地部落民崇拜的对象。每年，一些圣墓的朝觐者甚至有数万人。一些部落甚至也效仿苏非派，将前伊斯兰时代先祖的坟茔也“改造”为圣墓，进行崇拜。[②]但从本质而言，苏非主义与部落文化存在结构性的矛盾。苏非教团主张在社会中推行伊斯兰法，但是部落社会却是以部落习惯法为主。两种法律体系存在根本上的不同。伊斯兰教法只能处理苏非教团内部的事务，而无法干预部落事务。部落也一直抵制伊斯兰教法的影响。当然，有些部落认为它们的习惯法就是伊斯兰教法。不过，在很多情况下，苏非派的谢赫能够妥善处理两者的关系，进而与部落社会维持和谐状态。但是，如果两者爆发冲突，一般以教团的失败而告终，特别是那些加入部落组织的教团尤是如此。

苏非派在部落社会的上述宗教实践极大地推动了伊斯兰教在索马里部落社会的传播。在这一过程中，苏非派也吸纳了大量的索马里本土信仰，使伊斯兰教具有了“索马里化”的特点。伊斯兰教中，安拉是绝对的存在。索马里人将安拉视为传统的神祇天神扎尔，将两者等同。南部和北部的索马里人分别用艾比（Eebbe）和瓦克（Waaq）来指称安拉。[③]尽管伊斯兰教与索马里传统宗教都认同神创世的说法。但两者在死亡观念上有不同。索马里人皈依伊斯兰教之后，仍然认为逝者的灵魂寄居于坟茔之中，这是索马里人圣墓崇拜的重要渊源。索马里的圣墓崇拜在某种意义上是前伊斯兰时代祖先崇拜的变种。此外，索马里的传统宗教将彩虹视为天神的腰带，皈依伊斯兰教者认为彩虹是善者通往乐园的桥梁。他们认为索马里的圣徒赫勒提（Au Hiltir）保护人们免受鳄鱼的袭击，圣徒纳

① 该词有毛拉之意，指宗教法官、宗教学者等多重身份。

② I. M. Lewis, “Sufim in Somaliland: A Study in Tribal Islam Ⅰ”, *Bulletin of School of Oriental and African Studies University of London*, Vol.17, No.3, 1955, p.596.

③ 两者皆是前伊斯兰时代索马里宗教中神的名称，即前文中所述的扎尔。

德（Au Nad）则被汉拉文部落联盟视为庄稼的保护者。索马里的传统宗教舞蹈萨尔舞（Saar）[①]后来也为一些苏非主义接受，用来感知真主。

不难发现，随着苏非主义的传播，教团与部落社会进行了深度融合，进而推动了伊斯兰教在索马里部落社会的传播。这一过程中，伊斯兰教也与索马里的传统宗教信仰相互影响。从伊斯兰教传播的角度看，苏非主义最终将两种信仰体系糅合，完成了索马里的伊斯兰化。索马里人更多的是通过传统信仰和部落文化的双重透镜理解伊斯兰教。

伊斯兰教的影响

伊斯兰教传入索马里开启了索马里历史的新纪元。首先，阿拉伯－伊斯兰文明客观上塑造了索马里民族认同。前伊斯兰时代，索马里部落之间冲突不断，狭隘的部落血缘世系关系成为最重要的社会纽带和认同观念，人们很难超脱其外。尽管有习惯法，但无法规范相互独立的部落和家族。部落之间冲突不断，部落似乎成为整个世界，部落社会呈现无政府的自然状态。但是，阿拉伯移民以及由此伴随的伊斯兰教的到来，客观上打破了部落认同的狭隘观念，通过伊斯兰教法在一定程度上建立了秩序，更重要的是塑造了索马里人的民族认同观念。这些阿拉伯移民以及苏非教团，不仅带来了伊斯兰教，而且还包括阿拉伯认同。客观而言，尽管历史上索马里人与阿拉伯移民存在一定融合，但是从整体上看并不占主流。索马里人至少在公元前 10 世纪就已出现在非洲之角。

伊斯兰教传入之后，索马里人逐渐认同于阿拉伯的起源，尤其是认同于神圣的古莱希部落。时至今日，大部分索马里人仍将自己视为阿拉伯人。1975 年，索马里加入阿拉伯国家联盟就很能说明问题。因此，在宗教传播中，索马里人在一定程度上将伊斯兰教和阿

① 在传统宗教中，一些女性一起舞蹈，甚至进入癫狂状态。这在一定程度上迎合了苏非派的神秘主义。这种舞蹈也存在于当代埃及以及其他一些中东国家的城市。

拉伯人等同，将阿拉伯人尤其是先知的圣裔家族视为文明的圭臬。为此，索马里人重新"发现"部落世系，将之追溯至先知的古莱希部落，从而形成了影响至今的阿拉伯认同。可以说，伊斯兰教的传入使松散和分裂的索马里社会逐渐具有了共同的意识，即将索马里人想象为阿拉伯人。近代之后，随着民族主义的产生，这种民族认同的潜意识最终发展成为具有强大社会影响力和动员能力的社会政治运动。

伊斯兰教不仅赋予索马里人以统一的民族认同，而且还通过伊斯兰和阿拉伯的纽带将索马里纳入更为宏大文明体系之中。诚如前述,希腊和罗马时代,索马里沿海城市被纳入红海或印度洋贸易之中，催生了索马里的文明。但是，更为广阔的索马里内陆地区却鲜有人问津，成为"没有历史"的地区。而伊斯兰教的诞生、阿拉伯的移民浪潮，以及阿拉伯－伊斯兰文化的传播使索马里成为伊斯兰世界的一部分。尽管索马里不同的部落和苏非教团信仰的伊斯兰教各异，但是索马里人却是虔诚的穆斯林，遵循伊斯兰教的基本教义，认同整个伊斯兰世界。换言之，伊斯兰文明赋予了索马里文化以整体观和世界观。阿拉伯－伊斯兰文化对于索马里的宗教、建筑、政治、经济和其他文化都产生了深刻影响。受此影响下，索马里在中世纪产生了一系列国家，并且融入中东伊斯兰世界的经济体系。在宗教旗号鼓舞下，索马里族开始大规模南迁，进而奠定了当代索马里的民族分布和社会构成。

二、伊斯兰时代索马里的国家与社会

索马里族的迁徙

在伊斯兰时代，索马里的历史发展大致具有两条相互独立的主线。一方面，索马里族由北向南迁徙，并引发中南部民族的迁徙，从而逐渐奠定了当代索马里的民族分布。另一方面，索马里沿岸地区一系列伊斯兰国家的兴衰。① 两者之间也存在一定的交往，共同塑造了伊斯兰时代索马里的历史。

索马里族是索马里的主体民族。由于缺乏文献的记载，索马里族的起源长期以来不为人知，索马里的人口和民族流动也是一桩历史悬案。根据索马里传说，索马里人最早生活在非洲之角的东北部和红海沿岸，后来逐渐迁徙到南部和西部地区，形成了当代索马里的民族分布。这种观念认为索马里族是索马里的本土居民与阿拉伯人的后裔，在一定程度上迎合了当代索马里民族主义的诉求，因此在索马里广为流传。根据这种说法，北部的索马里族到来之前，班图人和奥罗莫人就在索马里南部地区繁衍生息，并逐渐向中部和北部扩张。直到10世纪左右索马里的南迁才改变了这一趋势。②

近年来，西方学者通过人类学、语言学和考古学的研究发现，上述观点存在问题。事实上，索马里族的迁徙分为两个阶段。第一阶段是由埃塞俄比亚南部向索马里的迁徙，第二次大迁徙则是由索马里北部向南部的迁徙。③ 传统的认知忽视了第一个阶段。

索马里族的第一次迁徙从公元前10世纪一直延续到伊斯兰文明的传入，总体趋势是由南到北。索马里族在语言、生活方式、社会制度、身体特征等方面与东非的库希特人（含米特人）类似，索马里语与奥罗莫语、吉布提的阿法尔语、萨霍语（Saho）、奥莫－塔纳语（Omo-Tana）同属于库希特语族（含米特语族）。索马里族最早生活在埃塞俄比亚南部高原，即奥莫－塔纳。公元前10世纪左右，该民族南迁到肯尼亚北部地区，公元1世纪又沿着肯尼亚的塔纳河而下到达印度洋沿岸。此后，这一古代民族分为两支：一支在当地繁衍生息；另一支则向北进入索马里南部的朱巴河流域，成为索马里族的先民。他们被称为“萨玛勒人”，可能是源于共同的萨玛勒家族，索马里的国名也来自于此。此后，索马里族继续向北迁徙，

① 〔英〕I. M. 刘易斯：《索马里史》，赵俊译，东方出版中心2012年版，第19页。

② Ali Abdilahim Hersi, *The Arab Factor of Somalia History*, pp. 18–20.

③ David D. Laitin, Said S. Samatar, *Somalia: Nation in Search of a State*, pp.4–10.

到达北部地区，以及印度洋、红海沿岸。

公元7—8世纪，阿拉伯-伊斯兰文明传入索马里直接引发了索马里族的第二次大规模迁徙的浪潮。这与索马里人的口述传统相吻合，这次迁徙则主要从索马里的北部到南部。一方面，大量阿拉伯人的到来进一步压缩了索马里人的生存环境，在生存压力下，一些索马里人被迫向南部地区迁徙。另一方面，伊斯兰教的传入也为索马里的文化带来重要的变革，形成了所谓的“索马里-伊斯兰文化”。北部的索马里族开始认同于阿拉伯起源，将阿拉伯的圣徒视为祖先，如北部的达鲁德部落联盟和伊萨克部落联盟。阿拉伯移民为索马里人带来了中东地区先进的物质文明和制度文明，这包括用于战争的先进武器。北部地区的索马里人也由单一的游牧经济转变为游牧与贸易并存的经济形式。特别是，索马里族逐渐皈依伊斯兰教后，出现了强烈的宗教热忱，从而推动了索马里人的迁徙与征服活动。

当时，索马里北部和中部地区由索马里族和奥罗莫人[①]占领，南部地区主要由班图人（僧祇人）占据。[②]索马里族的迁徙大致有两条路线：一是沿着印度洋沿岸向南迁徙；二是从内陆地区向南、向西迁徙，进入谢贝利河与朱巴河流域以及阿比西尼亚南部地区。索马里族迁徙引发了连锁反应。首先，索马里族的伊萨克和达鲁德部落联盟向南部和内陆迁徙，直接导致迪尔部落向西迁入阿比西尼亚，后者在索马里的影响式微。索马里族的南迁直接影响了当地的其他民族。他们夺取北部和中部地区奥罗莫人的土地，迫使后者向南、向西迁徙，逐渐进入埃塞俄比亚。奥罗莫人的迁徙迫使南部地区班图人的迁徙。索马里族逐渐占据了南部地区班图人的肥沃土地，后者被迫迁徙到南部的边远地带，或者沦为索马里族的农奴。13世纪，哈维耶部落联盟迁徙至索马里南部沿海地区。从13世纪

① 奥罗莫人与索马里人都属于东部库希特人的分支，两者的区别主要在于民族认同。奥罗莫人并不认同于阿拉伯起源。

② 〔英〕I. M. 刘易斯：《索马里史》，赵俊译，第22页。

前期到17世纪末，该部落联盟衍生的阿居兰王朝①一直统治着摩加迪沙及其周边地区。同时，汉拉文部落联盟则由西部地区向南部和沿海地区迁徙。17世纪，索马里基本形成了民族和部落的分布格局。但是，直到19世纪，在西方殖民者到来后，索马里族的迁徙才宣告停止。

尽管索马里族的迁徙伴随着军事行动，但并非完全是一些西方学者所言的“索马里征服”。②索马里族的迁徙更多的是自发的运动，没有统一的组织和行动，也不存在共同的目标。索马里族的大迁徙并非仅仅依靠军事力量，更重要的是他们汲取了先进的阿拉伯－伊斯兰文化。与民族迁徙相伴随的是阿拉伯－伊斯兰文化在索马里的渗透与拓展，以及与索马里本土文化的相互融合。索马里族的迁徙产生了重要的影响。索马里族至此分布于索马里全境，成为索马里的主体民族，进而奠定了当代索马里的民族构成和分布。当代分布于索马里的许多重要部落，在迁徙之前仅是一些海岸地区的小部落，通过迁徙使部落的力量扩大。此外，索马里族大举向内部地区的迁徙，特别是向埃塞俄比亚和肯尼亚的迁徙，使之成为跨界民族，为当代索马里与埃塞俄比亚的关系和领土争端埋下了隐患。

索马里族迁徙也推动了不同文化和贸易的交往。民族迁徙也将南北部地区、沿海和内陆地区紧密联系起来，宗教和贸易的交往借此迅速发展。在这种交往中，索马里沿海地区兴起了一系列的苏丹国。这些苏丹国最初都是索马里沿海的城市国家，具有阿拉伯－伊斯兰文化特征，南部早期的国家多为阿拉伯移民建立。北部的中心在泽拉和柏培拉，南部的中心则在摩加迪沙、布拉瓦、梅尔卡（Merka）。随着文化交往的深入，这些国家逐渐索马里化，成为了本土的王朝国家，而且统治范围逐渐向内陆地区渗透。16世纪，这些国家多达

---

① 阿居兰王朝由阿居兰部落建立，后者也属于萨玛勒人，如今主要分布于肯尼亚、埃塞俄比亚和索马里部分地区。

② I. M. Lewis, “The Somali Conquest of the Horn of Africa”, *The Journal of African History*, Vol. 1, No. 2, 1960, pp. 213–230.

30 多个。它们大都以沿海城市为中心，效仿阿拉伯帝国的统治形式，建立了中央集权的政治制度，建构了索马里从未有过的政治文明，而且与周边国家尤其是埃塞俄比亚、葡萄牙殖民者进行了深入的交往。

伊法特苏丹国

伊法特和阿达勒是历史上索马里北部的两个国家。一般而言，在 1415 年之前被称为伊法特苏丹国，之后则称为阿达勒苏丹国，两者由同一家族统治。公元 9—10 世纪，索马里人以泽拉以及周边城市为中心建立了一系列城市国家。主要有：伊法特、达瓦罗（Dawaro）、阿拉比尼（Arabini）、哈德亚（Hadya）、萨尔卡（Sharqa）、巴里（Bali）、戴拉（Dara）、索瓦（Showa）等。这些城市国家大都为阿比西尼亚的属国，向阿比西尼亚效忠和缴纳赋税。1280 年，依法特苏丹国吞并索瓦[①]，实力大增，逐渐成为索马里北部地区最重要的政权。依法特苏丹国鼎盛时期囊括了当今的吉布提、索马里北部、埃塞俄比亚西部等地区。1285 年开始，瓦拉什玛王朝（Walashma）统治伊法特苏丹国，首都位于北部的重要港口城市泽拉。

该王朝的建立者是谢赫·优素福·本·艾哈迈德·卡文尼（Yusuf bin Ahmad Al-Kawneyn），[②]索马里人将他称为“阿瓦·巴哈迪尔”（Aw Barkhadle）[③]。根据索马里的传说，谢赫·优素福曾求学于泽拉和伊拉克，索马里人将之视为本国历史上最著名的圣徒，以及第四任哈里发阿里的兄弟阿吉尔（Akīl ibn Abī Tālib）的后裔。因此，索马里人认为该王朝是阿拉伯人建立的国家。尽管存在这种观念，但瓦拉什玛王朝是索马里本土的国家，与阿拉伯移民没有直接的联

① 索瓦苏丹国位于如今的埃塞俄比亚东部，建立于 896 年，是非洲之角最古老的伊斯兰国家之一，长期由马克祖米王朝统治（Makhzumi Dynasty）。

② I. M. Lewis, *Saints and Somalis: Popular Islam in a Clan-based Society*, New York: The Red Sea Press, 1998, p. 89.

③ 索马里语中的“圣父”之意。

系。瓦拉什玛王朝从1185年建立，到1415年被阿比西尼亚征服，共经历了18位君主的统治。

在瓦拉什玛王朝统治前期，包括伊法特在内的索马里北部苏丹国臣属于阿比西尼亚，每年向阿比西尼亚以布匹和其他实物的形式缴纳赋税。但两者关系相对和谐。这一方面源于，在伊斯兰传统中，阿比西尼亚曾为穆斯林提供早期庇护，当地的穆斯林和基督徒具有互信和好感，宗教与文化的冲突并不激烈，而且这些伊斯兰国家还依赖阿比西尼亚提供安全保障。更重要的是，索马里的苏丹国实力远逊于当时的阿比西尼亚，而且相互之间缺乏联系与合作，一盘散沙，无力对抗强大的阿比西尼亚。但是，14世纪之后，双方的关系发生逆转。1270年，所罗门王朝[①]开始统治阿比西尼亚，进而对周边的伊斯兰政权施加强大的压力。尽管索马里北部地区诸苏丹国仍然各自为政，但伊法特等国开始崛起，试图脱离阿比西尼亚的控制，吞并索瓦等阿比西尼亚的属国。[②]特别是，伊法特苏丹国的首都泽拉是阿比西尼亚最重要的商品出口通道。双方在非洲之角的矛盾凸显，相互争夺该地区的主导权。

引发两国战争的直接原因是阿比西尼亚与埃及的宗教争执。当时的埃及由马穆鲁克王朝统治，其统治者纳希尔（Al-Nasir Muhammad）迫害科普特人，毁坏科普特教堂。这引发了同宗的阿比西尼亚的强烈不满。后者威胁将报复其治下的穆斯林，并使尼罗河改道。1320年，伊法特苏丹哈克丁一世（Haqq ad-Din Ⅰ）支持埃及马穆鲁克王朝，向阿比西尼亚出兵，发动对基督徒的“圣战”，毁坏教堂、强制皈依伊斯兰教。1332年，哈克丁之弟萨卜里丁一世（Sabr ad-Din Ⅰ）继承苏丹之位。他不仅继承了其兄的政策，而且试图征服阿比西尼亚，强制推行伊斯兰教，甚至扬言要迫使阿比西尼亚皇帝皈依。同时，伊法特国还阻断阿比西尼亚的商路，没收阿比西尼亚商人在索马里沿岸的商品。索马里北部的一些苏丹国也闻

① 所罗门王朝（Solomonid Dynasty），1270–1468。

② Raphael Chijioke Njoku, *The History of Somalia*, p.36.

风而动，支持伊法特。伊法特苏丹国的行为招致阿比西尼亚人的报复，双方兵戎相见。

这场战争继续了将近一百年。其间，阿比西尼亚多次击败伊法特，废黜其苏丹，在瓦拉什玛家族内另立苏丹。但是，伊法特一直没有停止对于阿比西尼亚人的反抗。15 世纪初，阿比西尼亚人开始大举进攻伊法特，他们将后者视为“主之敌人”。1415 年，阿比西尼亚皇帝耶萨克（Yeshaq）率军彻底击垮伊法特苏丹国，占领并且洗劫了泽拉城。伊法特苏丹萨德丁二世（Sa’ad ad-Din Ⅱ）被处死，伊法特苏丹国就此灭亡，萨德丁二世的 10 个儿子逃到阿拉伯半岛的也门避难。萨德丁二世也因此被索马里人视为圣徒和殉道者。“索马里”一词最早出现在阿比西尼亚人庆祝胜利的赞歌之中。[①]

伊法特苏丹国灭亡后，在该地区又兴起了阿达勒苏丹国。阿达勒最早是伊法特苏丹国统治下的埃米尔国。15 世纪初，萨德丁二世的长子萨卜里丁二世（Sabr ad-Din Ⅱ）获得了也门国王的资助，返回索马里，纠集旧众，建立了阿达勒苏丹国，其首都位于内陆地区的达卡尔（Dakkar）[②]，后又迁至哈勒尔，以便躲避阿比西尼亚的锋芒。阿达勒苏丹国也由瓦拉什玛王朝统治，从 15 世纪初建立到 1559 年灭亡，共经历了 13 位苏丹。16 世纪，阿达勒苏丹国再次崛起，不仅收复了几乎所有的伊法特苏丹国的领土，而且将领土扩展到索马里半岛最东端的瓜达富伊角，南部与位于摩加迪沙的阿居兰国家接壤。阿达勒苏丹国成为历史上索马里北部最强大的国家，也是伊斯兰文化的中心。

1445 年，阿达勒苏丹穆罕默德（Muhammad ibn Badlay）与阿比西尼亚达成了和平协议，前者向阿比西尼亚称臣、纳贡。这一政策在一定程度上有利于阿达勒国的休养生息，但却招致国内地方首领（埃米尔）的反对。他们认为，苏丹向阿比西尼亚投降，放弃了国家的独立。1471 年，泽拉的埃米尔乌斯曼（Laday Usman）出兵

---

① David D. Latin, Said S. Samatar, *Somalia: Nation in Search of a State*, p.11.

② 达卡尔位于今埃塞俄比亚东部边境与索马里交界处。

占领首都达卡尔，至此苏丹成为这些地方埃米尔的傀儡。15 世纪末、16 世纪初，阿达勒苏丹国恢复元气后，再次与阿比西尼亚争雄。伊玛目·艾哈迈德·伊本·易卜拉欣·加齐（Imam Ahmad ibn Ibrahim al Ghazi）在阿达勒得势后，双方的冲突达到高峰。

索马里人将伊玛目·艾哈迈德称为“格雷”[①]。1506 年，他出生在非洲之角内陆的哈勒尔。[②]伊玛目·艾哈迈德娶当时阿达勒苏丹国的掌权者，也是泽拉埃米尔马赫福兹（Mahfuz）之女为妻。1517 年，马赫福兹在与阿比西尼亚的战争中身亡后，阿达勒苏丹国爆发了内战，伊玛目·艾哈迈德逐渐得势。他以宗教口号将索马里北部地区索马里族、阿法尔族等不同民族联合起来，领导阿达勒苏丹国与阿比西尼亚争夺非洲之角。当时，奥斯曼帝国已开始向非洲渗透，同时试图控制红海的商路。16 世纪 30 年代到 50 年代末，奥斯曼帝国与葡萄牙在红海和印度洋的争夺进入白热化，爆发了严重冲突。埃塞俄比亚和波斯加入葡萄牙一边，而索马里北部的阿达勒苏丹国和南部的阿居兰苏丹国积极支持奥斯曼帝国。因此，奥斯曼帝国给予阿达勒苏丹国以支持，并为之提供火器，尤其是当时先进的加农炮[③]。而阿比西尼亚则通过宗教的旗号，获得葡萄牙的支持[④]。当时的阿比西尼亚皇帝致信葡萄牙，声称“我们是伊斯兰海洋中的基督教孤岛”，寻求后者的援助。[⑤]因此，双方的冲突具有了当时的国际背景。索马里人将这场战争称为“征服阿比西尼亚”（fath al-Habasha）。

1527 年，伊玛目·艾哈迈德以“圣战”的口号，成功地将索马里部落力量尤其是达鲁德部落联盟联合起来，大举入侵阿比西尼亚。

---

① “左撇子”（Gurey）之意。

② 位于今埃塞俄比亚东部。

③ Raphael Chijioke Njoku, *The History of Somalia*, p.37.

④ 1506—1507 年，葡萄牙殖民者洗劫了索马里南部重要港口布拉瓦和亚丁湾入口索科特拉岛。

⑤ Hussein M. “Adam, Political Islam in Somali History”, in Markus V. Hoehne, Virginia Luling eds., *Peace and Milk, Drought and War*, p.121.

阿比西尼亚寻求葡萄牙的援助，他们也以新的“十字军”为旗号，抵御阿达勒苏丹国的入侵。但是，在此后的十数年里，伊玛目·艾哈迈德兵锋所至，阿比西尼亚节节败退。阿达勒苏丹国不仅占领了阿比西尼亚富庶的高原，几乎吞并了整个阿比西尼亚，并在当地强制改宗，破坏教堂以及其他基督教的象征。16 世纪 40 年代，双方的竞争达到高峰。葡萄牙派出由 400 人组成的火枪队援助阿比西尼亚。土耳其也出兵 900 人，以及 10 门加农炮援助伊玛目·艾哈迈德。①1542 年，伊玛目·艾哈迈德取得了大胜，处死了阿比西尼亚和葡萄牙军队的统帅克里斯托弗·达·伽马（Dom Christoval da Gama）。

此役后，伊玛目·艾哈迈德认为阿比西尼亚和葡萄牙已无威胁，因此解散了部分军队。同时，他也担心土耳其人对阿达勒苏丹国的渗透威胁他的统治，因此付给土耳其远征军佣金后，将他们打发回国。②更重要的是，伊玛目·艾哈迈德以部落民为主，后者反对权威和等级制，暂时可以通过宗教口号和宗教热忱联合起来，不可能将之转变为等级化的常备军队。因此，战争胜利后，这种部落的联合无法长期维持。1543 年，阿比西尼亚和葡萄牙卷土重来，在阿比西尼亚西部的塔纳湖地区击败并处死伊玛目·艾哈迈德。由于缺乏领导，阿达勒的军队作鸟兽散。至此伊法特、阿达勒和阿比西尼亚将近 250 年的冲突宣告结束。阿达勒苏丹国在阿比西尼亚和奥罗莫人③的双重打击下迅速衰落和解体，分裂为一些地方半自治的小公国。17 世纪，奥斯曼人控制了泽拉、柏培拉，以及索马里部分西北部地区。

尽管这场战争打着宗教旗号，但却并非完全是宗教战争。参战各方都具有现实的考量。索马里人最初试图通过战争摆脱阿比西尼亚的控制，后来又试图占领阿比西尼亚。阿比西尼亚则试图维持在

---

① Ali Abdilahim Hersi, *The Arab Factor of Somalia History*, p. 206.

② Mohamed Haji Mukhtar, *Historical Dictionary of Somalia*, p.33.

③ 16—17 世纪，阿比西尼亚南部的奥罗莫人开始大规模北迁。17 世纪中期，一些奥罗莫人进入索马里，但遭到南部阿居兰苏丹国的打击，进而进入索马里北部，对于虚弱的阿达勒苏丹国造成了严重影响。

非洲之角的霸权，进而获得出海口。土耳其和葡萄牙参战有着殖民的考量。但是，这场冲突对于两国乃至周边地区都具有重要的影响。阿达勒苏丹国在战争中耗尽了国力，丧失了占领的阿比西尼亚领土，而且受到境内奥罗莫人迁徙和阿法尔人叛乱的影响，迅速衰落。1559年，苏丹巴拉卡特（Sulṭān Barakat ʿUmarDīn）被阿比西尼亚处死，阿达勒苏丹国覆灭。但是，这场战争几乎将索马里北部地区所有的部落联合起来，从而强化了索马里族的民族认同。[①]伊玛目·艾哈迈德成为索马里人，尤其是北部的达鲁德部落联盟的民族英雄和象征。1986年即伊玛目·艾哈迈德诞辰480周年，在索马里总统穆罕默德·西亚德·巴雷的支持下，摩加迪沙建造了伊玛目·艾哈迈德的雕塑，以示纪念。[②]另一方面，旷日持久的战争对于阿比西尼亚也造成了严重的影响，百余年之后阿比西尼亚才逐渐恢复。这场战争也埋下了当代索马里与埃塞俄比亚的领土和民族争端的隐患。土耳其尽管通过这场战争在厄立特里亚和红海等地的一些据点。但是，随着阿达勒苏丹国的溃败，土耳其失去了在这一地区的支点，无力向阿比西尼亚扩张。这也给予葡萄牙在东非建立商业殖民点和霸权以便利条件。

阿居兰苏丹国

索马里南部的阿居兰苏丹国（Ajuran）与北部的伊法特、阿达勒苏丹国遥相呼应。但是，两个国家却呈现出截然相反的文化与制度特征。尽管如今学界对伊法特苏丹国制度的认识仍十分有限，但总体上看，伊法特尤其是阿达勒苏丹国时期，除了个别港口城市外，主要盛行的是游牧的部落化，国家的权威及其对地方的控制十分有限，游牧部落孤悬于国家控制之外。这与北部地区的自然环境密切

---

① Ali Abdilahim Hersi, *The Arab Factor of Somalia History*, pp.201–211.

② 穆罕默德·西亚德·巴雷属于达鲁德部落联盟。他建造塑像也是为了显示达鲁德部落联盟的历史地位。20世纪90年代，穆罕默德·西亚德·巴雷被推翻后，摩加迪沙当地的汉拉文部落武装将此塑像毁坏。

相关。南部地区这主要以农耕文化为主，特别是该地区拥有两条主要的河流。这也使索马里南部地区的政治形态更倾向于集权制和等级制，同时发达的农业也哺育了港口贸易、手工业等。一些西方学者将阿居兰苏丹国视为当时非洲唯一的“水利帝国”（hydraulic empire）①

在索马里，南部沿岸地区是阿拉伯移民的主要目的地。伊斯兰文明诞生后，大量阿拉伯人、波斯人已迁往南部地区尤其是摩加迪沙。据称，前后有39个阿拉伯部落，以及大量来自法尔斯和呼罗珊的波斯人。②公元8世纪左右，贝纳迪尔沿岸逐渐兴起了一些城市国家。这些国家最先为阿拉伯人统治，但并未形成强有力的中央权威，摩加迪沙就是由若干个主要的部落组成的议事会负责管理。后来这些早期的穆斯林移民与当地索马里人通婚，逐渐融合。统治者也由阿拉伯人转变为阿拉伯化的索马里人，或者索马里化的阿拉伯人。13世纪前期，摩加迪沙仍然由一些部落首领统治。13世纪后期，出自索马里阿居兰部落的法赫鲁·丁（Fakr ad-Din）被当地的四大部落选为摩加迪沙的苏丹，③建立了盖伦王朝（Garen Dynasty）。④16世纪，该王朝为穆扎法尔王朝（Muzaffar）取代，⑤阿居兰苏丹国达到了鼎盛。

13世纪后期，索马里形成了以摩加迪沙为首都的阿居兰苏丹国。该国鼎盛时期囊括了几乎当今索马里中南部全部地区，甚至埃塞俄比亚东部的一些领土。阿居兰苏丹国的统治者仍出自盖伦家族。索

---

① 该词最初来自魏特夫的《东方专制主义》一书，指通过控制水利设施以建构专制政权。

② Ali Abdilahim Hersi, *The Arab Factor of Somalia History*, p. 180.

③ 根据索马里传说，法克尔丁为阿拉伯人，迎娶了当地著名部落首领的女儿为妻，获得了巨额的财富，并借此当选苏丹。详情参见 Ali Abdilahim Hersi, *The Arab Factor of Somalia History*, p. 180.

④ Virginia Luling, *Somali Sultanate: The Geledi City-State Over 150 Years*, New York: Transaction Publishers, 2001, p. 272.

⑤ 也有说法认为，盖伦王朝延续二百年左右，后来被一些索马里化的王朝统治。15世纪中期，盖伦王朝为朱兹尼王朝（Zuzni）取代。但阿安居兰苏丹国的王朝更替仍无法考证。参见 Mohamed Haji Mukhtar, *Historical Dictionary of Somalia*, p.xxviii; Ali Abdilahim Hersi, *The Arab Factor of Somalia History*, pp. 191–193.

马里人认为，该家族的先祖为阿拉伯圣徒巴拉德（Bal'ad），他与当地哈维耶部落联盟一位首领的女儿法度玛（Faduma）联姻，进而繁衍出这一家族。[①]17 世纪末，随着西方殖民者的东来，北部游牧民的大举南迁，以及高压统治引发的严重叛乱，阿居兰苏丹国分崩离析。取而代之的是一系列地方性王朝。17 世纪末到 18 世纪，桑给巴尔苏丹国[②]统治摩加迪沙、布拉瓦等一些贝纳迪尔沿岸城市。当时，索马里南部地区实力最强大的当数吉立迪苏丹国（Geledi Sultanate）。它以 17 世纪末起兵反对阿居兰苏丹国而闻名，一直延续到 20 世纪初，最终成为意大利的殖民地。

由于缺乏文献记载，阿居兰苏丹国的历任统治者是哪些人仍然无从考证。但是，阿居兰苏丹国的政治制度却比伊法特苏丹国的更清晰，而且两者的制度也存在很大的差异。伊法特苏丹国在很大程度上是世俗国家，统治者被称为苏丹。各地的总督为埃米尔，兼具政治和军事权力。苏丹对于地方的控制有限。阿居兰苏丹国实行政教合一的制度，统治者使用“伊玛目”或“谢赫”的头衔，而不是“苏丹”的称号，以彰显其神圣性。伊玛目具有宗教权威和世俗的政治权力，在全国范围内推行伊斯兰教法。在某种程度上，这体现了盖伦家族的双重政治合法性。一是其先祖巴拉德的宗教权威；二是哈维耶部落联盟的血缘联系，以及由此衍生的世俗权力。由于宗教是统治合法性的重要来源，因此盖伦家族积极推动当地的伊斯兰化。

阿居兰苏丹国具有等级化的行政体系。伊玛目在国内事务中具有绝对权威，并且建立了波斯式的宫廷和政府制度。伊玛目出行时，有人专门为之举着用丝绸制作并且具有金鸟的罗伞，卫士、部长和欧莱玛为之开道。在索马里传说中，伊玛目在每个地区都有自己的

---

① 在索马里的有些传说中认为，该家族来自北部的柏培拉，也有人认为来自索马里和阿比西尼亚交界的欧加登地区。Lee V. Cassanelli, *The Shaping of Somali Society:Reconstructing the History of a Pastoral People, 1600–1900*, Philadelphia: University of Pennsylvania Press, 1982, pp.88–90.

② 17 世纪末，阿曼人建立了桑给巴尔苏丹国，鼎盛时期统治着桑给巴尔岛、索马里的贝纳迪尔海岸，以及肯尼亚的一些沿岸地区。1890 年沦为英国的保护国。

妻子，还有未婚女性的初夜权。伊玛目之下设多个职位。埃米尔为军队的统帅，纳伊比（Na'ibs）为地方总督，维齐尔负责征税、卡迪则为教法官。包括卡迪和欧莱玛在内的宗教人士具有极高的地位。伊本·白图泰就曾发现，摩加迪沙建有专门的旅社，为外国到访的卡迪免费提供食宿。卡迪和欧莱玛有权坐到伊玛目旁边，而部长和将军却都无此殊荣。法律事务由司法委员会负责，其成员包括卡迪、维齐尔、伊玛目的私人秘书等组成。教法问题由卡迪决断，其他事项这由委员会共同决定。①

阿居兰苏丹国对地方因俗而治。它与印度洋沿岸和河畔的城市的主要政治力量结成联盟关系，基本上实现直接控制。而在内陆地区阿居兰苏丹国控制了主要的水源与水井，并且通过血缘关系、联姻和侍从关系与游牧部落尤其是哈维耶的一些部落结成联盟，进而维系对地方的间接统治。这些部落享有一定特权，但其他部落还要向伊玛目缴纳高额的赋税。谢贝利河与朱巴河流域的农民则依附于游牧部落和王室，为之修建堤坝和水利设施，以便获得保护。这种联盟和庇护关系强化了盖伦家族的统治。②

为此，阿居兰苏丹国建立了强大的军事力量，负责征税，压制国内的反抗。该国的赋税有种植遂、牲畜税以及贸易税等，税赋沉重。甚至当时新娘获得的半数或全部彩礼都要上缴伊玛目。③有人认为，“阿居兰”一词源于阿拉伯语中的“征税”（ijara）。④正如一位索马里学者所言：“阿居兰人通过军队牢牢统治着国家，阿居兰的敌人被投入地下的监狱，如同伊玛目的奴隶那样劳动。”⑤阿居兰人仿效阿拉伯帝国和奥斯曼帝国，建立了马穆鲁克制度。军人皆由马穆

---

① 〔摩洛哥〕伊本·白图泰：《伊本·白图泰游记》，马金鹏译，第147页。

② Lee V. Cassanelli, *The Shaping of Somali Society:Reconstructing the History of a Pastoral People, 1600–1900*, pp.101–105.

③ 当时的彩礼一般为100头骆驼。Ibid., p.93.

④ Mohamed Haji Mukhtar, *Historical Dictionary of Somalia*, p.35.

⑤ 转引自 Lee V. Cassanelli, *The Shaping of Somali Society:Reconstructing the History of a Pastoral People, 1600–1900*, p.90.

鲁克组成，为职业军队，只效忠于伊玛目，没有索马里的传统部落和家族认同。马穆鲁克主要从朱巴河和谢贝利河流域的农民中招募，也有些源于城市周边的游牧民。从军队组成看，阿居兰苏丹国的军队大致分为骑兵、步兵、火器兵和海军。特别是，除奥斯曼帝国控制的北非外，阿居兰的海军可能是当时非洲最强大，甚至与奥斯曼海军到达东南亚。阿居兰苏丹国也成为当时印度洋上的强国。

阿居兰苏丹国以发达的海上贸易、城市经济和手工业而闻名，同时也严重依赖印度洋贸易。摩加迪沙、马尔卡、布拉瓦等都是当时印度洋贸易的重要港口，时至今日仍是索马里的主要城市。这些港口与谢贝利河、朱巴河相连，进而将索马里内陆地区乃至将非洲内陆与印度洋贸易联系起来。除此之外，索马里北部也有两条类似的商路。一是以北部的泽拉为中心，经过今吉布提，到达埃塞俄比亚的哈勒尔，从而将北非与东非联系起来；二是以柏培拉为中心，向西延伸到埃塞俄比亚的欧加登高原。两者长期受到阿比西尼亚的控制，事实上成为阿比西尼亚商品进出口的重要通道。①

当时，阿居兰苏丹国与中东的阿拉伯半岛、波斯、奥斯曼帝国，远东的印度甚至中国，欧洲的葡萄牙、威尼斯等都存在直接的贸易联系。郑和下西洋中有四次到达索马里，索马里甚至派遣使者到达中国。索马里曾发掘出宋朝、明朝和清朝的钱币，②足见当时贸易之繁盛。但是，阿居兰苏丹国的贸易由国家控制和垄断。伊玛目的官员要对所有入港的商船进行检查和记录，此后才能登陆。外国人在阿居兰苏丹国买卖商品皆受当地居民的监督。③阿居兰苏丹国从亚洲国家进口马匹、丝织品、铁器和香料，将非洲的黄金、野生动物、珠宝以及欧洲的火器出口到亚洲。同时，又将亚洲的丝织品、香料出口欧洲，换取黄金。此外，阿居兰商人将奴隶、丝织品和布匹卖

---

① David D. Latin, Said S. Samatar, *Somalia: Nation in Search of a State*, pp.9–10.

② 参见 G. S. P. Freeman-Grenville, "East African Coin Finds and Their Historical Significance", *The Journal of African History*, Vol. 1, No. 1, 1960, pp. 42–43.

③ Ali Abdilahim Hersi, *The Arab Factor of Somalia History*, p. 186.

到其他非洲国家，得到非洲的黄金等。因此，通过印度洋贸易，大量财富流入阿居兰苏丹国。当时，摩加迪沙被视为东非地区的贸易中心和伊斯兰文化中心。伊本·白图泰和伊本·赫勒敦都将摩加迪沙描述为宏伟的都市，商贾云集，人们生活富足。伊本·白图泰描绘道，摩加迪沙人的饭量抵上不同人的好几倍，因此都很胖，马鞍和垫子来自埃及和耶路撒冷。阿居兰苏丹国还发行货币。如今，在贝纳迪尔海岸，以及阿拉伯半岛、波斯湾沿岸已发掘出大量当时的货币，其中铸有当时伊玛目的名讳。

为了发展农业、控制水源，阿居兰苏丹国在朱巴河与谢贝利河流域组织建造了大量水坝、蓄水池，进而推动了农业的发展。一些水利设施甚至在当代仍然发挥作用。阿居兰苏丹国的手工业也有所发展，特别是生产的布匹行销埃及和叙利亚等地。

阿居兰苏丹国强盛时期恰逢西方的地理大发现，葡萄牙殖民者开始在东非拓展商业据点。这也导致双方发生严重冲突，进而引发了两次阿居兰－葡萄牙战争。索马里也由此进入了西方殖民时代的前夜。15 世纪后期，达·伽马开辟新航路之后，试图征服摩加迪沙、泽拉和布拉瓦，但是并未成功。[①]1506 年，马林迪王国[②]的支持下，由 16 艘舰船组成的葡萄牙海军进犯阿居兰苏丹国南部重要港口城市布拉瓦，进而在非洲之角活动据点。在劝降失败后，葡萄牙人向该城发起进攻，遭到顽强抵抗，2000 余名阿居兰守军在海滩上与葡萄牙人战斗。但阿居兰人最终寡不敌众，布拉瓦城破，被葡萄牙人洗劫一空，最后付之一炬。这场战争也被称为“布拉瓦战争”。此后，由于葡萄牙人在该地缺乏立足点，并未直接占领该城，而是回到位于红海南端的索科特拉岛[③]。阿居兰人很快又重建了布拉瓦城。

---

① Mohamed Haji Mukhtar, *Historical Dictionary of Somalia*, p.3.

② 马林迪（Malindi）为当时肯尼亚的一个国家，以阿拉伯移民、印度商人和当地的斯瓦希里人为主。14 世纪以来，该国与阿居兰苏丹国在印度洋贸易中存在竞争关系。1497 年，达·伽马到达马林迪后，马林迪国王与葡萄牙建立的联盟，试图打击阿居兰苏丹国在地中海的贸易。1499 年，葡萄牙在马林迪建立商站。

③ 该岛今属于也门，是联合印度洋和红海的要冲。布拉瓦之战后，葡萄牙殖民者在索科特拉岛建立军事要塞。

此后数十年间，阿居兰苏丹国与葡萄牙关系十分紧张。阿居兰苏丹国也积极寻求奥斯曼帝国的海上支持。16 世纪 30 年代到 50 年代，葡萄牙试图进一步拓展在印度洋的霸权，因此联合埃塞俄比亚和霍尔木兹王国，共同压制奥斯曼帝国，因而爆发了奥斯曼－葡萄牙战争。阿达勒苏丹国支持奥斯曼。经此一役，奥斯曼帝国在印度洋的海上权利受到严重压制，退而坚守红海地区。此时，阿达勒苏丹国已然衰亡，阿居兰苏丹国成为奥斯曼帝国在该地区的重要依托。因此，奥斯曼人积极支持阿居兰苏丹国，进而抑制葡萄牙的扩张。1541 年，爆发了所谓的“贝纳迪尔战争”。葡萄牙人在马林迪国王的支持下，进攻贝纳迪尔沿岸的阿居兰城市，洗劫了摩加迪沙城，但最终被击败。葡萄牙的统帅若昂·德·沙普华达（João de Sepúvelda）被打死。16 世纪 80 年代，阿居兰苏丹国和葡萄牙殖民者的冲突达到高峰。阿居兰人联合奥斯曼人向葡萄牙在东非的据点发动进攻，后者被迫放弃了在今肯尼亚的蒙巴萨和刚果的基卢瓦的据点。此后，葡萄牙人从印度抽调舰队又夺回了这些据点，阿居兰和奥斯曼联军转攻为守。尽管阿居兰人是当时非洲少有的能够抗衡西方殖民者的力量，但已是落日余晖。17 世纪末，奥斯曼帝国急遽衰落，阿居兰苏丹国走向瓦解，葡萄牙、意大利、英国、法国等大举入侵非洲之角，索马里和吉布提被纳入殖民体系。

不难发现，阿拉伯－伊斯兰文化的传入为索马里打开了一扇新的大门。几乎除印度等少数国家外，整个环红海和印度洋形成了以阿拉伯－伊斯兰文化为主导和以贸易为纽带的文化共同体和贸易网络。尽管有时摩加迪沙等南部城市形式上成为阿拉伯人的属地，但实质上处于独立地位，并且伴随着中东政治文化的传入，索马里于 15 世纪左右也逐渐形成了南北两个强大的苏丹国。它们几乎统一了索马里的北方和南方，并且借鉴中东伊斯兰政治制度，建立的民族国家的雏形。它们通过与奥斯曼帝国结成联盟，开始与阿比西尼亚、葡萄牙争夺非洲之角的主导权，客观上也强化了索马里的民族认同。

尽管索马里族经历了由北向南的迁徙，但索马里还是具有了相对同质化的社会构成。索马里在中世纪并未形成统一的国家，但南部和北部国家的形成和分别统一本身就是历史的进步。16 世纪之后，西方殖民者的东来，以及本土政治的衰朽共同打断了索马里历史的独立发展，埋葬了处于萌芽的索马里民族国家。索马里的历史由此进入近代阶段。

第三章　外部势力对索马里的争夺

西方列强对索马里的入侵开始于葡萄牙人。在达·伽马绕过好望角开辟了印度洋航线后，葡萄牙一直试图侵占包括摩加迪沙在内的索马里沿海地区。但在18世纪中叶，葡萄牙对索马里的侵略最终以失败而告终。进入19世纪后，由于其重要的战略位置，英国、法国、意大利等殖民主义者相继入侵索马里，并建立了法属索马里、英属索马里、意属索马里等殖民地。在瓜分索马里的过程中，埃及和埃塞俄比亚这两个非洲国家也扮演了重要角色。到20世纪初，索马里完全沦为外部大国的殖民地。

一、英国对索马里的侵略

殖民瓜分前的索马里南部地区

19世纪初，索马里在政治上处于分裂状态，这种状况最早可以追溯到蓬特国（Punt）的灭亡。当古蓬特国的历史结束后，索马里便陷入了分裂。公元7世纪，阿拉伯帝国兴起后，阿拉伯和波斯移民持续不断地移居索马里，形成了深受伊斯兰教影响的阿拉伯－索马里混合文化。在接受伊斯兰教的同时，索马里的城邦统治者也开始学习和借鉴阿拉伯－伊斯兰政治制度，索马里沿海地区出现了众多的小苏丹国，其统治者也都自称苏丹。在19世纪外部势力瓜分索马里前夕，索马里的印度洋沿岸一带处在桑给巴尔苏丹统治之下，而北部沿海地区则依附于穆罕默德·阿里家族统治下的埃及。

彼时的索马里由多个苏丹国进行统治，如米朱提因（Majeerteen）、奥比亚（Obbia）、泽拉（Zeila）、柏培拉（Berbera）、布拉瓦（Brava）、摩加迪沙（Mogadishu）等。苏丹们在自己的领地实行宗法封建制统治，这一方面受到了阿拉伯人政治制度的影响，因为阿拉伯帝国虽然是一个中央集权的封建国家，但由于它直接从原始社会末期向阶级社会过渡，因而它的政治体制保留了较多奴隶制和氏族部落制度的残余，索马里在这方面受其影响很大；另一方面，则是由于索马里自身社会发展阶段较为落后，前封建时代的社会因素保留较多。这些苏丹国之间由于疆界不明确，经常因争夺领土、奴隶和商业利益而发生冲突，彼此矛盾很深，这为殖民者到来后实行各个击破政策、逐步控制它们埋下了伏笔。

因而，在1900年之前，索马里没有一个统一的国家和政府，索马里人拥有的是一种土著政府体系，各个部族、国家和王国的政治组织形式因时间和空间变化都不尽相同。总体而言，它们主要以部落为基础建立自己的政治组织，这些部落或以游牧为主，或以定居农业为主，其统治高度分权化。这种土著政治形式在索马里半岛不同地区普遍存在，其中又以南部河谷地带最为常见。同时，沿着北部和东部海岸线，还分布着多个部落联盟国家、小公国、不稳定的城市国家和不同规模的苏丹国，如伊法特（Ifat）、阿达勒（Adel）、阿居兰（Ajuran）、加布朗（Gabroon）、米朱提因、霍比亚（Hobyo）、哈尔格萨（Hargeisa）和摩加迪沙等。①

在这种一盘散沙似的政治形势下，面对葡萄牙的入侵，各个素丹国不得不求助于奥斯曼土耳其和阿曼苏丹国（Sultanate of Oman）。18世纪中期，它们最终驱逐了葡萄牙殖民者。之后，英国、葡萄牙、法国和荷兰商人在通往印度航路的过程中不定期到访这一区域，但它们对本地区系统性的探索要到19世纪30年代才真正开

---

① Raphael Chijioke Njoku, *The History of Somalia*, London: Greenwood Press, 2013, pp.48-49.

始。[1]葡萄牙殖民者离开后，索马里政治局势又回复到先前状态，这给阿曼苏丹国提供了可乘之机。在这一时期，摩加迪沙和其他海岸城邦小国继续存在，并或多或少维持着政治独立，而南部内陆的游牧部落也建立了它们的部落政治秩序。19 世纪初，新的城邦在巴尔代雷（Bardera）和吉勒迪（Geledi）出现，这些沿海城镇在经济上日益依赖内陆。1823 年，阿曼苏丹赛义德（Sayyid）的舰队抵达摩加迪沙，他命令这座城市效忠自己。之后，阿曼苏丹国还将势力扩展到桑给巴尔和摩加迪沙更南的海岸。[2]

阿曼苏丹国控制索马里东部海岸线、即贝纳迪尔海岸后，并没有对各个苏丹国实施强有力的直接管理。19 世纪中期，随着阿曼苏丹国统治权的分裂，执政的赛义德于 1840 年将首都从马斯喀特（Muscat）迁移至桑给巴尔（Zanzibar），这使贝纳迪尔海岸线处于桑给巴尔苏丹的直接影响之下。但苏丹们就如同他们的阿曼祖先一样，既无动力、也无资源对贝纳迪尔属地实施有效控制。[3]19 世纪中叶，赛义德将其影响扩展到整个贝纳迪尔海岸线，此后几十年一直延续的统治模式就此确立，包括摩加迪沙、布拉瓦和马尔卡等在内的城邦国家及其附近区域都在名义上效忠桑给巴尔苏丹（Sultan of Zanzibar）。[4]

赛义德之所以迁都，主要是因为桑给巴尔战略地位十分重要，尤其是苏伊士运河（Suez Canal）开通前，它更是东西方海上贸易的必经之路，这给桑给巴尔带来了巨大财富。1856 年，赛义德去世，桑给巴尔苏丹国（Sultanate of Zanzibar）与阿曼本土分离，成为一个独立国家。但从 20 世纪 30 年代开始，西方国家对东非海岸的侵

---

① Saadia Touval, *Somali Nationalism: International Political and the Drive for Unity in the Horn of Africa*, Cambridge: Harvard University Press, 1963, p.30.

② Robert L. Hess, *Italian Colonialism in Somalia*, Chicago: The University of Chicago Press, 1966, p.7.

③ David D. Laitin, Said S. Samatar, *Somalia: Nation in Search of a State*, Boulder: Westview Press, 1987, p.18.

④ Robert L. Hess, *Italian Colonialism in Somalia*, p.10.

略活动日益频繁。1833 年和 1844 年，英、法分别在桑给巴尔设立领事馆。1885 年德国侵占与桑给巴尔一水之隔的坦噶尼喀，对桑给巴尔构成直接威胁，桑给巴尔的德国人数量超过了其他国家的总和。各国对桑给巴尔的争夺日益激烈。1886 年，在没有事先告知桑给巴尔苏丹的情况下，英国与德国签署协议，将苏丹对贝纳迪尔海岸线的统治区域压缩为一个宽度仅为 16 公里的狭长地带。1890 年，英德两国又签署了《赫尔戈兰－桑给巴尔条约》（“The Helgoland-Zanzibar Treaty”），德国放弃在桑给巴尔、索马里南部地区的扩张，这导致桑给巴尔素丹国沦为英国的保护国，从而为英、意侵占索马里南部地区铺平了道路。

这一时期索马里南部地区的经济生活以农业为主。受湿润的印度洋气候的影响，再加上谢贝利河和朱巴河的存在，南部地区成为索马里最重要的农业区。种植的农作物主要有高粱、豆类、薯类、瓜类、甘蔗和芝麻等。但游牧业在南部地区仍占重要地位，这一方面是因为拉汉文人大多是北部牧民的后代，传统的游牧生活方式对他们依然有着重要影响，另一方面是由于在谢贝利河和朱巴河流域之外的地方，受炎热干旱气候和降雨量稀少的影响，不适宜农业的发展。在南部从事耕种的主要是萨卜族系的两大分支：迪吉尔和拉汉文部落，他们比其他索马里人更喜欢耕种，其农业活动集中在谢贝利河和朱巴河之间最富饶的区域。

在社会生活方面，迪吉尔人和拉汉文人以土地占有权为基础实现了社会的分层和等级化。换言之，上述两部落的社会管理是以土地为基础的忠诚，它不同于索马里北部以血缘关系为核心的社会结构。这种现象在迪吉尔、拉汉文部落的核心聚居区巴考尔（Bakool）、拜多阿（Baidoa）两地尤为明显。因此，南部地区的各个部落及其支系的许多名称，都与土地有关，表明他们主要是由于土地而聚合在一起。[①] 而拉汉文本身的词义也与土地、人群的聚合有着密切的

① 〔英〕I. M. 刘易斯：《索马里近代史：从民族到国家》，钟槐译，商务印书馆 1973 年版，第 49 页。

联系。

在语言和生活习俗上，南部地区也有不同于北部的特点。南部居民主要使用迪吉尔－拉汉文方言，该方言深受奥罗莫语（Oromo）和斯瓦希里语（Kiswahili）的影响。迪基尔－拉汉文方言与索马里其他地区的方言一样，仅限于口语，没有文字，不过它与索马里北部方言、东部沿海方言的差别不大，并不影响不同地区民众间的交流。在生活习俗上，南部与北部也存在着重要区别，例如与酷爱饮茶的北部游牧民所不同，绿咖啡豆在南部居民的生活和社交中有着非常重要的地位。这反映了自然环境和生产方式的不同给双方生活带来的影响。

殖民瓜分前的索马里北部地区

在南部贝纳迪尔海岸沦为桑给巴尔素丹势力范围的同时，从 18 世纪开始，索马里北部海岸线一直由穆哈（Mukha）谢里夫（Sharif）统治，他代表奥斯曼帝国进行名义上的统治。这些阿拉伯的谢里夫们如同桑给巴尔苏丹一样，满足于索马里人上交的象征性年贡。[①] 19 世纪，索马里北部主要以萨玛勒人为主，其支系迪尔人、伊萨克人（Isaq）、达鲁德人构成了该地区的主要居民，此外还包括讲库希特语（Cushitic）的阿法尔人。上述部落在索马里北部，即后来的法属索马里和英属索马里建立了多个苏丹国，如豪萨（Hausa）、塔朱拉（Tadjoura）、奥博克（Obock）、泽拉、柏培拉、哈勒尔等。

在上述苏丹国中，一部分名义上由奥斯曼土耳其统治，如泽拉和柏培拉，还有一部分维持着相对独立地位，如哈勒尔等。到 19 世纪，这些小国不但相互对立，而且处在英国、法国、意大利和埃塞俄比亚的争夺挤压之下，为寻求自保竞相投靠其中一方，这为列强控制它们提供了机会。在工业资本主义时代来临后，面对强大的英、法、意等国的入侵，索马里北部各个苏丹国再也无力抵抗，只能被

① David D. Laitin, Said S. Samatar, *Somalia: Nation in Search of a State*, p.18.

迫与其签订各种不平等条约，成为英属、法属、意属索马里殖民地的一部分。

19世纪，英国、法国、德国最关注索马里，这一方面是因为索马里半岛战略位置十分重要，是沟通东西方的必经之地；另一方面，英法等国都在建立自己的东方殖民帝国，控制索马里对威慑对手具有重要意义。1843年，英国人威廉·克里斯托弗（William Christopher）沿贝纳迪尔海岸航行，在摩加迪沙停泊，最终抵达南部的格雷迪。1846—1848年，克鲁特登（Cruttenden）上尉奉英印政府之命，在索马里北部海岸探险，历尽艰险穿过了达鲁德人居住的沃桑杰利内陆地区。[①]

这一时期，与南部地区依赖耕作不同，索马里北部经济生活以游牧为主，这种生产方式与当地气候和环境有着极大关系。极端干旱的北部（亚丁湾沿岸地区）为终年高温的热带炎热干旱气候区，冬季温暖（一月平均温度24℃—26℃），夏季酷热干旱（七月平均温度34℃），全年降水量少于100毫米，多雨期在秋末冬初。[②]从地表来看，北部属于荒漠化的稀树草原，只有间歇性河流，水量完全依赖季节性的降水补给。此外，地下水受高温蒸发、陡峭地势和难以渗透的岩石影响，储量十分有限。这种缺水的半荒漠环境决定了北部民众只能从事游牧业。生活在索马里北部的游牧民主要是伊萨克人、迪尔人和达鲁德人，他们饲养的牲畜主要是骆驼、山羊和绵羊，其中尤以骆驼最为重要。对他们而言，骆驼不仅是财富的象征，更意味着生活的所有，因为牧民的衣食住行皆取决于此。

在社会管理方面，北部表现出不同于南部的鲜明特点。首先，水源在他们的日常活动中占据着重要位置，其游牧生活也以水源为目的进行长途移动。由于水是牧民生存的必须，因而对水井控制权的争夺经常性地成为他们之间矛盾的根源，例如北部的达鲁德人就

---

① Robert L. Hess, *Italian Colonialism in Somalia*, pp.10–11.

② 〔苏联〕伊·谢·谢尔盖耶娃：《索马里地理》，南京大学地理系非洲地理组译，江苏人民出版社1977年版，第26页。

时常同南部海岸的定居者哈维耶人陷入冲突境地。[①]此外，对游牧民生活非常重要的商业据点也因水源而形成。其次，因为争夺水源和牧场，血亲复仇、部族仇杀成为南部社会生活的重要内容。最后，同定居的萨卜人社会相比，北部游牧民之间的联系较为松散，社会等级化程度较低，没有形成严格的等级制度。这些氏族领导人并没有固定的制度化权力。事实上，对索马里北部地区的绝大多数部落来说，苏丹虽然地位常常是世袭的，但充其量不过是尊称，其实际权力只相当于其他氏族长老的权力，有的可能更小。[②]

在社会生活方面，对北部游牧民而言，肉类、羊奶和驼奶是他们的重要食物来源。驼奶对他们而言尤为重要，“索马里”一词的词源“索马尔”的意思就是“去取骆驼的乳汁招待客人”。驼奶既是牧民日常必备的饮料，也是招待客人的传统饮品。但游牧民的这种饮食结构具有高脂肪、高热量和缺乏维生素的缺陷。因而，索马里牧民同其他地区的游牧民族一样，对茶叶产生了依赖。茶叶由于富含维生素、单宁酸、茶碱等，特别是维生素 B_1、B_2 和维生素 C，对游牧民族来说极为重要。对于经常食用动物脂肪的索马里牧民来说，茶叶不仅有助于消化，还可以弥补游牧民饮食结构中的不足，甚至被他们作为药物使用。此外，饮茶在索马里北部游牧民的生活中还有加强社会交往的功能。

在语言方面，北部游牧民主要讲北索马里语，这种语言深受阿拉伯语和邻近的阿姆哈拉语（Amharic Language）的影响。另外，由于萨卜人文化的混合特质，北索马里语在南部也有广泛影响，很多南部居民同时使用北索马里语和迪基尔－拉汉文方言。受地缘邻近和伊斯兰教的影响，阿拉伯语在索马里北部的使用也非常普遍，其影响力与北索马里语不相上下，甚至 19 世纪最早的书写体索马里语就采用了阿拉伯字母。

---

① Debora Valentina Malito, *Somalia: The End of the State—The Fragmentation of Sovereignty in the Horn of Africa*, Saarbrucken: LAP Lambert Academic Publishing, 2011, p.22.

② 〔英〕I. M. 刘易斯：《索马里史》，赵俊译，东方出版中心 2012 年版，第 9 页。

英国觊觎索马里的原因

自 1499 年葡萄牙殖民者抵达沿海地区，索马里就成为西方殖民者觊觎的对象，英、法、意、德等国是争夺索马里的主要对手。与此同时，在非洲内部，地区大国埃及、埃塞俄比亚也卷入这场斗争。

英国对索马里的侵略活动始于 18 世纪后期。它之所以对索马里感兴趣，主要是希望能在印度与埃及之间建立一个中转站，于是位于亚丁湾北部的也门亚丁港进入了英国的视野。亚丁历史悠久，早在公元前 1200 年马因王国就建立于此，此后又经历了萨巴王国（Sheba Kindom）、希木叶尔王国（Hmyr Kindom）、阿拉伯帝国和奥斯曼帝国的统治。1538 年，苏莱曼大帝攻占亚丁，并由此垄断了地中海与印度洋的贸易。在也门人的反抗之下，奥斯曼苏丹穆拉德四世（Murad Ⅳ）在 1635 年决定撤出亚丁。此后，亚丁贸易迅速衰落，陷入雅法尔派、宰德派等教派及部落之间的长期冲突，成为各方势力的争夺对象。

由于亚丁的重要战略地位，早在 18 世纪，英国就有意攫取它。1839 年，英国东印度公司终于夺取了属于也门拉赫吉（Lahej）苏丹国的亚丁及其附近地区，建立了亚丁殖民地。之后，英国不断向亚丁内陆渗透，最终建立了亚丁保护地（Aden Protectorate），使其成为英属印度的一部分。亚丁虽然拥有优良港口，但各种物产匮乏，这迫使英国不得不将目光投向对面的索马里。

英国在亚丁的驻军几乎完全依赖北索马里供应肉类，英国政府只对索马里的肉类供应感兴趣。只有当肉类供应受到严重威胁的时候，英国才认为有必要占领索马里海岸。[①] 正是鉴于索马里海岸对亚丁的经济意义，英国殖民当局不愿意它被其他对英国怀有敌意的国家吞并。[②] 从 19 世纪 40 年代开始，英国加大了对索马里的侵略力度。

---

① 〔英〕I. M. 刘易斯：《索马里史》，赵俊译，第 37 页。

② David D. Laitin, Said S. Samatar, *Somalia: Nation in Search of a State*, pp.48–49.

1840 年，英国逼迫塔朱拉和泽拉两地统治者签署条约，将部分领土割让给英国，这是英属索马里殖民地建立的开始。

英国对索马里北部地区的侵略

1855 年，英国人 R. F. 伯顿（Richard Francis Burton）率领一支队伍前往欧加登地区（Ogadēn）探险。1855 年 4 月 19 日凌晨，他们的宿营地遭到了索马里长矛士兵的猛烈攻击，斯特罗杨（Stroyan）中尉被杀，斯皮克（Speke）中尉受重伤，伯顿与其余同伴侥幸逃生。这一事件给英国提供了扩大侵略的借口。亚丁的英国当局迅即做出反应，派出两艘军舰前往索马里沿海地区示威。1856 年 11 月，哈巴尔·阿瓦勒（Habar Awal）部落被迫与英国签订了一项便于后者在柏培拉从事商务活动的条约，同意英国代表常驻此地。

英国在索马里北部海岸的活动引起了老对手法国的注意。1862 年，法国同阿法尔部落的塔朱拉素丹签订条约，夺取了塔朱拉湾东北岸的奥博克港，并将其视为法国在东非进行殖民扩张的基地。1869 年，苏伊士运河开通后，法国对扼守苏伊士运河通往印度洋要冲的索马里更加重视，并在 1896 年建立了“法属索马里”。与此同时，后起的德国也对战略地位重要的索马里十分感兴趣，它同米朱提因素丹国、奥比亚素丹国等签订了所谓“友好条约”，获取了上述地区的商业特权。

鉴于索马里对于英国通往印度航线的重要性，再加上对法、德争夺索马里的警惕，自 19 世纪 70 年代，英国加大了对索马里的侵略力度。当时索马里北部沿海地区在名义上由奥斯曼帝国的附属国埃及管辖，埃及总督赫迪夫·伊斯梅尔（Khedive Ismail）雄心勃勃，希望恢复对索马里海岸的实际控制。1863 年，他继位后，埃及开始大力向非洲东南部的红海海岸扩张。英国期初对埃及在红海海岸的扩张行为采取了抵制态度，但随着苏伊士运河开通后英国在埃及影响的扩大和法、德在索马里活动的增加，英国不得不调整对埃及的立场。1875 年，英国决定支持埃及对柏培拉的占领和向内陆的扩张。

最终，埃及人终结了长期独立的哈拉尔苏丹的统治，建立了一个存在十几年的行政机构。[①]

1884年，由于受苏丹马赫迪起义（Mahdi Uprising）影响，埃及被迫从厄立特里亚和索马里沿海地区撤军，这一地区再次引起列强的关注。在此背景下，英国决定对索马里实行直接占领。为了填补埃及撤出形成的真空，1884—1888年，英国同索马里北部地区的统治者们签订了多项条约，这标志着英国在索马里北部殖民地的正式形成。[②]1888年，英国又同法国签订条约，确定以吉布提港和泽拉之间的中线作为英属索马里与法属索马里的分界线，殖民疆界的划定标志着英属索马里殖民地的正式建立，其首府为哈尔格萨。

英国对索马里南部地区的侵略

除了索马里北部海岸线，英国也对索马里南部地区保持着关注，其原因主要有两个：第一，出于对德国在索马里活动的警觉。1884年柏林会议（Berlin Conference）后，德国加快了殖民扩张的步伐。1885年，德国占领了坦噶尼喀（Tanganyika），建立了所谓德属东非殖民地。此后，德国探险家和商人又把目光投向了位置相邻、战略地位十分重要的索马里，并通过与当地素丹签订条约，获取了一些商业特权，这被英国视为重大威胁。第二，保护英国的附庸桑给巴尔的需要。桑给巴尔是东非奴隶贸易中心，也是沟通欧洲与亚洲的交通要道，战略地位至关重要，在1869年苏伊士运河开通前尤其如此。德国、法国也意识到桑给巴尔的重要性，并就瓜分桑给巴尔苏丹国进行了长期斗争。1885年，德国宣布桑给巴尔所属的拉木岛（Lamu）及其附近海域成为德国的保护地。上述原因促使英国采取行动，保护其在桑给巴尔的殖民利益。

1886年，英国开始夺取索马里半岛的东南部边缘，亦即朱巴兰地区（Jubbaland）。在这一区域，英国首先关注的是如何确保埃及

---

① David D. Laitin, Said S. Samatar, *Somalia: Nation in Search of a State*, p.49.

② Raphael Chijioke Njoku, *The History of Somalia*, p.56.

的生命线——尼罗河水源的安全，这要求英国控制从基斯马尤到桑给巴尔的东非海岸线。[①]因为只有这样，才能阻止德国、法国从东西两个方向向尼罗河源头进发。为了更好地保证英属东非的安全，英国采取了另外两方面的措施。

第一，鼓励意大利在索马里东南部地区的扩张行为。英国宁愿与实力较弱的意大利为邻，也不愿看到一个强大的德国占据索马里。1891 年 4 月，英国和意大利签署条约，意大利放弃在尼罗河流域的扩张，作为回报，英国支持意大利在索马里南部地区的殖民。在英国的支持下，意大利将米朱提因和奥比亚变成自己的“保护国”，英国还将索马里东南部、原属桑给巴尔苏丹国的港口城市，如摩加迪沙、布拉瓦、姆鲁提等让给意大利。1925 年，英国又将朱巴兰部分地区让给意大利，但保留了一大片内陆地区，这就是后来的肯尼亚北部边疆区（Northern Frontier District）。[②]

第二，与德国进行谈判，通过领土交易换取德国放弃在东非的进一步扩张。1885 年，德国与英国在东非地区的冲突日益尖锐，双方争夺的区域包括今天的索马里、肯尼亚、乌干达、桑给巴尔、坦噶尼喀、卢旺达、布隆迪等地。19 世纪后期，在苏伊士运河开通等因素的影响下，英国对东非的局势越来越重视。为确保英属东非的安全，英国决定与德国进行利益交换，即用位于德国近海、具有重大战略价值的赫尔戈兰岛来换取德国在东非殖民扩张的让步。1890 年，双方签订《赫尔戈兰－桑给巴尔条约》，英国将赫尔戈兰岛交给德国，作为交换，德国放弃索马里、维图（Wituland）[③]、乌干达（白尼罗河源头）和桑给巴尔。

《赫尔戈兰－桑给巴尔条约》对英国而言意义重大，它遏制了德国在东非的扩张，其势力范围被限制在上尼罗河以南地区。它实现了英国的目标，使得其他列强远离了尼罗河源头，这对保障包括

---

① David D. Laitin, Said S. Samatar, *Somalia: Nation in Search of a State*, p.49.

② Ibid.

③ 维图位于今天肯尼亚沿海地区，面积约 3000 平方公里，1885—1890 年由德国统治。

英属索马里在内的英属东非的安全具有重大意义。至此，英国在索马里北部、南部两个地区的扩张都取得了重大成果，它最大限度地保护了自身在非洲的殖民利益。

二、其他国家对索马里的侵略

意大利在索马里的殖民扩张

意大利在欧洲列强中实力较弱，但在19世纪后期列强瓜分世界的狂潮中，它也想从侵略索马里的竞赛中分一杯羹。意大利部分政界高层对海外殖民态度狂热。1876—1883年三度出任意大利首相的阿戈斯蒂诺·德普雷蒂斯（Agostino Depretis）极力鼓吹建立一个意属非洲殖民帝国。而外交部长帕斯夸莱·曼奇尼（Pasquale Mancini）也给意大利制定了掠夺非洲的殖民计划。他的第一个目标是惩罚那些导致古斯塔沃·比安奇（Gustavo Bianchi）探险队覆没的厄立特里亚部落，第二步是占领从阿萨布到萨瓦金（Suakin）的厄立特里亚海岸，最终目标是夺取整个朱巴河流域和南部索马里。[①]

1885年，狂热的意大利帝国主义者安东尼奥·切基（Antonio Cecchi）在索马里南部登陆，这标志着意大利正式加入了瓜分索马里的阵营。1886年9月，文森佐·菲洛尔纳迪（Vincenzo Filornardi）上尉通知英国和德国，巴尔哈什（Barghash）苏丹已同意将基斯马尤地区割让给意大利。[②]面对意大利在非洲之角的扩张，占据着索马里北部海岸地区的英国持默许态度。

英国之所以容忍意大利在东非的扩张，原因是英国宁可让实力较弱的意大利参与瓜分，也不愿与强大的德国为邻。在英国的鼓励下，意大利在红海沿岸的扩张变得十分顺利。它侵占了厄立特里亚，并将其变成向埃塞俄比亚和索马里扩张的基地。由于索马里北部地区已成

① Robert L. Hess, *Italian Colonialism in Somalia*, pp.13–14.

② Raphael Chijioke Njoku, *The History of Somalia*, p.59.

为英国和法国的势力范围，意大利的扩张重点集中在索马里南部地区。

1888年，霍比亚苏丹肯纳迪（Keenadiid）同意接受意大利的“保护”，意大利因此获得了它在索马里南部的第一块势力范围。同年，意大利在索马里南部的帝国主义政策设计者文森佐·菲洛尔纳迪向米朱提因苏丹伊斯曼·穆罕默德（Ismaan Mahamuud）提出了“保护”的要求。1889年，该素丹同意将其领地置于意大利的“保护”之下。之后，意大利通知1884—1885年柏林西非会议的签字国，声称意大利已获得对索马里东南部的保护权。在此之后，意大利又夺取了长期处于桑给巴尔苏丹脆弱统治之下的贝纳迪尔海岸。就此，意属索马里殖民地初现雏形。[①] 在意属索马里建立的过程中，英国和意大利相互勾结，背着相关国家划定了两国势力范围。在没有告知埃塞俄比亚的情况下，英意两国分别于1891年和1894年签署协议，划分了意属索马里和英属索马里之间的边界。埃塞俄比亚提出的内陆边界问题，最后以欧加登地区归属意大利、豪德地区归属英国而告终。[②]

此后，随着桑给巴尔苏丹国的崩溃，意大利与埃塞俄比亚分别在1897年和1908年签订划界条约，就边界问题达成妥协。1908年，意大利宣布将它在索马里的领地合并为“意属索马里”，并制定了殖民地根本法，建立了集权式的统治结构，殖民地首府设在摩加迪沙。在英、法、意争夺的索马里不同部分中，意属索马里面积最大，它北起瓜达富伊角（Cape Gwardafui），南抵基博扬尼角，几乎囊括了索马里整个南部地区。

德国对索马里的侵略企图

除了英法，拥有德属东非殖民地的德国也对在索马里的探险十

---

① Nina J.Fitzgerald, *Somalia: Issues, History and Bibliography*, New York: Nova Science Publisers, Inc., 2002, p.33.

② Harold D. Nelson, *Somalia: A country Study*, Washington, D.C.: The American University, 1982, p.14.

分感兴趣。德国传教士、商人和探险家在索马里沿海和内陆的活动十分活跃，其中的代表人物包括卡尔·冯·德·戴肯（Carl von Der Decken）、格特罗普·金策尔巴赫（Gottlob Kinzelbach）、卡尔·彼得斯（Karl Peters）、赫尔兹（Hertz）父子等，他们在东非内陆和海岸线的探险活动加剧了英、法、德的争夺。

俾斯麦在领导德国完成统一后，为防止法国复仇、安抚其他欧洲国家和巩固统一成果，在外交政策上奉行侧重于欧洲的“大陆政策”（Kontinental politik），对海外殖民扩张态度谨慎。在俾斯麦看来，德国地处中欧，法、俄两大强国环伺，因而确保自身安全是德国外交政策的第一要务。但随着统一后德国资本主义的快速发展，国内市场狭小的局限暴露无遗，在这样的背景下，德国资产阶级迫切要求政府效仿英法，为德国开拓海外殖民地和市场。一向认为殖民地对德国而言是一种“奢侈品”的俾斯麦不得不正视这种现实。另一方面，俾斯麦也观察到英、法在争夺非洲方面的矛盾，为了将法国的注意力吸引至海外，并加深英法之间的矛盾，德国积极支持法国在非洲的扩张。

1884 年，以刚果问题为契机，俾斯麦在柏林主持召开了列强瓜分非洲的会议，史称柏林会议。这次会议确立了帝国主义瓜分非洲的总原则，是帝国主义侵略非洲的新起点。也正是在这一年，此前在非洲并无殖民地的德国加入了分割非洲的进程，1884 年 4 月，德国政府通知英国，安哥拉贝奎那地区（Bequina）已接受德国保护，由此德国获得了第一块非洲殖民地。

但德国的胃口并不满足于非洲西部海岸，更加富庶、地理位置也更重要的非洲东海岸很快进入德国视野。在德国侵略非洲过程中，工业家、探险家、传教士等起到了非常重要的作用。在他们的推动下，1882 年，德意志殖民协会在法兰克福成立，1885 年，探险家卡尔·彼得斯在柏林成立东非公司。在德国政府的支持下，东非公司利用柏林会议《总决议书》确定的“先占先得”的原则，在东非通过威逼利诱手段，诱使米朱提因苏丹国、奥比亚苏丹国和索马里东部海岸地区的部落酋长签订商务条约，使德国获取了上述地区的商务活动垄断经营权。

但已占据索马里北部海岸的英国不愿看到一个强大的德国成为自己的邻居，因此它支持意大利在瓜达富伊角以南地区的扩张。1891 年，英国同意大利签订条约，以意大利不向尼罗河流域扩张为条件，支持意大利在南索马里地区的扩张行动。另一方面，英国又同德国进行谈判。英国首相索尔兹伯里（Salisbury）在与俾斯麦、威廉二世进行了艰难的讨价还价后，达成了领土的利益交换，这就是两国在 1890 年签订的《赫尔戈兰－桑给巴尔条约》。该条约事实上宣告德国放弃了在索马里进行扩张的企图。

埃塞俄比亚夺取欧加登地区

埃塞俄比亚是对索马里影响最大的非洲国家。在研究 19 世纪末列强瓜分索马里时，许多论著往往有意或无意地忽略了埃塞俄比亚在其中发挥的作用。事实上，今天非洲之角动荡不安的根源一定程度上可以追溯到这一时期埃塞俄比亚在非洲之角的扩张活动。

19 世纪后期，埃塞俄比亚皇帝孟尼利克二世（Menelik Ⅱ）建立了一支用现代武器装备起来的军队，在大体完成了国内统一后，走上了对外扩张的道路，而其首要对象就是近邻索马里。孟尼利克二世于 1886 年攻占奥罗莫省，1887 年控制了哈勒尔的商业特权，之后不久，正式接管了哈勒尔。随着作为缓冲地带的城市国家哈勒尔的陷落，欧加登地区向孟尼利克二世敞开了大门。①

1896 年，孟尼利克二世在阿杜瓦战役②中取得了对意大利军队的辉煌胜利，双方随后签订了《亚的斯亚贝巴条约》，意大利承认埃塞俄比亚的主权和独立，这宣告了意大利侵略埃塞俄比亚野心的

① David D. Laitin, Said S. Samatar, *Somalia: Nation in Search of a State*, p.52.

② 1896 年 3 月 1 日爆发的阿杜瓦战役（Battle of Adowa）中，意大利共计有 6000 人死亡、1500 人受伤、1800 人被俘，超过一半的意大利士兵失去战斗力。

破灭，而埃塞俄比亚的殖民扩张才刚刚开始。[①] 根据 1897 年英国同埃塞俄比亚签订的条约，其中最后和最关键的内容是埃塞俄比亚获得了西索马里兰（Western Somaliland，即欧加登地区）。[②]

西索马里兰又称为埃属索马里（Ethiopian Somaliland），以区别于英属索马里、法属索马里和意属索马里。今天它是埃塞俄比亚索马里州的一部分，面积约 20 万平方公里，社会经济发展落后。这条由殖民者划定的边界却成为此后埃塞俄比亚与索马里长期不睦，甚至爆发战争的根源。获得欧加登地区标志着埃塞俄比亚进入最鼎盛和最稳定的时期。

对英、法、意列强而言，埃塞俄比亚的胜利和崛起大大刺激了它们，在认识到殖民埃塞俄比亚要付出高昂代价和埃塞俄比亚对索马里的领土野心后，帝国主义国家采取了两方面措施，第一，调整它们各自对索马里的政策，将对索马里的侵略限制在埃塞俄比亚可以接受的范围之内；另一方面，它们加快了侵略索马里的进程，并在 19 世纪末最终将索马里分割。

外部势力争夺索马里的影响

首先，索马里领土被列强分割，形成了影响至今的非洲东北几个国家的版图。英、法、意三国都建立了各自的索马里殖民地，之后埃塞俄比亚也加入了这一扩张过程，最终导致索马里被分割为四个地区：英属索马里、法属索马里、意属索马里和埃塞属索马里。上述四国根据自己的利益划定了相互之间属地的边界，奠定了现代东北非洲国家的疆界基础。但它们之间的交易完全无视索马里人民的意愿，这就为之后相关国家发生领土争端埋下了伏笔。

其次，它打断了索马里民族的正常发展进程。索马里是非洲少

---

① 〔荷兰〕H. L. 韦瑟林：《欧洲殖民帝国：1815—1919》，夏岩等译，中国社会科学出版社 2012 年版，第 168 页。

② Abdi Ismail Samatar, *The State and Rural Transformation in Northern Somalia 1884–1986*, Madison: The University of Wisconsin Press, 1989, p.34.

见的一个民族构成非常单一的国家，但英、法、意、埃塞四国分割索马里后，受殖民政策差异的影响，原本属于同一民族的索马里人走向了不同的发展道路，相互之间的差异越来越大，利益诉求也各不相同。它所产生的影响一直延续到了21世纪，今天的索马里陷入内乱和事实上的分裂，其源头可追溯至此。

最后，列强的殖民统治，给索马里人民带来了深重灾难，也激发了它们的反抗意识。在英属索马里、意属索马里殖民地建立后不久，索马里人民就掀起了保卫祖国、民族和信仰的大起义，给英意殖民者以沉重打击。在此过程中，索马里人的民族主义意识被唤醒，为最终实现民族独立准备了条件。

第四章　20 世纪初期索马里人民的反殖民斗争和意大利在南部的殖民活动

英、法、意等国对索马里的入侵不仅激化了殖民者与当地民众之间的矛盾，也对以伊斯兰教为核心的索马里传统文化构成了严峻挑战。在此背景下，哈桑在索马里积极传播萨里希派（Saleh Group）教义，希望借此纯洁伊斯兰信仰，并通过圣战驱逐外国侵略者。1900 年爆发的哈桑起义持续 20 年之久，最终被英国利用空中优势绞杀。此后，索马里彻底沦为英、意的殖民地，殖民统治者和索马里人民之间压迫与反压迫的斗争成为索马里社会的主要矛盾。哈桑领导的起义是索马里民族运动的第一次高潮，它沉重打击了外国侵略者，对索马里民族的形成和民族文学的发展都产生了重要影响。在哈桑起义进行的同时，意大利在索马里南部继续推进殖民活动。

一、哈桑反殖民起义的爆发与失败

卡迪尔教团与萨里希教团

15 世纪基本完成伊斯兰化后，索马里在种族和文化上同阿拉伯人建立了更加紧密的联系。在种族上，形成了黑白混血的索马里人；在文化上，接受了伊斯兰教和阿拉伯语。就教法而言，索马里的伊斯兰教属于逊尼派的沙斐仪学派，阿拉伯半岛南部是该学派主要的传播区域。随着半岛南部阿拉伯人不断移居索马里海岸，沙斐仪学派在索马里得以流行，并传播到东非海岸的广大地区，成为印度洋伊斯兰世界占统治地位的教法学派。位于索马里西北部的城镇哈拉尔、古代港口城市泽拉、南部的摩加迪沙、马尔卡和布拉瓦是索马里伊斯兰教的传统中心，也是早期阿拉伯移民的定居点，其中摩加迪沙拥有东非海岸最早的清真寺。[①] 圣徒崇拜（The Cult of Saint）、对富有个人魅力的圣人的热情信仰以及对苏非派教团的忠诚，是索马里人伊斯兰教的显著特点。[②]

索马里的伊斯兰教受苏非派影响很大。索马里人之所以接受苏非主义，与其圣徒崇拜有着很大关系。在索马里的部落社会环境中，祖先很容易被神化为穆斯林的圣徒，从而将本部落的起源神圣化，进而在合法性上取得了对其他部落的优势。索马里的六个主要部落都声称他们是阿拉伯传奇人物的后裔，都与先知穆罕默德有着直接的血统联系。比如索马里的哈维耶人和迪尔人声称他们是伊里尔·萨玛勒（Irir Samaale）的后代。据说，伊里尔·萨玛勒的祖先可能是来自盖哈唐部落的宗教人士，他于公元 9 世纪从阿拉伯半岛西南部移居索马里。伊萨克人认为他们是谢赫·伊萨克·伊本·艾哈迈德·哈什米（Shaykh Ishaq ibn Ahmad al-Hashimi）的后裔，哈什米是先知穆罕默德的一个重要追随者，他在 12—13 世纪从中东抵达索马里。[③] 达鲁德人相信他们的源头可追溯至阿布迪拉赫曼·本·伊斯梅尔·贾巴尔提（Abdirahman bin Ismail Al-Jabarti），贾巴尔提是阿基尔·本·阿比·塔利卜（Aqeel ibn Abi Talib）的后代之一，而塔利卜是先知的叔叔。据说，哈什米和贾巴尔提都逃离了阿拉伯

---

① I. M. Lewis, *Understanding Somalia and Somaliland: Culture, History, Society*, New York: Columbia University Press, 2008, p.3.

② David D. Laitin, Said S. Samatar, *Somalia: Nation in Search of a State*, Boulder: Westview Press, 1987, p.45.

③ Alexandra Lewis, *Security, Clans and Tribes: Unstable Governance in Somaliland, Yemen and the Gulf of Aden*, New York: Palgrave Macmillan, 2015, pp.25–26.

半岛，并娶索马里当地部落首领的女儿为妻。

因此，苏非神秘主义在索马里十分流行，绝大部分索马里人都和某一个神秘主义派别联系在一起。虽然他们之间关系非常松散，但有时也会团结起来致力于某些工作，如修建清真寺。为了吸引更多索马里民众归附，他们之间又存在着激烈竞争。[①]索马里伊斯兰教主要分为三大派别：卡迪尔教团（Qadiriiya）、艾哈迈迪耶教团（Ahmadiyya）以及萨里希（Salihiyya）教团，其中卡迪尔教团最为古老，同时也是教规最为松散的一个。[②]

大概在 12 世纪前后，也门的卡迪尔教团随着阿拉伯商人进入索马里，并得到快速传播。到 19 世纪，卡迪尔教团在索马里的根基已经很牢固，并分裂为两个相当有势力的地方支派，一个以阿卜杜·拉赫曼·赛拉伊（Abd ar-Rahman Seyla, I）谢赫为首，第二个以乌维斯·穆罕默德（Uways Muhammad）谢赫为首。第一个支派在索马里北部、英属索马里和欧加登地区占有优势，第二个支派则影响着贝纳迪尔海岸和索马里南部地区。艾哈迈迪耶教团也在索马里有重要影响，它是由赛义德·艾哈迈德·伊本·法西（Sayyid Ahmad Ibn Idris al-Fasi）在阿拉伯半岛的麦加（Mecca）所创。[③]

与卡迪尔教团的影响不断扩大的同时，它与萨里希派之间的矛盾也日趋尖锐。萨里希派发端于 19 世纪的阿拉伯半岛，与瓦哈比派相似，都属于伊斯兰教的复古主义派别。它认为，由于受中世纪后期苏非主义的影响，许多穆斯林已偏离了沙里亚法的规定。要应对欧洲殖民主义的威胁，就要革除其他文化因素对伊斯兰教的影响和一切形式的“标新立异”，回归伊斯兰教的原始教义，以保持和恢复伊斯兰教信仰的本来的面目。[④]

---

① David D. Laitin, Said S. Samatar, *Somalia: Nation in Search of a State*, p.45.

② I. M. Lewis, *Understanding Somalia and Somaliland: Culture, History, Society*, p.16.

③ I. M. Lewis, *A Modern History of Somalia: Nation and State in the Horn of Africa*, Boulder: Westview Press, 1988, p.64.

④ Abdi Ismail Samatar, *The State and Rural Transformation in Northern Somalia, 1884–1986*, Madison: The University of Wisconsin Press, 1989, p.37.

卡迪尔教团与萨里希派之间存在尖锐矛盾。卡迪尔教团要求信徒除了要遵守逊尼派教义外，还要履行苏非派的仪式和功课。它继承了苏非派崇拜圣徒、圣墓的习俗，也深受索马里人祖先崇拜的影响，在索马里拥有最多的追随者。而萨里希派主张纯洁伊斯兰教信仰，不但反对基督教的渗透，对苏非派的圣徒、圣墓、圣物崇拜以及索马里部落文化的影响也深恶痛绝。

19 世纪后半期，随着萨里希派在索马里的广泛传播，它同卡迪尔教团的斗争日益激化，双方敌意日渐加深，甚至彼此攻击对方是异教徒。赛义德·穆罕默德·阿卜杜拉·哈桑是萨里希派的代表人物。他在麦加朝觐时，结识了穆罕默德·萨里希，成为其弟子，由此加入了萨里希派。回到索马里后，他积极推动索马里伊斯兰教的纯洁化，从而开启了索马里历史的新时期。

哈桑其人

赛义德·穆罕默德·阿卜杜拉·哈桑（Sayyid Muammad Abd Allāh Hasan，1864—1920）出生在基里特（Kirrit）附近的科布法多德（Kob Fardod），该地属于英属索马里。哈桑是家中的长子，父亲阿卜杜勒谢赫来自欧加登地区达鲁德人的巴加里部落（Bah Gari），母亲蒂米罗·希德（Timiro Seed）则属于达鲁德人的杜尔巴汉特部落（Dhulbahante）。哈桑的祖父哈桑·努尔（Hasan Nur）开启了这个家族游学的传统。他曾带领家族背井离乡，先是沿着谢贝利河谷去了卡拉法（Qallaafo）的北部，即今天的欧加登，后继续向南迁徙，最终于 19 世纪初在朱巴河谷的一个社区安顿下来。哈桑·努尔在这里成为一个虔诚的穆斯林，他的坟墓至今仍是穆斯林游访的圣地。[①]

从童年时代开始，哈桑就追随伊斯兰经师学习《古兰经》和圣训。1875 年，在祖父哈桑·努尔去世时，哈桑已能熟练阅读《古兰经》。

① Said S. Samatar, *Oral Poetry and Somali Nationalism*, Cambridge: Cambridge University Press, 1982, p.10.

此后，在从事了两年默默无闻的伊斯兰经师工作后，他继承了家族传统，开始外出游学。哈桑拜访了摩加迪沙和哈勒尔的伊斯兰中心，他的心灵在哈勒尔受到极大震撼，该城市名字的含义“真主离弃之地”使他痛苦不已。此后，他又前往肯尼亚和苏丹游学。

1891年，哈桑结束了十年的游历，回到了母亲所在的杜尔巴汉特部落，并娶了一个欧加登女人为妻。按照当地人的传统观念，哈桑见识广博，宗教知识丰富，已是一位杰出的伊斯兰经师。但哈桑并不满足于此，1894年，哈桑和他的十三个同伴一同前往麦加朝觐，并在当地停留了约一年时间。这次朝觐给哈桑的人生带来了巨大影响。他在麦加结识了萨里希派的奠基者赛义德·穆罕默德·萨里希（Said Mohammed Saleh，1853—1917），萨里希派的教义对哈桑产生了很大吸引力，促使他加入了该派。

1895年，哈桑从麦加回到索马里。他首先在柏培拉传播萨里希派教义，但收效甚微，其原因主要有三个：一是柏培拉的民众大部分属于卡迪尔教团，他们对萨里赫派清教徒式的教规缺乏接受的心理准备。二是在哈耶斯·萨德勒（Hayes Sadler）上校被任命为英国驻索马里总领事后，他改善行政机构管理，推动地区经济发展，使殖民地每年输往亚丁的牲畜数量大增。作为贸易港口的柏培拉经济十分繁荣，柏培拉商人满足于现状，对哈桑宣扬的清教徒教义不感兴趣，担心萨里希派教义的传播会引发混乱，从而危及他们的利益。三是卡迪尔教团宗教人士担心哈桑宣扬的萨里希派教义会威胁他们的地位。马达尔（Madar）、阿加斯·穆罕默德（Aw Gaas Mohammad）和哈桑的前导师阿布迪拉希·阿鲁西（Abdillaahi Aruusi）等重要乌里玛仇视哈桑，将其视为暴发户，认为其企图篡夺他们的宗教领导权。而且，哈桑对他们的攻击使得柏培拉的大多数穆斯林都极为不悦，因为他们非常尊敬这些宗教权威。[①]

---

① Said S. Samatar, *Oral Poetry and Somali Nationalism*, pp.106–107.

哈桑反殖民起义的动因

哈桑的反殖民起义是索马里多种因素作用的结果。就本质而言，它是对索马里严重殖民危机的直接反映。

首先，英、法、意和埃塞俄比亚的瓜分使索马里遭遇了前所未有的生存压力。在1869年苏伊士运河通航后，索马里的地缘重要性日益凸显，它也因此成为帝国主义觊觎的对象。英国占据了索马里北部海岸和最南端，法国建立了吉布提殖民地，意大利占据了索马里东南部，而埃塞俄比亚在阿杜瓦战役后，也南下索马里，夺取了欧加登地区。英国和埃塞俄比亚的侵略对哈桑的刺激最大，因为英属索马里自古以来都是索马里与阿拉伯半岛进行经济文化交流的主要基地，柏培拉、泽拉、哈拉尔等城镇是索马里伊斯兰教的古老中心。而埃塞俄比亚对索马里的领土野心更加激发了哈桑的宗教情感和爱国主义精神。埃塞俄比亚是一个基督教国家，它对欧加登地区的占领不仅意味着索马里主权的丧失，同时也带有明显的异教徒入侵的意味。生活在索马里内地的游牧民数量较多，他们不易受到欧洲入侵的影响，因为西方殖民者的活动主要集中在几个海岸地带，但埃塞俄比亚的扩张直接进入了索马里牧场的核心地带，它侵占欧加登地区对索马里构成了一个巨大的威胁。①

埃塞俄比亚对欧加登地区的统治是掠夺式的，当地索马里人最重要的财富牲畜成为首要对象。1890—1897年，孟尼利克皇帝从欧加登地区共掠夺了10万头牛、20万头骆驼和60万只绵羊和山羊。②埃塞俄比亚向索马里领土的扩张，使双方的传统矛盾公开化，埃塞俄比亚强迫索马里部落为驻军提供牲畜，两者之间经常发生冲突。这些持续的摩擦对推动索马里人民族意识的觉醒、唤醒索马里人过

① David D. Laitin, Said S. Samatar, *Somalia: Nation in Search of a State*, p.54.

② Ibid., p.55.

往同埃塞俄比亚的斗争记忆十分重要。①就个人情感而言，欧加登地区对哈桑也十分重要。他的祖父哈桑·努尔曾在欧加登地区担任教长，而他的第一任妻子也来自欧加登。因而对哈桑来说，欧加登绝不能被他国侵占。

其次，英国对哈桑态度的变化激化了两者的矛盾。由于哈桑在柏培拉的宣教活动并不成功，于是他转向索马里东南部的杜尔巴汉特部落。哈桑在那里受到广泛欢迎，他在宗教和社会领域都确立了自己的权威。②杜尔巴汉特部落成为哈桑支持者的核心。对于哈桑在杜尔巴汉特地区的崛起，英国起初乐观其成，因为英国关心的是北部海岸地区和亚丁殖民地肉类供应的稳定，对于内陆地区，英国没有太多利益。英国更倾向于在殖民地实施间接统治，即通过代理人来维护自身利益，因而对哈桑在杜尔巴汉特的活动，英国持默许态度。但伴随着英、法、意对索马里的进一步瓜分，双方的关系逐步恶化。1897年，在红海和亚丁湾相互敌对的三个大国相继向亚的斯亚贝巴派出自己的代表，他们此行的目的是寻求埃塞俄比亚皇帝孟尼利克二世对各自势力范围的承认，但他们没有意识到其使命将成为索马里高原无尽纷争的开始。③

1897年列强签订的协议完全无视索马里人的感受，其中尤以英国和埃塞俄比亚就索马里领土达成的利益交换使索马里人感到愤怒。根据英国－埃塞俄比亚协议，英国不仅承认了埃塞俄比亚对欧加登地区的占领，而且还将索马里人雨季的主要牧场——豪德高原的部分地区割让给埃塞俄比亚。因此，自1897年开始，哈桑同英国殖民当局的关系迅速恶化。1899年3月，一支被称为“伊拉里”（源自索马里语Illaali，意为“监视”）的英国殖民保安部队前往杜尔巴汉特巡视，据称其中一人用他的步枪交换了四头骆驼。但保安队在

① Saadia Touval, *Somali Nationalism: International Political and the Drive for Unity in the Horn of Africa*, Cambridge: Harvard University Press, 1963, p.48.

② Ibid., p.52.

③ John Drysdale, *The Somali Dispute*, New York: Frederick A.Praeger, Publisher, 1964, p.25.

回到柏培拉后，却声称哈桑窃取了他们的步枪。英国领事科尔多克斯随即给哈桑写了一封措辞强硬的信，要求哈桑归还枪支，哈桑的回复同样言辞尖锐，这导致双方关系急转直下。在这次“罗生门”事件后，哈桑在杜尔巴汉特召开部落大会，号召所有人参加他讨伐异教徒的战争。①

再次，基督教的传教活动被视为对索马里人伊斯兰信仰的侵蚀。根据传说，哈桑曾在天主教教堂门口问一个男孩叫什么名字，那个男孩回答他叫约翰，这令哈桑感到震惊。另一个传说是，哈桑问一群孩子来自哪个部落，他们都回答来自神父的部落，这同样震撼了哈桑的心灵，他相信基督教正在瓦解索马里人对伊斯兰教的信仰。这些经历使哈桑产生了强烈的危机感，同时也点燃了他的爱国热情和传播萨里希派教义的动力。在柏培拉受挫后，哈桑回到杜尔巴汉特部落，在那里成立了传教中心，向牧民们宣扬教义，指出帝国主义的传教士正在摧毁索马里人的传统信仰和文化。因此，哈桑的起义也是为了捍卫伊斯兰信仰和索马里文化。

最后，苏丹马赫迪大起义对哈桑产生了重大影响。1881—1898年的马赫迪大起义影响哈桑的途径主要有两个：一是他的老师赛义德·穆罕默德·萨里希。萨里希曾参加马赫迪起义，因而将马赫迪起义中的伊斯兰“圣战”观念带进了萨里希派教义，这不可避免地影响了哈桑在索马里开展反对殖民主义的“圣战”思想。二是哈桑对马赫迪思想和苏丹起义的切身感受。哈桑曾在苏丹游历，并与起义将领有过接触，这对哈桑反殖民侵略思想的形成产生了直接影响。马赫迪在发动苏丹民族大起义时，就号召穆斯林要严格遵循《古兰经》和圣训，驱逐外国侵略者，为安拉进行“圣战”，建立伊斯兰教国家。马赫迪的思想与哈桑信奉的萨里希派教义有相通之处，这给哈桑接受马赫迪的“圣战”理论奠定了基础。

---

① I.M. Lewis, *A Modern History of Somalia: Nation and State in the Horn of Africa*, p.68.

哈桑的准备与起义的开始

在起义开始前，哈桑为之进行了精心准备。一方面，在精神层面，主要以伊斯兰教为旗帜，呼吁索马里人为了真主和纯洁的伊斯兰教，参加对异教徒的“圣战”。之所以要用伊斯兰教来号召民众，一方面是由于绝大部分索马里人是穆斯林。对伊斯兰教的忠诚强化了索马里人的特质，使他们与非洲邻居区别开来，因为他们的非洲邻国大多为基督徒，或是信仰非洲的原始宗教。[①] 另一方面，部落主义和地方主义在索马里民众中有着很大影响，在这样的背景下，只有普世性的伊斯兰教才能使索马里人放弃分歧共同致力于反侵略斗争。因此，教派成员的身份、对精神导师的忠诚和对宗教公共活动的积极参与，都有助于打破部落归属感，培养泛索马里意识（Pan-Somali）。只有伊斯兰教能使索马里人超越部落矛盾联合在了一起。[②] 而“圣战”的口号也易于激发索马里人为真主而战、守护他们信仰的热情，同时还可以借此对索马里民众实行最广泛的战争动员。在20年的战争期间，哈桑一直以此来鼓舞索马里民众参与反殖民斗争。

另一方面，在物质和组织层面，哈桑鼓励民众赶制长矛和弓箭等武器，并极力募集牲畜和资金，为即将到来的战争做准备。同时，他还广泛争取索马里各部落的支持。哈桑善于把各个索马里部落团结成统一的军事同盟，并且在索马里人民中唤起民族统一的感情。[③] 而在此时，孟尼利克二世奉行“帝国主义”政策，将索马里视为自己的扩张目标，占据了欧加登地区和豪德高原部分地区，埃塞俄比亚军事力量还对索马里各个部落实施经济勒索，并建立行政机构试图巩固对上述两地区的统治。埃塞俄比亚的行径激发了索马里人民

① Nina J.Fitzgerald, *Somalia: Issues, History and Bibliography*, New York: Nova Science Publisers, Inc., 2002, p.47.

② David D. Laitin, Said S. Samatar, *Somalia: Nation in Search of a State*, p.45.

③ 〔苏联〕伊·谢·谢尔盖耶娃：《索马里地理》，南京大学地理系非洲地理组译，江苏人民出版社1977年版，第5页。

的爱国主义热情，也使得哈桑的“圣战”倡议得到越来越多索马里民众的支持。1899 年 8 月，他请求伊萨克部落的分支哈巴尔·托尔·加洛（Habar Tol Jalo）和哈巴尔·尤尼斯（Habar Yunis）提供支持。为实现这一目的，哈桑成功地促成了这两个分支部落与其母亲所在的杜尔巴汉特部落的和解。当时哈桑指挥的部队已达 5000 人，他在大会上正式宣布发动对基督教殖民者，特别是英国和埃塞俄比亚的圣战。① 与此同时，哈桑还巧妙利用列强在非洲之角的矛盾，通过法属索马里的吉布提和意属索马里北部港口进口武器和弹药。②

1899 年 9 月 1 日，英国驻索马里北部海岸总领事接到哈桑的信函，哈桑在信中指责英国人迫害穆斯林，谴责那些顺从英国殖民者并与之合作的人是骗子和诽谤者，信件的内容充满了挑战意味：“现在是你们选择的时候，如果你们要打仗，我们奉陪，如果你们要和平，那就缴纳罚金。”英国总领事回信称哈桑是叛乱者，他催促伦敦政府准备对“德尔维什”的征讨。这一事件宣告了哈桑与英国政府的公开决裂，也标志着持续 20 年之久的“德尔维什”战争拉开了帷幕。

德尔维什之战的第一阶段

“德尔维什”（Dervish）源自波斯语，意为乞讨者、托钵僧，是对苏非派教团成员的一种称呼。哈桑在向英国殖民者宣战并宣布自己是马赫迪后，将他召集的索马里部落战士称之为德尔维什，而他建立的逊尼派伊斯兰教国家也被称为德尔维什国。

德尔维什之战开始后，埃塞俄比亚而不是英国成为哈桑的第一个打击目标。这是因为英国主要关注索马里北部海岸线的安全，对介入索马里内陆的大规模冲突持谨慎态度。考虑到战争成本和厌战情绪，以及哈桑起义反抗埃塞俄比亚扩张的基本性质，英属殖民政

① I. M. Lewis, *A Modern History of Somalia: Nation and State in the Horn of Africa*, p.68.

② Abdi Ismail Samatar, *The State and Rural Transformation in Northern Somalia, 1884–1986*, p.38.

府在参战问题上犹豫不决。[①] 1900 年，德尔维什战士向吉格吉加（Jigjiga）发起进攻，该地于前一年被埃塞俄比亚军队占据。在付出重大人员伤亡后，德尔维什收复了吉格吉加。

在吉格吉加战斗发生后，哈桑控制了欧加登地区，此时他已不仅仅是宗教领袖，其政治影响力和控制力也得到大大增强。在索马里北部地区，宗教对社会生活的参与不及南方，在索马里南方的定居部落地区，宗教领袖与社会和政治结构不可分割。[②] 哈桑通过传教和战斗建立自己的威信，获得了宗教领袖与政治领袖的双重身份，这使他既能利用伊斯兰教来号召穆斯林，又能借助政治权威动员组织民众，这对德尔维什战士坚持长期斗争十分重要。

为了彰显自己的权威，哈桑鼓励德尔维什战士向邻近部落发动袭击，打击北部海岸的伊萨克人。伊萨克人与英国的亚丁殖民地有着密切的贸易往来，十分富裕。他们对哈桑领导的反殖民起义态度暧昧，更倾向于维持现状和接受英国的保护，这导致哈桑的不满。1900 年 6 月，哈桑曾派遣德尔维什骑兵袭击伊萨克人，并抢走大量牲畜，英属索马里的其他部落被迫从欧加登的夏季牧场向北部的冬季牧场转移。此后，恐慌情绪在柏培拉迅速蔓延开来，这引起英国殖民当局的焦虑，它呼吁伦敦采取措施镇压哈桑。但 1899 年年末爆发的布尔战争使得英国不得不将注意力集中于南非战场。英属索马里的情势持续恶化，商队不断遭到德尔维什战士的劫掠，索马里北部海岸地区同内陆的贸易陷入停顿。那些拒绝与哈桑合作的部落在频繁的袭击中损失惨重，牧民们不得不放弃埃塞俄比亚边界一侧的传统夏季牧场。[③]

为遏制事态的进一步恶化，英国采取了两方面的措施：

第一，英国与埃塞俄比亚采取联合行动，因为两国在扑灭索马

① Abdi Ismail Samatar, *The State and Rural Transformation in Northern Somalia, 1884–1986*, p.38.

② Nina J.Fitzgerald, *Somalia: Issues, History and Bibliography*, p.48.

③ Saadia Touval, *Somali Nationalism: International Political and the Drive for Unity in the Horn of Africa*, p.53.

里民族起义方面有着共同利益。1901 年，英国和埃塞俄比亚联合部队开始协调行动，试图消灭哈桑的追随者，限制他们向西部的欧加登和肯尼亚北部边境地带发展，但生活必需品的缺乏、恶劣的气候和复杂的地形使得英国人很快认识到遏制德尔维什并不容易。英国和埃塞俄比亚远征军尽管拥有包括重机枪在内的先进武器，但直到 1905 年，依然没有在哈桑起义区域内夺得一个立足点，而埃塞俄比亚也仅仅成功阻止德尔维什军队向西发展。

第二，英国政府直接派出军队进行镇压。1900—1904 年，英国政府先后组织了四次远征，前两次主要利用从索马里当地招募的雇佣军，后两次则主要依靠印度军队和非洲步枪队，索马里士兵仅在混编单位或侦察部队中使用。四次远征也被称为战争的第一阶段。在这一阶段，英国发起的一系列战事未能削弱德尔维什，更未能将其消灭。

第一阶段的战争在 1903—1904 年达到高潮，哈桑控制了越来越多的领土。为了确保获得稳定的军火供应，哈桑非常希望获得一个出海口。1903 年 5 月，在雨季结束后，德尔维什战士开始进攻，迫使英军于 6 月底撤退。之后，被英国人称为“疯狂毛拉”的哈桑统帅的部队开始威胁意大利控制下的索马里海岸，并占据了从英属索马里边界到海岸城镇伊利格的整个诺加尔（Nogal）山谷。① 在战事最激烈时，包括 8000 名骑兵在内的 20000 名德尔维什战士，迎战由 10000 名英国人、印度人和非洲人组成的经过严格训练的英国军队以及 15000 名埃塞俄比亚士兵。虽然德尔维什战士在火力和组织方面不占优势，但他们利用熟悉的地形进行游击战，分散成 50—100 人的小部队，引诱英国和埃塞俄比亚军队进入豪德高原缺乏水源的灌木丛，使其陷入被动挨打的境地。② 占有天时、地利、人和的德尔维什军队在这一阶段取得了辉煌胜利，并在多次战斗中重创敌军，

① Robert L. Hess, *Italian Colonialism in Somalia*, Chicago: The University of Chicago Press, 1966, p.131.

② David D. Laitin, Said S. Samatar, *Somalia: Nation in Search of a State*, p.58.

导致英国和埃塞俄比亚军队士气低落，无心再战。

哈桑胜利的原因，首先是德尔维什战士熟悉索马里的地理环境，能够适应艰苦的自然条件，这使他们在战场上处于主动地位。而劳师远征的英国殖民者对索马里的地形、气候都难以适应，加上后勤补给的困难，导致一系列的失利。二是伊斯兰教的鼓舞作用。伊斯兰教为哈桑的军队提供了强大的精神力量，使他们面对殖民者的军队时不畏牺牲，视死如归。英军的斯韦恩（Swain）上校在一份报告中写道："德尔维什士兵从四面八方冲了出来，我的士兵与战马纷纷倒地，周围只听到'安拉'、'安拉'的大叫声，我们的'索马里朋友'恐慌至极、仓皇后退，驮畜相互踩踏，一千头驮着水罐和弹药箱的骆驼互相挡住去路，他们运载的货物四处散落。"①

哈桑虽然在战场上取得了对英国和埃塞俄比亚的局部胜利，但德尔维什战士也损失惨重。在1904年1月9日的吉德巴里（Jidabale）平原战役中，1000多名索马里起义者牺牲。面对不利形势，哈桑被迫撤退到意属索马里的米朱提因领地。米朱提因名义上接受意大利保护，但意大利并未在此驻军。

为了保存实力，哈桑不得不与意大利、英国和埃塞俄比亚进行和谈。在与意大利的谈判中，哈桑提出了4个条件：他在意大利的领地上应有一个固定驻地；其追随者应受他管理；他应享有宗教自由；他有权同外界进行自由贸易。②意大利同意在这些条件的基础上进行谈判，因为在其看来，这无损于意大利的利益。

1905年3月5日，哈桑在伊利格（Illig）同意大利驻亚丁领事佩斯塔洛扎（Pestalozza）签订和约，称为《伊利格协议》。哈桑的要求得到满足，哈桑也同意与英国、埃塞俄比亚和意大利保持和平关系。根据条约，哈桑离开英属索马里，但他得到了属于自己的一

---

① Raphael Chijioke Njoku, *The History of Somalia*, London: Greenwood Press, 2013, pp.77–78.

② I. M. Lewis, *A Modern History of Somalia: Nation and State in the Horn of Africa*, pp.72–73.

小块领地，即位于米朱提因和奥比亚素丹国之间的诺加尔山谷。这块谷地较为富裕，哈桑因此得到了喘息之机，在此建立了神权制国家，但它同时要接受意大利的保护。意大利之所以愿意调停英国与德尔维什国之间的冲突，而不愿直接卷入同德尔维什国之间的战争，有自己的考虑。首先，哈桑起义主要发生在欧加登和英属索马里海岸，对意属索马里没有产生太大影响。其次，意大利对1896年阿杜瓦战役的耻辱性失利一直耿耿于怀，因此乐见德尔维什对埃塞俄比亚的战争，它接受哈桑避难，有着牵制埃塞俄比亚以及未来扩大在埃塞俄比亚权益的考虑。最后，意大利政府之所以对英国提议联合剿灭哈桑态度消极，主要是意大利公众对阿杜瓦战役的灾难性失败心有余悸，这导致意大利政府拒绝采取代价高昂的军事行动，它只是允许英国借道奥比亚。①

在第一阶段的战争中，英国、埃塞俄比亚和哈桑都没有得到理想的结果。英国为四次远征付出了昂贵代价，但它并未能彻底消灭德尔维什国，只是将其暂时驱离，这就意味着英国面临着哈桑卷土重来的危险。哈桑在经历了惨痛的人员损失后，也没有实现赶走英国和埃塞俄比亚的目标。而获得了对德尔维什神权国家名义保护权的意大利，则对《伊利格协议》十分满意，认为它有利于促进意大利在南索马里的利益，也有助于意大利在贝纳迪尔海岸的扩张。

德尔维什之战的第二阶段

《伊利格协议》只是短暂休战，而没有实现永久和平，因为哈桑从未放弃东山再起的念头。他一方面积蓄力量，另一方面不断向邻近的亲英部落发动小规模攻击。意大利由于担心哈桑再度崛起后威胁其殖民统治，开始对哈桑统治区实行经济封锁。与此同时，英国也开始讨伐倾向于德尔维什运动的沃桑杰利部落（Warsangeli）。在此背景下，本身十分脆弱的《伊利格协议》逐渐失去实际效力，

① Robert L. Hess, *Italian Colonialism in Somalia*, p.131.

这预示着德尔维什运动与英国、意大利、埃塞俄比亚之间的冲突将再次爆发。在 1905—1908 年的停战期间，哈桑以诗歌为武器，指责英国等基督教殖民者对索马里人民的掠夺，鼓舞索马里人民积极参与反英斗争。这些诗歌使用索马里语创作，语言通俗易懂、想象力丰富，具有浓郁的战斗气息和强烈的感染力，因而极大激发了索马里民众的爱国热情，成为哈桑反对殖民侵略的有力武器。

英国殖民者非常忌惮哈桑影响的扩大，企图利用其导师萨里希进行劝降。1909 年 3 月，一个由穆斯林乌里玛组成的使团将萨里希的信件交给了哈桑，萨里希在信中指责哈桑违背伊斯兰教教义，要求哈桑悔过自新："我听到的全是这样的信息：你和你的手下偏离正道，不再尊重沙里亚法，对此我有证据，因为你和你的手下袭击、抢劫那些被你杀死的人的女人和妻子，并将货物据为己有……我没有允许你这样做，因为它违背了沙里亚法和我们神圣的先知穆罕默德的教导……那些遵循安拉之道的人将会受到保护，而那些做恶事的人将受到惩罚……你做的事已足够多，抛弃你的恶行，如果你不改正，我将不再给你写信，也不想和你有任何关系，我将把你的行为告知所有的萨里希派信众，你将不再属于萨里希派。"①

但哈桑认为自己的行动是为了拯救祖国和民众，是为了驱逐基督教殖民者和纯洁伊斯兰教信仰，因而他对萨里希的威胁毫不畏惧，拒绝放下武器和停止武装斗争。在诱降无果的情况下，英国被迫思考下一步行动。镇压哈桑起义已经使英国付出了高昂代价，仅是第三和第四次征伐，英国的军事开支就高达 550 万英镑，这与英国从索马里获得的利益完全不相称。与此同时，欧洲局势持续紧张，同盟国和协约国正在紧张对峙，滑向战争的风险越来越大。经过审慎评估，英国决定 1909—1910 年从索马里内陆撤军。因为英国在这一地区的利益有限，军队长期驻扎不但补给困难，而且易于遭到熟悉地形的德尔维什战士攻击。在撤军后，英国竭力推行代理人战争，

---

① Robert L. Hess, *Italian Colonialism in Somalia*, pp.137–138.

武装与英国关系良好的伊萨克部落，利用他们去抵抗德尔维什的攻击，并对德尔维什国进行封锁，断绝其武器和补给来源。英国企图使用这种代价较小的方式实现自己的目的。

但英国的做法效果有限。英国人向索马里海岸集中等于抛弃了内陆的亲英部落，这不仅使他们完全没有能力抵抗哈桑的进攻，也导致他们陷入了严重的内乱。根据英国的估计，在此期间，内陆的无政府状态导致英属索马里三分之一人口死亡，其中大多数人死于饥荒。[①] 而哈桑则借助宗教宣传和战争在索马里确立了崇高威望，这使得德尔维什运动的追随者越来越多。1909 年末，德尔维什国的首都从意属索马里的伊利格迁徙至诺加尔心脏地带的塔勒赫（Taleeh）。哈桑在这里修建了三座巨石要塞和一些居民房屋，并为自己建造了一座奢华宫殿。1910—1914 年，随着塔勒赫成为德尔维什国的永久首都，其他地区的堡垒也开始修建起来，包括沃桑杰利领地上的吉达利（Jiidali）和米拉西（Mirashi）、欧加登地区的沃德尔（Wardeer）和科拉哈伊（Qorahay）、南索马里谢贝利河下游的贝莱特 - 韦恩（Belet-Wayn）。到 1913 年，德尔维什已控制了索马里半岛的整个腹地。[②]

1910 年，英国和意大利与索马里的一些部落达成协议，决定联合起来围剿德尔维什运动，这预示着战争规模将进一步扩大。1911 年上半年，德尔维什战士对意大利控制的米朱提因发动了一系列袭击。年底，由于借助海岸走私获得的武器和弹药补给被切断，哈桑不得不放弃他在意属索马里的根据地，而进入索马里北部海岸活动。[③]1912 年，由于持续战乱，索马里发生了严重饥荒，北部地区尤为严重。为维护英属保护地的秩序，英国建立了一支骆驼治安部队，由理查德 · 考菲尔德（Richard Caulfield）指挥。英政府对他的指令是维护英国保护地的安全，不得深入内地攻击德尔维什。但哈桑领

① Robert L. Hess, *Italian Colonialism in Somalia*, p.147.

② Said S. Samatar, *Oral Poetry and Somali Nationalism*, pp.131–132.

③ Robert L. Hess, *Italian Colonialism in Somalia*, p.143.

导的德尔维什不断袭击治安部队，这激怒了考菲尔德，最终引发了著名的杜尔马多贝（Dulmadobe）之战。

1913 年 8 月，考菲尔德不顾上级严令，从索马里北部城镇布劳（Burao）出发，追击德尔维什，这正中哈桑下怀。事实上，对考菲尔德部队的伏击是哈桑精心设计的圈套，目的在于以诱敌深入的策略消灭考菲尔德及其部队，从而扫除德尔维什进军英国保护地的障碍。8 月 9 日，考菲尔德在英国保护地东部的杜尔马多贝与德尔维什部队遭遇，并陷入在人数上占绝对优势的德尔维什战士的包围，考菲尔德被击毙。这是英军在贡布鲁山之战后又一次重大失利，伦敦的英国报纸也不得不承认这是一次灾难。战后，哈桑还创作了一首广为流传的政治讽刺诗《理查德·考菲尔德的阵亡》，用辛辣的笔法描绘了考菲尔德在德尔维什战士面前的丑态，对索马里人民起到了极大的鼓舞作用。在杜尔马多贝之战的鼓舞下，德尔维什强化了对英国的军事压力。1914 年，由伊斯玛仪·米热（Ismaa'iil Mire）率领的 40 名德尔维什战士向柏培拉发起了大胆突袭，使这座城市陷入恐怖之中。

在杜尔马多贝之战后，德尔维什运动与基督教殖民者之间的战争再次陷入低潮，多种因素造就了这种局面。首先，1914 年第一次世界大战的爆发削弱了英国对索马里事务的关注，英国在索马里总体上采取了防御态势，无力或不愿采取超越象征意义的行动来遏制德尔维什运动在保护地的蔓延。[①] 其次，对索马里有着领土野心的孟尼利克二世去世，他的外孙里吉·雅苏亲王（Lij Yasu）即位。里吉·雅苏在外交上倾向于德国，倾向于穆斯林，他对哈桑的德尔维什运动持同情态度，甚至向哈桑提供支持。其三，哈桑严重受困于人员损失，而英国和意大利的封锁则增加了德尔维什获取武器的困难，哈桑部队的实力由此受到严重削弱。

在这一时期，哈桑利用暂时平静的战场局势，大力加固在索马里内陆的阵地，在塔勒赫、梅迪谢、吉达利、阿尔希德等地构筑了

---

① Said S. Samatar, *Oral Poetry and Somali Nationalism*, p.133.

防御工事，其中尤以哈桑总部所在的塔勒赫最为坚固。塔勒赫由13座相互拱卫的石头堡垒组成，围墙高达19米，厚达14英尺，由来自也门的石匠修筑而成。尽管如此，哈桑也无力向英国发起大规模进攻，索马里总体维持着表面上的平静。

起义的失败

随着1918年底“一战”的结束，持续多年的德尔维什之战显露结束迹象。从欧洲战场脱身的英国终于可以关注索马里海岸，时任英国空军大臣兼陆军大臣的温斯顿·丘吉尔（Winston Churchill）力主用更加强硬的军事手段彻底解决索马里问题。在英国政府的重视下，英属索马里的军事力量得到不断增强。1919年10月，英国决定对德尔维什采取最后的军事行动，并计划在战斗中第一次使用空中力量。

事实证明，在“一战”中被大规模应用的飞机发挥了极大作用，给予英国军队以压倒性优势。英国皇家空军对塔勒赫的大规模空袭长达23天，给德尔维什战士以极大的心理震撼。[①]在空军的支援下，英国军队向哈桑控制的索马里内陆地区发动猛烈攻击。1919年12月，英军在柏培拉登陆。

面对英国的狂轰滥炸，德尔维什战士在哈桑的领导下英勇抵抗，但由于寡不敌众，加之武器上的劣势，战场局势日益恶化。在整个空袭过程中，德尔维什运动损失了上千人，而英国只有两名士兵死亡、四人受伤。哈桑与其剩余追随者不得不转移到邻近的高拉赫伊（Gorrahei）。英国指挥的骆驼保安队在此杀死了哈桑的绝大部分追随者，却丧失了抓获哈桑的机会。[②]

由于英国军队的攻击，哈桑无法撤回到意属索马里的根据地，只能逃往欧加登地区。驻柏培拉英国总督要求哈桑投降，并派出了主要由伊萨克人组成的劝降使团。他们向哈桑允诺为他提供一个保

① Raphael Chijioke Njoku, *The History of Somalia*, p.81.

② Ibid.

留地，在不危及英属保护地安全的情况下，哈桑可以行使统治权，但哈桑拒绝了英国的条件，并准备继续战斗。在英国的支持下，在谈判过程中深受哈桑蔑视的伊萨克人向在欧加登喘息未定的德尔维什发起进攻，哈桑及其追随者不得不继续后撤。1920年10月，他们抵达埃塞俄比亚境内的谢贝利河上游地区的伊米（Imi），在那里建立了13个新据点。此后不久，哈桑突患流行性感冒或疟疾，于1920年12月21日去世，终年56岁。

坚持20年的德尔维什运动之所以失败，是多方面因素作用的结果。首先，从根本上说，以游牧社会为依托的德尔维什运动不可能对抗工业资本主义。英国在武器装备方面占据着极大优势，尤其是飞机的大规模使用直接决定了战争的走向。哈桑方面对来自空中的攻击缺乏准备，当英国战机对塔勒赫和其他堡垒进行轰炸时，德尔维什战士毫无还手之力，致使人员损失惨重，士气无比低落。[①]其次，德尔维什运动严重缺乏武器装备。由于英意的封锁，其急需的武器弹药补给难以为继，而奥斯曼帝国和德国的援助往往口惠而实不至。再次，随着德尔维什建立定居点，其战术也受到影响。在将塔勒赫作为固定总部后，哈桑不得不加强防御，从而放弃了德尔维什此前惯用且屡屡给他们带来胜利的游击战术，这是20年抵抗运动在战术方面的最大失误。最后，定居生活对以游牧为生的德尔维什战士产生了负面影响。他们变得不思进取，习惯于享受，“塔勒赫开始充满道德沦丧的气味”，哈桑本人也日益腐败、独裁和刚愎自用。当英国发起陆海空联合进攻时，德尔维什毫无准备。[②]

起义的影响

随着哈桑在1920年的去世，索马里人民反殖民斗争告一段落。在同时期非洲人民的反侵略斗争中，德尔维什运动坚持时间最长，在整个非洲大陆产生了广泛影响，在非洲近现代史上具有重要意义。

---

① Said S. Samatar, *Oral Poetry and Somali Nationalism*, p.135.

② Ibid.

首先，它沉重打击了英国和意大利等殖民者，鼓舞了非洲民众的反侵略斗争。德尔维什运动在以寡敌众、武器装备不占优势的情况下，以灵活的战略战术坚持斗争长达20年之久，击败了英国军队的4次远征，躲过了帝国主义瓜分非洲的狂潮，德尔维什国成为当时非洲大陆唯一幸存的伊斯兰国家。在哈桑的领导下，英勇的索马里军民多次给英意等侵略者以沉重打击，从而击破了白人殖民者不可战胜的神话，鼓舞了非洲其他地区的反殖民斗争。正是由于德尔维什战争带给英国的教训，1920年之后，英国对再度介入索马里事务变得心有余悸。在此后殖民统治索马里的几十年间，英国对索马里的政策极为谨慎，深恐再度引发“疯狂毛拉”式的起义。

其次，哈桑起义大大促进了索马里民族主义的形成和发展。索马里人是非洲少见的民族构成较为单一的国家，按体质形态属于埃塞俄比亚种族类型的索马里人占全国人口的85%左右。但在德尔维什运动兴起前，索马里部落主义盛行，索马里人没有形成一个整体，处于四分五裂的状态。然而，哈桑领导的德尔维什运动极大地改变了这种状态。在20年的斗争中，索马里人为反抗外国侵略者而团结在一起，他们开始意识到自己属于同一民族，索马里民族主义由此应运而生。

索马里民族主义的形成与哈桑密切相关。哈桑的目标是团结全体索马里人，消除部落间的纠纷，建立一个独立的中央集权的国家。[①]从德尔维什运动开始之日起，哈桑就极力争取各个部落的支持，力图发起一场以全民族为基础的反侵略斗争。在军队组成方面，他力图打破部落界限，将来自不同部落的士兵编组在一个单位，从而促进不同部落的交流。1899年7月，哈桑在起义之初曾致信伊达盖拉（Iidagalla）部落寻求支持：“难道你没有看到那些异教徒摧毁了我们的宗教，并将我们的孩子变成他们的吗？”他呼吁索马

① 〔苏联〕伊·谢·谢尔盖耶娃：《索马里地理》，南京大学地理系非洲地理组译，第8页。

里民众参与反殖民斗争：“异教徒入侵者已包围了我们，他们腐蚀我们的古老信仰，夺取我们的土地，抢劫我们的牧群，焚烧我们的房屋，并使我们的孩子认贼作父。”哈桑致信索马里北部的伊萨克部落、东部的米朱提因和奥比亚苏丹及贝纳迪尔海岸的比亚马尔（Biyamaal）、吉勒迪分支及哈维耶部落，请求他们的支持，以发起反对所有殖民入侵者的民族抵抗运动。[①]

尽管哈桑对索马里历史的影响至今仍存在争议，但毫无疑问，无论是索马里学者或是外国学者都给予哈桑以高度评价，称赞他对索马里民族主义的贡献，这构成了他人生的主要方面。基于哈桑的作品和公开演说进行评判，可以认定他是一个杰出的民族主义者，其思想具有超前性。赛义德·萨马塔尔（Said Samatar）权威性地断言，“毛拉”为他自己赢得了一个特殊位置，“在非洲之角的历史上，他是索马里民族主义的华盛顿和索马里语言的莎士比亚”[②]。

最后，哈桑及其起义促进了索马里民族文学的发展。在德尔维什运动中，哈桑以诗歌为武器进行宣传和组织工作。他更多地使用索马里语进行创作，因而在文盲率极高的索马里易于流传。其诗歌充满了炽热的宗教情感和爱国主义精神，唤起了索马里人民对殖民者的不满，鼓舞了索马里人民反抗殖民者和争取民族独立的斗争。哈桑的代表作包括《理查德·考菲尔德的阵亡》《诗人的爱马》《赛义德的回答》《地狱之路》《正义之路》《萨里赫的颂歌》等。诗歌在提高他宗教声望的同时，也对索马里人民进行了一次爱国主义启蒙教育。哈桑的诗歌不但鼓舞了索马里人民参与斗争的热情，也坚定了他们对胜利的信心，这是德尔维什战争得以坚持 20 年之久的一个重要精神支柱。

哈桑将自己视为词汇的魔术师，把诗歌植根于索马里的游牧传统。他拥有政治诗歌的创作天分，试图以诗歌作为武器，反对三个

---

① David D. Laitin, Said S. Samatar, *Somalia: Nation in Search of a State*, p.37.

② Raphael Chijioke Njoku, *The History of Somalia*, p.82.

殖民大国及其合作者。[1]哈桑的诗歌揭露了殖民者外强中干的本质，严厉批判了他们的侵略本性，对激励民众参与反殖民斗争起到了积极作用。哈桑将其诗歌的力量归因于“神圣真理”（Divine Truth）的“强大”，在哈桑看来，他的军队的力量得益于此。他怀着坚定的信念歌唱：

我一直在探索并发现了先知的指引，
他让我去告知那些白人殖民者，
这块土地不属于你们。[2]

哈桑的诗歌在斗争中广泛流传，对索马里人民影响极大，就连英国殖民者也不得不承认哈桑诗歌的巨大威力。哈桑熟练地运用讽刺、嘲笑、揶揄、排比、质问等多种表现手法，使其诗歌充满了战斗激情和革命乐观主义精神，对索马里民众产生了强烈吸引力。他所写的索马里口语诗歌，毫无疑问是同时代最杰出的作品。[3]哈桑在战斗中创作的那些激情澎湃、昂扬有力的诗篇，后来被汇编为《哈桑诗集》，以索马里民族语言出版。这些拥有巨大感染力的反帝战歌不但是索马里民族文学的瑰宝，在世界文学中也占有一席之地。

二、意大利在索马里南部的扩张

意大利殖民统治的确立

在德尔维什运动期间，由于阿杜瓦战役失败的教训和国内糟糕的财政状况，意大利对军事介入索马里事务持谨慎态度。在英国镇压德尔维什的过程中，意大利仅仅对其提供了后勤便利。但

---

① Said S. Samatar, *Oral Poetry and Somali Nationalism*, p.5.

② Ibid., p.1.

③ I. M. Lewis, *Understanding Somalia and Somaliland: Culture, History, Society*, p.18.

意大利对在索马里南部地区的扩张表现出极大的兴趣。因为在意大利的非洲殖民地中，利比亚和意属厄立特里亚气候炎热，土地贫瘠，缺乏开发价值，而索马里南部地区不仅有沿海平原，还有两条十分重要的永久性河流——朱巴河和谢贝利河，良好的灌溉和土壤条件使得这一地区自古以来就是索马里农业最发达、人口最稠密的地区。此外，德尔维什运动主要发生在索马里北部的英属保护地，没有对南部造成严重影响。历史上索马里北部游牧部落与南部农耕部落之间在土地、水源、宗教等方面的冲突，导致索马里南部的部落对德尔维什运动持冷淡态度。索马里南部的社会秩序因此较之北方相对稳定，从而为意大利的拓殖活动提供了一个较好的环境。意大利充分利用各国陷入与德尔维什冲突的时机，通过夺取桑给巴尔苏丹国土地以及与埃塞俄比亚和英国签订条约，扩大了意属殖民地的范围。

意大利对贝纳迪尔海岸觊觎已久，对摩加迪沙尤其如此。1888年，意大利向桑给巴尔苏丹提出领土要求，出兵占领了索马里南部海岸。面对意大利的侵略，桑给巴尔苏丹国无力抵抗，于1892年将摩加迪沙租借给意大利。1901年，意大利同米朱提因苏丹签订协议，将意属保护地扩展至索马里半岛顶端的瓜达富伊角。1905年，意大利仅支付了14.4万英镑，就从桑给巴尔苏丹处购得了北起姆鲁提、南至布拉瓦的索马里东南海岸部分地区。

对意大利在索马里的扩张行动，英国持默许态度，因为英国在索马里的利益有限，不愿为之投入更多资源，而“一战”的临近也使得英国不想因此激怒意大利。英国查尔斯·埃利奥特（Charles Eliot）爵士早在1902年就确信“深度介入索马里事务得不偿失”，朱巴地区作为走廊的优势也无法与“巨额军事开支”相提并论。1905年，英国将基斯马尤港及其附近地区租借给意大利。1906年12月13日，为解决索马里的边界问题，英、法、意签订了《伦敦协定》（“London Agreement”），该协定大大加强了意大利的地位。它把埃塞俄比亚南部划入了意大利的势力范围，而且规定，在埃塞俄比亚政府和领土一旦发生变化时，意大利可以进行武装干涉。[①]

索马里重要邻国埃塞俄比亚是意大利交往的重点对象。1897 年，意大利代表团与埃塞俄比亚政府达成一项边界条约，在谢贝利河与东经 48.8 度的交叉点划定一条直线。但由于条约将城镇卢格划归埃塞俄比亚，意大利政府对批准条约态度犹豫。1907 年 12 月，两国军队在拜多阿发生冲突后，重新回到了谈判桌。1908 年夏季，两国签署边界协议，并得到各自政府批准。[②] 根据条约，埃塞俄比亚获得了欧加登地区，作为交换，埃塞俄比亚同意将其与索马里的边界线向北移动。这一协议正式确定了意属索马里的西部边界，也标志着意属索马里殖民地的诞生。至此，意属索马里的北部、西部和南部边界得以确立，并成为意属东非帝国的一部分。1920 年 4 月，米尔纳（Milner）勋爵代表英国与意大利签订条约，将朱巴兰地区 3.3 万平方公里土地割让给意大利。[③]1924 年，英国正式将基斯马尤交给意大利。意属索马里的范围进一步扩大。

意大利的行政管理

意大利以摩加迪沙为索马里殖民地首府。与英国相比，意大利十分重视对索马里的控制和开发。意大利政府在 1905 年接管贝纳迪尔海岸时，就下定决心要把索马里发展为一个真正的殖民地，使它既能充当宗主国的原料供应地，又成为安置意大利过剩人口的适当场所。因此，意大利的政策从一开始就是要尽可能扩大有效控制的领土，加紧对内陆的渗透和开发。

为了在索马里建立殖民统治和掠夺资源，意大利对索马里的控制逐步强化。1905 年，梅卡特利（Mercatelli）总督首次将行政管理的规章引入索马里。总督下辖的 6 个行政区域布腊瓦、马尔卡、

① 〔英〕I. M. 刘易斯：《索马里史》，赵俊译，东方出版中心 2012 年版，第 82—83 页。

② Maria H. Brons, *Society, Security, Sovereignty and the State in Somalia: From Statelessness to Statelessness?*, Utrecht: International Books, 2001, p.136.

③ John Drysdale, *The Somali Dispute*, p.38.

鲁格、伊塔拉、巴德拉和琼博的管理者都是职业军人。在行使权力方面，梅卡特利颁布的法令规定，要建立永久性的卫生服务机构、邮政机构、海关和税务部门。在意大利政府为殖民地制定基本法之前，这些法令在维护占领区秩序和实施有效行政管理方面发挥着重要作用。

1908 年 4 月颁布的基本法实际上是对梅卡特利法令的发展，它将南索马里所有地区归并至一个名叫"意属索马里"的单一行政机构的管理之下。[①]1909 年，意大利在霍比亚保护地的霍比亚城建立了第一个行政据点。6 年后，意大利又在米朱提因保护地北部的阿鲁拉（Alula）设立了第一个行政办事机构。[②]

在意大利殖民索马里的历史上，德马迪诺（De Martino）是一个非常重要的人物。1910 年 4 月，他被任命为驻索马里总督。上任之后，德马迪诺迅速重组殖民政府。新政府由民事长官和执行委员会组成，其成员包括民事和政治事务官员、军事指挥官、政府各分支部门官员以及公共事务、农业、法律等领域的特别顾问和总会计师。这一政府架构一直沿用至 1941 年。[③] 重构后的殖民地政府主要由意大利人组成。为了将统治触角渗入索马里各社会领域，德马迪诺决定借助索马里上层的力量，启动本土化政策，这项政策在整个殖民统治时期很好地发挥了为意大利服务的作用。

1912 年，德马迪诺总督将奥比亚、米朱提因保护地与殖民政府建立了紧密联系，他任命一位专员管理意属索马里北部地区，其办公驻地在阿鲁拉。[④]1914 年，德马迪诺开列了一个接受意大利薪金的名单，它包括部落酋长和卡迪（伊斯兰地方法官），他们成为殖民政府实施管理的主要工具，也是殖民当局与索马里社会之间的中介。这些人在边界地区的作用尤为重要，他们担负起了在没有明确

① Robert L. Hess, *Italian Colonialism in Somalia*, pp.101–102.

② I. M. Lewis, *A Modern History of Somalia: Nation and State in the Horn of Africa*, p.22.

③ Robert L. Hess, *Italian Colonialism in Somalia*, pp.106–107.

④ Ibid., p.144.

划界地区的治安重任。在防范跨界袭击方面，他们提供的关于部落情况的信息，对意大利官员而言具有重要价值。[①]

虽然索马里本土的部落酋长和卡迪仅仅充当了顾问角色，只是在传达政策和命令，但意大利对这些合作者不但给予了丰厚的物质奖励，还授予了很高荣誉。例如比玛尔（Bimal）氏族的阿卜德·拉赫曼·阿里·伊萨（Abd ar-Rahman Ali Ise）酋长被授予共和国骑士勋章（Cavaliere Ufficiale）；格勒迪氏族酋长艾哈迈德·阿布·巴克尔（Ahmad Abu Bakr）因帮助意大利招募种植园劳工而获得“殖民星章”（Order of the Colonial Star）等。[②]

每个驻扎官和地区专员都可提名部落酋长和卡迪，并给予他们3个月的考察期。据此，意大利当局编制了一个包括577名酋长、72名卡迪和一名德尔维什的名单，他们都可领取殖民政府提供的薪金。根据业绩，这些酋长和卡迪通常按月领取6—50卢比，重要人物则每月接受150卢比。根据驻扎官的推荐和地区专员的附议，总督还可以为那些特别有价值的酋长和卡迪提高津贴。同时，驻扎官有权扣留每月津贴的10%作为对那些不守规矩酋长的惩罚，地区专员有权扣除更高的比例。如果一个酋长持续给殖民当局增加麻烦，他的津贴将被取消。[③]

在强化行政管理的同时，德马迪诺还着手建立殖民地军队和警察体系。根据1908年基本法和1910年行政条例，德马迪诺创建了殖民兵团，索马里人、厄立特里亚人和阿拉伯人等土著士兵在意大利军官的指挥下开展行动。在向内陆和平渗透的过程中，德马迪诺建立了索马里警察力量（Corpo di Polizia della Somalia），它由意大利宪兵军官（Carabinieri）和索马里当地雇员组成。在“一战”前夕，殖民兵团发展到约4000人，其中的士兵大部分来自也门的哈德拉毛（Hadramaut）和亚丁，小部分来自厄立特里亚，只有10%是索

① Robert L. Hess, *Italian Colonialism in Somalia*, p.108.

② I. M. Lewis, *A Modern History of Somalia: Nation and State in the Horn of Africa*, p.98.

③ Robert L. Hess, *Italian Colonialism in Somalia*, p.108.

马里人，他们接受极少数意大利军官的指挥。[①]

1920 年的索马里形势

德尔维什运动被绞杀后，索马里被英国、意大利、法国、埃塞俄比亚等国瓜分，索马里也从宗法封建制社会演变为殖民地社会。在这一阶段，英国、意大利和法国对索马里的控制日趋强化，殖民统治者和索马里人民之间压迫与反压迫的斗争成为索马里社会的主要矛盾。在德尔维什运动结束后的 1920 年，索马里各地区的形势各不相同。

在德尔维什之战期间，意大利在对哈桑采取怀柔政策的同时，加紧了对内陆地区的争夺。到 1920 年战争结束时，贝纳迪尔海岸及其内陆都已处在意大利的实际控制之下。意大利通过一系列措施，如制定殖民地基本法、组建殖民地军队和警察以及完善行政管理等手段，在索马里逐步建立了高度集权的殖民统治结构。驻摩加迪沙总督在殖民地拥有无上权力，意属索马里分成 7 个专员辖区，在其下又设立了 33 个驻扎官和副驻扎官辖区。

英国保护地是德尔维什运动的主战场，英国在索马里的利益主要在于亚丁殖民地从索马里获得稳定的肉类供应。对英国而言，战争的收获与付出严重不成比例。为剿灭哈桑领导的德尔维什运动，在战争持续的 20 年间，英国在经济上付出了重大代价。这促使英国政府下定决心解决索马里问题。战后英国加强了对内陆地区的控制，并吞并了整个索马里北部地区。从战争期间一直持续到“二战”后，它一直是英国的“保护地”。[②]

在德尔维什运动期间，法国心态较为复杂，它既担心其影响法属索马里的稳定，但又希望借此打击老对手英国。因而法国对哈桑借道吉布提进行的武器走私活动，采取默认态度。1900—1920 年，

---

① Robert L. Hess, *Italian Colonialism in Somalia*, p.110.

② Alice Bettis Hashim, *The Fallen State: Dissonance, Dictatorship and Death in Somalia*, New York: University Press of American, Inc., 1997, p.59.

法国在殖民地的最大举措是开始修建从吉布提通往亚的斯亚贝巴的铁路，其目的是将埃塞俄比亚的对外贸易吸引至吉布提，从而促进当地的稳定和繁荣。早在 1897 年，法国就开始修建这条东非唯一的铁路，其间虽然经历了德尔维什运动和第一次世界大战的干扰，但该线路还是于 1917 年建成。铁路很快就代替了大部分的驼队运输，并导致除吉布提以外的所有索马里海岸南方港口的衰落。[1]

---

① 〔美〕弗吉尼亚·汤普森、〔美〕理查德·艾德洛夫：《法属索马里——吉布提与非洲之角》，卞亦实译，上海人民出版社 1975 年版，第 17 页。

第五章　殖民统治下的索马里及其托管

哈桑起义被扑灭后，英、意为更好地控制索马里，开始加强对索马里的管理与建设。意属索马里在农业、贸易、交通、医疗等领域取得了一定进步。英属索马里整体的建设情况尽管与意属索马里存在差距，但在行政管理、农业、畜牧业、教育、对外贸易等方面也有所发展。经济社会的发展给索马里培养了新的阶级力量和知识分子阶层，使此前一度沉寂的索马里民族主义迎来第二个高潮。意大利入侵埃塞俄比亚促成了“大索马里”（Great Somalia）的诞生，也加剧了英国和意大利对索马里的争夺。“二战”后，英国企图建立一个将所有索马里人聚居区囊括其中的“大索马里”，但遭到了美、苏、法等国的集体抵制。在此背景下，英国被迫放弃“大索马里”构想，将索马里问题交由联合国解决。最终，意大利获得了其前殖民地的托管权，自此索马里开启了一个向独立过渡的新时期。

一、20世纪二三十年代意大利对索马里的殖民统治

意属索马里殖民统治的强化

德尔维什运动结束后，索马里人民的反侵略斗争暂时告一段落。此前受德尔维什之战和第一次世界大战的影响，意大利既无力顾及索马里，也缺乏必要资金对其进行开发。德尔维什之战结束后，索马里的局势逐渐趋于平静，意大利法西斯政权的殖民扩张热情却日

益高涨。为更好地控制索马里并从殖民统治中获益，意大利一方面不断强化对索马里的统治，另一方面，它对索马里的经济社会发展也更加重视。

由于菲洛纳尔迪公司（Filonardi）和贝纳迪尔公司对索马里的经营长期没有起色，1905 年，意大利政府接管治理责任，并于 1908 年颁布殖民地基本法。德马迪诺出任总督后，完善了殖民地政府的行政管理体系，强化了对地方的控制。尽管如此，在 1923 年之前，殖民地政府对索马里大部分地区的统治仍然是虚弱的。1922 年 10 月 31 日，墨索里尼（Mussolini）在选举中获胜，成为新任意大利首相,他的上台预示着意大利在索马里的殖民政策将发生重要变化。1922 年 11 月 1 日，墨索里尼在第一次法西斯内阁会议上指出，意大利必须抓住时机，抢占更多殖民地，这显示殖民扩张在其外交政策中占据着非常重要的地位。墨索里尼在 1923 年 3 月 31 日的演讲中非常露骨地表达了他的殖民扩张思想："我们 4000 万意大利人拥挤在这个美丽但狭窄的半岛上，它有太多的山脉，但土地不能养活每一个人。而意大利周边的国家不仅人口密度低于我们，而且拥有更广阔的领土，因此意大利在世界的扩张问题是一个攸关意大利民族生死存亡的重大问题。我谈论的扩张具有多重含义,它包括道德的、政治的、经济的和地理的。"①

之后不久，在殖民问题上极富侵略性的帝国主义者路易吉·费德佐尼（Luigi Federzoni）被任命为殖民事务部长，这表明意大利未来殖民政策的转向。随后，对殖民扩张态度强硬的德·韦基（De Vecchi）取代了卡洛里·维里（Carlo Riveri），成为新一任索马里总督。意大利随即大力拓展其殖民版图。首先它从英国获得了朱巴兰和基斯马尤港，这是英国对意大利参加第一次世界大战的领土补偿。之后，意大利又通过军事征服，吞并了索马里北部的米朱提因苏丹国和霍比亚苏丹国，1925 年 10 月，宣布其成为意属索马里

① Paolo Tripodi, *The Colonial Legacy in Somalia*, London: Macmilian Press LTD, 1999, p.39.

的一个州。在征服米朱提因时，意大利遭到强烈反抗，双方的冲突持续了两年，直到 1927 年，意大利才完全控制这一地区。至此，意属索马里所有土地都被置于殖民政府的直接管理之下。而在墨索里尼时代，索马里的行政管理呈现高度集权的特征，驻摩加迪沙总督拥有广泛权力，总督之下，各地区分别设有驻扎官，由投靠意大利的部落酋长们协助其工作。

意属索马里的农业和贸易

19 世纪末，菲洛纳尔迪公司是意大利在索马里殖民的主力，但其投资力度十分有限，导致意属索马里经济与社会发展十分落后。其最直观的表现是生活在索马里的意大利人数量极其有限，直到 1903 年，这里只有 16 个意大利人。[①] 但随着“一战”的结束和法西斯政权的上台，索马里的开发受到意大利政府更多重视，当地的农业和贸易都有了一定程度的发展。

农业是意大利殖民政府优先发展的领域。意属索马里拥有朱巴河、谢贝利河两条永久性河流及沿海平原，具备发展农业的有利条件。从卡勒蒂（Caletti）担任总督开始，殖民政府就试图吸引本国居民至索马里发展农业。但在第一次世界大战之前，由于缺乏来自意大利政府的有力支持，意属索马里种植园的发展十分有限。“一战”结束后，情况开始发生变化。1919 年，意大利热带农业开发的先驱阿布鲁齐公爵（Abruzzi）来到意属索马里。随后，法西斯分子德韦基出任意属索马里总督。在他们的大力推动下，意属索马里的经济状况开始发生重要变化。1920 年，在充足财政的支持下，阿布鲁齐公爵创立了“意索农业公司”（Societa Agricola Italo-Somala），总部设在谢贝利河畔的“阿布鲁齐公爵村”（Villagio Duca Degli Abruzzi）。该公司很快发展为一个高效的农业财团，生产棉花、糖、

① Giuseppe Finaldi, *A History of Italian Colonialism, 1860–1907: Europe's Last Empire*, London: Routledge, 2017, p.189.

香蕉、油料和肥皂。[①]在殖民政府的支持和意索农业公司的示范效应下，意属索马里种植园经济发展迅速，种植园最多时达 200 多个，构成了殖民地经济的主体。

与此同时，意索农业公司在招募劳工方面进行了创新性工作，即直接同公司所在地的部落签订合同，这使意索农业公司在获得土地的同时，也获得了劳动力。但这种方式还是不能使种植园获得稳定的劳动力供应，为此意索农业公司发明了“合作制”。1924 年，公司在全体雇工中推行“合作”劳动的制度，取得了成功。这种制度使工人在公司划出的垦殖区定居，每个工人得到一公顷土地，其中一半自己使用，一半为公司耕种，地租根据收成而变化。[②]

但由于游牧文化和传统习惯的影响，索马里人更喜欢为自己劳作，而不愿到种植园像囚犯一样为外国园主工作。因而在 1923 年以后，具有强迫劳动性质的“科洛尼亚”（Kolonya）体制主导了意大利的农业政策。它从当地村民手里征收高质量的土地而无需补偿，整个村庄迁徙至种植园，村民们被迫服劳役，他们只能得到微薄的口粮、很低的报酬，还得忍受强迫婚姻和残酷的惩罚。[③]然而，这种劳役制也不能完全满足对劳动力的需求，因此，又出现另一些超经济的剥削形式。例如在杰纳列地区，在租借的土地上组织起一些索马里农民的村落，每个农户分得 0.5 公顷土地来生产粮食，并必须喂养一头牛和四只家禽（鸡），户主每周必须在意大利人的种植园工作五天，并获取实物（玉米）和货币作为报酬。迄至 1937 年，在意属索马里共有这类农户约 4000 个。[④]

由于以上原因，意大利种植园占有土地的数量呈直线上升趋势。

---

① I.M. Lewis, *A Modern History of Somalia: Nation and State in the Horn of Africa*, Boulder: Westview Press, 1988, p.93.

② Ibid., p.94.

③ Maria H. Brons, *Society, Security, Sovereignty and the State in Somalia: From Statelessness to Statelessness?*, Utrecht: International Books, 2001, p.149.

④ 〔苏联〕伊·谢·谢尔盖耶娃：《索马里地理》，南京大学地理系非洲地理组译，江苏人民出版社 1977 年版，第 69 页。

它们都是朱巴河谷和谢贝利河谷最肥沃、灌溉条件最好的土地。以规模最大的意索农业公司为例，它攫取土地达 2.5 万公顷，其中 7000 公顷是谢贝利河中游的水浇地。种植园的土地是在意大利殖民政府的支持下侵占而来。1911 年，殖民政府首次颁布土地利用法，规定外国租借期为 99 年。1929 年 3 月，又颁布土地法。据此，所有当地居民未占用的“空闲土地”都须提供给租借者，以发展集约农业。①

在意属索马里的种植园经济中，棉花、香蕉和甘蔗占有最重要的地位。索马里大部地区属亚热带和热带沙漠气候，终年高温，干燥少雨，光照强烈，年平均气温在 28—30 摄氏度之间。这种气候非常适合棉花、香蕉和甘蔗的成长，也使它们成为种植园最重要的农作物。

棉花是意属索马里种植园开发的第一种重要商品。棉花在工业上用途极为广泛，既可用来生产纺织品，又是一种具有战略意义的军用物资和军工生产的基础原料。以天然棉花为基础生产的硝化棉，构成了弹药和烈性炸药的基本成分，国际市场的需求量很大。20 世纪 20 年代到 30 年代中期，纤维抱合力强、质地坚韧、染色效果好的埃及长绒棉成为意属索马里种植园的主要经济作物，也是意属索马里主要的出口商品。不过，意属索马里的棉花播种面积和产量受国际市场需求、价格波动、气候、病虫害、劳动力等因素的影响很大，具有很大的不稳定性。

香蕉是意属索马里种植园开发的第二种重要农作物。索马里香蕉的主产区位于下谢贝利地区阿夫戈耶（Afgoye），它距索马里最大城市和海港摩加迪沙只有 30 公里，灌溉和运输条件便利。香蕉在索马里的培植史可追溯到 1920 年。1926 年，随着阿布鲁齐公爵的到来和意索农业公司的建立，香蕉才开始商品化生产。1927 年，

① 〔苏联〕伊·谢·谢尔盖耶娃：《索马里地理》，南京大学地理系非洲地理组译，第 68 页。

索马里香蕉首次输往意大利。同年，意大利政府颁布法令，取消从索马里进口香蕉的关税。次年，意大利政府禁止输入非索马里生产的香蕉。1935 年，意大利政府成立香蕉专卖公司，并授权该公司采购以及在意大利出售索马里香蕉。在保护性措施的作用下，意属索马里的香蕉出口量迅速增加。1930 年，香蕉出口量为 720 吨，1935 年为 1.42 万吨，1939 年已高达 3.2 万吨（总产量为 5 万吨）。[①] 由于独特的气候和土壤条件，索马里香蕉入口如香草奶油，口感极佳，号称“世界上最甜的香蕉”，在国际市场极受欢迎。自此索马里拥有了“香蕉王国”的美誉，香蕉也成为索马里人的主食，在其日常生活中占有重要地位。

甘蔗种植和蔗糖生产是意属索马里又一种重要的农业经济来源。甘蔗种植在东非有着悠久的历史，索马里的高温和沙质土壤又十分适宜甘蔗种植，因而甘蔗生产在意属索马里种植园中十分普遍。从甘蔗种植到糖的生产和销售全被意索农业公司所垄断。甘蔗种植园集中分布在谢贝利河流域的维拉佐－杜卡杰阿利－阿布鲁齐地区，该地区的 7000 公顷灌溉土地中有 1000—2000 公顷常年种植甘蔗。这里还有一座意索农业公司所属的糖厂，它是意属索马里最重要的企业之一。[②]

除棉花、香蕉和甘蔗外，玉米、水稻、豆类等农作物以及芒果、木瓜等热带水果也有种植，但意属索马里种植园的农产品主要供应意大利和欧洲市场，同索马里本地经济联系很小。除去种植园，索马里经济仍然以游牧业为主。

在对外贸易方面，意大利是意属索马里最主要的贸易对象。在早期殖民时代，菲洛纳尔迪公司和贝纳迪尔公司垄断和控制着索马里的出口和海关，这对索马里与阿拉伯、波斯和印度的贸易

---

① 〔苏联〕伊·谢·谢尔盖耶娃：《索马里地理》，南京大学地理系非洲地理组译，第 70 页。

② 同上书，第 70—71 页。

产生了严重消极影响。[①]1920年，在德尔维什战争结束后，意大利加大了对索马里的开发力度，建立了以商品生产为导向的种植园经济。1920—1940年，随着种植园经济的不断扩展，索马里的对外贸易出现繁荣局面。朱巴河和谢贝利河谷地的大型种植园是意属索马里经济的基础，香蕉、棉花以及活牲畜和畜产品（皮毛）是主要的出口商品，活牲畜和畜产品由意大利企业通过经纪人向索马里牧民收购。对意大利的出口占意属索马里出口总值的70%左右，而意大利在意属索马里的食品、纺织品和其他工业品的进口中占居首位（占索马里进口总值的45%）。[②]因此，无论是对外贸易，还是棉花、香蕉和甘蔗的生产，意属索马里都严重依附于意大利。

意属索马里的教育、医疗和交通建设

意属索马里殖民当局对发展教育比较重视，目的不仅在于通过传播天主教和意大利语培养索马里学生对殖民统治的认同，也是为了培训索马里人从事一些技术工作，从而为意大利殖民统治服务。与北部受游牧文化影响的索马里人不同，南部从事耕作的索马里人由于同外界有较多交往，对天主教会的活动敌意较少。

1907年，殖民当局在摩加迪沙开办了一所教授索马里人学习意大利文的学校。[③]1929年，天主教教会在马尔卡、巴拉维、杰利布（Gelib）、阿夫戈耶、阿布鲁齐公爵村、贝杜亚、基斯马尤和哈丰角等地开办了小学。随着这些初级教育机构的建立，部分接受过殖民教育的索马里人开始在殖民政府担任低级职务。20世纪30年代后，法西斯主义者开始推行种族立法，强化了索马里人对意大利人的依

① Maria H. Brons, *Society, Security, Sovereignty and the State in Somalia: From Statelessness to Statelessness?*, p.149.

② 〔苏联〕伊·谢·谢尔盖耶娃：《索马里地理》，南京大学地理系非洲地理组译，第71页。

③ I. M. Lewis, *A Modern History of Somalia: Nation and State in the Horn of Africa*, p.97.

附地位。[1]在医疗方面，意属索马里也得到一定发展，包括摩加迪沙、基斯马尤等主要城市都建立了医院。1933 年，殖民当局建立了一所护士学校，用以培养护理人才。

为了便于攫取经济资源，意属索马里殖民当局比较重视交通建设。在德韦基总督时期，意属索马里的道路建设尤其进展迅速。1928 年，意属索马里已经修建了一段轻轨铁路和超过 6000 公里的公路。[2]意属索马里形成了以摩加迪沙为中心的交通运输网。在经济状况较好的意属索马里南部地区，公路建设达到一定规模，但它主要连接的是种植园与摩加迪沙、基斯马尤等港口，覆盖面较窄。另外，这些公路建设标准较低，几乎没有一条线路完全是柏油路，土路和碎石路占有很大比重。

如上所言，意大利对索马里殖民统治的目的是为了获取经济资源和物质回报，但就实际情况而言，意大利对索马里的投入远远多于在殖民地的收入。1920—1940 年，意属索马里的经济发展取得一定进步，但它建立在巨额投资之上，且投资与收益完全不成比例。1926—1936 年，殖民政府的收入一直在增加，但距离自给自足仍相去甚远。1926—1927 年的军事开支就高达 2300 万里拉，而该年度预算仅有 700 万里拉。1927—1928 财年，德韦基总督为在索马里北部的军事行动要求获得 3500 万里拉资金，并请求得到 1400 万里拉的额外经费以满足民事和其他军事需求，但殖民地当年的收入只有 1856.7 万里拉。此后两年，意大利不得不向索马里殖民政府提供 1.12 亿里拉的财政援助。[3]20 世纪 30 年代初期，殖民政府年度预算的平均数是 7400 万里拉，但同一时期，意属殖民地包括关税、消费税和执照税在内的收入只有 2700 万里拉，比预算的一

---

① Harold D.Nelson, *Somalia: A Country Study*, Washington, D.C.: The American University, 1982, p.21.

② Ibid., pp.20–21.

③ Robert L. Hess, *Italian Colonialism in Somalia*, Chicago: The University of Chicago Press, 1966, p.161.

半还要少得多。[1]因此，意大利从索马里获取财富和安置过剩人口的愿望化为泡影，因而意大利也被视为世界近代史上“最慷慨的殖民者”。

二、20世纪二三十年代英属索马里的经济社会发展

行政管理的确立

德尔维什运动后，英国与索马里民众的关系仍处在不信任状态。为更好地维持殖民统治，英国不得不加大对索马里殖民地的资金投入。受益于此，1920—1940年，英属索马里在行政管理、农业、畜牧业、教育、对外贸易等领域都取得了一定进步。

在德尔维什运动之前，英国对索马里主要采取间接统治，即依靠当地部落酋长维护社会秩序，而且这种管理仅限于北部海岸地区。随着德尔维什战争的结束和英国对内陆的控制，情况开始发生变化。从20世纪20年代起，英属索马里殖民当局决心建立一个行之有效的行政管理体系。这一新机构由欧洲人和索马里人共同组成，前者占据了这个体系的顶端和高级职务，而索马里人只能在其中担任次等或低级职务。[2]与意属索马里高度集权、总督拥有无上权力相比，英国对索马里的统治相对温和。英属索马里殖民政府的规模也很小，预算十分有限，1937年仅有213139英镑。由于推行直接税的计划失败，英属索马里的主要收入和意属索马里一样依赖进出口关税和营业税。[3]

索马里北部地区居民主要以游牧为生，这是索马里北部与南部农耕区在经济社会生活方面的重大区别。这意味着英国如果要彻底

---

① 〔英〕I. M. 刘易斯：《索马里近代史：从民族到国家》，钟槐译，商务印书馆1973年版，第194页。

② Raphael Chijioke Njoku, *The History of Somalia*, London: Greenwood Press, 2013, p.85.

③ I.M. Lewis, *A Modern History of Somalia: Nation and State in the Horn of Africa*, p.104.

控制这些游牧部落，就必须建立强有力的行政机构，但英国政府对这一耗资巨大却获益甚微的计划没有兴趣。因此，英国虽然在“一战”后建立了对索马里的直接统治，但它借助了索马里传统的部落制度和文化。另外，英属索马里以伊萨克人为主，居住地居民血缘关系紧密，同质化程度较高，这在一定程度上减少了英属保护地的内部矛盾，由此也减少了英国政治介入的力度。

农业与对外贸易

英属索马里在经济方面最重要的成就是高粱种植的推广。埃塞俄比亚高原是高粱的发源地，但相邻的索马里在20世纪前却很少种植高粱。德尔维什战争期间，粮荒导致的饥饿推动了高粱在英属索马里的种植。索马里北部的气候总体偏旱，降雨较少，但光照充足，非常适合高粱的生长。高粱在英属索马里的推广首先发生在其西部领地，包括博拉马（Borama）和哈尔格萨两地。19世纪末20世纪初，地势较高、灌溉条件较好的西部地区的戈达布斯和哈巴尔·阿瓦勒等氏族开始以他们在吉格吉加的亲缘部落为榜样，清除灌木丛来种植高粱，并用牛拉的木犁翻地。①

高粱种植为代表的经济革命在索马里的传播速度十分迅速，它促进了英属索马里各地区之间的经济交流，对维护社会稳定有重要意义。1924年，英属索马里当局由于认识到这场经济革命的重要性，设立了农业和兽医管理机构，并建立了一个小的实验站。1928年，蝗灾给英属索马里造成了严重的破坏，导致农作物几乎绝收，从而导致大范围的饥荒。20世纪30年代初，在英属索马里的西部地区，同畜牧业相结合的农业得以确立，英国殖民当局也完成了对哈尔格萨和博拉马的农业区的测绘和划界工作。②

① I. M. Lewis, *A Modern History of Somalia: Nation and State in the Horn of Africa*, p.102.

② Ibid.

表 1　1931—1960 年英属索马里主要农作物播种面积和产量

农作物	播种面积（单位：千公顷）				产量（单位：千吨）			
	1931/1932—1935	1941/1942—1945	1947—1949，1952—1953	1959—1960	1931/1932—1935	1941/1942—1945	1948/1949—1952/1953	1959—1960
粮食作物	60.4	93.2	95	385	52	77	46	109
高粱	46	46.2	77	305	33	33	31	64
玉米	14.4	47	18	80	19	44	15	45
豆类	0.4	0.6	1	3	0.1	0.14	/	1
芝麻	5.7	24	12	30	0.85	2.88	2.2	7
花生	0.9	1.1	1	1	0.73	0.57	1	1
棉花	6.1	0.5	4	25	0.86	0.06	/	1
香蕉	2.7	1.4	4	9	9.25	2.6	36	85
甘蔗	0.7	1.3	2	1	36.52	36.67	62	11.5

资料来源：〔苏联〕伊·谢·谢尔盖耶娃：《索马里地理》，南京大学地理系非洲地理组译，第 99 页。

此后，高粱成为索马里主要的粮食作物，其重要性远远超过了居第二位的玉米。全国到处都种植高粱与粟，但主要种植区是西北部哈尔格萨与布劳间的旱作区、西南部朱巴河谢贝利河河间地及两河中下游谷地以及沿海地带。[①] 如上表所示，1931—1960 年，高粱在索马里粮食作物中的地位极为重要，无论是播种面积或是产量，高粱都占据了极为明显的优势，这对改善索马里的经济结构和稳固英国殖民统治都具有重要意义。

由于英国主要看重的是索马里的战略位置和肉类供应的意义，因而在殖民统治期间，英国在索马里的投资十分有限。20 世纪二三十年代，英国对索马里的投资几乎可以忽略不计，“殖民政府的预算少得可怜，直至 1937 年，也只有 213,139 英镑”。此外，

① 〔苏联〕伊·谢·谢尔盖耶娃：《索马里地理》，南京大学地理系非洲地理组译，第 98 页。

由于基本出口商品——兽皮和牲畜的减少，当时的索马里还经历了严重的贸易赤字。20 世纪 30 年代晚期，英属索马里的出口额仅有 27.99 万英镑，进口却达 53.52 万英镑。[①]

索马里北部海岸地区主要的贸易对象是英国及其殖民地，如亚丁、印度、阿拉伯半岛等地。德尔维什战争期间，由于商队不断遭到攻击和抢劫，贸易受到严重破坏，并陷入停顿，整个地区陷入混乱状态。[②] 由于本地区适宜耕种的土地较少，居民和殖民者到来前一样，主要饲养山羊、绵羊和骆驼，游牧业是经济的基础。输出的主要货物是家畜和野生动物的皮张、活牲畜、芳香树脂和阿拉伯树胶。输入的是纺织品、稻米、糖和蔬菜等，印度占进口的首位，其次是英国。从这两个国家的进口额占英属索马里进口总值的 70% 左右。[③] 通过柏培拉进行的牲畜贸易一直都很发达，柏培拉的商业群体是最大的受益者，他们包括印度人、阿拉伯人和索马里中间商。

教育的发展

早在德尔维什战争期间，为了培养认同英国文化、掌握一定科学技术和行政管理知识，从而为殖民当局服务的人才，英国就开始发展索马里殖民地的教育。1905 年，英国在柏培拉、布劳和泽拉三个城市建立了一些小学，但后来由于吉布提港的兴起导致泽拉和布劳两地人口减少，那里的学校因为得不到支持而停办。[④] "一战" 后，英国当局试图在殖民地建立一套系统的教育体系，但由于索马里民众警惕西方文化的侵略，英国的计划遭遇到强大的阻力。1920 年，殖民政府才采取有力措施，制定了建立六所小学和一所中学的计划。

---

① Alice Bettis Hashim, *The Fallen State:Dissonance, Dictatorship and Death in Somalia*, New York: University Press of American, Inc., 1997, p.51.

② Maria H. Brons, *Society, Security, Sovereignty and the State in Somalia: From Statelessness to Statelessness*, pp.146–147.

③ 〔苏联〕伊·谢·谢尔盖耶娃：《索马里地理》，南京大学地理系非洲地理组译，第 67 页。

④ 〔英〕刘易斯：《索马里近代史：从民族到国家》，钟槐译，第 199 页。

由于英国政府拒绝提供资助，有人建议直接征收牲畜税来募集必要的资金，这个计划被索马里民众所痛恨，进而在布劳引起了一次骚乱。[①]

鉴于教会学校传播基督教的活动是德尔维什运动爆发的诱因之一，1920 年之后，英国极力避免类似事件再次发生。面对索马里民众对殖民地政府开办学校的强烈反对，英国政府选择了妥协，这导致在此后十几年间，英属索马里教育发展处于停滞状态。1929 年，殖民政府对私立伊斯兰学校有选择地给予补助。这些学校由伊斯兰教谢赫开办，资助条件是这些学校要用阿拉伯文教学生阅读、写字和算术。

1935 年，为了推行合适的教育制度，殖民当局采纳了一些新的建议，开始在柏培拉兴办一所新的官办学校。1936 年，英国任命了英属索马里的首任教育局长，但是这个计划又因宗教信仰问题遭到强烈反对。在布劳爆发的一次骚乱中，三个索马里人被杀死，新任教育局长被人们投掷石块。[②]英国试图引入一种书写体，使索马里语成为书面语言，但索马里民众坚决反对。直到 1938 年，英属索马里第一所公办学校才投入使用，女生教育则延迟到 20 世纪 50 年代。[③]

英属索马里在交通、医疗、水利等领域也取得了一些进步。1920 年后，英国政府要求英属索马里当局依靠自身资源开展各项建设，殖民地的大部分收入来自进出口税收，但通往埃塞俄比亚的重要贸易线路先是在骚乱中被切断，后又因为连接亚的斯亚贝巴和吉布提港的铁路通车而永久关闭。政府有限的建设资金被限制在挖掘水井和提供兽医服务等领域。[④]英属索马里因此缺乏开展建设的经济基础。此外，英国殖民政府也缺乏必要的人力资源，居住在英属索

---

① 〔英〕I. M. 刘易斯：《索马里近代史：从民族到国家》，钟槐译，第 199 页。

② I. M. Lewis, *A Modern History of Somalia: Nation and State in the Horn of Africa*, p.103.

③ I. M. Lewis, *Understanding Somalia and Somaliland: Culture, History, Society*, New York: Columbia University Press, 2008, pp.30–31.

④ Harold D. Nelson, *Somalia: A Country Study*, p.22.

马里的英国人屈指可数，即使在殖民政府中，英国也必须依赖印度和阿拉伯官员的帮助。

三、走向托管时代的索马里

“二战”前夕意属索马里的扩大

第二次意大利－埃塞俄比亚战争的爆发是意大利法西斯在东非推行侵略政策的必然结果。墨索里尼上台后，大力鼓吹对外扩张，宣称要恢复古罗马的光荣，而建立意属东非帝国则是实现这一目的的重要途径。

边界问题是墨索里尼发动对埃塞俄比亚战争的借口。两国曾在1908年5月签订《意埃条约》，就埃塞俄比亚与意属索马里的边界问题达成妥协，但这一协议并不可靠，双方都对条约进行有利于自己的解释。双方矛盾在欧加登地区尤其突出，因为本地区居民以索马里人为主，它一直被视为“大索马里”不可分割的一部分。为实现占领欧加登的目的，意大利对欧加登实施政治经济渗透，拉拢欧加登的索马里部落，并武装该地区的索马里人。1932年，意大利殖民部长艾米立欧·德·波诺（Emilio De Bono）请求总参谋部对入侵埃塞俄比亚进行可行性评估。1934年，经过精心准备后，墨索里尼决定入侵埃塞俄比亚。

1934年12月5日，意大利与埃塞俄比亚之间的冲突在欧加登地区的一个小镇瓦尔瓦尔（WalWal）爆发。第二天，埃塞俄比亚军队被打垮。在意大利坦克的火力攻击下，埃塞方面死亡130人，伤者众多，而意属索马里方面则有30人死亡、100人受伤。①

面对意大利侵略埃塞俄比亚的野心，英法两国各怀鬼胎。法国为转移意大利的侵略矛头，并拉拢意大利对抗德国，在1935年1月

① John Drysdale, *The Somali Dispute*, New York: Frederick A.Praeger, Publisher, 1964, p.50.

同墨索里尼签署了《意法条约》，对意大利的军事行动表示默认。英国最初持反对态度，但最终也选择了向意大利妥协，暗示英国不会干预其行动。

英法推行的绥靖政策极大助长了意大利的侵略野心。1935 年 10 月 3 日，意大利军队不宣而战，从北、东、南三个方向向埃塞俄比亚发起进攻。战争爆发后，国联虽于 1935 年 10 月 7 日宣布意大利为侵略国，并对其实施制裁，但对意大利至关重要的石油却不在禁运之列，而英国控制下的苏伊士运河依然对意大利开放。反观埃塞俄比亚，它的正规部队装备严重不足，当时云集在非洲之角的主要欧洲殖民国家还限制埃塞俄比亚进口武器装备。[①] 在这种情势下，虽然两国军队人数相当，但意大利占据了技术和火力的绝对优势。而埃塞俄比亚军队不但装备落后，更致命的是作战思想的僵化，放弃了在第一次抗击意大利时起到重要作用的游击战术，与意大利军队展开阵地战，结果伤亡惨重。

1936 年 1 月，意大利对埃塞俄比亚进行大规模轰炸，并悍然使用毒气弹，给埃塞俄比亚军民造成严重杀伤。5 月 5 日，意大利军队占领埃塞俄比亚首都亚的斯亚贝巴，并于 9 日宣布吞并该国。6 月初，意大利颁布法令，宣布将埃塞俄比亚与厄立特里亚、索马里合并，成立“非洲东方意大利”。[②] 埃塞俄比亚被征服后，意属索马里的统治区域得以扩大，索马里人聚居的欧加登、谢贝利河和朱巴河上游地区被纳入索马里。意属索马里增设了 3 个新州，之前被埃塞俄比亚与意属索马里边界隔开的索马里部落重新汇聚在一起。[③] 意属索马里的扩大及其对欧加登地区的整合无疑成为后来大索马里兴起的重要因素。

---

① 〔美〕萨义德·阿德朱莫比：《埃塞俄比亚史》，董小川译，商务印书馆 2009 年版，第 88 页。

② 同上书，第 96 页。

③ I. M. Lewis, *A Modern History of Somalia: Nation and State in the Horn of Africa*, p.110.

“二战”期间英国和意大利对索马里的争夺

30年代末以来，欧洲局势的变化在东非产生了震荡，加剧了列强对索马里的争夺。1939年5月22日，意大利正式与德国结盟。1940年5月10日，德国入侵比利时、荷兰和卢森堡，英法绥靖政策宣告破产。随着德国在欧洲战场的节节胜利，意大利在6月10日正式向英法宣战。

1940年8月，意大利军队兵分三路进攻英属索马里，在两周内完全占领了英国保护地，迫使驻防当地的英国部队撤退。与此同时，一个旅的意大利军队越过肯尼亚边界进抵鲁道夫湖（Rudolf Lake）。1940年底，意大利军队与英国军队隔朱巴河形成对峙。[①] 立场强硬的丘吉尔出任英国首相后，提出了一个新的军事战略，试图将盟国军事力量与埃塞俄比亚、尼日利亚、加纳、苏丹和南非等非洲国家的军事力量联合起来，共同抗击法西斯在非洲的侵略行动。驱逐在埃塞俄比亚和英属索马里的意大利军队是联合军事行动的第一项任务。[②]

1941年2月初，三个师的英军向索马里的意大利军队发起反攻。当月，摩加迪沙落入英军之手；3月，以亚丁为基地的英国军队在柏培拉登陆；4月，亚的斯亚贝巴获得解放。1941年11月，意大利在东非的残余力量被迫投降。战争期间，英军俘获了包括索马里人在内的近20万意大利军队，此外还缴获大量军用物资。[③]

在意大利与英国争夺埃塞俄比亚和索马里之时，吉布提保持着一种奇怪的“中立”状态。吉布提的维希行政当局拒不支持吉布提法国驻军司令勒·让·缔约姆将军（Général Le Jean Dieme）继续抗

① Harold D.Nelson, *Somalia: A Country Study*, p.24.

② 〔美〕萨义德·阿德朱莫比：《埃塞俄比亚史》，董小川译，第105页。

③ Harold D.Nelson, *Somalia: A Country Study*, p.24.

战的意愿，这导致英属索马里当局无法得到有力的援助。① 1940年7月19日，吉布提行政当局通过决议支持维希政府，正式投入同属轴心国阵营的维希政府怀抱，吉布提得以避免被意大利吞并的厄运，但这也使它成为英国的敌人。1940年9月，英国以亚丁为基地对吉布提实施海上封锁。9月25日，英国飞机轰炸了吉布提，欧洲人和索马里人均不能幸免。② 1941年3月，由于战略要地迪雷达瓦（Dire Dawa）落入英军手中，吉布提被切断了与意大利的联系，物资供应日渐紧张。1942年，忠于维希政权的吉布提当局对形势的看法发生变化，开始在维希政权和戴高乐（Charles de Gaulle）领导的"自由法国"（Free France）之间进行抉择。12月26日，英国雷纳尔（Reynal）上校在装甲部队支援下，向吉布提港发起进攻，迫使吉布提当局投降。③

"二战"后英国"大索马里"计划的破产

1941年底意大利军队投降后的十年内，意属索马里处在英国的控制之下。英国对占领下的索马里采取的是分而治之的政策。意大利战败后，意属索马里成为独立于英属索马里的行政单位，并被置于英国军事当局（British Military Administration，简称BMA）管理之下。"二战"结束后，英国依然保留了这个行政单位。它不想给盟国以指责的借口，因为美、苏等国担心英国会永久攫取这块土地。④ 此外，英属保护地在哈尔格萨有自己的军事总督，豪德高原和保留地由驻吉格吉加的英国机构管理，欧加登地区则由驻摩加迪沙的英国殖民政府管理。⑤

---

① 〔英〕乔治·柯克：《第二次世界大战史大全：第6卷》，周国卿等译，上海译文出版社1995年版，第30页。

② 〔美〕弗吉尼亚·汤普森、〔美〕理查德·艾德洛夫：《法属索马里——吉布提与非洲之角》，卞亦实译，上海人民出版社1975年版，第33页。

③ John Drysdale, *The Somali Dispute*, p.61.

④ Paolo Tripodi, *The Colonial Legacy in Somalia*, p.44.

⑤ Abdi Ismail Samatar, *The State and Rural Transformation in Northern Somalia 1884–1986*, Madison: The University of Wisconsin Press, 1989, p.74.

“二战”后，英国重新发现了索马里的战略价值，开始鼓吹建立一个将索马里所有地区囊括在内的“大索马里”，但这个计划首先遭到了埃塞俄比亚的挑战。占领欧加登和豪德高原地区是自孟尼利克二世以来埃塞俄比亚政府的既定目标。1897 年，在各国瓜分索马里的过程中，欧加登被划归埃塞俄比亚，但埃塞俄比亚从未对欧加登完成行政控制。1942 年和 1944 年的英埃协定确认了埃塞俄比亚对欧加登的主权。“二战”结束后，埃塞俄比亚多次要求英国归还曾被意大利占领的欧加登地区和各个保留地。

1946 年春，为继续保持英国控制下的“大索马里”，英国外交大臣欧内斯特·贝文（Ernest Bevin）向负责处理前意大利殖民地问题的美、法、苏等国建议，由英国继续托管索马里各地区。[①] 6 月 4 日，贝文在提交英国议会下院的报告中宣称：“我们建议将英属索马里、意属索马里和相邻的埃塞俄比亚部分地区（如果埃塞俄比亚同意）归并为一个托管领土，从而使牧民们在艰难求生时遭遇最少的阻碍，并给他们的经济生活提供一个真正的机会。”[②] 但英国的提议遭到其他三个大国的反对。

由于与英国在殖民地问题上存在矛盾，美苏法三国对英国的“大索马里”计划充满怀疑。基于反帝思想，苏联主张在意属索马里建立一个民主政权，发展索马里的政治、经济和文化，帮助其逐步走向独立。美国因建立世界霸权的需要和受罗斯福（Roosevelt）总统反殖民主义思想的影响，也反对英国在索马里的殖民统治。法国则担心“大索马里”计划将危及法国对吉布提的统治。

建立“大索马里”的贝文计划就此夭折。鉴于其他大国的反对和战后面临的严重经济困境，英国最终放弃了“大索马里”的构想。1948 年，为确定索马里未来的政治解决方案，联合国向索马里派出代表团，以了解索马里民众的愿望。代表团的到来促成了一些政治

① I. M. Lewis, *A Modern History of Somalia: Nation and State in the Horn of Africa*, p.124.

② Saadia Touval, *Somali Nationalism: International Political and the Drive for Unity in the Horn of Africa*, Cambridge: Harvard University Press, 1963, p.79.

团体在索马里的建立，但他们对国家发展的方向无法达成一致。[①]

因此，大国利益成为决定索马里版图的最大因素。经过各国协商，埃塞俄比亚因遭受意大利法西斯的征服而获得双倍补偿，除了欧加登及其附近区域，它还将得到意大利前殖民地厄立特里亚。[②]1948年和1955年，英国先后将欧加登和豪德高原归还埃塞俄比亚，这对非洲之角的历史产生了深远影响。该地区国家间的边界被永久地确定了下来，但它却并未考虑本地区其他国家的感受，也罔顾民族、宗教分布的客观事实，给此后本地区国家间的矛盾和冲突埋下了伏笔。随着埃塞俄比亚权威在索马里人聚居区的建立，基督教埃塞俄比亚与索马里的穆斯林之间的传统敌意不可避免地加深了。[③]由于"贝文计划"破产和欧加登被归还给埃塞俄比亚，英国不得不面对现实，将注意力转向恢复索马里北部地区的统治秩序。

意大利托管索马里南部

1947年，反法西斯盟国与意大利、罗马尼亚等5个法西斯德国的追随者签订了《巴黎和约》（"Peace Treaty of Paris"），该和约规定：意大利必须放弃对非洲殖民地的权力要求，非洲殖民地的复兴交由四大战胜国负责。这成为前意属索马里问题复杂化的开始。[④] 1948年，索马里未来地位问题的解决显得日益紧迫，而各方力量的博弈又加大了问题的复杂性，这也成为刚刚成立的联合国面临的棘手问题之一。

虽然《巴黎和约》已明确规定意大利放弃对索马里的统治，但由于大量意大利移民在索马里的存在和经济利益的诱惑，"二战"

---

① 〔美〕弗吉尼亚·汤普森、〔美〕理查德·艾德洛夫：《法属索马里——吉布提与非洲之角》，卞亦实译，第234—235页。

② I. M. Lewis, *Understanding Somalia and Somaliland: Culture, History, Society*, p.33.

③ Saadia Touval, *Somali Nationalism: International Political and the Drive for Unity in the Horn of Africa*, p.73.

④ Debora Valentina Malito, *Somalia: The End of the State—The Fragmentation of Sovereignty in the Horn of Africa*, Saarbrucken: LAP Lambert Academic Publishing, 2011, p.55.

后的意大利并没有放弃对索马里事务的介入，试图继续维持对索马里的控制。为了重返索马里，意大利对相关大国进行了积极游说，取得了美国支持，而苏联也持与美国相似的立场，法国出于反对英国的心理也对意大利表示支持。[①]但是，意大利的图谋被索马里规模最大、最成熟的政治团体——索马里青年联盟所抵制。为实现再次管制索马里的愿望，意大利竭力拉拢南部农耕部落，将他们作为支持意大利主张的盟友；同时发动索马里境内的意大利移民，借助他们向英国当局施加压力，要求将索马里的管制权交还给意大利。为了抗衡索马里青年联盟，在意大利的支持下，索马里境内亲意大利的团体实现了政治上的联合，它们成立了一个名为“索马里亚大会”的组织，该组织建议前意属索马里由意大利托管 30 年，前提是意大利对其进行根本改革，并加大建设力度。

作为索马里最重要的政治组织，索马里青年联盟坚决反对意大利卷土重来，它的政治目标是将索马里各地区联合起来，建立一个统一的大索马里，并实现完全独立。青年联盟政治纲领的主要内容包括：将所有索马里人，尤其是青年人联合起来，消除部落之间的偏见；借助学校和文化宣传机构对青年人进行现代教育；在尊重宪法和法律的前提下，消除任何可能损害索马里人利益的倾向；发展索马里语言，并尽可能在索马里人中推广奥斯曼尼亚所创的索马里文字。[②]索马里青年联盟在包括意属索马里、英属索马里、欧加登、肯尼亚北部等所有索马里人聚居区都建立了分支机构，纲领的完善和机构的健全使青年联盟成为索马里组织纪律性最强的政治团体，这为它在意大利托管结束后执政准备了条件。

但部分索马里人支持意大利，他们与青年联盟在摩加迪沙发生冲突，导致大批索马里人和意大利人死亡。[③]面对其他大国的反对，

---

① John Markakis, *National and Class Conflict in the Horn of Africa*, Cambridge: Cambridge University Press, 1987, pp.53–54.

② I.M. Lewis, *A Modern History of Somalia: Nation and State in the Horn of Africa*, p.123.

③ John Markakis, *National and Class Conflict in the Horn of Africa*, pp.54–55.

加上索马里局势的日益恶化，英国决定支持意大利对索马里的要求。1948 年 9 月，美、苏、英、法四国将前意大利殖民地处置问题提交安理会。11 月，联合国授权意大利在索马里南部建立托管政府，要求帮助索马里在 10 年内实现独立。1950 年 4 月 1 日，意大利索马里托管政府（Amministrazione Fiduciaria Italiana della Somalia）正式开展工作。

为确保意大利正确行使权力，使索马里人在过渡期内更多地承担管理国家的责任，从而为索马里最终走向独立做好准备，联合国对托管协定做出了严格规定。此外，联合国还建立专门机构常驻摩加迪沙，以便直接联络意大利殖民当局和被监护的索马里人。这一机构下辖部门包括由联合国代表组成的委员会和秘书处，委员会可就索马里的发展提出建议和报告。联合国还定期前往索马里实地考察。这些措施强化了联合国在索马里的影响，从而减少了索马里人对未来的担心。[①]

英国的大索马里方案以及联合国规划的索马里最终实现独立的前景，大大鼓励了索马里民族主义。[②]联合国关于托管索马里的决议并未引起强烈抗议，而是被索马里人平静接受。联合国赢得了索马里人的信任，它被索马里人视为保护者和担保者。

索马里民族主义的发展

德尔维什运动结束后，作为其重要思想遗产的索马里民族主义继续发展。1920 年伊斯曼·优素福·克纳迪德（Isman Yusuf Kenadid）为索马里语发明了简单而准确的字母和文字，并将其命名为奥斯曼尼亚文（Osmaniya）。这种新文字有一套全新字母，完全不依靠阿拉伯语的字母，从而克服了原有书写语言的不足，有助于

---

① I.M. Lewis, *A Modern History of Somalia: Nation and State in the Horn of Africa*, p.139.

② 〔美〕弗吉尼亚·汤普森、〔美〕理查德·艾德洛夫：《法属索马里——吉布提与非洲之角》，卞亦实译，第 235 页。

索马里人民族意识的发展。[①]

意大利和英国的殖民统治成为促进索马里民族主义发展的最重要外部因素。殖民者的剥夺和压迫强化了索马里人的民族情感，促使他们把摆脱殖民统治和实现国家独立作为奋斗的目标。意大利人强制招募索马里劳动力的做法和对索马里人的种族歧视引发了索马里人的强烈怨恨。[②] 埃塞俄比亚对索马里民族主义的影响主要以大索马里主义的形式表现出来。1935 年意大利对埃塞俄比亚的入侵在很大程度上推动了“大索马里”意识的产生和索马里民族主义的兴起。

此外，摩加迪沙、马尔卡、哈尔格萨、柏培拉等城市的发展促成了资产阶级和无产阶级的形成，他们构成了新时期索马里民族主义的社会基础。西式教育的发展提高了索马里人的知识水平，便利了西方民族主义思潮在索马里的传播，新一代知识分子成为索马里民族独立运动的领导者。

在意属索马里和英属索马里，索马里民族主义呈现出不尽相同的发展情况。在意属索马里，意大利殖民统治引发的泛索马里主义对索马里民族主义起到了推波助澜的作用。意属东非帝国的索马里省囊括了意属索马里和欧加登地区，从而使大部分索马里人被置于同一行政机构管理之下。意大利建立的“大索马里”使索马里人第一次意识到他们在历史、语言、文化等领域具有一致性，进而促使索马里人开始萌生对统一的追求。这对索马里独立后的地区政策形成了深刻影响。在大索马里主义的刺激下，索马里南部的民族主义在索马里各个地区中的发展水平最高。

---

① I.M. Lewis, *A Modern History of Somalia: Nation and State in the Horn of Africa*, p.115.

② 正如一位索马里老人所言：“他们把我们囚禁在用带刺的树枝作篱笆围起来的围栏里，而这种围栏是我们用来对付牲畜的。他们常鞭打我们，当我们的母亲受鞭子抽打时，他们发出刺耳的尖叫声和呻吟。在意大利人的种植园里，我们必须顺从和当奴隶，我们没有茅舍，露天睡在土地上。我们染上了疟疾，很多人惨遭死亡。所给的饮食仅够使我们不致饿死，我们永远也不会忘记他们是怎样对待我们的。”参见〔苏联〕伊·谢·谢尔盖耶娃：《索马里地理》，南京大学地理系非洲地理组译，第 68—69 页。

在英属索马里，各民族主义团体于30年代开始涌现。哈吉·法拉赫·奥马尔（Haji Farah Omar）最早创建了索马里伊斯兰教协会（Somali Islam Association），经常就索马里问题向英国政府请愿。[①] 1937年，因地位和升迁问题对殖民当局不满，索马里公务员组建了索马里公务员联盟（Somali Officials Union）。[②] 此外，其他组织还包括索马里民族协会（Somaliland National Society）和爱国福利联盟（Jumiya）等。上述政治团体的建立标志着英属索马里民众在寻求民族独立和捍卫自身权益方面迈出了试探性步伐。这些组织的政治诉求不尽相同，但它们对唤醒索马里人的民族意识起到了不可忽视的作用。

索马里青年联盟（Somali Youth League，简称SYL）是英属索马里最重要的索马里人政治组织。1943年5月，赛义德·阿卜杜拉（Sryyid Abdullah）创建了索马里青年俱乐部（Somali Youth Club），该组织逐步确立了在索马里民族主义运动中的主导地位。1947年，它更名为索马里青年联盟，其支持者主要来自达鲁德和哈维耶部落。该组织呼吁使用索马里语，扩大教育机会，以便使年轻人有获得西式教育的可能。[③]

“二战”后，索马里人的大索马里主义梦想破灭，但英属索马里和意属索马里民族主义运动的发展已势不可挡。索马里两大地区的民族主义汇合，共同形成了索马里现代民族主义，从而使索马里民族主义迎来了第二个高潮。受这种历史趋势的推动，南、北区先后获得独立并实现合并，索马里共和国得以建立。

索马里走向独立

埃塞俄比亚是影响索马里独立进程的重要国家。1948年和1955

① Saadia Touval, *Somali Nationalism: International Political and the Drive for Unity in the Horn of Africa*, p.65.

② Ibid.

③ Raphael Chijioke Njoku, *The History of Somalia*, p.87.

年，英国分别将欧加登地区和豪德高原交给埃塞俄比亚。欧加登是一块半干旱的高地，经济开发潜力很大。豪德高原则有着富饶的牧草地带，是关系到埃塞俄比亚和英属索马里游牧民生存的重要地区。① 当英国和埃塞俄比亚签订的相关协议曝光后，英属索马里民众表示强烈不满，当地民众建立了具有普遍代表性的政治组织——“民族统一阵线”。

1956 年 4 月，为平息英属保护地民众的不满，英国向埃塞俄比亚政府提议回购豪德高原，但遭到海尔·塞拉西一世的断然拒绝。1956 年 8 月 25 日，海尔·塞拉西一世在欧加登的加布雷达雷发表演说，坚称欧加登和豪德高原是埃塞俄比亚的一部分。在此背景下，英属索马里民众表现出强烈的民族主义情绪，使英国感受到前所未有的压力。迫于形势，英国于 1956 年宣布将在索马里建立代议制政府，加速保护地的独立进程。英国还表示，如果英属保护地和原意属索马里愿意合并成为一个国家，英国将不反对。②

1957 年，英属保护地建立了第一个立法议会（Legislative Assembly），总督从 24 名候选人中指定了 6 名非官方议员。③ 而早在 1956 年，意大利托管地就建立了自治政府。索马里两大地区的政治发展取得了积极的进展。1959 年 2 月，英国负责殖民地事务的国务秘书阿兰·伦诺克斯 – 博伊德（Alan Lennox-Boyd）在哈尔格萨发表声明：“女王陛下政府已意识到许多索马里人的愿望，应当在保护地和索马里（指前意属索马里）之间建立更密切的联系，因而一旦索马里实现独立，保护地的立法议会将与其展开正式谈判，商讨双方建立更紧密关系所需的条件。女王陛下政府将把这一方案告知索马里政府，并询问其是否愿意接受谈判。如果一切顺利，女王陛下政府将在合适的时间和环境中安排双方的会谈。”④ 英国由此明

① 〔美〕弗吉尼亚·汤普森、〔美〕理查德·艾德洛夫：《法属索马里——吉布提与非洲之角》，卞亦实译，第 239 页。

② 同上书，第 289 页。

③ 〔英〕I. M. 刘易斯：《索马里近代史：从民族到国家》，钟槐译，第 290 页。

④ John Drysdale, *The Somali Dispute*, p.100.

确表达了支持索马里独立和索马里南北合并的意愿。

博伊德的声明使埃塞俄比亚政府大为紧张，认为英国推动保护地与前意属索马里的合并必将威胁埃塞俄比亚在东非的战略重要性，而建立“大索马里”引发的泛索马里主义则很可能威胁埃塞俄比亚对欧加登地区的控制。与此同时，法国也感受到英属索马里和前意属索马里合并可能给吉布提带来的挑战。因此，埃塞俄比亚和法国一直要求英国政府做出保证，但英国政府的回答含糊其辞。面对埃塞俄比亚对索马里统一的阻挠，索马里人表示强烈抗议，索马里自治政府总理阿卜杜拉希·伊萨（Abdillahi Issa）专门致电海尔·塞拉西一世，对此表示强烈不满。

与索马里的边界划分成为埃塞俄比亚优先关心的重大问题。托管期间，在联合国的敦促下，意大利和埃塞俄比亚就边界问题开始接触，但两国都希望将边界推向对方实际控制区，多轮谈判都无果而终。1959 年 12 月，埃塞俄比亚和意大利都同意在达成最后协议之前，英国划定的临时分界线应当继续有效。[①]悬而未决的边界问题成为新生的索马里共和国面临的一大隐忧，极大地影响着未来索马里与邻国埃塞俄比亚的关系。

四、20 世纪四五十年代的索马里经济与社会

英国军事占领下的前意属索马里

1941—1949 年，除法属索马里（吉布提）之外，索马里其他地区都处于英国军事当局的管理之下。在此期间，在英国的统治政策的作用下，索马里社会经济表现出两大特点：首先是种植园经济依旧占据重要地位，其次是随着工业部门的发展，索马里社会经济开始向现代转型。

① 〔英〕I. M. 刘易斯：《索马里近代史：从民族到国家》，钟槐译，第 345—346 页。

在军事占领意属索马里之初，英国对其并无长远打算，因此采取了破坏性的政策。种植园遭到废弃，为数不多的农产品加工企业，如制糖厂、盐厂、纺织厂、罐头厂等，或被关闭，或遭英国拆除。这种情形在谢贝利河和朱巴河两岸尤为严重。由于担心人身安全，意大利农场主放弃土地逃往城镇，这造成上述两个地区的种植园陷入一片荒芜。在格纳勒的 136 个农场中，只有 6 个仍在进行有效的生产。在几周的艰苦努力后，来上班的仍然只有 500 人，而实际需要的劳动力却多达 8000 个。[①]

英国占领当局很快发现，破坏性政策不但使索马里南部陷入粮食短缺的严重经济危机，而且还给自身造成了极大的供应困难。因此，英国决定扭转政策，恢复种植园经济。为此，英国采取了如下举措：首先，稳定前意属索马里的社会秩序，从而为恢复生产创造安定环境。英国迅速收缴在战争中流散的枪支弹药。到 1941 年 8 月，共搜集意大利步枪 1.4 万支，子弹 600 万发。[②]其次，将谢贝利河沿岸的大量荒废土地无偿赠送给比玛尔氏族，促使他们发展农业。比玛尔氏族原本居住在索马里东部和中部，18 世纪前后迁徙至以马尔卡为中心的谢贝利河下游地区。受拉汉文人和迪吉尔人影响，他们在游牧之余也开始从事农业生产。其三，改善和提高种植园中索马里人的生活条件和工资待遇。先前的意大利种植园以强制性奴役劳动为主，除意索农业公司外，其他种植园都存在严重的经济剥削行为，从而导致劳资关系十分紧张。最后，给意大利种植园主补贴，鼓励他们恢复种植园生产。意大利人继续享用原先属于他们的几乎所有土地，当局给他们提供补助金和劳力，协助维持种植园的秩序。[③]

为了满足英国和索马里居民的需要，英国当局优先鼓励粮食作物和蔗糖的生产，并给予意大利农场主以贷款和农业机械所需的燃

---

① 〔英〕I. M. 刘易斯：《索马里近代史：从民族到国家》，钟槐译，第 227 页。

② Mohamed Trunji, *Somalia: The Untold History (1941–1969)*, Leicester: Looh Press, 2015, p.3.

③ 〔苏联〕伊·谢·谢尔盖耶娃：《索马里地理》，南京大学地理系非洲地理组译，第 71 页。

料。由于措施得力，前意属索马里的农业生产很快恢复至正常水平，到 1943 年已能实现粮食的基本自给。在种植园生产恢复的同时，前意属索马里的工业也得到一定程度的发展。工业部门以轻工业和食品工业为主，如皮革、榨油、纺织、肉类加工等。除了鼓励工农业生产的发展，英国当局还采取了其他措施来恢复经济，如改善供水条件、培训兽医、推广农业种植新技术和新作物等。

英属索马里的经济与社会

在前意属索马里的社会经济逐步恢复的同时，英国保护领地也在发生重大变化，表现之一就是英国将统治中心从港口城市柏培拉迁移至内陆城市哈尔格萨。这一行动标志着英国政策的重大转变，即英国将放弃此前仅仅关注索马里北部沿海地区的旧政策，转而向整个保护领地提供行政管理和社会服务。1943—1948 年担任保护领地军事行政长官的杰拉尔德·费希尔（Gerald Fisher）和 1948 年后担任该职的杰拉尔德·里斯（Gerald Rees）发挥了关键作用。英国恢复保护领地社会经济的举措主要包括如下几个方面：

首先，重建保护领地的社会秩序。令英国人感到意外的是，他们的归来受到了索马里人的欢迎。这在警察力量重建上得到了证明，在很短的时间内，战前的 551 名警察中有 540 名迅速而自愿地回到工作岗位。[①] 1943 年末，警察力量的规模已达 3070 人，他们主要由索马里人和非洲人组成，此外还包括 120 名英国军官和一支小型的装甲车队。[②] 另一方面，和意属索马里一样，回收武器是恢复秩序的必要手段。[③] 在警察队伍的积极努力下，收缴枪支的工作取得了令人满意的进展。1941 年年底，回收枪支的工作基本完成，从而消除了威胁社会稳定的一大隐患。1942 年年底，保护领地的社会秩序

① Abdi Ismail Samatar, *The State and Rural Transformation in Northern Somalia 1884–1986*, p. 59.

② Mohamed Trunji, *Somalia: The Untold History (1941–1969)*, p.2.

③ 〔英〕I.M. 刘易斯：《索马里史》，赵俊译，东方出版中心 2012 年版，第 122 页。

已恢复正常。

其次，重建保护领地的经济秩序。在意大利占领期间，保护领地的商业贸易陷入停顿。1941 年英国重建权威后，领地内部的贸易和对外出口都得到快速恢复，这为英国当局进一步开发保护领地奠定了基础。在 1945 年《殖民地发展与福利法案》（“Colonial Development and Welfare Bill”）项目的援助下，英国当局制定了领地发展规划，并任命地质学家亨特（J.A.Hunt）负责调查领地内的资源及其开发潜力。

与此同时，英国在领地的统治还面临着两大问题，一是干旱导致的牧区管理，二是严重的物价上涨。事实上，早在意大利入侵前，英国当局已经意识到牲畜数量过多和过度放牧引发的牧区草原过载问题，并委派人员进行了调查。1942—1943 年的大干旱进一步暴露了这一问题的严重性，牧民被迫大量出售牲畜。英国当局试图从多个方面着手解决这一问题，这些措施包括大幅度削减牲畜数量、征收牲畜交易的直接税以及敦促当地部落在牧场管理方面承担更大责任。但由于缺乏必要的财政和人力资源，上述举措并未落到实处。战后保护领地的牲畜数量依然十分庞大（如下表所示），这给索马里生态环境造成了巨大压力。1941—1950 年，虽然英国军事当局以“一种认真负责任的态度”来管理索马里事务，但牧区生态依旧持续恶化，沙漠化程度不断加深。[①]

表 2　1947 年英属索马里牲畜数量估算

	普查估计	格洛弗[②]的估计
绵羊	1,799,000	10,000,000
山羊	1,391,000	3,000,000
骆驼	1,240,000	2,500,000
牛	不详	500,000

① Alice Bettis Hashim, *The Fallen State: Dissonance, Dictatorship and Death in Somalia*, p.52.

② 格洛弗（Glover）是英国占领当局的一位雇员。——作者注

续表

	普查估计	格洛弗的估计
驴	6,200	6,200
马	450	450
总计	不详	16,006,650

资料来源：Abdi Ismail Samatar, *The State and Rural Transformation in Northern Somalia 1884–1986*, p.60.

物价飙升是英国当局面临的又一个棘手问题，这在1939—1949年表现得十分明显（如下表所示），基本生活物资如大米、小米、糖等价格上涨幅度都很大。以大米为例，在战前的1939年，每袋大米的价格仅为15卢比，而到1947年已涨至112卢比，翻了7倍多。谷物价格增长了4倍，糖是5倍，椰枣是4倍多，肉类是唯一的例外，它的增长幅度低于其他生活资料。[①] 战争破坏、自然灾害（如1942—1943年间的严重干旱）以及英国军人和行政人员大量增加引发的需求扩大等多种因素共同造成了这种局面。物价飞涨不仅严重影响了保护领地居民的日常生活，也给英国占领当局的管理带来很大压力。

表3　保护领地战前和战后特定商品的价格

商品	单位	价格（卢比）				增长幅度
		1939年	1947年	1948年	1949年	
大米	1袋	15	112	110	100	633.3%
谷物	1袋	8	32	35	32	337.5%
肉类	1磅	–/2	–/5	–/4	–/6	264.0%
椰枣	168磅	11	48	40	50	263.6%
糖	1袋	22	115	110	110	400.0%

① Abdi Ismail Samatar, *The State and Rural Transformation in Northern Somalia 1884–1986*, p. 63.

续表

商品	单位	价格（卢比）				增长幅度
		1939 年	1947 年	1948 年	1949 年	
茶	1 磅	-/14	2/8	2/4	2/6	271.0%
白色长布	40 英尺	23	85	70	46	204.3%
原色粗布	30 英尺	12	70	64	27	433.3%

资料来源：Abdi Ismail Samatar, *The State and Rural Transformation in Northern Somalia 1884–1986*, p.63.

再次，推动保护领地粮食供应的自给自足。1949 年，保护领地的耕地仅有 5.085 万英亩，而到 1954—1955 年，已增加到 14 万英亩。[①]之所以出现这种局面，首先是因为在“二战”期间，战争导致的严重食品短缺迫使殖民地不得不更多地依赖自身的农业生产。而农产品价格上涨也对领地农业发展形成了强烈刺激，促使更多农民开垦荒地。英国占领当局为缓解食品压力，对农业生产也持鼓励态度，如推广高粱种植、兴修水利工程、培育农作物良种等。为推动农业发展，英国当局还发起了拖拉机租赁项目，推行更受欢迎的农业信贷计划，其目的是鼓励农民采用效率更高的耕作模式。农民获取贷款的途径多种多样，如租用和购买耕牛、农场建设、水井加深、水利设施修建、抽水泵购置、劳动力雇佣等。到 1953 年年末，发放贷款总额达 1040 英镑。[②]

最后，推动教育和卫生的发展。在教育和卫生方面，保护领地也得到了《殖民地发展与福利法案》的财政援助。这对领地而言至关重要，因为英国占领当局的预算十分有限，在提供社会公共服务方面显得捉襟见肘。以 1955 年为例，该年度英国殖民当局的预算开支仅有 350 万美元。[③] 如下表所示，四五十年代，受益于《殖民地

① Abdi Ismail Samatar, *The State and Rural Transformation in Northern Somalia 1884–1986*, p. 63.

② Ibid., p. 68.

③ Alice Bettis Hashim, *The Fallen State:Dissonance, Dictatorship and Death in Somalia*, p.52.

发展与福利法案》的资金支持，保护领地的教育摆脱了 1920—1940 年的停滞状态，学生人数稳步增加。到 1945 年有 7 所小学，入学儿童超过 400 个男孩。另外，还对 19 所教授阿拉伯文和算术的私立诵经学校给予补助。1950 年，领地有 2 所中学，并制定了开展中等教育的计划。[①] 20 世纪 50 年代中期，入学率进一步上升。与此同时，保护领地的公共卫生事业也得到了发展，在柏培拉、哈尔格萨等主要城市建立了医院。

表 4　英属索马里学校招生数量（1943—1959）

年份	初级学校	中等学校	中学、技术学校等	合计
1943	99	0	0	99
1946	408	0	0	408
1949	469	0	0	469
1951	639	274	0	913
1953	1050	345	49	1444
1954	1017	496	50	1563
1955	—	—	—	1686
1956	1191	431	1611	1783
1958	1967	914	81	—
1959	—	—	—	3906

资料来源：Abdi Ismail Samatar, *The State and Rural Transformation in Northern Somalia 1884-1986*, p.73.

托管时期的意属索马里经济与社会

由于托管期限仅有 10 年，而且意大利的管理受到了联合国的监督，因此 1949 年 11 月 21 日，前意属索马里较为平静地接受了联合国大会通过的国际托管协议。意大利承诺在托管期间推动索马里“趋向自治或独立之逐渐发展”。就此，意大利恢复了对前索马里殖民地的管理。1955 年，意大利成功让索马里人相信托管政权是一个临

① 〔英〕I.M. 刘易斯：《索马里史》，赵俊译，第 123 页。

时代理机构。鉴于此，索马里青年联盟进行了政策调整，宣布与意大利托管政府合作。① 在意大利托管时期，前意属索马里的经济得到一定恢复和发展，其特点表现在多个方面。

首先，意大利在索马里经济中居于主导地位，但大多数索马里人仍处于自然经济状态。在谢贝利河和朱巴河流域从事耕作的索马里人仍在靠天吃饭，气候条件的变化对农业生产有很大影响。农业技术水平低下，产量很低。这种小农经济不但缺乏抵御自然灾害的能力，而且也无法与种植园农业进行竞争。后者不但占据了最肥沃的土地，更得到了当局的资金支持，在灌溉、良种培育、农业害虫防治等领域居于领先地位。

在种植园经济发展的同时，索马里像过去一样，基本上仍然是一个畜牧业国家，大部分土地用作牧场。在南区，1953 年有 42% 的人口以游牧作为唯一的职业，另有 28% 的人口从事畜牧业兼营耕作业。② 这种自然经济与托管当局大力支持的种植园经济之间缺乏紧密联系，体现了这一时期索马里经济仍具有鲜明的殖民地特点，即较先进的资本主义“飞地经济”（Enclave Economy）与传统自然经济并存。独立前夕，尽管索马里的意大利社区已缩减至 2000 人，但他们仍然控制着 70% 的索马里经济。意大利农民占据了索马里农业产量的 70%，意大利还垄断了索马里全部的工业生产和 50% 以上的出口贸易。③

这种带有强烈殖民地色彩的经济结构对索马里的生态环境和未来的经济自主构成了巨大挑战。为了解决牲畜数量快速增长与土地退化间的矛盾，就需要改变传统经济发展模式，从而为索马里独立后的经济自立做准备。1954 年，在联合国、苏联和索马里人民的要求下，托管当局不得不推出“索马里经济发展计划”（1954—

① Robert L. Hess, *Italian Colonialism in Somalia*, p.193.

② 〔苏联〕伊·谢·谢尔盖耶娃：《索马里地理》，南京大学地理系非洲地理组译，第 77 页。

③ Paolo Tripodi, *The Colonial Legacy in Somalia*, p.95.

1960）。为了确保计划的顺利实施，联合国和意大利建立了“索马里发展基金”，美国向其捐资 440 万美元，意大利在计划的第一年提供了 760 万美元，其中 60% 的预算被分配给畜牧业和农业。[①] 在发展基金的支持下，托管当局采取举措，推动游牧民定居和从事农业生产。1954—1960 年，托管当局为农业发展安排了大约 300 万美元的预算资金。1960 年，约有 7.4 万公顷的土地得到开发，20 万牧民开始从事农业，粮食产量由此增加。[②]

其次，种植园经济在索马里农业生产中占据重要地位。1950 年 4 月 1 日，意大利正式对索马里实施托管，此后大批意大利移民和企业主涌入这块前殖民地。为安置移民，托管当局大力恢复种植园，将大量肥沃土地租借给移民种植经济作物。在种植园生产中，香蕉占据着最重要的位置。事实上，在“二战”爆发前，香蕉就已成为索马里最重要的出口商品。但在“二战”期间和战后初期，香蕉出口陷入停顿。意大利托管索马里后，香蕉的种植面积和出口量都迅速恢复。1946 年香蕉种植面积为 2500 公顷，出口仅 73 吨，1950 年面积达 3800 公顷，出口量增至 1.7 万吨，到托管期末（1959 年），种植面积为 9000 公顷，总产量 8.5 万吨，出口量 5.875 万吨。[③] 在托管时期，香蕉占索马里出口总值的 60% 以上。1950 年，索马里香蕉出口金额为 680 万索马罗（托管时期的索马里货币），而在 1959 年则增加到 6500 万索马罗。在托管行将结束时，索马里的出口总值增至 1.037 亿索马罗，其中香蕉所占比例达 61.4%。[④]

其三，意大利垄断了索马里的进出口贸易。为了将索马里进一步变成意大利的原料产地和商品销售市场，托管当局实行严格的贸易许可证制度。它不允许索马里人与世界市场发生联系，迫使他们将香蕉、棉花、牲畜等产品出售给意大利人，但意大利商

① Mohamed Trunji, *Somalia-The Untold History (1941–1969)*, p.250.

② Paolo Tripodi, *The Colonial Legacy in Somalia*, pp.65–66.

③ 〔苏联〕伊·谢·谢尔盖耶娃：《索马里地理》，南京大学地理系非洲地理组译，第 73 页。

④ Paolo Tripodi, *The Colonial Legacy in Somalia*, p.97.

人故意压低价格，从而使索马里农牧民遭受重大损失。1948 年，恢复活动的香蕉专卖公司把索马里生产的香蕉几乎全部收购。意大利公司通过索马里和阿拉伯商业经纪人从牧民处收购皮张，然后输出，而糖的生产被意索农业公司垄断。[①] 另一方面，托管当局对非意大利商品征收高额关税，这大大削弱了索马里与传统贸易伙伴之间的联系。由于占据了垄断地位，意大利与索马里的贸易获得了飞速发展。1949—1959 年，意大利对其托管地的贸易额增长了 4 倍。[②]

与经济领域相比，这一时期索马里教育发展之快令人印象深刻。1949 年通过的《托管协议》特别强调教育的发展，将其视为推动索马里社会、经济、政治和道德进步的最重要途径。[③] 福尔纳里（Fornari）领导的托管当局希望通过教育培养为其服务的人才，并为索马里之后的独立做准备。此外，索马里青年联盟的推动和联合国相关机构的协助也发挥了重要作用。在此背景下，免费国立学校取代了此前为数不多的意大利教会学校，而适龄儿童入学率也大幅上升。1957 年，约有 3.1 万人上小学，246 人上初中，336 人上技术学校，还有几百人上高等院校。相比之下，1950 年各类学生不超过 2000 人。[④]

与此同时，索马里在卫生领域也取得了一定进步。1951 年 9 月，当局设立了一所护理学校，并在摩加迪沙等城市建立了医院。卫生事业的发展得到了当局的资金支持。1950—1955 年，意大利每年提供 300 多万英镑补助，主要用于修建和改善道路、电讯以及其他同教育、政府与卫生有关的公共工程。[⑤]

虽然托管时代的索马里在经济社会领域取得了一定进步，但总

---

① 〔苏联〕伊·谢·谢尔盖耶娃：《索马里地理》，南京大学地理系非洲地理组译，第 74 页。

② 同上书，第 73 页。

③ Paolo Tripodi, *The Colonial Legacy in Somalia*, p.50.

④ 〔英〕I. M. 刘易斯：《索马里近代史：从民族到国家》，钟槐译，第 269 页。

⑤ 〔英〕I. M. 刘易斯：《索马里史》，赵俊译，第 131 页。

体而言，它仍处于贫穷落后的状态。政府预算的长期赤字是发展面临的一大问题。1951—1959 年，索马里的预算收入总体上呈增加态势（如下表所示），但托管当局仍处于入不敷出的境地。1960 年，托管当局的预算开支估计为 8600 万先令，几乎是当年预计收入的 4 倍。受“二战”后经济形势制约[①]，意大利不可能像法西斯时代那样对索马里进行不计成本的投入。

表 5　托管时期的索马里预算收入

（单位：先令）

年份	预算收入
1951	34,270,000
1952	34,034,000
1953	30,713,000
1954	36,820,000
1955	41,624,000
1956	44,221,000
1957	48,875,000
1958（8 个月）	39,121,000
1959	60,500,000

资料来源：Mohamed Trunji, *Somalia: The Untold History(1941–1969)*, p.253.

上述的经济状况预示着索马里在独立后将面临严峻的挑战。1957 年，访问索马里的世界银行代表团认为，索马里在独立后二十年内，还必须获得额外的财政援助。[②] 这意味着索马里在经济上严重缺乏自主能力，还将依赖前殖民宗主国。托管行将结束时的形势正如评论家所言：“1960 年对索马里人来说，将是它的独立之年，也是它的‘零’年，在这一年，每一件事都必须重新开始，所有的事务都不得不依靠索马里人自己去完成。”[③]

① 1945 年，意大利的工业产量仅为 1938 年的四分之一，而 300 美元的人年均收入在欧洲也属最低水平。参见 Paolo Tripodi, *The Colonial Legacy in Somalia*, p.60.

② 〔英〕I. M. 刘易斯：《索马里近代史：从民族到国家》，钟槐译，第 274 页。

③ Paolo Tripodi, *The Colonial Legacy in Somalia*, p.100.

第六章　索马里共和国的艰难发展

索马里共和国的成立标志着现代索马里民族国家的诞生。新生国家面临南北区的差异、部落主义和大索马里主义等一系列挑战。索马里政府通过南北区一体化，确立中央政府对全国的有效管理。在效仿西方政治制度的基础上，索马里建立了议会民主制。但该制度并未给索马里带来长治久安，索马里共和国最终被军人政变推翻，索马里的西式民主制度实践以失败而告终。经济基础薄弱的索马里在外国援助下开展经济建设，但取得的成效有限。外交上，索马里共和国实行全方位外交政策，争取外援和实现大索马里统一是其两大目标。1969 年军人政变后，索马里历史发展进入新时期。

一、国家独立与面临的挑战

索马里国家的独立

第二次世界大战后，帝国主义殖民体系的逐渐崩溃和亚非拉人民民族民主运动的高涨，为索马里国家独立创造了良好的国际形势。60 年代，非洲国家掀起独立高潮，索马里迎来了国家的独立。

1960 年 6 月 26 日和 7 月 1 日，英属索马里和意大利索马里托管地先后独立，[①] 并在 7 月 1 日合并为索马里共和国。[②] 两地的立法机构在摩加迪沙合并，组成临时国民议会，选举索马里青年联盟领导成员阿丹·阿卜杜勒·欧斯曼（Aden Abdulle Isman）为共和国临时总统。决议通过《索马里共和国宪法》，该《宪法》自 7 月 1 日起暂时产生效力，并将在一年内提交全民公投。前英属索马里改成北区，前意大利托管地改称为南区。

根据宪法，国民议会行使一切立法权。政府行使行政权，其成员由总统任命。7 月 6 日，国民议会选举欧斯曼为共和国总统，选举索马里民族联盟领导成员贾马·阿布迪拉·加里布（Jama Abdila Garib）为国民议会议长。7 月 22 日，欧斯曼总统任命索马里青年联盟创始人之一舍马克为总理，索马里统一党领导成员阿布迪·哈桑·包尼（Abdi Hassan Boni）担任唯一的副总统。舍马克宣布新政府由索马里青年联盟、索马里民族联盟和索马里统一党联合组成。政府共有 14 名成员，其中 4 个分配给北区的索马里民族联盟和索马里统一党，试图以此平衡北区和南区的利益。但在独立后的政府中，南区居于主导地位，总统和总理来自南区，政府主要部门国防部、外交部和内政部的部长都由南区人士担任，国民军司令也来自南区。这种政治架构引起部分北区军政人士的不满。北区超过一半人士抵制宪法公投。

舍马克是 20 世纪 60 年代索马里最重要的政治家之一，他全名为奥马尔·阿卜迪拉希德·阿里·舍马克（Omar Abdirashid Ali Shermarke, 1919—1969）。索马里独立后，他先后担任索马里共和国总理、总统。他于 1919 年出生于索马里中部奥尼亚地区哈拉尔德（Haradere）镇属于达鲁德部落的一个显贵家庭，该地位于摩加迪沙东北部 480 公里。他少年时曾生活在摩加迪沙，在伊斯兰宗教学

---

① 索马里独立前的英属索马里称为“索马里兰”，意大利索马里托管地因为成立过具有过渡性质的代议制索马里亚政府，称为“索马里亚”。在《索马里共和国宪法》中也有这种说法。参见潘汉典：《潘汉典法学文集》，法律出版社 2012 年版，第 377 页。

② 世界知识编辑委员会：《大事日志》，《世界知识》1960 年第 14 期，第 32 页。

校接受过教育。1932 年，舍马克转入摩加迪沙公立学校学习。1936 年初，他初等教育毕业。离校后，他在意属索马里殖民政府任职一年，然后开始从事商贸活动。1942 年，意大利在第二次世界大战的北非战场和东非战场被打败，英国接管意属索马里政权，舍马克开始在英国军管政府中担任文职官员。舍马克一直任职到 1950 年。这一年，联合国委任意大利托管原来意大利在索马里的属地。1951 年，舍马克进入摩加迪沙行政学校学习，1952 年毕业。1953 年，他得到政府奖学金，进入意大利的罗马大学学习政治学。1954 年回国后，进入摩加迪沙高等政治学院学习。1956 年，他再次赴意大利留学。1958 年毕业，获得罗马大学政治学博士学位。1959 年，他从意大利归国后，被选举为过渡政府立法议会议员。①

外国的殖民统治和压迫使舍马克在青年时代就走上争取索马里独立斗争的道路。1943 年，他参与创建民族主义组织索马里青年俱乐部（该组织在 1947 年年底更名为索马里青年联盟）。1952—1954 年，他担任索马里青年联盟主席。1960 年 7 月 1 日，索马里独立后，他担任索马里首任总理。

独立之初，索马里面临着一系列严重的挑战，建立一个国家对于索马里人民来说已经是一件艰难的事，建设好一个国家更加考验着索马里领导人和人民的能力和智慧。

南北区的差异

南北区差异的出现既有自然原因，也有人为因素。其中，英国和意大利两国殖民统治的影响更为突出。英意两国在政治、经济和社会制度方面存在很大的不同，这些影响到各自殖民地政策的制定，造成英属索马里和意属索马里在政治、经济和教育等方面的巨大差异。两地合并建国后，这些差异继续存在。南北区实行不同的行政、法律和教育体系，经济发展水平不一，财政、税收和贸易制度各异，

① Margaret Castagmo, *History Dictionary of Somalia*, Maryland and London: The Scarecrow Press, 1975, p. 2.

采用不同的办公语言，这些差异带来很多问题。①1960年，美国国家安全委员会向美政府提交的一份关于索马里国庆的报告认为，独立后的索马里是一个极度脆弱的国家，将面临部落主义的挑战以及前英属索马里和意属索马里地区管理制度差异造成的问题。②只有这些问题得到解决，共和国才能有效地运转。

独立之初，索马里南区和北区的差异主要包括以下五个方面：

第一，政治传统。北区按照英国的司法观念和行政准则治理，英国对其索马里领地的统治以间接统治为主，目的仅限于维护殖民领地的正常统治秩序。南区则继承了意大利的行政制度，依据意大利殖民地法开展司法活动。意属索马里在行政管理制度上长期实行意大利的法西斯体制，意大利政府对该地实行直接统治。意属东非帝国时意大利殖民政府机构臃肿，行政效率低下。联合国授权意大利托管前意属索马里后，意大利托管地虽然成立了代议制政府，但仍保留了官僚主义传统。独立后，意大利和英国都有大批官员继续留在索马里，他们为了自身的利益，倾向于原来的行政系统，以方便他们与本国联系。

第二，经济和社会发展状况。北区主要是游牧经济，南区既有游牧业经济，也有农业经济，因此北区对传统观念的认同比南区更强。北区自然资源缺乏，历史上的英属索马里长期充当给英国在亚丁属地提供肉类供应的基地，英国对该属地不重视，在只满足自身经济利益的情况下，并不寻求在索马里和索马里之外的非洲之角进一步扩张势力。因此，英国对该领地的投入有限，造成该地经济发展滞后。德尔维什运动期间，英国将主要力量用于镇压赛义德领导的索马里民族运动，而不对当地进行经济建设。英国本土资本家不愿意在该地投资。英国统治政策还造成独立时北区交通和教育发展

---

① I. M. Lewis, *Understanding Somalia and Somaliland: Culture, History, Society*, New York: Columbia University Press, 2008, p. 34.

② National Security Council, *U. S. Policy toward the Horn of Africa and the Sudan*, NSC6028, Dec. (60), 1960, U. S.Relations with Ethiopia, Somalia, and the Sudan, *FRUS 1958–1960*, V. 14, pp. 204–205.

水平远远落后于南区。南区水资源丰富、土地肥沃，是索马里最重要的农耕区。意大利在实现对索马里属地的有效统治后，派遣大批本国移民到索马里进行开发，使意属索马里的经济得到一定程度上的发展。南区有较多的欧洲移民，在工业上有所发展，而北区几乎不存在什么工业。[①]意大利政府的政策使南区的经济、交通和教育发展状况好于北区。[②]英意两国的殖民领地在索马里独立前缺少交通方面的联系，影响到独立后的索马里南北交通和通讯联系。独立之初，首都摩加迪沙和北区中心城市哈尔格萨之间没有直接的电话联系，两地的民航一周只有两班，从摩加迪沙到哈尔格萨乘坐汽车需要花费 3 天时间。

第三，政府工作语言和教学语言。北区学校用英语教学，而南区学校用意大利语教学。北区的行政机构通用英语，而南区的政府机构通用意大利语。在索马里政府部门中，能够精通英语和意大利语双语的工作人员很少。但很多工作离开精通双语的工作人员的协助无法开展，这种情况给公私活动的开展带来很大的困难，不能适应独立后国家发展的需要。

第四，法律制度。北区的司法系统根植于英国的成文法、不成文法和印度的刑法，南区依据意大利的殖民地法。北区之前案件的上诉系统由英国东非上诉法院受理，南区之前的上诉系统按照意大利的制度设计。

由于北区经济社会发展水平、资源状况、人口数量等方面处于劣势，合并后南区自然处于主导地位，首都和国民议会都设在南区的摩加迪沙，哈尔格萨由小国家首都降格成为一个国家的地方首府，引发北方人的不满。北方人常常称南方人为“黑意大利人”。[③]在索

① August Odone,“Somalia’s Economy: Prospects and Problems” , *Civilizations*, Vol. 11, No. 4, 1961, p. 444.

② Elias P. Hoffmann, *Somalia: Economic, Political and Social Issues*, New York: Nova Science Publishers, Inc., 2010, p.44.

③ George G. Dawson, “Education in Somalia”, *Comparative Education Review*, Vol. 8, No. 2, 1964, p. 200.

马里独立前，英属索马里由于其自身经济社会发展水平落后，急于与意大利索马里托管地合并，在合并过程中做出重大让步。独立后，北方人对于南区主导的政府经常表现出不满。北方人认为在合并过程中牺牲过多，在合并后又受到不公正待遇，于是抵制1961年6月20日临时宪法的公民投票，参与的约有10万人。1961年12月，北区军官发生了反政府政变，但很快遭到镇压。[①]参加政变的军官都接受过英国军事教育，都是下层军官，思想激进。独立后，政府统一国家的军事力量，成立国民军，南区军官在其中处于领导地位。北区军官在哈桑·卡亚德（Hassan Kayd）的领导下，试图通过政变脱离共和国，实现北区独立建国。[②]

部落主义

索马里独立后，除了南北区差异外，还有面临其他方面的挑战。经济方面，英国和意大利长期的殖民统治造成索马里经济落后，产业结构不合理，整个国家的经济以农牧业为主，对原宗主国依赖大，交通和基础设施也很落后。政府在财政上很难自给，要靠国际社会的援助来维持日常的行政开支。

英意两国长期的殖民统治还造成索马里各部落和氏族之间的矛盾，加上索马里长期的部落传统，这给索马里的发展带来不少挑战。索马里共和国是民族成分较为单一的国家，全国97%以上的人是索马里人。其余为其他民族，包括索马里化的班图人和来自亚洲的移民群体。班图人散居在谢贝利河和朱巴河沿岸的村落，主要从事农耕。亚洲移民群体主要有阿拉伯人、印度人、伊朗人和巴基斯坦人。历史上，他们在索马里的经济和政治生活中享有重要地位。[③]

索马里人分为萨玛勒系和萨卜系两大族系，主要有六大部落，

---

① I. M. Lewis, *Understanding Somalia and Somaliland: Culture, History, Society*, p. 35.

② Iqbal D Jhazbhay, *Somaliland: An African Struggle for Nationhood and International Recognition*, Midrand: Acumen Publishing Solutions, 2009, p. 32.

③ 〔英〕约安·刘易斯：《索马里人》，黄承球译，《世界民族》1997年第2期，第68页。

分别是达鲁德、哈维耶、伊萨克、迪尔、迪吉尔和拉汉文部落，每个部落按照关系的远近，又可以分为若干个氏族。六大部落中，迪尔部落、伊萨克部落、哈维耶部落和达鲁德部落属于萨玛勒系，大部分是游牧民。迪吉尔部落和拉汉文部落属于萨卜系，过着农牧结合的生活。每个部落下面又划分为若干氏族，氏族下面又分为若干家族。达鲁德部落是索马里人数最多、分布最广泛的部落之一，主要分布在国家的东北部、中部和南部。哈维耶部落主要分布在中部和东部沿海地区。伊萨克部落主要分布在西北部，以哈尔格萨为中心。迪尔部落主要分布在西北部的泽拉、锡利勒等地。迪吉尔部落主要分布在谢贝利河和朱巴河下游地带。拉汉文部落主要分布在索马里西南部。

索马里历史上长期的部落社会传统和复杂的部落矛盾使索马里社会形成了狭隘的部落主义。殖民统治时期，殖民者的统治策略又使这些矛盾复杂化，严重影响独立后索马里的民族团结和国家发展。

独立前，殖民者利用索马里部落的排他性，推行分而治之的策略，以期维护和延长自己的殖民统治。1908 年，迪尔部落所属的比玛尔氏族奋起反抗意大利的殖民统治，殖民当局拉拢另一个与比玛尔氏族对立的氏族，建立了一支警察部队，协助意大利殖民军作战。第一次世界大战前后，英国殖民当局也曾利用部落矛盾镇压索马里民族英雄哈桑领导的武装斗争。英、意殖民当局都利用部落制度进行统治。他们起用部落长老做“地方官”或州、县驻节长官的代理人，并向忠诚的部落头人颁发勋章和奖金，授予各种荣誉称号。在意属索马里的“领地议会”和英属索马里的“立法议会”中，殖民当局任命的或总督指定的议员，几乎全是部落长老。殖民当局还授予一些部落长老司法权。经济领域，殖民者同部落直接订立合同，通过部落长老取得土地和大部分劳动力。[①]殖民者允许各部落甚至一些大

① 江淳：《索马里部族初探》，《世界知识》1981 年第 15 期，第 15 页。

的氏族组建政党，有的利用部落名称命名政党，如伊萨克部落协会、迪吉尔党和哈维耶青年联盟等，利用部落相互制衡。1953 年，意大利托管的索马里地区有 15 个政党，它们多有部落背景。意大利当局将部落主义运用到统治和管理中，强化部落认同在索马里人身份认同中的作用。①

部落主义是困扰索马里政治发展的重要问题。独立前，索马里民族主义者已经意识到部落主义的危害。20 世纪 40 到 50 年代，索马里先后出现一些跨部落的全国性政党组织，如前文所述的索马里青年联盟、独立立宪党等。一些民族独立运动领导人深感部落主义的种种弊端。1956 年，意大利索马里托管地成立自治政府时就提出反对部落主义、削减部落长老法定权力和宗教法官刑事权力。②自治政府议会通过法律，禁止使用部落名称来命名政党。③英国的殖民统治也在不自觉地对部落主义起到削弱作用。1941 年，英国击败意大利，控制了整个索马里。为了消除前意大利统治的印记，英国在索马里进行政治改革，严格执行法律，用法律控制氏族部落之间的冲突。这些改革客观上促进了新的政治团体包括跨部落政党的形成。④

但是，部落主义的威胁不能忽视。前殖民时期，索马里就长期处于游牧社会，部落氏族观念根深蒂固。加上殖民时期殖民者的操控和利用，部落主义认同对独立后的索马里政府打造统一的国家认同和民族认同带来很大困难。

大索马里主义

大索马里主义对于新生的索马里共和国来说也是一大挑战。大

① Donatella Strangio, *The Reasons for Underdevelopment: The Case of Decolonization in Somaliland*, Heidelberg: Physica-Verlag, 2012, p. viii.

② 江淳：《索马里部族初探》，《世界知识》1981 年第 15 期，第 15 页。

③ I. M. 刘易斯：《索马里史》，赵俊译，东方出版中心 2012 年版，第 143—144 页。

④ I. M. Lewis, “The New East African Republic of Somalia”, *The World Today*, Vol. 16, No. 7, July 1960, p. 289.

索马里主义的目标是实现东非之角所有索马里人居住区的统一。

大索马里主义属于跨界民族主义。跨界民族主义是“二战”后世界性民族主义浪潮背景下衍生出的一种民族统一主义。它表现为在相邻两个或多个国家间跨界而居、具有同一民族认同的群体在强调本民族利益与特性的基础上，追求与现有国家分离、超越现有国界并实现民族重整与再划界的过程。①

大索马里主义的形成有其历史和现实动因。历史上，生活在非洲之角各地的索马里人已经建立起较为松散的联系，他们以游牧为主，拥有共同的生产和生活方式。在宗教信仰上，索马里人接受了伊斯兰教，伊斯兰信仰在整合索马里各部落氏族和形成统一文化认同方面发挥了重要作用。此外，索马里人拥有共同的口头语言和诗歌文化。19 世纪末欧洲殖民者对非洲之角的政治瓜分及埃塞俄比亚帝国的扩张，激起了索马里人的反抗意识，强化了索马里人的族群认同感，这成为泛索马里主义形成的外部因素。索马里人反殖民主义的斗争强化了各氏族间的相互认同与归属，成为大索马里主义形成的内部因素。“二战”后英国对索马里人的政治整合计划及其失败，最终促成了大索马里主义的产生。②

20 世纪初，索马里民族英雄哈桑发起伊斯兰民族主义运动，试图利用伊斯兰教实现索马里的统一③，但最终归于失败。大索马里主义的发展与英国 40 年代在索马里的政策有很大关系，当时的英国政府企图建立一个包括所有索马里人居住区的殖民属地，但是在法国和埃塞俄比亚等国的反对下失败，这无疑激发了索马里人的民族主义热情。索马里青年联盟抵制和抗议联合国让意大利托管前意属索马里，要求所有索马里人的居住区合并。④埃及试图通过支持索马里

① 王涛、赵跃晨：《泛索马里主义的历史渊源与流变——兼论泛索马里主义与恐怖主义的关系》，《世界民族》2018 年第 4 期，第 40 页。

② 同上书，第 42—43 页。

③ I. M. Lewis, “Modern Political Movements in Somaliland Ⅱ”, *Journal of the International African Institute*, Vol. 18, No. 1, 1956, p. 344.

④ Ibid., p. 289.

推进大索马里主义来实现其在非洲开展泛伊斯兰主义政策的目标。埃及的主要措施是向索马里学生提供奖学金、向索马里派遣教师和通过大索马里联盟干预索马里的国内政治。[①]索马里独立后，竭力追求索马里人居住区的统一，实现所有索马里人的联合。诗歌是索马里表达民族统一和倾诉民族主义情感的重要方式。政府通过开罗广播电台向世界散布索马里自由之歌，诗歌也成为索马里表达统一的重要媒介。由于渴望实现索马里的统一，索马里诗歌常常“带有深切痛惜索马里民族遭到‘割裂’和‘肢解’的情绪”[②]。比如一首诗歌内容为：

> 我的面容在燃烧，我不会快乐，直到我看到五个地区在一面国旗之下，直到我看到兄弟们誓言从生到死。
>
> 我将不会高兴，直到我们的枪矛沾湿，我们尽到职责。我将不会好受，直到我们去为统一索马里而战斗，直到领导人给我们他决断的消息。
>
> ……[③]

独立后，索马里政府继承了独立前索马里民族主义者的大索马里主义思想。大索马里主义成为索马里国内占主导地位的民族主义思潮，对外推行大索马里主义是索马里政府合法性的重要来源。但大索马里主义的实践将会改变现有非洲国家之间的边界，容易引发其他非洲国家害怕的连锁反应。因此，独立之初的索马里与邻国出现冲突的风险很大，并且容易造成本国在非洲的孤立。

---

① I. M. Lewis, “Modern Political Movements in Somaliland Ⅱ”, *Journal of the International African Institute*, Vol. 18, No. 1, 1956, p. 296.

② 葛佶主编：《简明非洲百科全书（撒哈拉以南）》，中国社会科学出版社2000年版，第38—39页。

③ Colin Legum, “Somali Liberation Songs”, *The Journal of Modern African Studies*, Vol. 1, No. 4, 1963, p. 505.

二、索马里共和国的政治发展

南北区一体化

舍马克总理上台后，采取一系列措施，整合南区和北区，以实现南北区一体化。首先，重新进行行政区划。独立后，索马里全国实行统一的行政区划制度。政府打破原来殖民统治遗留的政治区划格局，将前意大利托管地和英属索马里分别改为南区和北区，在区的基础上，将全国划分为 8 个州：下朱巴州、上朱巴州、贝纳迪尔州、希兰州、木杜格州、米朱提尼亚州（Mijerteinia）、东北州、西北州，各州由州长管理。其中前英属索马里被分为两个州——即东北州和西北州，哈尔格萨和布劳分别成为它们的省会，前意属索马里被分为 6 个州。[①] 州的下一级行政单位是区，各州共辖 48 个区。区下辖镇和村。索马里政府还打破南北界线，实现南北地区办公一体化，统一南区和北区公务员工资标准。

其次，推行文字改革。历史上索马里语没有文字，借用阿拉伯文进行书写。20 世纪 20 年代，索马里现代民族主义者开始进行索马里语改革运动。1920 年前后，索马里人伊斯曼·优素福·克纳迪德发明奥斯曼尼亚文，试图以此成为索马里语的拼写文字。但由于种种原因，这一努力并没有取得成功。索马里独立时，索马里语仍然是一种口头语言。国民书面使用意大利语、英语和阿拉伯语交流。

独立后，索马里政府成立索马里语言委员会，负责研究和制订索马里语的最佳书写方案。文字改革也是为了满足南北区整合的需要。索马里政府想通过创立索马里语拼写文字，消除南北区在教育和行政语言上的差异。委员会先后考虑了包括阿拉伯文、拉丁文等

---

① 〔苏联〕伊·谢·谢尔盖耶娃：《索马里地理》，南京大学地理系非洲地理组译，江苏人民出版社 1977 年版，第 11 页。

九种文字的字母拼写方案。委员会以索马里诗坛著名权威缪斯·加拉勒（Muse Jalal）先生为主席，他建议用罗马拼音文字。[①] 在 1962 年发布的报告中，委员会倾向于使用拉丁文字母，认为该字母最适合索马里语的结构和发音，有利于索马里青年到国外接受高等教育，便于索马里采用现代印刷设备。但是，由于一些宗教界人士和泛阿拉伯主义者的强烈反对，政府未能实施拉丁文字母方案。直到民主共和国时期，西亚德继续推动文字改革，采用拉丁字母拼写索马里语，才结束了索马里语无文字的历史。

再次，提升南北区的交通状况。1961 年底的政变使索马里政府意识到南北区之间交通和通讯状况落后给国家安全带来的挑战。政府开始进行交通建设，改善南北的交通联系，将哈尔格萨的机场改造成现代化机场。

最后，进行法律和财政制度改革。索马里政府颁布新的公务员法，统一各地公务员的薪金和工作条件。统一财政会计制度，主要效仿北区英国式的财政会计制度和政府采购制度。在全国采取统一的税率和关税制度，统一全国的选举制度，将南区男女都享有选举权的制度推广到只有男子享有选举权的北区。统一管理市议会和农村区议会的条例，制定统一的法典。但改革并没有实现财政制度的完全统一。索马里没有建立起统一的国家银行，以实现对预算体系的统一。1962 年，国民议会通过《司法组织法》。该法律吸收了索马里习惯法、伊斯兰教法和英意统治时期的相关法律条文。法律的颁布并没有能够解决南北区民事诉讼的整合问题。意大利法制和英国法制的不同遗产使整合面临不少困难。伊斯兰教法在处理家庭纠纷、婚姻和遗产继承等事务仍然发挥重要作用。习惯法被用于解决部落、氏族内部因土地、水源和牧场的所有权和使用权等问题引起的纠纷。伊斯兰教法和习惯法在国家法律难以到达的农村和牧区仍起主要作用。

经过三年的整合，尽管出现不少矛盾和利益冲突，但南北区一

① 〔英〕I. M. 刘易斯：《索马里近代史：从民族到国家》，钟槐译，商务印书馆 1973 年版，第 323 页。

体化工作大体完成。南北区在很多法律制度上实现了统一化，南北区的交通和通讯状况得改善。当然，依然存在不少问题。南北区的语言问题并没有得到很好的解决，政府没有建立起统一的财政制度。南北区一体化的同时，索马里开始议会民主制实践，但受到部落主义的不利影响。

部落主义的发展

独立后，索马里的一些先进人士和政治家意识到部落主义的危害。为了削弱人民思想中的部落主义观念，索马里国民议会做出决议，不许用部落和氏族的名称命名政党。政府还设立一个专门的机构，来负责调查和研究如何使传统的部落关系适应现代国家的政治需要。

部落主义和部落观念既是影响索马里民族团结的重要因素，也是导致国家政局不稳甚至分裂的重要政治和思想根源。“索马里人仍保留部落观念或部落主义，就思想意识而言，指的主要是部落制的排他性。”[①]地方行政部门很大程度上仍依赖部落、氏族首领来进行治理。部落和氏族首领一般由所属的部落会议、氏族会议选举产生。一些世袭的首领在继承时必须经所属的部落或氏族会议同意。部落、氏族首领在部落、氏族内享有很大的权力，有权处理本部落和氏族内部的事务，有权分配土地。部落、氏族首领一般都是牧业主或地主，有的还兼任宗教首领或政党首领，对政府各部门有很大影响。

索马里人对于自己氏族和部落的忠诚使部落和氏族成为各党派进行政治动员的重要工具。独立后索马里各政党大都是全国性的或地方性的跨部落政党，前者主要有索马里青年联盟，后者主要有索马里民族联盟和索马里独立立宪党。索马里青年联盟在共和国时期一直主导着政治，造成以单个部落为基础的政党在政治参与中被边缘化。但是，由于索马里社会根深蒂固的部落传统，部落或氏族在政治生活中仍然发挥很重要的作用。索马里的政党像索马里民主联

① 顾章义、付吉军、周海泓编著：《列国志·索马里　吉布提》，社会科学文献出版社2006年版，第74页。

盟、索马里国民大会党和索马里工人革命社会主义党等代表一个或数个部落，以部落主义作为指导思想，只强调本地区和部落的眼前利益，不利于索马里的民族团结。索马里青年联盟尽管是跨部落政党，但主要得到达鲁德部落和哈威耶部落的支持，北区最大政党索马里民族联盟的成员大部分来自伊萨克部落，索马里独立立宪党主要代表拉汉文部落和迪吉尔部落的利益。

为争取各方支持，稳定政局，避免引起部落之间的矛盾和对立，政府在人事安排方面必须要照顾部落间利益格局的平衡，政府主要领导人要由各大部落的代表人物分别担任。独立后第一任和第二任总统欧斯曼是哈维耶人，第一任总理舍马克和第二任总理侯赛因属达鲁德部落，第一任和第二任议长加里卜和阿卜西来自伊萨克部落。部落首领的头衔虽然改为地方官员，但是其权力仍然和以前一样，没有发生大的变化。①

表 1　共和国时期索马里历届政府主要领导人所属部落情况表

	1960 年	1966 年	1967 年	1969 年
达鲁德	6	6	6	6
哈维耶	4	3	4	5
迪吉尔和拉汉文	2	3	3	2
迪尔	0	1	1	0
伊萨克	2	3	4	5
总计	14	16	18	18

资料来源：〔英〕I. M. 刘易斯：《索马里史》，赵俊译，第 143—144 页。

索马里政府在权力划分中平衡各部落利益的做法并不能消除各部落之间的分歧和猜忌。部落矛盾不利于索马里的民族团结，并对索马里共和国的政治稳定造成不利的影响。共和国后期，随着各派政治斗争的加剧，利用部落或氏族关系来达到政治目的的做法变

① 江淳：《索马里部族初探》，《世界知识》1981 年第 15 期，第 15 页。

得更加普遍。1969年3月的市政与议会选举中，参选的68个党派团体中只有索马里青年联盟在全国各选区都推荐有候选人，多数党派以部落出身来推荐候选人。

议会民主制的实践

索马里共和国由英属索马里和意属索马里合并而成，意属索马里在政治、经济等各个方面居于主导地位。在政治体制上，索马里共和国基本上继承了意大利托管时期在索马里建立的政治体制，并在独立建国上受到意大利政治体制的影响，最终建立起意大利式的议会民主制。总统是国家元首，总理由总统任命，对议会负责，实行多党制。

共和国政府成立后，通过颁布宪法和政治机构建设，为国家的政治发展提供了基本的法律和制度保障。1961年6月20日，索马里政府就宪法进行公民投票，《宪法》以压倒多数通过。根据《宪法》，索马里共和国是一个民主的和实行代议制的统一国家。国民议会行使一切立法权，是索马里的国家最高立法机构。议会由民选议员和当然议员组成。民选议员由选民按照无记名投票方式选举产生，担任过共和国总统的人都是终身的当然议员，[①] 年满25岁的公民享有选举权。总统是国家元首，担任武装力量总司令，代表民族的统一，由国民议会通过不记名投票选举产生，任期为六年。总统有权任命和罢免总理和各部部长，并有权解散国民议会。行政权属于政府，政府由总理和部长组成。总理由总统提名，部长由总理提名，由总统依照总理的建议予以任免。但总理和部长均应是现任国民议会议员，并需由国民议会多数投票通过。

伊斯兰教对索马里的政治生活产生重要影响。宪法规定伊斯兰教是索马里的国教，伊斯兰教的教义是国家法律的渊源，伊斯兰教

① 潘汉典：《潘汉典法学文集》，第366—367页。

事务由伊斯兰教事务部和司法部统管。[①]《索马里共和国宪法》序言写道："在慈悲仁爱的真主面前，索马里人民认识到在联合国宪章中庄严尊崇的神圣的人民自决权……"伊斯兰教的影响在总统和总理宣誓就职的言词中也得到体现，总统的《宣誓词》是："我在真主面前宣誓，定必忠实履行共和国总统所负有的一切职责，并且为了国家和民族的幸福，竭尽全力捍卫宪法。"总理的《宣誓词》是："我在真主面前宣誓，必定为了人民的幸福忠实履行我的职责，并且尊重宪法和法律。"[②]

各党派在议会民主制框架下进行政治实践，索马里青年联盟在政治中一直处于主导地位。但是索马里的多党民主实践并不成熟，各党派权力斗争激烈，部落政治色彩浓厚，大多数索马里政党都有明显的部落和氏族背景，他们倾向于考虑本部落或氏族的利益，且只被少数精英人士主导。政治腐败问题逐渐凸显，加上政府对外推进大索马里主义政策受挫，国内的政治斗争更加尖锐。

独立后，索马里的政党数量大增，1969 年，全国政党数量达到 68 个，主要有索马里青年联盟、索马里民族联盟、索马里统一党。索马里青年联盟是索马里多个政治派别为争取民族独立而建立的跨部落全国性政党，具有广泛的代表性。索马里青年联盟自 1943 年成立以来就致力于争取索马里的民族和国家解放，在全国广泛的代表性和合法性使其自然而然成为新独立国家的执政党。该党组织内阁时，注重团结各个党派，吸收其他党派参加。但是，该党内部也存在很多分歧，这种分歧在索马里独立以前就存在。当时索马里青年联盟内部因为对待意大利托管当局的态度和对泛索马里主义看法的不同而分为两派，一派以阿卜杜拉希·伊萨（Abdillahi Issa）为代表，他担任索马里政府总理，主张和意大利当局进行合作；另一派积极鼓吹大索马里统一，反对伊萨与意大利当局合作的温和政策，

---

① 〔苏联〕E. 舍尔：《索马里与埃塞俄比亚的伊斯兰教》，张铁山译，《今日亚非》1988 年第 1 期，第 64 页。

② 潘汉典：《潘汉典法学文集》，第 359、370、172 页。

认为他没有显示索马里人的独立性，不重视推进泛索马里主义工作。在索马里文字改革方面，青年联盟中大部分成员支持用奥斯曼尼亚文拼写索马里语，但也有部分成员主张用罗马拼音文字拼写索马里语。在独立后的执政实践中，这种分歧依然存在，削弱了其政治力量。

索马里民族联盟主要代表北方伊萨克部落的利益，该党对于独立后自身地位的下降一直表示不满。索马里统一党代表西部迪尔部落和东部达鲁德部落的利益，对抗伊萨克部落的政治势力。①

独立后的索马里国民议会席位共123席，分配给北方33席，南方90席。②1964年3月，索马里举行独立后的第一次议会选举，全国21个政党的973名候选人参加竞选。③最终索马里青年联盟获得56%的选票，在123个议会席位中赢得69席，继续组阁。国民大会党获得21%的选票，索马里民主联盟获得12%的选票，独立立宪党获得7%的选票。之后又有其他当选的议员加入索马里青年联盟，使得青年联盟占有的议席达到92个。④

尽管索马里青年联盟以绝对优势赢得了议会大选，但大选后该党内部公开出现分裂。因政治出身和阶级立场的不同，青年联盟分成两派，一派代表部落上层和原宗主国资本家的利益，以欧斯曼和侯赛因为首；另一派代表民族资产阶级的利益，主要人物是舍马克和埃加勒。内部的分裂削弱了该党的力量。舍马克在索马里青年联盟中影响力大，得到青年联盟成员的普遍支持，但是欧斯曼总统没有提名舍马克继续担任总理，而是提名青年联盟内部另一领导成员侯赛因担任总理，导致青年联盟内部矛盾激化。舍马克在党内的地位和影响力使他不甘心在党内被边缘化，其所在的派别开始集聚力

---

① I. M. Lewis, “The Politics of the 1969 Somali Coup”, *The Journal of Modern African Studies*, Vol. 10, No. 3, 1972, p. 392.

② Ibid., p. 393.

③ Raphael Cjijioke Njoku, *The History of Somalia*, London: Greenwood Press, 2013, p. 110.

④ Peter Haldén, “Somalia: Failed State or Nascent States-System”, Swedish Defence Research Agency, Defence Analysis, Nov. 2008, p. 23, http//:www.foi.se.

量，争取在总统选举中获胜。1967年6月10日，索马里举行总统选举，索马里青年联盟的一派支持欧斯曼参选，另一派支持舍马克参选，结果是舍马克获胜，并于7月提名来自自己所在的伊萨克部落的伊布拉辛·埃加勒为总理。埃加勒充分照顾各大部落的利益，将政府部长的位置由13人增加到15人，使每个大的部落在中央政府部门都有自己的代表。

索马里的议会民主政治实践潜藏着巨大的危机。在很多西方人士看来，索马里的议会民主是非洲民主政治的典范。1968年1月访问索马里的美国副总统汉弗莱认为，索马里民主政治实践得很好，索马里可能是非洲最民主的国家。但实际上，索马里的民主存在极多问题。当时的索马里议员和行政官员大多人浮于事，腐化堕落，利用在议会和政府部门任职为亲族谋取利益。他们平时对待工作敷衍了事，缺少为国民服务的意识，还经常出没于摩加迪沙等城市的酒吧、咖啡厅等娱乐消费场所。在政府财政紧张的情况下，他们还大肆挥霍。摩加迪沙等地的服务业因为他们的消费出现了令人惊奇的繁荣景象。

1969年3月的索马里大选是独立以来规模最大的一次议会选举，来自68个政党的1000名候选人竞选124个席位。[①] 结果索马里青年联盟再次以压倒性优势获胜，得到73个席位，索马里民族联盟获得11个席位，独立立宪党获得3个席位。此次选举引发了索马里的政治危机，123名前议员中有77人落选，选举中出现严重的贿赂违规行为，因此大选结果引起选举失势各派的不满。反对派指责政府在大选中有欺诈行为，激烈抨击政府中存在的腐败和裙带关系。索马里青年联盟内部也出现分化，国民议会成为争权逐利之地，统治者与民众分化严重，国家陷入贫困、不安全和无效率的泥潭。[②]

1969年10月15日，舍马克总统在视察北部拉斯阿诺德地区的旱情时被身边的警卫枪杀身亡。舍马克遇刺事件的原因至今仍然没

① Raphael Cjijioke Njoku, *The History of Somalia*, p. 110.

② 〔英〕I. M. 刘易斯：《索马里史》，赵俊译，第188—189页。

有弄清，但是有学者认为，可能是由于警卫所在的集团认为1969年的选举不公正。[①]正在国外进行访问的埃加勒总理匆忙回国，提议由来自达鲁德部落的领导人担任总统。当月20日深夜，索马里青年联盟举行内部会议，推举联盟成员哈吉·穆塞·博克作为总统候选人。鉴于青年联盟在政治上的绝对强势地位，博克将成为新总统，埃加勒继续任总理。索马里政治生活中的乱象引起社会各界尤其是军官阶层的严重不满。1969年10月21日，这些军官在警察的支持下发动政变，推翻了埃加勒政府，索马里进入民主共和国时期。

三、索马里共和国的对外交往

索马里共和国的对外政策

索马里独立后，共和国政府奉行各国平等、尊重各国领土主权完整以及互不干涉内政的外交政策。新政府的对内政策是建设和统一，对外政策是不结盟，主张加强同非洲和伊斯兰国家的关系，支持整个非洲的独立和解放。但是，在具体的外交实践中，长期的殖民统治历史使得索马里自然而然地与前宗主国保持着密切联系。

从第二次世界大战后期到战后，全球冷战格局逐渐形成，亚非拉国家民族民主运动高涨，西方国家殖民统治体系瓦解，美国和苏联两个超级大国也在新获得独立的第三世界国家展开激烈争夺，索马里因为其重要的战略位置，成为美苏两国在非洲争夺的重点对象。索马里与美苏两国都进行外交往来，以实现本国的国家利益。索马里与阿拉伯国家存在长期的文化、宗教和经济联系，独立后的索马里积极发展与阿拉伯国家之间的关系。共和国时期，索马里政府进行全方位外交，保证自身外交政策的独立性，注重外交政策的均衡性，防止过度依赖于某个国家，在多边外交中最大程度地争取外援和实

① Raphael Cjijioke Njoku, *The History of Somalia*, p.110.

现本国利益。

历史上西方殖民列强和索马里的邻国埃塞俄比亚对索马里的长期瓜分和争夺，造成索马里地区被分成五个部分，索马里民族主义者追求所有索马里人居住区的统一。独立前，索马里民族主义者就开始为建立大索马里国家为奋斗，独立后索马里共和国将实现大索马里的统一写入宪法，坚持大索马里主义政策，使得索马里与邻国埃塞俄比亚、英属肯尼亚（后来的肯尼亚共和国）和法属索马里（后来的吉布提共和国）之间矛盾激化。索马里与邻国的冲突从本质上来说是在非洲民族国家独立和发展过程中，非洲国家民族主义与泛非主义之间的冲突，它导致索马里在与非洲国家开展交往时处于孤立的地位。

与前宗主国的关系

英国作为索马里北部地区的前宗主国，与索马里有着独特的关系。索马里领导人的西方教育背景，造成索马里共和国政府的亲西方立场。英国对索马里的独立和发展影响很大。历史上，英国长期统治现在的索马里北区。第二次世界大战期间，英国占领了所有索马里人居住的地区。索马里独立后，英国对索马里的经济援助和两国贸易使双方联系密切，索马里政府的大索马里主义政策又使双方关系恶化。

第二次世界大战中，英国占领非洲之角大部分地区。“二战”后初期图谋控制整个意属东非，在其失败后，英国开始支持索马里统一运动，争取本国在非洲之角的话语权和影响力。1946 年，英国外交大臣贝文提议统一所有索马里人居住的土地。[①]这个所谓的“贝文计划”主张建立大索马里，将索马里人居住的英国、意大利和法国的索马里属地、欧加登和英属肯尼亚的一部分联合起来，置于英

---

① I. M. Lewis, “The New East African Republic of Somalia”, *The World Today*, Vol. 16, No. 7, 1960, p.289.

国托管之下。[①]但该计划遭到埃塞俄比亚和法国的反对。英国试图通过将厄立特里亚交给埃塞俄比亚，并将索马里的泽拉港和英属索马里的一部分让给埃塞俄比亚，来安抚埃塞俄比亚。英国可以无视法国，但是难以应对防止英国在非洲之角做大的美国和苏联的压力。因此，贝文计划最终破产。

英国对索马里人居住地的统一管理使作为索马里民族主义主要部分的大索马里主义在索马里知识分子精英中开始生根发芽。[②]索马里独立前，英国通过财政补助、贸易和金融等手段控制英属索马里的经济。由于索马里共和国领导人中很多接受过英国教育，独立后的索马里政府起初对英国持亲近态度。索马里独立后，英国取得飞机飞越索马里北区的过境权，也获得了在柏培拉港口设立电台的权利，并答应每年给予索马里 150 万英镑的财政补助。英国的援助把哈尔格萨的机场改建成为现代化机场。英国在摩加迪沙设有新闻中心，出版新闻公报。英国还帮助索马里训练警察。此外，英国对索马里的行政制度和教育制度等方面仍然具有很大影响。但是，在对待英属肯尼亚索马里人居住区归属问题上，双方存在明显分歧，致使双方关系迅速恶化。

英属肯尼亚北部边区在历史上是索马里人居住区和索马里朱巴地区的一部分。英国殖民者在争夺东非时将朱巴地区一部分划入英属东非，一部分划入英属肯尼亚，使其成为英属肯尼亚北部边区。该地区超过一半的居民是索马里人。在英属肯尼亚中，北部地区长期被英肯当局边缘化，经济社会发展水平低下。索马里青年联盟成立后，对该地区索马里人的民族主义运动产生了一定的影响。英属肯尼亚当局立法禁止索马里青年联盟在该地开展活动，索马里人的民族主义活动受到压制。

索马里独立后，该地区索马里人重新开展民族主义运动，他们

---

① 潘光、张家哲主编：《各国历史寻踪》，上海辞书出版社 2001 年版，第 543 页。

② Ali A. Mazrui, *General History of Africa-Ⅷ, Africa since 1935*, Berkeley, Calif.: University of California Press, 1993, p. 152.

组成人民进步党，要求脱离肯尼亚，实行民族自决，并最终同索马里共和国合并。索马里共和国将实现所有索马里人居住区的统一作为外交政策的重要目标，在英属肯尼亚北部边区问题上，索马里政府首先通过和平手段向英国政府施压，寻求将英属肯尼亚北部边区并入共和国，同时对当地索马里人的民族主义运动给予支持。1961年11月，索马里国民议会通过一项决议，欢迎肯尼亚北部边区同索马里共和国合并，政府发起支持肯尼亚索马里人的宣传活动。法国和埃塞俄比亚反对索马里的大索马里主义政策，两国政府给英国施压，要求英国政府不能让肯尼亚北部边区和索马里合并。

1962年，肯尼亚制宪会议在伦敦召开，肯尼亚的索马里人代表团成员再次表达寻求自治并和索马里共和国合并的要求。索马里政府支持肯尼亚索马里人的要求，舍马克总理发表演讲，谴责埃塞俄比亚和法国，并警告英国，要求尊重肯尼亚索马里人的民族权利。同年8月，索马里共和国新闻部部长希拉维（Shirawi）在谈到索马里政府对埃塞俄比亚和肯尼亚境内索马里居民的政策时说："我们有帮助我们的人民重新统一的宪法义务，我们不应逃避这种义务。"[①] 索马里各地群众举行游行示威活动，声援肯尼亚索马里人，也给本国政府施加压力。国民议会部分议员提出对政府不信任的议案，批评政府缺乏推行泛索马里主义的勇气。[②] 舍马克在压力下坚持采用和平的外交行动，继续通过外交途径对英国施加压力。

英国殖民大臣莫德林任命北部边区调查委员会对该地区进行民意调查，以决定该地区的政治前途。调查委员会由一名尼日利亚法官和一名加拿大将军组成。在埃塞俄比亚、乌干达和肯尼亚当局的压力下，英国政府开始拖延调查工作。委员会的最终调查结果是，北部边区的索马里人（委员会估计占全区人口的60%）几乎一致同

① 葛佶主编：《简明非洲百科全书（撒哈拉以南）》，第244页。

② 〔英〕I. M. 刘易斯：《索马里近代史：从民族到国家》，钟槐译，第351—356页。

意脱离肯尼亚，最后加入索马里共和国。[①]但英国背信弃义，牺牲了肯尼亚索马里人的利益。

1963年3月，英国决定把肯尼亚境内索马里人居住的东北部地区划为肯尼亚的第7个省，索马里因此断绝与英国的外交关系。不久后，索马里又宣布废除两国签署的航空协定，禁止英国军用飞机飞越索马里领空，并拒绝接受英国的财政援助。此后，索马里与英国除保持正常的贸易关系外，政治关系一直比较冷淡。直到1967年舍马克担任总统时，双方关系才得到一定程度上的改善，这一时期的索马里政府采取务实外交政策，和英国的关系得到恢复。

历史上，意大利是索马里南区宗主国。长期的殖民和托管历史使独立后的索马里不可避免地要与意大利继续保持联系，加上前意大利托管地（南区）在索马里共和国的主导地位，意大利继续在政治、经济和军事援助方面对索马里产生影响。

独立前，意大利在索马里有重要的经济利益，意大利在索马里谢贝利河和朱巴河流域的肥沃地带建有263个种植园，主要种植香蕉、甘蔗等经济作物。意大利垄断索马里的工业、商业，控制货币发行权。索马里独立后，意大利与索马里签订相关经济发展援助协定，包括两项条约和六项协定，两项条约是《友好条约》和《领事条约》。《六项协定》是《贸易支付与技术合作协定》《航空服务协定》《货币协定》《香蕉利益一般规定协定》《技术合作协定》和《文化协定》。通过这些条约和协定，意大利继续保持对索马里政治、经济和文化等方面的重要影响。意大利向索马里派遣顾问参与各级政府部门的工作，向索马里提供巨额财政补助，提供技术援助和军事援助，帮助索马里训练国民军军官和警察。

意大利是索马里的重要援助国和贸易伙伴之一。根据1960年的意大利和索马里文化协定，意大利继续帮助索马里建立各级学校，给到意大利学习的索马里留学生提供奖学金，鼓励索马里人到意大

① Mary Harper, *Getting Somalia Wrong? Faith, War, and Hope in a Shattered State*, London: Zed Books, 2012, p. 52.

利接受高等教育。1965 年，仍有 3000 名意大利人居住在索马里。意大利人掌握着索马里的经济命脉。整个 60 年代，意大利对索马里的经济援助在索马里接受外来经济援助总额中占 1/4。意大利给予索马里的各项援助总额达 230 亿里拉。[①]索马里的许多产品主要出口意大利。在意大利的帮助和支持下，索马里与当时的欧共体建立了联系，并得到欧共体的经济和技术支持，享有向欧共体市场出口产品的优惠待遇。

与主要大国的关系

第二次世界大战前，美国很少干涉非洲事务。“二战”的爆发给美国进入非洲提供了一个天赐良机。通过盟军在北非的登陆作战行动，美国军事力量开始进入非洲。随着战争的推进和胜利，美国逐步确立其超级大国地位，并和另一个超级大国苏联在全球展开争夺。非洲成为双方争夺的重要对象。索马里地处东非之角，扼守亚丁湾，是通往全球战略通道苏伊士运河必经之地，自然成为美苏争夺的重点对象。“二战”结束以后，索马里开始追求国家独立。在处理意属索马里的问题上，美国、苏联、英国和法国存在明显分歧。1949 年，美国操控联合国通过由意大利对原意属索马里进行托管的决议。[②]索马里独立前，美国就开始对索马里进行经济渗透，在意属索马里进行资源勘探、经济援助和兴办教会学校等工作。1954 年，美国强迫意大利和它签订《索马里经济发展技术援助协定》，从意大利手中获得很多特权，如石油开采权和许可美国建立教会学校等。美国有 5 家石油公司在大索马里地区开展石油勘探活动。除了追求石油利益之外，美国还计划建立军事基地。到 1959 年，已经有 2000 名美国人在索马里活动。[③]

---

① Donatella Strangio, *The Reasons for Underdevelopment: The Case of Decolonization in Somaliland*, p. 102.

② Benjamin Rivlin, “The Italian Colonies and the General Assembly”, *International Organization*, Vol. 3, No. 3, 1949, p. 461.

③ 申立：《索马里民主共和国》，《世界知识》1960 年第 14 期，第 21 页。

索马里独立前后，美国将抵制苏联等社会主义国家以及阿拉伯联合共和国在索马里的影响作为其对索政策的重要目标。美国国家安全委员会建议美国政府鼓励意大利和英国继续为索马里的自由和稳定负责，对索马里政府进行财政、军事和政治上的援助，保证索马里政府对西方亲近，支持联合国对索马里进行技术援助。而且，让美国政府鼓励索马里政府加入美国能够管制的自由世界的金融机构，建议美国政府劝告索马里领导人在推进大索马里主义时保持克制，使索马里政府意识到采取武力行动处理与埃塞俄比亚关系面临的风险。同时政府要鼓励联合国秘书长积极介入索马里事务，在索马里派遣一名联合国代表，调解和降低地区冲突。[①]

美国通过援助继续在索马里施加影响。1960 年，美国给索马里拨款 65 万美元，用于发展农业和渔业以及修建公路和港口。美国还通过国际组织对独立后的索马里给予援助。1961 年，国际合作总署[②]（International Cooperative Administration）计划在索马里实施一个教育援助项目，帮助索马里建造学校，培训在农村和边缘地区工作的教师。该项目投资 300 万美元，由国家合作总署和索马里政府共同分担。[③]

1961 年，美国在答应给予索马里 2500 吨粮食援助的同时，宣布在 1962 年向索马里提供 56 万美元的援助用于修建基斯马尤港。因为双方在港口的使用上意见不一，直到 1968 年项目才完成。1962 年，美国飞马石油公司同索马里政府签订一项协定，获得在索马里的希兰地区、穆杜格部分地区和南部共 5.6 万平方公里的地区勘探和开采石油的权利。根据索马里官方公布的数字，从索马里独立到

---

① National Security Council, *U. S. Policy toward the Horn of Africa and the Sudan*, NSC6028, Dec. (60), 1960, U. S. Relations with Ethiopia, Somalia, and the Sudan, V.14, *FRUS 1958-1960*, pp. 209–211.

② 国际合作总署是美国政府成立的一个国际组织，主要负责美国向较为贫穷的发展中国家提供的政府间低息长期贷款的联邦政府机构。1961 年根据对外援助法成立，是隶属于美国国会的一个半独立机构。

③ “ICA Helps Africa Ease Its Teacher Shortage”, *Chemical and Engineering News Archive*, Vol. 39, No. 6, 1961, p. 57.

1963年底，美国对索马里的经济援助为2620万美元。从1962年起，美国开始向索马里派遣“和平队”，[①]并在索马里设立新闻中心，出版新闻公报。除此之外，美国还向索马里留学生提供奖学金名额。1965年，索马里遭受严重的旱灾，美国对索马里进行援助，向摩加迪沙运送14吨医疗物资，并派遣17名医疗援助人员。[②]1966年2月，欧斯曼总统写信给美国总统约翰逊，呼吁越南战争各相关方尽快在越南达成停火协议。[③]1968年1月7日，美国副总统休伯特·霍拉蒂奥·汉弗莱（Hubert Horatio Humphrey）访问索马里，在摩加迪沙会见了索马里总统舍马克和总理埃加勒，传达了美国约翰逊总统的访美邀请，并签署若干项援助索马里的项目。汉弗莱建议美国政府加大对索马里的双边援助以抵制苏联在索马里的影响，通过促进索马里与埃塞俄比亚和肯尼亚的地区合作来缓解地区紧张关系。[④]

索美关系的发展受索马里与邻国冲突的影响。索马里与邻国埃塞俄比亚和肯尼亚存在领土争端，索马里希望美国提供武器装备援助，使本国的军力增强，以推进索马里统一事业。但是以美国为首的西方国家支持埃塞俄比亚和肯尼亚，美国与埃塞俄比亚是同盟关系。美国给埃塞俄比亚大量的军事援助，而给索马里的军事援助有限。1964年2月，索马里对美国向埃塞俄比亚提供军事援助表示不满，认为埃塞俄比亚会使用美国提供的武器对付索马里，要求美国改变这种政策。索马里政府的大索马里主义政策与美国在非洲之角政策

---

① 和平队是美国政府在冷战期间应对苏联挑战的重要举措之一。肯尼迪政府时期建立，初衷是要利用美国在经济，技术和文化上的整体优势，同苏联争夺广大的中间地带，并通过和平队向新兴的发展中国家输出美国文化及价值观念，将第三世界国家的发展纳入美国为首的西方阵营所期待的轨道。

② United States: Department of Defence, “Medical Assistance to Somalia” , Apr. 13, 1965, p. 12, U. S. Declassified Documents Online, http://tinyurl.galegroup.com/tinyurl/3X4Rb9.

③ United States: White House, “Letter from Somali President Aden Abdulla Osman to President Johnson Urging a Cease-Fire in Vietnam”, Feb. 27, 1966. U.S. Declassified Documents Online, http://tinyurl.galegroup.com/tinyurl/3X4UG8.

④ United States: White House, “Vice President Hubert Humphrey Reports on His Visit to 9 African Countries between 12/30/67 and 1/11/68”, Jan. 12, 1968. pp. 35–37, U. S Declassified Documents Online, http://tinyurl.galegroup.com/tinyurl/3X4SQ7.

的分歧限制了双边关系的发展。1969 年 11 月，西亚德上台后采取与苏联亲近的外交政策，同年 12 月，索马里政府宣布驱逐美国和平队，两国关系走下坡路。

第二次世界大战以前，苏联以及前身沙俄帝国在非洲的影响力有限。沙俄曾经利用与埃塞俄比亚共同的宗教信仰发展与埃塞的关系。“二战”后，苏联出于和美国全球冷战的需要，开始在非洲扩展自身的势力。索马里独立以前，苏联曾在处理意属索马里的问题上发挥作用，使英国的“贝文计划”破产。独立后，为了显示自身的中立立场和不结盟政策，索马里政府在持亲西方政策的同时，也积极发展与苏联和东欧社会主义国家之间的关系。苏联为了扩大自身在非洲之角的影响力，也注重发展与索马里共和国的关系。为争取索马里人五个聚居区的统一，索马里政府试图寻求美国的援助，但是美国拒绝索马里的要求，于是索马里转而寻求苏联的军事援助。

1961 年 5 月，舍马克总理访问苏联。为对抗美国对索马里的影响，苏联决定无条件向索马里提供为期 20 年的优惠贷款，与索马里签订经济技术合作协定和贸易协定。苏联同意给予索马里 4700 万新卢布的贷款，帮助索马里军队购买苏联的坦克、装甲运兵车和米格系列飞机等军事装备，使索马里军队现代化。索马里军队很快扩充到 1.4 万人。这一时期，美国和联邦德国主要向索马里的警察部队提供一些援助，苏联一直是索马里的主要军事援助国。1963 年 9 月，索马里军事代表团访问苏联。11 月，索马里宣布接受苏联提供的 1070 万英镑的军事援助，苏联将派遣 300 名军官到索马里帮助训练军事人员，并接受索马里军官赴苏联培训。苏联为索马里提供了先进的米格 -17、安 -24 和安 -2 飞机以及萨姆 -2 防空导弹，帮助索马里修建摩加迪沙、哈尔格萨、拜多阿和基斯马尤等空军基地。[①] 许多在苏联接受培训的索马里军官接受了马列主义的观点。这些人是后来索马里亲苏联外交政策和社会主义实践的支持者，参加 1969 年军事

① 段亚波：《欧加登战争纪事》，《国际展望》2002 年 9 月，第 66 页。

政变的军官很多都受到苏联社会主义理念的影响。苏联对索马里的出口也迅速增长。1963 年，苏联在索马里的进口贸易额中，已超过英美两国，仅次于意大利，居第二位。

此外，索马里还发展和联邦德国之间的外交关系。索马里独立后不久，就与联邦德国建立外交关系。德国除了向索马里提供经济援助之外，还向索马里的警察和安全部队提供技术支持，帮助训练大约 60 名索马里特种武装力量人员。德国还向索马里警察所属的航空部门派遣了一个技术小组，帮助维护索马里警察使用的飞机。

索马里的大索马里主义政策造成其与法国的紧张。法属索马里对法国有很大的战略价值，法国把索马里政府的大索马里主张看成是一种威胁，坚决抵制，反对法属索马里与索马里合并。索马里人是法属索马里的主要居民，占当地人口的一半以上，当地人口 35 万人中有 20 万是索马里人。[①] 索马里独立后，曾坚决要求收回法属索马里，并支持法属索马里人民要求独立并同索马里共和国合并的斗争。因此，大索马里主义成为索马里与法国关系难以跨越的障碍。

与阿拉伯国家的关系

独立后，索马里注重发展与阿拉伯国家的关系。索马里宣布伊斯兰教为国教，由伊斯兰教事务部和司法部管辖，《古兰经》和伊斯兰教法的教育成为中学的义务。宪法规定，一些法律都必须符合伊斯兰教的教规和精神，不允许进行反对伊斯兰教的宣传和活动。

发展与阿拉伯国家之间的关系为索马里带来了广泛的利益。阿拉伯国家在泛索马里问题上支持索马里。经济上，阿拉伯国家大力吸引索马里人到本国工作，为索马里人提供了很多就业岗位，给索马里带来大量外汇收入。阿拉伯国家是索马里畜产品的主要出口市场，和阿拉伯国家发展关系有利于本国产品的出口，促进了索马里外贸的增长。

---

① 〔英〕I. M. 刘易斯：《索马里史》，赵俊译，第 1 页。

在与阿拉伯国家的关系中，索马里与埃及的关系一直很亲密。索马里独立后，阿拉伯联合共和国是最先宣布承认索马里独立主权国家地位的几个国家之一。[①]独立后，舍马克总理访问阿拉伯联合共和国，两国签订协定。阿拉伯联合共和国向索马里提供可装备5000名士兵的武器和两架飞机，并提供500万埃镑贷款，以便索马里购买埃及和叙利亚的货物。埃及还帮助索马里训练陆军和海军。

两国的合作还体现在教育和伊斯兰事务方面。索马里独立后，埃及就通过开罗的爱资哈尔大学对索马里进行教育和宗教事务方面的援助，爱资哈尔大学在索马里的活动范围包括摩加迪沙和索马里的其他地区。1969年9月，两国共同成为伊斯兰合作组织创始成员国。

这一时期，索马里和其他阿拉伯国家也建立了密切联系。1960年12月8日，索马里与也门正式建立外交关系。

与邻国的关系

与邻国的边界争端是索马里共和国对外关系中面临的一个重要问题，这是西方殖民列强瓜分索马里造成的历史遗留问题，它具体表现为民族自决和领土完整两种思想的对立。

在西方殖民列强瓜分非洲大陆的过程中，非洲强国埃塞俄比亚成功维护了自身的独立，并在与西方列强的博弈中扩展了自身的势力范围，将索马里人居住的欧加登地区和豪德地区划入本国范围。它利用自身取得的地位和优势，在“二战”后完成对两个地区的占有。英国、法国和意大利则完成了对其他索马里人居住区的瓜分，英国还将一部分索马里人居住区划入英属肯尼亚。这就造成独立前的索马里人居住区域被分割成欧加登地区、意属索马里、英属索马里、法属索马里和肯尼亚东北部五部分。索马里人游牧民传统的生活状

① 阿拉伯联合共和国是1958年2月1日由埃及与叙利亚联合组成的泛阿拉伯国家。由于埃及的霸权主义政策，1961年9月28日叙利亚宣布退出阿拉伯联合共和国。但埃及仍然保留阿拉伯联合共和国的国名直到1971年9月2日为止。

态被打破，他们不得不跨越边界进行游牧生活。

为了实现索马里民族的统一和解放，20世纪初，索马里民族英雄穆罕默德·哈桑发起超越氏族部落对立的德尔维什民族运动，争取将索马里从外国统治中解放。40年代，索马里青年联盟发起现代索马里民族主义运动，强调其目的是使索马里各个地区联合起来，成立单独的政府和实现完全独立。英属索马里和意属索马里合并成立索马里共和国是索马里民族主义者长期斗争取得的重大胜利。追求所有索马里人居住区的统一是索马里民族主义者的自然要求。

索马里独立后，国内各界对于推动大索马里地区的统一充满热情。但不同群体的主张不一样，一派主张先进行内部整合，再稳步推进统一；另一派主张先实现大索马里地区的统一，再进行内部整合。

索马里政府高度关心肯尼亚和埃塞俄比亚境内索马里人事务，这被肯埃两国看作是破坏其领土完整的行为。主导索马里共和国的民族主义者认为索马里与邻国的边界要重新划分，试图把原来划入埃塞俄比亚和肯尼亚的索马里人居住地区划归索马里，而埃塞俄比亚和肯尼亚主张维持现状，索马里与两国因为领土问题矛盾重重。在索马里政治家们看来，统一索马里人居住的地区是他们面临的一大政治任务，如果不把西方殖民时期分割出去的索马里人居住区的领土收回，他们的政府就无法得到国民的广泛支持。共和国国旗上的五颗星除了包括意属索马里（即南区）和英属索马里（即北区）之外，还包括法属索马里（即今天的吉布提）、埃塞俄比亚的欧加登地区和肯尼亚东北部索马里人居住区。

舍马克总理曾经讲道："我们的不幸是，我们力求同邻国以及非洲其他国家建立和谐的建设性的关系，但是，我们的邻居是我们的索马里同胞。不分青红皂白的边界'安排'篡改了他们的国籍。他们必须跨过人为的边界才能进入自己的牧场。他们同我们居住在同一块土地上，从事同样的游牧经济。我们讲同样的语言。我们有同样的信仰，同样的文化和同样的传统。我们怎么能够把我们的兄弟当成外国人呢？”[1]“我们当然都有着非常自然的要求统一的强烈愿望。1960 年英属索马里保护地同意属索马里的合并是第一步。这个行动不是‘殖民主义’的行为，也不是‘扩张主义’或‘吞并’的行为。这是对非洲的和平与统一的积极贡献。”[2]索马里青年联盟将英属索马里和意大利索马里托管地的合并当作是大索马里主义的初步成功。[3]

索马里政府不承认享有国家之间的边界，宪法将实现大索马里的统一放在重要的位置，但这会造成邻国领土的减少，因此，邻国坚决反对索马里的大索马里主义主张和实践。肯尼亚独立前，英属肯尼亚当局反对北部边区索马里人提出的脱离肯尼亚的要求。肯尼亚非洲民族联盟和肯尼亚非洲民主联盟代表团声称，他们坚决不同意给北部边区的索马里人自决权。他们认为，索马里人的自决会助长境内的部落分离主义运动，危害肯尼亚的领土完整。

1963 年 3 月，英国新殖民大臣邓肯 · 桑迪兹宣布把肯尼亚原北方省索马里人居住地划为肯尼亚第七个省，成立东北省，索马里和肯尼亚之间的边界争端一度紧张。1963 年 8 月，英国、肯尼亚同索马里在罗马举行会谈。索马里建议将这个地区临时交由联合国管理，遭到对方的拒绝。1963 年 12 月，肯尼亚获得独立，双方在该地区的争端仍未解决。1964 年，肯尼亚与埃塞俄比亚签署互助防御条约，以共同应对索马里可能的入侵。

肯尼亚独立后，境内北部边区的索马里人与政府的敌对情绪急剧上升，他们开展了长达 4 年的反政府游击战争。[4]索马里支持肯尼亚东北部索马里人进行了游击战争，1964 年 2 月，两国军队在边境地区发生武装冲突。这不仅没有解决双边领土纠纷，反而给索马里带来严重损失。1966 年 9 月到 10 月，在索马里政府的支持下，肯

---

① Mary Harper, *Getting Somalia wrong? Faith, War, and Hope in a Shattered State*, p. 52.

② 〔英〕I. M. 刘易斯：《索马里近代史：从民族到国家》，钟槐译，第 338 页。

③ Donatella Strangio, *The Reasons for Underdevelopment: The Case of Decolonization in Somaliland*, p. 28.

④ I. M. Lewis, *Understanding Somalia and Somaliland: Culture, History, Society*, p. 36.

尼亚东北省的索马里人部落武装攻击村庄，抢掠财物，破坏基础设施，袭击肯尼亚地方军政当局。肯尼亚政府加强了对该省的军事控制，管制牧民，并派遣军队进入索马里境内攻击肯尼亚索马里人反政府武装。[①]

舍马克担任总统时，采取温和的外交政策处理与肯尼亚的双边关系，将有限的国家力量用于发展国内经济。1967年8月到9月，索马里与肯尼亚举行边界谈判，双方达成改善关系的六点协议。同年10月，索马里总理埃加勒在坦桑尼亚城市阿鲁沙（Arusha）会见肯尼亚总统乔莫·肯雅塔（Jomo Kenyatta），双方同意立即实现双边关系的正常化，在肯尼亚北部边区实现和平，并同意在赞比亚总统卡翁达（Kenneth Kaund）的协调下，展开进一步的谈判，以便寻求问题的彻底解决。[②]索马里与肯尼亚的关系随即得到改善。但是，因为索马里并没有彻底放弃大索马里主义，两国关系依然存在潜在的风险。

索马里和埃塞俄比亚之间存在领土争端。埃塞俄比亚境内的欧加登地区是索马里人居住区，埃塞俄比亚在与西方殖民的长期互动中获得了对欧加登地区的控制权。索马里独立前，索马里民族主义者就对英国将欧加登地区交给埃塞俄比亚不满。索马里独立后，埃塞俄比亚根据其与英国、意大利签订的有关协定，一再强调欧加登是埃塞俄比亚的领土。索马里政府则认为这些条约是在没有索马里人代表参加的情况下签订的，属于非法条约。索方认为在这一地区居住的索马里人与索马里共和国内的居民有着共同的语言、宗教和风俗习惯，因而应该同索马里共和国统一起来，唯一的解决办法是在大国监督下通过公投实行民族自决。索马里政府拒绝承认1897年英国与埃塞俄比亚政府签订的埃塞俄比亚与英属索马里的边界条约，

---

① United States: Department of State, "Background paper for U.S. Visit of British Foreign Secretary George Brown 10/14/66: Kenya-Somalia Border Problems", Oct. 12, 1966, U.S. Declassified Documents Online, http://tinyurl.galegroup.com/tinyurl/3X4W75.

② 〔英〕I. M. 刘易斯：《索马里史》，赵俊译，第185—186页。

也不承认其他有关埃塞俄比亚与索马里边界的条约。

领土争端使双方关系长期紧张，在边境地带两国经常爆发冲突。1960 年到 1961 年，索马里和埃塞俄比亚在埃塞俄比亚索马里人居住区发生了一系列冲突，埃塞俄比亚利用美国援助建立起来的空中优势对索马里进行空袭，造成几百索马里人伤亡。[①]1960 年 12 月，埃塞俄比亚国内发生军事政变，索马里军队利用这一时机向埃塞俄比亚境内渗透，但是被埃塞俄比亚军队击退。[②]1961 年 1 月，欧加登地区索马里人因为要求脱离埃塞俄比亚遭到当地军警镇压，引起索马里与埃塞俄比亚之间关系的紧张。同年 9 月初，索马里总统欧斯曼出席第一次不结盟首脑会议时，与埃塞俄比亚皇帝海尔·塞拉西举行会谈，双方关系得到一定程度的缓和。索马里总统与埃塞俄比亚皇帝互换信件，表示要采取步骤，加强两国的关系，但是双方的领土争端并未得到根本解决。

得到索马里支持的欧加登地区索马里人民兵组织，经常同埃塞俄比亚的安全力量发生冲突。欧加登的索马里人还开展游击战争，要求在欧加登建立自治政府，但这遭到了塞拉西的坚决拒绝。1964 年 1 月，埃塞俄比亚政府向欧加登地区增兵，以镇压当地索马里人游击队，索马里军队则公开向游击队提供支持。两国军队直接发生冲突，结果以埃塞俄比亚军队获胜而告终。[③]战争发生后，索马里向联合国控诉埃塞俄比亚，说埃塞俄比亚侵犯了其主权和安全。埃塞俄比亚选择在非洲国家的支持下，坚持在非洲统一组织范围内解决问题。埃方的提议得到联合国安理会的确认。两国随后都表示要在 2 月的非洲统一组织部长理事会上讨论此事。2 月 12 日到 15 日，非洲统一组织在坦桑尼亚主要城市达累斯萨拉姆举行部长理事会。会

---

① “Somalia’s Foreign Policy Shifts to ‘Positive Neutralism’”, *Africa Report*, Vol. 6, No. 8, August, 1961, p. 3.

② 理查德·格林菲尔德：《埃塞俄比亚新政治史》（上册），钟槐译，商务印书馆 1974 年版，第 803 页。

③ 余文胜：《欧加登，牵动中国人神经》，《世界知识》2007 年第 10 期，第 36 页。

议做出决议，重申在非统范围内解决成员国之间的一切争端，要求两国立即停火，通过谈判和平解决纠纷。之后，两国政府同意立即停止敌对行动。

苏丹总统易卜拉欣·阿布德（Ibrahim Abboud）也积极进行调解，邀请争端双方代表于3月24日在喀土穆（Khartoum）举行会晤。会晤取得了积极成效，两国在30日发表的联合公报中确认，沿边界一带保持停火，双方军队从边界后撤10—15公里；两国代表就恢复谈判达成协议。1965年10月23日，索马里与埃塞俄比亚进行双边谈判，就停止一切敌对宣传达成协议，该协议自10月25日开始生效。[①] 协议签署后，双方仍在电台、报纸上不停地攻击对方。1967年，两国再次发生冲突。

1968年6月，索马里进行总统选举，舍马克当选。他上台后，索马里与埃塞俄比亚的关系开始改善。同年底，索马里新总理访问埃塞俄比亚，并发表联合公报，宣布两国政府决定实现关系正常化，埃塞俄比亚承诺结束豪德和欧加登地区的紧急状态。舍马克担任总统时期，与埃塞俄比亚的关系进一步得到改善。索马里总理埃加勒和埃塞俄比亚代表团于1967年在刚果民主共和国首都金沙萨（Kinshasa）举行的非洲统一组织国家元首会议上进行会谈。[②]1968年9月，索马里与埃塞俄比亚就消除边界紧张状况达成协议，双方开始建立商业航空和电讯联系。

但是，由于索马里政府并没有放弃大索马里主义，索马里与肯尼亚和埃塞俄比亚两国之间的领土纠纷并没有解决。索马里与邻国之间的冲突也造成索马里的非洲外交陷入困境。

非洲外交的困境

处理与非洲国家之间的关系是索马里对外关系的重要组成部分，

---

① 葛佶主编：《简明非洲百科全书（撒哈拉以南）》，第244页；关培凤：《外部干预与索马里——埃塞俄比亚边界争端》，《西亚非洲》2018年第3期，第102—103页。

② 〔英〕I. M. 刘易斯：《索马里史》，赵俊译，第186页。

但索马里非外交面临的困境最多。独立后的索马里共和国是非洲国家的一员，并成为非洲统一组织创始成员国之一。索马里政府主张加强同非洲和伊斯兰国家之间的关系，支持实现非洲统一和非洲所有地区的完全解放。1964 年 12 月下旬至 1965 年 1 月上旬，在索马里政府的努力下，在摩加迪沙成功召开了第六届世界穆斯林大会，大会提出“非洲——穆斯林的大陆”的口号。索马里虽然主张非洲走向政治统一，积极参加非洲统一组织，但与邻国的关系因领土争端而长时间处于紧张状态。这使其在非洲陷入孤立，很多新独立的非洲国家担心索马里的大索马里主义会刺激本国的民族分离主义运动，因此非洲国家大多支持埃塞俄比亚和肯尼亚。①

索马里认为实现非洲有效统一的先决条件是，首先非洲各国要实现以共同的文化特点作为基础的有生命力的政治联合。文化一致和民主是相互统一的，②但索马里追求同其邻国的索马里人的联合，非洲国家的新领导人则强烈维护殖民国家划定的边界。对于索马里的邻国来说，索马里的泛索马里运动威胁到其领土主权。一些非洲国家主张在泛非运动中解决索马里问题。1962 年 1 月召开的拉各斯会议主张索马里边界争端应当提交给即将成立的仲裁机构解决。③1962 年 2 月召开的中东非泛非自由运动第四届年会提出，在经过扩大的东非联邦中实现索马里各个地区的统一。但索马里主张在共和国参加东非联邦之前恢复统一，其他国家则主张在参加联邦之后恢复统一，会谈因此没有取得成效。

索马里与其他非洲国家之间的矛盾反映了实现民族独立后非洲国家针对殖民时期形成的边界的两种看法的较量：一种认为殖民时期形成的边界应该保留，非洲国家边界多数是在殖民国家的影响下划定的，如要变动，涉及的国家将会是非洲全部，这必然造成大规模的动荡；另一种认为，殖民时期形成的边界应该改变，殖民国家

① Mary Harper, *Getting Somalia Wrong? Faith, War, and Hope in a Shattered State*, p. 53.

② 〔英〕I. M. 刘易斯：《索马里近代史：从民族到国家》，钟槐译，第 369—370 页。

③ 仲裁机构是为解决非洲国家之间的纠纷而建立的地区性国际组织。

对边界的划定造成许多民族国家残缺不全，四分五裂，不利于国家的发展，应该尊重历史事实恢复非洲国家从前的边界。大索马里主义是后一种说法的表现。

1963 年 5 月，非洲统一组织在亚的斯亚贝巴举行成立大会，大部分国家明确提出拒绝边界修正主义，确定领土完整和非洲边界不可改变。在会议上，索马里与埃塞俄比亚和肯尼亚在边界问题上发生争执。索马里总统欧斯曼表示："索马里政府迫切要求与邻国的索马里族居住区实行自决。"埃塞俄比亚首相沃尔德（Wohlde）指责索马里的政策损害了埃塞俄比亚的利益，要求所有非洲国家尊重非洲领土现状。肯尼亚代表团表示，北部边区是肯尼亚领土不可分割的一部分，居住在那里的索马里人可以离开那里。[①]1964 年，非洲统一组织在开罗通过决议，指出所有非洲国家都应该承认他们独立时存在的边界线。[②]但是索马里不顾其他国家反对，坚持大索马里主义。索马里认为，非洲的殖民地区划分是过时的遗留物，同现代非洲的民族主义不相符，只有对殖民遗留进行彻底清理，索马里的完全独立才能实现。一位索马里的学者就认为："索马里-肯尼亚和索马里-埃塞俄比亚的争端是索马里拒绝承认欧洲人所划分的边界引起的……肯尼亚对于北部边境地区没有任何权利，因为除了它是英国和意大利在这一带累积交易的结果，刚好划进英国区以外，它同肯尼亚并没有什么关系……埃塞俄比亚对它所占领的索马里的领土没有任何权利，因为它得到这块领土是因为它是对索马里兰实行殖民区划的参与者，既然别的殖民者主义者已经离开了，它也将非离开不开。"[③]事实证明，大索马里主义成为索马里发展与邻国和本地区国家关系的最大障碍。

---

① 参见齐秀丽：《欧加登问题的由来和出路》，《吉林省教育学院学报》2006 年第 11 期，第 87 页；葛佶主编：《简明非洲百科全书（撒哈拉以南）》，第 244 页。

② 叶书宗编：《苏联历史档案选编·第 33 卷》，社会科学文献出版社 2002 年版，第 99 页。

③ 〔肯尼亚〕塞缪尔·麦金达：《非洲之角的冲突与超级大国》，劳人译，《世界经济与政治论坛》1984 年第 1 期，第 19 页。

四、共和国时期的经济建设

独立之初的经济形势

殖民时期，索马里经济以游牧业为主。独立以前，英国和意大利从本国利益出发制定索马里属地的经济政策，将索马里变成他们的原料供应地和商品倾销地。意大利对意属索马里属地的肥沃土地进行大规模开发，由意大利农业公司经营。意大利农业公司的生产经营主要由外国人进行，索马里牧民鄙视在意大利农业公司劳动，农民也不愿在其中劳动，他们更喜欢自由的游牧生活，这造成索马里劳动力无法参与到经济中去，一直影响到建国后索马里经济的发展。[①]英国主要将索马里作为其也门殖民地的畜产品供应地，两国的殖民统治没有给索马里打下留下一个良好的经济基础。[②]

索马里经济发展面临的另外一个大的难题是能源和矿产资源的缺乏。一些外国石油公司在索马里进行石油和矿产勘探，但没有发现有开采价值的大油田。[③]能源缺乏影响到索马里经济的发展，工业所需要的能源依赖英国和意大利。

独立之初，索马里基本上还是以游牧经济为主的落后国家。经济基础脆弱，游牧业是国家的经济基础，索马里 71% 的人是牧民或半牧民。[④]90% 的人口从事畜牧业和耕作业，劳动生产率低，全国仅有 13% 的土地适合耕种。[⑤]索马里产业结构落后，主要工业品几

① Donatella Strangio, *The Reasons for Underdevelopment: The Case of Decolonization in Somaliland*, p. ix.

② Raphael Cjijioke Njoku, *The History of Somalia*, p. 102.

③ George G. Dawson, "Education in Somalia", *Comparative Education Review*, Vol. 8, No. 2, Oct. 1964, p. 199.

④ Ibid.

⑤ United States: Central Intelligence Agency, "The Horn of Africa – Basic Human and Material Resources", Jan. 1, 1978. p. 21, U. S. Declassified Documents Online, http: // tinyurl. galegroup. com/tinyurl/3X4Qx2。

乎依赖进口。进口的商品主要是食品、纺织品、服装、鞋子，占到进口产品总值的三分之一左右，索马里面临着人民的衣、食等生活保障难题。农牧产品是索马里的主要出口产品，香蕉占索马里出口总值的约 43%。索马里的工业极度落后，只有一些鱼类加工厂、棉纺织厂、手工艺品和食品加工厂等轻工业，无重工业。索马里基础设施落后，全国没有铁路，仅有的几条公路也没有铺柏油，影响交通运输。港口设施缺乏，而空运方面只有一条从首都摩加迪沙和北部大城市哈尔格萨之间的航线。①

政府的国家机构改革增设了不少新的军事、政治和经济部门，开支巨大，财政赤字进一步上升。索马里政府选择通过争取外援来推动国内经济发展。在可预期的时间内，索马里的经济增长还是主要依赖农业部门，香蕉和皮毛等初级产品的生产是索马里少数几个创收点。美国国家安全委员会认为索马里可以通过改进农业部门的生产方法和技术提升农牧产品的产量。该组织对索马里谢贝利河和朱巴河流域进行调研，认为可以通过扩大在该区域的农业生产和引进相关产业实现索马里农业的长期发展。但它同时认为，索马里的经济情形造成其还债能力低，无法有效吸收外国私人资本投资。②

索马里经济发展对外援高度依赖。独立后的四年间，索马里总共接受意大利、苏联和美国等国约 6370 万英镑援助。③其独立后三年经济预算的 30% 依赖于外援，在外国的援助下，索马里政府开始经济发展五年计划。④

---

① George G. Dawson, "Education in Somalia", *Comparative Education Review*, Vol. 8, No. 2, Oct. 1964, p. 200.

② National Security Council, *U. S. Policy toward the Horn of Africa and the Sudan*, NSC6028, Dec. (60), 1960, "U. S. Relations with Ethiopia, Somalia, and the Sudan", *FRUS 1958–1960*, V. 14, p. 205.

③ 顾章义、付吉军、周海泓编著：《列国志 · 索马里　吉布提》，第 110 页。

④ Donatella Strangio, *The Reasons for Underdevelopment: The Case of Decolonization in Somaliland*, p. 49

五年发展计划的开展

索马里政府在进行南北区一体化的同时，制订了1963年到1967年的五年发展计划，以促进经济的发展。五年计划的主要内容是建立国营经济和民族工业经济，以基础设施建设和农业发展为重点。政府在农业方面的指标是使香蕉产量增产1倍，甘蔗增产1.5倍。工业方面，索马里政府计划建设纺织厂、肉品加工厂、乳品厂、制糖厂和化工厂。政府规划在5年内投资约7000万英镑，其中交通占29%，农业占18%，工业占16%。[①]投资主要用于公路、港口、机场、邮电、学校等项目，旨在通过基础设施的建设为农业发展和出口创造条件。

在五年发展计划指导下，索马里政府采取灵活的融资政策，重视农牧业发展，实行混合经济发展模式，推动经济建设。

第一，灵活的融资政策。政府竭力促进民族资本的发展，同时吸引外国资本。1961年6月，政府颁布保证外国投资者特惠权的法令，规定外资企业可以汇出利润，资金投入5年或3年（系特定情况）后可以汇出相当于投资额10%的股息。除非为了公众利益，否则政府保证不对外国企业采取没收性措施，并允许外资企业不受限制地雇用外国熟练技工，准许外国雇员汇出50%到75%的薪金。1961年10月，颁布了免除机器、设备、零件等进口税的法令。1962年3月，又颁布法令，免除运输工具进口税2年。[②]索马里政府执行出口多元化的政策，将贸易对象国的范围由前宗主国意大利和英国扩展到除这两国之外的国家，注重发展与苏联、阿拉伯国家等的贸易。

第三，重视农业发展。政府计划通过创建模范农场，吸引全国农民在他们的农业生产中运用先进的农业技术。政府积极鼓励粮食、棉花以及其他作物的生产，重视农业和水利事业发展，在全国各地

---

① 顾章义、付吉军、周海泓编著：《列国志·索马里 吉布提》，第110页。

② 同上。

特别是谢贝利河和朱巴河流域修建水库和小型灌溉设施。政府还重视畜牧业的发展，1965 年，政府成立畜牧业发展局，为牧民的生产经营提供兽医服务和牧草、水源以及运输服务。这受到牧民们的欢迎[①]。政府还注意合理使用牧场和水源，重视改善放牧条件和加强对牧场的管理。

第三，实行混合经济模式。政府采取兴办国有企业、鼓励私人投资、吸引外国资本和接受外援办企业等方式发展民族工业。1962 年，政府成立国家对外贸易公司，通过它控制对外贸易，并取得了一定的成效。国家对烟草制品和火柴的进口进行垄断。在这些政策的指导下，索马里的经济得到一定程度的发展。

农牧业的发展

索马里政府重视农业和水利事业发展，在全国各地特别是谢贝利河和朱巴河流域修建水库和小型灌溉设施，使农田灌溉面积从 1960 年的 247.5 万亩增加到 1972 年的 287.3 万亩，粮食产量从 1960 年的 20.6 万亩上升到 1973 年的 32.5 万亩。索马里还建立种植粮食、棉花和油料作物的国营农场。这些农场主要分布在拜多阿、拜伊、摩加迪沙附近的阿弗古伊、哈尔格萨西部的多格瓦加勒。

索马里政府也重视畜牧业的发展。1965 年，政府成立畜牧发展局。1966 年 10 月，为推动畜牧业的发展，政府投资在摩加迪沙建立兽医训练中心。该中心设立短期培训班对牧民进行培训，中心附设的兽医院供受培训者学习和实习用。政府还接管兽药的生产。在联合国帮助下，索马里成立畜牧发展局和畜牧基金会，负责全国畜牧计划，兽医学得到一定发展，较好地服务于畜牧业的发展。政府还注意合理使用牧场和水源，在增加牲畜头数的同时提高牲畜质量，改善运输条件，扩大加工业，组织销售市场，使出口的畜产品增多。

政府重视改善放牧条件和加强对牧场的管理，注重保护生态环

① Donatella Strangio, *The Reasons for Underdevelopment: The Case of Decolonization in Somaliland*, p. 50.

境。各级政府均设有牧场管理机构，配有畜牧管理人员和技术员。为了保护牧草资源，保证干热季放牧，政府有计划地封闭部分较好的牧草，作为后备牧场，并划定一些季节性放牧区，平时禁牧，干热季和干凉季开放。雨季禁牧有利于牧草的正常成长和结籽繁殖。国家管理的牧场每年关闭两次，开放两次。政府还设法解决牧区的人畜用水问题，在牧区打机井，建蓄水池，注意努力提高牲畜质量，不断增强本国牲畜在国际上的竞争力。为改善生态环境，采取封山育林，扩大林地面积的措施，规定只有经过政府部门的许可才能砍伐树木，定期规定禁牧区，并取得不少成效。60 年代中期，索马里适于农业耕种的土地面积占全国总面积的 12.5%，适于畜牧业的土地约占 60%，森林覆盖率达到约 20%。[①]

香蕉和甘蔗是索马里的重要农产品和主要经济作物。索马里独立以前，香蕉生产长期被意大利资本垄断，属于索马里人的香蕉园只有 12 个。独立后，索马里在香蕉生产中投入的资本不断增加。到 1962 年，由索马里人自己经营的香蕉园已经增加到 196 个。独立前，索马里的甘蔗生产基本上都被“意索农业公司”所控制。1962 年，政府把这家公司交给新成立的“国民工农业公司”经营，公司股票由索马里政府和意大利人各占一半。

1960—1968 年，索马里甘蔗产量从 1.15 万吨增长到 40.5 万吨，香蕉产量从 9.1 万吨上升到 14 万吨。[②]索马里食糖基本上实现了自给，并有一定的剩余。香蕉主要销往意大利，意大利以超过世界市场价值 30% 的价格收购索马里香蕉，索马里的香蕉出口收入获得保障。1965 年，意大利取消对索马里香蕉进口的特惠制之后，[③]香蕉的外贸收入减少。

过度依赖香蕉和畜产品的出口很大程度上限制了索马里经济的发展。这两种产品均属于初级产品，处于国际产业链的低端，价格低。

① 顾章义、付吉军、周海泓编著：《列国志 · 索马里　吉布提》，第 17 页。
② 同上书，第 119 页。
③ 意大利是欧共体成员，根据关于废除区内国家性垄断的《罗马协定》，成员国必须在规定时间内废除对索马里香蕉的特惠制。

此外，这两种产品缺少价格弹性，国际市场价格上升时，由于对这两种商品的需求不会有大幅度的增加，索马里的收入不会增加太多。相反，如果遇到通货膨胀和国际需求减少，索马里经济则会受到沉重打击。

表 2 独立前后香蕉出口占出口总额的比重

年份	1958	1959	1960	1961	1962	1963
产量	55.848	58.763	73.735	84.316	75.555	94.512
出口额	58.960	65.000	74.430	90.267	80.149	101
占比（%）	45.3	44.6	45.3	48.0	44.1	45.0

资料来源：Shirname TG (1965) Report to the government of Somalia on food and agricultural economy, FAO Report No.2088, Rome。转引自 Donatella Strangio, *The Reasons for Underdevelopment: The Case of Decolonization in Somaliland*, p. 63。表中产量单位是吨，出口单位是千索马里先令。

工业和外贸

工业方面，索马里大力兴办国有企业和民族经济，鼓励私人投资，吸引外国资本，接受外援办企业，以发展民族工业。政府将约哈尔制糖厂的产量从 1.2 万吨扩大到 3 万—4 万吨，建立了一座拥有 1 万到 1.2 万纱锭和 300 台自动织布机的纺纱厂，建立肉类和鱼类罐头厂，发展一些小型工厂。索马里政府加紧对本国各地区矿产能源的地质勘探工作，在摩加迪沙附近曾钻探出石油，但是没有商业开发价值。索马里矿产和能源缺乏的情况没有发生改观。

在交通运输方面，修筑公路和基斯马尤、柏培拉和摩加迪沙等港口，扩大摩加迪沙和柏培拉机场，建立主要经营国内航空的索马里航空公司。索马里争取相关国家的外援，苏联援助建设柏培拉深水港以及奶酪、肉类和鱼加工厂，美国援助修建基斯马尤港等，意大利修建摩加迪沙国际机场，联邦德国帮助修复从杰里卜到基斯马尤的公路。

索马里的外贸有一定发展。1961—1969 年，索马里进出口总额从41823万先令上升到60170万先令，其中进口从23028万先令上升36980先令，出口从18795万先令上升到23190万先令，外贸逆差从4322万先令增加到1.379亿先令。[①] 1972年，进出口总额为8.2232亿先令，其中进口总值为5.2388亿先令，出口总值为2.9844亿先令，贸易逆差为2.2544亿先令。进口产品来自68个国家和地区，其中从欧共体（主要是意大利）进口的商品占进口总额的42.8%，主要是机械、纸张、汽车及其配件、面粉、医药和化肥等工业制成品。出口产品销往60个国家和地区，主要是活牲口、香蕉、肉类、皮张、鱼类以及没药和乳香等初级产品。出口对象有沙特阿拉伯、意大利和南也门等国（见下表）。

表3　索马里共和国时期主要出口对象国

（单位：百万索马里先令）

年份	1960	1961	1962	1963	1964	1965	1966	1967	1968	1969
意大利	56	56	51	39	36	22	41	38	31	27
沙特阿拉伯	16	17	24	27	30	30	34	43	50	56
南也门	13	12	15	14	16	18	14	13	13	11
伊朗	5	4	3	2	2	2	2	2	2	—
东非共同体	3	1	1	—	—	3	3	—	—	—
美国	1	1	1	1	1	2	3	1	—	2
其他	6	9	5	7	15	24	4	3	4	4
总计	100	100	100	100	100	100	100	100	100	100
总计	164.2	188.0	180.2	227.1	215.1	192.0	213.9	198.5	212.0	232.0

资料来源：Bertolani-Garibbo 1971–1972，转引自Donatella Strangio, *The Reasons for Underdevelopment: The Case of Decolonization in Somaliland*, p. 60。

经济发展面临的问题

英意两国长期的殖民统治对索马里的经济发展产生了不利的影

① 顾章义、付吉军、周海泓编著：《列国志・索马里　吉布提》，第111页。

响。索马里自身资源匮乏，独立后只能在落后的基础上进行国民经济建设。由于受各种原因的限制，索马里共和国政府制定的发展目标只有部分实现。据相关资料显示，索马里的五年发展计划只完成了 20%，[①]农业发展水平仍然落后，仅能满足国民的最低生活需要。

索马里经济发展面临的主要问题是本国资金不足和大量依赖外国援助。第一个五年计划预计拨款 14 亿索马里先令，但由于国家财政处于严重困难状态，政府从国内资金中拨款 1.5 亿先令作为计划经费，其余靠外援。在第一个五年计划期间，索马里共得到约 10 亿先令的外援。索马里的援助来源国主要是意大利、英国、美国和联邦德国等西方国家。索马里成为世界上人均接受外援最多的国家之一。按照西亚德政权最高革命委员会（Supreme Revolutionary Council）的估计，1960—1969 年，索马里接受外援总额达 4.6 亿美元。[②]

外援推动了索马里经济的发展，但也对索马里产生不少负面影响。大量的军事外援使得索马里成为非洲常备军最多的国家之一。而且，其经济发展严重依赖自己无法掌握的外部资金，更多地被外部因素所主导，索马里政府投资的结构和规模受到很大影响。援助国往往根据自身的需求决定投资的领域和规模，不能反映索马里本国的实际和需求。

政府的大索马里主义政策也不利于经济的发展。索马里独立后致力于实现居住在邻国和未获得独立的殖民地索马里人的统一事业。为了实现这一目标，索马里加强本国的军事建设，军费开支过大，将很多外援用于军费开支，使很多资金没有投入到经济建设中去。

① 陈伟宏：《非洲之角形势》，国际事务学院出版社 1981 年版，第 12 页。

② Margaret Castagmo, *History Dictionary of Somalia*, p. xix.

第七章　由治到乱的索马里民主共和国

和第二次世界大战后新获得独立的很多发展中国家一样，索马里政治发展受外部势力的影响很大。西亚德·巴雷通过政变上台后，索马里政治发展表现出明显的阶段性特征。欧加登战争以前，索马里民主共和国受苏联影响最大，一直执行亲苏外交政策。在苏联影响下，西亚德在国内进行社会主义实践。欧加登战争是影响索马里历史发展的转折点。战争中，索马里与苏联关系破裂，战败后的索马里不得不寻求和西方国家改善关系，以获得西方国家的援助。在西方国家的压力下，西亚德开始在国内进行政治经济的调整。对外，索马里逐渐放弃大索马里主义政策，寻求改善与邻国关系。欧加登战争的失败激化了索马里国内各部族氏族之间的矛盾，战争引发的难民危机加剧了索马里的经济困境。西亚德的改革并没有实现国家的稳定。索马里内战的爆发最终导致西亚德政权倒台，索马里陷入了军阀混战和国家动乱的局面。

一、索马里民主共和国的政治发展

西亚德政权的建立

1969年10月15日，舍马克总统遇刺身亡。10月21日凌晨3点，[1]

① 〔苏联〕格·伊·米尔斯基：《“第三世界”：社会、政权与军队》，力夫、阜东译，商务印书馆1980年版，第389页。

以西亚德·巴雷将军为首的军人集团在警察的协助下发动政变，占领首都的主要场所，逮捕政府主要官员。这是一次不流血的政变。[①]在政变前，西亚德就制订了行动计划。政变成功后，西亚德给各区的警备司令下达命令，要求夺取地方政权，并建立各州级和区级革命委员会。军方废除索马里共和国宪法，取缔最高法院，关闭国民议会，取消所有政党，并宣布成立由军方控制的最高革命委员会，将国名改为索马里民主共和国[②]。

社会主义成为索马里选择的发展道路。60年代后期，索马里共和国内部政治斗争激化，政治腐败无序，引发各阶层的不满。苏联在60年代给索马里提供大量的军事和经济援助，为索马里军官提供培训服务。这些军官深受苏联社会主义意识形态的影响，而西方议会民主制实践的失败，使这些军官试图通过社会主义实践为国家寻找出路。舍马克总统的遇刺给军官们发动政变提供了契机。当人们问及西亚德发动军事政变的原因时，他说："革命的根本原因在于前几届政府都没有能力使国家在社会、政治、经济和社会风气等方面得到发展。""人们已经失去了民族的自信心，道德上极端腐败，政治家们用他们培养起来的部落意识谋取个人私利"[③]。政变成功后，索马里开始社会主义实践。

最高革命委员会是索马里民主共和国的权力机关。西亚德明确强调最高革命委员会的目标是消除一切殖民主义的残余，服务全体国民。10月21日被定为索马里革命节。最高革命委员会的纲领是对内消灭一切贪污腐败、无政府主义、部落主义和其他坏习惯现象，

---

① I. M. Lewis, *Understanding Somalia and Somaliland: Culture, History, Society*, New York: Columbia University Press, 2008, p. 38.

② 根据学者刘易斯的观点，索马里新政权的目标是要消除腐败和部落裙带关系，重建一个公正、令人尊敬的社会。在对外事务上，新政权尊重现存的条约，继续坚持为索马里统一而斗争，并反对殖民主义，给予解放运动进一步的支持。正是出于这样的期冀，将国名改为"索马里民主共和国"。参见〔英〕I. M. 刘易斯：《索马里史》，赵俊译，东方出版中心2012年版，第190页。

③ 顾章义、付吉军、周海泓编著：《列国志·索马里　吉布提》，社会科学文献出版社2006年版，第71页。

创立一个“建立在权力基础上的，以社会主义为原则的，照顾索马里人环境和社会习惯的社会”；对外继续遵守现有条约义务，支持民族解放运动和索马里统一。新政府宣布禁止一切政党活动，所有的社会团体和职业协会均由最高革命委员会统辖。

1970年，最高革命委员会颁布《第一革命宪章》，将原来由总统、总理和议会等所承担的权力授予最高革命委员会。其主要规定包括以下七点：第一，建立一个基于公正原则、满足全体国民生活的新社会；第二，为实现快速进步，指导经济、社会和文化发展；第三，消除文盲，开发利用索马里人的文化遗产；第四，为确定索马里语的书写形式创造条件；第五，铲除腐败、无序和部落主义以及其他不正当行为；第六，取缔一切政党；第七，在合适时机进行普选。[①] 同年颁布的《第二宪章》宣布，“最高革命委员会以科学社会主义作为思想基础，并且吸收世界社会主义体系经验”，坚定不移地领导全国人民走社会主义。[②] 宪章宣布尊重法律面前人人平等的原则，妇女享有选举权和财产继承权等。

索马里民主共和国按照苏联政权模式打造自己。最高革命委员会是索马里国家的领导力量，其决策机构执行委员会由25名军人组成，负责制定方针政策，南北区军人在人数比例上保持平衡。这些军人来自不同等级，执行委员会中的高级成员包括西亚德·巴雷、来自达鲁德部落的副总统贾马·阿里·霍舍尔（Jaama Ali Khorshel）和前副警备司令穆罕默德·埃纳什（Mohamed Ainanshe）准将。除此之外，还包括两名少将、两名准将和7名位列中校、少校和上尉的军官。具有讽刺意味的是，经过索马里苏联军事顾问培训并受过良好马克思主义教育的青年军官并未有占据政府的关键位置。政府日常工作由国家书记委员会负责，该委员会由

---

① Donatella Strangio, *The Reasons for Underdevelopment: The Case of Decolonization in Somaliland*, Heidelberg: Physica-Verlag, 2012, pp. 50–51.

② 马句：《索马里革命社会主义党简介》，《当代世界社会主义问题》1987年第3期，第79页。

以文官为主的14名成员组成，其中只有兼任副总统的贾马·阿里·霍舍尔是军官。[①]这些成员的选择看重能力，而不是寻求部落和氏族之间的平衡。[②]政府重要部门长期由军人把持。西亚德成为索马里最具权势的人，他既是最高革命委员会主席，又是国家书记委员会主席和国家武装力量总司令。

西亚德·巴雷其人

西亚德·巴雷全称穆罕默德·西亚德·巴雷（Mohamed Siad Barre，1919—1995），出生于朱巴州（今盖多州）卢格费兰迪地区达鲁德部落的一个牧民家庭。其父亲属于达鲁德部落的马雷汉氏族，母亲属于欧加登地区达鲁德部落的欧加登氏族（当时埃塞俄比亚控制欧加登地区）。西亚德7岁时在当地上小学。10岁时，父母相继逝世，成为孤儿，在非常艰难的环境中度过了童年岁月。

1941年，西亚德参加英属索马里政府的警察部队。在此期间，他一边在警察部队当军士，一边坚持在摩加迪沙的几所私人学校学习，达到中学毕业的水平。通过个人努力，他先后担任过警官和地方警察局长职务，到1950年英国管制结束后，他已晋升为警察总巡查官，统管上朱巴州警察分局，这是当时一个索马里人在警察部队中可能得到的最高官阶。

1950年12月，英国管制下的前意属索马里成为联合国托管地，但其在独立前的10年过渡期由意大利代为管理。1950年，联合国成立意大利托管委员会。1953年，西亚德被该委员会选派送入意大利陆军军官学校学习。1954年回到索马里时，他已获得陆军少尉军衔。之后，西亚德自修政治学和管理学。他能用意大利语、英语、阿拉伯语和斯瓦希里语会话和阅读。1960年4月，索马里国民军组建时，他以上校军衔担任副司令职务。索马里独立后，他继续在军中任职，1965年9月，升为陆军准将。1966年1月，升为陆军少将。

---

① Raphael Cjijioke Njoku, *The History of Somalia*, London: Greenwood Press, 2013, p. 117.

② 〔英〕I. M. 刘易斯：《索马里史》，赵俊译，第190页。

1969年10月15日，舍马克总统遇刺身亡。10月21日，西亚德领导国民军联合警察部队发动政变，推翻了政府，并中止宪法，取缔政党和解散议会。同时，以西亚德为主席的最高革命委员会成立，组成新政府。从此，西亚德开始22年的执政生涯。西亚德在索马里建立独裁政权，在苏联的支持下开始社会主义实践。

西亚德政权的巩固

根据最高革命委员会法令，最高委员会被授予行政、立法和司法大权。1970年9月设置的国家安全法院在法律体系中超越勒司法力量。根据1970年9月通过的《国家安全法》，国家安全法院作为最高革命委员会的司法机构而设立，并在摩加迪沙和各州设置分院，由一名高级军官担任院长，作为其助手的两名法官也是军人。公诉人往往由军事检察官担任。

西亚德致力于巩固中央政府权力，加强对全国的意识形态控制。政府用“胜利先锋队”协助在地方灌输革命思想。索马里政府还利用革命青年中心收容贫困的孩子或者孤儿，给他们提供衣食，并让他们接受革命教育。摩加迪沙的一所军校成为培养高级公职骨干的国家最高指导中心，政府通过这所军校开展军训，向民众灌输统一的国家意识形态。为了意识形态教育的需要，索马里政府将这所军校改名为“哈兰”（Halane），以纪念在1964年索马里与埃塞俄比亚冲突中牺牲的一名索马里中尉，这名中尉在战斗中为了抢回国旗而殉国。[①]

在国家安全局和国家安全法庭的支持下，政府强化对公职人员的培训。国家安全局和国家安全法庭联合处理各种政治犯，这些政治犯主要包括存在裙带关系、部落主义等问题的人、被指控“缺乏革命热情”或犯有叛国罪行的人。[②]政府对各种信息执行严格的国家

① I. M. Lewis, *Understanding Somalia and Somaliland: Culture, History, Society*, p. 39.

② 〔英〕I. M. 刘易斯：《索马里史》，赵俊译，第194页。

审查制度。[①]1970年，政府将电台、电视台和报纸等媒体国有化。[②]西亚德对不服从他的文官和军官进行了清洗和打压，如索马里军队第二高官穆哈麦德·埃布拉希姆（Mohamed Ibrahim）被派往德国任外交官。[③]

西亚德依靠军队上台，军官是西亚德进行深刻经济、政治和社会变革的重要保障，其意识形态明显属于左派，他们鄙视前议会政权，认为它是资本主义的表现，侵犯了索马里人的自豪和智慧。军官属于精英阶层的一部分，但他们大部分出身于牧民或者穷苦家庭，上军校成为这些家庭出身的人摆脱贫苦命运的重要途径。他们与城市精英阶层在价值观和政治观念上存在明显的差异，不认同西方的议会民主制。他们很多在苏联接受军事训练，受到共产主义理念的影响，这使他们倾向于社会主义制度。军官们只有少部分接受了西方的军事训练。警察部队是索马里共和国时期政府为了和军队竞争扶植的力量，主要由联邦德国负责训练。在西亚德的劝说下，警察部队尽管不都支持政变，但是也没有反对政变，其中一部分支持西亚德夺权。[④]

西亚德上台后加强军队建设。军队在西亚德政权中发挥重要作用。索马里根据西亚德的军民观进行军队管理。西亚德认为，军队和人民群众密切相连，暂时不存在向文官交权的问题。

西亚德上台以后，索马里国内逐渐形成对国家元首的个人崇拜。索马里官方出版西亚德传记，称其为“战无不胜的领导人”。关于西亚德的宣传海报、诗歌、颂歌散布全国，西亚德演讲的语录不仅出现在国家日报《十月之星》上，还被汇成小册子传播。[⑤]西亚德办公室挂有马克思、列宁和西亚德三人的画像。1972年，索马里《新时

① 〔英〕I. M. 刘易斯：《索马里史》，赵俊译，第229页。

② Raphael Cjijioke Njoku, *The History of Somalia*, p.122.

③ Ibid., p.119.

④ Basil Davidson, “Somalia in 1975: Some notes and impressions”, *A Journal of Opinion*, Vol. 5, No. 1, Spr., 1975, pp.20–21.

⑤ 〔英〕I. M. 刘易斯：《索马里史》，赵俊译，第193页。

代报》（New Era）大力讴歌西亚德，称赞西亚德和最高革命委员会的成就，称如果没有救世主和伟大导师西亚德总统的理论指导，索马里不可能在世界的民族国家之林中获得有声望的位置。①

社会主义意识形态和政党

1970年10月，最高革命委员会提出要在索马里实行“科学社会主义”。对于西亚德政权上台选择社会主义这一事件，索马里的马克思主义者巴斯赫·艾哈迈德·阿卜迪（Basche Ahmed Abdi）评论道：“随着西亚德同志领导下的爱国主义的十月政府掌权，结束了腐朽的反动制度，作为民族民主革命队伍之一的武装力量夺取了政权。这支部队是人民的一部分，但是不能同人民划等号，它引导我们的国家走上通向社会主义的非资本主义发展道路。”②1971年11月，西亚德访问苏联回国后不久，最高革命委员会宣布把索马里建成一党制国家。1973年9月，在回答法国《亚非》双周刊记者关于“他是如何成为社会主义者”的提问时，西亚德说：“读书，大量地读书。将一种制度和另一种社会制度进行对比，同时分析我国人民的状况。我相信社会主义，主要是因为我看到，这是一条最适合我国人民的道路……我不能容忍过去所存在的特权。现在我们所有的人都享有平等的权利。为使这些权利受到尊重和对所有的人都能平等，只有一条道路，就是社会主义；但是要科学的社会主义，即以集体福利、社会公道、经济平等和人的尊严为基础的唯一可行的社会主义。只有科学社会主义才能指出我国发展的正确道路。”③在西亚德看来，给索马里带来不幸的除了殖民主义之外，还包括生活中的陈规旧习。社会主义制度是所有各种制度中唯一正确的制度。西亚德一再指出“社会主义只有一种，这就是科学社会主义”，“作

① Raphael Cjijioke Njoku, *The History of Somalia*, p. 127.

② 《非洲共产主义者》季刊，1973年第四期，转引自〔苏联〕格·伊·米尔斯基：《“第三世界”：社会、政权与军队》，力夫、阜东译，第389页。

③ 《亚非》双周刊，1973年9月25日，转引自〔苏联〕格·伊·米尔斯基：《“第三世界”：社会、政权与军队》，力夫、阜东译，第390页。

为一种意识形态，科学社会主义是人类最美好和最进步的思想和总和，是数个世纪以来人类遭受压迫和剥削的痛苦经验的总结”。[①]

社会主义政党的建立是索马里社会主义实践的重要一步。索马里社会主义政党的建立与办事处关系密切。办事处是宣传政府政策的群众性机构，是联系政府和群众的纽带。1973 年夏，全国已建立 10 个州级和 50 个区级办事处，它们成为索马里革命社会主义党的雏形。[②]1974 年 10 月 21 日，最高革命委员会通过关于建立革命社会主义党的决议。1976 年 7 月 1 日，索马里革命社会主义党成立后，最高革命委员会宣布解散，并将权力移交给革命社会主义党。文职政府正式取代军人政权。

《索马里革命社会主义党党纲》指出：“劳动群众一直向往一个人人都过美好生活、不允许人奴役人和人剥削人的社会。”“索马里民主共和国最高革命委员会以科学社会主义原则为基础，利用社会主义大家庭里各国社会主义建设的经验，满怀信心地引导国家沿着已选择的道路前进。”[③]各种社会团体被纳入到革命社会主义党的统一领导之下，成为该党的工具。国家书记委员会改名部长委员会，西亚德身兼党总书记、部长委员会主席和国家武装力量总司令三职。

索马里革命社会主义党的成立明显受到其他社会主义国家特别是苏联的影响。西亚德和苏联最高苏维埃主席团主席波德戈尔内进行过互访。最高革命委员会很多成员参加了苏共的相关党务活动，西亚德曾率团出席苏共第 25 届代表大会。苏共在干部培训方面给予索马里很大帮助。革命社会主义党成立后，加强了与苏联、古巴、捷克斯洛伐克和南斯拉夫等社会主义国家政党的联系和合作。

---

① 马句：《索马里革命社会主义党简介》，《当代世界社会主义问题》1987 年第 3 期，第 79 页。

② 〔苏联〕格·伊·米尔斯基：《“第三世界”：社会、政权与军队》，力夫、阜东译，第 391—392 页。

③ 叶书宗编：《苏联历史档案选编·第 33 卷》，社会科学文献出版社 2002 年版，第 82 页。

文字改革与扫盲运动

通过文字改革和扫盲运动推进社会主义建设是索马里社会主义实践的重要举措。

最高革命委员会成立后，索马里语言文字改革再次被提上议事日程。索马里国内对于使用何种文字拼写索马里语存在分歧，有的主张使用阿拉伯字母，有的主张使用拉丁字母，还有的主张使用以前索马里人创造的字母奥斯曼尼亚文拼写。[①]每种主张都有支持者，主张使用阿拉伯字母的人认为索马里人从文化身份上属于穆斯林，支持奥斯曼尼亚文的人则代表索马里民族主义者的一种选择，因为奥斯曼尼亚文是由一名索马里谢赫创造的，而主张拉丁字母的人则认为拉丁字母适合拼写，而且代表政治进步。[②]1971 年 1 月，索马里语言委员会恢复运行，开始编写用拉丁字母拼写的索马里文语法、字典和学校教材。1972 年 10 月 21 日，最高革命委员会做出决定，用拉丁字母拼写的索马里文为国家的官方文字，结束了索马里语只有语言而无文字的历史，对索马里民族国家的发展产生了深远影响。

随后，政府开始大力普及索马里文。政府要求文职人员和军人用三个月（后延长为 6 个月）学会使用索马里文字。每个城市都办起索马里文学习班。1973 年 10 月 21 日，官方首份索马里文报纸《十月之星》问世。索马里文字的确定有利于政府开展大规模的扫盲运动和反部落主义运动，也有利于革命意识形态的灌输和社会主义实践。

索马里政府在文字改革以后，开始开展“文化革命”，以实现国民在两年内脱盲的目标。索马里政府开展的扫盲运动分为城市扫盲和农牧区扫盲。关于扫盲的意义，西亚德说：“关键的……是要给每个人会读会写的机会……我们必须要给我们的人民带来现代革

① I. M. Lewis, *Understanding Somalia and Somaliland: Culture, History, Society*, p. 41.

② I. M. Lewis, “The Politics of the 1969 Somali Coup”, *The Journal of Modern African Studies*, Vol. 10, No. 3, 1972, p. 407.

命教育……以重塑他们的社会生活……这是消除社会巴尔干化和碎片化为部落和支系的武器。它将带来绝对的统一，让任何的外国文化影响没有落脚之地。”①

到 1974 年 3 月时，已有约 40 万人参加识字学习。索马里政府规定青少年接受中等教育。②扫盲运动在城市获得成功，绝大多数没有受过教育的城市人口参加了成人扫盲班。1974 年，索马里政府将扫盲运动向农村和边远地区扩展。政府派遣由中学生、老师、兽医和医生组成的扫盲队深入内陆牧区，教游牧民书写索马里语，传授卫生保健知识、现代畜牧方法，并教他们学习和接受社会主义价值观。关于农牧区扫盲活动的细节，学者刘易斯描述道：

> 这些被给予特权的城市学生带着毛毯、小黑板、水壶和其他基本的装备，以及两索马里先令的津贴，到牧区向被忽视的牧民们分享革命的成果。他们在牧民家中做客，作为对牧民的回报，教他们读写。③

反部落主义运动

反部落主义也是索马里社会主义实践的重要内容。1969 年，西亚德上台后，通过科学社会主义意识形态统一索马里社会，降低部落主义的影响。西亚德宣称社会主义是统一的力量，提出“部落主义造成分裂，社会主义实现团结。”④在谈到部落问题时，他说道：“部落主义是前进道路上的主要障碍”，“是殖民主义对非洲实行

---

① 〔英〕I. M. 刘易斯：《索马里史》，赵俊译，第 198 页。

② 马句：《索马里革命社会主义党简介》，《当代世界社会主义问题》1987 年第 3 期，第 79 页。

③ I. M. Lewis, *Making and Breaking States in Africa*, Lawrenceville, NJ: Red sea press, 2000, p. 89. 转引自 Mary Harper, *Getting Somalia Wrong? Faith, War, and Hope in a Shattered State*, London: Zed Books, 2012, p. 55.

④ Mary Harper, *Getting Somalia Wrong? Faith, War, and Hope in a Shattered State*, p. 54.

分而治之的手段”，政府“将不惜一切代价反对部落主义”。西亚德宣称：“部落主义和民族主义无法手拉手前进，不幸的是我们的民族存在过多的世系派别；假如索马里人要通向地狱，部落主义将是运送我们的车辆。”[①]索马里政府采取了一系列反部落主义的措施。

第一，推行行政改革。西亚德对地方行政部门进行一定的改革。首先，为了打破原有部落、氏族的地域界限，政府将原有的大州划分为较小的州，[②]而且规定需要重新命名的州不能使用部落或者氏族的名字。[③]例如，政府将米朱提尼亚州更名为巴里州[④]；其次，为削弱部落、氏族首领的权力，政府在州、区和村设立由内政部统一管理的军事行政人员，原来各部门的官员都由军人代替。政府通过改变对部落长老的封号，并通过法律手段抑制部落主义，如引进死刑取代索马里传统部落之间的血偿制度。[⑤]

为了抑制城市的部落主义，政府采取积极措施，承诺给那些在城市里去世且没有亲戚可以帮助安葬的人提供安葬费，使死者能够在工作地区得到安葬，改变过去索马里人死后到农村安葬的习俗。索马里政府试图通过行政改革，弱化原来存在于国民中的部落和氏族认同，强化国民的地域和国家认同。

第二，颁布相关法律法规。私有观念是部落社会的传统价值观之一，土地国有化是西亚德政权反部落的一个重要手段。1970 年，政府颁布法令，取消所有部落首领的头衔和特权（包括分配土地的特权），废除部落和氏族拥有土地、牧场和水源的权利，禁止宣传部落主义，加强民族团结教育。这对于稳定国家政局起到了一定的

① Mary Harper, *Getting Somalia Wrong? Faith, War, and Hope in a Shattered State*, p. 54.

② 西亚德政权先后对全国行政区划进行多次调整，将全国划分为 18 各州，即下朱巴、中朱巴、盖多、巴科尔、拜多阿、下谢贝利、中谢贝利、贝纳迪尔、希兰、加尔古杜德、穆杜格、加努尔、萨纳格、巴里、托格代尔、沃戈伊加尔贝德、阿瓦达尔和索尔。各州下辖若干区，全国共分为 87 个区。州和区均设地方政府和经选举产生的州、区委员会。

③ 〔英〕I. M. 刘易斯：《索马里史》，赵俊译，第 196 页。

④ I. M. Lewis, *Understanding Somalia and Somaliland: Culture, History, Society*, p. 40.

⑤ Ibid., p. 38.

积极作用，但是由于政府没有将畜牧业的生产国有化，造成这些措施没有取得很好的效果。

此外，为了使民法现代化，1973 年政府颁布《民事法》，对部落首领在民事领域的权力进行限制。1975 年，政府颁布《第 67 号法令》，改变了习惯法中有关杀人要由整个部落集体支付或接受“血债赔偿”的原则，明确规定杀人者要判处死刑，补偿只给直系亲属。

第三，开展反部落主义运动。1970 年末 1971 年初，索马里政府在各地组织游行活动，代表“部落主义、腐败、裙带关系和暴政”的假人被象征性焚烧或埋葬。1971 年 4 月，全国开展为期一个月的反对和批判部落主义的运动，强调加强民族团结，反对国家分裂。带有部落暗示的词语被禁止使用。以前政府允许个人在说明其出身时使用 “前氏族（ex-clan）” 一词，但现在该词被禁止使用。由于礼貌用语“兄弟”一词在索马里传统中带有明显的部落主义、血缘关系的色彩，政府不提倡使用这个称谓，号召人们用“同志”一词取代。

独立前，索马里民族主义者呼吁建立具有超越部落界限的索马里人的兄弟情谊，将不同部落、氏族和世系的人们团结起来。现在索马里政府强调的朋友关系是在无差别的索马里民族认同基础上建立合作和团结，试图让索马里彻底不再有传统上的分化。[①] 政府在全国每个区都建立了“新生活中心”，以此作为地方政治和社会活动的场所。政府规定所有的婚礼都应在“新生活中心”举行，西亚德本人还亲自主持过这种婚礼。对待游牧民，政府工作的重点是建立安置地，使其成为游牧民重构身份认同的基本单位。政府还在游牧民常去的取水点附近设置指导中心，进行政治和社会宣传活动，负责人们的婚配问题。[②]

在公开讲话中，西亚德多次谴责部落主义。1974 年索马里发生旱灾后，政府在组织救灾的同时，推行两项长期性政策：让游牧民

---

① 〔英〕I. M. 刘易斯：《索马里史》，赵俊译，第 192 页。

② 同上书，第 196 页。

定居和让部落组织解体。政府将游牧民安置在南部集体和国有农场以及鱼肉罐头厂。苏联在帮助索马里政府进行游牧民迁移中发挥重要作用，担负了大量的空运和陆地运输工作。很多索马里游牧民被安置在与他们没有关系的部落中，由牧民变成农民或渔民。[①]索马里政府在安置游牧民的同时，对其进行革命教育，并向其灌输社会主义价值。

尽管采取了以上措施，但部落认同的影响依然存在。比如最高革命委员会按照氏族的代表性原则组织，西亚德统治集团网的核心被称为“MOD 体系”，M 代表西亚德家族所在的达鲁德部落的马雷汉氏族，该氏族主要分布在朱巴河流域中部，O 代表西亚德母亲家族所在的达鲁德部落欧加登氏族，D 代表西亚德的女婿所在的达鲁德部落的杜尔巴汉特氏族，其生活区域地跨南北区。西亚德政权的统治核心来自这些部落和氏族。[②]西亚德通过母亲家族的成员保持对欧加登氏族的联系，通过女婿家族抑制南北区的矛盾。索马里人批判西亚德在反部落主义时的双重标准。索马里国内当时流传着这样一个笑话，“政府在将象征部落主义的木偶烧毁后，巴雷又在半夜将其挖出来重新放到自己的办公室”[③]。显然，部落观念和部落主义的影响不可能短期消除。西亚德政权削弱部落、氏族影响的措施损害了部落和氏族首领的利益，引发他们的不满和反抗。这成为西亚德统治后期索马里出现动乱并发生内战的重要原因之一。

伊斯兰教与社会主义实践

最高革命委员会宣布在索马里实行“科学社会主义”，但是索马里的社会主义实践有明显的特色，是科学社会主义与索马里伊斯兰社会传统相结合的产物。

---

① 〔英〕I. M. 刘易斯：《索马里史》，赵俊译，第 199 页。

② I. M. Lewis, *Understanding Somalia and Somaliland: Culture, History, Society*, p.46.

③ Raphael Cjijioke Njoku, *The History of Somalia*, p.125.

伊斯兰教在索马里的传统社会中扮演着重要角色。索马里99%的公民信仰伊斯兰教，国内大小村镇都建有清真寺，学校设有伊斯兰教义课。[①]索马里穆斯林中大部分是逊尼派，信仰苏非主义，因此，索马里盛行圣徒崇拜。宗教首领谢赫负责索马里人的宗教生活，给年轻人讲授《古兰经》和伊斯兰教教义，主持婚礼和处理各种纠纷。伊斯兰教已经成为索马里文化的重要组成部分，影响着人们的社会生活。

西亚德政权想通过社会主义意识形态使索马里的政治、经济和社会结构发生根本性变化。最高革命委员会打造的革命意识形态对伊斯兰教和共产主义进行调和。[②]西亚德坚称其致力于科学社会主义的政府与伊斯兰教是相融合的。西亚德在1972年的一次演讲中说道："科学社会主义的奠基者尤其不反对宗教，但他们揭露并驳斥了宗教中的反动因素，这些反动因素支配着人类所具有的健康理性思维，因此阻碍了社会的进步。"[③]西亚德试图通过调和社会主义和伊斯兰教，反对伊斯兰保守派对其改革的批评。西亚德并没有对伊斯兰教采取打压政策，一些伊斯兰教宗教人士主动配合政府的社会主义建设，在政府开展合作运动的过程中，他们主张以伊斯兰教各宗教组织作为生产合作社，将它们联合成立协会，各成员必须为整个集体工作，严格遵守协会的规章。[④]1979年宪法定伊斯兰教为国教。[⑤]

西亚德宣称他比批评者能更好地理解先知穆罕默德的教诲。索马里政府用国家媒体来宣传社会主义和伊斯兰教的共融性，用《古兰经》及其评注服务于社会主义宣传。政府领导人经常参加伊斯兰

① 葛佶主编：《简明非洲百科全书（撒哈拉以南）》，中国社会科学出版社2000年版，第23页。

② Shaul Shay, *Somalia between Jihad and Restoration*, Pisctaway, NJ: Transaction Publishers, 2008, p. 3.

③ 〔英〕I. M. 刘易斯：《索马里史》，赵俊译，第200页。

④ 〔苏联〕E. 舍尔：《索马里与埃塞俄比亚的伊斯兰教》，张铁山译，《今日亚非》1988年第1期，第64页。

⑤ 同上书，第64—65页。

教的礼拜、朝圣活动，经常宣扬伊斯兰教信仰，强调伊斯兰教曾在殖民时期索马里民族解放运动中发挥重大作用，并将继续促进民族觉醒。西亚德试图将科学社会主义实践与伊斯兰民族主义结合起来。上台后，西亚德在摩加迪沙为民族英雄穆罕默德·哈桑修建骑马雕塑纪念碑。在其社会主义宣传中，他宣称自己继承了哈桑德尔维什运动的遗产，竭力将自身的世系与哈桑的世系联系在一起，增强自身的合法性。

索马里政府重视清真寺的建设，并通过大众传媒工具宣传伊斯兰教。政府对伊斯兰教持务实的态度，认为宗教信仰不应该阻碍群众参加社会主义民族建设，无神论教育不应该是强制性的，而是通过提高整个民族的文化水平来实现。

西亚德认为科学社会主义可以实际应用在所有的环境下——伊斯兰教的和非伊斯兰教的。西亚德将社会主义服务于其政治建设，并根据政治建设的实际需要打造西亚德式的社会主义。最高革命委员会奉行一种包含《古兰经》和马克思主义的意识形态，宣布它的使命是通过“索马里独有的方式”的科学社会主义实现社会的快速转型。

但在具体的实践中，伊斯兰教与社会主义意识形态之间存在矛盾，并经常发生冲突。苏非信仰在索马里长期处于主导地位，索马里独立时这种地位没有发生改变。随着“二战”后索马里与外界交往的增多，外部的伊斯兰思想对索马里的影响力上升。20 世纪 60 年代后期，索马里政治伊斯兰运动兴起，受埃及穆斯林兄弟会的影响，索马里伊斯兰组织伊斯兰协会（Islamic Association）和伊斯兰青年联盟（Unity of Islamic Youth Union）先后成立。[①] 进入 20 世纪 70 年代，沙特瓦哈比派在索马里大力传播，该派将苏非派视为异端，批判苏非派的修行方式，加剧了索马里的宗教矛盾。伊斯兰力量抵

---

① 参见 Roland Marchal, “Islamic Political Dynamics in the Somali Civil War”, in Alex de Waal ed., *Islamism and Itsenemies in the Horn of Africa*, Bloomington and Indianapolis: Indiana University Press, 2004, p.119; 李福泉:《索马里政治伊斯兰的演进与特点》,《国际论坛》2012 年第 6 期, 第 71 页。

制索马里的科学社会主义实践，遭到西亚德政权的压制。1973年，政府颁布《民事法》，限制了伊斯兰教法的作用。1975年，政府颁布《家庭法》，明确规定女子享有同等继承权，10名伊斯兰宗教人士因为反对该条款被处决。伊斯兰势力随后发动示威游行，遭到政府的镇压。政治伊斯兰运动因为政府的压制陷入低潮，伊斯兰主义者被迫转入地下，很多逃往海湾产油国。

二、欧加登战争以前索马里的外交政策

索马里的外交政策

西亚德政变上台后，宣布索马里民主共和国对外奉行中立和不结盟的政策，反对帝国主义和新老殖民主义，反对种族歧视，支持各国的民族解放运动。最高革命委员会《第一号革命声明》中指出，民主共和国政府的对外政策是支持国际团结和民族解放运动，反对一切形式的殖民主义和新殖民主义，努力维护索马里的民族统一，坚持各国人民和平共处原则，积极奉行积极中立和不结盟政策。

在追求独立和去殖民化过程中，很多非洲民族主义者和后殖民时代领导人将资本主义等同于殖民主义，而社会主义往往与自由、平等和公正相联系。有学者认为，这一点在西亚德身上有所体现，在一次演讲中，他强调“饥饿的自由远远好过让别人羞辱”①。在外交实践中，索马里民主共和国实行亲苏联的外交政策，与西方国家之间的关系比较冷淡。

出于本国经济建设的需要，索马里也争取西方国家的经济援助。此外，索马里也注重发展与非洲国家和阿拉伯国家之间的关系。苏联的支持成为西亚德政权推行大索马里主义政策的重要动力。欧加登战争成为索马里对外交往的转折点。

① Raphael Cjijioke Njoku, *The History of Somalia*, p. 118.

亲苏外交

索马里民主共和国亲苏外交的形成与共和国时期两国关系的发展存在密切的相关性。共和国时期，索马里政府开展多元外交，积极争取外援发展自己，并希望通过外国的武器援助推行其大索马里主义政策。苏联出于和美国在非洲之角进行冷战的需要，也积极发展与索马里的关系。两国的双边贸易迅速发展，苏联成为索马里的重要贸易伙伴。苏联给予索马里大量的经济和军事援助，苏联派遣大批军官到索马里训练索马里军事人员，并接受索马里军官赴苏联培训，许多在苏联接受培训的索马里军官接受了马列主义的观点。这些人是后来亲苏外交政策和社会主义实践的主要支持者。70年代初，随着苏联与苏丹和埃及两国关系的恶化，为保持本国在东北非和中东的影响力，避免在和美国的地区角逐中落于下风，苏联积极发展与索马里的关系。①

西亚德上台以后，索马里与苏联的双边关系，特别是军事关系迅速发展。从1969年最高革命委员会掌权到欧加登战争前后，索马里与苏联关系密切，苏联给索马里提供多方面的援助，不少苏联专家被派到索马里工作。苏联对索马里的援助金额达到1.3亿美元，援助项目除用于军事之外，还包括港口建设和工业建设。苏联援助索马里修建柏培拉港，兴建基斯马尤肉类加工厂和拉斯科雷鱼类加工厂。1971年11月巴雷访苏后，苏联答应协助索马里开垦朱巴河下游地区，建造水坝、灌溉渠和水力发电站，改进无线电广播等。

1972年，苏联国防部长格列奇科访问索马里，与索马里签订援建柏培拉港的协议。根据协议，港口修建完成后，苏联有优先使该

① 1971年7月，因为参与和支持苏丹共产党发动的反尼迈里政府的政变，苏联与苏丹关系恶化；1970年9月，萨达特在纳赛尔去世后继任埃及总统，埃及和苏联关系不断出现裂痕。1972年7月，埃及宣布驱逐在埃及的苏联军事顾问，将苏联在埃及的所有军事设施收归国有，埃苏关系开始紧张。十月战争后，双方关系进一步恶化。

港设施的权利。苏联在柏培拉港修建了储存导弹的基地，修建长达数千米、能够起降大型轰炸机的跑道，还修建巨大的雷达和通讯设施，将柏培拉变成苏联在非洲之角重要的战略基地。索马里政府同意柏培拉港为苏联提供补给，并为苏联的印度洋舰队提供停靠特权。经索马里政府允许，苏联在柏培拉港部署伊尔-38反潜巡逻机和图-95熊式轰炸机，将柏培拉港建设成为70年代苏联在印度洋最大的海空军基地。通过柏培拉的军事设施，苏联可以监控美国在中东和北非的军事活动。

1972年7月10日，索马里国防部长、武装力量总参谋长穆罕默德·阿里·萨曼塔（Mohammed Ali Samantar）应邀访问苏联，苏联国防部长安德烈·格列奇科（Andrei Grechko）元帅给予萨曼塔热情接待。双方就苏联向索马里增加军事援助等问题达成共识，签订了双边军事合作条约。格列奇科表示："苏联将一如既往地支持索马里人民为争取自由、民族独立和社会进步所做的努力。"① 苏联还向索马里军队提供大量先进的大型武器装备，其中包括大型坦克、喷气式飞机和米格-21战斗机等。

1974年7月，西亚德与苏联最高苏维埃主席团主席波多格尔内签订为期20年的《苏联-索马里友好合作条约》。② 按照条约，双方将进行全方位的合作，扩大经济和技术交流，在军事训练和装备上深化合作。苏联宣布免除索马里所欠的8000万美元的军事援助贷款和4500万美元的经济援助贷款。③ 索马里军队得到米格-21战斗机、T-54坦克、萨姆-2导弹、鱼雷艇等当时比较先进的军事装备。苏联向索马里派遣的军事顾问增加到1500人。此外，在苏联的帮助下，还有50名古巴军事顾问来索马里工作。苏联还帮助训练索马里军队的情报人员及国家安全人员。在索马里与苏联关

---

① Robert G. Patman, *The Soviet Union in the Horn of Africa*, Cambridge: Cambridge University Press, 1990, p. 117.

② Gary D, Payton, "The Somali Coup of 1969: The Case for Soviet Complicity", *The Journal of Modern African Studies*, vol. 18, no.3, 1980, p. 494.

③ Robert G. Patman, *The Soviet Union in the Horn of Africa*, p. 146.

系恶化前夕，约有2400索马里军官在苏联接受过军事训练，还有150名索马里军官正在东欧接受训练。1976年8月，索马里副总统萨曼塔率团访问苏联。1977年5月，苏联最高苏维埃主席团主席波德戈尔内在索马里和西亚德进行会晤，讨论索马里与埃塞俄比亚埃关系问题。[①]

苏联的援助增强了西亚德政权的实力。西亚德政权可以对内压制反对派，保持国内政治的稳定，对外可以推进大索马里主义政策。[②]对苏联援助的过度依赖也造成索马里与苏联关系破裂后国内政局的不稳和发展的困难。

欧加登战争以前，索马里与美国关系冷淡。1969年12月，索马里赶走美国和平队，并要求美国驻索马里大使馆将工作人员人数降到最低。但双方也保持着接触。1977年2月，西亚德在桑给巴尔与美国常驻联合国代表扬格进行会晤，在回答扬格关于索马里为什么总是坚持反美国立场的提问时，西亚德说："美国自己推行恶毒的反索马里政策，索马里民主共和国坚决谴责美国的近东政策，以及他们在反对进步制度斗争中给予反动势力的支持，谴责其在地球不同地点挑起军事冲突。"[③]在欧加登战争期间索马里与苏联关系恶化后，美国开始对索马里进行援助，两国关系开始有所改善。[④]

意大利在西亚德上台之后继续对索马里进行经济援助，加强两国的经济合作。1967—1971年，意大利给索马里的援助金为171亿里拉。1971年，意大利根据双边援助协定，从1972年到1974年每年给予索马里27亿里拉援助。1971—1982年，意大利平均每年给索马里的援助是0.921亿美元。[⑤]

---

① 叶书宗编：《苏联历史档案选编·第33卷》，第110—111页。

② Shaul Shay, *Somalia between Jihad and Restoration*, p. 4.

③ 叶书宗编：《苏联历史档案选编·第33卷》，第79页。

④ 《各国概况》编辑组编：《各国概况》，世界知识出版社1979年版，第639页。

⑤ Donatella Strangio, *The Reasons for Underdevelopment: The Case of Decolonization in Somaliland*, pp. 102–103.

与非洲和阿拉伯国家关系

西亚德上台后注重提升本国的国际影响力，索马里对非洲地区政治事务的参与增加。1972 年，索马里成功调停乌干达和坦桑尼亚的对抗。索马里曾担任非洲统一组织会议东道国，在非洲的影响力得到提升。西亚德强调索马里在地理位置上是伊斯兰世界和撒哈拉以南非洲的桥梁。索马里与古巴合作为非洲解放组织提供训练。它还参与葡萄牙政府与安哥拉和莫桑比克解放组织之间的谈判。1974 年 6 月，在摩加迪沙成功召开非洲统一组织第 11 届首脑会议，西亚德也在同年成为非洲统一组织主席。[①]

索马里也重视发展与阿拉伯国家之间的关系。索马里政府声称，索马里与阿拉伯国家有着悠久的文化、宗教和地理上的联系。1974 年，索马里加入阿拉伯国家联盟，[②] 成为其中唯一的非阿拉伯语成员国。

索马里能够成为阿盟成员国，与索马里和阿拉伯国家之间存在的地缘和文化联系紧密相关。索马里地处非洲之角，该地区是阿拉伯伊斯兰世界与撒哈拉以南非洲之间的过渡地带。历史上，索马里在种族和宗教文化上受到阿拉伯人的广泛影响，两地的经济交流也非常密切。索马里一方面支持阿尔及利亚、伊拉克、利比亚等国反对美国在中东的政策，另一方面又同亲西方的埃及和沙特阿拉伯等国保持良好的关系。埃及和沙特阿拉伯向索马里提供军事援助，沙特阿拉伯希望通过援助索马里使其脱离苏联的轨道向西方靠拢。1974 年，沙特阿拉伯在伊朗支持下，试图以 7500 万美元的一揽子援助的方式减少苏联对索马里的影响。但由于索马里拒绝了这一援助条件，沙特收回了援助承诺。

不可忽略的一点是沙特阿拉伯对索马里伊斯兰运动的影响。70

① 葛佶主编：《简明非洲百科全书（撒哈拉以南）》，第 128 页。

② 马句：《索马里革命社会主义党简介》，《当代世界社会主义问题》1987 年第 3 期，第 79 页。

年代以来，沙特阿拉伯经济发展迅速，地区影响力扩大，开始大力向外传播瓦哈比主义。沙特与索马里经济联系密切，有大批的索马里劳工和留学生在沙特生活，沙特瓦哈比派对在本国的索马里人进行宣教，并通过援助在索马里城乡建立宗教学校。西亚德时期，索马里的瓦哈比派影响力很小。随着索马里陷入动乱，瓦哈比派势力的影响力逐渐上升。

与邻国关系

在与邻国关系问题上，索马里民主共和国宣布“将采取负责任的态度以实现统一的目标”。西亚德上台后，经常宣布他将致力开展解放在外国统治下受苦的索马里同胞的事业，这些同胞主要生活在法属索马里、欧加登地区和肯尼亚东北部地区。大索马里主义政策非常不利于其与邻国关系的发展。索马里的政策造成其在非洲国家中的孤立，非洲国家从非洲国家边界的敏感性出发，不支持其大索马里主义政策。索马里在非洲事务中取得的成就被冲淡。

因为欧加登问题，索马里与埃塞俄比亚继续处于矛盾状态。1970—1971 年，双方进行了一系列谈判，但没有取得效果。1972 年底至 1973 年初，双方在边境的乌阿申、邦戈尔和杰洛等地发生冲突，它们都以和平方式得到解决。[①] 在 1974 年以前，西亚德在欧加登问题上一直保持克制，努力维持与埃塞俄比亚的关系，不公开支持欧加登地区索马里人的反政府斗争，压制国内政府和军队中要求对欧加登进行武装干涉的势力。

1974 年，埃塞俄比亚发生军事政变，塞拉西皇帝被推翻，埃塞俄比亚全国陷入混乱。西亚德试图利用埃塞俄比亚政府立足未稳之机，统一欧加登索马里人居住区。因此，他增加了对欧加登索马里人军事组织“西部索马里解放阵线”（Western Somali Liberation Front）的支持。1975 年，“西部索马里解放阵线”在索马里军队

① 叶书宗编：《苏联历史档案选编 · 第 33 卷》，第 99—100 页。

的支持下，对埃塞俄比亚在欧加登地区的许多军警基地发起进攻。1976 年，西亚德向埃塞俄比亚派遣密使，试图与埃塞俄比亚领导人就欧加登自治问题进行谈判。1977 年 6 月，埃塞俄比亚指责索马里正规军入侵埃塞俄比亚。1977 年 7 月，双方进入战争状态。

自 1967 年，索马里与肯尼亚达成协议之后，两国关系基本保持正常。但是，由于索马里没有明确宣布放弃对肯尼亚东北部领土的要求，双方互有戒心，经常发生争吵。欧加登战争爆发后，肯尼亚站在埃塞俄比亚一边指责索马里推行大索马里主义，双边关系一度紧张。[①]

吉布提在 1977 年独立前是法属索马里，索马里人是法属索马里的主要居民，占当地人口的一半以上。[②]索马里独立后，曾坚决要求收回法属索马里，并支持法属索马里人民要求独立并同索马里共和国合并的斗争。但 1975 年法属索马里通过公民投票决定未来地位时，赞成独立的选民中 95% 选择单独建国而不是与索马里合并。1977 年 6 月，吉布提获得独立，成立索马里人担任总统的政府。[③]索马里只能承认吉布提的独立。

三、索马里的社会主义经济建设

国有化和集体化政策的实施

欧加登战争以前，索苏关系是索马里最重要的双边外交关系，在苏联的援助下，索马里开始社会主义经济建设。针对共和国时期经济发展存在的问题，政府成立后首先进行了一系列的行政改革。政府通过加强对各部门的纪律建设，结束以前政府的无组织和低效局面。为减少行政开支，政府大大减低公职人员的薪金，官员从

① 《各国概况》编辑组编：《各国概况》，第 640 页。

② 〔英〕I. M. 刘易斯：《索马里史》，赵俊译，第 1 页。

③ I. M. Lewis, *Understanding Somalia and Somaliland: Culture, History, Society*, p. 43.

1970 年起根据等级的不同降薪 5% 到 40%，[①] 军人和警察的薪金也被降低。

索马里大力发展公有制经济，实行经济国有化和集体化政策。政府将工业企业收归国有，由国家控制对外贸易，对出口的工农业产品实行统购统销。政府组织手工业者、农牧民建立“生产合作社”，在工厂和企业中成立“工人委员会”。政府还招聘城市中的无业人员参与大型工程建设。[②] 1969 年，政府以购买股票的方式收回由意大利经营的索马里航空公司。该公司的职员包括飞行员、工作人员和工程师在内，全部由本国人组成，这在非洲国家历史上具有划时代意义。[③]

1970 年，政府宣布将外国资本经营的摩加迪沙电力公司、乔哈尔糖厂、石油公司、保险公司和外国银行等收归国有。同年 8 月，索马里成立香蕉生产和贸易委员会，掌握香蕉的生产和经营。1971 年 7 月，政府宣布对玉米、高粱实行统购统销。1973 年初，政府将统购统销的范围扩大到油料。政府先后对畜产品、香蕉、药品、建筑材料、石油及生活日用品的进出口实行国家垄断，由国家对外贸易局负责。香蕉的出口由国家香蕉局垄断，该机构 1970 年成立，负责给生产者分配出口配额，以固定价值支付生产者，并为生产者购买肥料、拖拉机和包装箱等提供贷款。[④]

政府设置地方粮仓，控制粮食市场。农民生产的谷物在留够口粮的情况下其余都被政府强制收购，他们必须以政府指导价卖给政府控制的农业发展公司。1972 年 3 月和 10 月，政府分别将私人和外资办的诊所、学校和印刷厂等收归国有。同时，政府不断动员群众开展生产劳动竞赛。1970—1972 年，政府大力推行以文教、卫生、水利和交通项目为中心的“自助计划”（self-help program）。该计

① 顾章义、付吉军、周海泓编著：《列国志 · 索马里　吉布提》，第 112 页。

② I. M. Lewis, *Understanding Somalia and Somaliland: Culture, History, Society*, p. 38.

③ Donatella Strangio, *The Reasons for Underdevelopment: The Case of Decolonization in Somaliland*, p. 31.

④ Ibid., p. 51.

划共建成项目 50 多个，完成了开垦 1.5 万公顷荒地的突击计划。

通过国有化措施，政府迅速控制相当多的现代经济部门，如银行、保险公司、石油产品分销公司和制糖业等。为了控制建筑材料和食品行业，政府建立国家建筑材料局和食品局。1973 年 7 月，政府决定在全国耕作区除增加国营农场之外，还建立和推广农业合作社，同时兴修水利设施，建立良种培育站和农业拖拉机展，增加农业机械化设备。这些措施在一定程度上促进了农业生产。

索马里的国有化政策并非全盘国有化，在工业国有化方面，索马里政府没有将索马里与联邦德国合资的巴拉德（Balad）棉纺织厂国有化。政府并未将传统的牧业经济部门国有化，而是向牧民说明其他行业的国有化不会影响他们饲养的牲畜。牧业是索马里经济的支柱，国内生产的牲畜主要通过私人公司出口到邻近的阿拉伯国家。但是国家也参与牧业经济的经营，皮革的出口贸易要由政府控制。[①] 由于索马里工业经济规模小，政府的国有化政策影响面有限，对传统经济影响不大。1973 年，政府公布合作社发展法，决定建立农业生产合作社，并通过政府出钱购买农业机械的方式建立现代农场，来促进农业的发展。

在对待外国投资问题上，索马里并不排斥外资参与经济建设。1977 年 1 月 29 日，政府颁布《外国投资法》，对外国投资采取既鼓励又限制的政策。[②]

政府的集体化政策与索马里国民传统的文化习俗存在很大矛盾。索马里农牧民过去喜欢无拘无束的自由生产和生活，很多人不认同集体化政策。土地国有化和农牧业合作化搞得过激，挫伤了小农和牧民的生产积极性，农业产量下降，牲畜头数减少，粮食自给问题没有解决。政府对一些不利于发展生产和改善人民生活的政策进行了“微调”。从 1974 年开始，在实行粮食统购统销政策时，政府改变了原来不留口粮的规定，提高了农民生产的积极性。外贸方面，

---

① I. M. Lewis, *Understanding Somalia and Somaliland: Culture, History, Society*, p. 41.

② 亦友：《各国利用外资政策选介》，《国际经济合作》1986 年第 10 期，第 36 页。

政府减少进出口商品贸易的垄断，并采取保护小商人利益的措施。此外，政府鼓励私人投资，并更加重视发展投资少、收效快、能利用本国资源的中小型工业。

国民经济发展计划的实施

从 1971 年开始，索马里政府开始制定和实施三年发展计划。该计划是在苏联的指导下进行的，其主要目标是提高人民的生活水平，保证每个人就业，在索马里消除资本主义，实现农业现代化，建立新型工业。[①]计划总投资 9.999 亿先令，其中本国出资 2.0164 亿先令，占投资额的 20.2%，外来援助为 7.983 亿先令，占 79.8%。重点发展农业、畜牧业和交通运输业，目的是提高粮食产量和出口贸易量。索马里政府实施自助计划和突击计划（crash program），开展植树和沙地固化行动，动员和组织失业的年轻人参加经济建设。突击计划的主要目标是实现农业集体化，开垦未开发土地，提高粮食产量，消除城市和农村的未就业问题。该项措施也有助于解决索马里大城市特别是摩加迪沙和柏培拉等地的失业和犯罪问题。[②]

1973 年，政府颁布《农业合作社法》，建立农业合作社。首先开展教育项目，使农牧民认识到农业生产合作的价值；然后，在条件成熟后逐步推进农业生产的集体化。第一阶段，农民拥有土地和牲畜，但不得不共用农业生产机械，到第二阶段达到生产要素的全部公用，最后农民的土地和产品都变成公共财产。

索马里政府开展的合作社运动得到许多国际组织和援助国的支持，世界银行、联合国粮农组织、欧共体、经济合作与发展组织、石油输出国组织、苏联、美国、澳大利亚、意大利和许多阿拉伯国家等都提供了大量的帮助。索马里政府建立渔业合作社，苏联为其提供拖网渔船。在利用苏联外援的同时，索马里也积极争取其他国

---

① Donatella Strangio, *The Reasons for Underdevelopment: The Case of Decolonization in Somaliland*, p. 51.

② Raphael Cjijioke Njoku, *The History of Somalia*, p. 123.

家和国际组织的援助。欧共体对索马里的农业进行援助。1975 年，欧洲共同体给予索马里经济援助，帮助索马里在中南部主要牧区建设 37 座水库，每座水库的容量为 2.5 万—3 万立方米，雨季蓄水，在旱季用水。此举基本上解决了水库区干热季的水荒。①

在三年计划的基础上，政府又于 1974 年 3 月宣布实行五年发展计划。在城市发展轻工业，在农业、牧业和渔业领域继续发展合作社。但向牧业的投入仅占总预算的 4.2%，主要用于建设牧业合作社、保护牧场和开挖水井等。在政府建立的 14 个牧业合作社中，每户可拥有 200—300 公顷的牧场。干旱时，政府向合作社牧民开放保留牧场，提供教育和卫生服务。

经济建设的成就和不足

三年计划的实施增强了索马里政府对本国经济的掌控能力，改善了政府的财政状况，有利于民族经济的发展和国家政权的巩固。索马里的国民收入从 1969 年的 2.72 亿先令增加到 1973 年的 4.569 亿先令。外汇储备从 1969 年的 9.097 万先令增加到 1972 年的 2.5 亿先令。财政收入 1969 年亏 1200 万先令，到 1973 年盈余 6075 万先令。1972 年，政府清偿了所有内债约 9000 万先令。1972 年，索马里国民生产总值为 13 亿先令，人均国民生产总值约合 290 先令。

索马里的工业有了一定发展。1971 年，全国有工厂 195 家，工业产值占国民生产总值的 10% 以上。主要有制革、制糖、畜类和鱼类罐头、面粉加工、纺织、制鞋、肥皂、印刷、建筑材料和电力等工业企业。到 1975 年，索马里工人数量为 1.1 万人。②

索马里的轻工业发展也取得了明显的进步。五年计划期间政府重组唯一的奶制品加工厂，增加了其生产能力。政府建立了生产西红柿罐头、面粉、意大利面条、香烟、火柴、纸盒和塑料袋的工厂，新建了几家粮食加工厂和一家石油冶炼厂。政府还新建家畜肉类和

---

① 徐守魁：《索马里重视畜牧业》，《世界农业》1989 年第 4 期，第 41 页。

② 《各国概况》编辑组编：《各国概况》，第 635 页。

鱼类加工厂，扩大原有糖厂的产量，并新建一座糖厂。1969—1975年，罐头肉、奶和纺织品的产量都有所增加。索马里是非洲海岸线最长的国家，渔业资源丰富。独立后，索马里政府开始重视渔业的发展。1974年旱灾以后，索马里政府安置大量游牧民到南部从事渔业工作。

畜牧业得到很好的发展。索马里在应对威胁非洲畜牧业发展的几种流行传染病方面取得很大进展。牛瘟、炭疽病和内脏寄生虫病是三种主要的传染病。独立后的索马里政府制定了一系列牲畜保健计划。1971年，政府畜产部成立兽医局，统管24个兽医站及32个流动兽医队，同时建立两座地区性大型兽医中心、28个牧区防疫点。这些机构大大提高了索马里的流行传染病防治能力。另外，为应对牛瘟这种危害性较大的病疫，政府还在全国范围内专门成立14个流动检疫队，使瘟疫基本上得到了控制。① 政府还建立兽医诊所帮助牧民，并提供免费动物疾病疫苗接种服务。②1969年，索马里制定了根除牛瘟的计划。到1975年，索马里8 %的牧牛注射了预防针。另外在新生的牛犊中，已有10%不必再进行预防注射，因为它们已具备了天然的免疫能力。1975年以后，牛瘟基本上得到控制。

索马里政府专门拨款兴建大型兽医药厂，除满足本国需要外，还计划出口。为应对长期干旱带来的不利影响，畜产部新开垦了250个备用牧场，将平时多余的牧草库存或者调拨给其他牧场使用。这些备用牧场还可进行引进良种牧草的培植试验。以上措施使牲畜的死亡率降到了最低点，畜牧业收入上升到国民总收入的三分之一。索马里还积极引进和改良牲畜品种，先后从澳大利亚和肯尼亚进口冷冻牲畜精液，建立良种供应站，并逐步实现自主培养和优选良种与冷冻精液。技术的改进提高了牲畜的产奶、产肉和生殖能力。从德国引进的优选技术使单头牛的产奶量从单日1—4公升提高到14—18公升。③

---

① 王黎：《索马里的畜牧业》，《阿拉伯世界》1986年第2期，第22页。

② Raphael Cjijioke Njoku, *The History of Somalia*, p. 122.

③ 王黎：《索马里的畜牧业》，《阿拉伯世界》1986年第2期，第24页。

但索马里的经济也存在许多严重的问题。政府前期的合作化政策过激，挫伤了农民的生产积极性。军费开支上升导致农业投资减少，加上旱灾等自然灾害的不利影响，索马里的粮食产量一度下降。1973 年到 1975 年的旱灾严重制约了索马里经济的发展。索马里的糖产量从 1969 年的 4.7 万吨下降到 1980 年的 2.91 万吨。肉罐头的产量从 1975 年的 1440 万听下降到 1979 年的 150 万听，奶制品、意大利面条、包装材料、香烟和火柴的产量都有所下降。从 1971 年到 1980 年间，索马里计划的投资只完成了 50%。欧加登战争之后，政府没有资金再去开展农业合作化运动，合作化运动逐步走向尽头。

三年和五年计划没有使索马里的经济结构发生根本变化，索马里仍然是以畜牧业为经济主体的国家。全国从事畜牧业的人口占总人口的 80%，畜牧业产值约占国民生产总值的 70%，占出口额的 75%。农业发展滞后。1977 年，索马里粮食总产量约为 16 万吨，需进口粮食 6 万吨。1977 年，索马里国民生产总值估计为 2.86 亿美元，人均国民生产总值为 90 美元，是联合国公布的二十五个最穷国家之一。[①] 索马里外贸逆差严重，外债负担重。[②]1978 年，政府外债为 5.9 亿美元，还本付息 1280 万美元。[③] 根据国际货币基金组织的估计，索马里的债务相当于其 25 年的香蕉出口收入。[④] 索马里无法还清债务造成其吸引外资的难度加大，更不利于今后经济的发展。此外，政府将大量宝贵的资金用于军队建设，军费是索马里政府开支的最大部分。索马里军队由建国时的 4000 人增加到 1978 年的 5.4 万人，高额的军费严重影响经济建设。

---

① 《各国概况》编辑组编：《各国概况》，第 637 页。

② 索马里当时欠债的主要国家主要分为三类，社会主义国家苏联、中国、保加利亚和民主德国；经济合作与发展组织（OECD）国家；阿拉伯国家沙特、科威特、阿尔及利亚、卡塔尔、伊拉克和利比亚。

③ 〔法〕于格·维埃：《索马里不发达状态根深蒂固》，宇泉译，《国际经济评论》1981 年第 12 期，第 59 页。

④ Donatella Strangio, *The Reasons for Underdevelopment: The Case of Decolonization in Somaliland*, p. 55.

四、改变索马里历史进程的欧加登战争

战争的起因

欧加登战争是1977—1978年爆发于埃塞俄比亚欧加登地区的战争，交战双方是埃塞俄比亚和索马里。战争中，苏联、古巴和南也门公开支持埃塞俄比亚，以色列也给埃塞俄比亚相当的支持。索马里早期也曾得到苏联支持，但后来苏联转为支持埃塞俄比亚，索马里转而向美国寻求援助。战争最后以索马里失败而撤出欧加登地区告终。

历史上索马里人与埃塞俄比亚的阿姆哈拉人长期敌对。在西方殖民者还未对索马里进行殖民瓜分之前，索马里人建立的苏丹国就和埃塞俄比亚的基督教王朝进行过长达4个世纪的争夺。1869年苏伊士运河开通以后，东非之角成为通向苏伊士运河的要冲，战略地位更加重要。索马里被英国、法国和意大利三国侵略和瓜分。埃塞俄比亚的地位也因为苏伊士运河的开凿提到提升，西方列强也将扩张目标指向埃塞俄比亚。埃塞俄比亚利用列强互相制衡，成功维护国家的独立。为了本国利益，埃塞俄比亚经常参与对索马里地区的争夺，以索马里土地作为其与西方殖民者谈判的筹码。

欧加登是埃塞俄比亚东部邻近埃索边界的一块土地，当地主要居民为索马里游牧民，属于达鲁德部落欧加登氏族。在索马里语中，欧加登意为“灼热的土地”。该地区面积约为22万平方公里，海拔500米以上，属于低高原地形。该地土地肥沃，盛产咖啡、小麦、甘蔗、棉花和皮革。1887年以前，欧加登属于一个独立的伊斯兰苏丹国。19世纪，埃塞俄比亚王国变强，其皇帝孟利尼克二世发动大规模战争，于1887年征服欧加登，并在豪德和欧加登设立临时行政机构。

西方殖民者在东非之角的殖民争夺给埃塞俄比亚和索马里的领

土争端埋下了祸根。1891 年，为让埃塞俄比亚不支持苏丹的抗英斗争，英国和埃方签订了一项秘密协定，答应把欧加登地区交给埃塞俄比亚。[①] 随后，法、意两国出于自身利益的考量，也纷纷同埃塞俄比亚签订相关条约，划分各自的势力范围，索马里人居住的欧加登地区被划入埃塞俄比亚的管理范围。1908 年，意大利与埃塞俄比亚签订协定，划定双方的临时边界线，同样承认欧加登为埃塞俄比亚的管辖范围。

索马里民族英雄哈桑领导的民族解放战争对埃塞俄比亚在欧加登的统治产生了冲击。1935 年，意大利墨索里尼政府派兵入侵埃塞俄比亚，将包括欧加登在内的整个埃塞俄比亚并入意属东非帝国。英国在第二次世界大战中击败意大利，夺回被意大利短暂夺走的英属索马里保护地和欧加登，并控制了意属索马里。英国曾企图使各国承认在托管意属索马里的权力，把英属索马里、意属索马里和欧加登地区连同它控制的肯尼亚北方省合并组成大索马里后加入英联邦，但这一计划因美、苏、法等国的反对而没有成功。英国在控制欧加登 8 年后，分批将欧加登归还埃塞俄比亚。1948 年，英国将欧加登地区的重要城市吉格吉加交给埃塞俄比亚，1954 年，英国把欧加登剩余地区全部交给埃塞俄比亚。至此，埃塞俄比亚完全控制了欧加登地区。[②]

列强对欧加登地区的安排是对索马里利益的牺牲。索马里民族主义者追求所有索马里人的联合，目标是建立将所有索马里人统一起来的索马里国家。因此，索马里的大索马里主义使索马里和埃塞俄比亚之间存在难以调和的矛盾。

索马里独立后，埃塞俄比亚根据其与英国和意大利过去签订的有关协定，一再强调欧加登等是埃塞俄比亚领土。而索马里政府则认为，这些条约签订时没有索马里代表参加，因而是非法的。它还

---

① 葛佶主编：《简明非洲百科全书（撒哈拉以南）》，第 243 页。

② 齐秀丽：《欧加登问题的由来和出路》，《吉林省教育学院学报》2006 年第 11 期，第 86 页。

认为这一地区居住的索马里人与索马里共和国内的居民有着共同的语言、宗教和风俗习惯，因而应该同索马里共和国统一起来，唯一的解决办法是在大国监督下实行民族自决。双方的争端使独立后的索马里同埃塞俄比亚在边境上不时爆发冲突。索马里民主共和国成立后，索马里与埃塞俄比亚因欧加登问题关系继续不和。

西亚德坚持大索马里主义政策，他宣称“所有索马里人要生活在一个家园中”，埃塞俄比亚南部的欧加登省、吉布提乃至肯尼亚东北部都应该归并到索马里。他还单方面宣布居住在上述地区的索马里族人都是索马里公民。但在1974年以前，西亚德的主要目标是解决内部问题、巩固政权和发展国内经济。1974年，索马里的外交取得重大进展，索马里加入阿拉伯国家联盟，并成为非洲统一组织国家峰会的主办国。索马里还获得了苏联的大量军事援助，苏联援助的武器包括先进的米格-21战斗机和伊尔-28轰炸机等。在政权基本巩固之后，西亚德开始推行大索马里主义政策。

埃塞俄比亚的政局动荡给西亚德提供了统一欧加登地区的良机。1974年，埃塞俄比亚发生军事政变，塞拉西皇帝被推翻。军政府建立后，美国停止了对埃塞俄比亚的军事和经济援助，军政府对前政权军队进行大清洗，空军和陆军的大部分高级军官被清洗，几乎所有的飞行员被处死。北部提格雷省和厄立特里亚省的叛乱消耗了国家80%的税收，全国有六成民众陷入严重饥饿状态。国家还面临厄立特里亚省民族独立运动困扰，厄立特里亚省从1962年起就一直通过武装斗争追求独立。①

欧加登地区发现油气资源是索马里政府争夺欧加登地区的又一动因。欧加登地区油气勘探开始于20世纪30年代。1936年，意大利占领埃塞俄比亚之后，阿吉普石油公司（Agip Petroli）在欧加登地区进行了系统的地质测绘和勘探。20世纪50年代到60年代中期，美国辛克莱石油公司（Sinclair Oil Corporation）在欧加登先

① 〔肯尼亚〕塞缪尔·麦金达：《非洲之角的冲突与超级大国》，劳人译，《世界经济与政治论坛》1984年第1期，第17页。

后进行数十次钻井活动，认为该地区油气资源储藏前景良好。1972年，美国天纳克公司（Tenneco Oil）在欧加登地区发现卡拉布天然气田。[①]1973年，瑞典石油公司宣称在欧加登发现了丰富的轻质石油和天然气资源。

油气资源的发现刺激了西亚德建立大索马里的欲望。1974年，西亚德趁埃塞俄比亚国内动乱之际，扶植欧加登的索马里族人成立“西索马里解放阵线”（以下简称“西索解”），进行反埃塞俄比亚政府的斗争。此外，索马里还支持埃塞俄比亚南部的反政府组织奥莫罗解放阵线（Oromo Liberation Front）。1975年底，在索马里军队的支持下，“西索解”对埃塞俄比亚欧加登地区的许多军警基地发动进攻。埃政府指责索马里在欧加登冲突中投入正规军，但索马里否认这一点。[②]

西亚德发动欧加登战争还与其家族背景有关。西亚德母亲家族属于达鲁德部落欧加登氏族，而欧加登氏族是西亚德政权的重要支持者之一，因此西亚德承受着来自欧加登人的压力。[③]1977年初，西亚德在会见民主德国党政代表团和苏联驻索马里使馆大使萨姆索诺夫时，强调用和平手段解决与埃塞俄比亚的冲突，但这些更多的是一种说辞。他表示：“我们将支持居住在欧加登的索马里人争取同自己祖国合并的斗争。欧加登的居民，我们的兄弟姐妹，向我们求援，我们不能拒绝。假如索马里领导人阻止索马里人摆脱埃塞俄比亚殖民主义枷锁的斗争，那索马里人民是不会理解他们的。”[④]西亚德的大索马里主义主张得到国内民众的广泛支持。他试图通过发动战争，统一欧加登索马里人居住区。战争的爆发不可避免。

---

① 王涛、曹峰毓：《东非油气资源开发的历史透视与现状解析》，《世界地理研究》2016年第2期，第10—11页。

② 邵威：《20世纪非洲大陆最惨烈的战争》，《报刊荟萃》2007年第4期，第42页。

③ Donatella Strangio, *The Reasons for Underdevelopment: The Case of Decolonization in Somaliland*, p. 32.

④ 叶书宗编：《苏联历史档案选编·第33卷》，第75、78—79页。

战争过程

就总体国力和军事能力而言，埃塞俄比亚都要比索马里强大。欧加登战争前，埃塞俄比亚人口为2941.6万人，国内生产总值为27亿美元。共有现役陆军5.7万人，海军1400人，空军2000人，准军事部队20万人。比较而言，索马里人口为330万，国内生产总值为2.6亿美元。共有现役陆军3.2万人，海军500人，空军950人（其中飞行员80人），准军事部队1500人。[①]但1974年政变后埃塞俄比亚新政府实行的清洗使埃军战斗力大大降低，让西亚德对形势产生了误判。

索马里支持下"西索解"军队的军事行动成为两国战争的导火索。1977年7月13日，"西索解"军队向埃塞俄比亚南部城市戈德（Gode）发动猛烈攻势，受挫后，索马里空军进行支援。"西索解"军队重新向德城发起猛攻，欧加登战争正式爆发。从7月21日开始，索马里空军对埃塞俄比亚境内的多个目标进行轰炸，掌握了制空权。7月25日，索马里军队攻占戈德城。戈德城失陷后，非洲统一组织提出调解方案，但由于埃塞俄比亚拒绝就欧加登索马里人的自决权进行讨论，并拒绝会见西索马里解放阵线的代表，调解失败。

埃塞俄比亚军政府被迫停止对前政府军官的清洗，并重新起用前政府军官指挥作战。埃塞俄比亚政府还和以色列达成协议，允许埃塞俄比亚境内的犹太人移民以色列，交换条件是以色列派飞行员帮助埃塞俄比亚驾驶美制战斗机参战，夺回欧加登战区制空权。经过以色列雇佣军的努力，埃塞俄比亚军队暂时夺回了制空权。但埃塞俄比亚军队仍未能抵挡"西索解"和索马里陆军的联合进攻。8月9日，埃塞俄比亚政府承认他们实际上已经失去了对欧加登地区

---

① United States: Central Intelligence Agency, "The Horn of Africa-Basic Human and Material Resources", Jan. 1, 1978, U. S. Declassified Documents Online, http: // tinyurl.galegroup.com/tinyurl/3X4Qx2, 2017-1-12;〔英〕阿莱克斯·汤普森：《非洲政治导论》，周玉渊、马正义译，民主与建设出版社2015年版，第277页。

的控制。9 月 7 日，埃塞俄比亚宣布断绝与索马里的外交关系。9 月 8 日，埃塞俄比亚与肯尼亚发表联合声明，谴责索马里的侵略。肯尼亚允许埃塞俄比亚经本国的蒙巴萨港进口武器，但禁止索马里使用本国领空运送武器。

9 月 13 日，欧加登与埃塞俄比亚腹地的重镇吉格吉加失守，索马里军队缴获大量埃塞俄比亚军队的美式装备。至此，索军已经占领了欧加登地区 90% 的土地。埃军被迫退守吉格吉加和海尔之间的加拉马尔达走廊。索马里军队最终占领加拉马尔达走廊，向哈勒尔地区挺进。

面对危局，门格斯图主动向苏联示好。他表示将允许苏联在埃塞俄比亚设立军事基地，并驱逐美国军事代表团。苏联在经过综合考量后，决定抛弃西亚德政权而选择埃塞俄比亚。因为埃塞俄比亚是传统的非洲强国，作为历史上唯一用武装斗争保持独立的非洲国家，它的影响力远超索马里。苏联认为，埃塞俄比亚的位置和地位更有助于其实现对非洲之角的控制。① 苏联很快对埃塞俄比亚的示好予以回应。苏共中央总书记勃列日涅夫邀请门格斯图访问莫斯科，双方随即签署了一系列军事合作协议。苏联不仅向埃塞俄比亚提供大批军事顾问和武器装备，还请古巴政府向埃塞俄比亚派兵，支援埃塞俄比亚军队。被苏联背叛之后，索马里政府宣布将国内的 6000 名苏联顾问全部驱逐出境，苏联迅速将其中的 1500 人调到埃塞俄比亚，协助埃塞俄比亚军队作战。这些顾问熟悉索马里军队的战术和军队布置情况，有利于埃塞俄比亚军队作战。

1977 年 10 月，埃塞俄比亚雨季到来，战争陷入胶着和僵持状态。鉴于苏联想玩两面手法，获取最大利益，门格斯图暗示，如果苏联想两面讨好，他会毫不犹豫地脱离苏联的怀抱。为确保对埃塞俄比亚的影响，勃列日涅夫下令支援埃塞俄比亚军队。11 月 25 日，苏联开始向埃塞俄比亚大规模空运物资。当天夜里，至

① Raphael Cjijioke Njoku, *The History of Somalia*, p. 130.

少 225 架运输机从苏联塔什干出发，飞抵埃塞俄比亚，卸下足够装备 3 个小型师的 T-55 主战坦克、BMP-1 步兵战车、BM-1 火箭炮和大量的弹药和给养。苏联还运来大量战斗机和武装直升机，负责操作这些装备的战斗人员也从古巴和安哥拉飞来。整个战争期间，在埃塞俄比亚的古巴军队有 1.7 万人，[①] 苏联顾问最多时达到 1500 人。

在苏联的大力支援下，埃塞俄比亚成功抵挡住“西索解”军队的进攻，并逐步转入反攻。西亚德不得不宣布全国进入战争状态，开始动员预备役，并向美国求援，西亚德许诺给予美国 3 个军事基地来换得美国的援助。但美国的援助很有限，没有给索马里提供实质性的帮助。

1978 年 3 月 5 日，埃塞俄比亚 12 万陆军在苏军军官瓦西里·伊万诺维奇·彼得罗夫（Vasily Ivanovic Petrov）的指挥下向吉格吉加发起立体攻势。索马里指挥官艾迪德将军指挥索马里军队勉强挡住了埃塞俄比亚军的攻势。[②] 随后，彼得罗夫用苏军王牌部队第 76 空降师在吉格吉加以东 20 公里处实施了战略空降，取得重大战术突破，索马里军队的防线顷刻瓦解，守军争相逃向本国边境。4 月 7 日，埃塞俄比亚军收复吉格吉加。彼得罗夫指挥的埃塞俄比亚军队仅用了 7 天就收复了全部欧加登失地。战争以索马里撤出欧加登地区而结束。

战争的影响

欧加登战争对索马里造成了极为严重的损失。战争中，索马里国民军有 8000 名士兵战死，占陆军总数的 1/3，索马里还损失了

---

① 〔美〕萨义德·阿德朱莫比：《埃塞俄比亚史》，董小川译，商务印书馆 2009 年版，第 309 页。

② 艾迪德全名法拉赫·艾迪德（Farah Aideed），1934 年 12 月 15 日出生，早年先后在罗马和莫斯科接受教育，20 世纪 50 年代在意大利殖民军中就职。索马里独立后，晋升为将军，曾率军参加欧加登战争，后成为西亚德的情报机关负责人。后背叛西亚德，并于 1991 年率军推翻西亚德政权。

75% 的装甲部队和几乎全部空军。[①] 一些学者认为这是 20 世纪发生在非洲大陆上最惨烈的战争。学者大卫・科恩认为，超级大国给非洲之角提供武器是一种彻底失败的政策，对于接受武器的国家来说是一个可怕的悲剧。[②] 实际上，对于索马里和埃塞俄比亚而言，欧加登战争没有胜利者。欧加登战争并没有解决索马里和埃塞俄比亚之间的领土争端问题。

欧加登战争还加深了索马里国内的政治危机。索马里国内的政治矛盾与大索马里主义政策存在很大的相关性。当索马里政府对外推行大索马里主义顺利时，索马里国内政治矛盾就较小，当对外推行大索马里主义政策遭到挫折和失败时，索马里国内政治矛盾就会激化。大索马里主义是共和国时期和民主共和国时期索马里政府实现民族团结的重要工具。欧加登战争的爆发标志着索马里政府对外推行大索马里主义的政策达到了高潮，而战争的失败击碎了大索马里主义的幻象，严重打击了西亚德的权力和威望，导致索马里国内矛盾激化。1978 年 4 月，达鲁德部落的米朱提因族的军官发动了一次未遂的军事政变，失败后他们出逃到埃塞俄比亚成立反政府组织。该事件表明西亚德统治集团内部出现分裂。为了应对危机，西亚德被迫在国内进行政治和经济改革。

欧加登战争的失败对于西亚德的大索马里主义政策是一个沉重的打击，战后西亚德的对外政策开始逐渐走向务实，倾向于用和平谈判的方式解决与邻国的领土争端。索马里放弃大索马里主义，开始推进与肯尼亚的关系。欧加登战争使索马里改变了亲苏联的外交政策，索马里被迫转而发展与西方国家的外交关系。索马里的政治发展进程开始受到西方国家很大影响。

欧加登战争后，欧加登地区的索马里人因为害怕埃塞俄比亚的报复，大规模逃往索马里，进而形成了难民危机，这加剧了索马里

---

① 段亚波：《欧加登战争纪事》，《国际展望》2002 年 9 月，第 69 页。

② David A. Korn, “Book Reviews—Arms for the Horn, U.S. Security Policy in Ethiopia and Somalia 1953-1991 by Jeffrey A. Lefebvre”, *Middle Eastern Studies*, Vol. 29, No. 2, 1993, p. 366.

的财政负担，使索马里本来不景气的经济雪上加霜。欧加登索马里人和索马里北部的伊萨克部落在历史上就因为争夺草场和水源而经常发生争斗，大批欧加登难民涌入北部使两者之间的矛盾进一步激化。伊萨克部落在传统上奉行平等观念，反对中央集权和政府的控制。在难民进入北区后，政府宣布没收当地人的大片土地给难民，造成难民、政府军和当地人之间的冲突。[①]

五、欧加登战争后索马里的政治经济改革

西亚德的政治改革和政治控制

欧加登战争失败以后，索马里不得不进行政治改革。这既有来自内部的原因，但更多地是由于外部的压力。自 1969 年政变上台后，西亚德一直在学习苏联进行社会主义建设，苏联的援助是索马里进行社会主义实践的重要保障。但索苏关系的破裂使苏联的政治模式和意识形态在索马里失去了合法性，欧加登战争之后的政治经济困境则迫使西亚德转向以美国为首的西方国家寻求经济和军事援助，而西方国家给索马里的援助往往带有附件条件，其中就包括索马里必须进行政治和经济改革，实现政治民主化和经济自由化。因此，为了得到西方国家的援助，索马里不得不进行相关改革。

1978 年年底，索马里政府宣布释放 3000 名犯人，其中很多是政治犯。1979 年 8 月，索马里政府制定新《宪法》，《宪法》宣布索马里是“工人阶级领导的社会主义国家”，规定实行议会制，立法机关为一院制的人民议会，允许多党存在和活动。12 月，索马里选举产生人民议会。[②] 由于在野党成立不久，影响力小，当选的议员都是革命社会主义党的党员。

---

① Benjamin Powell, Ryan Ford and Alex Nowrasteh, “Somalia after state collapse: Chaos or improvement?”, *Journal of Economic Behavior and Organization*, Vol. 67, No. 3-4, 2008, p. 659.

② 〔英〕I. M. 刘易斯：《索马里史》，赵俊译，第 227 页。

1980年1月，人民议会选举西亚德为索马里民主共和国总统。西亚德还身兼革命社会主义党总书记、政府部长委员会主席和军队总司令，集党政军大权于一身。索马里仍然是一个高度中央集权的国家，军人在政府中仍占主导地位。1982年2月西亚德访问美国前夕，为营造良好的氛围减少外界对其国内的人权的批评，他释放了两名自1969年就被监禁的政治犯。西亚德对政府机构进行了重组，允许成立政党，取消了控制警察力量的内务部，内务部的职能由总统、政党、地区与农村发展部以及安置局、合作社等机构代替，但是地方官员的权力仍然受到总统的控制。①

军队、安全机构和亲族是西亚德维持统治的三板斧。②80年代，西亚德开始重用自己氏族的成员。1980年年初，他免去以副总统伊斯梅尔·阿里·阿博卡（Ismail Ali Abokar）为代表的伊萨克部落政要官职。20世纪80年代后半期，在以部落为基础的反对派势力壮大后，他开始更加诉诸部落主义，部落主义在索马里再度泛滥。西亚德利用部落制衡部落，在政府人员安排问题上排斥其他部落的人士。到1987年，索马里的党政军警等所有重要职务全由西亚德的亲属和本部落人士担任，他所属的马雷汉氏族在军队中的地位得到强化，控制了国防部，高级军官中有一半属于马雷汉氏族以及其他和西亚德有亲缘关系的氏族。③这些人占据要职后，横行无忌，为所欲为，激起其他部落的强烈不满，给反对派提供了反对西亚德的新借口。

西亚德对待反对派实行政治高压，政府逮捕和监禁索马里人的行为经常招致西方国家和国际人权组织的批评。1982年6月，他下令逮捕71名反对派人士，包括一名前副总统和一名前外交部长。这次逮捕引发新的政治危机，促成了反对派的初步联合，他们以推翻西亚德政权为目标。同年7月，索马里政府逮捕17名政治活动家，并对从邻国潜入的反对派武装进行清剿。西亚德还试图通过修宪来

---

① I. M. Lewis, *Understanding Somalia and Somaliland: Culture, History, Society*, p. 48.

② 〔英〕I. M. 刘易斯著：《索马里史》，第229页。

③ 同上书，第234页。

增强政权的合法性，扩大统治根基。1984年11月，人民议会通过宪法修正案，决定将人民议会选举总统改为公民直接选举，总统的任期也从6年改为7年。1986年12月，索马里进行总统大选，西亚德作为唯一候选人，在登记的490万选民中获得99.93%的支持率，再次当选为总统。

外援与经济政策调整

欧加登战争后，索马里迫于国内外形势对经济政策进行调整。战前，索马里经济建设的资金主要来自苏联，其经济发展战略很大程度上也受制于苏联。对苏联的过分依赖造成索马里的经济发展取决于两国关系的好坏。欧加登战争期间，索苏双边关系恶化，索马里失去了苏联的经济援助。索马里在战争中遭受重大人力和物力资源的损失，战争失败带来的难民危机更使索马里的经济发展雪上加霜。

80年代初，与周边国家埃塞俄比亚、肯尼亚、乌干达、布隆迪和卢旺达相比，索马里的国民生产总值、物质生活质量指数和人均公共教育支出更低，新生婴儿死亡率更高，人均军费开支更高。① 根据联合国难民事务高级专员办事处提供的信息，1981年索马里经济迅速衰退，政府不能承受难民带来的经济负担。在摩加迪沙，失业率很高。年龄大的人无所事事地坐在茶店，年轻人大批在大街上闲逛。很多乞讨者无家可归，只能露宿街头。城市设施得不到维修，水电供应经常出现中断。②

西方国家及其主导的国际经济组织对索马里进行经济援助，并要求索马里进行符合西方国家要求的经济改革。其内容包括优先发

① N. Miller, "The Other Somalia: Illicit Trade and the Hidden Economy", American Universities Fieldstaff Reports: Northeast African Series, 29, 1981. 转引自 A. Samatar, "The State, Agrarian Change and Crisis of Hegemony in Somalia", *Review of African Political Economy*, No.43, 2008, p. 40。

② Nancy Rodenborg, "A Western-style Counselling Office in Somalia: A Case Study of Cultural Conflicts in Social Work Practice", *International Social Work*, Vol.29, No.1,1986, p. 44.

展农业，放宽贸易限制，鼓励国内外私人资本的投资，紧缩财政开支，逐步实现经济自由化，由计划经济转向市场经济。但是双方的矛盾和分歧使相关的援助协议得不到很好的落实，影响到索马里经济的发展。此外，阿拉伯国家也给索马里的经济发展提供经济援助。这一时期索马里的外援主要来自欧洲共同体、意大利、美国、联邦德国等西方国家以及沙特阿拉伯、科威特、阿拉伯基金会和石油输出国组织等国家和组织。

1980 年 2 月，索马里政府与国际货币基金组织签署宏观经济政策协议，接受国际货币基金组织和世界银行的新自由主义经济政策。但执行过程中双方意见不一，国际货币基金组织和世界银行认为索马里政府发展计划过于庞大，军事预算过高，索马里军方则反对限制其军事预算，双方达成的有关协议并未完全得到执行。1982 年，由世界银行牵头组成了一个由主要援助国参加的咨询小组，以讨论并协调对索马里的援助。1985 年 3 月，索马里与以西方国家为主的巴黎俱乐部成员国召开重组债务的会议，[①] 被迫接受货币贬值和建立外汇自由市场的改革计划。1986 年 6 月，政府与世界银行下属的国家发展协会达成农业部门调整计划，并于当年 9 月建立外汇拍卖体系。

索马里政府制定的 1987—1991 年五年发展计划将私有化列入其中。1987 年 4 月，在巴黎召开的咨询小组会议上，援助国原则上同意在 1987 年提供 5.8 亿美元的援助，其中 2.26 亿用于项目建设，1.65 亿用于商品援助，0.37 亿用于现金援助，1.52 亿用于债务免除。[②]1988 年，索马里政府宣布执行国际货币基金组织鼓励的结构调整计划，实行外汇自由化，允许开办私人银行，计划将财政赤字降低到 GDP 的 7%—10%，增加对燃油、房租和销售收入的征税。

---

① 巴黎俱乐部是一成立于 1956 年的国际性非正式组织，现时由全球最富裕的 22 个国家组成，专门为负债国和债权国提供债务安排，例如债务重组、债务宽免，甚至债务撤销。如经过多番努力仍未能改善债务问题，负债国通常由国际货币基金转借与巴黎俱乐部协助。

② 孙业红：《索马里经济概览》，《国际经济合作》1988 年第 5 期，第 45 页。

经济发展的成效与问题

在欧加登战争后，索马里的经济取得了一定的成绩。首先，农业发展成效显著。政府优先发展农业，鼓励私人种植，使得粮食产量逐渐上升。1985 年，粮食产量达 65.3 万吨，其中玉米 29.4 万吨，高粱 24.7 万吨，其他粮食作物 1.2 万吨，粮食基本自给。1986 年，粮食产量进一步增长到 72.4 万吨。[①] 经济作物也在扩大产量。1987 年，甘蔗产量达到 42.5 万吨，是独立以来产量最高的年份。不少外界人士认为，索马里的农业生产潜力巨大，随着南部灌溉设施的修建和生产技术的提高，农业产量会进一步增加。

其次，渔业和畜牧业也取得了一定发展。根据联合国粮农组织估计，索马里的渔业捕捞和加工量从 1986 年的 1.69 万吨上升到 1988 年的 1.82 万吨。80 年代，索马里除 3 万余个体渔民之外，政府还组织大规成立渔船队，建立鱼类加工厂。索马里的畜牧业因国际价格上涨和持续的需求得到发展，牲畜贸易在 1982 年达到顶峰。贸易额为 1.32 亿美元，占对外创汇总额的 80%。但索马里的出口过度依赖农牧产品的出口，对国际市场依赖大，很容易受到国际市场需求波动的影响。1983 年 6 月，沙特阿拉伯因为发现牛瘟而决定禁止从索马里进口牛，后来又扩大到禁止进口绵羊和山羊，索马里的畜牧业受到沉重打击，财政赤字大幅增加，债务负担加重。

最后，建立粮食早期预警系统是索马里政府在这一时期取得的一项重要成就。20 世纪 70 年代，索马里遭受严重旱灾，致使成千上万头牲畜死亡，造成无数人流离失所。由于当时政府对此既没有足够的重视，也缺乏预测的能力，旱灾导致了严重的饥馑。在吸收此次教训的基础上，政府在联邦德国的资助下于 1980 年建立第一个粮食早期预警系统，预测全国近期和长期的粮食情况，对保障粮食供应起到了重要作用。1984 年，因为联邦德国的一笔农业援助资金

---

① 孙业红：《索马里经济概览》，《国际经济合作》1988 年第 5 期，第 44 页。

未到位，该系统不得不关闭，但是这一系统发挥的作用引起世界各国的注意。1985年，欧洲共同体决定资助索马里的第二期粮食早期预警系统工程，时间从1986年起到1990年。索马里粮食早期预警系统的工作范围十分广泛，主要是估计和预测一个时期内与农业生产和供销有关的各方面的情况，定期向政府提供现状和预测性报告和建议，以利于政府随时掌握农业方面的各种信息和材料，预先采取适当措施，防止出现粮荒和饥馑。①

但是，这一时期索马里经济发展也存在一系列问题。外部力量严重影响着索马里的经济发展。西方国家以及他们主导的国际组织以相关改革为前提对索马里提供经济援助，但这些改革不一定符合索马里的国情，也不能满足索马里经济发展的需要。当西方国家的要求得不到满足时，它们往往就会消减对索马里的援助。美国对索马里的援助往往根据其对美国全球战略的重要性而定，美苏关系缓和之后，美国就停止对索马里的经济援助，给索马里经济发展带来不利影响。

索马里的经济改革并没有解决国有企业自身发展存在的问题。索马里政府也未完全放弃对经济的控制，国有企业继续得到政府的大量补贴。一些不法分子把国有企业当作假公济私、聚敛钱财的场所。索马里商业银行因为腐败盛行和管理不善而于1989年破产。索马里公共部门不能够提供经济服务，造成黑市交易猖獗。

战乱对索马里的经济发展十分不利。索马里从1982年起开始局部动乱，到1988年陷入全国战乱，直到政权倒台。战乱造成索马里的粮食预警系统在20世纪80年代后期成效有限，农业基础设施遭到破坏，农业生产受到严重影响。而且，局势不稳影响到外国投资和相关发展计划的落实，索马里的资源勘探工作也因为战乱被迫停止。内战造成1989年和1990年索马里经济迅速恶化，占全国畜产品出口80%的北部地区几乎完全停止出口。大部分商品，包括粮食、

① 王振华：《索马里建立粮食早期预警系统》，《瞭望周刊》1988年第47期，第45页。

燃料、药品等严重匮乏，许多索马里人陷入缺少最基本的生活用品和安全保障的境地，沦为难民，流离失所。

总之，西亚德政权倒台以前，索马里经济基础脆弱的局面没有得到改善。自然资源缺乏，国民收入和出口主要依赖畜牧业。[①]1990年，索马里的国内生产总值中农牧业约占65%，工业约占9%，服务业约占26%。据世界银行估计，1989年，索马里的人均GDP为170美元，该年索马里公共部门的财政赤字已经占到GDP的35%，到1990年索马里没偿还的债务是GDP的227%。这两年，政府将90%的开支用于战争，投入经济建设的资金很有限。[②]1991年，索马里人均国内生产总值为150美元，外债为20亿美元，属于联合国公布的最不发达的国家之一。[③]

六、欧加登战争后索马里对外政策的调整

对外政策重点转向西方

欧加登战争期间，索马里与苏联关系恶化。苏联停止对索马里的援助，苏联对埃塞俄比亚的援助直接造成索马里在战争中的失败。苏联和索马里的关系降到最低点。欧加登失败带来的难民危机加剧了索马里国内的经济困难，国内政治矛盾也开始激化。面对内外交困的局面，西亚德政权不得不寻求改善和西方国家之间的关系，争取西方国家的经济援助，并寻求改善与邻国的关系。

索马里转向西方除了其自身因素之外，美苏在非洲之角争夺态势的变化也是西方愿意援助索马里的重要原因。1974年9月12日埃塞俄比亚发生军事政变之后，新上台的埃塞俄比亚军政府逐渐持

---

① 孙业红：《索马里经济概览》，《国际经济合作》1988年第5期，第44页。

② Benjamin Powell, Ryan Ford and Alex Nowrasteh, "Somalia after State Collapse: Chaos or Improvement?", *Journal of Economic Behavior and Organization*, 2008, Vol. 67, No.3-4, 2008, p. 659.

③ 王启文、沪生、沪东等编著:《东非诸国(一)》，军事谊文出版社1996年版，第106页。

反美立场，并与苏联频繁接触。1977 年，美国卡特总统指责埃塞俄比亚的人权状况，并削减了援助。埃塞俄比亚军政府对美国采取强硬政策，废除与美国的军事协定，美国终止对埃塞俄比亚的援助，双方友好关系结束。美国在非洲之角的影响力下降，转而寻找新的合作伙伴。索马里与苏联关系的恶化给美国提供了良机。

索苏关系恶化后，美国很快宣布向索马里提供武器。伊朗伊斯兰革命导致亲美的巴列维王朝被推翻，美国失去在中东的一个重要据点，更加迫切需要在附近地区得到一个新的军事基地，作为其在中东军事存在的补充，以抵制苏联的扩张。1980 年 1 月，基辛格在访问索马里时，劝里根总统增加对索马里的军事援助，以对抗苏联在埃塞俄比亚和南也门的军事存在。7 月，西亚德致信美国总统卡特，希望两国建立直接联系。他表示索马里对于邻国没有领土要求，但强调对邻国境内的索马里人兄弟们有道义责任。他希望美国给予索马里军事援助，还同意美国使用索马里的军事基地，宣称其掌握很多关于苏联的情报信息。

之后，华盛顿和摩加迪沙签署协议，美国通过允诺在今后两年向索马里提供价值 4000 万美元的武器，换取使用索马里的柏培拉、基斯马尤和摩加迪沙的港口和机场的权利，索马里承诺不能使用美国援助和提供的武器反对其他国家和破坏地区和平。美国还对过去苏联援建的柏培拉港的设施进行整修和扩大，作为美国快速反应部队进行军事演习和活动的基地。该港对于美国来说十分重要，是美国海军在印度洋的重要基地。1981 年，美国向该港派出常驻军事顾问。此后，索马里军队和美国军队一起利用该港进行军事演习。1990 年海湾战争中，该港还被美国用于向沙特阿拉伯运送军队。为了加强两国关系，1982 年 2 月。西亚德亲自率领索马里政府代表团访问美国。同年 6 月，索马里反对派从埃塞俄比亚攻入索马里，西亚德向美国求援，美国加大对索马里的军事援助，并将经济援助提高一倍。

80 年代前半期，美国对索马里的军事援助逐年增加。据统计，美国对索马里的军事援助 1980 年为 33 万美元，1981 年和 1982 年合计为4000万美元，1983年为2120万美元，1984年是2430万美元，1985年为8000万美元。到80年代后期，由于美苏关系出现缓和，索马里在美国战略中的地位开始下降。美国以西亚德政府腐败无能，违反人权和有领土扩张的野心等为借口，逐步减少对索马里的援助。1986年，大赦国际和非洲观察等国际组织指责索马里存在大规模侵犯人权的现象。1987年，美国国会通过大规模削减索马里援助的法案。1989年，布什政府停止对索马里的军事援助，但仍提供粮食援助，并继续培训索马里的军事人员。1990年2月，美国看到西亚德政权日益不稳，决定停止对索马里的所有援助。到索马里内战最激烈的1991年1月，美国关闭其设在摩加迪沙的大使馆，并撤出所有美国在索马里的人员。

欧加登战争之后，索马里与意大利的关系得到改善。自1978年，意大利给予索马里的援助再度超过所有的西方国家，其中包括用于军队后勤运输的菲亚特卡车、军用飞机、教练机、轻型坦克和装甲运兵车等。1980年，在意大利政府的支持下，意大利公司出口索马里的武器达到1.24亿美元。1981年，意大利外长访问索马里，双方签署了意大利向索马里提供价值4000万美元的军援协议。1983年，双方又签署了意大利帮助索马里培训军事人员的协议。1985年，双方达成新的军援协议。除军援外，意大利海军舰还经常造访摩加迪沙港。直到1990年7月，在索马里形势日益恶化的情况下，意大利才宣布撤出其在索马里的56名军事顾问和教官。在索马里内战日益扩大的情况下，意大利积极调解冲突各方，并向因内战而流离失所的人提供3500万美元的人道主义援助。1990年，意大利积极和埃及合作，试图调节西亚德政府与反对派的冲突，但未能成功。索马里动乱后，意大利继续在索马里国家重建进程中发挥作用。

联邦德国也给予索马里经济和军事援助。1985年，联邦德国向索马里提供价值6800万马克的车辆和技术设备。1985—1987年，联邦德国对索马里的军事援助价值约为1200万马克。直到索马里内乱发生后，联邦德国才停止对索马里的军事援助。

80年代中期，索马里的一些反对派以伦敦为基地建立反政府组织，索马里与英国的关系出现紧张。1986年9月，索马里外交部长、西亚德的弟弟阿布迪拉赫曼·贾马·巴雷（Abdirahman Jama Barre）指责英国广播公司从事反对索马里的宣传。

与邻国关系的逐步改善

索马里与邻国之间的关系并没有随着欧加登战争的结束迅速好转。直到80年代中期以后，随着索马里经济困难的加剧，加上西方国家的推动以及非洲地区国际组织的努力，索马里与邻国肯尼亚和埃塞俄比亚的关系才先后得到改善。

欧加登战争之后，索马里和埃塞俄比亚仍然冲突不断。双方在边境地区一直重兵对峙，经常发生摩擦，两国都支持对方的反对派向对方发动进攻。索马里坚决支持埃塞俄比亚的反政府武装组织“西索解”，向其提供了大量的军事援助，直至该组织于1984年分裂。为了向索马里政府施压，门德斯图政府也反过来支持索马里国内的反政府组织。1982年6月，埃塞俄比亚支持索马里反政府武装向索马里中部发起进攻，占领索马里边界和穆杜格州的部分城镇。

但是，两国自身都面临着严重的问题。它们都是非常贫穷的国家，经济上困难重重，国内民族矛盾突出。实现和解、发展经济和稳定国内局势是双方的共同需要。从1982年起，肯尼亚和吉布提提出了缓和非洲之角紧张局势的建议，开始调解索马里与埃塞俄比亚因欧加登问题存在的矛盾和争端。1986年1月17日，在美国、意大利、吉布提等国的调解下，西亚德在吉布提会见门格斯图，双方同意进一步就边界问题举行谈判。西亚德想通过改善双边关系，结束国内反对派以埃塞俄比亚为基地对本国发动反政府行动。双方还同意交换在欧加登战争中的战俘，停止对对方政府反对派的支持。同年5月、8月和1987年4月，双方在两国首都轮流举行了三轮外长会谈，因分歧较大没有取得实质性进展，协议并未得到认真执行。

1988年3月21—22日，索马里与埃塞俄比亚在吉布提就恢复两国和平问题再次举行会谈，并达成原则协议。同年4月3日，巴雷与门格斯图签署两国关系正常化协定，宣布恢复两国中断了近11年的外交关系。协定内容包括：第一，在处理两国关系方面，双方不对对方的领土完整和政治独立使用武力或以武力相威胁，以和平方式作为解决任何争端的唯一手段；第二，根据1964年3月30日喀土穆公报精神，双方最迟从1988年4月15日开始将各自的军队从边界后撤10至15公里，6月15日完成全部撤军，并由双方派同等数量的人员组成联合军事委员会监督撤军；第三，根据双方商定的方式，在4个月内遣返所有战俘和关押的对方人员；第四，停止一切针对对方的颠覆活动和敌对宣传。两国外交关系的恢复大大改善了索马里的地区环境。

20世纪80年代初，西亚德开始寻求改善与肯尼亚的关系。1981年，西亚德赴内罗毕访问，与肯尼亚总统丹尼尔·阿拉普·莫伊（Daniel Arap Moi）举行会谈，首次宣布放弃对肯尼亚境内索马里人居住区的领土要求，以缓解对方的猜疑。1984年12月，索马里和肯尼亚政府签署协议，宣布双方在共同边界线上停止敌对行动，索马里永久放弃对肯尼亚的索马里人居住地区的领土要求。此后，索马里和肯尼亚边界再未爆发大规模冲突。但是一些武装歹徒、偷猎者的非法行动和索马里难民的流动，仍使两国关系不时出现紧张状况。80年代末，索马里内战全面爆发后，大批难民包括军人从索马里南部进入肯尼亚北部地区，加重了肯尼亚的经济负担，影响到肯尼亚的安全形势和社会稳定。肯尼亚政府在国际社会的帮助下接收了大批索马里难民，呼吁索马里各派以大局为重，实现民族和解，恢复索马里的和平与统一，并要求联合国在肯尼亚和索马里边境驻军，以防止武器非法流入肯尼亚境内。

1977年，吉布提独立后与索马里的关系一直很密切。1981年，吉布提总统古莱德访问索马里，两国签署友好合作条约和引渡条约，还签订了贸易、旅游、移民及人员来往等协定。1982年，吉布提与索马里进行高级军事团互访，磋商共同边界防卫问题。1986年1月，西亚德访问吉布提，两国签订渔业、文化协定，其中包括成立两国边境联合委员会，签订畜牧业、农业、科技、港口及航海、航空合作协议。1988 年 6 月 27 日，索马里总理穆罕默德·阿里·萨曼塔参加吉布提独立 11 周年庆典，并对吉布提进行国事访问。

与阿拉伯国家关系的发展

随着索苏关系的恶化，索马里积极发展同阿拉伯国家的关系，并取得了很大收益。1977 年，索马里先后派出 50 个代表团访问了 14 个阿拉伯国家。沙特阿拉伯、苏丹、埃及等阿拉伯国家出于对抗苏联和保卫红海地区安全的需要，积极对索马里开展工作，向索马里提供大量的经济援助和少量武器援助。沙特除了用购买埃及和苏丹武器的方式帮助索马里之外，还向其提供战车、轻型武器和弹药等，并帮助培训索马里的军事人员。

欧加登战争中，由于利比亚支持埃塞俄比亚，索马里与利比亚关系恶化，索马里一直谴责利比亚支持本国的反叛力量。两国在 1981 年断交，直到 1985 年 4 月恢复外交关系。1988 年，西方国家以索马里政府镇压反对派和侵犯人权为由停止对索马里的军事援助，索马里从利比亚获得了军事援助。

在战争期间，埃及向索马里提供了约 3000 万美元的军事援助。战争结束后，埃及继续向索马里提供苏制武器弹药和零部件。1982 年，索马里和埃塞俄比亚关系再次紧张后，埃及向索马里提供苏制 T-54 和 T-55 坦克等武器和弹药，并让索马里军人到埃及受训，还向索马里派遣了一支军事教官队伍。伊拉克、约旦等阿拉伯国家都向索马里提供武器装备援助。1982 年，科威特向索马里提供 40 辆坦克，阿拉伯联合酋长国和阿曼也提供战斗机和装甲运兵车等装备。阿拉伯国家还向索马里提供现汇援助，以帮助索马里采购其他国家的武器装备。

1982 年 6 月，埃塞俄比亚支持索马里反对派进攻索马里边界和中部地区，同年 9 月举行的阿拉伯国家联盟首脑会议公开表示对索马里政府的支持。整个80年代，索马里同科威特、卡塔尔、沙特阿拉伯和阿联酋等国的经济联系日益密切。1990年，海湾战争爆发。索马里加入美国领导的反伊拉克联盟，对反伊联盟的支持使索马里得到大量的经济补偿和援助，卡塔尔取消索马里所欠所有到期债务的本息，沙特答应给予索马里7000万美元的援助，并以低于国际市场的价格向索马里出售原油。

七、西亚德统治的终结

部落主义的抬头

索马里共和国政府时期，政府能够较好地平衡各部落的政治诉求。西亚德前期在全国实行高压政策，取消了能够代表各部落氏族的政党派别。欧加登战争以前，索马里与邻国之间存在边界争端，为了追求原来被西方殖民者分割的索马里人居住在一个国家的目标，索马里领导人注意团结不同部落的代表人物，政策较为得当，对出现的部落分离倾向也进行恰当的处理，社会经济有所发展，人民生活有所改善，人们的部落观念有所削弱。各部落之间友好相处，彼此关系处于历史上最好的时期。西亚德对外推进大索马里主义也在一定程度上有助于实现各部落之间的团结。

欧加登战争后，随着索马里国内和国际形势的变化，部落观念和部落主义的影响上升，人们头脑中已经削弱的部落观念又逐渐增长。在学者唐纳泰拉·斯特兰吉奥（Donatella Strangio）看来，欧加登战争造成的大量人力和物力浪费使得人们的希望破灭，导致社会主义实践走到尽头。再加上政府的腐败，这些可以解释为什么民族主义会最终失势，并让位于部落主义。[1]

欧加登战争以前，索马里民族主义是实现民族团结和抑制部落

① Donatella Strangio, *The Reasons for Underdevelopment: The Case of Decolonization in Somaliland*, p. 54.

冲突的重要工具，在欧加登战争失败后，这一工具已经失去了作用。战后，索马里经济恶化，加上难民危机，国内的各种矛盾迅速激化。以部落或氏族为背景的政治组织纷纷成立，反政府活动增多。西亚德为了巩固自身统治，也开始诉诸部落主义，加强对反对他的部落或氏族组织的镇压，使部落冲突加剧。

西亚德政权禁止合法的政党活动，最高革命委员会实行的高压统治压制了索马里人的参政空间和渠道。部落或氏族成为反对派维持联系并形成政治组织的唯一纽带。这些组织日益活跃，他们中大多是政府反对派，反对中央政府，给国家安全和稳定带来挑战。

米朱提因氏族对西亚德的反对

从 80 年代初开始，政府反对派开始发难。欧加登战争后，最大的部落政治反对派来自达鲁德部落的米朱提因族。该氏族是索马里国内最大的氏族之一，在西亚德政变上台之前，该氏族在索马里最大政党索马里青年联盟中一直居于主导地位。西亚德上台后该氏族的地位急剧下降，而西亚德所属的马雷汉氏族在各方面开始居于主导地位，引发他们的强烈不满。他们反对西亚德在政治、经济和军事上长期公开偏袒马雷汉氏族，但并未寻求推翻西亚德政府。

1978 年 4 月，当时还在欧加登战争期间，索马里军队中的米朱提因族军官出于对西亚德政权在欧加登战争中溃败的不满，在摩加迪沙发动政变，但没有成功。数百名参与和同情政变的人士被逮捕，17 人在没有进行公开审讯的情况下被处决，这加剧了各部落氏族之间关系的紧张。之后，12 名米朱提因族军官设法逃往到肯尼亚，其中级别最高的是索马里军队中的阿卜杜拉希·优素福（Abdullahi Yusuf）上校。他们连同一些对西亚德部落压制政策不满的米朱提因族士兵发动叛乱，其行动得到埃塞俄比亚政府的支持。埃塞俄比亚给这些索马里反政府武装人士提供训练和装备，以对抗西亚德支持欧加登地区索马里人游击队的行动。在优素福上校的指挥下，反政府武装希望在埃塞俄比亚和古巴的支持下对索马里北部发动进攻，以便和盟友伊萨克部落取得联系，建立反中央的地区政权。

西亚德政权开展大规模的宣传战谴责埃塞俄比亚、苏联和古巴三国阴谋支持索马里反对派入侵索马里。西亚德还采取措施限制反对派从索马里军队中招募兵员。他将米朱提因族军官和未经任命的军官调至靠近首都的地方，并逮捕至少 300 名“不忠诚”的米朱提因族军官和帮助米朱提因军官向内地渗透的人士。他还采取措施防止先进军事设备流入米朱提因族士兵手中。[①]

他长期依靠米朱提因族和索马里中北部主要部落之间的竞争，来保持本集团政治优势。西亚德派遣大量的高级顾问去游说伊萨克、哈维耶等大部落长老，劝说他们不要支持意图推翻西亚德政权的流亡人士，并将长老们对政府的不满转向埃塞俄比亚以及使索马里在欧加登战争中失败的苏联和古巴，他强调米朱提因族反政府行动的成功将导致苏联和古巴的重新渗透。

西亚德在对米朱提因族施加大棒政策的同时，还通过以下措施拉拢非米朱提因族人士。第一，在政府重组中让非米朱提因族人士占据重要位置；第二，释放大批非米朱提因族政治犯；第三，使大量的非米朱提因族军官得到晋升；最后，给一些非米朱提因族军队更好的军事装备。但是索马里政府要维持因欧加登战争失败造成的国内不稳还是面临很大的困难。一些部落试图借机向西亚德寻求更大的自治，但遭到拒绝。西亚德认为，这样将会降低中央政府的权威，并破坏民族团结。

1979 年，米朱提因氏族中与 1978 年未遂政变有关联的人以穆杜格为大本营，组成索马里救国阵线（Somali Salvation Front），1981 年该组织演变成拯救索马里民主阵线（Democratic Front for the Salvation of Somalia），同年年末，又更名为索马里救国民主

① United States: Central Intelligence Agency,“Intelligence Assessment on tribalism in Somalia and Its Threat to the Government of President Mohammad Siad”, Oct. 20, 1979, U. S. Declassified Documents Online, http: // tinyurl.galegroup.com/tinyurl/3X4PW6, 2017-4-12.

阵线（Somali Salvation Democratic Front）。[①]该组织奉行中立的外交政策，主张推翻西亚德政权，建立保护人权和言论自由的民主制度，是索马里国内成立最早的反政府组织。它主要进行游击战，1982年将总部迁到埃塞俄比亚，并建立了一个强大的无线电广播发射站。1982年7月，该组织在埃塞俄比亚陆军和空军的支援下越过埃索边界线占领索马里一块领土，在广播中宣称正在发动反对西亚德政权的全国起义，索马里有被一分为二的威胁。西亚德宣布全国进入紧急状态，并采取一系列措施重新控制穆杜格及其附近地区。西亚德采取软硬兼施的策略，鼓动达鲁德部落其他氏族反对米朱提因族人，并分化索马里救国民主阵线。他还拉拢该组织对抗北方的伊萨克部落。[②]

伊萨克部落反对力量的崛起

北方地区伊萨克部落主导的索马里民族运动（Somali National Movement）的兴起与西亚德政权的统治政策存在很大关系。西亚德政权经常忽视北方的利益。北方人在办理护照、贸易许可证和接受高等教育等方面受到限制，很难在南方获得就业机会，政府每年用于发展北方经济的财政投入不及南方的十分之一。[③]欧加登战争后，大批居住在欧加登地区的达鲁德部落难民涌入北方，加剧了北方的人地矛盾。西亚德强迫伊萨克部落将牧地分给难民，并鼓励难民接管伊萨克人的商铺和房屋。而且，在分配国际组织的援助资金和物资时，西亚德政权也偏向达鲁德部落难民。"据联合国发展计划署报告，10亿美元的援助是按照氏族领导人对西亚德的忠诚程度来进行分配的。"[④]西亚德还通过颁发进出口许可证的方式限制伊萨克商业

---

① Raphael Cjijioke Njoku, *The History of Somalia*, p. 131.

② Ibid., p. 132.

③ Matt Bryden, *Rebuilding Somaliland, Issues and Possibilities*, New York: The Red Sea Press, 2005, p. 56.

④ Marleen Renders, *Consider Somaliland: State-building with Traditional Leaders and Institutions*, Leiden and Boston: Brill Academic Publishers, 2012, p. 54.

精英们的商业活动。此外，他还禁止北方生产和销售主要经济作物卡特。

北方人士对西亚德政权的离心力增强，开始思考北方的出路。移居海外和在南方的索马里高级知识分子回到北方，自发地为北方的发展出谋划策，他们组成以阿登·阿卜克（Aden Aboker）为组长的“哈尔格萨自助小组”（Hargeysa Group）。该组织号召北方人回到家乡，为当地建设出力，呼吁他们迅速投入医疗和教育等社会服务中。该组织还公开讨论北方面临的发展问题，指出北方过度依赖南方的事实。其在北方地区影响力的扩大引发政府的不满。西亚德政权认为其威胁到政府的权威，命令国家安全局和军事情报机构取缔该组织。1981年，该组织2名成员创办名为《暴风雨》（UFFO）的报刊，公开揭露南方对北方的地域歧视，并抨击西亚德政权的专制统治。西亚德宣布该组织为非法，逮捕其主要成员。为抗议政府暴行，哈尔格萨的学生举行示威活动，政府通过暴力手段进行打压，北方和中央政府的矛盾进一步激化。

同年4月6日，索马里民族运动在伦敦成立。它是成立较早、实力最强和影响力最大的北方反政府组织。成员主要来自伦敦、沙特阿拉伯和首都摩加迪沙。早期主要领导包括主席艾哈迈德·穆罕默德·古莱德（Ahmaed Mohamed Gulaid）、副主席哈桑·阿丹·瓦迪德（Hassan Adan Wadadeed）以及艾哈迈德·伊斯梅尔（Ahmed Ismael）和穆罕默德·哈什·艾尔米（Mohamed Hashi Elmi）。来自伦敦的派别在政治观点上主张世俗民族主义，而来自沙特的派别强调伊斯兰教在政治中的作用。伊斯兰势力在该组织的早期发展过程中影响力大。1983年，索马里民族运动将总部迁移到埃塞俄比亚东北部的德雷达瓦市。在基督教占据主导地位的埃塞俄比亚，该组织内伊斯兰势力的影响力开始下降。[①]

索马里民族运动是一个跨部落组织，但其成员除了南部迪尔部

---

① Iqbal D. Jhazbhay, *Somaliland: An African Struggle for Nationhood and International Recognition*, Midrand: Acumen Publishing Solutions, 2009, p. 31.

落，多来自伊萨部落，后来成为代表北区伊萨克部落利益的组织。[①] 索马里民族运动的短期目标是阻止西亚德政权的种族屠杀，长期目标是结束中央政府的压制，分享中央政府权力。[②]1980 年初，西亚德免去以第三副总统伊斯梅尔为首的伊萨克部落政要官职，同时也免去几名出身其他部落的要员。伊萨克人认为西亚德在刻意打压本部落，伊萨克部落与达鲁德部落之间的矛盾激化。

索马里民族运动的武装从国外潜回北方，发动多次袭击行动。1983 年 2 月，索马里民族运动对曼德拉监狱（Mandera Prison）和博拉马附近的阿达德阿莫瑞实施了有组织的攻击，释放数百名政治犯。此次行动得到政府军中伊萨克部落成员的策应，战斗顺利，没有出现人员伤亡。该组织之后还对索马里政府军实施了多次袭击，并策划一系列政治暗杀。1986 年，他们暗杀北方地区的国家安全局局长。[③] 西亚德试图依靠支持北方非伊萨克政治组织打压索马里民族运动，来分化北方的反抗力量。他先支持迪尔部落的戈达布斯氏族（Gadabuursi）成立索马里民主联盟（Somali Democratic Association），后支持该部落的伊萨氏族成立统一索马里阵线（United Somali Front），还支持达鲁德部落的杜尔巴汉特氏族和沃桑杰利氏族成立统一索马里党（United Somali Party），但这些组织并没有打击和制衡索马里民族运动的实力。

其他力量与西亚德矛盾的激化

除了上面的米朱提因氏族和伊萨克氏族，哈维耶人和欧加登人也成为西亚德重要的反对力量。哈维耶人多数居住在索马里中部和摩加迪沙地区，他们对马雷汉族在政府中占据多数部长席位十分不满，竭力要求参政。该部落代表人物奥斯曼曾是索马里的

---

① Iqbal D. Jhazbhay, *Somaliland: An African Struggle for Nationhood and International Recognition*, p. 31.

② Ibid., p. 32.

③ 〔英〕I. M. 刘易斯：《索马里史》，赵俊译，第 231 页。

首任总统，他在1969年西亚德发动政变时被逮捕入狱，1973年才获释。1988年初，哈维耶人联合北方的伊萨克部落在伦敦组成了“联合索马里大会党（United Somali Congress）”，并与索马里民族运动结盟，构成了反政府的中坚力量，旨在让西亚德下台。

欧加登人原来是支持西亚德的主要力量之一，其中有不少在军队和警察中任职，曾在镇压北方叛乱中立下汗马功劳。但西亚德担心欧加登人势力不断壮大难以控制，便撤了出身欧加登族的国防部长的职务，继而又清洗了一批欧加登族军官，从此埋下了仇恨的种子。1988年索马里和埃塞俄比亚实现关系正常化。欧加登人认为这牺牲了该地区的利益，因此同政府的矛盾更加激化。[①]西亚德的做法使原来支持他的部落改变立场成为政府的反对者。政府军中一些欧加登军人成立反政府组织索马里爱国运动（Somali Patriotic Movement）和索马里民族军，与其他反对派并肩战斗。索马里爱国运动以奥马尔·杰斯（Omar Jess）上校为代表，奥马尔原来是亲西亚德的军官，他的背叛使西亚德集团内部出现重大分裂。在失去了欧加登人的支持后，西亚德的统治根基遭到严重削弱。

西亚德政权的倒台

西亚德对于各反对派采取强力镇压措施，但他们的力量不仅没有被削弱，反而进一步壮大。到1988年，各类反政府组织已有20多个。5月，索马里民族运动发动对政府的游击战，以后迅速发展成大规模的武装斗争。它于5月27日占领布劳，31日占领索马里第二大城市哈尔格萨的部分地区，[②]政府军在西亚德的女婿穆罕默德·西亚德·哈尔西（Mohamed Siad Kharsi）将军的指挥下收复这些城市。1989年，反政府组织开展的武装斗争已经遍及索马里全境。

1989年7月，为了抗议政府逮捕参加索马里全国联合阵线、联

① 羲豹、柯克:《索马里: 西亚德政权垮台》,《世界知识》1991年第4期, 第22—23页。

② Iqbal D. Jhazbhay, *Somaliland: An African Struggle for Nationhood and International Recognition*, p. 33.

合索马里大会等组织的宗教界人士，反对派在摩加迪沙发动群众，举行游行示威。政府动用军警镇压，造成400多人死亡，1000多人受伤。该事件在国际社会引起众多非议。美国借此指责索马里政府侵犯人权，并终止对索马里的援助。

为了避免国家分裂，索马里一些无党派人士、商人、知识分子和宗教人士在1990年5月成立“索马里和解与拯救委员会”，该组织批评西亚德政府的镇压政策，要求西亚德辞去总统职务，并提出由反对派代表组成临时政府，制定并实行多党大选的时间表。西亚德拒绝辞职，但是做出了一些和解姿态。1990年7月，政府宣布国内实行民主政治，承诺在10月就新宪法举行公民投票，并在1991年2月举行地方议会选举。政府还宣布废除《国家安全法》。1990年9月，西亚德宣布解散政府，任命来自伊萨克部落的马达尔组成政府，并释放政治犯，试图同反对派达成和解。10月中旬，政府宣布新宪法和选举法有效。根据新宪法，总统不得担任总统之外其他的职务。西亚德辞去索马里革命社会主义党总书记的职务，但拒绝辞去总统职务。

反对派认为政府做出的和解姿态不过是缓兵之计，于是加快推翻西亚德政权的步伐。索马里爱国运动、索马里联合大会党和索马里民族运动三大派宣布协调军事行动。9月，三大派在埃塞俄比亚境内举行会议，签署建立军事联盟的协议。[①] 这时索马里政府控制的范围超不过摩加迪沙，反对派们戏称西亚德为“摩加迪沙市长”。1990年11月，基斯马尤被索马里救国阵线占领。1991年1月，索马里联合大会党的武装部队在穆罕默德·法拉赫·艾迪德（Mohamed Farah Aidid）将军的指挥下攻入摩加迪沙。1月17日，西亚德率领一部分忠于自己的军队逃出摩加迪沙，在西南部的加德立足，后被迫进入肯尼亚，后来流亡到尼日利亚城市拉各斯。尼日利亚政府给予西亚德政治庇护，直到他1995年逝世。

---

① Mary Harper, *Getting Somalia Wrong? Faith, War, and Hope in a Shattered State*, p. 56.

西亚德政权倒台后，忠于西亚德的索马里军队继续留在南部作战。艾迪德进攻摩加迪沙的行动没有得到其他武装组织的支持，其领导成立的临时政府自然得不到各派的认可，索马里全国陷入军阀割据混战局面。[①] 索马里反政府武装都是基于部落和氏族利益，为了反对西亚德政权联合起来。当西亚德政权被推翻以后，各反对派武装割据一方、相互争斗，使国家长期处于分裂和动乱状态。

索马里海外侨民在推翻西亚德政权的过程中发挥了重要作用。侨汇是索马里经济的重要组成部分，80 年代索马里的一位经济学家估计每年的侨汇收入为 3.3 亿美元，占索马里国民生产总值的 40%，但是侨汇收入大部分没有流入国家的正式经济中去。有些侨汇支持地方反政府派别组织，成为推翻西亚德政权的物质力量。

索马里内乱造成严重的人道主义灾难。索马里民众出现大量的伤亡，至少有 50 万人离家逃往埃塞俄比亚和吉布提，还有数千难民逃往加拿大、英国、斯堪的纳维亚半岛地区、意大利和美国。[②] 为了对付北区索马里民族运动的反政府运动，西亚德出动地面部队和空军对北区大城市哈尔格萨进行轰炸，哈尔格萨成为一片废墟，房屋几乎被全部破坏，成为“非洲的德累斯顿”。[③] 学者马克·布拉德伯里（Mark Bradbury）认为，1988 年有 50 万人从索马里北区逃往埃塞俄比亚，这是非洲历史上速度最快、规模最大的被动人口迁徙。[④]

八、动乱前的索马里社会文化

教育文化事业的发展

独立以前，英属索马里和意属索马里的教育极其落后。英意两

① 晓林：《索马里局势的演变》，《群言》1994 年第 1 期，第 36 页。
② I. M. Lewis, *Understanding Somalia and Somaliland: Culture, History, Society*, p. 71.
③ 德累斯顿是德国东部的一座城市，“二战”期间遭遇盟军轰炸，成为废墟。
④ Mary Harper, *Getting Somalia Wrong? Faith, War, and Hope in a Shattered State*, p. 56.

国对属地教育的发展服务于其殖民统治事业，其目的是培养能够为殖民统治服务的技术工人和行政管理、公共服务人员。1958年8月的统计显示，全国在学儿童仅占适龄儿童的14%。即使是在全国教育事业最为发达的摩加迪沙，在学儿童也仅为适龄儿童的25%。1954年以前，索马里仅有一所高等学校。[①]1954年才建立一所主要培养行政和经济官员的法律经济政治学院（摩加迪沙大学前身），该大学教工除校长外，其余都非索马里人。独立前，索马里教育的落后还表现在教师资源的短缺。独立前夕，索马里的教师只有470人，其中只有290人有教师资格证，其余180人只能做助理教师。除此之外，还有200名来自英国、意大利和阿拉伯联合共和国的外籍教师。[②]

独立后，索马里政府提出“索马里人告别愚昧、贫困、疾病”的口号，[③]开始兴办新学校，在初等教育阶段实行免费教育。[④]到1965年，索马里全国共有233所小学，在校学生18700人，35所中学，在校学生4400余人。全国有两所师范学校，一所大学。此外，还有成年业余学校200多所，[⑤]学生主要学习文化、外语和职业技能等课程。

南北区教育的差异是索马里政府必须面对的问题。由于英国和意大利教育模式的不同，索马里南北部教育表现出明显的差异。教育制度仍然沿袭殖民时代的传统，西式教育是索马里教育的主流，学生在学期间除了要必修阿拉伯语外，还要学习英语（北区）和意大利语（南区），学生中学毕业后多数只能去意大利、英国或阿拉伯国家留学。

60年代，索马里的教育取得了不小的进步，小学登记入学的人数从1959年的1.54万人增加到1966年的2.3万人。中学生入学人

① 顾章义、付吉军、周海泓编著：《列国志·索马里 吉布提》，第166页。

② Raphael Cjijioke Njoku, *The History of Somalia*, p. 104.

③ 王启文、沪生、沪东等编著：《东非诸国（一）》，第110页。

④ 潘汉典：《潘汉典法学文集》，法律出版社2012年版，第364页。

⑤ 顾章义、付吉军、周海泓编著：《列国志·索马里 吉布提》，第166页。

数从1964年的1100人增加到1969年的3100人。[①]伊斯兰教育也是这一时期索马里教育的重要组成部分，中学教育中必须有《古兰经》和伊斯兰教法课程，全国有一半的中学生在伊斯兰教学校学习过。[②]

民主共和国时期，西亚德把教育看成是实现国家发展的重要途径，声明他的政府要为每一个人提供受教育的机会。他强调教育是国家经济发展繁荣的基石，应该给予教育应有的地位。西亚德政府对殖民统治时期留下的教育制度进行改革，制定了扩大教育系统的计划，目标是使索马里儿童都能上学。他扩大为国家建设服务的技术教育和高等教育，宣布在索马里要扫除文盲。全国实行小学、初中、高中和大学四级教育体制。小学为四年义务教育，主要开设阿拉伯语、英语、索马里语和算术等课程。初中也实行四年义务教育，分为普通中学和技术中学，普通中学主要开设索马里语、阿拉伯语、英语、数学、历史、地理、化学、物理、生物、宗教和体育等。技术中学的课程一般根据国民经济的发展需要制定，但普通基础课仍占相当比重。高中同样实行四年制教育，分为普通高中和技术高中。普通高中的课程与初中基本相似，学生毕业后可以升入大学，也可以直接参加工作。但技术高中主要是培养国家急需的技术人员、技术工人、建筑人员和政府职员，毕业后直接走向社会。

1971年4月，政府决定取消学生学费，要求全国的23所寄宿学校优先招收牧区和边远地区居民的子女入学，并决定对部分经济困难的家庭子女给予公费食宿待遇。同年9月，政府又宣布从小学到中学的教育要在尽可能短的时间内实现索马里化。1971年颁布的《国民服务法》规定，所有高中毕业生必须参加半年或一年的军训和革命指导课，然后再当半年或1年教师，才能安排工作。1972年10月，政府将所有外国人办的学校和私人学校收归国有，并要求各学校不断增加索马里本国教师的人数，能使用索马里人的岗位禁止

① Raphael Cjijioke Njoku, *The History of Somalia*, p. 105.

② 〔苏联〕E. 舍尔：《索马里与埃塞俄比亚的伊斯兰教》，张铁山译，《今日亚非》1988年第1期，第64页。

使用外国人，以逐步取代外籍教师。

同年，政府公布索马里文字，并规定将它作为官方文字。1973年1月，政府开始在全国推广索马里文字，这有力地促进了索马里民族教育的发展。各学校开始教授本国语言文字，并编写适合本国国情的中小学索马里语教科书。1973年，全国小学开始普及索马里文教材。1975年，中学和高等教育也开始使用索马里文教材。据估计，1972年索马里人的识字率仅约为5%。1973年，政府在全国开展扫盲运动，并为此调集8000名政府官员和军官，之后扫盲成员扩大到2万人，主要是中学生。

政府还通过自助计划，采取国家投资和群众捐献相结合的办法，兴建了大批校舍，使教育事业有了较大发展。1971—1972年，全国共新建学校348所，其中小学215所，初中101所，高中23所，中等技术学校6所，高等学校3所，并注重培养本国技术人员。[①]70年代中期，索马里政府加大对教育的投入，将约11%的政府经常性预算投向教育，并继续开展全国性的扫盲运动，使国民识字率从独立前的2%提高到60%。全国学生人数从1969—1970学年的4.2156万人上升到1973—1974学年的23万多人。[②] 1970年，摩加迪沙大学改名为索马里国立大学，学校规模不断扩大，成为大型综合性大学，70年代末每年招生约700人。政府还成立索马里国家艺术、科学和文学研究院（Somali National Academy of Arts, Sciences and Literature，简称SNAASL），负责编写索马里语词典和语法书，在推进文字拼写方面发挥了很大作用。[③]政府还建立一批培养专业人才的技术学院。为加强对成人教育的指导，政府建立全国成人教育中心，对农村地区的成人文盲进行扫盲教育。到1990年，索马里的小学发展到1200多所，普通初中与高中增加到180多所，技术职业学校达到30多所。

---

① 《各国概况》编辑组编：《各国概况》，第636页。

② 顾章义、付吉军、周海泓编著：《列国志·索马里　吉布提》，第168页。

③ Raphael Cjijioke Njoku, *The History of Somalia*, p. 121.

总体而言，西亚德统治时期，索马里的教育虽然得到了一定程度的发展，但仍然处于较低水平。1971 年，索马里的小学入学率为 7.87%，1972 年为 9.135%，1973 年为 12.27%，1977 年为 33.109%，1978 年降为 29.168%，1980 年为 27.951%，到 1986 年下降为 14.109%。[①]

表 1　索马里小学入学率统计表（1971—1986 年）

（单位：%）

1971	1972	1973	1974	1975	1976	1977	1978
7.87	9.135	12.27	15.009	不详	31.865	33.109	29.168
1979	1980	1981	1982	1983	1984	1985	1986
29.908	27.951	20.458	17.976	16.596	16.717	15.197	14.109

资料来源：World Bank: School enrollment, primary (% gross)-Somalia, https://data.worldbank. org/country/somalia, 2018-3-23.

80 年代后期，为了应对国内日益壮大的反政府武装力量，政府的军费开支快速增加，对教育的投入逐渐降低。1990 年，教育经费仅占政府经常性预算的 1.5%，并且经费主要依靠外援。政府投入的减少导致大批教师流失，学校关闭，升学率下降。90 年代初，国民的识字率仅为 24%。[②]

科学和文化事业的发展

1991 年动乱前，索马里的科学技术发展水平总体上十分落后，但在一些领域特别是兽医学得到一定发展。索马里是一个农牧业国家，畜牧业在国民经济中占据主导地位。独立后，索马里政府特别重视和畜牧业相关的兽医学的发展。独立之初，索马里的兽医技术落后，设备短缺，并且缺少本土兽医学人才。全国各地的兽医站仅有少量防疫器材和药品，运输车辆的不足也极大地限制了相关工作

① World Bank: “School enrollment, primary (% gross)-Somalia”, https://data.worldbank.org/country/somalia, 2018-3-23.

② 顾章义、付吉军、周海泓编著：《列国志·索马里　吉布提》，第 169 页。

的开展。国内为数不多的兽医人才中不少还是外国人。

在本国政府的努力和外国的援助下，索马里的兽医学开始逐渐发展起来。1966 年，索马里政府在摩加迪沙投资修建一所兽医训练中心，以培养本国的兽医学人才。该中心在 1967 年开课，经常举办短期培训班，并开设兽医院供学生实习使用。1970 年，索马里国立大学开设兽医学院。

除努力培养本国兽医学人才之外，索马里政府也大力提升本国的兽药生产技术和牲畜疾病防治技术，改良牲畜品种。独立后，索马里接管了原由意大利人创办的梅尔卡生物药品所，该单位负责监制本国兽药生产。政府还专门拨款兴建大型兽医药厂，除满足本国需要外，还计划出口。

1971 年，西亚德政府畜产部成立兽医局，统管 24 个兽医站及 32 个流动兽医队。同时，政府还建立两座地区性大型兽医中心、28 个牧区防疫点。这些机构的建立大大提高了索马里的流行传染病防治能力。另外，为应对牛瘟这种危害性较大的病疫，政府还在全国范围内专门成立 14 个流动检疫队，使瘟疫基本上得到了控制。[①] 政府还建立兽医诊所帮助牧民，并提供免费动物疾病疫苗接种服务。[②]1969 年，索马里制订了根除牛瘟的计划。到 1975 年，索马里 8 % 的牧牛注射了预防针并做了印迹。1975 年以后，牛瘟基本上得到控制。碰到邻国发生这种恶性瘟疫，索马里政府采取加强定期的防疫注射的措施来应对。技术的改进提高了牲畜的产奶、产肉和生殖能力，从德国引进的优选技术使本国单头牛的产奶量提升明显。

受经济发展水平的限制，索马里的文化事业发展总体水平很落后。历史上，索马里文学以口头文学形式存在，主要通过诗歌来表现。随着索马里现代民族主义运动的兴起，反映民族主义特别是追求索马里统一的诗歌占据了大量的篇幅。独立后，这类题材的诗歌仍然

① 王黎：《索马里的畜牧业》，《阿拉伯世界》1986 年第 2 期，第 22 页。

② Raphael Cjijioke Njoku, *The History of Somalia*, p. 122.

很盛行。1973 年，索马里国家图书馆设立专门机构用于搜集和整理民间流传的口头文学。

西亚德时期，政府对文化事业严格管制，文化事业的发展要服务于政治。1971 年 3 月，政府将摩加迪沙电台艺术团和国民军艺术团合并为国家艺术团，艺术团编演的歌曲、舞蹈和戏剧等作品的主题是歌颂民族独立，歌颂革命，反对部落主义，强调民族团结，发展民族经济和文化。20 世纪 80 年代以后，诗歌被应用到政治斗争。政府反对派以诗歌的形式对西亚德的统治进行冷嘲热讽。

独立后，索马里没有本国的电影制片厂。西亚德上台前，索马里国内的电影院都由私人经营，放映的影片多为意大利和印度等国的影片。在他上台后，政府禁止私人进口和发行影片，改由国家新闻部统一负责。索马里本土影片仍然没有出现，政府仅仅拍摄过一些新闻片。[①]

索马里的新闻出版业也得到一定发展。1972 年以前，在本民族文字创建前，索马里的报刊使用意大利文、阿拉伯文和英文。这一时期的主要报刊有：《索马里信使报》，该报刊是意大利文报刊，在摩加迪沙发行，是索马里政府的机关报；《索马里之声》，该报由索马里新闻部在 1964 年创办，属于阿拉伯文报刊；《索马里新闻》，该报是索马里的官方英文报纸，编辑、记者都实现了本土化；《联盟报》，该报纸是索马共和国执政党索马里青年联盟的机关报，用意大利文和阿拉伯文同时出版；《旗帜报》，该报纸是在北区最大城市哈尔格萨出版的阿文报纸；《战斗报》，该报纸是索马里民主联盟的机关报，用阿文出版。西亚德上台前，索马里有一家私人通讯社和一家官方通讯社和索马里国家出版社。西亚德上台后，索马里国家通讯社成为国家唯一的通讯社。西亚德政府取消原有的所有报纸，政府新创办的《十月之星报》成为唯一的日报。该报原来使用阿文和英文出版，1972 年增加索马里文版。除此之外，还有用意

① 顾章义、付吉军、周海泓编著：《列国志 · 索马里　吉布提》，第 172 页。

大利文和阿拉伯文出版的月刊《先锋报》以及用英文、阿拉伯文和意大利文出版的月刊《新时代》。

独立后，索马里有两家规模较小的广播电台。其中摩加迪沙广播电台是国家电台，哈尔格萨电台是地方政府电台。西亚德时期，广播受到政府的严格管制。1983年，索马里最早的电视台索马里电视台在摩加迪沙建立。该电视台使用索马里语和阿拉伯语播放彩色电视节目，但当时只有60万的索马里国民能够看到电视节目。①

索马里的体育事业也取得了一定的进步。独立后，索马里政府在外国的援助下积极推进本国体育事业的发展。一些体育设施开始修建，政府还组建足球、乒乓球、篮球、田径、水上项目等项目的国家队。索马里运动员和运动队伍积极参与国家比赛，还通过对友好国家交流访问推动本国外交工作的展开。但索马里体育事业的发展也受到国际政治形势变化的影响。

1972年，第22届夏季奥林匹克运动会在联邦德国第二大城市慕尼黑举办。独立后的索马里首次派遣代表队参赛。1976年，第23届夏季奥林匹克运动会在加拿大蒙特利尔市举办。为了抗议曾率领橄榄球队访问南非②的新西兰代表团参加本届奥运会，索马里等31个非洲国家联合抵制本届奥运会。③ 1980年，第24届夏季奥林匹克运动会在莫斯科举办。索马里因为和苏联关系恶化和苏联入侵阿富汗等原因抵制莫斯科奥运会，没有派遣队伍参赛。此后，索马里还参加了1984年洛杉矶奥运会和1988年汉城奥运会，但是没有获得任何奖牌。1974年加入阿拉伯国家联盟后，索马里积极参加泛阿拉伯运动会。1985年8月2日至16日，第六届泛阿拉伯运动会在摩洛哥首都拉巴特举行，索马里首次派代表团参赛。此外，索马里还经常参加泛非运动会，但成绩不佳。④

---

① 顾章义、付吉军、周海泓编著：《列国志·索马里　吉布提》，第176—179页。

② 南非政府这一时期因为种族隔离政策遭到国际社会的谴责和孤立。

③ 其中非洲国家22个。

④ 曹根、程传银：《非洲运动会研究》，《湖北体育科技》2019年第3期，第22页。

社会生活的变化

历史上，索马里人主要从事农牧业生产。萨玛勒系索马里人大部分从事游牧或半游牧生活；萨卜系索马里人主要以定居生活为主，从事农业生产，主要分布在南部的谢贝利河和朱巴河流域。索马里自然条件差，大部分地区气候干旱，降水量少。游牧生活是索马里人特别是北部民众的主要生活方式，每年牧民们为了寻找新的草地和水源要进行长途迁徙。他们以家乡的水井为中心向四周扩散。牧民们牧养的主要有羊和骆驼，这两种牲畜对水资源的消耗较少，且具有很强的耐旱能力。骆驼是索马里人最重要的牲畜，为索马里人提供食物、衣服用料和运输服务。骆驼可以提供驼奶，骆驼皮可以用来制作鞋。羊为索马里人提供奶、肉和皮毛。索马里人放牧方式独特，对羊群和骆驼群实行分开放牧。羊群在水井周围活动，骆驼群远离羊群进行远距离迁徙，在不同的牧场和水井间往返。[①]旱季时，索马里牧民一般会选择在家乡附近的水井旁生活，这些地方会形成一些小型集贸市场。

牧民们逐水草而居，住所是帐篷。帐篷构造简单，由可拆装的屋架和草席兽皮组成，便于安装、拆卸和搬迁。每迁徙一地，牧民们就将屋架搭成住所，在上面盖上草席或兽皮。在迁徙过程中，采用人工或者骆驼托运。半定居牧民和定居农民的住所是茅舍。茅舍大多数是圆柱状，屋顶呈圆锥形或圆形。屋内用一根或数根 3 米左右的柱子作支撑，屋顶用树枝和草帘铺成，在草帘上抹上一层黏土，墙壁用树枝和树皮编成，再抹上一层黏土。一般在朝阳方向开一扇小门，内部用草帘、树枝和兽皮制成的隔墙隔开，分成卧室和家务用房两间。[②]

在索马里，衡量一个人财富最主要的依据是其拥有的骆驼的数

---

① 〔英〕I. M. 刘易斯著：《索马里史》，第 8 页。

② 顾章义、付吉军、周海泓编著：《列国志 · 索马里　吉布提》，第 162 页。

量和质量。骆驼在索马里的社会生活中扮演重要角色，索马里人谈婚论嫁也以骆驼为媒介，男方通常送女方家庭一峰母骆驼作为聘礼，人们之间发生纠纷往往用骆驼进行赔偿。除此之外，索马里人互相见面除了问候家人之外，还问候骆驼。除了病人之外，其他人不得骑骆驼。南部定居居民和北方游牧民经常进行产品交换，他们从牧民那里购买货物，并出售产品给牧民。

传统社会中，游牧民处于社会分层的顶端，其次是定居农民。在牧民看来，定居农民没有好战精神，并且混杂着居住在朱巴河和谢贝利河流域的非索马里人的血统。[①]游牧民还看不起从事狩猎、皮革金属加工和理发等行业的人。渔民是索马里人最看不起的职业。

随着国家的独立和发展，索马里的社会生活开始发生一些变化。独立之初，索马里 90% 的人口从事农牧业，城镇化率不到 10%。到 20 世纪 80 年代末，城镇人口占全国总人口的 25%。在城市人口中，33% 的人口从事工业生产，其余的从事商业、手工业和服务行业等。1974 年，索马里发生大旱，政府通过在农业区和渔业区安置受灾牧民的政策使大批的牧民定居，从事农业和渔业。但是在生活稳定后，妇女和孩子继续定居，很多男子又从新回归到原来的游牧生活。索马里仍然是以农牧业为主的国度。

1969 年，摩加迪沙的人口是 50 万，到西亚德政权倒台前的 1990 年，摩加迪沙的人口已经增长到 200 万。[②]城镇普通居民的住房以平房为主，政府官员、富商和农场主则居住在高档住宅中，一些富人还居住在西式别墅中。但是，这一进程被内战打断，城市化进程出现逆转。为了逃避战乱，不少城市居民又回到农村。

独立前，索马里医疗水平低下，人们生病后多求助于民间偏方和民间医生，或者求助于巫医巫术。医疗水平低下造成索马里人口自然增长率低。1947—1962 年，索马里每年的人口自然增长率约

---

① Donatella Strangio, *The Reasons for Underdevelopment: The Case of Decolonization in Somaliland*, p. 55.

② 〔英〕I. M. 刘易斯：《索马里史》，赵俊译，第 243 页。

为 0.5%。独立之初，索马里医药卫生事业落后，全国仅有 23 所医院和卫生所，42 名医生，其中只有 2 名索马里人。[①]。独立以后，索马里政府重视医疗卫生事业的发展，给贫困者提供免费的医疗服务。[②]随着医疗条件的改善，索马里的人口增长率明显上升。1962 年，索马里人口是 220 万，到 1971 年全国人口达 450 万，城镇区人口增长率达 3.5%，农牧区达到 2.2%。[③]

索马里先后向苏联、意大利、埃及、英国和中国派遣大批学生学医。70 年代，索马里国立大学设立医学院，在摩加迪沙和哈尔格萨创办两所中级卫生学校，培养医生、护士和其他医务工作者。政府还利用自助的方式和外援，在基层建立了一些小型医院和卫生所，使以医护设施集中在摩加迪沙的情况有所改变。政府还在全国推行公费医疗[④]，实施小儿麻痹症、百日咳等疾病的疫苗接种项目[⑤]。到 70 年代后期，索马里医院和卫生所由建国时的 23 所增加到 243 所，医生由 42 人增长到 198 人，其中本国医生为 118 人。病床由独立时的 3100 多张增加到 4482 张。1972 年，政府对医疗行业实行国有化政策，取缔私人医疗服务。70 年代后期，随着索马里和西方国家关系好转，私人医疗服务开始逐渐恢复。西亚德政权倒台以前，索马里的霍乱等疾病得到很好控制。但是，索马里医疗卫生事业的经费主要来自外援，其发展不可避免受限。80 年代以后，索马里国内开始陷入动荡和内战，医疗水平下降明显。

独立以来，索马里国民的出生预期寿命总体上呈上升趋势。1986 年以后，受战乱的影响，出现下降。1960 年，索马里人的预期寿命为 36.9 岁，1969 年增加到 40.571 岁，1978 年为 44 岁，1986

① 顾章义、付吉军、周海泓编著：《列国志・索马里　吉布提》，第 173 页。

② 潘汉典：《潘汉典法学文集》，第 364 页。

③ 顾章义、付吉军、周海泓编著：《列国志・索马里　吉布提》，第 20—21 页。

④ 马句：《索马里革命社会主义党简介》，《当代世界社会主义问题》1987 年第 3 期，第 79 页。

⑤ Raphael Cjijioke Njoku, *The History of Somalia*, p. 122.

年为 46 岁，1990 年下降到 45 岁。[①]1990 年，索马里新生婴儿的预期寿命为 45 岁，低于撒哈拉以南非洲的 50 岁，更远低于世界平均水平的 65 岁。新出生婴儿每千人死亡人数为 119 人，高于撒哈拉以南非洲的 109 人，远高于世界平均水平的 65 人。5 岁以下儿童每千人死亡 200 人，高于撒哈拉以南非洲的 185 人，远高于世界平均水平的 92 人。[②]

表 2　索马里出生预期寿命统计表

（单位：岁）

1960	1961	1962	1963	1964	1965	1966	1967	1968	1969	1970
36.997	37.375	37.774	38.176	38.579	38.982	39.384	39.784	40.179	40.571	40.958
1971	1972	1973	1974	1975	1976	1977	1978	1979	1980	1981
41.344	41.728	42.112	42.495	42.877	43.259	43.639	44.012	44.374	44.724	45.065
1982	1983	1984	1985	1986	1987	1988	1989	1990		
45.391	45.693	45.957	46.142	46.196	46.111	45.908	45.631	45.375		

资料来源：World Bank: “Life Expectancy at Birth, Total (years)—Somalia”, https://data.worldbank.org.cn/country/, 2018-6-25.

独立以来，随着社会经济水平的提高，索马里的人口数量快速增长。从 1960 年到 1969 年，索马里人口由 275 万增长到 338 万。1978 年，索马里人口增长到 541 万，到 1990 年增长到 739 万。[③]

西亚德时期，索马里的交通运输和通讯业得到很大改善，方便了人们的出行。政权倒台前，索马里几乎所有的重要城镇和大部分地区都有公路连通，主要港口的设施得到极大地改善，8 个机场有柏油路跑道，国内主要城市拥有定期航班。但是，不可否认的是索马里的交通通讯状况仍然很落后。1978 年初，索马里国内没有铁路，全国修成的 1.7 万公里公路中，只有 1400 公里铺有沥青，1000 公

① World Bank: “Life Expectancy at Birth, Total (years)—Somalia”, https://data.worldbank.org.cn/country/, 2018-6-25.

② 世界银行编著：《2010 年世界发展指标》，王辉译，中国财政经济出版社 2010 年版，第 146 页。

③ World Bank: “Population, Total—Somalia”, https://data.worldbank.org.cn/country/, 2018-8-23.

里为碎石路面，其余都为土路。[①]

妇女地位的提高

在索马里传统社会，妇女地位低下。其中一个重要表现是为妇女偿命的补偿标准比男人低。为一个男人偿命需要 100 峰骆驼，为一名妇女偿命只要 50 峰骆驼。妇女身份地位还可以从其负责饲养的牲畜中表现出来。在索马里的社会文化传统中，骆驼是高贵的动物，是索马里人最钟情的牲畜，也是财富的象征，而羊只能作为一种价值较低的礼物或赔偿物。[②] 妇女以前只能饲养羊，骆驼的饲养和使用则是男人的特权。

独立前，索马里妇女的受教育水平也很低。妇女接受教育的比例低，女子学校出现晚，数量少。1949 年，英国军政府在前意属索马里建立第一所女子学校。[③]1953 年，英属索马里开办了第一所女子学校。此外，在英属索马里和意属索马里，选举权都仅限于男性，妇女没有选举权。1956 年，在意大利托管地成立的索马里亚政府曾对妇女选举权的问题进行过研究，但该项权利依然没有实现。独立后，索马里政府通过立法，首先在南区实现了普选权，但是北区选举权还是仅限于男性公民。1963 年 5 月，在舍马克政府推进南北一体化的过程中，国民议会通过了给予妇女选举权的法案，所有的索马里妇女都获得了选举权。[④]

西亚德上台后，把妇女地位的提高看作是实现国家进步和发展的标志。1975 年 1 月，政府颁布关于实行男女平等的法令，规定妇女拥有与男人平等的权利。1975 年 1 月，索马里政府处决了公开反

---

① United States: Central Intelligence Agency, "The Horn of Africa – Basic Human and Material Resources", Jan. 1, 1978, U. S. Declassified Documents Online, http: // tinyurl.galegroup.com/tinyurl/3X4Qx2, 2018-10-7.

② 〔英〕约安 · 刘易斯：《索马里人》，黄承球译，《世界民族》1997 年第 2 期，第 68 页。

③ George G. Dawson, "Education in Somalia", *Comparative Education Review*, Vol. 8, No. 2, 1964, p. 201.

④ Shaul Shay, *Somalia between Jihad and Restoration*, p. 3.

对新法律的10名地方谢赫，该法律让妇女和男人具有同等的继承权。[①] 穆斯林女子同男子一样参加生产劳动和社会活动，一般不用面纱遮脸。政府通过各种途径宣传妇女，并在3月8日庆祝国际妇女节。重大历史事件的宣传都要有妇女形象为背景。[②]

---

① I. M. 刘易斯：《索马里史》，赵俊译，第195页。

② Raphael Cjijioke Njoku, *The History of Somalia*, p. 121.

第八章　后西亚德时代索马里的曲折发展

1991 年 1 月西亚德政权的崩溃成为现代索马里历史的一个重要转折点。1992—1995 年，面对严重的人道主义危机，联合国和美国军事介入索马里事务，却未能实现国内和平，其局势更加恶化。在国际社会的支持下，索马里人多次试图重建国家，但遭遇重重困难。2006 年以来，伊斯兰法庭联盟和伊斯兰青年党先后崛起，对索马里过渡政府构成严峻挑战。由于缺乏强有力的中央政府，索马里海盗肆虐，严重威胁国际安全。索马里兰分离主义政权的建立，使索马里面临分裂危险。同时索马里也经历了由中央集权制向联邦制的过渡。持续不断的动乱严重制约索马里经济和教育的发展，难民问题成为影响索马里国家重建的一大难题。

一、外部力量介入下索马里艰难的政治重建

军阀混战与人道主义危机

1991 年 1 月，联合索马里大会党击败政府军后，统治索马里 22 年的西亚德政权崩溃，索马里各派别随即开始激烈的权力争夺。1991 年年中，吉布提政府曾在本国举行两次索马里和平会议，但均以失败而告终。对于国家的未来发展，索马里各派别严重缺乏共识，

而且，没有一派的力量占据绝对优势，内战因此成为索马里各派别零和博弈的必然结果。

在摩加迪沙，联合索马里大会党领导人阿里·马赫迪·穆罕默德和穆罕默德·法拉赫·艾迪德就如何分配权力产生了尖锐的矛盾。两人都来自哈维耶部族，其中阿里·马赫迪是摩加迪沙商人，曾出巨资资助联合索马里大会党，得到了阿布加尔（Abgal）氏族的支持，艾迪德则是前西亚德政府军官，以哈布尔·吉迪尔氏族为后盾。2月，阿里·马赫迪在未经商议的情况下宣布成立新政府，自命为临时总统，这一单方面行动并没有得到其他反对派的承认，尤其是艾迪德对此坚决拒绝。摩加迪沙由此分裂为阿里·马赫迪和艾迪德两个敌对的阵营，哈维耶部族的两个氏族（阿布加尔和哈布尔·吉迪尔）也随之矛盾激化。[①] 在互相火拼的同时，阿里·马赫迪和艾迪德的武装还对城内的达鲁德人（西亚德所属部落）进行了疯狂的报复。6月，艾迪德领导下的联合索马里大会党与索马里爱国运动以及其他组织联合成立了索马里民族联盟（Somali National Alliance），以对抗阿里·马赫迪。

面对哈维耶人的威胁，西亚德的继子摩根（Morgan）将军组织西亚德所属马雷汉氏族的达鲁德人进行反击。双方在朱巴河一带激战，将索马里谷物主产区变成了一片废墟。随着冲突的扩大，艾迪德与奥马尔·杰斯上校的民兵联合起来反对摩根将军，而后者则与西亚德政权的阿丹·加比奥（Adan Gabio）将军形成松散的同盟。[②] 伊斯兰军事政治力量——伊斯兰联盟（Islamic Union）为了保护许多成员所属的达鲁德人，与艾迪德领导的联合索马里大会党在南部城市基斯马尤展开激战。[③] 在此情况下，各支力量纷纷建立自己的武装。它们都以部落或者部落分支为基础，经济上依靠战利品来维持

① Maria H. Brons, *Society, Security, Sovereignty and the State in Somalia: From Statelessness to Statelessness?*, Utrecht: International Books, 2001, p.218.

② 〔英〕I. M. 刘易斯：《索马里史》，赵俊译，东方出版集团 2012 年版，第 242—243 页。

③ 李福泉：《索马里政治伊斯兰的演进与特点》，《国际论坛》2012 年第 6 期，第 72 页。

和发展。它们的领导人大多都是西亚德政权的前军官，被外界称为“军阀”。1991—1992年，军阀混战成为索马里中南部的典型特征，各支武装为了争夺资源丰富的摩加迪沙和朱巴河流域进行血腥厮杀。无数索马里人仅仅由于属于某个部族而遭到屠杀，大量妇女遭到强奸或凌辱。在索马里历史上，平民第一次成为无差别暴力的施害对象，“部族清洗”（clan cleaning）成为暴力冲突的主要形式，[①]索马里社会前所未有地军事化。

与南部不同，索马里北部冲突规模相对较小。阿卜杜拉希·优素福上校领导的索马里救国民主阵线（Somali Salvation Democratic Front）在东北部占据了优势地位。它击败了宣布在当地建立伊斯兰政府的伊斯兰联盟，迫使其力量转移到了西南部的盖多州（Gedo）。1991年5月，索马里民族运动宣布西北部独立，成立“索马里兰共和国”，阿卜杜拉赫曼·艾哈迈德·阿里·图尔为“总统”。

严重的战乱使得农业、畜牧业遭到严重破坏，饥荒大规模蔓延，索马里陷入了严重的人道主义危机。1992年初，索马里大约有50多万人死于饥饿，至少有100万人受到死亡的威胁。[②]“1992年8月，饥荒达到高峰，依据国际红十字会的估计，在人口为700万的索马里国家中，约有450万人遭受不同程度的饥荒。”[③]一些国家和非政府组织对索马里提供了大量援助。美国自1991年1月起就是索马里最大的捐赠国，提供了包括30万吨粮食在内的2.1亿美元的人道主义援助。[④]由于索马里中央政府荡然无存，救援物资大部分由非政府组织运送，各地军阀有的乘机公开抢劫，使得救援物资难以到达难民手中，有的强行向运输车队收取保护费，大大提高了运输成本。

---

① Lidwien Kapteijns, *Clan Cleaning in Somalia: The Ruinous Legacy of 1991*, Philadelphia: University of Pennsylvania Press, 2013, pp.2–4.

② Kenneth Allard, *Somalia Operations: Lessons Learned*, Washington, D.C.: National Defense University, 1995, p.11.

③ Jonathan Stevenson, “Hope Restored in Somalia? ”, *Foreign Policy*, No.91, 1993, pp.138–139.

④ Marc Michaelson, “Somalia: The Painful Road to Reconciliation”, *Africal Today*, Vol. 40, No.2, 1993, p.57.

而且，援助组织的工作人员也经常被绑架，生命受到严重的威胁。这样，在军阀混战的情况下，一方面，索马里百姓生活极度困难，迫切需要救济，但另一方面，暴力的盛行却又导致救援物资无法顺利抵达难民手中。

联合国与美国的介入

索马里日益严重的人道主义危机逐渐受到国际媒体的报道，援助机构也开始大量宣传索马里的困境。这一形势促使国际社会采取更多措施，联合国和美国逐渐深度介入了索马里冲突。

1992 年 1 月 23 日，联合国安理会通过第 733 号决议，敦促冲突各方立即停火，禁止向索马里运送武器和军事装备。[①] 在联合国的积极协调下，1992 年 3 月 3 日，艾迪德与其他武装派别最终签署停火协议。该协议允许联合国采取措施保护在索马里的人道主义援助组织及其工作人员的安全，并向摩加迪沙部署 20 名军事观察员，监督停火。[②] 然而，该协议并未得到各派的遵守与执行。4 月 24 日，联合国通过第 751 号决议，要求尽快部署 50 名联合国观察员到摩加迪沙监督停火，并派遣 500 名保安部队来护送人道主义救助物资。[③] 与此同时，联合国秘书长任命穆罕默德·萨赫农（Muhammad Sahnoun）为索马里问题特别代表。第一期联合国索马里行动（The United Nations Operation I）由此正式开始，它有 3 项任务，即监督停火、保护联合国工作人员的安全与护送人道主义援助。[④] 7 月 5 日，

---

① 《联合国安理会第 733（1992）号决议》，联合国正式文件网，http://www.un.org/zh/documents/view_doc.asp? symbol=S/RES/733 (1992), 1992 年 1 月 20 日，引用时间：2020 年 5 月 2 日。

② Syed Sikander Mehdi, “UN Peacekeeping: An Overview”, *Pakistan Horizon*, Vol.47, No.4, 1994, p.25.

③ 《联合国安理会第 751（1992）号决议》，联合国正式文件网，http://www.un.org/zh/documents/view_doc.asp? symbol=S/RES/751(1992), 1992 年 4 月 24 日，引用时间：2020 年 5 月 2 日。

④ David Harmantas, *A Comparison of Great Power and UN Peacekeeping in Post-Cold War Africa*, Master Thesis, Georgetown University, 2009, p.22.

联合国观察员先遣队到达摩加迪沙。联合国的下属组织和30多个非政府组织在索马里执行任务，它们负责向索马里运送食品、种子、保健用品、供水设施及其他救济物资，援助行动分为两个阶段，即1992年4月开始的90天援助计划[①]与同年9月开始的100天援助计划[②]。

8月28日，新任联合国秘书长加利促使安理会增加对索马里的投入。9月底，美国开始将巴基斯坦500人的步兵营运送至摩加迪沙。[③]但联合国的行动却导致其与当地军阀产生矛盾。艾迪德由于抗议联合国没有与他协商，而反对其另外部署3000名维和人员。他的武装向进入索马里领空的飞机开火，导致加拿大、比利时等国因安全原因推迟派遣军队。索马里问题特别代表萨赫农因与秘书长加利意见不合而辞职，伊拉克外交官伊斯马特·吉塔尼随即被任命为特别代表。[④]

索马里危机引起了试图建立世界新秩序的美国的关注，联合国的索马里行动也急需超级大国美国的鼎力支持。1992年1月，美国国会议员呼吁布什政府采取行动。11月，五角大楼提议先由美国领导的联盟军队对索马里进行援助，而后再由联合国维和部队接管，布什总统和联合国秘书长都同意了此项提议。12月3日，安理会通过了第794号决议，"授权使用'一切必要的手段尽快为索马里的人道主义援助建立一个安全的环境'"[⑤]。据此，美国领导的联合国特遣部队（The Unified Task Force）开始在索马里进行部署，由

① 1992年4月，联合国决定在90天内紧急向索马里运送食品等救济物资。世界粮食计划署、国际红十字会、儿童基金会、世界卫生组织以及一些非政府组织均参加了这一行动。到5月初，粮食计划署运来5000吨小麦，难民计划署提供了3400万美元的难民援助。

② 1992年9月14日，联合国开始为期100天的计划，包括立即提供粮食、种子、建房器材、洁净水及基础保健服务等。

③ Matthew A. Baum, "How Public Opinion Constrains the Use of Force: The Case of Operation Restore Hope", *Presidential Studies Quarterly*, Vol.34, No.2, 2004, p.210.

④ David Harmantas, *A Comparison of Great Power and UN Peacekeeping in post-Cold War Africa*, Master Thesis, Georgetown University, 2009, p.22 .

⑤ Syed Sikander Mehdi, "UN Peacekeeping: An Overview", *Pakistan Horizon*, Vol.47, No.4, 1994, p.26.

美国主导的此次行动代号为“恢复希望行动”（Operation Restore Hope），共有2.8万美军在摩加迪沙登陆。布什任命前美国驻索马里大使罗伯特·奥克利（Robert Oakley）为总统特使，指挥此次行动。由于奥克利与艾迪德的成功交涉[①]，“恢复希望行动”得到了艾迪德的支持与合作。特遣部队迅速保护了主要居民区的安全，确保援助物资顺利运送与分发。[②]而且，大部分武装抢劫活动得到了遏制，冲突的规模也大大减小。“恢复希望行动”成功为人道主义援助提供了安全环境，联合国秘书长加利欲以此为契机，在索马里解除武装，建立真正的和平，但美国态度消极。

联合国在维和的同时，也积极推进索马里政治和解。1993年3月15日，在联合国的大力调解下，索马里民族和解会议在埃塞俄比亚首都亚的斯亚贝巴举行，主要军阀和各个氏族的代表参会，最终签订了《亚的斯亚贝巴和平协议》。它承诺在90天内解除武装，并授权联合国对违反协议者进行强有力的制裁。[③]联合国雄心勃勃地想通过两年的时间，重建索马里政府。按协议规定，在过渡期内，过渡国民议会是“索马里主权的拥有者”，负责领导索马里国家。显然，联合国试图从根本上化解索马里危机，但后来的事实证明，它完全低估了这一任务面临的难度。

为了完全解除武装，实现政治和解，3月26日，安理会通过了第814号决议，授权进行第二期联合国索马里行动。此次联索行动军队部署了2.8万人，其中8000人为行政后勤人员。[④]整个行动由美国潜艇指挥官豪（Howe）上将领导，多国部队由一名土耳其将军

---

① 一种观点认为美国康诺克石油公司与艾迪德存在交易，因此艾迪德对美国领导的“恢复希望行动”持支持态度。参见 David N. Gibbs, “Realpolitik and Humanitarian Intervention: The Case of Somalia”, *International Politics*, Vol.37, No.1, 2000, pp.45–46.

② Syed Sikander Mehdi, “UN Peacekeeping: An Overview”, *Pakistan Horizon*, Vol. 47, No.4, 1994, p.26.

③ Marc Michaelson, “Somalia: The Painful Road to Reconciliation”, *Africal Today*, Vol.40, No.2, 1993, p.67.

④ Trevor Finalay, *The Use of Force in UN Peace Operations*, Oxford: Oxford University Press, 2002, p.186.

指挥，在需要时，美国将继续提供战略支援和快速反应部队。5月1日，美军向联合国移交指挥权，联合国索马里维持和平部队（下称维和部队）正式接替联合国特遣部队。但直到此时，在亚的斯亚贝巴达成的协议还没有付诸行动，过渡议会的组建依然遥遥无期。而且，军阀们依然源源不断地获得武器，解除武装的事情没有任何实质性进展。此外，这次联索行动没有与当地军阀或部落领袖进行必要的对话与合作，结果让利益受损的他们成为其反对者。

"6·5事件"成为维和部队与当地军阀关系的转折点。6月5日，一支主要由巴基斯坦军队组成的维和部队在检查艾迪德广播站附近的军火库时，遭到索马里武装的伏击，24名巴基斯坦士兵死亡，10人失踪，54人受伤。第二天，安理会通过第837号决议，强烈谴责艾迪德的袭击行为，豪将军授意对艾迪德的武装进行军事打击，艾迪德本人被宣布为通缉犯和战争犯。但维和部队的行动不仅没有击毙或捕获艾迪德，反而造成了大量索马里人的伤亡。① 在艾迪德的宣传和煽动下，联合国被妖魔化，索马里普通百姓与维和部队的对立情绪日益加剧，艾迪德本人则俨然成为受到打压的民族英雄。② 维和部队与艾迪德武装之间冲突不断，流血事件频繁发生。这就意味着联合国与美国已经从外来的调解者正式转变为内战的参与者，索马里的局势更加复杂化。

虽然维和部队在索马里进行了高强度的日夜轰炸，但其在索马里的处境仍日益恶化。9月25日，美国一架黑鹰直升机被击落，3人被杀。③ 美军为保持自己在国际上的声望，应对国内的舆论压力，加大了军事部署。1993年10月3日，美国游骑兵特遣部队发起第7次行动④，但它最终以2架黑鹰直升机被击落，18名特

① 1993年7月12日，维和部队依据错误情报，用武装直升机袭击了哈布尔·吉迪尔长老会议，造成73人死亡。

② 〔英〕I. M. 刘易斯：《索马里史》，赵俊译，第249页。

③ Richard W. Stewart, *The United States Army in Somalia,* U.S.A. Army Center of Military History, 1992-1994, pp.14-15.

④ 1993年8至9月，美国游骑兵特遣部队在摩加迪沙共执行6次任务，并且都取得了战术上的成功。

遣队员被杀而告终。[①]摩加迪沙大街上美军士兵尸体被拖拉的电视画面让美国公众无比震惊和愤怒，他们强烈要求美军立即从索马里撤军。在美国公众的强大压力下，克林顿政府不得不宣布，美军将于 1994 年 3 月 31 日前全部撤出索马里，且此前在索马里的美军将由美国人（而不是联合国）指挥。在美国宣布从索马里撤退后，其他国家也纷纷计划撤离。维和部队的“示弱”引发了新的混乱，阿里·马赫迪和艾迪德的武装又开始在摩加迪沙发生冲突。22 日，联合国秘书长加利紧急访问索马里，敦促和劝说各方和谈。在各方努力下，1994 年 3 月底，索马里各支力量在召开一系列会议后，最终签订了新的协议。这标志着联合国索马里行动开始由强制和平转向维护和平，巨大的代价和挫折迫使联合国再次改变了在索马里的政策。

但是，政治重建依旧没有实质性进展，各军阀之间矛盾重重，暴力行动有增无减，维和部队多次遭到索马里武装分子袭击。11 月 4 日，安理会的第 954 号决议宣布，维和部队将不晚于 1995 年 3 月 31 日全部撤出。[②]到次年 3 月底，维和部队撤离了索马里，第二期联合国索马里行动就此完全结束。从 1992 年 4 月开始，联合国在索马里延续 3 年的两期行动共直接耗费约 16.86 亿美元，死亡 155 人，[③]但维和部队留下的依然是一个混乱无比的索马里，这对于以维护世界和平为己任的联合国而言是一个莫大的讽刺。

新军阀兴起与阿尔塔过渡政府的产生

1995 年 3 月，联合国撤军后，摩加迪沙发生了以联合国遗留物为目标的抢劫事件。短短几个月时间，耗资 160 万英镑的联合国驻

---

① 美军此次失败的行动被称为“黑鹰坠落”事件，后来有以此为背景有《黑鹰坠落》的小说和电影问世，影响颇大。

② Enrico Augelli and Craig N. Murphy, “Lessons of Somalia for Future Multilateral Humanitarian Assistance Operations”, *Global Governance*, Vol.1, No.3, 1995, p.342.

③ 第一期死亡 8 人，耗费 4293 万美元，第二期死亡 147 人，耗费 16.43 亿美元。参见联合国官方汉语网站，http://www.un.org/zh/index.htm, 2016 年 4 月 8 日。

索马里总部便完全消失。[①]废品商通过回收废墟中的破烂赚了许多钱，以此为基础，新一代的派系领导人和军阀开始兴起。哈维耶部族的石材商穆塞·苏迪·亚拉豪（Muse Soodi Yalahow）取代阿里·马赫迪成为20世纪90年代后半期阿布加尔支系的主要领导人。在其敌对的哈布尔·吉迪尔支系，出现了另一位新的军阀奥斯曼·阿里·奥托（Osman Ali Atto）。

6月15日，艾迪德自封为“临时总统”，引发了新的权力争夺。此前，他的竞争者阿里·马赫迪在吉布提的会议上被选为总统。在摩加迪沙，艾迪德与阿布加尔人的冲突进一步加剧。1995年后半年，各军阀在基斯马尤、朱巴河流域激战。10月，拉汉文抵抗军（The Rahanweyn Resistance Army）在拜多阿西部成立，成为艾迪德的主要对手和索马里西南部的一支强大武装。1996年3月，阿里·马赫迪被选为联合索马里大会的主席。1996年8月，艾迪德在阿布加尔和哈布尔·吉迪尔两大支系的冲突中受重伤，几天后死去。艾迪德的儿子侯赛因·艾迪德[②]接替其父亲成为总统。侯赛因·艾迪德的声望和能力远远比不上其父亲，因此，艾迪德的死直接导致其所在氏族的严重分裂，索马里政治更加碎裂化。各军阀竞相在摩加迪沙和南部索马里分割势力范围，控制机场和港口等战略要地。索马里进入了一个事实上的土匪横行的时期，抢劫成为各军阀和匪徒获取财富的主要方式，氏族和家族成为安全的主要提供者。现代政治准则在索马里南部基本失效，部族文化支配着索马里政治生活。

索马里的混乱局势对地区国家构成了直接威胁，维和部队撤离后，国际社会依然试图推动索马里内部和解。1996年和1997年，埃塞俄比亚与埃及曾分别发起索马里民族和解进程，但以失败而告终。1998年，埃塞俄比亚又提出“构建模块”方案[③]，但也没有结果。

① 〔英〕I. M. 刘易斯：《索马里史》，赵俊译，第252页。

② 他曾作为美国海军陆战队士兵，参加恢复和平行动。

③ 该方案主张由国际社会支持索马里已经存在的地方政府，使其通过联邦的形式组成统一的索马里政府，以实现政治重建。

同年，联合国设立了索马里问题常设委员会，专门监测索马里局势的演变。[①]

2000 年 1 月，吉布提总统伊斯梅尔·奥马尔·盖莱在实现国内稳定后，发起了索马里和平计划。这一计划受到了埃及、埃塞俄比亚和美国等国家的支持，联合国也对此表示赞同，并委派其驻索马里特别代表戴维·斯蒂芬（David Stephen）到吉布提筹备会议。经过两个多月的努力，会议终于在吉布提西部阿尔塔（Arta）的小型度假胜地举行。参加会议的人达 2000 多人，覆盖了索马里的所有氏族，包括传统长老、宗教学者、知识分子、艺术家和妇女等人，它由此成为 20 世纪 90 年代以来索马里规模最大的和平会议。各地（包括移居国外的）索马里人纷纷赶来参加会议，但参会者的代表性并没有受到考查。尽管参会者都宣称自己在代表其所属的部族或者氏族，但相当一部分代表却遭到他们所代表的部族或氏族的否认。索马里兰没有派出代表，许多重要的军阀同样缺席，因此会议的代表性存在严重问题。会议的正式代表为 245 人，他们以部族和性别为主要原则进行分配：达鲁德、哈维耶、迪吉尔和迪尔四大部落各有 44 席，少数族裔有 14 席，妇女有 25 席，其余 20 席由吉布提总统提名。据估计，在这 245 人中，60% 是前西亚德政权的议员。[②]因此，仅就参会者而言，西亚德时期的政治人物对索马里和平进程依然具有巨大的影响力。

8 月 13 日，经历漫长的争论后，会议宣告结束。会议产生了一部临时宪法，它没有承认索马里兰的独立，具有西亚德时期高度中央集权的特征。代表们还任命了一个国民议会，并确定阿卜杜勒卡西姆·萨拉特·哈桑（Abdulqassim Sald Hassan）为总统。他属于哈布尔·吉迪尔氏族，主张哈维耶部落内部团结，曾担任前西亚德

---

① 《秘书长关于索马里局势的报告》，联合国政治文件网，http://daccess-ods.un.org/access.nsf/get?open&DS= S/PV.4066&Lang=C, 1999 年 8 月 16 日，引用时间：2020 年 5 月 2 日。

② I. M. Lewis, *Understanding Somalia and Somaliland: Culture, History, Society*, New York: Columbia University Press, 2008, p.82.

政权的内政部长和财政部长，也曾热情拥护西亚德的科学社会主义。他组建了过渡国民政府（Transitional National Goverment），选择阿里·哈里发·盖莱德（Ali Khalif Galad）担任总理，后者属于杜尔巴汉特氏族（达鲁德部落），曾担任前西亚德政权的副部长。

过渡国民政府是西亚德政权崩溃后索马里第一个中央政府，是索马里走向政治重建的重要象征。但是，它存在多种严重缺陷。过渡国民政府只控制着摩加迪沙的一部分，索马里南部其他地区处于各军阀掌握之下。政府领导人首先考虑的是经济利益，而不是国家的稳定和发展。总统和总理关系不和[①]，两者都想主导政府政策，使得政府难以有所作为。阿里随后任命的内阁规模庞大无比，部长人数多达 83 名，其中关键的国防部长由同样来自杜尔巴汉特氏族的阿卜杜拉希·优素福担任。但由于总理和国防部长所在氏族与索马里兰和邦特兰都有矛盾，因此他们的任命引发这两个地区的强烈不满。阿尔塔会议通过的决议要求把未来的首都迁往拜多阿，总统阿卜杜勒卡西姆却没有信守政府的承诺，摩加迪沙依旧是首都。

过渡国民政府成立后，联合国便立即给与外交承认，并欢迎其派出代表坐上联合国大会的索马里席位。由于联合国和 BBC 的宣传，过渡国民政府在国际社会拥有良好的形象，但实际上它在国内严重缺乏合法性。许多军阀没有参加阿尔塔会议，因此也就不支持、不承认总统和总理。在军阀穆塞·苏迪·亚拉豪的领导下，阿布加尔氏族对过渡国民政府充满敌意。联合国支持政府开始实行遣散民兵和重建警察部队的计划，两年之后，它拥有了一支军队，但其人数仅有 2100 人，[②]且由总统阿卜杜勒卡西姆所属的哈巴尔·吉迪尔氏族主导，没有恢复秩序的能力。总统阿卜杜勒卡西姆严重缺乏权威，他的命令即便在首都也不能得到充分执行，他因此被嘲讽为“摩加

① 在 2001 年 10 月阿里·哈里发·盖莱德政府倒台后，总统曾先后任命三任总理。

② Dan Connell, “War Clouds Over Somalia”, Mar. 22, 2002, http://www.merip.org/mero/mero032202, 2016-4-12.

迪沙市长”。[①]

过渡国民政府还面临着其他严峻的挑战。2001 年 3 月，埃塞俄比亚支持以侯赛因·艾迪德为首的军阀在拜多阿成立了索马里恢复与和解委员会（Somali Restoration and Reconciliation Council）。[②]该委员会提议召开索马里内部和解大会，并敦促阿卜杜勒卡西姆以平等身份而不是以他们拒绝承认的总统的身份参加大会。在外力的选择性支持下，索马里出现了两大互相对立的军事政治集团。事实上，随着部分政治人物的离开，过渡国民政府这时已经严重丧失代表性，几乎沦为国内政治舞台上的一个派系。索马里兰的政治发展对过渡国民政府形成更大的打击。5 月 31 日，索马里兰举行公决，通过新宪法，正式宣布独立。具有讽刺意味的是，联合国和许多国家支持名存实亡的过渡国民政府，却拒绝承认治理良好的索马里兰。面对分崩离析的索马里，国际社会依然坚信，只有建立中央集权的国家，才能解决索马里问题。[③]

过渡联邦政府的建立

“9·11”事件后，索马里由于被认为是恐怖分子的躲避所，再次成为国际社会关注的重点国家。索马里各政治力量在撇清与恐怖主义关系的同时，纷纷表达对美国的善意。过渡国民政府总统阿卜杜勒卡西姆宣布同意在搜捕恐怖分子问题上与美国合作，索马里恢复与和解委员会则甚至呼吁国际社会进行军事干预，以对付激进的伊斯兰集团。尽管如此，美国关闭了索马里在迪拜的汇款银行（al-barakat），导致索马里南部收到的汇款减少了 50%，大批商人纷纷离开摩加迪沙。[④]事实证明，反恐问题成为影响索马里政局的新因素。

① 〔英〕I. M. 刘易斯：《索马里史》，赵俊译，第 271 页。

② International Crisis Group, *Salvaging Somalia's Chance for Peace*, Africa Briefing, Dec. 9, 2002, p.2.

③ 〔英〕I. M. 刘易斯：《索马里史》，赵俊译，第 282 页。

④ 同上书，第 279 页。

2002年后半年，摩加迪沙出现了20世纪90年代以来最激烈的冲突，除了索马里兰，索马里几乎所有地区都处于不同武装的混战之中。索马里南部处于两极对立状态，一方是过渡国民政府及其盟友，一方则是索马里恢复与和解委员会。多个国家违背联合国的武器禁运政策，支持索马里境内的代理人。阿拉伯国家青睐的是过渡国民政府，恢复与和解委员会背后则是埃塞俄比亚。双方势均力敌，都无法战胜对方。[①]索马里局势的恶化证明2000年阿尔塔会议的努力已经失败，索马里急需外力介入下的新一轮和平倡议，但这时联合国不愿承担领导责任，东非政府间发展组织（Inter-Governmental Authority on Development, IGAD）[②]最终发挥了主导性作用。

早在2002年1月，伊加特在喀土穆举行的峰会上就呼吁在两个月内举行索马里和平会议。由于埃塞俄比亚和吉布提支持不同的索马里派别，持中立立场的肯尼亚成为具体的调解者。经过积极努力，肯尼亚宣布将在该国埃尔多雷特（Eldoret）召开索马里全国和解大会，并于9月向伊加特部长委员会提交了索马里和解进程的框架建议。肯尼亚依据情况，提出了分为三个阶段的和解计划。[③]10月15日，索马里和解会议在埃尔多雷特召开。与以往的会议不同，这次会议包括了索马里所有主要的军阀，但没有索马里兰和任何伊斯兰政治组织的代表。[④]10月27日，与会各方签署了《埃尔多雷特宣言》，[⑤]其主要内容包括结束冲突、制定新的联邦宪章或宪法、创建联邦制

---

① International Crisis Group, *Salvaging Somalia's Chance for Peace*, Aferica Briefing, Dec. 9, 2002, p.2.

② 东非政府间发展组织又称“伊加特”，1986年成立，1996年3月改为现名，现有埃塞俄比亚、吉布提、肯尼亚、苏丹、索马里、乌干达和南苏丹等7个成员国。

③ 第一个阶段由300位索马里各界领导人决定停止冲突和商讨要解决的核心问题；第二个阶段由上述300人任命75名代表组成多个和解委员会，处理和平进程中的特定问题，并由国际社会提供专家进行技术指导；第三个阶段由各和解委员会向300位领导人提交建议，并由其决定权力分配、政府组建等核心问题。

④ 过渡国民政府的总理和议长也参加了会议。

⑤ 全称为《关于停止敌对行动和索马里民族和解进程的结构与原则的宣言》（*Declaration on Cessation of Hostilities and the Structures and Principles of the Somali National Reconciliation Process*）。

政府结构、执行联合国的武器禁运政策、反对恐怖主义以及邀请国际社会监督协议的执行。该宣言涉及了索马里政治和解的几乎所有关键问题，勾画了索马里和平进程的蓝图。值得注意的是，联邦制第一次成为索马里大多数派别接受的政治制度。①

《埃尔多雷特宣言》能否执行受到普遍怀疑。就在会议进行之时，摩加迪沙和索马里西南部再次爆发冲突，在各方压力下，参与军阀才宣布停火，但此后冲突又时有发生。三步走的计划也遭遇巨大挫折。各方就代表名额如何分配争论不休，来到埃尔多雷特的索马里人超过 1000 人，初步确定的代表人数多达 800 人，每天食宿的花费高达约 8 万美元。②埃塞俄比亚和吉布提为了在索马里的扩大影响力，支持自身的代理人获得最大代表权。直到 11 月底，各方才初步确定了代表席位总额及其分配办法。

2003 年 3 月中旬，为了节省开支，开会地点由埃尔多雷特转移至内罗毕郊区的穆巴嘎斯（Mbagathi）。此时，各和解委员会已就重大问题完成了报告的撰写，意味着索马里政治和解的第二阶段已经完成。9 月 15 日，经历重重困难，参会者终于通过了《过渡联邦宪章》（*Transitional Federal Charter*）。次年 1 月 29 日，只有 8 位政治领导人签署了修订的过渡宪章，即《萨法伊公园宣言》（*Safari Park Declaration*）③。按其规定，摩加迪沙是首都，伊斯兰教是国教，沙里亚是国家立法的基本渊源。索马里是联邦制国家，一院制的过渡联邦议会享有立法权和选举总统的权力，议员由部落领导人或者舒拉委员会挑选。议席总数达 275 席，达鲁德、哈维耶、迪吉尔和迪尔四大部落各有 61 席，少数族裔有 31 席，议席中 12% 属

---

① International Crisis Group, *Negotiating a Blueprint for Peace in Somalia*, Africa Report No.59, Mar. 6, 2003, p.6.

② International Crisis Group, *Salvaging Somalia's Chance for Peace*, Aferica Briefing, Dec. 9, 2002, p.4.

③ 萨法伊公园是肯尼亚首都内罗毕一个酒店的名称。

于妇女。[①] 3月5日，肯尼亚外交部长卡隆佐·穆西约卡（Kalonzo Musyoka）宣布，索马里和平进程正式进入了第三个阶段。但是，过渡宪章受到了过渡国民政府总统阿卜杜勒卡西姆等多位政治领导人的反对。就在肯尼亚的会谈进行之时，又出现了索马里拯救阵线（National Salvation Council）、索马里民族组织委员会（National Organising Council for Somalia）等松散的反对派联盟。[②]

2004年10月，经历两年的艰难谈判后，索马里过渡联邦政府（Transitional Federal Government）在肯尼亚成立。它是过渡国民政府之后第二个得到国际社会承认的索马里中央临时政府，意味着索马里的政治重建走向了一个新的阶段。过渡联邦议会在内罗毕选举阿卜杜拉希·优素福·艾哈迈德（Abdullahi Yusuf Ahmed）为过渡联邦政府总统。阿卜杜拉希与埃塞俄比亚政府关系密切，得到其金钱和军事支持，被许多人视为埃塞俄比亚的"第五纵队"。[③] 在埃塞俄比亚的直接影响下，阿里·基迪（Ali Geedi）被任命为总理，后者属于哈维耶部落，与埃塞俄比亚总理私交甚好。[④]12月，总理宣布了规模庞大的内阁，其成员多达79位[⑤]，就任关键职位的人大多都来自总统所在达鲁德部落。阿卜杜拉希在就任临时总统后不久，就请求非盟派遣2万人的军队帮助政府获取权威，这一举措引起极大争议，被认为他试图依靠武力强加权威。

过渡联邦政府虽然成立，但内部很快分为两个政治阵营：一个以总统和总理为首，主要属于达鲁德部落，主要在内罗毕活动，另一个是以议长为领袖，大多来自哈维耶部落，以摩加迪沙为基地[⑥]。

---

① International Crisis Group, *Somalia: Continuationa of War by Other Means?* Africa Report, No.88, Dec. 21, 2004, pp.3–4.

② International Crisis Group, *Biting the Somali Bullet*, Africa Report, No.79, May 4, 2004, pp.6–7.

③ International Crisis Group, *Somalia: Continuationa of War by Other Means?* Africa Report, No.88, Dec. 21, 2004, p.1.

④ I. M. Lewis, *Understanding Somalia and Somaliland: Culture, History, Society*, p.84.

⑤ 包括1位总理、3位副总理、33位部长、8位国务部长以及34位副部长。

⑥ 后者被外界称为摩加迪沙派（Mogadishu Group）。

3月，因权力分配问题，双方矛盾公开化。此外，由于过渡联邦政府在内罗毕，它根本无法对国内有效行使权威。2005年6月，过渡联邦政府将办公中心从肯尼亚迁到索马里的乔哈尔镇（Jowhar），几个月后，又迁到拜多阿。即便回到索马里，过渡联邦政府就政治和地理而言，依然处于边缘地位。联合国和欧盟给予过渡联邦政府资金支持，并一再宣称该政府是索马里唯一的合法政府，但它根本没有得到索马里民众的普遍支持。过渡联邦政府既没有建立起任何有效的行政机构，也不能控制那些出身军阀的部长和议员们的暴力行为。2006年，伊斯兰法庭联盟的兴起对过渡联邦政府形成了更加严峻的挑战。

伊斯兰法庭联盟的挑战

作为伊斯兰联盟之后索马里主流的政治伊斯兰组织，伊斯兰法庭联盟是饱受战乱之苦的索马里人以法庭形式维护自我安全的产物。法庭通过执行伊斯兰教法和习惯法，既向普通百姓提供必要的安全，也为伊斯兰主义者创造了活动的平台，它们的兴起反映了政治伊斯兰在索马里的强大影响。

随着1991年索马里国家的崩溃，各种类型的伊斯兰组织成为医疗、教育等服务的最有效提供者，伊斯兰法庭则在社会秩序的恢复中发挥了关键作用。[①]1993年，第一个法庭在索马里首都摩加迪沙出现，随后，其他法庭陆续建立，部族领导人恢复地方秩序是其基本动因。1998年，前伊斯兰联盟领导人艾维斯在摩加迪沙南部也组建了两个法庭。为了执行裁决，每个法庭都拥有数量不一的民兵，其薪水由法庭所属部族分支的商人支付。与众多军阀武装不同，法庭民兵由于纪律严明而获得良好声誉，即便批评法庭的人也称："人们喜欢他们，因为他们不嚼卡特（一种有毒性的灌木嫩枝），不强

---

① International Crisis Group, *Somalia: Countering terrorism in a Failed State*, Africa Report, No.45, May 23, 2002, p. 9.

奸妇女，更富有纪律性。”[①]

2000年初，为了协调各法庭之间的行动，各法庭领导人成立了沙里亚执行委员会（Shari'a Implementation Council），艾维斯是秘书长。委员会的首要功能是交换罪犯和进行联合军事行动，但同时它也是艾维斯和其他法庭领导人实现政治目标的工具。2004年，摩加迪沙的法庭组建了新组织——索马里伊斯兰法庭最高委员会（Supreme Council of Islamic Courts of Somalia），宗教学者谢里夫·谢赫·艾哈迈德当选为主席，后来被外界称为伊斯兰法庭联盟的组织就此形成。随之，伊斯兰法庭系统在摩加迪沙迅速扩张，崛起为强大的军事政治力量。

2004年10月，索马里过渡联邦政府成立后，临时总统优素福的反伊斯兰主义倾向使其与伊斯兰法庭联盟直接产生冲突。2005年，法庭联盟多名领导人遭到暗杀，这促使其加速武装化。为了保护自身安全，法庭联盟整合各法庭民兵，建立了下属军事组织——青年党（Al-Shabaab），艾维斯的亲信阿丹·哈什·阿伊罗（Adan Hashi Ayro）是其领导人。面对法庭联盟的异军突起，2006年3月，在美国支持下，混战多年的军阀实现团结，在摩加迪沙组建了恢复和平和反恐联盟（Alliance for Restoration of Peace and Counter-Terrorism）。5月，双方发生大规模巷战。6月，法庭联盟粉碎军阀联盟，控制了整个摩加迪沙。自1991年以来，索马里首都第一次处在了统一权威的管辖之下。[②]

法庭联盟实行了多项恢复秩序的措施。它拆除遍布摩加迪沙各地的路障，清扫垃圾成堆的街道，重新开放飞机场和港口，收缴军阀民兵的武器，归还军阀劫掠的财物，数天之内，首都气象一新。而且，它还严格执行教法，比如禁止电影院放映西方和印度电

---

① International Crisis Group, *Somalia's Islamists*, Africa Report, No.100, Dec. 12, 2005, p.20.

② Cedric Barnes and Harun Hassan, “The Rise and Fall of Mogadishu's Islamic Courts”, *Journal of Eastern African Studies*, Vol. 1, No. 2, 2007, p.152.

影、禁止斋月期间进行体育活动、惩罚不按时礼拜者等等。① 法庭联盟的一些做法确实引起了许多人的反感，但它使首都恢复了丧失已久的和平，因此获得了大批百姓的衷心拥护，② 尤其是商人由于安全成本的降低，对法庭联盟给予了很大的同情和支持。此后，法庭联盟又迅速攻占基斯马尤等城镇，控制了索马里中部和南部大片土地。在这期间，由于法庭联盟的积极打击，活跃于沿海地带的海盗活动一度明显衰落。③ 总之，在索马里国家崩溃的情况下，法庭联盟提供了准制度化的政治权威，基本实现了中南部地区的社会稳定。

但是，法庭联盟也遭到了多种势力的反对。过渡联邦政府视其为政治对手，美国指责其包庇外国恐怖分子，埃塞俄比亚也坚决反对政治伊斯兰在索马里的蔓延。12 月 6 日，安理会通过第 1725（2006）号决议，一方面敦促过渡联邦政府和伊斯兰法院联盟进行政治对话，达成包容各方的政治解决方案，在索马里形成稳定的安全局势；另一方面，安理会修改了部分武器禁运决议，批准建立一支伊加特和非洲联盟联合部队，保护拜多阿的过渡联邦政府，帮助重建索马里国家安全部队，期限初步定为 6 个月。④

虽然法庭联盟对于恢复秩序起到了积极作用，但美国由于意识形态的原因，不能接受其壮大的事实。2006 年 12 月，美国推动联合国通过决议，授权非盟向索马里派遣维和部队，以保护岌岌可危的过渡联邦政府。2007 年 1 月 19 日，非盟和平与安全理事会正式授权部署非盟驻索马里特派团（African Union Mission，简称特派

---

① Shaul Ahay, *Somalia between Jihad and Restoration*, Pisctaway, NJ: Transaction Publishers, 2008, pp.99–100.

② Magnus Norell, *Islamist Networks in Somalia*, FOI Somalia Papers, Report 2, 2008, p. 12.

③ Tom Maliti, "Piracy Off Somalia's Coast Increases", Oct. 17, 2007, http://www.hiiraan.com/comments2-news-2007-oct-piracy off somalia s coast increases.aspx, 2012-3-11.

④ 《联合国安全理事会第 1725（2006）号决议》，联合国正式文件网，http://www.un.org/zh/sc/documents/ resolutions/ 06/s1725.htm, 2015-1-15，引用时间：2020 年 5 月 2 日。

团）[①]。联合国授权特派团在索马里保护过渡联邦政府及其人员安全，武力打击反政府派别，为人道主义援助提供便利。[②]另一方面，美国提供武器和情报，支持埃塞俄比亚军队侵入索马里，联合过渡政府军队，对法庭联盟以毁灭性打击。[③] 2007年1月，法庭联盟被逐出摩加迪沙，整个组织解体，政治伊斯兰力量统一国家和重建社会的努力在外力干涉下归于失败。随后，过渡联邦政府总统阿卜杜拉希·优素福·艾哈迈德在当选后第一次进入摩加迪沙，过渡联邦政府也在1991年以来第一次控制了中南部大部分土地。但是，联邦政府的优势只是昙花一现，更加激进的伊斯兰力量青年党的强势崛起，对索马里政治形成了更大的冲击。

青年党的崛起

外来的打击使索马里政治伊斯兰陷入了严重的分裂危机。法庭联盟解体后，大部分领导人逃亡厄立特里亚，并于9月在其首都阿斯马拉建立了索马里再次解放联盟（Alliance for the Reliberation of Somalia），其内部分为艾哈迈德领导的温和派和艾维斯领导的激进派。2008年5月31日，在联合国的支持下，过渡联邦政府与索马里再次解放联盟参加了在吉布提召开的协商会议。8月19日，双方最终签订《吉布提和平协议》，呼吁埃塞俄比亚军队撤离索马里。依据协议，临时议会增加275席（总数为550席），其中200席属于艾哈迈德一派。12月29日，总统阿卜杜拉希·优素福·艾哈迈德宣布辞职。2009年1月，新议会选举索马里再次解放联盟领导人谢里夫·谢赫·艾哈迈德为新总统，艾哈迈德总统提名奥马尔·阿卜迪拉希德·阿里·舍马克（Omar Abdirashid Ali

---

① 虽然非洲多国承诺向索马里派兵，但特派团实际上主要由乌干达和布隆迪两国军队组成，此外，吉布提和肯尼亚也有少量军队。

② Paul D. Williams, “Fighting for Peace in Somalia: AMISOM’s Seven Strategic Chanllenges”, *Journal of International Peacekeeping*, Vol.17, Issue 3-4, 2013, p.224.

③ Steve Bloomfield, “Somalia: The World’s Forgotten Catastrophe”, *The Independent*, Feb. 9, 2008.

Sharmarke）[①]为总理，舍马克随之组阁。就此，温和伊斯兰主义者被整合到过渡联邦政府，成为国际社会承认的政治力量。但是，艾维斯一派坚决反对和解，否认过渡联邦政府的合法性。

就在此时，青年党已经成为索马里国内强大的伊斯兰武装力量。青年党原本是法庭联盟下属的军事组织，但随着前者的解体，它成为一支独立的武装力量。它打起抵抗埃塞俄比亚“外国侵略者”的民族主义旗帜，主张解放索马里，在整个非洲之角建立伊斯兰国家。

早在 2007 年，青年党就以发射迫击炮、路边伏击和游击战等多种形式，频频袭击埃军、过渡政府和特派团。它还在索马里历史上首先把自杀式袭击（人体、汽车炸弹）作为对付敌人的常规手段，[②]国内冲突由此变得更加血腥。但它抵抗“埃塞俄比亚侵略军”的行动，赢得了众多索马里人的支持。2009 年 1 月，埃军被迫撤离索马里后，青年党拒绝了过渡政府总统艾哈迈德的和解建议。2 月，以艾维斯居首的伊斯兰激进派联合国内 3 个较小的伊斯兰组织建立了伊斯兰党（Islamic Party）。3 月，青年党和伊斯兰党联合攻占摩加迪沙。很快，青年党控制了中南部和摩加迪沙的大部分区域，其势力范围比鼎盛时期法庭联盟的控制区还要大。在伊斯兰主义的强大压力下，索马里联合政府宣布，他将把伊斯兰教法作为国家法律的主要来源之一。2010 年 2 月，青年党与伊斯兰党合并，成为索马里境内影响最大的伊斯兰组织。

青年党在借助民族主义反对外来力量的同时，呈现出强烈的泛伊斯兰色彩，频频使用全球“圣战”的话语。青年党秘密在世界各地穆斯林中进行招募和募捐活动，吸引不少人加入其中，美国等地

---

① 奥马尔·阿卜迪拉希德·阿里·舍马克是索马里前总统阿卜迪拉希德·阿里·舍马克（任职于 1967—1969 年）之子。

② Solomon A. Dersso, “Somalia Dilemmas: Changing Security Dynamics, But Limited Policy Choices”, *ISS Paper 218*, Oct. 2010, p. 5.

的外国穆斯林进入了领导层，有些甚至成为自杀式袭击者。① 它不仅利用CD、录像带和书籍等进行宣传，也通过网络向多国宣扬“圣战”和殉道思想。② 虽然从索马里驱逐异教徒和执行伊斯兰教法依然是不变的目标，但参加全球“圣战”和建立跨越国界的哈里发国家成为其长远的规划。在埃军撤离后，西方成为它反对的又一对象。虽然过渡政府总统艾哈迈德宣布执行伊斯兰教法，但青年党指责他是“西方的玩偶”和伊斯兰运动的“叛徒”。③ 青年党还主动与基地组织建立联系，逐步把自身纳入了其全球性反西方“圣战”网络。④ 2009年，其领导人艾哈迈德·阿布迪·戈丹内（Ahmad Abdi Godane）⑤ 向本·拉登宣誓效忠，并按照基地组织的结构重组青年党。对外他宣称，“除非世界各大洲执行伊斯兰沙里亚，除非穆斯林解放了耶路撒冷，否则我们将战斗不已，战争也将永不停止”⑥。基地组织二号人物扎瓦西里则称青年党是“索马里伊斯兰教的雄狮”⑦。2010年7月，青年党在乌干达首都坎帕拉发动自杀式袭击，⑧ 这是其在索马里之外的首次恐怖活动，标志着它已经从一个民族主义的抵抗运动转变为全球性恐怖组织。⑨

---

① Muhyadin Ahmed Roble, “Al-Shabaab Desertions Increase in Southern Somalia”, *Terrorism Monitor*, Vol. 9, Issue 1, Jan. 1, 2011, p.6. 在肯尼亚、也门、英国和美国等国，有200万—300万索马里移民和难民，他们是青年党资金和人员的重要来源。参见 Solomon A. Dersso, “Somalia Dilemmas: Changing Security Dynamics, But Limited Policy Choices”, *ISS Paper 218*, Oct. 2010, p. 8.

② 2011年12月，青年党开始在推特（Twitter）上用英语与肯尼亚展开宣传战。

③ International Crisis Group, *Somalia's Divided Islamists*, Africa Briefing, No. 74, May 18, 2010, p. 6.

④ 自2008年，美国、澳大利亚、英国和加拿大等国先后把青年党列入恐怖组织名单。

⑤ 2008年5月，前青年党领导人阿伊罗被美国发射的导弹炸死，戈丹内继承领导权。

⑥ Andrew McGregor, “Perspectives on the Future of the Somali Jihad”, *Terrorism Monitor*, Vol. 7 Issue 34, Nov. 13, 2009, p. 5.

⑦ Jacob Zenn, “Al-Shabaab's Unavoidable Clash with Somaliland Democracy”, *Terrorism Monitor*, Vol. 8, Issue 33, Aug. 19, 2010, p. 5.

⑧ 7月11日，青年党对坎帕拉观看足球世界杯决赛的人群发动自杀式袭击，致使至少74人死亡。

⑨ Solomon A. Dersso, “ Somalia Dilemmas: Changing Security Dynamics, But Limited Policy Choices”, *ISS Paper 218*, Oct. 2010, p. 7.

进入 2010 年，青年党遭遇一系列挫折，开始丧失其在索马里人中的号召力。坎帕拉的恐怖活动极大地败坏了青年党的声誉，北美的大多数捐助者就此不再向其捐献资金，青年党甚至不得不通过砍伐森林缓解经济困境。[①] 随着经济危机的加重，青年党内部出现了军事指挥官和"圣战者"叛逃的现象。2011 年，索马里爆发严重饥荒，青年党阻止部分国际组织在其控制区内救援饥民的做法引发了极大争议和广泛谴责。[②] 在一些地方，人们甚至拿起武器反对青年党强行征收钱物。而且，由于内部意见不一致，青年党领导层出现了严重分裂。2011 年 8 月，青年党不得不主动撤离摩加迪沙大部分地区。10 月和 11 月，肯尼亚和埃塞俄比亚两国军队先后进入索马里，与政府军一起两面夹击青年党。2012 年初，过渡联邦政府高调宣布要在 2012 年彻底击败青年党。1 月 20 日，青年党被逐出摩加迪沙，这成为 2007 年以来政府军和特派团取得的最大的军事成就。2 月，为了激发"圣战"热情、获取更多外来援助，青年党领导人戈丹内宣布该组织与基地组织正式合并，这受到了本·拉登之后基地组织领导人扎瓦西里的欢迎和认可，却受到多数索马里人的强烈谴责。

联邦政府的建立与发展

2012 年是后西亚德时代索马里政治发展的一个重要转折点。在特派团、联合国、其他区域组织和地区国家的持续介入下，索马里政治取得重大进步。早在 2011 年 12 月 21 日，索马里全国协商制宪会议（Somali National Consultative Constitutional Conference）就在索马里东北部城镇加洛韦召开，通过了《结束过渡期路线图》，

---

① Muhyadin Ahmed Roble, "Al-Shabaab Razes Somali Forests to Finance Jihad", *Terrorism Monitor*, Vol. 8, Issue 42, Nov. 18, 2010, p. 5.

② 2011 年 11 月，青年党禁止联合国高级专员难民办事处、联合国儿童基金会、世界卫生组织等 16 个组织进行救援，其理由是它们在收集"圣战"者的信息和数据、引诱当地人反对执行伊斯兰教法以及损害穆斯林的文化价值观等。参见 "Somalia's Al-Shabaab Explains Its Ban on Foreign Aid Organization", *Terrorism Monitor*, Vol. 9, Issue 45, Dec. 9, 2011, pp. 1–2。

达成了所谓的“加洛韦原则”（The Garowe Principles）。其内容主要包括缩小国民议会规模、建立两院制议会等。与会方同意过渡联邦政府到2012年8月结束过渡期，并在4月20日之前完成宪法的起草。2012年2月15日，制宪会议参会者再次在加洛韦聚会，重申加洛韦原则，并讨论过渡期结束后的政治安排。索马里过渡联邦政府总统、总理、议长等主要政治人物签订了协议，对未来政府的政治体制和权力划分做出了规定。加洛韦的两次会议为索马里今后的政治进程提供了比较明晰的路线图。

6月，索马里全国和地区政治领导人开会，通过了宪法草案。8月1日，制宪议会以绝对多数（96%）通过了《临时宪法》。该《宪法》明确规定索马里实行联邦制，其国名为索马里联邦共和国。总统由议会选举产生，作为国家元首，总统有权选择总理，总理是政府首脑，有权任命内阁成员。联邦议会负责选举总统和总理，有权通过或否决法律。议会实行两院制，上院有275席，下院有54席。按规定，至少30%的议员必须是妇女。联邦制的确立意味着索马里经历20多年的冲突后，终于彻底放弃了中央集权的政治体制。在中央政府软弱无力以及索马里兰、邦特兰等地方政府已成为既成事实的情况下，联邦制无疑是实现民族和解和国家稳定的必然选择。

8月20日，索马里联邦议会举行第一次会议。9月10日，议会选举哈桑·谢赫·马赫茂德（Hassan Sheikh Mohamud）为总统。半个月后，他任命阿布迪·法拉赫·希尔顿（Abdi Farah Shirdon）为总理。11月，总理任命了新内阁，并获得了议会的信任，而后，新政府宣誓就职。就此，自2004年延续8年的政治过渡期正式结束，索马里成立了内战爆发21年来第一个正式政府和议会。

作为国际社会公认的索马里中央政府，联邦政府拥有索马里在联合国、非盟和伊斯兰合作组织的席位。在国际社会的支持下，联邦政府打击青年党的行动取得成效。2012年9月，索马里政府军与特派团联合收回了南部港口城市基斯马尤，切断了青年党最重要的收入来源渠道及其通往印度洋的大门。[①]由于索马里安全环境的改善，联合国秘书长特别代表及很多联合国相关机构和一些人道主义援助组织纷纷进驻首都摩加迪沙。部分国家也开始恢复在索马里的外交活动。2010 年 10 月，吉布提重启在摩加迪沙的大使馆。次年，印度和土耳其开放大使馆。2013 年和 2014 年，伊朗和英国以及中国和卡塔尔分别也重启大使馆。

联合国也开始更加深入地介入索马里政治进程。2013 年 5 月 2 日，联合国安理会通过第 2102 号决议，决定于 6 月 3 日设立联合国索马里援助团（The United Nations Assistance Mission in Somalia，简称“联索援助团”）。该援助团将替换联合国于 1995 年设立的联索政治处，总部设在摩加迪沙。秘书长特别代表尼古拉斯·凯（Nicholas Kay）负责领导联索援助团，协调联合国与索马里联邦政府、非洲联盟、非索特派团、东非政府间发展组织、欧盟以及其他地区和合作伙伴之间的行动。[②] 2013 年 11 月 12 日，联合国安理会通过第 2124 号决议，把非索特派团军警人员的数量从 17,731 人增至 22,126 人。[③]非索特派团由此成为联合国最大的多国和平行动。

国际社会的积极态度增强了索马里联邦政府的信心。2013 年 4 月，马赫茂德总统代表中央政府与索马里兰地方政府领导人在土耳其安卡拉会谈，双方签订协议，同意向索马里兰公平分配发展援助，并在安全问题上展开合作。[④] 9 月 2 日，总统马赫茂德在摩加迪沙主持召开了名为“2016 年愿景”（Vision 2016）的全国对话会议，

---

① Christian Manahl, *Somalia—the Light at the End of the Tunnel?* International Policy Analysis, Nov. 2012, p.2, http://library.fes.de/pdf-files/iez/09556-20121221, 2015-1-18.

② Nicholas Kay, *Briefing to the Security Council*, United Nations Assistance Mission in Somalia, Mar. 11, 2014, p.2,http://unsom.unmissions.org/Portals/UNSOM/140311%20SRSG's%20Briefing%20to%20the%20SecCo, 2015-1-18.

③ 《联合国安全理事会第 2124（2013）号决议》，联合国正式文件网，http://www.un.org/zh/documents/view_ doc.asp?symbol=S/RES/2124(2013)，2013 年 11 月 12 日，引用时间：2020 年 5 月 2 日。

④ “Somalia: President Hassan and President Silanyo Meet in Turkey”, Apr. 13, 2013, http://allafrica.com/stories/201304150482.html, 2016-7-24.

200名代表与会。为期5天的会议旨在讨论有关索马里未来发展的关键问题，为2016年举行自由公平的选举创造条件。[①]会议通过了《2016年愿景：原则与建议》的文件，内容包括执行临时宪法、实行联邦制、推行政党政治和一人一票的选举制以及推动全国对话与和解等。[②]但是，索马里政府内部依然矛盾重重，这使得政府缺乏稳定性。2013年11月，总统马赫茂德以工作不力为由要求总理希尔顿辞职，但遭到后者拒绝。12月2日，议会通过对总理的不信任案，希尔顿不得不辞职。12月12日，阿卜迪韦利·谢赫·艾哈迈德（Abdiweli Sheikh Ahmed）被任命为新总理，但新政府依然无法合作共事。

2014年10月，总理部分改组内阁，但总统对此予以拒绝。12月6日，议会又通过了对总理的不信任案。12月17日，马赫茂德总统任命奥马尔·阿卜迪拉希德·阿里·舍马克[③]为新总理，这得到了绝大多数议员的支持。2015年1月12日，经过广泛协商和征求意见后，舍马克总理宣布了新内阁成员。但由于议会强烈反对任命上一任政府的几位成员，舍马克总理迫不得已于2月6日任命了新内阁，他们包括26位部长、26位副部长和14位国务部长，[④]绝大多数议员支持新内阁，国际社会也普遍表示欢迎。

为了获得经济援助和政治支持，新政府积极发展与外国尤其是伊斯兰国家的关系。2015年1月和4月，舍马克总理在摩加迪沙两次会见阿联酋驻索马里大使，后者承诺支持索马里发展。2015年3月，舍马克访问埃塞俄比亚。同月，舍马克率领庞大的代表团访问卡塔尔。5月，美国国务卿克里到访摩加迪沙，这是历史上美国现任国务卿

---

① Farhia Ali Abdi, "2016 Election: Optimism, Misgivings, and Leadership Analysis", Aug. 16, 2014, http://www.raxanreeb.com/2014/08/, 2016-7-12.

② 文件英文版全文参见：*Vision 2016: Principles and Reccomendations*, Mogadishu, Sept. 9, 2013, http://hiiraan.com/Pdf_files/2013/VISION2016%20_Final_COMMUNIQUE.pdf, 2016-7-12。

③ 舍马克曾在2009年2月—2010年9月任过渡联邦政府总理，2014年7月至12月任索马里驻美国大使。

④ "Prime Minister Omar Announced 66 Cabinet Members", *Goobjoog News*, Feb. 6, 2015, http://goobjoog.com/english/?p=9830, 2016-7-12.

第一次访问索马里。为了更加有效地打击青年党，联邦政府制定了《反恐怖主义法》。大约 2000 名索马里国家部队和 2.2 万名来自乌干达、肯尼亚、埃塞俄比亚和吉布提等国的非盟联军在联合打击青年党。[①] 在国际社会和联邦政府的合力打击下，青年党的实力已经遭到严重削弱。2015 年 7 月 22 日，索马里政府军和非盟驻索部队组成的联军在代号“朱巴走廊”行动中成功收复索西南部城市巴尔代雷。自 2008 年以来，巴尔代雷一直被青年党占据，是其主要的税收来源地，也是向邻国肯尼亚发动恐怖袭击的跳板。巴尔代雷解放后，青年党在国内掌控的重要据点已所剩无几。

进入 2016 年，总统和议会选举成为索马里各界关注的热点问题。联邦政府和国际社会都希望通过全国性选举，使得索马里政治走向良性发展。1 月 27 日，索马里联邦政府发布公报，宣布议会下院（人民院）的 275 个席位按照“4.5 部族分权模式”选出，上院（参议院）选举采取“地区制”，54 个席位中，48 席平均分配给邦特兰、朱巴兰、西南、贾穆杜格、索马里兰及正在组建中的希兰 / 中谢贝利地等 6 个地方政府，另外给成立最早、人口最多的索马里兰和邦特兰两个地方政府各 3 个名额。总统由两院议员选举产生。邦特兰反对上述方案，索马里兰表示自身是“独立国家”，此事与其无关。为了阻碍政治重建，青年党越来越多地把政府目标作为袭击对象。2016 年 5 月 9 日，摩加迪沙的交通警察总部遭到青年党汽车炸弹爆炸袭击，至少 3 名警察死亡。6 月 1 日，位于摩加迪沙主干道上的大使酒店（Ambassador Hotel）遭到青年党自杀式汽车炸弹袭击，至少 15 人死亡，其中包括两名议会议员。

在青年党的威胁下，议会选举在年底终于举行。10 月 10 日，上议院选举结束。10 月 23 日至 11 月 10 日，人民院选举举行。总统选举原本定于 12 月 30 日举行，但直到 2017 年 2 月 8 日，参众两

---

① 龙原、杨雪：《深度解读索马里局势——访索马里驻华大使尤瑟夫·哈桑·易卜拉辛》，《中国社会科学报》2015 年 9 月 10 日，http://www.cssn.cn/zf/zf_dh/201509/t20150910_2166398_1.shtml, 2016-7-14.

院才选举穆罕默德·阿卜杜拉希·穆罕默德（Mohamed Abdullahi Mohamed）为总统。2月22日，阿卜杜拉希举行总统就职仪式。[①]2月23日，阿卜杜拉希任命哈桑·阿里·海尔为总理。次月，海尔宣布组阁成功。新一届议会、总统和总理的产生意味着索马里联邦政府进入了第二个阶段，也标志着索马里政治重建开始向制度化方向发展。

但是，索马里联邦政府仍然面临着多种挑战，安全是最大的考验。虽然经济来源的匮乏、自身形象的败坏和国内外的孤立与打击使得青年党陷入了前所未有的危机，但它依然有能力发动恐怖袭击，破坏索马里稳定。青年党拒绝承认此次总统选举，并于选举当天早晨在索马里海港城市博萨索一家酒店发动袭击。10月14日，首都摩加迪沙发生汽车炸弹袭击，造成358人死亡，这成为索马里近年来伤亡最惨重的恐怖事件，联邦政府被国内外指责打击青年党不力。此外，由于政府内部矛盾严重，总理海尔多次调整内阁成员。

索马里的政治重建虽然取得了一定的进展，但依然问题重重。索马里没有建立一支足够强大的受中央政府指挥的军队。联邦政府控制区主要限于摩加迪沙等城市，但即便在城市，暴力恐怖事件还是时有发生。恢复安全无疑是索马里走向国家重建的重要一步。

二、索马里兰分离主义政权的发展

第一次内战与博拉马会议的召开

1991年西亚德政权垮台后，索马里中央集权政府成为历史，地方分离倾向前所未有地发展，其中最突出的是“索马里兰共和国”和邦特兰自治政府。“索马里兰共和国”以独立为目标，而邦特兰自治政府则愿意以联邦的形式留在统一的索马里国家内。索马里兰

① 阿卜杜拉希拥有索马里和美国双重国籍，曾在2010年10月至2011年6月期间担任索马里过渡政府总理。作为索马里民族主义者，他反对现有的联邦制度。

和邦特兰辖区内局势相对稳定，与索马里其他地方形成鲜明对比。

4月27日，索马里兰召开了由各部族长老和索马里民族运动（Somali National Movement）[①] 军事领袖参加的布尔奥“北方人民大会”（Shirweynaha Beelaha Waqooyi）。经过协商，索马里民族运动于当年5月18日宣布原英属索马里地区脱离南方，成立“索马里兰共和国”，定都哈尔格萨。北方人民大会负责领导成立为期2年的过渡政府，图尔（Tuur）任临时总统。索马里兰地区政权经过和平构建、制度构建以及民主化的曲折历程，走出了一条独具特色的政治发展道路。

索马里兰“独立”后，图尔过渡政府面临着3大困境。第一，索马里民族运动内部发生分裂，出现了以部落为基础的权力斗争。其中一派为支持图尔政府的哈巴尔·尤尼斯部落、伊达盖拉部落以及哈巴尔·阿瓦勒部族的分支萨德·穆萨（Saad Musa）部落；另一派为哈巴尔·阿瓦勒的分支伊赛·穆萨部落（Iise Mussa）与哈巴尔·加洛部落。[②] 它们组成了被称为“克兰·克斯（Calan Cas）”的反政府民兵组织。[③] 克兰·克斯集团控制柏培拉港，享有经济优势，但缺少与其经济力量相对应的政治地位。

第二，解除武装问题。1991年底，图尔总统宣布政府将收编各部落武装，组成国民军，但这并未得到所有部落赞同。1992年1月，支持解除武装的哈巴尔·尤尼斯部落与持反对态度的哈巴尔·加洛部落在布拉奥发生武装冲突。随着冲突升级，2月，图尔政府介入，正式着手解除布拉奥各部落的民兵武装，收缴重型武器。政府为期

---

① 1981年4月，来自沙特和英国的属于伊萨克氏族的知识分子、商人和宗教领袖在伦敦会面，宣布成立索马里民族运动。该组织以推翻西亚德政权为目标。它的成员大部分为伊萨克族人，其资金大部分依靠伊萨克族商人支持。在西亚德政府军被打败后，索马里民族运动成为西北部地区军事实力最强大的武装派别，控制了整个西北部地区。

② Marleen Renders, *Consider Somaliland: State-Building with Traditonal Leaders and Institutions*, Leiden and Boston: Brill Academic Publishers, 2002, p.96.

③ Dominik Balthasar, “Somaliland's Best Kept Secret: Shrewd Politics and War Projects as Means of State-Making”, *Journal of Eastern African Studies*, Vol.7, No.2, p.220.

1 周的介入导致约 300 人死亡，多人受伤。[①] 这不仅威胁到了社会和平与稳定，更对政府有限的权威构成挑战。

第三，财政匮乏。战后，索马里兰百废待兴，经济社会重建迫在眉睫，而过渡政府却没有可靠的财政来源。为增加税收，树立权威，政府准备以武力控制占索马里兰年总收入 1/3 的柏培拉港。然而，政府的这一举措因威胁到当地伊赛·穆萨分支部落（属于哈巴尔·阿瓦勒部落）的利益而遭到强烈反对。1992 年 3 月，由于国民军中来自该部落的士兵不愿攻打自己的同胞，图尔总统便向自己所属哈巴尔·尤尼斯（Habar Yunis）部落寻求武力支持，结果导致哈巴尔·阿瓦勒部落将哈巴尔·尤尼斯部落士兵的行动视为侵略，双方爆发军事冲突，持续约 6 个月。

1992 年 10 月，图尔政府面对军事失败和公众的反对，在中立的戈达布斯部落长老的协调下，与反政府组织召开了柏培拉协商会议。双方达成协议，规定伊赛·穆萨部落控制的柏培拉港以及伊达盖拉部落（该部落与图尔所属的哈巴尔·尤尼斯部落亲近）控制的哈尔格萨机场等公共资产全部由政府控制，伊赛·穆萨部落与哈巴尔·尤尼斯部落停火。[②] 为巩固和平，同年 10 月，索马里兰召开为期半个月的谢赫会议（Sheekh Conference），达成了避免冲突再次发生的一系列协议。这次会议还为博拉马会议的召开奠定了基础。

经过布拉奥和柏培拉冲突后，图尔过渡政府遭到严重削弱，部落长老的权威上升。他们在化解部落冲突和维持和平上发挥了重要作用。1993 年 1 月 24 日，被称为“伟大的民族和解会议”的博拉马会议召开。[③] 来自索马里兰各个部落的 150 名长老 [④] 参加

---

① Michael Walls, *State Formation in Somaliland: Bringing Deliberation to Institutionalism*, Doctoral Dissertation, University College London, 2011, pp.134–135.

② Michael Walls, *Peace in Somaliland: An Indigenous Approach to State-Building*, Somaliland: Academy for Peace and Development, 2008, pp.19–20.

③ Mark Bradbury, *Somaliland*, CIIR Country Report, 1997, p.21.

④ 这 150 人是按照氏族人数多少成比例派遣的，伊萨克族共有 90 人，杜尔巴汉特 27 人，沃桑杰利 7 人，戈达布斯 20 人，伊萨 6 人。Michael Walls, *Peace in Somaliland: An Indigenous Approach to State-Building*, Somaliland: Academy for Peace and Development, 2008, p.51.

了此次会议。经过4个多月的协商讨论，各部落长老们就安全、资源调动以及索马里兰未来的政治模式达成一系列共识。首先，通过了《和平宪章》，各部落承诺不相互攻击，解除武装并将武装人员并入“索马里兰国民军”。该宪章使索马里兰建立了基本的法律与秩序，增加了社会互信。其次，通过了具有临时“宪法”性质的《民族宪章》。该宪章规定索马里兰实行比尔（Beel，为氏族或社团之意）政体，按部落大小分配席位，少数派部族也能获得相应席位，权力分享的政治模式初步建立。最后，建立了完整的政府机构。索马里兰既有“总统”“副总统”“部长委员会”这样的行政机构，还有长老院（Golaha Guurtida）与下议院（Golaha Wakiillada）组成的两院制立法机构，长老院享有立法权。同时，长老除有权选举“总统”外，还负责管理内部冲突，推动遣散武装组织以确保安全。在1992年冲突中持中立立场的穆罕默德·易卜拉欣·埃加勒（Mohamed Ibrahim Egal）最终以99票当选“总统”，任期至1995年5月。[①]

1993年召开的博拉马会议奠定了索马里兰的基本政治制度框架。索马里兰建立的两院制议会正式将传统部落长老纳入政府管理机构。另外，按部落大小分配席位的比尔体系使各部落有了相对平等的参与政治决策的权力，有利于加强政府的政治合法性。在政治制度基本构建完成后，新上任的埃加勒“总统”开始重建社会经济，扩大政府权威，提升国家治理能力。

第二次内战与哈尔格萨会议的召开

埃加勒“总统”上任后，从政治、经济和军事3方面巩固初生的政权。在军事上，成立“索马里兰国家”复员委员会（National Demobilisation Commission of Somaliland），以解除武装和复员士

① Michael Walls, “The Emergence of a Somali State: Building Peace from Civic War in Somaliland”, *African Affairs*, Vol.108, No,432, 2009, p.385.

兵。在经济上，通过向第二大税收来源卡特[①]（Qaad）征税，采用新货币索马里兰先令，以及与哈巴尔·阿维尔部落商业精英合作，获得了可观的财政收入。在政治上，正式规定了公务员上下班的时间，并引进最低工资制，按时向公务员、警察部门以及军队等发放工资。此外，埃加勒政府重新启用1960年制定的处罚条例与司法体系，地方和区域法庭得以正式开庭办理司法事务。[②]埃加勒任期之初，逐步解除武装，恢复经济，完善政府各项职能，为后来索马里兰的政治发展奠定了基础。

不过，埃加勒仍面临着严峻的政治形势。一方面，支持前“总统”图尔的哈巴尔·尤尼斯与伊达盖拉等部落对其在政府中的职务安排不满，以图尔为首的政治精英也不甘心失去最高政治权力，因此他们转而支持摩加迪沙军阀穆罕默德·法拉赫·艾迪德（Mohammed Farah Aidid）。图尔在1994年4月召开的亚的斯亚贝巴会议上宣布“只要让索马里兰在统一后的索马里获得‘特殊地位’，索马里民族运动将不会支持索马里兰独立”[③]。另一方面，埃加勒认为哈尔格萨机场为国家公共资产，应由国家控制。这使占有机场的伊达盖拉部落组成武装组织以反对政府控制。1994年10月，政府军占领哈尔格萨机场[④]，索马里兰第二次内战（1994.10—1996.7）爆发。在历时2年的内战中，埃加勒政府取得了对布拉奥、阿维代尔地区以及连接博拉马、哈尔格萨、柏培拉与布拉奥之间主要交通路线的控制权。此次内战使最大的伊萨克部落被削弱，各部落间的实力差距相对缩小，这为进一步实现政治和解与平衡利益分配创造了有利条件。

---

① 卡特广泛种植于非洲之角与也门，是一种毒性不强的致幻性植物，为索马里兰的第二大经济来源，当地很多人以此为生。卡特作为索马里兰成年男性的主要嚼食物，其嚼食场所在一定程度上起了社交媒介的作用。

② Mark Bradbury, *Becoming Somaliland*, Bloomington: Indiana University Press, 2008, p.112.

③ Marleen Renders, *Consider Somaliland: State-Building with Traditonal Leaders and Institutions*, pp.124–125.

④ Michael Walls, *State Formation in Somaliland: Bringing Deliberation to Institutionalism*, Doctoral Dissertation, University College London, 2011, p.141.

1996 年 10 月，哈尔格萨会议召开。此次会议共有 315 人参加，除了议会两院的 150 人外，还按部落大小另外挑选了 165 人参加。[①]另外，该会议还邀请包括妇女在内的 100 人作为观察员。哈尔格萨会议进一步完善了索马里兰的混合政治制度。第一，确定了取代《过渡民族宪章》的过渡“宪法”，规定 3 年后举行“宪法”公投[②]。1997 年 2 月 23 日，大会进行“总统”选举。埃加勒以 223 票，高达 70.8% 的支持率再次当选“总统”。达希尔·拉亚乐·卡辛（Daahir Rayaale Kaahin）被选为“副总统”，任期 5 年。[③]第二，大会决定将长老院的人数增加至 82 人，增加的 7 人由埃加勒任命产生，这意味着长老院将受到政府控制。[④]大会还规定了下议院和长老院的任期，下议院任期 5 年，长老院任期 6 年。[⑤]哈尔格萨会议通过的过渡“宪法”确定了索马里兰的未来发展方向，即逐步以多党选举制代替比尔体系。1994—1996 年内战不仅没有削弱埃加勒政府，反而使部落长老在国家政治中的权威与重要性下降，政府控制能力提升。

索马里兰民主化进程的推进

埃加勒“总统”在完成经济恢复和社会重建后，便着手准备“宪法”公投，推进多党制。2000 年，索马里兰政府修订了在哈尔格萨会议上通过的过渡“宪法”，对“总统”和议会权力做出规定。其中“总统”具有行政权，议会具有监管财政和批准由“总统”提名的部长的权力。在权力安排达成一致的情况下，举行“宪法”公投的条件成熟。2001 年 5 月 31 日，“宪法”公投正式举行。共有 118 万人参加投票，

---

① Michael Walls, *Peace in Somaliland: An Indigenous Approach to State-Building*, Somaliland: Academy for Peace and Development, 2008, p.25.

② Michael Walls, *State Formation in Somaliland: Bringing Deliberation to Institutionalism*, Doctoral Dissertation, University College London, 2011, p.153.

③ Ibid., p.154.

④ Markus Virgil Hohne, “Limits of Hybrid Political Orders: The Case of Somaliland”, *Journal of Eastern African Studies*, Vol.7, No.2, 2013, p.204.

⑤ Michael Walls, *Peace in Somaliland: An Indigenous Approach to State-Building*, Somaliland: Academy for Peace and Development, 2008, p.25.

“《索马里兰宪法》”以97.9%的支持率通过。[①]“《宪法》”共5章130条款，首先，该“宪法”指出了索马里兰“独立”政治地位，规定伊斯兰教为“国教”，“国家”法律不得与沙里亚法相违背；其次，详细地规定了索马里兰公民的基本权利与义务；最后，规定索马里兰实行立法、司法、行政三权分立，并对下院、长老院、“总统”、“副总统”、法院以及地方政府机构的权力与职责做出细致规定。除此以外，“宪法”还规定索马里兰实行多党制，政党数目不超过3个，任何政党都不得以宗教或部族为基础。[②]

“《索马里兰宪法》”的通过标志着索马里兰的和平构建与制度构建基本完成，和平协商、权力分享与社会共同体意识已成为基本共识，实行多党制的条件初步具备。

2001年7月，埃加勒成立统一民主人民党（United Democratic People's Party），尽管这遭到决心维护传统比尔体系的部落长老及部分政界人士的反对（这些反对者还要求埃加勒下台），但埃加勒以其违反宪法为由，采取强硬手段下令将其抓捕[③]。8月30日，在民众、妇女社团以及富有声望人士的呼吁下，双方最终达成和解，反对派承诺遵守“宪法”。

2001年9月21日，另有5个政治党派成立[④]，它们分别为拯救民主联盟（Alliance for Salvation and Democracy，简称ASAD）、和平与繁荣捍卫者组织（Champions for Peace and Prosperity，简称Hormood）、统一党（United Party，简称Kulmiye）、索马里兰伊

---

① Mark Bradbury, *Becoming Somaliland*, p.133.

② *Conepstitution of the Rublic of Somaliland*, 2000, http://www.somalilandlaw.com/Somaliland_Constitution_Text_only_Eng_IJSLL, 2015-8-14.

③ Marleen Renders, *Consider Somaliland: State-Building with Traditonal Leaders and Institutions*, pp.207–210.

④ 根据政府在“宪法”公投前制定的《政治协会与政党监管法》（*Regulation of Political Association and Party Law*），只有满足一定条件的政治协会才能参加地方选举，其中排名前3的将正式成为索马里兰的合法政党。需满足的条件包括：第一，政治协会在索马里兰的6个地区中的每个地区都有500名以上成员；第二，需向国家上交500万索马里兰先令（约700美元），这些资金不予退还；第三，政治协会提交的申请将由政治协会与政党监管法委员会审阅，最后由“总统”提名与议会批准的非党派7人委员会决定其是否能成为政治协会。

斯兰民主联盟（Somaliland Alliance for Islamic Democracy，简称SAHAN）与正义福利党（Justice and Welfare Party，简称UCID）。这些政治党派的成立标志着索马里兰向多党民主制度跨出重要一步。12月18日，索马里兰成立了监督选举的"全国选举委员会"[①]（National Electoral Commission，简称NEC）。该组织有7名委员，其中3人由"总统"任命，2人由长老院任命，剩下2人由反对派政党提名，下院则负责批准和正式任命"全国选举委员会"成员，选举委员会委员任期为5年。[②]

2002年5月3日，埃加勒"总统"在南非治病期间不幸逝世，"副总统"卡辛代任"总统"。埃加勒统治时期，索马里兰政治逐步制度化，因此即使他已逝世，但制度留存下来，索马里兰的多党选举和议会民主得以在制度的保障下继续向前推进。

2002年12月15日，地方选举正式开始。此次地方选举共有44.67万人投票，选出了332名市议员。同时，参加地方选举的6个政治党派中，统一民主人民党（UDUB）以40.8%的得票率成为第一大党，统一党（Kulmiye）以18.9%的得票率成为第二大党，正义福利党（UCID）以11.2%的得票率成为第三大党。[③]败选的3个政治党派成员可自由选择加入任一获胜政党。2002年地方选举是索马里兰从以部落为基础的体系向多党民主体制转变的具有里程碑意义的一步，它不仅标志着索马里兰政府管理体系的转换获得初步成功，也为其后"总统"选举与"议会"选举树立了良好典范。

2003年2月，卡辛"总统"任期到期。根据"《宪法》"，"总统"选举和"议会"选举应在"总统"任期结束前1个月进行。但由于

---

① 全国选举委员会的主要目标是确保和平与公平选举，其在促进选举顺利进行上发挥了重要作用。

② Ralph Johnstone, *A Vote for Peace: How Somaliland Successfully Hosted its First Parliamentary Elections in 35 Years*, Somaliland: Academy for Peace and Development, 2011, p.15.

③ Iqbal Jahzbhay, "Somaliland: The Journey of Resistance, Reconciliation and Peace", *Africa Security Promotion: A Journal of Injury and Violence Prevention*, Vol.7, No.1, 2009, p.70.

地方选举延期、选举法存在争议[1]以及政党竞选准备不充分等原因，“总统”选举延期至4月14日举行，政府任期延长3个月。[2]为最大限度保证选举公平公正，全国选举委员会根据上一次地方选举的经验，对选举制度进行改进，如增加投票站，对重复多次投票的选举人判处一年有期徒刑，限制执政党利用国家资源来进行竞选等。经过30天公开竞选，4月14日，“总统”选举如期进行。其中有效选票为48.8543万张，投票率相比2002年地方选举增长10%。4月19日，全国选举委员会宣布选举结果，统一民主人民党获得20.5595万选票，统一党获得20.5515万张选票，正义福利党获得7.7433万张选。统一民主人民党以80票之多险胜统一党，再次取得胜利。但统一党对选举结果表示质疑，要求选举委员会重新计票，其支持者也在布拉奥、加比雷（Gabiley）举行抗议活动。这使索马里兰的安全形势恶化。

为防止发生暴力冲突，政府宣布施行紧急状态法，禁止任何抗议与集会活动。[3]在这种情况下，统一党主席希拉纽保持高度冷静，他以大局为重，劝服其支持者停止谴责全国选举委员会和现任政府，并同意由最高法院来判定选举结果。5月11日，首席法官赛义德·法拉赫宣布统一民主人民党比统一党多出217张选票而不是先前的80张选票，卡辛赢得“总统”选举。[4]尽管这让很多民众更加困惑，但法院并不对此做出任何解释。5月16日，卡辛宣誓就职，任期5年。正义福利党不久即宣布接受选举结果。在部落长老的协调和劝说下，统一党也最终表示接受选举结果。

2005年9月29日，议会选举举行。相较于前两次选举，此次

---

① 新选举法将重新划分议会选区，这将导致戈达布斯族成员在长老院和下院中的席位减少，因此，他们拒绝通过该法案。为暂时避免选区划分的问题，议会同意先进行“总统”选举，并将下院任期延长2年，长老院任期延长3年。

② Mark Bradbury, Adan Yusuf Abokor and Haroon Ahmed Yusuf, “Somaliland: Choosing Politics over Violence”, *Review of African Political Economy*, Vol.30, No.97, 2003, p.467.

③ Mark Bradbury, *Becoming Somaliland*, p.194.

④ International Crisis Group, *Somaliland: Democratisation and Its Discontent*, Africa Report, No.66, July 2003, pp.24–25.

选举更加规范，不仅参加投票的人数增多，“全国选举委员会”还成立选举监督委员会（Election Monitoring Board），加大对选举的监督力度。10 月 14 日，“全国选举委员会”公布选举结果，统一民主人民党获得 33 个席位，统一党获得 28 个席位，正义福利党获得 21 个席位。11 月 1 日，最高法院确认此选举结果。两大反对党的席位总和大于执政党，这意味着议会将受制于反对党，政府权力也受到限制，执政党与反对派以及政府与议会之间将相互制衡。不过，议会选举也暴露了索马里兰多党民主政治存在的问题，即多党政治带有部落政治色彩。由于政党发展不成熟，缺乏明确党纲和充足资金，需要来自部落的支持，而各部落为在议会中占有更多席位以获取更多国家资源，通常选择将票投给属于自己部落的候选人。多党制下“赢者全拿”的选举制度将部落忠诚重新带入政党政治，这使大部落在议会中的势力越来越大，而小部落则在议会中的席位减少甚至无法占有席位。

民主化进程从来不是一帆风顺的。议会选举后，索马里兰陷入政治危机。2007 年 1 月，“全国选举委员会”任期结束，卡辛“总统”以此为契机，希望通过操控新一届选举委员会人选，加强对“全国选举委员会”的控制。但这遭到在议会中占主导地位的反对派政党反对，他们否决了“总统”拟定的人选方案。直到与“总统”关系较为密切的长老院做出让步后，“全国选举委员会”7 名新成员才于同年 9 月 8 日宣誓就职。[①] 新一届“全国选举委员会”迟迟未成立，打断了索马里兰的政治进程，使本应于 2008 年 4 月举行的“总统”选举不得不延期。又由于选民登记迟缓以及普遍存在的欺诈行为，各政党意识到“总统”任期势必会延长。但长老院在未与反对派政党商议的情况下，仅根据“总统”请求，单方面宣布将“总统”任期延长 1 年。[②]

① International Crisis Group, *Somaliland: A Way out of the Election Crisis*, Africa Briefing, No.66, Dec. 2009, p.6.

② Marleen Renders, *Consider Somaliland: State-Building with Traditonal Leaders and Institutions*, p.260.

这引发反对派政党强烈反对，索马里兰陷入政治僵局。直到为选举提供技术与经济支持的外部支持者（如欧盟、英国、美国、挪威、瑞典及丹麦）声称不再按原计划给予索马里兰选民登记资金支持后，3 大政党与“全国选举委员会”才在外部压力下，于 2008 年 6 月 9 日达成 8 点协议①，最终敲定有关选民登记以及“总统”选举的相关事项。10 月，选民登记再次开始。

然而，违规行为仍得不到有效控制。为减少选民登记中存在的欺诈行为，2009 年 2 月 10 日，各政党同意增加面部识别过滤器，但采用这一新认证方式仍无法快速完成选民登记，原定于 4 月 6 日举行的“总统”选举因此无法如期举行。根据宪法，“总统”无权自行延长任期，于是，卡辛“总统”请求长老院延长其任期。3 月 28 日，长老院宣布将“总统”任期延长 6 个月，将于 9 月 27 日举行“总统”选举。这直接违背了 8 点协议里“长老院只负责批准各政党协商得出的选举日期，无权独自延长‘总统’任期”的条款。对此，统一党宣布与卡辛政府断绝一切联系，并要求卡辛辞职，另组代理政府。②与此同时，议会内部也以党派为界出现激烈争吵，议会一度被中断 3 次，反对派政党还鼓动街头抗议。警方为稳定局势，向议会外的示威游行者开枪，造成 4 人死亡。这导致索马里兰即将爆发内战的谣言四起。③后来，在内部公民社会与国际援助者的压力下，各政党同意按照以往的和平协商方式来解决此次政治危机。9 月 25 日，3 大政党签订备忘录，同意清空选民登记名单，重新改组“全

---

① 该协议包括：1.“总统”选举先举行，地方选举延期时间不定；2. 选民登记应完成；3. 选民登记完成后，全国选举委员会应着手准备“总统”选举；4.“总统”选举应于 2009 年 4 月 6 日举行；5. 法律将协调推动选民登记；6. 选举仍可能再次延迟，但应由 3 大政党与选举委员会共同决定延期时长，长老院有责任批准其决议；7. 3 大政党应进行日常对话，并在相关问题上相互咨询；8. 各党的技术委员会是一个永久性机构，负责帮助各方建立对彼此的信心与信任感。

② Marleen Renders, *Consider Somaliland: State-Building with Traditonal Leaders and Institutions*, p.261.

③ International Crisis Group, *Somaliland: A Way out of the Election Crisis*, Africa Briefing, No.66, Dec. 2009, p.9.

国选举委员会”，并规定“总统”延期时长由选举委员会与国际技术专家共同商议决定。[①]至此，长达2年的政治危机最终得以解除。

2010年6月26日，“总统”选举举行。共有106.9914万人参加选民登记，具备投票资格。在此次选举中，有效选票为53.8246万张，投票率为50.31%。[②]7月1日，“全国选举委员会”公布投票结果，统一党以多于统一民主人民党8.8025万张选票获胜，成为执政党，其党主席艾哈迈德·默罕穆德·希拉纽成为索马里兰新“总统”。7月2日，前“总统”卡辛通过BBC广播宣布接受选举结果，将在宪法规定的期限内移交权力。希拉纽上任的第1天，就解除了卡辛在任时实行的紧急状态法，并向公务员发放选举前几个月积欠的工资，希望以此抑制腐败。此次选举不仅得到监督选举的国际组织[③]认可，而且青年人的参与度提高，尤其是有很多年轻妇女参与。

2012年11月28日，索马里兰进行第二次地方选举，从7个政治党派[④]中选出了新的3个合法政党，即统一党、正义福利党与索马里兰国民党（Somaliland National Party，又称瓦达尼，Waddani）。

按照索马里兰“宪法”规定，本应于2015年举行“总统”选举和议会选举，但“全国选举委员会”称未做好准备，由此长老院将现任政府执政期限延长21个月，于2017年3月27日举行。不过，

---

① Marleen Renders, *Consider Somaliland: State-Building with Traditonal Leaders and Institutions*, p.262.

② Michael Walls and Steve Kibble, *Somaliland: Change and Continuity*, Progressio, June 2010, p.35.

③ 其中总部设在华盛顿，于1983年成立的，并致力于在全世界推进民主、自由、自治与法治的国际共和协会（International Republication Institute），对索马里兰2010年的总统选举做出了积极评论，认为它是和平进行的，基本符合国际选举标准，索马里兰的民主化是可靠的。

④ 根据“《索马里兰宪法》”，索马里兰只允许3个政党存在，因此，地方选举应从符合条件的政治党派中选出3个合法政党。在2012年地方选举中，参加选举的7个政治党派分别为统一党与正义福利党这2个政党，以及瓦达尼（索马里兰国民党）、达桑（Dalsan）、乌马达（Umadda）、夏苏尔（Xaqsoor）与瑞思（Rays）这5个政治派别。

当时索马里兰正发生严重旱灾，“总统”选举不得不再次延迟6个月。[①] 2017年11月13日，索马里兰举行自2003年以来第三次“总统”选举，统一党提名的穆赛·比希·阿布迪（Muse Bihi Abdi）获胜，成为第五任“总统”，任期5年。[②]

1991年以来，索马里兰通过一次次和解协商会议，基本解决各部落间的政治经济利益分配问题，初步形成民主、分权与社会和解的共识。尤其是它创设的将传统部落制度与现代多党民主制结合起来的混合政治制度，使索马里兰能通过制度的力量化解政治危机，确保索马里兰的相对和平与稳定。但索马里兰的民主制度仍存在诸多不足，比如，第一，政党没有明确的纲领，党内缺乏民主，部落认同仍高于政党认同，个人部族利益大于集体共同利益，当某一政党无法满足部落需求时，部落成员便改换政党；第二，妇女和少数派群体仍然处于边缘化地位；第三，选举制度不完善、法律不明晰，选举经常未能按时举行。索马里兰的政治发展仍面临众多挑战。

三、邦特兰自治政府的发展

邦特兰的早期历史演变

邦特兰位于索马里东北部，其名称来自古埃及文献中所记载的盛产香料之地“蓬特”。它在东非之角具有非常重要的战略地位，是位于内陆的埃塞俄比亚通往红海和印度洋的重要陆路通道，也是连接红海和印度洋的重要交通路口。邦特兰面积约21.251万平方公里，约占索马里领土总面积的1/3，其海岸线长达1600公里。根

---

① Yusuf M. Hasan, “Somaliland: Presidential Elections Set for October 2017”, *Somaliland Sun*, Jan. 26, 2017.

② Mo Ahmed Jama, “Somaliland: NEC Submit November Presidential Elections Results to the Somaliland Constitutional Courts”, *WARGANE*, Nov. 26, 2017, https://wargane.com/2017/11/26/somaliland-nec-submit-november-presidential-elections-results-somaliland-constitutional-courts.html, 2018-6-16.

据邦特兰地区政府2013年发布的第二个五年计划，邦特兰总人口约400万，大部分为游牧民，信仰伊斯兰教。[①]邦特兰地区大部分属于达鲁德部落海蒂分支，该分支包括规模最大的支系米朱提因部落（Majeerteen），杜尔巴汉特部落（Dhulbahante），沃桑杰利部落（Warsangeli）与德士舍部落（Deshiishe），以及3个规模较小的海蒂支系部落。除海蒂部落外，邦特兰还分布着属于达鲁德部落的马雷汉部落（Marehan）、雷卡斯部落（Leylkase）和阿维塔布部落（Awrtable）。除此之外，邦特兰也生活着包括班图人、阿拉伯人和印度人后裔在内的少数派群体。[②]在这些部落中，米朱提因势力最大，其支系部落穆罕默德·萨勒班部落（Mahamuud Saleebaan）在邦特兰的政治经济生活中发挥着中心作用，该部落控制了邦特兰两个主要交通枢纽，即博萨索（Boosaaso）和盖拉卡尤（Gaalka'yo）。[③]

历史上，邦特兰地区曾建立过3个具有较完整国家机构的苏丹国，即于1600年建立，19世纪达到全盛的米朱提因苏丹国（1600—1927）[④]，1878年建立的霍比亚苏丹国（1878—1925）[⑤]以及东苏纳格苏丹国（1896—1925）[⑥]。后来，由于英国和意大利的殖民活动，这些苏丹国相继被征服，失去独立地位，原先存在的政治经济秩序被摧毁。尤其是意大利法西斯殖民政府统治时期，意大利贸易公司垄断了该地区传统的进出口贸易，很多无以为生的牧民、渔民与商人等为寻求就业和经商机会，不得不移居索马里南部地区。另外，

① Ministry of Planning and International Cooperation in Puntland State of Somalia, *Puntland Second Five-Year Develpoment Plan 2014–2018*, Moe Printing Press, 2013, pp.1, 5.

② The Puntland Development Research Center, *The Puntland Experience: A Bottom-up Approach to Peace and State Building*, 2008, p.8.

③ Roland Marchal, *The Puntland State of Somalia: A Tentative Social Analysis*, May 2010, p.15. https:///hal-sciencespo.archives-ouvertes.fr/hal-01044642, 2021-10-25.

④ World Statesmen, "Somali Traditional State", http://www.worldstatesmen.org/Somalia_native.html, 2016-7-26.

⑤ Lee V. Cassanelli, *The Shaping of Somali Society: Reconstructing the History of a Pastoral People, 1600–1900*, Philadelphia: University of Pennsylvania Press, 1982, p.75.

⑥ Ministry of Planning and Statistics of Puntland State of Somalia, *Puntland Facts and Figures*, 2003, p.8.

意大利法西斯殖民政府为镇压该地区居民的反抗运动，将米朱提因苏丹，穆杜格苏丹及其家属，传统长老等驱逐至摩加迪沙（东苏纳格苏丹则被英国殖民当局驱逐至塞舌尔岛）[①]。1935—1936 年间，意大利强制征召 2.5 万名牧民参与对埃塞俄比亚的战争。意大利侵略埃塞俄比亚失败后，在战争中幸存的青壮年被安置到索马里南部地区。这些青壮年一部分从事经商贸易活动，另一部分在当时的殖民政府有关部门任职，积累了一定的从商或政治管理经验。

因此，1960 年 7 月 1 日索马里共和国成立后，来自东北地区的达鲁德部落成员在政治生活中扮演重要角色。其中索马里最后一届共和国政府（1967—1969）的总统阿卜迪拉希德·阿里·舍马克（Abdirashid Ali Sharmarke）和总理阿布迪扎克·哈吉·侯赛因（Abdirizak Haji Hussein）就来自米朱提因部落。[②]1969 年，西亚德将军发动不流血军事政变，建立一党制军事独裁政权，并严厉打压前共和国重要政界人士。由于索马里深厚的部落传统，政治斗争极易发展成部落仇恨。西亚德和来自米朱提因部族政治人士之间的恩怨即是如此。

1977 年，西亚德趁埃塞俄比亚发生政变，政局动荡，发动欧加登战争。1978 年，由于苏联转而军事支持埃塞俄比亚，索马里军队战败，西亚德政权由此陷入沉重的政治、经济、军事危机。同年 4 月，来自米朱提因部落的一群军官企图利用这一契机发动政变，夺取政权，但以失败告终。其后，西亚德对米朱提因部落发动残酷的报复活动。该部族许多青年逃亡至埃塞俄比亚，其中政变领导人阿卜杜拉希·优素福·艾哈迈德（Abdullahi Yussuf Ahmed）上校在埃塞俄比亚成立武装反抗组织——索马里救国民主阵线。为应对米朱提因部落的挑战，西亚德也公开恢复早前要求废弃的部落政治，重

---

① Ministry of Planning and Statistics of Puntland State of Somalia, *Puntland Facts and Figures*, 2003, p.9.

② The Puntland Development Research Center, *The Puntland Experience: A Bottom-up Approach to Peace and State Building*, 2008, pp.8-9.

新利用部落势力来加强自己的力量，组成 MOD 部落联盟①，让这三个部落的成员担任高级官员，掌管国家经济，排斥异己。西亚德的这一举措不仅进一步将米朱提因部落推向对立面，还使西北部的伊萨克部落和中部的哈维耶部落对其政权越来越不满，二者分别成立了以部落为基础的反政府武装。索马里陷入以部落为基础的政治危机中。

在救国民主阵线于 1979 年形成之时，它事实上包括了来自伊萨克部落、达鲁德部落和哈维耶部落的成员。但到 20 世纪 80 年代初，救国民主阵线陷入内部权力斗争，又由于伊萨克部落和哈维耶部落分别成立自己的反抗武装组织，该阵线最后成为由米朱提因部族单独领导的组织。1985 年，埃塞俄比亚政府与救国民主阵线就边境归属问题产生矛盾，救国民主阵线从埃塞俄比亚获得的援助缩减。至 1988 年，埃塞俄比亚政府与西亚德政权达成协议，同意互相停止资助各自的反对派组织。由此，埃塞俄比亚政府拘禁了该阵线领导人阿卜杜拉希·尤素福·艾哈迈德，并没收了该组织的武器和资产。②此后，救国民主阵线转入低潮，几近解散。

邦特兰自治政府的建立

1988 年，索马里内战爆发。1991 年，西亚德政权倒台，随着索马里陷入军阀混战和派系斗争，邦特兰地区也出现对其进行争夺的三支力量。第一支是威胁最大同时也是力量最强的索马里联合大会党（United Somali Congress）。该组织对西亚德所属的达鲁德部落施以残忍的报复行动，大量生活在摩加迪沙及其周边的达鲁德部落成员四散逃离，其中很多人逃往达鲁德部落成员聚居的索马里东北部地区。联合大会组织不断向北推进，至 1991 年 2 月，它控制

---

① 该氏族联盟包括西亚德父亲所属的马雷汉氏族（Marehan），母亲所属的欧加登氏族（Ogadēn）以及杜尔巴汉特氏族（Dhulbahante）。这三个氏族都属于达鲁德部落。

② The Puntland Development Research Center, *The Puntland Experience: A Bottom-up Approach to Peace and State Building*, 2008, p.14.

了穆杜格州南部以及南北地区之间贸易和交通枢纽盖拉卡尤。第二支力量是伊斯兰团结组织（Al-Itihaad Al-Islaami）。该组织利用混乱局势，努力在东北地区扩大影响力，组建武装组织、它控制了戈洛维，博萨索港口以及一些重要的战略要点。[①]第三支力量是索马里兰。1991年5月宣布“独立”的索马里兰认为，其所辖范围应包括原英属索马里的所有领地，因此其领土范围应包括属于海蒂部落的苏尔和苏纳格地区。

1991年5月，埃塞俄比亚发生军事政变，门格图斯政权被推翻，索马里救国民主阵线的领导人阿卜杜拉希·尤素福被释放。当时在救国民主阵线内部，尤素福和默罕穆德·阿布希尔（Mohamed Abshir）上将之间尽管仍存在权力竞争[②]，但强大的外部威胁促使该组织团结起来，努力抵御试图侵占其世代所居地区的三支力量。“1992年5月，救国民主阵线中央委员会和东北地区各部落长老联合发布紧急法令，宣布成立由军队指挥官尤素福上校领导的紧急安全委员会。”[③]紧急安全委员会被授权管理博萨索港口的税收收入及其他资产。此外，50多名传统长老、政治家以及一些杰出人士积极为紧急委员会筹集资金，进行大众动员。6月，经过与伊斯兰团结组织激战，救国民主阵线夺回被该组织控制的戈洛维，迫使后者撤退。后来，双方达成妥协，救国民主阵线允许伊斯兰团结组织以非武装的宗教组织形式存在，伊斯兰团结组织则承诺放弃政治武装运动，并驱逐所有非当地部落的成员，其中包括来自哈维耶部落的领导人

---

① The Puntland Development Research Center, *The Puntland Experience: A Bottom-up Approach to Peace and State Building*, 2008, p.18.

② 索马里救国民主阵线分为两派，一派主张既要坚持东北部地区的优先自决，又要坚守索马里民族认同，避免任何可能加深部族间仇恨的行为，这一派支持阿布希尔；另一派曾因遭受哈维耶部落成员的杀害而妻离子散，家破人亡，他们希望通过支持强硬尤素福来对抗哈维耶部落强人艾迪德，实现复仇。同时，阿布希尔与尤素福为争夺最高领导权，也存在对抗。

③ Andrew Scott Duffield, “When Do Rebels Becoeme State-Builders? A Comparative Case Study of Somaliland, Puntland, and South-Central Somalia”, *Bildhaan: An International Journal of Somali Studies*, Vol.13, Article 5, 2013, p.11.

哈桑·达赫尔·阿维斯（Hassan Dahir Aweys）。①1993 年，索马里联合大会党主席艾迪德为应对以美国为首的联合特遣部队，无力再在东北地区扩展势力范围，因此艾迪德与优素福达成协议，同意停止战争，互相承认各自管辖范围，并承诺为地区间通商贸易提供安全环境。同年 6 月，艾迪德和优素福签署穆杜格和平协议。②该协议的签订使穆杜格地区获得相对和平，其安全环境得到提升。在剪除东北地区面临的两大威胁后，救国民主阵线致力于实现东北地区的和平与稳定，并着力筹划未来政治发展方向。

1993 年，东北地区“和平与生活”大会在戈洛威召开，海蒂部落热烈支持大会提出的以达鲁德部落为基础，建成一个政治实体的设想。此次会议为 5 年后邦特兰的成立奠定了基础。不过，比起西北地区，东北地区建立自治政府的过程曲折蜿蜒得多。

第一，东北地区自治政府的建立深受索马里民族和解进程的影响，它谋求“建国”的想法是在其未能获得索马里民族和解进程的主导权之后而产生的。由于东北地区政治精英曾为索马里共和国政府重要官员，因此他们对索马里国家认同度高，希望参与并主导索马里民族和解与重建，未来成为索马里政府的领导者。他们积极支持民族和解会议，比如，1993 年，他们接受第二次亚的斯亚贝巴会议达成的“自下而上”的政府重建方案，且在 1995 年维和部队撤出索马里后，接受国际社会提出的有关战后重建的“块状构建”方案。③1996 年 11 月，在国际社会的调解下，索马里 26 个政治派系在埃塞俄比亚索德雷（Sodere）召开高级咨询会议，成立全国拯救委员会，并决定于次年 11 月在博萨索召开全国和解大会，建立过渡政府。对东北地区来说，这意味着它将在索马里和解进程中发挥重

---

① The Puntland Development Research Center, *The Puntland Experience: A Bottom-up Approach to Peace and State Building*, 2008, p.18.

② Ibid., p.19.

③ Ibid., pp.19–24.

要作用。[①]

然而，1997 年 11 月，全国和解大会并未按计划在东北地区重要城市博萨索召开，会议地点反而由博萨索移至埃及开罗。更让东北地区感到不满的是，在开罗会议上，只有来自哈维耶部落的艾迪德和马赫迪作为索马里人代表参与谈判，签署权力分享协议，东北地区政治人物完全被排除在政治和解议程之外。这促使东北地区政治领导人萌生建立一个单一“邦特兰国”的想法。[②]另外，索马里民族和解直至 1998 年也未取得实际成就，大规模武力对抗的局面虽然得到控制，但社会秩序混乱的现状仍没有改变，由此，东北地区民众对和平与稳定，法制和社会秩序的渴望在一定程度上也催生了“邦特兰国”。

第二，救国民主阵线内部的权力争夺延缓了邦特兰的成立。自 1993 年穆杜格和平协议的签订消除了来自联合大会党和伊斯兰团结组织的外部威胁后，阿布希尔和尤素福为争夺主席职位而长期对峙。直至 1997 年，在传统部落长老伊兹莫[③]（Isimo）的协调下，双方才最终达成妥协，同意阿布希尔任救国民主阵线内务部主席和临时政治委员会领导人，优素福管理“国家”事务并作为救国民主阵线的代表出席全国拯救委员会。[④]救国民主阵线内部对抗的结束为东北地区尽快实现社会整合和开启全面和解奠定了基础。

1998 年 5 月 15 日，来自东北 5 个地区[⑤]海蒂部落的 600 多名代表在戈洛威召开了为期 3 个月的“立宪会议”。会议讨论了邦特兰的政治地位及制度构建问题。8 月，“立宪会议”宣布邦特兰实

① The Puntland Development Research Center, *The Puntland Experience: A Bottom-up Approach to Peace and State Building*, 2008, p.24.

② Ibid., pp.24–25.

③ 伊兹莫是对邦特兰重要的传统长老的一种称呼。在西亚德政权倒台后，他们以及其他一些级别更高的传统长老填补了政治真空，并与政治家、知识分子、流散民等一起在解决政治冲突中发挥了重要作用。

④ The Puntland Development Research Center, *The Puntland Experience: A Bottom-up Approach to Peace and State Building*, 2008, pp.19–24.

⑤ 这 5 个地区包括巴里、努加尔、东苏纳格、苏尔和北穆杜格地区。

行自治，定都戈洛威，并成立66人的一院制议会，制定有效期为3年的“《过渡宪章》”。部落长老选举优素福为邦特兰“总统”。[①]根据“《过渡宪章》”，邦特兰应在3年后实现以部落为基础的政治体系向多党民主制度转变。

邦特兰民主政治的演进及其困境

优素福“总统”任职后，他一方面着手解决公共安全问题，重建法律与秩序，制定社会经济发展方案，与前政府军官以及富有权威的地方长老合作建立警察部队和德尔维什准军事组织（Daraawiish），清除各地部落武装分子建立的路障，另一方面致力于索马里民族和解与国家构建，希望在索马里事务中扮演重要角色。[②]但正是尤素福总统的远大抱负，使其未能全身心投入邦特兰的和平构建和制度构建。他在邦特兰的军事统治不仅破坏了邦特兰原本就比较脆弱的部落协商与政治共识，还加剧了领导人之间的政治斗争。

根据“《过渡宪章》”，优素福政府应在3年内完成起草新“宪法”的任务，并进行人口调查，为邦特兰选举委员会和政党的建立做好法律和制度准备。[③]但优素福政府并未完成以上任务。2001年6月30日，尤素福“总统”任期到期，但他不愿卸任，要求延长任期。最高法院主席认为，“总统”任期至多可延迟至“制宪会议”（应于45天内召开）结束之后。民众也认为应坚持“《过渡宪章》”的规定，不能延长总统任期。在这种情况下，最高法院主席和传统部落长老不顾优素福反对，在戈洛威召开会议，为“制宪会议”的召

---

① Yohannes Haile, *State Breakdown and the Rise of Somaliland, Puntland and Somalia: Understanding the Organizing Principles and Dynamics of Nationhood*, Haward University, Ph D. Dissertation, May 2012, p.129.

② The Puntland Development Research Center, *The Puntland Experience: A Bottom-up Approach to Peace and State Building*, 2008, p.26.

③ The Puntland Development Research Center, *Puntland's Political Transformation: Taking the First Steps toward Democratic Elections*, June 2015, p.17.

开做准备工作。11 月，部落长老们选举优素福的政敌加玛·阿里·加玛[①]（Jama Ali Jama）为“总统”，优素福及其支持者拒绝接受此次选举结果，认为其不具有有效性。优素福为维持自己的统治，不惜与加玛公开进行武装斗争，逮捕异见人士，并限制媒体报道。战胜加玛后，他自行宣布将任期延长 2 年，并在政府部门任人唯亲，致使裙带主义和腐败盛行。[②]之后，他又与默罕穆德·穆萨·赫尔斯（Mohamoud Mussa Hersi）上校展开武装斗争，直至 2003 年 5 月，双方才在著名部落长老和商人的协调下签署博萨索和平协议。[③]优素福的任期进一步后延至 2004 年 12 月。在这期间，优素福致力于索马里民族和解和政治重建事务，经常前往肯尼亚参加会议，这造成邦特兰事实上大部分时间没有“总统”领导，政治制度、社会经济等建设也随之停滞下来。传统部落长老和地方政治精英再次承担起了维持和平和协调地方冲突的责任。2004 年 10 月，优素福终于如愿以偿，当选为索马里过渡联邦政府总统。2005 年 1 月，邦特兰议会选举默罕穆德·穆萨·赫尔斯为“总统”，任期 4 年。[④]

优素福的统治并未给邦特兰带来良好的管理制度，反而使犯罪和腐败活动猖獗，安全环境恶化。穆萨上任后，努力恢复经济，推动政治建设。第一，与优素福依靠军队进行统治不同，穆萨“总统”通过修建基础设施，改善经济状况等来获得政治支持。2005 年 3 月，他推出了在邦特兰的商业中心城市博萨索修建机场以及向小学教师发放工资的计划。[⑤] 2007 年 4 月，他又与沙特和阿联酋签订

---

① 加玛·阿里·加玛曾为西亚德政府军队上校，90 年代初西亚德倒台后，他转而从政。他是尤素福最强有力的批评者之一，其所属的奥斯曼·默罕穆德·萨勒曼支系部族与尤素福所属的奥马尔·默罕穆德支系部族在历史上一直处于对抗之中。

② Internatianal Crisis Group, *Somalia: The Trouble with Puntland*, Africa Briefing No. 64, Aug. 2009, pp.5–6.

③ The Puntland Development Research Center, *Puntland's Political Transformation: Taking the First Steps toward Democratic Elections*, June 2015, p.19.

④ The Puntland Development Research Center, *The Puntland Experience: A Bottom-up Approach to Peace and State Building*, 2008, pp.29–30.

⑤ The United Nations International Children's Emergency Fund, *UNICEF Lauds Somali Leader's Pledge to Pay Primary School Teachers*, Apr. 2005, http://www.unicef.org/media/media_25878.html, 2016-8-7.

牲畜出口协议。2008 年 10 月，穆萨与迪拜路特集团公司（Lootah Group）签订价值 1.7 亿迪拉姆的合同，以修建博萨索机场和海港。[①]第二，积极推动制订“宪法”，促进邦特兰实现民主。2005 年 5 月，穆萨成立由议员、内阁部长和独立律师组成的“宪法”审查委员会。2008 年，审查委员会对起草的“宪法”进行第一次修正，2009 年 11 月，内阁和议会批准了最后修订完成的“宪法”。[②]尽管在穆萨统治期间，他不能扭转邦特兰不稳定的内外局势[③]，改变法律与秩序崩坏，腐败盛行以及议会疲软的现状，但他开启了邦特兰的民主化进程。2009 年 1 月，穆萨接受选举结果，将权力和平移交新“总统”阿布迪拉西·法罗里（Abdirahman Farole）。

法罗里“总统”以“改革者”自居，他是推进邦特兰政治民主的关键人物。他制定了实现多党民主的路线图，完善了各项民主选举立法。2011 年 4 月，邦特兰过渡选举委员会（Transitional Puntland Electoral Commission）成立，议会批准了根据过渡“宪法”条款制定的选举委员会法，规定了选举委员会的机构设置及其职责。11 月，议会通过了过渡选举委员会拟定的“宪法”公投法。此公投法规定“宪法”公投不实行全民公投，而是从传统长老、公民社会团体、索马里过渡联邦政府以及联合国等国际组织中选出 480 名代表，由这些代表投票决定“宪法”地位。[④]

---

① Hiiraan Online, *Puntland: The Land of Opportunity*, Nov. 2008, http://www.hiiraan.com/news2/2008/Nov/puntland_the_land_of_opportunity.aspx, 2016-8-7.

② The Puntland Development Research Center, *Puntland's Political Transformation: Taking the First Steps toward Democratic Elections*, June 2015, p.19. 但根据国际危机组织报告，宪法的修订是秘密进行的，没有公民社会团体和关键部落参与，违背了政府曾做出的透明和与相关方咨询协商的承诺。非米朱提因部落和一些部落传统长老对其合法性表示质疑，认为它损害了共识政治。参见 International Crisis Group, *Somalia: The Trouble with Puntland*, Africa Briefing No. 64, Aug. 2009, pp.8–9.

③ 在邦特兰内部，2007 年，生活于阿达达（该地区为苏尔州、努加尔州、穆杜格州以及埃塞俄比亚第五区交界地带）的米朱提因支系部落奥马尔·默罕穆德部族与杜尔巴汉特的部系氏族为争夺牧场发生冲突。此外，海盗的出现对邦特兰的安全造成威胁；在外，2004 年，邦特兰与索马里兰在苏尔和苏纳格州爆发军事冲突。

④ The Puntland Development Research Center, *Puntland's Political Transformation: Taking the First Steps toward Democratic Elections*, June 2015, pp.22–26.

2012 年 4 月 18 日，邦特兰“宪法”正式颁布实行，这为邦特兰建立民主制度奠定了坚实基础。之后，有关民主选举的各项立法相继出台，比如，9 月，议会通过了政治党派法，该法规定在地方选举中得票最多的政治党派将成为执政党。12 月，6 大政治党派成立[①]。2013 年 4 月，议会通过了地方委员会选举法。2013 年，由于时间仓促，准备不足，以及很多民众对民主理解不够等原因，本应于 7 月 15 日举行的地方选举未能如期举行。大多数坚持“宪法”原则的民众和反对派与法罗里“总统”就“总统”任期延长 1 年的问题产生分歧和争论，邦特兰陷入政治僵局。为化解政治危机，邦特兰政府按照 1998 年实行的以部落为基础选择议员的方式选出了新议员，组成了新一届议会。2014 年 1 月 9 日，议员投票选出了新“总统”阿卜迪瓦里·默罕穆德·阿里（Abdiwali Mohamed Ali），前“总统”法罗里接受选举结果。[②]阿里“总统”就职后，制订了邦特兰 5 年发展计划，着力于加强邦特兰的安全部队建设，并积极吸引投资来推进公路等基础设施建设，扩建博萨索港口。2017 年 4 月，阿里“总统”率其领导团队与阿联酋迪拜环球港务集团收购的 P&O 集团就经营和管理博萨索港口签订为期 30 年的协议，该协议将给邦特兰带来 33.6 亿美元投资。

邦特兰自 1998 年宣布自治以来，在几位“总统”的统治下，基本上维持了社会秩序，初步完成民主建制。然而，邦特兰是依靠米朱提因 3 大部落的支持结成的一个松散的共同体，其政治中的部落色彩浓厚。优素福的军事统治导致腐败和裙带主义盛行，各部落间

---

① 这 5 大政治协会分别为先锋协会（HORSEED，英文名为 Vangurd），该协会成员主要为法罗里总统及其支持者；发展与正义协会（HORCAD，英文名为 Development and Justice），其成员大多数来自商人团体；统一协会（MIDNIMO，英文名为 Unity），其成员包括宗教精英和商人；一致协会（WADAJIR，英文名为 Together），其成员主要是商人和流散民；人民民主党（PDP，英文名 People's Democratic Party），该协会由于意识形态不确定，其支持者也不确定；邦特兰人民党（UDAD，英文名 Puntland People's Party），该协会支持者文化程度较高，多为专家教授和政治家。

② International Crisis Group, *Somalia: Puntland' s Punted Polls*, Africa Briefing No. 97, Dec. 2013, pp.12–16.

原本存在的微弱互信遭到削弱，政治共识和权利分享观念无法站稳脚跟。在穆萨和法罗里统治期间，尽管邦特兰启动了民主化进程，但“宪法”秘密制定，缺乏透明性和公开性，“宪法”公投也未经过全民公决，民众的政治参与度低。此外，邦特兰还因海盗以及与索马里兰的领土争端问题，面临着安全威胁。邦特兰要持续推进民主政治的发展，首先，需要实行政治改革，消除政府中存在的腐败现象，建立独立的选举委员会，促进选举透明和公平；其次，政府应努力化解部落间的矛盾，在各社会阶层中明确和深化政治共识；最后，对安全部门进行改革，消减安全机构中存在的腐败，裙带关系以及部落对抗等现象，维持邦特兰的安全与稳定。

四、索马里经济和教育的发展

经济的曲折发展

自 1991 年西亚德政权崩溃以来，索马里长期缺乏中央政府，老百姓深受战乱之苦。血腥的冲突不但使索马里人大量伤亡，也对公共设施和人民财产造成巨大破坏。内战爆发后的索马里是非洲乃至全球最落后的国家之一。由于缺乏全国性的统计，1991 年以来索马里的经济规模和增长速度没有准确的数据，外界的估计作为参考，大致显示了索马里社会经济的发展状况。1994 年，美国中央情报局估计索马里的 GDP 按购买力评价（PPP）是 33 亿美元，2001 年是 41 亿美元，2009 年是 57.31 亿美元，2014 年是 44.31 亿美元。[①] 2012 年，联合国《人类发展报告》估计索马里人均 GDP 为 284 美元，在世界上排名倒数第四，远少于撒哈拉以南非洲 1300 美元的人均 GDP。依据索马里中央银行，索马里 43% 的人口每天的生活费低

① Central Intelligence Agency, “Somalia”, *World Factbook*, https://www.cia.gov/library/publications/the-world-factbook/geos/so.html, 2016-7-26.

于1美元，他们中24%的人生活在城市，54%的人在农村。[①]由于经济落后，索马里人的失业率居高不下。2011年，15—64岁的索马里人失业率为64%，14—29岁的年轻人失业率为67%。[②]这就意味着大约三分之二的成年人无事可做，没有固定的收入。

但是，1991年之后索马里的经济并非毫无亮点。相比西亚德时期，索马里经济在部分领域取得了一定的进步。在西亚德掠夺型政府不复存在情况下，自由竞争的环境反而为一些经济部门创造了难得的发展机遇。[③]虽然索马里兰和邦特兰都建立了自治政府，但他们对经济的干预能力有限。2005年，索马里兰和邦特兰的税收仅仅只有2470万美元和1970万美元，其中用于基础设施等公共产品的资金微不足道。[④]2012年，索马里建立了联邦政府，但其对经济的干预能力也十分有限。据估计，2014年，联邦政府预算只有1.453亿美元，税收和其他收入只占GDP的2.5%。[⑤]因此，1991年以来的索马里经济很大程度上是脱离政府而发展的。

索马里是一个典型的以农牧业为主的国家。1991年以来，传统经济与现代经济并存，且前者处于绝对主导地位，是索马里经济的基本特征。包括畜牧业、种植业等在内的大农业约占索马里GDP的64%。[⑥]服务业的地位仅次于农业，它主要包括酒店业、交通运输业和电信业。工业所占份额很低，发展最为缓慢。国际货币基金组织

---

① Central Bank of Somalia, "Somalia's Economy at Glance", http://www.somalbanca.org/economy-and-finance.html, 2016-7-28.

② The United Nation, *Somalia Human Development Report 2012: Empowering Youth for Peace and Development*, 2012, p.61.

③ 有学者经过研究发现，1991年到2005年，索马里几乎所有的社会经济指标都好过西亚德时期。参见 Peter T. Leeson, "Better off Stateless: Somalia before and after Government Collapse", *Journal of Comparative Economics*, Vol.35, Issue 4, 2007, pp.689-710.

④ The United Nations, *Somalia Reconstruction and Development Framework: Deepening Peace and Reducing Poverty*, Oct. 2006, p.13.

⑤ Central Intelligence Agency, "Somalia", *World Factbook*, https://www.cia.gov/library/publications/the-world-factbook/geos/so.html, 2016-7-31.

⑥ Central Bank of Somalia, "Somalia's Economy at Glance", http://www.somalbanca.org/economy-and-finance.html, 2016-7-28.

估计，2014 年索马里经济增长了 3.7%。[①] 各行业的发展情况存在明显的差别。

一、农业。农业占索马里 GDP 的 60.2%，对于索马里保证粮食安全具有特殊的意义。但是，90 年代以来，由于水利设施被严重破坏，且年久失修，再加上农业人口大量伤亡和干旱频发等原因，索马里种植农业遭遇沉重打击，其结果是许多索马里人面临着无粮可食的生存问题。外部力量曾积极介入，帮助索马里农业发展，但短期内难以改变其农业条件。联合国粮农组织制订了旨在提高索马里粮食安全的 5 年行动计划（2011—2015），实际效果比较有限。粮农组织 2013 年 5 月发布的报告指出，在 2010 年至 2012 年的大饥荒中，约 26 万索马里人死亡，占索人口总数的 4.6%。2014 年 5 月以来，索中南部再次出现大面积干旱，粮食歉收。2014 年 9 月，随着粮食危机的加剧，索马里至少有 100 人面临着严重的食物短缺。到 2015 年 1 月，这一数字降到 73 万，其中大约 20.3 万儿童严重营养不良。[②] 因此，如何尽快发展农业，进而解决索马里人最基本的吃饭问题，无疑是索马里联邦政府最迫切的任务之一。

不过，较少受基础设施影响的畜牧业取得了引人瞩目的发展。就实际贡献和影响而言，畜牧业是索马里最重要的经济部门。2006 年，畜牧业占索马里 GDP 的 40% 和出口总额的 65%。主要牲畜包括山羊、绵羊、骆驼和牛，索马里是全世界饲养骆驼最多的国家，1998 年估计有 570 万头。西亚德时期，索马里政府没有对畜牧业提供服务，反而征收重税，进而伤害了它的发展。[③]1991 年以来，索马里牲畜出口稳步增长。肯尼亚是索马里牲畜的主要出口地之一。

① International Monetary Fund, "IMF Staff Completes 2015 Article IV Mission to Somalia", June 18, 2015, https://www.imf.org/external/np/sec/pr/2015/pr15278.htm, 2016-7-26.

② "Over 730,000 People across Somalia Face Acute Food Insecurity despite Improvements in Some Areas", Jan. 29, 2015, http://www.fao.org/somalia/news/detail-events/en/c/276142/, 2016-7-29.

③ Peter D. Little, *Somalia: Economy without State*, Bloomington: Indiana University Press, 2003, p.15.

依据 2003 年肯尼亚政府的数据，1991—2001 年，索马里向肯尼亚出口的牛的数量增加了一倍。[①]1999 年，北部港口博萨索（Boossaso）和柏培拉出口了近 300 万只绵羊和山羊，占东非出口绵羊的 52% 和山羊的 95%。[②] 2014 年，索马里出口了 500 万头牲畜，其数量比邻国肯尼亚和埃塞俄比亚之和还要多。[③]

畜牧业也面临着一些问题，干旱就造成了很大困难。但相比东非其他国家，索马里畜牧业遭受的损失往往更小。在 1999—2000 年严重的干旱时节，索马里牧人比肯尼亚牧人的应对更加有效。此外，1991 年中央政府的崩溃虽然带来安全问题，但畜牧业的交易成本并没有明显提高，大规模的牲畜交易依旧进行。牲畜的运输成本通常低于 0.01 美元 / 千克，相比 1991 年之前没有大幅度增加。[④]

二、服务业。2013 年估计，服务业约占索马里 GDP 的 32.5%。[⑤] 1991 年以来，相对农业和工业，主要在私人投资的推动下，服务业发展情况较好，这主要表现在电信业、航空业和金融业等领域。

电信业在索马里发展获显著。内战破坏了几乎所有的公共通信系统，1991 年以来，欧洲、韩国和中国的国际通信商开始逐渐进入索马里，与其国内私人服务商合作，提供价格低、质量高和覆盖广泛的手机通信服务。1994 年，索马里第一家私营电信公司建立，到目前全国有 11 家私营电信公司。在撒哈拉以南非洲的 42 个国家中，索马里的电信业由原来的中下游，发展到较好水平。每千人固定电话数量由 1990 年的 29 位上升至 2005 年的第 8 位，2005 年，每千

---

① Peter T. Leeson, "Better off Stateless: Somalia before and after Government Collapse", *Journal of Comparative Economics*, Vol.35, Issue 4, 2007, p.701.

② Benjamin Powell et al., "Somalia after State Collapse: Chaos or Improvement?" *Journal of Economic Behavior & Organization*, Vol.67, No.3/4, 2008, p.660.

③ "War-Torn Somalia Exports More Livestock Than Ethiopia And Kenya Combined", Mar. 11, 2016, https://www.addisinsight.com/2016/03/11/somalia-exports-livestock-ethiopia-kenya-combined/, 2016-7-29.

④ Peter D. Little, *Somalia: Economy without State*, p.103.

⑤ Central Intelligence Agency, "Somalia", *World Factbook*, https://www.cia.gov/library/publications/the-world-factbook/geos/so.html, 2016-7-30.

人拥有移动电话数处于16位，每千人网民数处于第11位。[①]在许多非洲国家，国家的垄断提高了价格，延缓了电信的传播。在肯尼亚，安装固定电话线路需要等待好几年，在索马里则只需要3天。而且，一旦安装后，使用费相对多数非洲国家要低。2004年，每月固定费10美元，国内通话免费，国际长途每分钟0.5美元，上网每小时也是0.5美元。依据《经济学家》，2005年在索马里使用手机"通常比在非洲其他任何地方打电话都要便宜和清晰"。[②]经济自由导致激烈的竞争，各个电信公司不得不降低价格和提高服务，来吸引消费者。2012年年底，索马里人开始享用3G服务。据估计，2014年索马里手机用户达550万，手机普及率在全世界居113位。[③]

航空业取得一定成就。1991年，由于转乱，索马里所有的航空公司都停止运营。后来，航空业逐渐恢复。到1997年，14家航空公司运营着62架飞机。机场主要有摩加迪沙、哈尔格萨、柏贝拉和基斯马尤，其中摩加迪沙和柏培拉有国际机场，可起降大型客机。通往国外的航线也逐渐恢复。2001年3月，埃塞俄比亚航空公司开通了从亚的斯亚贝巴飞往索马里兰首府哈尔格萨的航班，每两周一班。2012年3月，土耳其航空公司开通伊斯坦布尔至摩加迪沙的定期航线。经过淘汰，2014年，索马里有6家私营的航空公司，2015年，其中的两家合并。索马里航空公司迫切希望获得政府的支持，但是联邦政府对此力不从心。

金融业曲折发展。在1991年之前，先令是索马里的法定货币，通货膨胀十分严重。1991年后，中央银行不复存在，金融市场处于自由发展的状态。除了原先使用的货币先令，还有其他三种先令在索马里流通。索马里兰和邦特兰都发行了自己的货币，摩加迪沙南

---

① Benjamin Powell et al., "Somalia after State Collapse: Chaos or Improvement?" *Journal of Economic Behavior & Organization*, Vol.67, No.3/4, 2008, p.663.

② The Economist, *Somalia Calling*, Dec. 24, 2005, p.89, http://www.economist.com/node/5328015, 2016-7-26.

③ Central Intelligence Agency, "Somalia", *World Factbook*, https://www.cia.gov/library/publications/the-world-factbook/geos/so.html, 2016-7-30.

部的军阀也在 1997 年印制了货币。由于对先令信心不足，美元被广泛接受为一种中介货币。值得注意的是，虽然先令的发行长期缺乏统一管理，但 1991 年以来索马里的通货膨胀率却大幅度下降。1980—1983 年，兑换 1 美元的中间价是 19 先令，1988 年激增至 350 先令，1991 年又猛增至 5700 先令，到 2000 年即 9 年之后是 9925 先令。[①] 显然，以 1991 年为分界线，索马里的通货膨胀率在前后形成了强烈反差。2008 年 7 月，1 美元兑换价达到最高的 3.5 万先令后，便逐年稳步下降。近几年以来，随着私人投资和外部汇款的增多，索马里先令成为世界上相对美元升值幅度最大的货币之一。2013 年 5 月，1 美元兑换 1.5 万先令，2014 年 3 月是 1001 先令，2016 年 7 月则降到 555 先令。作为金融体系发展的一个重要标志，2014 年 10 月，索马里启用了全国第一个自动取款机。2015 年 6 月，万事达（MasterCard）与索马里一家银行签订协议，发行索马里历史上第一张借记卡。虽然索马里长期没有中央银行，但支付系统却比非洲许多国家发达。每年，在国外流散的索马里人要把大约 16 亿美元[②]通过转账公司汇到国内，这些公司的大部分联合起来成立了索马里货币转移协会（Somali Money Transfer Association），以规范转账活动。2009 年，过渡联邦政府恢复建立了中央银行，由其负责制定和实施货币政策以及替代该协会的功能，但其掌握的资金有限，缺乏监管全国的金融系统的足够能力。

三、工业。1991 年以来的索马里是全世界工业水平最低的国家之一。工业约占索马里 GDP 的 7.4%，[③] 不仅门类十分简单，而且技术能力有限，主要是对农产品进行简单加工，重工业几乎完全不存在。在各经济部门中，连绵的内战对工业的影响最大，无数工厂遭到破坏。但是，随着国外索马里人的投资，一些工厂恢复生产，新的工厂也

---

① Peter D. Little, *Somalia: Economy without State*, p.141.

② 美国中央情报局 2009 年估计，参见 Central Intelligence Agency, “Somalia”, *World Factbook*, https://www.cia.gov/library/publications/the-world-factbook/geos/so.html, 2016-7-26.

③ Ibid.

开始建设。北部地区出现了鱼罐头厂和肉类加工厂，在摩加迪沙出现了 25 家工厂，生产面食、矿泉水、糖果、塑料袋、布、皮革、洗涤剂、肥皂、泡沫床垫和枕头以及加工石材。2001 年，在博沙索、哈尔格萨和摩加迪沙，对轻工业的私人投资明显增加。2004 年，美国可口可乐公司投资 830 万美元，在摩加迪沙开办了一家软饮料厂，可雇佣 120 人，每天生产 3.6 万瓶饮料。[①] 2012 年联邦政府建立后，开始重视资源开采。据估计，索马里有 1100 亿桶的石油储量。联邦政府与英国公司签订合同，勘探石油和天然气。索马里兰地方政府也与一家英国公司合作，要在附近海域勘探资源。如果能发现大量油气资源，索马里将获得紧缺的发展资金。[②]

四、对外贸易。对外贸易在索马里经济中占有重要位置，但多年来一直处于逆差状态。出口商品为活畜（主要有绵羊、山羊、牛和骆驼）、香蕉、皮革、木炭、鱼和乳香等初级产品，主要进口食品和生活用品，包括糖、阿拉伯茶、小麦、面粉、大米、食用油、燃油和建材等。阿拉伯联合酋长国、吉布提、也门、肯尼亚、阿曼、印度、沙特阿拉伯等国是主要的贸易伙伴。2012 年，索马里出口额为 6.483 亿美元，进口额为 17.723 亿美元，逆差达 9.34 亿美元。2014 年，出口额为 8.19 亿美元，进口额为 34.82 亿美元，逆差猛增至 26.63 亿美元。依据美国中央情报局网站数据，2015 年索马里主要出口伙伴国依次是阿联酋（45.7%）、也门（19.7%）和阿曼（15.9%），主要进口国依次是吉布提（18.7%）、印度（16.5%）、中国（11.8%）、阿曼（8.7%）和肯尼亚（6.1%）。[③] 值得注意的是，在民间贸易商的推动下，索马里活畜出口快速发展，并在全世界占据了重要地位。借助领近阿拉伯半岛的便利，索马里替代澳大利亚

---

① Benjamin Powell et al., “Somalia after State Collapse: Chaos or Improvement?” *Journal of Economic Behavior & Organization*, Vol.67, No.3/4, 2008, p.661.

② Timothy Wilson, “Economic Recovery in Somalia”, *Bildhaan: An International Journal of Somali Studies*, Vol.15, No.1, 2015, p.57.

③ Central Intelligence Agency, “Somalia”, *World Factbook*, https://www.cia.gov/library/publications/the-world-factbook/geos/so.html, 2016-7-31.

成为海湾阿拉伯国家牲畜和肉类最大的出口国。2012 年，索马里共出口了多达 480 万只牲畜，其中 300 万只绵羊出口中东，其数量超过了澳大利亚。[①]索马里由此成为世界最大的绵羊和山羊出口国，是穆斯林每年朝觐时宰牲所用牲畜的主要供应国。2014 年，由于在欧盟帮助下采取了防止动物瘟疫的措施，索马里创纪录地向海湾地区出口了超过 500 万只（头）牲畜，其中 460 万只是山羊和绵羊，34 万头是牛，7.7 万头是骆驼。总价值估计达 3.6 亿美元，占索马里当年 GDP 的 40%。[②]

没有和平的发展无法持续，没有发展的和平不能长久。索马里经济要取得良性发展，就必须实现政治稳定和社会安全，而经济的发展无疑也将为国家的长治久安奠定坚实基础。

教育的缓慢恢复

内战对索马里的教育造成了极为沉重的打击。全国的教育系统彻底崩溃，80% 的教育精英离开了索马里，[③]各类学校纷纷关闭，学校设施被军阀抢劫，学校建筑成为难民的安身所，操场则成为战争遇害者的墓地。在生存和安全压倒了一切的情况下，教育对于索马里人而言已经成为遥不可及的事情。

1993 年，随着暴力的减弱，部分索马里教育人士开始恢复教育，西方和阿拉伯国家的非政府组织以及联合国维和力量在索马里南部地区重新开放了一些学校。比如，加拿大维和部队重建了 4 所，爱尔兰部队重建了 22 所，联合国教科文组织重印了几种一到四年级的课本，联合国儿童基金会则提供了粉笔、练习本、铅笔等教学和学

① Katrina Manson, "Somali Meat Exports to Saudi Arabia Soar", *Financial Times*, Nov. 25 2013, http://www.ft.com/cms/s/0/a5c38622-37db-11e3-8668-00144feab7de.html, 2016-7-25.

② Smantha Spooner, "Where Somalia is King of the World; Sheep and Goats are Working Miracles in War-torn Wountry" May 3, 2015, http://mgafrica.com/article/2015-04-30-somalia-livestock, 2020-5-2.

③ A. Lindley, "Transnational Connections and Education in the Somali Context", *Journal of Eastern African Studies*, Vol.2, No.3, 2008, p.402.

习用品。[①]然而，由于缺乏协调机构和统一规划，学校重建面临重重困难。1995 年，随着联合国维和行动的结束，维和部队和国际非政府组织撤离了索马里，上述努力几乎都以失败而告终，只有少数当地社区广泛参与或者受到阿拉伯或者伊斯兰基金支持的学校才生存下来。

国际社会的忽视促使索马里人自力更生，发展教育。索马里地方上热心于教育的人士虽然经验不足，缺乏资金，却是唯一持久推动教育恢复的力量。在本地社区的积极参与下，越来越多的学校开始恢复建立，它们起初往往设施简单，主要向儿童提供基本的识字、数学和科学教育。90 年代末以来，一些国际组织和国家开始更多地介入索马里教育。2005 年，欧盟委员会向联合国儿童基金会提供 450 万欧元，专门用来帮助更多的索马里孩子上学。2011 年，土耳其政府向 670 多位索马里学生提供奖学金，资助他们到土耳其接受高等教育。[②]

根据联合国儿童基金会的数据，索马里 52% 的教育活动存在于中南部地区。相比中南部，政治相对稳定的西北部和东北部取得的成绩更加引人注目。在邦特兰，2004 年的一项报告显示，当地 253 所小学中有 50,250 名学生，14 所中学中有 3500 名学生，加洛韦的邦特兰社区学院和博沙索的东非大学两所高校共有学生 420 名。女童在初小和高小的入学率分别是 39% 和 35%，在中学的入学率是 21%，在大学的入学率不到 10%。2006 年，邦特兰实行免费小学教育。在索马里兰，当地教育部门与联合国相关机构和国际捐助者合作，恢复重建了 180 所学校。2001 年，索马里兰教育部门共管理着 230 所中小学（近 7 万名学生）和 18 个家庭学习中心（1573 名学生），教师大约有 2000 人。此外，哈尔格萨有一所教师培训学院，在阿蒙

① Lee Cassanelli and Farah Sheikh Abdikadir, "Somalia: Education in Transition", *Bildhaan: An International Journal of Somali Studies*, Vol.7, No.1, 2008, p.105.

② Abdi Abtidoon, "Turkey Denotes Hundreds of Scholarship", *Somalia Report*, Sep. 28, 2011, http://www.somaliareport.com/index.php/post/1659/Turkey_Donates_Hundreds_of_Scholarships, 2016-8-2.

德和哈尔格萨各有一所私立大学。[①] 阿蒙德大学由在沙特工作的几个索马里人发起建立，学费很低，书本和教师薪水由索马里难民提供。2011 年，索马里兰宣布公立小学教育免费。

由于没有中央政府的强力管理和支持，民间私立教育替代巴雷时期的公立教育成为 1991 年以来索马里教育的最主要形式。2011 年，在摩加迪沙运转的 26 所中小学中，只有 6 所属于公立，其他都是私立。[②] 为了互相合作，全国的私立中小学学校联合起来建立了 8 个联盟性组织，它们共有 845 所学校、4520 个教学班、198,427 个学生以及 8284 个教师和工作人员。1999 年建立的索马里民办教育网络（Private Education Network in Somalia）是其中最大的组织，其下属学校约占上述 8 个组织学校总数的 50%，学生占总数的 35%。它除了为下属的各个学校制定统一的课程和考试标准，还建立教师培训机构，开发学校课本，颁发被许多国家承认的毕业证书。[③]

依据 2003—2004 年的调查数据，索马里全国有 1172 所中小学，适龄儿童入学率为 19.9%，其中女童仅占 35%。[④] 2004 年成立的过渡联邦政府把发展教育作为重要目标。2010 年，过渡联邦政府与私立学校的各联盟组织签订协议，以统一全国学校的校历、暑假、学年、校服和课程等。2011 年，索马里过渡联邦政府教育部发布了第一份详细的教育报告。报告显示，经过多年努力，索马里中小学教育在逐步恢复，但还是没有达到 1991 前的水平。在摩加迪沙的 91 所学校中，75% 的学校（55 所）因破坏处于关闭状态，只有 25% 的学

---

① Ahmed Yusuf Duale, “Education in Somaliland”, in Richard Ford et al. eds, *War Destroys, Peace Nurtures: Somali Reconciliation and Development*, Lawrenceville: Red Sea Press, 2004, pp.282–283.

② Transitional Federal Republic of Somalia, Ministry of Education, Culture and Higher Education, *Education Report, School Year 2010–2011*, 2011, p.7.

③ Lee Cassanelli and Farah Sheikh Abdikadir, “Somalia: Education in Transition”, *Bildhaan: An International Journal of Somali Studies*, Vol.7, No.1, 2008, pp.106–107.

④ United Nations International Children’s Emergency Fund, “EC and UNICEF Join Hands to Support Education in Somalia”, Jan. 31, 2005, http://www.unicef.org/media/media_24988.html, 2016-7-31.

校（26所）在正常运转。2012年，联邦政府、邦特兰和索马里兰的教育部门都制定了2012—2016年教育战略规划，这得到了国际非政府组织“全球教育伙伴关系”（Global Partnership for Education）1450万美元的资助。2013年9月，在联合国儿童基金会的支持下，联邦政府开始实施一项雄心勃勃的计划，力图在2013—2016年期间，每年解决100万孩子的上学问题。[①]但是，由于多种原因，计划没有取得期望的效果，索马里的教育状况依然很不乐观。依据《2015年世界儿童状况》，索马里儿童的小学入学率世界上最低，其中男童入学率是25%，女童是21%，大约只是撒哈拉以南非洲平均水平（男童为71%和女童为68%）的三分之一。[②]

与中小学教育不同，1991年以来索马里的私立高等教育获得了爆发性发展。内战之前，索马里只有一所高校即索马里国立大学，在读学生大约4000人，到2013年，索马里全国有近50所规模不一的高校，在读学生超过5万人。[③]在2004年过渡联邦政府建立以来，高校数量猛增。在2013年接受调查的44所高校中，34所建立于2004—2012年，占总数的77%。49%的大学生在中南部的大学，35%的大学生在索马里兰，16%的大学生在邦特兰。各高校之间规模相差极大，在最大的摩加迪沙大学，学生超过5000人，在最小的大学，学生只有100人。[④]

经过二十多年的恢复发展，索马里依然是非洲乃至全球教育最落后的国家之一。到2018年，儿童的入学率只有30%，其中40%是女童，而在游牧地区，儿童的入学率只有22%。绝大多数索马里

---

① Somalia Federal Republic, Ministry of Human Development and Public Services, *Go-2-School Initiative 2013–2016: Educating for Resilience*, 2012, p.7.

② United Nations International Children's Emergency Fund, *The Situation Analysis of Children in Somalia 2016*, 2016, p.63.

③ The Heritage Institute for Policy Studies, *The State of Higher Education in Somalia: Privatization, Rapid growth, and the Need for Regulation*, Aug. 2013, p.1.

④ Ibid., p.2.

人是文盲。成年人识字率只有 37.8%，妇女则只有 23.8%。[①] 总体而言，当前的索马里教育主要面临着以下问题。

第一，缺乏全国统一的教育体系。索马里学校的管理者既有联邦政府、地方政府和国际非政府组织，又有以营利为目的的个人。目前的中小学教育模式现在主要有两种，一种是 4—4—4，发源于索马里的 60 年代，小学、初中和高中的学制都是 4 年，另一种是 6—3—3，来自于提供资助的阿拉伯国家，小学、初中和高中的学制分别是 6 年、3 年和 3 年。两种模式都是 12 年，这与世界上绝大多数国家一致。

在上述教育模式下，索马里的课程具有高度多样性。按一名私立学校联盟组织负责人的观点，索马里全国有 24 种不同的课程。[②] 除了使用最广泛、延续自西亚德时期的索马里国家课程外，它们直接来自肯尼亚、印度、巴基斯坦、阿联酋、沙特和也门等国家，其中肯尼亚课程的使用学生数量排名第二。[③] 在有些学校，不同年级甚至使用不同的课程。课程的分散造成了严重的问题。从外部输入的教材往往与索马里本土文化格格不入，不利于学生学习。更重要的是，索马里中央政府无法使用教育这一公共工具，在学生中培育统一的国家和民族意识。值得注意的是，联邦政府在国家教育中的作用在逐步增大。2016 年 5 月底 6 月初，联邦政府组织了 3.3 万名中学生和 2.6 万名小学生的毕业考试，表明政府开始部分恢复对全国教育的控制和监管。但是，联邦政府要统一全国教育，还需要走十分漫长的路。

第二，缺乏统一的教学语言。课程不统一和教学语言多样是相伴生的问题。1991 年以来，使用何种教学语言是索马里教育中最富

---

① "10 Important Facts about Girls' Education in Somalia", July 13, 2018, https://borgenproject.org/facts-about-girls-education-in-somalia/, 2018-11-12.

② Abdullahi Sh. Adam Hussein, *Educational Challenges in Post-transitional Somala*, the Heritage Institute for Policy Studies, 2015, p.9.

③ 肯尼亚课程比较流行的原因有三点：索马里语肯尼亚距离近，课程输入方便；在肯尼亚有大量难民，熟悉当地教程；肯尼亚用英文教材。

争议的话题之一。在小学，阿拉伯语、英语和索马里语是教学语言，索马里语的使用率低于前两者。大部分中学则使用的是英语或阿拉伯语。出于保护民族文化的角度考虑，索马里人和政府倾向于用索马里语，但朴素的民族感情替代不了现实的选择。在 1991 年以来高度自由的教育环境中，英语和阿拉伯语战胜了本土语言索马里语，成为主要语言。相比索马里语，为了毕业后有更好的前途，阿拉伯语和英语无疑更有吸引力。由于索马里与阿拉伯国家联系密切，阿拉伯语便于学习伊斯兰教，阿拉伯语具有独特的优势。2003 年在摩加迪沙的调查显示，54% 的受访父母偏爱阿拉伯语学校，38% 的偏爱英语学校。[①] 最近十几年以来，英语作为国际性语言的影响逐步显现，成为许多索马里父母和学生的第一选择。2004 年建立的过渡联邦政府力图统一全国教程，编订索马里语教材，以此加重索马里语在学校教育中的分量，但没有扭转已有的趋势。2014 年，索马里联邦政府通过教育法，规定小学阶段可选择使用索马里语、阿拉伯语和英语三种语言，中学使用阿拉伯语和英语。[②] 阿拉伯语和英语的地位实际上得到了中央政府的确认。外语的广泛使用对于学生的交往能力无疑有积极作用，但它不利于文化的传承和全国教育体系的统一化。

第三，教师相关问题严重。这主要表现在三个方面：一是教师专业素质不高，普遍缺乏教学技能。教师教学水平有限被视为当前索马里教育面临的最迫切的问题之一。大部分教师没有学习过与教育相关的课程，也没有经过正式的教学技能培训，那些教授特殊儿童的教师尤其缺乏专业培训。高校教师学历不高，具有学士、硕士和博士学位的教师分别占总数的 60%、32% 和 8%，明显不能满足高等教育的需求。[③] 二是教师待遇差。索马里教师普遍薪水低，缺乏

① Lee Cassanelli and Farah Sheikh Abdikadir, “Somalia: Education in Transition”, *Bildhaan: An International Journal of Somali Studies*, Vol.7, No.1, 2008, p.108.

② Abdullahi Sh. Adam Hussein, *Educational Challenges in Post-transitional Somala*, The Heritage Institute for Policy Studies, 2015, p.12.

③ Transitional Federal Republic of Somalia, Ministry of Education, Culture and Higher Education, *Education Report, School Year 2010–2011*, 2011, p.7.

社会尊重，在职的教师不能按时领到薪水，公立学校有时拖欠长达三个月。许多人考虑离开或者已经离开教师岗位。三是教师短缺。调查发现，索马里各级教育都缺乏教师，尤其是合格的自然科学课程教师。一所小学有560名学生，但只有11名教师；一所中学有300名学生，但只有7名教师。① 教师疲于工作，积极性受挫，教学质量因此受到严重影响。

最后，教育资金十分匮乏。索马里各类学校的办学资金只有少部分来自政府，大部分来自国际组织和私人捐助以及学校自筹，学费是大部分高校的首要经费来源。由于缺钱，学校既无法提高教师待遇，也不能改善硬件设施。绝大多数学校的条件远远落后于非洲其他国家水平。据调查，索马里高校中只有64%有图书馆，藏书数量从300本到5万本不等；在10所开设工程类课程的高校中，只有4所有实验室；资金缺乏是所有高校最头疼的问题。② 因此，索马里高等教育表面一片繁荣，实际上危机重重。

总之，20多年的战乱使得无数索马里人错失了接受教育的机会，社会经济的发展因此受到严重的制约。要真正提高索马里的教育水平，必须要充分发挥政府在教育，尤其是中小学教育中的作用，使其成为人人享受的公共产品。

五、索马里难民和海盗问题

积重难返的难民问题

难民问题是当今世界面临的最重要的国际问题之一。索马里是世界上最主要的难民产生国之一。自1991年西亚德·巴雷政权垮台

① Abdullahi Sh. Adam Hussein, *Educational Challenges in Post-transitional Somala*, The Heritage Institute for Policy Studies, 2015, p.12.

② The Heritage Institute for Policy Studies, *The State of Higher Education in Somalia: Privatization, Rapid growth, and the Need for Regulation*, Aug. 2013, pp.11–13.

以来，索马里已产生 3 次较大规模的难民潮，即 90 年代初爆发的第一股难民潮；始自 2006 年，至 2009 年达到高潮的第二股难民潮；2011 年产生的第三股难民潮。截至 2019 年 7 月 31 日，索马里境内难民人数高达 264 万，分布在肯尼亚、埃塞俄比亚、也门、吉布提、乌干达等周边国家的境外难民共有 81.04 万。其中，肯尼亚约有 25.93 万索马里难民，主要分布在达达布难民营（20.21 万）和卡库马难民营（3.4 万），另有 2.31 万索马里难民分布在内罗毕。埃塞俄比亚有 25.38 万索马里难民，大多分布在多洛阿多难民营（21.9 万）和吉格吉加难民营（3.45 万），亚的斯亚贝巴也有少量索马里难民。也门的索马里难民达 25.05 万，但是与肯尼亚和埃塞俄比亚境内的索马里难民不同，也门的绝大多数索马里难民大部分生活在也门的城镇地区，仅有 1.8 万名难民生活在哈拉兹难民营。另外，吉布提有 1.21 万名索马里难民，乌干达约有 3.25 万名。此外，根据 2016 年的统计数据，在欧美国家有约 43.37 万安置较好、无需遣返或另外安置的索马里难民。[①] 除了这些登记在册的难民外，还有很多难民未被登记注册，因此索马里实际难民人数恐怕远远多于上述统计数字。

促成索马里难民产生的原因是复杂多样且相互交织的，其中国家政权的崩溃是难民问题产生的主要原因；外部干预是索马里难民问题产生的重要原因；自然灾害是难民产生的重要客观因素。

第一，国家政权的崩溃是难民问题产生的主要原因，也是第一股难民潮爆发的直接动因。1988 年，西亚德政权与西北地区索马里民族运动积累已久的矛盾最终爆发。索马里民族运动率先在哈尔格萨和布拉奥向政府军发动袭击，打响索马里内战第一枪。随后，西

① 根据联合国难民署统计，在美国和英国的索马里难民人数最多，分别为 145579 人和 110775 人，其次为瑞典 59312 人，荷兰 27115 人，挪威 27042 人，芬兰 12490 人，意大利 11556 人，德国 7359 人，瑞士 4936 人，法国 1883 人，奥地利 1215 人。此外，希腊、西班牙、匈牙利等国家也零散地分布了一些难民。UNHCR, *Somalia Situation Supplementary Appeal (July-December 2016)*, July 2016, p.5, http://data.unhcr.org/horn-of-africa/documents.php?page=1&view=grid&Country%5B%5D=197, 2017-2-16.

亚德政府对西北重要城市进行狂轰滥炸，施以毁灭性报复打击。双方残酷交战造成严重的人道主义危机，引发第一股难民潮。“据联合国发展计划署统计，政府军与地方武装索马里民族运动的战争导致西北部 50 万人死亡，60 多万人逃往埃塞俄比亚”[①]，9 万多人逃往吉布提寻求庇护[②]。在伊萨克部落的示范下，索马里救国民主阵线以及索马里南部地区以部族为基础的地方武装组织联合索马里大会党（United Somali Congress，简称 USC）和索马里爱国运动（Somali Patriotic Movement，简称 SPM）也群起响应，掀起了推翻西亚德·巴雷政权的武装斗争浪潮。[③]1991 年 1 月，西亚德·巴雷外逃，中央政权垮台，索马里陷入无政府状态。随着西北地区局势逐渐稳定，截至 1994 年，约有 40 万难民从埃塞俄比亚自助返回索马里兰。[④]然而，索马里中南部地区由于部族构成复杂，每个部族都想借机吞并其他氏族，抢夺土地和资源，这致使中南部地区迅速陷入部族武装冲突和军阀混战的漩涡，内战主战场也由西北部转移至中南部[⑤]。除军阀混战外，索马里还于 1991—1992 年发生大旱。尽管当时有人道救援机构向受灾地区运送救援物资，但这些物资遭到过境地方武装民兵的阻拦和抢劫。由于无法及时获得救援，索马里尤其是中南部地区出现严重的人道主义危机。为逃避战乱和饥荒，寻求安全，至 1992 年，约有 80 万—150 万索马里人逃往国外成为境外难民，200

---

① UNDP, *Human Development Report Somalia 2001*, p.58.

② Laura Hammond, “History, Overview, Trends and Issues in Major Somali Refugee Displacements in the Near Region (Djibouti, Ethiopia, Kenya, Uganda and Yeman)”, *Bildhaan: A International Journal of Somali Studies*, Vol.13, p.58.

③ Andrea Warnecke ed., *Diasporas and Peace: A Comparative Assessment of Somali and Ethiopian Communities in Europe*, Bonn International Center for Conversion, May 2010, pp.14–15.

④ Ambroso Guido, *Pastoral Society and Transnational Refugees: Population Movements in Somaliland and Eastern Ehtiopia 1998–2000*, UNHCR Brussels, Working Paper No.65, 2002, p.16.

⑤ 由于索马里中南部地区氏族构成复杂，因此，在没有中央政府管辖下，丛林原则盛行，各氏族为争夺土地、水源、财产等展开激烈斗争，敌对氏族间展开了“种族清洗”。见 Abdi Ismail Samatar, “Debating Somali Identity in a British Tribunal: The Case of the BBC Somali Service”, *Bildhaan: A International Journal of Somali Studies*, Vol.10, p.51.

万人被迫离开家园，成为境内难民。[①] 直至1995年，大规模逃离南部索马里的行动才停止。[②] 后来，随着局势相对好转，1990—2005年间，有将近100万难民陆续返回索马里，其中大部分返回索马里兰和邦特兰，15万人返回中南部地区。[③] 然而，2006年，由于埃塞俄比亚进入索中南部打击伊斯兰法院联盟，索马里短暂的脆弱和平被打破，局势再次激烈动荡起来，第二股难民潮随之爆发。

第二，外部势力武装干预是索马里难民问题产生的重要原因，也是第二股难民潮爆发的直接原因。索马里陷入权力真空和无政府状态后，各种类型的伊斯兰组织成为医疗、教育等社会服务的最有效提供者，伊斯兰法庭则在恢复社会秩序上发挥了关键作用。2004年，伊斯兰法院联盟正式形成，崛起为强大的军事政治力量。它粉碎了军阀联盟，控制了首都摩加迪沙，并使其恢复丧失已久的和平。此后，法院联盟又控制了索马里中部和南部大片地区，基本实现了中南部地区的社会稳定。[④] 但法院联盟在政治军事上的成功也引起多方不满。2006年2月，美国与索马里军阀结盟，组成恢复和平与反恐联盟，但这一联盟被法院联盟打败。[⑤] 在这种情况下，12月，美国支持埃塞俄比亚派兵侵入索马里，法院联盟由此遭到毁灭性打击。伊斯兰法院联盟的溃败使军阀再次兴起，派系斗争重新浮现。索马里陷入伊斯兰法院和军阀，伊斯兰法院内部强硬派与主和派以及军阀之间的多重矛盾冲突中。2007年，从强硬派演化而来的极端组织青年党开始在摩加迪沙及其附近发起针对平民的恐怖袭击活动，冲

① Nauja Kleist, *Nomads, Sailors and Refugees: A Century of Somali Migration*, Sussex Centre for Migration Research, p.7.

② UNDP, *Human Development Report Somalia 2001*, p.58.

③ Anna Lindley, "Between a Protracted and a Crisis Situation: Policy Response to Somali Refugees in Kenya", *Refugee Survey Quarterly*, Vol.30, No.4, 2011, p.15.

④ 李福泉：《索马里政治伊斯兰的演进与特点》，《国际论坛》2012年第6期，第72—73页。

⑤ Ken Menkhaus, "Somalia: A Country in Peril, A Policy Nightmare", *Enough Strategy Paper*, Sept. 2008, p.3.

突急剧升级。[①] 2007 年底，约有 70 万人逃离摩加迪沙。[②] 又由于自然灾害导致农作物歉收，“据官方资料统计，至 2008 年春，索马里约 800 万总人口中，有 320 万人依靠联合国的粮食救援，约有 100 万人成为难民，流离失所。这是索马里自 90 年代初期以来，人道主义灾难最严重、安全与政治形势最糟糕的时候。”[③] 另外，根据联合国难民署，2009 年，索马里国内流离失所者新增 30 万人，总人数增至 155 万，境内流离失所者的人数达到内战以来最高峰。国外难民总人数达到 67.8 万，其中于 2009 年逃离索马里的难民人数为 13.2 万人。[④] 2005 年和 2006 年，索马里国内流离失所者均为 40 万，2007 年，这一人数猛增至 100 万，而到了 2009 年，流离失所者相比 2005 年翻了三番，总人数达到 155 万。可以说，以埃塞俄比亚为主的外部干预对这轮难民潮的爆发具有不可推卸的责任。正是因为埃塞俄比亚的入侵打破了索马里逐渐形成的权力格局，才导致索马里再次陷入动荡，安全局势急剧恶化，助推第二次难民潮爆发。

第三，自然灾害是难民产生的重要客观因素。索马里自然环境比较恶劣，大部分地区终年酷热干燥，雨量稀少且季节分布不均，经常出现旱涝灾害。根据联合国人道主义事务协调办公室统计，从 1987 年至 2016 年 5 月，索马里共出现 25 次旱涝灾害。2005 年以来，索马里自然灾害发生频率加大，几乎每年都会有一两次洪涝灾害，且破坏性更加严重。尤其是 2011 年，因受厄尔尼诺现象影响，东非发生了自 1991 年来最严重的一次旱灾。其中索马里受灾最严重，已上升到饥荒级别，这直接导致索马里爆发第三次人道主义危机和难民潮。据统计，“索马里有 320 万人需要救生援助，其中南部地区

---

① Laura Hammond, “History, Overview, Trends and Issues in Major Somali Refugee Displacements in the Near Region (Djibouti, Ethiopia, Kenya, Uganda and Yeman)”, *Bildhaan: A International Journal of Somali Studies*, Vol.13, p.63.

② UNHCR, *Mixed Migration through Somalia and across the Gulf of Aden*, Apr. 2008, p.3.

③ Peter Halden, *Somalia: Failed State or Nascent States-System?* FOI Somalia Papers, Report 1, 2008, p.46.

④ UNHCR, *2009 Global Trends: Refugee, Asylum-Seekers, Returnees, Internally Displaced and Stateless Persons*, June 2010, p.9.

就占280万人”[①]，另据“联合国粮食及农业组织发布的报告称：在2011至2012年索马里粮食危机期间，大约有25.8万索马里人死亡，死亡人口占总索马里人口的4.6%。其中13.3万5岁以下儿童死亡，而下谢贝利州5岁以下儿童死亡率高达区域人口的18%。这次饥荒的死亡人数于1992年的饥荒相比死亡人数多了4万。此次饥荒导致大规模的索马里人流离失所，150万人沦为难民，大约90万索马里难民逃离邻国”[②]。当然，索马里此次难民潮的出现也与当时正在进行的武装冲突以及青年党阻碍人道救援有关，但此次三十年来最严重的旱灾是最直接的原因。

数量庞大和长期存在的难民既给索马里国内造成巨大影响，又给周边难民接收国带来安全隐患和严重的经济社会负担。

第一，对于难民来源地索马里而言，难民问题的影响体现在两方面：其一，冲击索马里社会秩序，影响社会稳定。在索马里，部落是个人安全的主要保障。境内难民由于战乱逃亡他乡，颠沛流离，与家族、部落脱离联系，便失去了原先的保护力量。他们作为少数派在寄居地大多受到当地部落的怀疑甚至敌视，不得不缴纳租金、饮水使用费、保护费等，甚至被当地人强制驱逐。这在拉汉文氏族和班图族难民身上表现得尤为明显。[③]同时，国内难民大量聚居人道救援机构所在的城市及其周边地区，如摩加迪沙、基斯马尤、拜多阿等，从而加剧这些城市本来就十分严重的“过度城市化”，加剧了水与柴火等生活必需品的供应短缺、出现了空气污染等“大城市病”。总之，境内难民的大量存在既加剧城市负担和索马里当局的财政负担，又破坏旧的社会秩序，加剧社会的不信任感，造成社会失稳，不利于索马里社会治理的有序。其二，索马里难民成为武装

① Hugo Slim, *IASC Real-Time Evaluation of the Humanitarian Response to the Horn of Africa Drought Crisis in Somalia, Ethiopia and Kenya*, Inter-Agency Standing Committee, Synthesis Report, June 2012, p.8.

② 谷丽红：《2011—2012年索马里饥荒研究》，浙江师范大学硕士论文，2012年，第12—13页。

③ Jeff Drumtra, *Internal Displacement in Somalia*, Brookings Institution, Dec. 2014, p.12.

组织招募新兵的重要来源，增加了社会安全冲突的危险。索马里难民以青年和儿童居多，这为青年党渗透到难民营，以教育名义或提供工作为诱饵招募难民提供了机会。根据联合国儿童基金会统计，“对于占境内难民总数近一半的儿童来说，每天能吃上一顿饭就是莫大的幸福”①。这意味着青年党对忍饥挨饿的儿童成功进行诱惑的可能性极大。难民主要来自于中南部地区，与青年党的活跃区域重叠，当那些接受极端思想的难民返回家乡后，势必加剧本已相当严峻的索马里反恐形势。

第二，对于难民接受国而言，索马里难民大规模外逃对地区国家产生的消极影响极为严重。其中对接收索马里难民最多的肯尼亚影响最为严重。其一，索马里难民对肯尼亚安全构成一定威胁。位于两国边境的达达布难民营，在某种程度上成了青年党极端分子的庇护所，并且青年党不断在难民营中招募新成员，向肯尼亚发动恐袭。其中，发生在 2013 年内罗毕购物中心和 2015 年加里萨大学的恐袭事件造成伤亡最大，损失也最为严重。参与 2013 年恐袭的嫌疑人中，有一名肯尼亚索马里族人和一名索马里人，他们均居住在索马里难民聚集地区。②虽然把难民与恐怖分子直接联系失之偏颇（毕竟这是极少数难民所为），但恐怖分子的确利用索马里难民作为掩护，影响肯尼亚安全局势。这些恐袭事件还对肯尼亚的经济支柱旅游业造成重大影响。至 2015 年，欧洲至肯尼亚沿海城市蒙巴萨的国际航班每周仅 3 趟，仍未恢复到 2011 年每周 40 趟国际航班的水平。③

其二，加剧了肯尼亚国内民族矛盾。肯尼亚东北省与索马里接壤，居住着约 250 万索马里族人，占肯尼亚总人口 16%。1963—1967 年，

---

① Norwegian Refugee Council, *Displacement and Worsening Humanitarian Situation as a Result of Ongoing Violence and Conflict*, July 2010, p.127.

② 陈莹莹、吕天然：《肯尼亚将起诉“9.21”恐怖袭击嫌疑人》，人民网，http://world.people.com.cn/ n/2013/1030/c157278-23376538.html，2013 年 10 月 29 日，引用时间：2020 年 5 月 2 日。

③ 中华人民共和国商务部：《肯尼亚沿海地区旅游业仍较萎靡》，人民网，http://world.people.com.cn/n/ 2015/0721/c157278-27338467.html, 2015 年 07 月 21 日，引用时间：2020 年 5 月 2 日。

在大索马里民族主义的刺激下，该地区的索马里人发动游击战争，要求从肯尼亚分离出去。早期的这种分离主义活动使得肯尼亚当政者对其国家主权和领土完整感到担忧。[①]更严重的是，由于青年党在肯尼亚频繁发动恐怖袭击，肯尼亚民众对索马里族人的疑虑日益加重，安全部队也对他们进行重点监视。这导致本来在政治和经济上一直处于边缘化境地的索马里族人处境更加艰难。索马里难民的大量涌入在一定程度上使肯尼亚更加警惕本国索马里族人，对肯尼亚的民族团结和国家认同产生负面影响。

其三，给肯尼亚带来沉重的经济负担。肯尼亚是下中等收入国家，2016 年人均国民生产总值只有 1380 美元，而且与索马里一样自然灾害频繁发生。据世界卫生组织 2017 年报告，“肯尼亚有 260 万人需要紧急粮食援助。虽然肯尼亚政府已拨款 9000 万美元，但这无异于杯水车薪，仍需要额外援助”[②]。肯尼亚在自身面临严重人道主义危机的情况下，还需承担数十万索马里难民的部分救助费用。尽管国际社会每年对索马里难民所需援助资金进行评估，但国际援助很难到账，西方常常口惠而实不至，因此，救助难民的重担首先落在难民接收国身上。

自索马里国家政权崩溃引发大规模难民潮以来，国际社会就高度关注，逐渐形成了两条治理主线：以联合国难民署为中心、以周边难民接收国为支柱的人道救助保障体系；非盟、欧盟和“伊加特”等区域组织、次区域组织则重点推进索马里政治重建。

首先，联合国难民署与世界卫生组织、粮食计划署等机构合作，向难民提供食物、水、健康检查等日常生活援助，维持难民的基本生存，有效缓解了索马里难民的人道灾难。根据统计，境内难

---

① Lauren Stanley, *Repatriation as a Controversial Concept: The Case of Somali Refugees in Kenya*, School of International Development and Global Studies, University of Ottawa, July 2015, p.26.

② World Food Programme, *Overview of WFP's Main Needs and Net Funding Requirements*, Feb. 2017, p.48.

民人数从2011年149.1万人[①]下降到2012年的135.56万人[②]、2013年的110.06万人；[③]2014—2017年，索马里境内难民总数基本保持不变，为110.6万人。难民署还呼吁周边难民接收国遵守难民保护的相关条约并监督执行，敦促这些国家成立难民管理机构并进行相关立法。2006年肯尼亚通过了难民立法，并成立了难民事务部（Department of Refugée Affairs）。[④]2009年6月，也门正式成立难民管理机构难民事务部，[⑤]吉布提也成立专门机构——国家资格审查委员会（National Eligibility Commission），负责处理有关难民申请事宜。[⑥]经过20多年的摸索与实践，难民署逐渐调整了对索马里难民传统的救助体系，更加注重发挥难民的自主救助能力。难民署向难民提供职业和技能培训，鼓励妇女和青年人在难民营中寻找工作机会，参与难民营管理，从事经济活动，实现难民自助。此外，2013年，难民署进行了机制创新，提出了“索马里难民全球倡议”（The High Commissioner's Global Initiative on Somali Refugees［GISR］）。该倡议提出，难民署在与传统国际行为体如非盟、伊加特等（次）地区组织、难民接收国、捐助国以及人道主义机构进行合作的同时，还必须重视索马里商人、侨民以及伊斯兰组织的潜力。[⑦]

其次，非盟和“伊加特”为了从根本上解决索马里难民问题，在国际难民法的完善、索马里政治和解与政治重建方面发挥作用，

---

① UNHCR, *UNHCR in Somalia: Fact Sheet*, Jan. 2011, http://www.refworld.org/docid/4d3574d42.html, 2017-8-16.

② UNHCR, *Somalia Briefing Sheet*, Apr. 2012, http://data2.unhcr.org/fr/documents/download/31543, 2017-8-12.

③ UNHCR, *Somalia Fact Sheet*, May 2013, http://reliefweb.int/sites/reliefweb.int/files/resources/UNHCR_Briefing_Sheet_May., 2017-8-16.

④ Kenya National Council of Law Reporting, *The Refugees Act*, No.13, Dec. 2006, p.43.

⑤ Tim Morris, "Urban Somali Refugee in Yemen", *Forced Migration Review*, No. 34, 2010, p.36.

⑥ Laura Hammond, "History, Overview, Trends and Issues in Major Somali Refugee Displacements in the Near Region (Djibouti, Ethiopia, Kenya, Uganda and Yeman)", *Bildhaan: A International Journal of Somali Studies*, Vol.13, 2014, p.67.

⑦ The High Commissioner's Global Initiative on Somali Refugees (GISR), *Report of the High-Level Panel on Somali Refugees*, Nov. 2013, pp.6–8.

是参与索马里难民问题治理的重要力量。非盟多年来致力于阻止索马里战乱，促进政治和解，推动政治重建，并完善非盟难民法规。它一方面成立非盟驻索马里特派团（The African Union Mission to Somalia，AMISOM），帮助索马里政府打击青年党，执行国家安全稳定计划，重建和培训了一支包容各方的索马里安全部队，促使索马里各地方政府和派别实现对话与和解，[①]竭力为难民问题的解决创造政治和安全环境。同时，特派团还与联合国人道事务协调厅、难民署以及世界卫生组织等进行人道主义援助合作，协助安置索马里难民[②]，另一方面，非盟不断完善相关难民法。2009年，非盟为应对大规模境内难民法律保护缺失的现状，通过了《关于保护和救助境内难民的非洲公约》（又称"《坎帕拉公约》"），[③]从法律上解决了对索马里100多万境内难民的保护和援助问题。

"伊加特"是索马里难民问题治理的重要力量之一。自2001年以来，"伊加特"一直致力于索马里和平事业，在索马里各派之间斡旋调解。2012年索马里联邦政府最终成立，2017年顺利完成总统选举，索马里政治重建取得重大进展。而后"伊加特"着手直接参与解决索马里难民问题。3月25日，"伊加特"就持久解决索马里难民问题召开特别峰会。各成员国领导人经过商讨，同意加强对索马里难民的保护和援助，改善难民营的安全状况，确保难民获得人道主义援助。此外，"伊加特"还成立多边捐助方信托基金（IGAD Multi-Donor Trust Fund），通过加强地区合作，为难民自愿遣返与后期安置提供支持。[④]

---

① Paul D. Williams, "Fighting for Peace in Somalia: AMISOM's Seven Strategic Challenges", *Journal of International Peacekeeping*, Vol.17, Issue 3–4, 2013, p.224.

② Steven A. Zyck, *Regional Organizations and Humanitarian Action*, Humanitarian Policy Group, Nov. 2013, p.19.

③ UNHCR, *UNHCR Welcomes First Ratification of AU Convention for Internally Displaced*, Feb. 2010, http://www.unhcr.org/4b7eb01c6.html#, 2017-5-30.

④ Christine Muchira, *IGAD Agree to Facilitate Voluntary Return of Somali Refugees*, Mar. 26, 2017, http://www.kbctv.co.ke/blog/2017/03/26/igad-agree-to-facilitate-voluntary-return-of-somali-refugees/, 2017-5-31.

最后，周边国家是难民庇护和难民救助的直接供给者。自20世纪90年代初以来，肯尼亚、埃塞俄比亚、也门和吉布提就一直承担着接收索马里难民的重任。由于共同的伊斯兰宗教信仰和长期的友好交往史，也门对索马里难民的态度友好，管理比较灵活。难民可以自主选择待在难民营还是前往城镇谋生。[①]通常，难民们会为了得到更多的工作机会而选择离开难民营前往城镇或者也门首都萨那。埃塞俄比亚是接收索马里难民的第二大邻国，比较积极地保护和安置难民，在与国际援助组织合作，改善索马里难民生存状况上发挥了一定作用。每当索马里发生饥荒，有大量难民前来时，埃塞俄比亚基本能保持边境开放，方便难民进入，并遵守“不推回原则”，履行保护难民的义务。[②]肯尼亚国内有将近40万索马里难民，是接收索马里难民最多的国家，负担最重，它对救助和庇护这些数量庞大的难民贡献不菲。不过，这数十万难民也给肯尼亚带来比较沉重的经济、社会和环境负担。索马里青年党在肯尼亚从事绑架、恐怖袭击等活动，[③]对肯尼亚安全局势造成威胁。肯尼亚将青年党极端分子的活动归咎于难民，因此，相比其他周边难民接收国，肯尼亚对难民的态度比较消极、强硬，曾通过封锁边境，停止难民登记等方式，以阻止难民大量涌入。

在各方的努力下，近年来索马里难民自愿遣返计划有序推进。2013年11月10日，在肯尼亚的推动下，肯尼亚、索马里与难民署签署根据《关于在肯索马里难民自愿遣返的三方协议》。2014年12

---

① Joëlle Moret, simone Baglioni and Denise Efionayi-Mâder, *The Path of Somali Refugees into Exile: A Comparison Analysis of Secondary Movements and Policy Responses*, Swiss Forum for Migration and Population Studies, 2006, p.51.

② Leah Richardson, Anne Bush and Guido Ambroso, *An Independent Review of UNHCR's Response to the Somali Refugee Influx in Dollo Ado*, International Public Nutrition Resource Group, Nov. 2012, p.1.

③ 1998年，基地组织在肯尼亚首都内罗毕炸毁美国大使馆。2002年，基地组织东非地区负责人在蒙巴萨天堂饭店实施爆炸袭击。虽然在这两次爆炸袭击案中没有索马里人直接参与，但肯尼亚认为索马里伊斯兰组织对其实行了庇护。2011年，青年党越境渗透到肯尼亚北部绑架人道救援人员和外国游客。2013年，青年党在内罗毕购物中心发动袭击，造成重大伤亡。

月自愿遣返活动正式展开，截至2017年，回国的难民人数共10万人，其中6.86万人从肯尼亚返回，3.81万人因也门危机返回。仅2017年上半年，返回的难民人数就有3.13万，其中2.87万从肯尼亚返回，2348人从也门返回。[①]不过，自愿遣返计划的推进存在一定波折。进入2018年，回国的难民人数减少，仅有1.3万人返回。至2019年3月底，该年只有1498人返回。[②]

尽管在联合国主导和多方共同参与下索马里难民问题治理取得一定成效，但由于索马里国家治理能力低下，无法一蹴而就地解决难民问题，难民在未来可能长期存在。

复杂的海盗问题

索马里位于非洲大陆东部的索马里半岛上，东濒印度洋，北邻亚丁湾，全程海岸线长达3200千米，是从印度洋通过红海、苏伊士运河到达地中海和欧洲的必经之路。“一年大概有2.2万艘船经过亚丁湾，将中东的石油和亚洲的商品运往欧洲与北美。”[③]其中，“通过亚丁湾的石油占世界原油的11%—33%，80%的国际海上贸易也经由亚丁湾通往欧洲。”[④]索马里占据的优越地理位置，为海上武装抢劫行为提供了便利条件。其中索马里东北部的邦特兰是产生海盗的重灾区。[⑤]对于索马里来说，海盗是其历史发展进程中新近出现的

---

① UNHCR, *Somalia Repatriation Update*, June 2017, http://reliefweb.int/sites/reliefweb.int/files/resources/58633., 2017-8-16.

② UNHCR, *Somalia*, Mar. 2019, https://reliefweb.int/sites/reliefweb.int/files/resources/UNHCR%20Somalia%20Factsheet%20-%201%20-%2031%20March%202019., 2019-8-28.

③ Abdirahman Mohamed Farole, “The Piracy Problem: The Puntland Perspective”, in Charles H. Norchi and Gwenaele Proutiere-Maulion, *Pracy in Comparative Perspective: Problems, Strategies, Law*, Paris: Editions Pedone-Hart, 2012, p.13.

④ Brendon Noto, *Somali Piracy and the Western Response*, p.90, http://satsa.syr.edu/wp-content/uploads/2011/04/BrendonNoto, 2014-10-2.

⑤ 邦特兰成为海盗基地的原因主要有两点，第一，邦特兰位于非洲之角向外突出的尖端部分，其与也门之间的狭窄海域是船只自印度洋进入红海的必经通道，它具有进行海盗袭击和武装抢劫活动的天然地理优势；第二，邦特兰于1998年成立了政府，但其内部腐败和裙带主义盛行，人民生活贫困，甚至连政府部门职员都无法按期领取工资。经济衰败，政府以及安全机构无作为等共同催生了震惊世界的索马里海盗。

现象，其产生可以追溯至90年代初西亚德政权垮台，它既是索马里内部危机外溢的结果之一，也是国际社会未能及时和公正解决非法捕鱼和倾倒垃圾等严重损害索马里人利益的活动的产物。具体而言，它的产生有以下三方面的原因：

第一，外国非法捕鱼。1991年西亚德政权垮台，索马里陷入混乱与无政府状态，外国渔船趁机开始在索马里海域非法捕鱼。当时，由于中央政府崩溃，索马里一些地方组织承担起了保护海岸的重任，它们曾向国际社会提出倡议，要求处理外国在索马里海域非法捕鱼的事件。其中管理索马里东北部地区的索马里救国民主阵线于1991年9月16日发布声明，警告并要求外国渔船停止在索马里海岸进行非法捕鱼活动。1998年，邦特兰宣布自治后，也一直向国际社会请求援助，要求惩处在其海域非法捕鱼的渔船。[①]但是，包括联合国在内的国际社会，对来自欧洲、阿拉伯和远东国家的渔船在索马里海域进行的非法捕鱼活动持不合法、不报道、不管制（Illegal, Unreported, Unregulated）的态度。外国渔船一直肆无忌惮地在索马里海域捕鱼，丝毫未考虑索马里当地渔民的利益以及渔业资源的有限性。在呼吁国际社会干预无效的情况下，索马里渔民开始武装起来，以保护自身利益与渔业资源。另外，一些地方军阀与武装人员也趁机以"保护索马里海洋权益"为名，充当起了"海岸警卫队"，通过袭击未获得"邦特兰"政府所颁发的捕鱼许可证的外国渔船来获得赎金。

第二，外国倾倒有毒垃圾。索马里由于不能对其海域进行巡视和保护，其海岸成了外国公司免费倾倒有毒垃圾的理想场所。"早在90年代初，索马里一些政治领导人就向联合国和欧盟申诉，外国公司倾倒的放射性铀废物、铅、镉、汞、医药和化工废弃物等有毒垃圾，会对其国民身体健康造成严重影响。1995年，索马里12个政治派系的领导人及2个非政府组织，向时任联合国秘书长布特

---

① Joana Ama Osei-Tutu, "The Root Causes of the Somali Piracy", *KAIPTC Occasional Papers*, No.31, 2011, p.11, http://www.kaiptc.org/Publications/Occasional-Papers/Documents/Occasional-Paper-31-Joana.aspx, 2014-10-4.

罗·布特罗·加利写信，要求联合国进行干预，禁止外国在其海域倾倒有毒垃圾，并保护其海域直至其建立可靠与稳定的中央政府。欧盟、非洲联盟组织、阿拉伯联盟与伊斯兰会议组织都复印过这封信。”[①]然而，有毒垃圾的问题并未得到处理，其危害逐渐凸显出来。据一位官员描述：“沿海居民起初只是患皮疹，感到恶心，婴儿出生畸形；但2004年印度洋海啸爆发，数以百计装着废弃物的桶子和集装箱从海底被掀到岸上，索马里沿海居民开始显示出放射性物质中毒的症状，已有300人因此而死亡。”[②] 2005年，联合国环境规划署发表报告，该报告“承认工业国家利用索马里缺乏中央政府，无力执行环境安全法而在其海域倾倒有害垃圾的事实。因为对于欧洲国家来说，将有毒垃圾倾倒在索马里，每吨只需2.5美元，而将垃圾处理后安全地倾倒在欧洲，每吨的费用则高达250美元”[③]。

第三，索马里人贫穷的生活环境。自2008年始，索马里连续3年被《外交政策》列为世界上最失败的国家，在2005年创建的失败国家指数中，索马里也一直排在前10名。[④]长期的军阀混战与内战冲突导致索马里的社会经济崩溃，大量青年失业。据估计，大约2/3索马里青年没有工作，75%的家庭每天的生活费不足2美元，生活极端贫困。[⑤]据联合国难民署2009年的报告，“涌入邻国的索马里难民超过了90万，除此之外，索马里国内还有130万难民流离失所。长期战乱导致索马里人粮食不能自给，大部分人依赖世界卫

① Joana Ama Osei-Tutu, “The Root Causes of the Somali Piracy”, *KAIPTC Occasional Papers*, No.31, 2011, p.11, http://www.kaiptc.org/Publications/Occasional-Papers/Documents/Occasional-Paper-31-Joana.aspx, 2014-10-4.

② Omer Elagab, *Somali Piracy and International Law: Some Aspects*, 2010, p.60, www.austlii.edu.au/au/journals/ANZMarLawJl/2010/8, 2014-10-4.

③ Joana Ama Osei-Tutu, “The Root Causes of the Somali Piracy”, *KAIPTC Occasional Papers*, No.31, 2011, p.10, http://www.kaiptc.org/Publications/Occasional-Papers/Documents/Occasional-Paper-31-Joana.aspx, 2014-10-5.

④ Brendon Noto, *Somali Piracy and the Western Response*, p.84, http://satsa.syr.edu/wp-content/uploads/2011/04/BrendonNoto., 2014-10-5.

⑤ Joana Ama Osei-Tutu, “The Root Causes of the Somali Piracy”, *KAIPTC Occasional Papers*, No.31, 2011, p.14, http://www.kaiptc.org/Publications/Occasional-Papers/Documents/Occasional-Paper-31-Joana.aspx, 2014-10-6.

生组织和其他国际援助机构供给食物”[①]。然而，由于索马里缺乏一个对救援物资进行监管和公平分发的中央政府或权威机构，救援物资经常落入有权势的政治精英或军阀手中，普通民众直接获得的物资援助有限。而且索马里经常发生干旱和饥荒，民众的生活状况更加恶化。因此，许多困窘的索马里人不惜冒着生命危险成为海盗，通过劫持过往船只获取大量赎金，以期过上较为丰裕的生活。“海盗每年平均可获得2万多美元收入，而索马里每年人均国内生产总值才600美元。在一些索马里人看来，海盗是一门不错的职业。”[②]

总的来说，海盗的产生既是部分索马里人对国际社会无视外国在其海域非法捕鱼和倾倒有毒垃圾的有声抗议，也是其摆脱生活困境，寻求出路的下下之策。尽管自20世纪90年代至2005年，海盗袭击对象多为非法作业的渔船，其诉求有一定合理性，但是，这掩盖不了海盗行为的掠夺性和违法性。尤其是2006年来，索马里海盗发展成以获利为最高目标的组织团伙。海盗不仅发动袭击的次数增多，活动范围扩大，它还朝着高度职业化和网络化的方向发展，武装配备技术日益精湛，攻击力大幅提高，“海盗向单船索取的赎金要价也从20世纪90年代的几万美元暴涨至2010年初的250万—3000万美元”[③]。而且联合国用来向索马里运送人道主义援助物资的船只也不能幸免于难。据国际海事署报告，“在索马里海域发生的海盗袭击次数为，2006年18起，2007年48起，2008年111起，2009年215起，2010年219起，2011年236起”[④]。海盗活动的日

① Joana Ama Osei-Tutu, “The Root Causes of the Somali Piracy”, *KAIPTC Occasional Papers*, No.31, 2011, p.8, http://www.kaiptc.org/Publications/Occasional-Papers/Documents/Occasional-Paper-31-Joana.aspx, 2014-10-6.

② Brendon Noto, *Somali Piracy and the Western Response*, p.87, http://satsa.syr.edu/wp-content/uploads/2011/04/BrendonNoto., 2014-10-6.

③ 王猛：《索马里海盗问题与国际社会的应对》，《现代国际关系》2010年第8期，第18页。

④ Elwaleed Ahmed Talha, *Political and Economic Impact of Somalia Piracy during the Period (1991–2012)*, Graduate School of Public Policy, The University of Tokyo, 2013, p.14, http://www.pp.u-tokyo.ac.jp/courses/2013/documents/5140143_9a., 2014-10-2.

益猖獗不仅给各海运国造成巨大的经济损失，对经过索马里海域和亚丁湾人员的人身和财产安全造成巨大威胁，严重影响和破坏了正常的国际贸易和国际航运业，而且它还使人道主义救援被迫暂时停止，大多数索马里人因此而食不果腹，挣扎于死亡的边缘。更为严峻的是，海盗事业的高额利润吸引越来越多陷入生存危机的索马里人加入海盗队伍。同时，海盗利用获得的巨额赎金，购买大量武器，提升装备，进一步增强了其攻击力。

为减小遭遇海盗袭击的可能性，各商船采取了加强安防力量或变更航运路线的措施。与此同时，联合国、国际海事组织以及各航运国也纷纷采取措施共同打击索马里海盗。

首先，联合国通过一系列决议，为各国或区域组织进入索马里领海和领土打击海盗提供了合法性。根据 1958 年《公海公约》和 1982 年《联合国海洋法公约》，只有发生在公海或某国管辖范围之外的非法暴力、扣留或掠夺行为才可称为海盗行为。那么，出现在索马里领海的大量武装抢劫者是否为海盗，在索马里领海对其进行武力打击是否具有合法性？为解决这一问题，2008 年，联合国通过了第 1816 号决议，该决议规定参与打击海盗的国家在获得索过渡联邦政府同意后，可以“进入索马里领海，并按照国际法允许的在公海打击海盗那样，采用一切必要手段，制止海盗及武装抢劫行为”[①]。其后，为应对日益猖獗的海盗和海上武装抢劫行为，联合国又通过了第 1838 号、第 1844 号和第 1851 号等决议，呼吁各国家和区域组织积极加入打击海盗的行列。其中第 1851 号决议进一步扩大了授权范围，规定各国和区域组织在获得索政府同意后，可以进入其领土抓捕海盗[②]，同时，该决议还鼓励建立一个国际合作机制，作为各方相互沟通的联络点。2009 年 1 月 14 日，美国、日本、中国以及

---

① 《联合国安理会第 1816（2008）号决议》，文件编号 S/RES/1816（2008），2008 年 6 月 2 日，http://www.un.org/zh/sc/documents/resolutions/08/s1816.htm, 2014-10-08.

② 《联合国安理会第 1851（2008）号决议》，文件编号 S/RES/1851（2008），2008 年 12 月 16 日，http://www.un.org/zh/sc/documents/resolutions/08/s1851.htm, 2016-8-10.

一些重要国际组织在联合国总部纽约成立了索马里沿海海盗问题联络小组。[①]该联络小组由5个工作小组[②]组成，截至2012年12月，共有60个成员国和21个政府间或非政府组织成为索马里沿海海盗问题联络小组成员。[③]

除了为各国打击海盗解决了合法性问题外，联合国还积极支持国际海事组织主导达成的《吉布提行为守则》。2009年1月26日至29日，联合国各相关机构、西印度洋、亚丁湾和红海沿岸的17个国家以及一些国际组织参加了由国际海事组织召开的“吉布提会议”。其中9个国家签订了《关于打击西印度洋和亚丁湾海盗和武装抢劫船舶的吉布提行为守则》。[④]该守则将《联合国海洋法公约》视为国际法[⑤]，规定签署各方按国际法就打击海盗和海上武装抢劫行为展开全面合作，实行信息共享，阻截可疑船只，为遭到袭击和抢劫的船只和人员提供援助，并呼吁参与国加强国内立法以逮捕和惩罚海盗嫌犯，在肯尼亚的蒙巴萨、坦桑尼亚的达雷斯萨拉姆以及也门萨那建立3个反海盗信息中心，对西印度洋实行全天候监控。[⑥]

其次，各区域组织和相关国家积极参与打击海盗与护航行动。2008年12月，欧盟根据国际法和联合国决议率先发动了海上军事行动阿塔兰特行动（Operation Atatlanta）。该行动旨在保护世界

---

① Tetsuhisa Sakurai, *The Fact Sheet of Anti-piracy Activities off the Coast of Somalia and the Gulf of Aden*, Japan Peacekeeping Training and Research Center, Mar. 2013, p.11.

② 在2009年召开的第一次全体会议上，海盗问题联络小组成立了4个工作小组，在2011年7月召开的第九次会议上，第五个工作小组成立。其中第一个小组负责军事协调与区域海事能力发展；第二个小组负责法律问题；第三个小组负责增强商船的自我觉察与保护能力；第四个小组负责公共通讯；第五个小组负责鉴定与瓦解海盗领导人与其资助者的经济联系。

③ Tetsuhisa Sakurai, *The Fact Sheet of Anti-piracy Activities off the Coast of Somalia and the Gulf of Aden*, Japan Peacekeeping Training and Research Center, Mar. 2013, p.13.

④ Robin M.Warner, *The Prosecution of Pirates in National Courts*, University of Wollongong Research Online, 2013, p.8.

⑤ Alexandr Rahmonov, *Piracy Off the Coast of Somalia: In Search of the Solution*, Cornell Law School Inter-University Graduate Student Conference Papers, May 2011, p.23, scholarship.law.cornell.edu/cgi/viewcontent.cgi?article=1083&context=lps_cla, 2014-10-8.

⑥ Tetsuhisa Sakurai, *The Fact Sheet of Anti-piracy Activities off the Coast of Somalia and the Gulf of Aden*, Japan Peacekeeping Training and Research Center, Mar. 2013, p.15.

卫生组织，非盟驻索马里特派团以及其他易受侵袭船只的安全，打击海盗和海上武装抢劫行为，监管索马里海岸的捕鱼活动，维护非洲之角地区海上安全。自该行动发起以来，向索马里运送救援物资的船只未再受到劫持。2014 年 11 月，欧盟将阿塔兰特行动延长至 2016 年 12 月。2009 年 1 月，美国及其盟国建立了以美国海军为主的多国联合部队 151 联合特遣队（CTF-151），在亚丁湾巡逻，保护海洋安全。同年 8 月，北约也批准成立了海洋盾牌行动（Operation Ocean Shield）。除了这些区域组织加入打击海盗的行动外，俄罗斯、中国、日本、韩国、印度、伊朗、马来西亚等很多国家也派遣护卫舰，为本国商船及其他受到海盗威胁的船只保驾护航，抓捕海盗，维持海上航行安全。国际社会的持续努力有力地打击了索马里海盗及海上武装抢劫行为。

最后，各航运国和区域组织除了使用军事武力严厉打击海盗外，还努力对抓捕到的海盗进行审判和定罪。2008 年，联合国驻索马里特别代表阿赫穆德·乌尔德·阿卜杜拉（Ahmedou Ould Abdallah）说道“应追回并冻结海盗支持者的资产。他们应受到司法审判。不对海盗进行惩罚会使其变本加厉”①，国际刑事警察组织秘书长和美国国务院政治军事事务局代表也做出了类似呼吁。②为提高审判海盗的效率和降低成本，2008 年 12 月，英国率先与肯尼亚签订备忘录，将英国在公海抓捕到的海盗嫌犯交给后者审判。2009 年，美国，丹麦等国以及欧盟，也先后与肯尼亚签订协议。③后来，很多国家还与塞舌尔、毛里求斯和坦桑尼亚签订协议，将

① *Pirates Cashed in $120 Million in 2008: UN*, Hiiraan Online, Dec. 11, 2008, http://www.hiiraan.com/news4/2008/Dec/8917/pirates_cashed_in_120_mln_in_2008_un.aspx, 2016-8-16.

② Jonathan Bellish, *The Systematic Prosecution of Somali Pirate Leadership and the Primacy of Multi-Level Cooperation*, One Earth Future-Peace through Governance, June 2014, p.6.

③ James Thuo Gathii, “Jurisdiction to Prosecute Non-National Pirates Captured by Third States under Kenyan and International Law”, *Loyola of Los Angeles International and Comparative Law Review*, Vol.31, No.363, 2009, p.363.

海盗交由以上国家的法庭审理。[①] 2011 年，联合国敦促在索马里及其周边国家建立反海盗特别法庭，协助索马里制定完整的反海盗法律，并尽快在局势较为稳定的索马里兰和邦特兰增建监狱。[②] 2010—2012 年，至 2013 年，除联合国外，还有 22 个国家参与检举，审判和监禁海盗。[③] 国际社会对海盗的审判和监禁定罪在一定程度上制止了海盗嚣张的气焰。

根据国际海事署，“2012 年前 9 个月，海盗发动了 99 起袭击活动，至 2013 年前 9 个月，袭击活动的次数减少至 17 起”[④]。2013 年后，在国际社会的共同防御和打击下，索马里海盗进行武装抢劫活动的次数逐渐减少，2014 年，在亚丁湾，红海及索马里海域，仅出现了 11 次未遂抢劫活动，2015 年全年则未出现海盗袭击。[⑤] 2008—2011 年，索马里海盗发展到顶峰，2012 年后，索马里海盗威胁下降。但是，海盗威胁只是暂时被控制，并没有消失，国际社会对此依然不能放松警惕。2017 年 3 月 13 日，一艘从吉布提前往摩加迪沙的阿联酋油轮在邦特兰水域被劫持，这是索马里海盗自 2012 年来第一次成功劫持大型商船。由于该商船与索马里商人有关联，因此在邦特兰地方部落长老和海警的交涉下，3 天后，被劫持的人质和商船在无赎

---

① Amitai Etzioni, “Somali Pirates: An Expansive Interpretation of Human Rights”, *Canadian Naval Review*, 2011, Vol.6, No.4, p.14.

② 联合国自 2008 年来一直呼吁《海洋法公约》和《制止海上非法行为公约》各缔约国与禁毒办，其他国家和国际组织合作，建设司法能力，以对海盗嫌犯进行有效刑事起诉，监禁被定罪者。提及加强司法能力，以便成功起诉和监禁海盗嫌犯的决议包括 2008 年通过的 1846 号决议，2009 年 1897 号决议，2010 年 1950 和 1981 号决议，以及 2011 年 1976 号决议和 2015 号决议。

③ Jonathan Bellish, *The Systematic Prosecution of Somali Pirate Leadership and the Primacy of Multi-Level Cooperation*, One Earth Future-Peace through Governance, June 2014, p.5.

④ *Report of the Secretary-General on the Situation with respect to Piracy and Armed Robbery at Sea off the Coast of Somalia*, The United Nations Security Council, 2013, p.1, http://www.securitycouncilreport.org/atf/cf/%7B65BFCF9B-6D27-4E9C-8CD3-CF6E4FF96FF9%7D/s_2013_623, 2014-10-2.

⑤ *Piracy and Amed Robbery against Ships (1 January-31 December 2015)*, ICC International Maritime Bureau, Jan. 2016, p.5.

金的情况下被释放。[①]这实际上给国际社会敲响了警钟，索马里海盗有可能利用一切机会卷土重来。

总的来说，近几年以来，索马里海盗暂且得到了相对有效的控制，亚丁湾及索马里海域暂时归于相对平静，这是国际社会协作强力打击海盗的结果，也与索马里国内民族和解与政治重建逐渐取得成效密切相关。2012 年，索马里颁布新宪法，进行了新一轮总统选举，正式结束过渡期，成立了索马里联邦共和国。2014 年 6 月 30 日，联邦政府在与各利益相关者进行磋商后，发布了“2016 年愿景”计划，该计划从法律及宪法上为 2016 年总统选举做好了充足准备，致力于促进索马里实现政治转变。[②] 2017 年 2 月 9 日，索马里联邦政府顺利完成总统选举，权力的和平交接意味着索马里政治重建进入一个新时代。正是在这种政治安全局势得到改善的情况下，相较于海盗猖獗时期，索马里海盗海上武装抢劫活动转入低潮。不过，2017 年，海盗劫船活动再次发生，这与国际社会比起 2008 年减少海军力量投入有关，也与缺少谋生机会有关。根据英国《独立报》，一位当地长老说“外国渔船破坏了他们的生活，剥夺了他们捕鱼的正当权益”[③]。2019 年 4 月 21 日，索马里海盗在其海岸劫持一艘渔船。尽管欧盟海军索马里亚特兰大行动（EU NAVFOR Somalia Operation Atalanta）迅速追捕并于两天后逮捕 5 名海盗嫌疑人[④]。

事实上，从这也可以看到，索马里海盗产生的最根本原因在于贫穷的生活环境，外国渔船非法捕鱼等一系列侵犯索马里人权利的

---

① Abdi Guled, “Somali Pirates Seize Oil Tanker in First Major Hijack since 2012”, *Independent*, Mar. 14 2017.

② African Union Peace and Security, *Report of the Chairperson of the Commission on the Situation in Somalia*, Oct. 16, 2014, p.2.

③ Abdi Guled, “Somali Pirates Seize Oil Tanker in First Major Hijack since 2012”, *Independent*, Mar. 14, 2017.

④ EU NAVFOR Somalia News, “One Month Since 2019’s First Piracy Attack Off the Somali Coast”, May 28, 2019, https://eunavfor.eu/one-month-since-2019s-first-piracy-attack-off-the-somali-coast/, 2019-8-28.

行为也是造成索马里海盗产生的重要原因。索马里海盗有其特殊性，解决索马里海盗问题，不仅需要商船加强安全防护措施，国际社会加大巡航力度，更需要从源头上来解决导致海盗产生的经济贫困以及非法捕鱼等问题，只有这两种手段同时运用，才能创造一个和平的海上环境。

第九章　吉布提的历史演进

吉布提位于非洲之角，就像红海沿岸的“一名哨兵”[①]，最为吸引外界目光的优势在于其地理位置。在古代，埃及人、腓尼基人、亚述人、希腊人、罗马人、阿拉伯人和犹太人都曾在此建立过商站，近代以来，西方殖民者在此建立据点，1894 年，法国最终侵占了突尼斯。法国的殖民统治历经两次世界大战，一直延续到 1977 年吉布提独立。首任总统哈桑·古莱德·阿普蒂敦带领吉布提避免了被邻国并吞的危险，克服了内战的危机。1999 年 5 月，总统办公室主任伊斯梅尔·奥马尔·盖莱通过大选接替年迈的阿普蒂敦总统，成为吉布提第二任总统。在盖莱领导下，吉布提继续推进民族融合，促进经济发展，不断改革，取得了一定成绩。但是，由于受制于资源短缺、国际环境纷繁复杂和族际政治敏感脆弱等因素，吉布提的未来发展依然面临着很大挑战。

一、独立前吉布提的历史演变

早期文明

吉布提曾被称为“众神之地”，是人类文明交往的通道之一，很早以前就有人类在此活动。从史前时期开始，在这里居住的阿法

① 王启文、沪生、沪东等编著：《东非诸国》（一），军事谊文出版社 1996 年版，第 67 页。

尔人、索马里人就和阿比西尼亚人、阿拉伯人、印度人存在交往。从这里建立起来的商路一直延伸到了地中海南岸的埃及。[①]

吉布提最早的名称是索马里（Somali）和丹纳吉尔（Danakil），前者的意思是“去挤奶”，后者的意思是“大海”。[②]吉布提的主要民族是阿法尔人和伊萨人，他们的历史非常悠久。阿法尔人和伊萨人主要以游牧生活为主，居无定所。阿法尔人主要活动在吉布提北部地区，包括今埃塞俄比亚、厄立特里亚东部和南部地区，以及吉布提北部和西部的大部分地区。阿法尔人也被称为丹纳吉尔人，有“红人”和“白人”的区别。伊萨人则是索马里人的一个分支，属于索马里四大族群之一，他们主要活动在吉布提南部、埃塞俄比亚东部、肯尼亚北部和索马里北部地区。千百年来，阿法尔人和伊萨人主要在各自的生活区域活动，但不时为了争夺牧场而发生战斗。

尽管阿法尔人和伊萨人现在是两个不同的民族，但是研究者认为他们有着共同的祖先。一种说法是，他们是来自东方的闪姆人的后裔；另一种说法则认为他们的祖先是起源于肯尼亚北部、埃塞俄比亚南部阿巴亚湖周围的黑色人种；[③]也有人认为，吉布提人的祖先主要是布须曼人和高加索人通婚的结果。在漫长的历史演变中，吉布提居民还加入了腓尼基人、亚述人、希腊人、罗马人、阿拉伯人和犹太人的基因。[④]历史记载也从侧面佐证了吉布提人民族起源的复杂性。在公元前3000—前2000年，埃及人已经认识到这一人群的存在，称其为蓬特人（Pount）。埃及编年史记载，在萨胡拉法老时期埃及人乘船到厄立特里亚沿海南下，寻找黄金、乳香和没药。阿蒙神的献词中也有对蓬特人的描写。这表明吉布提及其周围区域曾

---

① Daoud A. Alwan, Yohanis Mibrathu, *Historical Dictionary of Djibouti*, Lanham, Maryland and London: The Scarecrow Press, 2000, p. xxvi.

② Philippe Oberlé, Pierre Hugot, *Histoire de Djibouti: Des Origines à la République*, Paris: Présence Africaine, 1985, p. 18.

③ Ibid., p. 19.

④ Robert Tholomier, *Djibouti: Pawn of the Horn of Africa*, Maryland and London: Scarecrow Press, 1981, p. 1.

经有大量的居民生活，而且引起了外界的注意。

吉布提不仅与北非和内陆地区存在广泛的联系，而且和东方的联系也很紧密。根据希罗多德的记载，公元前 10 世纪，腓尼基人曾在这里建立商行。从阿萨布（Assab）到泽拉的港口就是为了服务水手而逐渐形成的。东方其他民族也经常到这一地区经商，印度人、波斯人很早就到达了这一地区。根据语言学家的研究，索马里语和印地语之间存在相互影响的痕迹。在波斯统治阿拉伯半岛地区的年代，波斯商人一直在开拓到西方的商路，波斯国王大流士一世曾专门跨海考察。①

阿法尔人和伊萨人酋长国

吉布提所在区域最早的知名王国是阿达勒王国，首府在泽拉。公元前 3 世纪，阿达勒王国被来自阿拉伯半岛的阿布勒人分割为两个国家。位于曼德海峡和提欧港之间的北半部当时称为安卡利（Akali）或安卡拉（Ankala），其南部则保留阿达勒的名称。两国向阿布勒人纳贡达数百年之久。这一时期，安卡利人在其族名前加一“D”音，成为丹卡利人（复数为丹纳吉尔人）。②

吉布提与阿拉伯半岛隔海相望，联系非常紧密。伊斯兰教兴起之后不久，一批阿拉伯人为了贸易迁徙到了这里。随着穆斯林在西亚北非的节节胜利，伊斯兰教获得了更强大的后盾。845 年，大量当地民众皈依伊斯兰教。9 世纪以来，伊斯兰教从塔朱拉与泽拉逐渐传播到其他地区，吉布提和其他地区的游牧部落一样，很快接受了伊斯兰教，成为非洲最早皈依伊斯兰教的穆斯林之一。③但是，当地人在伊斯兰教和部落习惯之间进行了调和，在引入伊斯兰教的同时，大量保留了部落习俗。

---

① Philippe Oberlé, Pierre Hugot, *Histoire de Djibouti: Des Origines à la République*, p. 19.

② 〔美〕弗吉尼亚 · 汤普森、〔美〕理查德 · 艾德洛夫：《法属索马里——吉布提与非洲之角》，卞亦实译，上海人民出版社 1975 年版，第 4 页。

③ Philippe Oberlé, Pierre Hugot, *Histoire de Djibouti: Des Origines à la République*, p. 66.

伊斯兰教的传入对吉布提的历史发展产生了极大影响。这一新的宗教激发出的活力，加上阿拉伯半岛穆斯林的支持，使吉布提出现了许多信仰伊斯兰教的酋长国。这些伊斯兰酋长国击败阿比西尼亚人，成为这一地区的主宰。其中，阿达勒酋长国的埃米尔们吞并了塔朱拉湾北岸的安卡利人的国土，导致安卡利王国瓦解。其残余部分合并成为比杜、博里和特鲁三个苏丹国。

大约从1200年开始，这些伊斯兰酋长国和信仰基督教的阿比西尼亚进行了一系列的战争。16世纪后半期开始，阿达勒酋长国陷入危机，逐渐式微。奥罗莫人持续扩张，对阿达勒酋长国造成很大压力。距离红海沿岸不远的岛屿被土耳其人控制。[①] 因此，阿达勒酋长国的国民被迫不断后撤，到1660年前后在阿乌萨附近定居下来。塔朱拉湾北部的各部落则趁机反抗，脱离阿达勒人的统治而独立。他们组成了几个苏丹国，其中塔朱拉、腊黑塔（Rahaita）和高巴德（Goba'ad）三个苏丹国一直延续到第二次世界大战之后。

索马里伊萨人（Issa）和阿法尔人同为穆斯林，但他们到达吉布提的时间较晚。根据当地传说，他们的祖先是一个名叫谢赫·伊萨（Sheikh Issa）的人，来自也门。[②] 谢赫·伊萨很可能是随第一批进入非洲之角的阿拉伯人来到这里的。今天的索马里伊萨人都把他们的世系追溯到8—10世纪，这正是他们的祖先来到非洲之角的时间。[③] 伊萨人逐渐把阿法尔人驱逐出吉布提南部海岸地区，而且也与阿比西尼亚人作战。但他们的目的并不是征服阿比西尼亚人，使之皈依伊斯兰教，而是争夺牧场。到16世纪时，阿法尔人迁居的地方不断被伊萨人侵占，双方在阿比西尼亚和吉布提形成了犬牙交错的形势。

19世纪30年代末，在欧洲殖民者到来之时，吉布提还没有明确的边界。根据一些旅行者的记载，吉布提人的社会组织比较松散。

---

① Yasin Mohammed Yasin, "Political History of the Afar in Ethiopia and Eritrea", *Africa Spectrum*, Vol. 43, No. 1, p. 44.

② Philippe Oberlé, Pierre Hugot, *Histoire de Djibouti: Des Origines à la République*, p. 21.

③ Ibid.

塔朱拉以及南部的泽拉是欧洲人（最初为探险家与教士）进入吉布提的主要通道。阿萨克盐湖以东和以北地区，包括高巴德平原属于高巴德苏丹国，居民包括阿法尔人和伊萨人。南部地区居民以伊萨人为主，以部落联盟组织为主。西部地区则是阿乌萨（Awsa）苏丹国属地。罗奥峪塔苏丹国和阿乌萨苏丹国与埃塞俄比亚高原的基督教王国之间的势力此消彼长，直到后者最终取得优势地位。[①] 由于阿法尔人和伊萨人经常迁徙，他们的居住区域并不固定。这些苏丹国的统治也非常软弱。伊萨人甚至没有形成较有实力的苏丹国。

阿法尔人和伊萨人的生活

阿法尔人和伊萨人的早期生活都以游牧为主，千百年来变化很小。他们以家庭为单位从事游牧生活。他们的财产主要以羊群（山羊）和骆驼计算。为了便于迁徙，他们的住房因地制宜地设计为覆有棕榈叶编织垫的小木屋。没有棕榈叶的地方，则以其他纤维编织的垫子代替。他们的家具仅为一些餐具和容器。他们用山羊皮制作的酒囊皮，还可以用于战争当中抵挡矛、斧等，起到防御的作用。

阿法尔人和伊萨人的经济活动完全围绕游牧生活展开。他们轻视手工业，仅有的手工业是编织篮子以及木工和皮革加工。铁制匕首和工具的制作只有一个索马里人部落图马勒人（Toumal）能够胜任。后者同时也能从事术士的工作。商业存在于一些城镇中心，但主要被更擅长此道的阿拉伯人控制。

作为游牧民族，他们的生活非常简单。他们饮羊奶或驼奶，很少吃肉。除非在家族重要日子，或招待国王客人，才会享用丰盛的食物。在干旱季节，他们则捡拾浆果，储存起来充饥。他们向内陆地区迁徙时依靠的一种交通工具是大篷车。在日常生活中，他们从城市换取乳制品、木炭或其他一些生活用品。微薄的收入使得他们很难消费一些奢侈品，唯一的例外是购买烟草和火柴。

---

① Simon Imbert Vier, *Tracer des Frontières à Djibouti: Des Territoires et des Hommes aux XIXe et XXe Siècles*, Paris: Karthala, 2011, p. 59.

对阿法尔和伊萨游牧部落而言，掌握迁徙的时机非常重要。通常族长承担了这一任务。他们在雨季来临之前确保其部落迁徙到合适的地点，而在旱季则寻找可供放牧的草场。

阿法尔人和伊萨人都有自己的部族组织。阿法尔人形成了苏丹制。苏丹权力广泛，理论上可以任意处置他的人民和部落土地。事实上协助他统治的大臣和部落首脑也分享一定权力。根据阿法尔人的传统，部落最高权力操在某些特定家族手中，并由这些家族决定苏丹和大臣的人选。统治阿杜亚马拉人的塔朱拉苏丹，必须由阿达利部落的两个家族布尔汗托家族和丁奈特家族选出的首领轮流担任。[①]除了这些特权部落之外，其他的部落成员则基本上保持平等。

伊萨人作为索马里人的一支，在索马里民族当中地位较低，但与阿法尔人相比却具有不少优势，他们更适合定居生活。伊萨人当中不存在贵族部落，表现得更加平等。他们的首领乌加兹（Ugaz）是一个术士，而不是苏丹。伊萨社会是一个宗法社会，权威建立在年龄资格和传统之上。唯一公认的权威是显贵会议，由长者组成，决定重大问题，而且还起着部落最高法院的职责。但是，与阿法尔人不同的是，伊萨人存在一个底层阶级，称为“萨卜”，从事被他们认为是低贱的工作，如铁匠、猎人和陶器工人等。[②]

在塔朱拉、奥博克和吉布提等地，虽然有一些定居点，但在殖民开发之前，这些定居者在整个人口构成中的比重很小。定居民众除了阿法尔人、伊萨人之外，还有一些阿拉伯人和其他索马里人。阿拉伯人由于其宗教上的优越地位，以及商业上的成功，往往拥有更多的财产，过着更为舒适的生活。由于部落社会的纽带，阿法尔人和伊萨人定居民还需要接济其穷亲戚，收入并不是很高。总体而言，阿法尔人和伊萨人的社会尚处于前现代阶段，等待他们的是现代化

---

① 〔美〕弗吉尼亚·汤普森、〔美〕理查德·艾德洛夫：《法属索马里——吉布提与非洲之角》，卞亦实译，第48页。

② 同上书，第50—52页。

的洗礼。

殖民统治的建立

吉布提最早的殖民者来自阿拉伯半岛。阿拉伯人曾长期控制非洲之角的贸易，他们从中获得了大量利益。但是，随着西方殖民时代的到来，这一地区逐渐落入欧洲人的掌握之中。16 世纪开始，随着葡萄牙人的到来，西方殖民主义势力进入吉布提。1542 年，一支葡萄牙船队在达·伽马之子克里斯托弗·达·伽马的带领下入侵吉布提，但被当地武装击败。[①]此后，随着葡萄牙人把目光转向东方，这一地区的贸易重新掌握在阿拉伯人手中。阿拉伯人在泽拉和塔朱拉建立了两个商站，通过驼队运输货物到阿比西尼亚高原。在阿法尔地区，他们需向当地酋长和苏丹缴纳过境税。驼队在去程主要贩卖的是进口的布匹、军火，以及阿萨尔湖的盐块，归程则运送咖啡、蜡、皮革和香料，还有奴隶。[②]

18 世纪，欧洲商人和传教士就想打通从非洲之角到阿比西尼亚的通道，但由于面对穆斯林的反对而未能成功。19 世纪后，西方国家的殖民浪潮进入一个新的阶段。吉布提海岸再次引起西方列强的注意，英国、法国、意大利之间的竞争尤为激烈。

1839 年，英国占领亚丁，试图控制红海。意大利在厄立特里亚进行殖民活动。法国随即展开行动，在塔朱拉发展自己的势力，与英国展开竞争。这一年，由罗歇·戴里库尔（Rochelle Dericul）率领的科学探险队探索了半独立的绍阿王国（Choa），获得了该国详细地理信息。英国人进展很快。1840 年 8 月 19 日，来自英国东印度公司的莫尔斯比（Moresby）船长与塔朱拉苏丹哈迈德·本·默罕默德（Hamed ibn Mohammed）签订条约。苏丹承诺："尊重并始终考虑任何属于英国政府的授权人员的友好建议，并且在未事先

① Philippe Oberlé, Pierre Hugot, *Histoire de Djibouti: Des Origines à la République*, p. 23.

② 〔美〕弗吉尼亚·汤普森、〔美〕理查德·艾德洛夫：《法属索马里——吉布提与非洲之角》，卞亦实译，第 6 页。

向亚丁英国当局公布议题的情况下，不与任何其他欧洲国家签署任何条约或协议。”作为回报，英国仅付出了十袋大米的代价。[①]但法国人也不甘示弱。1842—1843 年，罗歇·戴里库尔进行了第二次探险，成功签订法国-绍阿条约，规定“所有法国人都可以在绍阿交易、购买房屋和土地”[②]。绍阿国王桑来·塞拉西（Sanlai Selassie）给予学者兼使者路易·菲利普（Louis Philip）以友好接待，并经其转赠法国国王礼物。

1857 年，法国旅行家阿尔贝·罗什向拿破仑三世进言，建议开展与绍阿王国的贸易。1859 年，法国驻亚丁领事亨利·朗贝尔（Henry Lambert）为法国取得了塔朱拉湾中的奥博克港。但他在去塔朱拉的航行中被暗杀。法国派遣远征队调查其死因，不过没有取得进展。1861 年开始，法国积极与当地阿法尔酋长提升友好关系，诱使后者让步。1862 年，塔朱拉苏丹的一位表兄弟迪尼·艾哈迈德·阿布巴克尔（Dini Ahmed Aboubaker）前往巴黎，与法国签订割让奥博克和从比尔角到杜迈拉角整个海岸地带的条约，法国付出一万泰勒（50500 法郎）的代价。[③]此外，阿法尔酋长们还向法国保证，拒绝其他列强的任何割地要求，并保证将此类情况及时通报法国。这一条约授权法国在奥博克悬挂国旗。[④]从这一时期到 1881 年，法国在这一地区的唯一存在，就是由一位当地土著为法国看守国旗。

法国对吉布提的开发在 1881 年迎来转折。法国旅行家德尼·德里瓦尔（Denis Deval）在奥博克创设法国-埃塞俄比亚贸易公司（Société Commerciale France-Ethiopie）。此举促使其他法国人效仿。法国人于 1882 年和 1883 年相继建立了奥博克法国公司（Société Obock France）和法国代理商行。梅斯尼尔在奥博克建立了一个加煤站为法国轮船服务。奥博克法国公司则派遣人员到这一地区从事

---

① Philippe Oberlé, Pierre Hugot, *Histoire de Djibouti: Des Origines à la République*, p. 53.

② Ibid., p. 54.

③ Ibid., pp. 58-59.

④ 〔美〕弗吉尼亚·汤普森、〔美〕理查德·艾德洛夫：《法属索马里——吉布提与非洲之角》，卞亦实译，第 8 页。

贸易，并尝试殖民。虽然法国人与阿法尔人以及阿比西尼亚都成功开展了贸易，但在经济上获利不大。不过，吉布提重要的战略地位在一系列国际问题中开始凸显。1869 年苏伊士运河的通航，提升了红海出海口的经济价值。意大利在厄立特里亚建立阿萨布基地，并向非洲之角扩张。英国日益关切德国在东非的扩张，并加强了对埃及的控制。法国在东亚和马达加斯加开展的殖民活动，也急需利用吉布提的优良港湾。因此，法国政府决定利用吉布提为其殖民扩张服务。

1884 年 6 月，莱翁斯·拉加尔德（Léonce Lagarde）被任命为法国驻奥博克属地的驻军司令。拉加尔德设法与塔朱拉和高巴德苏丹签订新的条约，将其置于法国的保护之下。由此，法国正式确立了在这一地区的保护国地位。拉加尔德还把古拉特-哈拉卜和远至阿姆巴杜的南部海岸也归入法国属地。法国与英国的竞争非常激烈，但拉加尔德在英国到达塔朱拉之前升起了法国国旗，阻止了英国的图谋。1885 年，拉加尔德又同阿姆巴杜和吉布提地区的伊萨酋长们签订了条约，[①] 把伊萨人控制的地区纳入法国的保护之下，从而正式建立了法国在吉布提的殖民统治。

法属索马里的政治变迁

拉加尔德是法国在吉布提殖民地的开拓者。1887 年，他被正式任命为法属奥博克殖民地及其属地的总督。这标志着法国对吉布提的开发进入制度化阶段。1888 年，法国与英国签订协议，双方达成交易。英国不再质疑法国对吉布提的所有权，专心发展英属索马里。

法国人定居奥博克后发现这一港湾与内地之间交通不便，而且不具备优良港湾的开发条件。1892 年，法国放弃奥博克，开始建设吉布提港。吉布提当时还是一个相当贫瘠的珊瑚岛。1896 年 3 月 20 日，法国政府正式将其殖民地命名为“法属索马里海岸（Côte

① 〔美〕弗吉尼亚·汤普森、〔美〕理查德·艾德洛夫：《法属索马里——吉布提与非洲之角》，卞亦实译，第 11—12 页。

Française des Somalis, CFS）”[①]，俗称“法属索马里”。法国这么做主要是为了英属索马里进行区分，强调法国的殖民利益。1896年，吉布提人口达到5000人，超过奥博克的2000人。一些商人开始在吉布提定居，建筑了许多石头房屋，修建了码头，铺设和街道，修筑了通往四面八方的道路。而且，吉布提由于其优越的地理位置和港口设施，吸引了泽拉和塔朱拉的定居人口。1899年，吉布提人口约1万人，其中欧洲人约200名。[②]

法国在吉布提的殖民统治照搬了它在其他地区的统治模式。殖民地设一名法国内阁任命的总督，他向法国殖民部长负责。总督之下设一名行政督察（第二次世界大战后改称秘书长）。通常还有一个顾问会议协助总督进行决策。拉加尔德是殖民地的第一任总督。他不仅建立了法国的统治，还策划了许多具有深远影响的开发计划。1897年3月10日，拉加尔德与孟尼利克签订条约，划定两国边界，并把吉布提定为埃塞俄比亚对外贸易的正式港口。[③]同年，吉布提至埃塞俄比亚铁路正式在吉布提动工，1902年，吉布提境内的铁路贯通（到达迪雷达瓦）。虽然历经坎坷，但到1917年，该铁路终于全线贯通，全长780公里。[④]这标志着吉布提与埃塞俄比亚之间建立了紧密的联系。铁路很快取代了传统的骆驼队运输，提升了吉布提相对其他港口的地位。吉布提贸易的繁荣兴盛，又促使法国殖民当局的不断开发。

1935年10月，意大利入侵埃塞俄比亚，这对法国在吉布提的统治造成很大威胁。法国虽然宣布中立，但很难置身事外。1936年5月，意大利军队占领亚的斯亚贝巴后，很快控制了亚吉铁路（Yades Ababa Djibouti Railway）。1938年1月，意大利在汉来平原建立了一个军营。法国被迫采取行动，这边界地区增加了哨所。1939年

---

① Daoud A. Alwan, Yohanis Mibrathu, *Historical Dictionary of Djibouti*, p. 33.

② 〔美〕弗吉尼亚·汤普森、〔美〕理查德·艾德洛夫：《法属索马里——吉布提与非洲之角》，卞亦实译，第13页。

③ 同上。

④ Daoud A. Alwan, Yohanis Mibrathu, *Historical Dictionary of Djibouti*, p. 99.

第二次世界大战爆发后，法国本土沦陷，殖民地陷入混乱。大部分法国人宣布效忠贝当政府，只有法国驻吉布提司令勒·让·缔约姆将军（Général Le Jean Dième）愿意接受自由法国的号召。1940年7月23日，法国派遣热尔曼将军（Général Germain）接替勒·让·缔约姆将军，同时宣布吉布提即“法属索马里”退出战争，成为非军事区。勒·让·缔约姆拒绝遣返，率领两位军官乘飞机逃往英法中东战区。

1940年9月，英国开始从海上封锁吉布提。新任总督皮埃尔·努埃勒塔（Pierre Nuerta）为了维护秩序而施行恐怖统治，并持续两年时间。另一方面，英国对东非的意大利军队于1941年1月开始反攻，4月便占领亚的斯亚贝巴。但由于殖民当局并没有放弃对维希政府的效忠，英国继续维持对吉布提的封锁，吉布提民众遭遇严重的生存危机。直到1942年底，接替努埃勒塔的总督杜邦（Gouverneur Dupont）宣布投降，自由法国占领了吉布提。1945年年中，吉布提大体上恢复到了战前状态。

第二次世界大战之后，为了适应新的发展形势，法国开始对其殖民统治进行改革。1945年11月9日，新的法律规定在殖民地设立了一个代表会议。会议成员20名，分为名额相等的两组，一个由宗主国的法国人组成，另一组由本地土著组成，任期均为四年。代表会议选任本机构的职员和一个由8人组成的常务委员会。另外，由全体选民选举一位代表出席法国国民议会。[①]1950年，根据新的法律，法国殖民当局再次对吉布提政治进行改革。代表会议的名额从20名增加到25名，土著议员首次超过了法国议员。[②]

1956年，法国开始在殖民地实行修改过的根本法。根据根本法规定，殖民地设立了一个政府委员会，同总督分享行政大权。吉布提的立法机关改名为领地议会，由32名议员组成。这些议员中16名从吉布提选区选出，7名从迪基尔－阿里萨比埃选区选出，9名从

---

① 〔美〕弗吉尼亚·汤普森、〔美〕理查德·艾德洛夫：《法属索马里——吉布提与非洲之角》，卞亦实译，第74页。

② 同上书，第83页。

塔朱拉－奥博克选区选出。新议会的权限扩大到可以过问领地的民政、税收、授予租让权、教育组织、电讯、港口等事务。另外，在法国参议院和众议院，以及法兰西经济和社会委员会当中都有一个席位，代表吉布提的利益。[①]

1958 年，戴高乐将军重掌法兰西共和国最高权力之后，有意推动非殖民化，并打造民族解放者的形象。但对于吉布提，法国并不急于放弃。9 月，在关乎吉布提命运的选举中，由于法国施加的影响，法属索马里海岸 3/4 的选民同意接受新共和国宪法，继续保持在法国的统治之下。但为了抑制索马里人越来越明确的独立意识，殖民当局有意提升阿法尔人地位，让阿法尔人和伊萨人之间相互制衡，不再将这一地区视作是索马里人属地。一般而言，阿法尔人由于担心索马里人的联合，希望继续保持在法国统治之下。伊萨人则有较为强烈的独立意识。

1967 年 3 月 19 日，吉布提再次就其未来地位进行公投，结果 60.74% 的民众投票支持继续保持在法国统治下。法国虽然决定给殖民地更多的自主，但同时正式引入了族际政治。法国将法属索马里海岸更名为“法属阿法尔和伊萨领地”（Territoire Français des Afairs et des Issas, TFAI），外界仍沿用“法属索马里”这一称谓。阿法尔人阿里·阿里夫·布尔汗（Ali Aref Bourhan）成为首任政府委员会主席，在他手下有 10 名部长。在领地议会中，阿法尔人在议会的 20 席也远超伊萨人 12 席的议席分配。[②] 但来自联合国非殖民化委员会和非洲统一组织、不结盟运动的压力使得法国难以继续维持殖民统治。加上埃塞俄比亚革命政权上台，索马里政治的发展，非洲之角的国际形势发生了很大变化。1976 年底，法国被迫顺应吉布提民族解放运动要求独立的呼声，允许吉布提独立。

① 〔美〕弗吉尼亚·汤普森、〔美〕理查德·艾德洛夫：《法属索马里——吉布提与非洲之角》，卞亦实译，第 85 页。

② Kassim Shehim, James Searing, “Djibouti and the Question of Afar Nationalism”, *African Affairs*, Vol. 79, No. 315, 1980, p.215.

吉布提民族解放运动

法国虽然在吉布提确立了殖民统治，但其权威很长时间内并没有深入到内陆。法国在内陆地区行使宗主权，还需要与当地部落酋长协商。另外，法国对吉布提的开发也局限于港口及亚吉铁路。因而，法国的殖民统治并没有立即激起当地民众的反抗。即使这种反抗出现了，也很难得到普遍的支持。

两次世界大战彻底改变了这种局面。第一次世界大战期间，吉布提有 2000 人被征召，并于 1916 年 10 月出现在凡尔登战役前线。战争结束后，他们作为老兵回到吉布提。这使得他们接触到了民族自决的理念。1917 年亚吉铁路全线贯通，改变了沿线居民的生活方式。为了争夺铁路沿线的利权，阿法尔人和伊萨人之间的争执扩大，进而与统治者产生了矛盾。1935 年，意大利入侵埃塞俄比亚，对两大族群的对立加入了新的因素。伊萨人站在意大利一方，获得了大量利益。阿法尔人则团结在埃塞俄比亚一方，与侵略者斗争。第二次世界大战爆发后，法国的迅速败亡在殖民地产生了不必要的混乱局面。吉布提民众被迫与殖民者一道承受战争的痛苦。第二次世界大战后，殖民地虽然调整了其统治政策，但对于土著居民不公正的态度激起了民众的不断反抗。

1949 年，吉布提出现骚乱，民众不满代表会议的议员在阿法尔人、伊萨人，以及阿拉伯人之间平均分配的方案。因此，1950 年的改革中，殖民当局在三大族群之外，又增加了两个索马里族：伊萨克人和阿贝鲁阿－达劳德人（Abelua-Daraud）。[①] 但这并没有解决问题，相反却催生了吉布提政党的发展。另外，由于普选权的引入，吉布提的民族意识开始迸发出来。1956 年 1 月，在法国国民议会的选举中，伊萨族政客马哈茂德 · 法拉赫 · 哈比（Mahamoud Farah

① 〔美〕弗吉尼亚 · 汤普森、〔美〕理查德 · 艾德洛夫：《法属索马里——吉布提与非洲之角》，卞亦实译，第 83 页。

Harbi）击败欧洲人候选人米歇尔·哈比卜－德隆克尔。从此在法国议会中代表吉布提的都是其土著政客。1957 年，根本法实行后，哈比再次当选为政府委员会副主席。

1958 年，受阿尔及利亚战争的影响，法国殖民帝国面临空前危机。戴高乐执政后同意法属索马里进行公民投票，允许其在完全独立和加入法兰西－非洲共同体之间进行选择。投票在法国官员和武装部队的监视下进行。由于组成选民多数的大部分阿法尔人对加入统一的索马里共和国的疑虑，投票结果显示 74% 的选民同意保持现状。[①]但吉布提的民族解放运动并没有因此而放弃。吉布提民族解放运动得到越来越多的国家和国际组织的支持。1963 年，索马里支持的索马里海岸解放阵线（Front de Libération de la Côte Somalie, FLCS）成立。1964 年，埃塞俄比亚支持的吉布提解放运动（Mouvement de Libération de Djebouti, MLD）成立。不结盟运动和非洲统一组织先后发出明确呼声，要求给予殖民地人民独立地位。

1966 年 8 月 25 日，戴高乐在前往埃塞俄比亚的途中经停吉布提。吉布提爆发了大规模群众示威游行，他们喊出了要求完全独立的口号。戴高乐为了维持其非殖民化领袖的地位，指示吉布提在 9 个月内进行公投。1967 年 3 月 19 日，吉布提进行了全民公投，结果显示 60.74 的选民不赞成独立。[②]吉布提政治力量分散，各自为战，是公投失败的主要原因。

1967 年，吉布提获得内部自治地位。阿里·阿里夫·布尔汗故意偏袒阿法尔人的政策进一步刺激伊萨民族主义者，他们开始诉诸暴力。1968 年和 1975 年，伊萨激进分子两次试图刺杀阿里·阿里夫。1975 年，他们绑架了法国驻索马里大使让·乔里（Jean Geury）。[③]民族主义者哈桑·古莱德·阿普蒂敦（Hassan Gouled

---

① Said Yusuf Abdi, “Independence for the Afar and Issas: Complex Background; Uncertain Future”, *Africa Today*, Vol. 24, No. 1, 1977, p. 62.

② Ibid., p. 63.

③ Kassim Shehim, James Searing, “Djibouti and the Question of Afar Nationalism”, *African Affairs*, Vol. 79, No. 315, 1980, p.216.

Aptidon）开始认识到族际政治冲突的危险，因而谋求阿法尔人的支持。他成立非洲人民争取独立联盟（Ligue Populaire Africaine pour l'Indépendence, LPAI），阿法尔政治家艾哈迈德·迪尼（Ahmed Dini）宣布加入，并成为该党副主席。两大族群的政治家实现了联合。另一方面，阿里·阿里夫由于和埃塞俄比亚的密切关系，以及对独立事业的不坚定态度，在民众中间失去了威望。吉布提政治独立的时机已经成熟。

1975 年，埃塞俄比亚政府在压力之下宣布放弃对吉布提的主权要求。这促使阿里·阿里夫思想发生改变，从独立的反对者变成了支持者。同时，国际社会对法国形成了强大压力，1975 年底，法国决定结束对吉布提的殖民统治，允许吉布提独立。

法国殖民统治的影响

吉布提是法国在非洲的最后一块殖民地。在长期的殖民统治中，法国对吉布提造成了深远影响，使吉布提社会经历了剧烈变化。

在殖民时期，法国基本上确立了吉布提的边界和内部区划。1897 年，法国与埃塞俄比亚划定边界。1888 年，法国与英国划定各自殖民地的边界。这些边界全部保留了下来，成为法国殖民统治的重要遗产。在吉布提内部，除了首都之外，塔朱拉、奥博克、迪基尔、阿里萨比埃（Ali Sabieh）等县的界限也大致清晰起来。游牧民族之间经过长期的争夺，形成了各方能够认可的边界。另外，由于法国军队的威慑作用，吉布提在地区强国环伺之下保持了领土完整。埃塞俄比亚、索马里、意大利等国都曾试图吞并吉布提，但由于法国的强烈反对而作罢。

在法国的统治下，吉布提市成为吉布提的政治、经济、文化中心，吉布提市的人口占到了国民的 60% 以上。法国对吉布提强加了国家治理的经验。吉布提人以前没有管理政府的经验，吉布提关于现代治理的几乎所有方面都脱胎于法国殖民统治。

吉布提的经济命脉完全掌握在法国人手中。总部位于巴黎的“殖民地总公司”（Colonial Corporation）在吉布提有两个附属公司，其中一个是东非海运公司，它的供应船和驳船垄断了停靠吉布提港船只的装货和卸货业务；另一个公司是吉布提工业公司，它设在阿姆布利的抽水站主要向吉布提供水。梅萨热里海运公司承担到法国的进出口贸易。盐业公司则垄断了阿萨尔湖的食盐业务。东方汇理银行不但垄断了发行钞票的权利，而且还垄断了信贷业务。[①] 由于吉布提缺乏大量可开采的资源，所以法国对吉布提的开发除了上述几个方面外并不是很热心。

虽然吉布提到亚的斯亚贝巴早在 1917 年开通了铁路，但吉布提能在铁路上获得的利益有限。而且铁路的收益都被法国股东瓜分了。吉布提民众能够参与的贸易活动非常有限。1954 年，埃塞俄比亚成功扩建厄立特里亚的阿萨布港后，吉布提港面临更大的竞争压力。1958 年，法国殖民当局与埃塞俄比亚的协议中让渡了大部分权益，使得吉布提处于不利地位。此后，法国虽然有一些改进吉布提港的计划，但大都没产生实际效果。

法国在殖民统治期间，非但没有调和民族之间的矛盾，反而挑拨离间，加以利用，给吉布提留下了痛苦的记忆。[②] 吉布提没有变成一个大熔炉，导致部落主义不是削弱，而是加强了。[③] 在铁路沿线，法国雇佣大量索马里人，允许他们定居，这遭到阿法尔人的反对。在吉布提宪兵队中，法国以不同的标准招募阿法尔人和伊萨人，引发土著的不满。在吉布提政府中，法国人重用阿拉伯人，也导致阿法尔人和伊萨人的忌恨。尤为严重的是，1958—1963 年，法国利用伊萨人压制阿法尔人；1963—1976 年，法国利用阿法尔人反对伊萨

---

① 〔美〕弗吉尼亚·汤普森、〔美〕理查德·艾德洛夫：《法属索马里——吉布提与非洲之角》，卞亦实译，第 378 页。

② Said Yusuf Abdi, “Independence for the Afar and Issas: Complex Background; Uncertain Future”, *Africa Today*, Vol. 24, No. 1, 1977, p. 63.

③ 〔美〕弗吉尼亚·汤普森、〔美〕理查德·艾德洛夫：《法属索马里——吉布提与非洲之角》，卞亦实译，第 57 页。

人，使得伊萨人和阿法尔人之间相互仇恨。[①]1967 年之后，法国人又开始向伊萨人倾斜，阿法尔人的利益损失很大。吉布提人以族群为单位进行投票，已经成为历次选举的惯例，这进一步加深了族群之间的隔阂和对立。独立前夕，吉布提已经形成了特色鲜明的部落政治。

二、古莱德·阿普蒂敦时期的吉布提

新政府的建立

吉布提人民一直有独立的愿望，但由于国内各种政治势力四分五裂，因而在与法国殖民者的斗争中处于劣势。阿法尔人和伊萨人两大族群之间存在隔阂，缺乏政治互信。非洲人民争取独立联盟（LPAI）成立后，改变了这种状态，伊萨人和阿法尔人加强团结，最终赢得民族独立。但吉布提在经济、多元文化和精英政治等方面都存在严重问题。[②]

吉布提国内的主要问题是阿法尔人和伊萨人的族际政治。法国殖民统治时期分而治之的策略产生的恶果仍然在延续。阿法尔人政治组织之间的分歧阻碍其联合。1976 年底，爱国阵线（Front Patriotique）提出的选举名单就反映了这种趋势。阿法尔人在关键时刻没有把握住机会，从而丧失了政治主导权。法国政府在同伊萨人谈判的过程中，决定抛弃阿法尔人，在伊萨人政治家中培养继任者。1977 年春以后，伊萨人的地位开始上升，阿法尔人地位下降。阿法尔人本来在人数上就处于劣势，大量索马里和埃塞俄比亚难民涌入后，这种对比更为明显。伊萨人在哈桑·古莱德·阿普蒂敦领导下

---

① Kassim Shehim, James Searing, “Djibouti and the Question of Afar Nationalism”, *African Affairs*, Vol. 79, No. 315, 1980, p.213.

② Nancy A. Shilling, “Problems of Political Development in a Ministate: The French Territory of the Afars and Issas”, *The Journal of Developing Areas*, Vol. 7, No. 4, 1973, p. 616.

开始接管政权。

1977 年 5 月 8 日，吉布提大选。阿普蒂敦成为吉布提首任总统。吉布提首席部长、阿法尔人领导人阿里·阿里夫由于支持法国殖民政策而名誉扫地，无法带领吉布提走上独立道路。他担心吉布提可能被邻国兼并，因而选择支持阿普蒂敦。他认为阿普蒂敦是唯一能够避免这种情况的领导人。除此之外，与阿里·阿里夫政见相左的一些阿法尔人政治家，如艾哈迈德·迪尼，也选择支持阿普蒂敦。在大选中，多数阿法尔人缺乏投票热情。选举后，他们对于遭到法国殖民当局的无情抛弃非常愤怒。选举结果公布后，许多阿法尔人对其前途非常担忧。

吉布提独立后，延续了族际政治的平衡，只是阿法尔人和伊萨人的地位发生根本性改变。伊萨人主导、阿法尔人为辅的局面正式形成。1977 年底，根据巴黎圆桌会议精神，吉布提新政府中总统和总理将分别来自吉布提国内两大族群。[①] 阿普蒂敦为了维持统一国家的形象，任命阿法尔人艾哈迈德·迪尼为总理。内阁中，阿法尔人、阿拉伯人、伊萨克人、加达布赫斯人（Gadabusi）往往都至少有一个席位。吉布提建立的是总统制国家，总统是国家元首。吉布提的立法权由 65 名议员组成的一院制议会掌握，司法权附属于总统。最高法院院长由伊萨人出任。同时，总统统帅武装部队，掌握安全机构。[②]

在政府权力分工中，阿普蒂敦总统无意与总理分权，仅将其视作政策执行者。而且，他还通过各种方式强化其权力。阿普蒂敦此举完出乎迪尼意料，这激怒了迪尼。迪尼在阿法尔人中深孚众望，在殖民政府曾经担任过多个重要职位，是阿普蒂敦在争取独立非洲人民联盟（LPAI）中的重要同盟。最初，迪尼希望与阿普蒂敦总统真诚合作。他曾公开谴责殖民时期对伊萨人的歧视政策。[③] 但阿普蒂

---

① Kassim Shehim and James Searing, "Djibouti and the Question of Afar Nationalism", *African Affairs*, Vol. 79, No. 315, 1980, p. 220.

② Daoud A. Alwan, Yohanis Mibrathu, *Historical Dictionary of Djibouti*, p. 96.

③ Kassim Shehim and James Searing, "Djibouti and the Question of Afar Nationalism", *African Affairs*, Vol. 79, No. 315, 1980, p. 221.

敦政府却采取了敌视阿法尔人的错误政策，激化了双方矛盾。事实上，阿普蒂敦对阿里·阿里夫统治的9年中偏袒阿法尔人不满，图谋报复。阿普蒂敦大幅削减了军队中阿法尔人军官的薪水，迫使其离职。阿普蒂敦借此以伊萨人为主要力量重组军队，并建立直属于他本人的特别警察部队。在政府组成当中，伊萨人也占据绝对优势。

1977年10月，吉布提阿法尔人司法部长的母亲被谋杀，这点燃了阿法尔人的怒火。阿尔法激进分子随后展开报复。12月15日，他们用炸弹袭击了吉布提最著名的锌棕榈酒店（Zine Palm Hotel）。此次事件造成2名法国士兵死亡，15名法国士兵受伤。[①] 袭击者此举意在制造法国人的恐慌，使其在非洲之角冲突中进退两难，从而持续影响法国和阿普蒂敦政府的关系，对阿普蒂敦政府造成打击。两天后，迪尼和另外4名阿法尔人部长宣布辞职，吉布提第一届联合政府解体。

但是，这一策略并没有奏效。阿普蒂敦总统反应强硬。他认为人民解放运动（Mouvement Populaire de Libération, MPL）应为此事负责。他逮捕了大量阿法尔人，并虐待人民解放运动党囚犯，大赦国际和阿拉伯国家纷纷要求阿普蒂敦克制。1978年初，阿普蒂敦替换了吉布提港阿法尔人码头工人，阿法尔人在吉布提的经济影响也遭削弱。

1978年2月5日，另一位阿法尔人政治家阿卜杜拉·卡米勒（Abdallah Kamil）被阿普蒂敦总统任命为总理。但阿卜杜拉·卡米勒提出了条件，他要求在两个月内，政府停止迫害人民解放运动，恢复军队中的族际平衡，并授予总理更多的权力。[②] 阿普蒂敦并没有完全满足卡米勒的条件。阿普蒂敦坚持认为总统权力至高无上，总理无权提出类似要求。吉布提的族际政治在这一时期进一步恶化。

1978年中期以后，吉布提开始分裂为南北两部分。阿法尔人聚

① Robert Tholomier, *Djibouti: Pawn of the Horn of Africa*, Maryland and London: Scarecrow Press, 1981, p. 133.

② Ibid., p. 134.

集在北方，伊萨人占据南方和吉布提市。人民解放运动在埃塞俄比亚支持下，开始从事恐怖袭击，严重影响吉布提政治稳定。1979 年 6 月，一场针对吉布提警察机构负责人的谋杀再次引发吉布提政府对人民解放运动的镇压。卡米勒总理无力扭转局势，于 1979 年 9 月 30 日宣布辞职。接任卡米勒的巴卡德·古拉特（Barkad Gourat）也是阿法尔人。他完全认同阿普蒂敦的集权政策，维护阿普蒂敦的权威。吉布提在经历动荡之后，基本上稳定了政治局面。古拉特总理一直任职到 2004 年。

阿普蒂敦总统集权的措施还在于实行一党统治。鉴于吉布提国内还存在许多反对派，不利于实现政治稳定，阿普蒂敦总统改革吉布提政党制度，将其从多党制改为一党制。1979 年，阿普蒂敦创建“人民进步联盟”（Union du Progrès Populaire, UPP），取代执政的争取独立非洲人民联盟。阿普蒂敦要求所有吉布提人加入人民进步联盟，接受其统一领导。他把该党的一个主要目标设定为培养吉布提人的国民意识，凝聚民族共识。阿普蒂敦总统此举在某种程度上意在加速推动吉布提民族认同的形成，使其从一个松散的联合体变为一个统一的现代民族国家。1981 年，吉布提国家议会通过《国家动员法》（*National Mobilization Law*），人民民主联盟成为唯一符合这一法律的政党。吉布提正式进入一党制政治体制。① 这个体制的专制色彩很明显，诸如单一的领袖，单一的政党，单一的军队，一个单一的工会，单一的商会，单一的妇女组织，以及单一的广播电台、电视和报纸等。②

独立初期复杂的地区形势

吉布提独立之初，地区形势非常严峻。国际社会担心吉布提共

---

① Peter J. Schraeder, “Ethnic Politics in Djibouti: From ‘Eye of the Hurricane’ to ‘Boiling Cauldron’”, *African Affairs*, Vol. 92, No. 367, 1993, p. 207.

② Daher Ahmed Farah,“Djibouti’s Squandered Independence”, Jun. 26, 2018, https://mg.co.za/article/2018- 06-26-00-djiboutis-squandered-independence, 2018-6-30.

和国独立存在的时间不会超过半年。[①] 非洲是难民最集中的地区，非洲难民一般集中在非洲之角。[②] 索马里和埃塞俄比亚在欧加登地区的冲突不断升级，波及到吉布提。1977—1978 年欧加登之战导致索马里难民从欧加登地区以及吉布提与索马里接壤的地区大量涌入了吉布提南部地区。这对吉布提的主权和独立造成严重威胁。1980 年，吉布提境内难民达到 42000 余人，占吉布提总人口的 13%。[③] 这些难民使得吉布提本来就捉襟见肘的经济承受更大的压力。难民营外吉布提的土著，甚至在生活保障方面比难民营更差。

吉布提虽然没有卷入这场战争，但受到这场战争的严重影响。阿普蒂敦总统表示严守中立，却明显偏向索马里一方。他欢迎索马里人难民，并很快给予部分难民吉布提公民身份。[④] 埃塞俄比亚和索马里双方在吉布提展开对抗。索马里秘密支持“西索马里解放阵线”攻击埃塞俄比亚军队。埃塞俄比亚政府则改变其一贯支持吉布提政府的立场，扶植阿法尔人游击队，干预吉布提内政。1977 年，埃塞俄比亚为人民解放运动提供武器和训练。这一时期，大量苏联武器被偷运进了吉布提，大部分被运往埃塞俄比亚和索马里，但也有部分扩散到吉布提国内各部落中。

伊萨人是索马里人分支，作为索马里人，阿普蒂敦总统对索马里表示同情，对埃塞俄比亚人则比较反感。再加上沙特阿拉伯在美国支持下在非洲之角构筑的“反苏阵线”，吉布提与索马里的关系非常亲近。独立后两周，索马里总统西亚德·巴雷访问吉布提。他直率地提议“吉布提人考虑成为索马里土著”[⑤]。索马里早在 1960 年独立之际，就对吉布提有领土要求。索马里政府的外交始终把实

---

① Walter S. Clarke, “The Esayi Dream: A Footnote to the Ogaden War”, *Northeast African Studies*, Vol. 13, No. 1, 1991, p. 32.

② Aderanti Adepouju, “The Refugee Situation in the Horn of Africa and Sudan”, *A Journal of Opinion*, Vol. 12, No., 1–2, 1982, p.29.

③ Ibid.

④ Kassim Shehim and James Searing, “Djibouti and the Question of Afar Nationalism”, *African Affairs*, Vol. 79, No. 315, 1980, p. 222.

⑤ Robert Tholomier, *Djibouti: Pawn of the Horn of Africa*, p. 131.

现“大索马里”计划作为一个重要目标。吉布提独立后，由于法国的担保，才避免被强大的邻国吞并。西亚德的言论让阿普蒂敦认识到索马里是吉布提独立的威胁，吉布提有被索马里吞并的危险。一旦吉布提被兼并，这一地区将陷入战争。因为埃塞俄比亚不能容忍被伊斯兰国家包围，也不能容忍亚吉铁路掌握在索马里政府手中。因此，阿普蒂敦总统开始回归现实政治。为了应对索马里难民危机，阿普蒂敦下令修建边境墙。而在法国殖民统治时期，他曾激烈反对这种隔离措施。

对于埃塞俄比亚，阿普蒂敦政府开放欧加登地区的边境，部分原因是出于人道主义原则。欧加登战争结束后，仍然有大量难民居住在吉布提。解决这一问题的前提是阿普蒂敦政府改变与埃塞俄比亚的关系。因此，阿普蒂敦总统被迫调整外交政策，在索马里和埃塞俄比亚之间采取中立立场。吉索关系由此迅速降温，吉埃关系开始改善。索马里政府攻击吉布提背叛索马里人统一事业，埃塞俄比亚政府不再指责法国抛弃阿法尔人。1978 年 5 月，阿普蒂敦派出高级代表团访问了埃塞俄比亚。埃塞俄比亚领导人门格斯图为了解决亚吉铁路问题，谋求与吉布提合作。双方立场开始接近。同时，埃塞比亚政府改变政策，鼓励难民回归。这减缓了吉布提难民危机的进一步发展，但出于对埃塞俄比亚政府的不信任，仍有大量难民滞留在吉布提。

艰难实现经济自给

在法国殖民时期，吉布提经济上与法国连成一体。法国为了维持在吉布提的殖民统治，从军事预算和援助款项中拨付数千万法郎的援助。吉布提国内缺乏可供大规模开采的石油和天然气等矿藏，唯一值得称道的是阿萨尔湖的盐矿。但这一产品在世界市场中没有引起注意，法国国内也对盐没有进口需求。因此，法国资本鉴于高昂的成本，并没有进行大规模开采。[①] 殖民时期，法国注重吉布提港

① Nancy A. Shilling, “Problems of Political Development in a Ministate: The French Territory of the Afars and Issas”, *The Journal of Developing Areas*, Vol. 7, No. 4, 1973, p. 617.

的开发和利用，对吉布提内地并不重视。因此，吉布提民众能维持基本的生计，但生产能力有限。独立之后，吉布提为了取得自立地位，必须在经济上自给。阿普蒂敦上台后，提出了经济自给计划，起码在食品和消费品方面摆脱对外部援助的依赖。不过这一计划进展并不顺利。

1978 年 8 月，阿普蒂敦为此改组政府。在阿拉伯国家支持下，吉布提开挖了许多水井，灌溉面积增大，农业有所发展。由于解决了牧草的水源供应，养殖业发展较快。吉布提饲养了 60 万只羊，5 万头驴，2 万头骆驼，1 万头牛。[①] 在兰达（Randa）、安布利（Ambouli）、穆鲁德（Mouloud），政府还建成了许多蔬菜生产基地。吉布提领海渔业资源丰富，但渔业产业发展很慢。其原因在于吉布提缺乏现代捕捞技术，同时他们的饮食习惯以牛羊肉等肉类为主，对海产品禁忌较多。

吉布提的轻工业发展较快。独立后，一批水泥厂、发电厂、石膏厂、制瓶厂、制革厂、发电厂先后建立。这在一定程度上解决了吉布提的就业问题。另外，吉布提还因地制宜，建立了采盐厂、地热站和海水净化厂。这些企业有较好的发展前景。

吉布提发展经济的另外一个优势在于其独特的区位。吉 - 亚铁路为吉布提境内铁路沿线带来巨大商机，吉布提港口作为红海重要港口，每年为吉布提提供大量收益。不过，这一时期吉布提在此方面的经济发展并不顺利。1977 年时，亚吉铁路运力只达到其总运力的 30%—40%。埃塞俄比亚政府试图摆脱对该铁路的依赖，另辟阿萨布作为进口港口，并建立从亚的斯亚贝巴到阿萨布的交通线。

阿普蒂敦政府一开始将发展重点从高原转向海洋，港口建设成为重中之重。阿普蒂敦宣称要把吉布提港打造成“红海之滨的香港”。政府设法筹集资金，提升港口设施。但是，吉布提国内政局不稳，让投资者望而却步。吉布提人才匮乏，使得港口发展受限。再加上

① Robert Tholomier, *Djibouti: Pawn of the Horn of Africa*, p. 138.

资金短缺，吉布提港口建设在其独立初期并没有取得预期效果。由于苏伊士运河关闭的影响以及其他港口的竞争，吉布提港口的吞吐量处于下降趋势。1967—1975 年，“六·五战争”爆发后，苏伊士运河被关闭。前往欧洲的油轮转向好望角，前往麦加的朝觐者担忧吉布提不稳定的局势，选择亚丁和吉达作为中转地。

吉布提独立之后仍然严重依赖外援。法国的经济援助是吉布提稳定的收入之一，法国驻军所产生的服务业需求为吉布提提供了许多就业机会。法国在吉布提保持了一支 4500 人左右的驻军，其消费能力带动了基地附近的就业。法国政府每年还向吉布提提供数千万法郎的援助。1977—1980 年，法国对吉布提的援助总计 5.5 亿法郎。此外，沙特阿拉伯、伊拉克、美国、中国为吉布提提供了大量援助。吉布提在阿拉伯国家当中左右逢源，同时受到温和国家和激进国家的青睐。沙特阿拉伯是吉布提独立初期提供援助最多的国家。沙特阿拉伯 1977 年提供了 1000 万美元的援助，1978 年增加至 6000 万美元。1980 年，伊拉克向吉布提提供 6000 万美元援助，其中 2600 万为赠款。1979 年，吉布提与美国建交后获得了大量援助。美国每年向吉布提提供约 4000 万美元。作为回报，美国军舰可以使用吉布提港口作为停泊点。①

阿法尔人的抗争

吉布提独立后一直没有制定宪法，宪政体制不完善，国家基本上处于阿普蒂敦的个人统治之下。阿普蒂敦虽然重视族际平衡，古拉特总理也一直配合总统工作，但伊萨人和阿法尔人之间的权力差距不断拉大。伊萨人基本上控制了首都，充斥在政府、人民进步联盟和军队当中。与此同时，阿法尔人边缘化的趋势在不断加剧。许多阿法尔人逐渐被逐出政府机关和国营机构。留在政府中的阿法尔人官员也没有实权，难以为阿法尔人发声。古拉特总理虽然来自阿

① Robert Tholomier, *Djibouti: Pawn of the Horn of Africa*, pp. 140–144.

法尔民族，但他在阿法尔人中的威望极低。民众认为古拉特总理腐败且能力低下，是阿普蒂敦总统装点族际政治的御用人物。

伊萨人主导的吉布提中央政府的一些不当政策起到了推波助澜的作用。在伊萨人当政后，对政府和军队进行了大规模改组。大量拥有游击战经验的吉布提争取解放民主阵线党员被政府边缘化，不能进入军队、警察和政府部门，社会处境相当困难。这不仅为吉布提内战的爆发埋下了不安定的种子，而且还为内战的爆发准备了大量武装力量。阿法尔人感到在新的国家里受到排斥和不公正的待遇，因此在吉布提独立之初就开始展开了斗争。埃塞俄比亚政府处于与索马里对抗的考虑，选择支持阿法尔人。在其支持下，阿法尔人组织了反对派组织，如人民解放运动（MPL）和全国独立联盟（Union Nationale Pour l'Indépendance, UNI），全部致力于推翻阿普蒂敦的统治。1979 年，它们合并成为吉布提争取解放民主阵线（Front de Libération de Djibouti, FDLD），党主席为穆罕默德·阿多雅塔（Mohamed Adoyta）。该党的主要目标是“增进人民真正的福利，反对任何形式的歧视、偏袒和裙带主义”①。该党成立后发动了多次暴力袭击，遭到政府严厉打击。它们加深了阿法尔人和伊萨人之间的对立。1982 年的党代会上，该党决定派遣大部分成员前往首都吉布提和其他城市活动，这对中央政府造成了很大威胁。阿普蒂敦总统迅速采取行动，逮捕了该党大部分领导人和骨干力量。

1981 年，吉布提实行一党制后，前总理迪尼创建了“吉布提人民党”（Parti Populaire Djibouti, PPD），与政府对抗。因为阿法尔人政治地位的下降，迪尼与阿普蒂敦总统彻底分道扬镳。迪尼的主要目的是挑战人民进步联盟的一党政治和阿普蒂敦的个人统治，但该党很快被取缔。这表明通过政治渠道解决吉布提族际政治的通道并不顺畅。

由于以上原因，阿法尔人的不满不断累积起来。他们在正常的

---

① Mohamed Kadamy, “Djibouti: Between War and Peace”, *Review of African Political Economy*, Vol. 23, No. 70, 1996, p. 515.

政治解决方式被堵塞后，选择拿起武器，与中央政府斗争，谋求自己的合法权益。

吉布提内战的爆发

苏联解体和“冷战”结束在全世界产生了广泛影响，非洲之角感受尤为强烈。一方面，由于苏联退出争夺，受苏联支持的政权纷纷垮台。另一方面，第三波民主化浪潮很快在非洲大陆产生滚雪球效应。1991 年上半年，索马里、埃塞俄比亚的军政权先后倒台，给了吉布提反对派很大信心。对于阿法尔人而言，这是一个良好机遇。他们借机提出民族平等和政治民主的口号。索马里、埃塞俄比亚的反对派已经行动起来，他们也准备效仿。1991 年 1 月，吉布提政府加强了政治控制。政府以吉布提争取解放民主阵线阴谋推翻政府为由，逮捕了数百名该党党员。这激发了吉布提争取解放民主阵线的反抗。从 1991 年 6 月开始，年轻的激进派党员在吉布提南方和北方组建了游击队，开始针对政府的暴力活动。1991 年夏，恢复联合和民主阵线在北方树起反抗的旗帜，阿普蒂敦总统的统治面临严峻危机。他决定采取强硬立场，双方的矛盾难以调和。

1991 年 11 月，恢复联合和民主阵线在北部展开攻势，迅速控制了阿法人地区，内战爆发。这场内战兼具种族政治和民主斗争的双重性质。恢复联合和民主阵线明确提出要推翻阿普蒂敦政府，在吉布提实行多党制。内战的爆发既是多年族际政治冲突演变的结果，也是民主化浪潮推动的产物。吉布提阿法尔人地位不断下降，经济利益受到严重冲击，他们对政府的不满越来越严重。包括下级公务员、年轻的知识分子、码头工人、工厂雇员，甚至大量游牧民和妇女都加入了游击队。①

阿普蒂敦总统反应迅速。他宣布吉布提进入紧急状态，开始进行总动员，征召大量有作战经验的索马里人进入军队。为此，他提

① Mohamed Kadamy, “Djibouti: Between War and Peace”, *Review of African Political Economy*, Vol. 23, No. 70, 1996, p. 517.

供优厚条件，吸引来自埃塞俄比亚和索马里的难民参军。阿普蒂敦允诺给与这些难民吉布提公民身份。此外，阿普蒂敦政府还在首都逮捕了大量阿法尔人平民，指责反对派受到了外部势力的支持，将此次冲突定性为外部侵略。因此，阿普蒂敦政府要求法国军队根据1977年与吉布提签订的协防条约，进行干预。根据该条约，吉布提在面临外部入侵时，法国军队应该全力保卫吉布提。

阿普蒂敦政府的强硬政策使吉布提面临严重内部危机，流血冲突不可避免。1991年12月18日，吉布提安全部队包围首都阿法尔人聚居区阿西巴（Arhriba），在冲突中导致至少30多人死亡，80多人受伤，其中大部分为无辜民众。这被称为“阿西巴惨案”（Arhiba Massacre）。[①] 在军事对抗方面，政府军逐渐占据优势。阿法尔游击队仅有少量轻武器，且无法从周边国家得到补给。政府军掌握绝对优势，装备精良。吉布提政府的分化策略也取得明显效果。吉布提政府宣称阿法尔人将建立一个囊括埃塞俄比亚、厄立特里亚和吉布提阿法尔聚居区的“大阿法尔国”。这一策略对上述两国产生明显效果。战争开始后，埃塞俄比亚和厄立特里亚严防阿法尔人在本国建立根据地和获取补给。反对派一开始就处于不利地位。

各方关注下的吉布提内战

吉布提内战引起多国关注，很快成为地区和国际事件。阿法尔人和伊萨人都是跨界民族。吉布提内战与周边国家处于联动关系。吉布提内战爆发后，埃塞俄比亚和厄立特里亚为防范阿法尔人势力壮大，改变了原先支持阿法尔人的政策。它们唯恐吉布提内战会导致本国的阿法尔人走向独立，因而支持阿普蒂敦政府进行镇压。这遭到本国阿法尔人的强烈不满，两国政府被迫改变立场，在冲突双方之间劝谈促和。毕竟对于阿法尔人过于严厉，可能会造成严重人道主义灾难。

---

① Peter J. Schraeder, “Ethnic Politics in Djibouti: From ‘Eye of the Hurricane’ to ‘Boiling Cauldron’”, *African Affairs*, Vol. 92, No. 367, 1993, p. 215.

1992年4月后，两国开始积极活动，推动冲突双方和解。1993年12月18日，厄立特里亚总统伊萨亚斯·阿费沃尔基（Isaias Afwerki）访问吉布提，明确要求吉布提政府停止镇压平民，与反对派进行谈判。吉布提第三大族群为也门裔阿拉伯人。也门在吉布提内战中力主双方谈判，对阿普蒂敦政府造成一定压力。埃及和苏丹虽然在吉布提没有重要利益，但作为非洲大国，也呼吁双方克制，尽快展开和平谈判。法国作为前宗主国，对吉布提的安全和稳定承担部分责任。法国是吉布提族际政治形成的始作俑者。但法国拒绝依据条约干预吉布提内战，不过其间接干预左右了内战发展的态势。法国配合阿普蒂敦政府，对阿法尔人游击队进行封锁，使得后者不仅无法得到武器装备，也无法获得食品和药物等人道主义援助。1992年2月，法国军队驻防迪基尔县，阻止阿法尔人游击队南下，对其造成军事威慑，为政府军的反攻创造条件。不过，法国虽然偏袒阿普蒂敦政府，也不愿吉布提内战进一步扩大。法国对吉布提政府施加强大外交压力，要求以和平方式解决争端。在内外压力下，阿普蒂敦被迫调整态度，与阿法尔人谈判。

双方最终走向和谈，源于战场形势的重大变化。1993年7月，吉布提政府发动大规模攻势，游击队损失惨重。因此，恢复联合和民主阵线先后失去了对兰达和阿萨格拉（Assagueila）的控制，被迫退往马班拉（Mabala）、达尔哈（Dalha）和达克卡（Dakka）山区。双方军事较量以政府军胜利而告终。阿普蒂敦政府趁机宣传民族团结，反对民族分离主义，在民众当中也产生了一定影响。早在1992年6月23日，吉布提部长委员会通过大赦法案，宣布赦免1991年11月以来参加反政府斗争的人士。1994年12月24日，恢复和平和民主阵线内部出现分裂。阿法尔人中的一支由于难于承受战争造成的破坏，在游击队领导人乌古鲁·吉福勒（Ougouru Kifle）及其支持者与政府签署和平协议，退出了战争。阿法尔人反对派面临内外压力，最终与政府和解，吉布提内战进入尾声。伊萨人主导的政府虽然赢得了战争的胜利，但为了保持国家统一也被迫做出了让步。

吉布提开启多党民主化

20 世纪 80 年代，吉布提的民主运动不断高涨。不仅阿法尔人，伊萨人也开始挑战人民进步联盟的一党政治。阿普蒂敦的经济顾问穆罕默德·穆萨·卡辛（Mohamed Moussa Kahin）组建了统一与民主运动（Mouvement pour l'Unité et la Démocratie, MUD）。卡辛是伊萨人，同时也是阿普蒂敦政府高官。卡辛此举代表伊萨人对阿普蒂敦统治的不满。另外伊萨人亚丁·罗布勒·阿瓦勒（Aden Robleh Awaleh）组建了吉布提恢复民主运动（Mouvement Diboutien Pour l'Instauration de la Démocratie, MNDID）。1990 年 3 月，阿法尔人政党吉布提争取解放民主阵线与恢复民主运动共同组成民主运动联盟（Union des Mouvements Démocratie, UMD），旨在结束吉布提混乱局面。[①]1991 年 8 月，吉布提争取解放民主阵线进行重组。该党原先用于社会动员的机构恢复法制和平等人民阵线（Front Populaire pour le Restauration du Loi et de l'Equalite, FRDE）、吉布提爱国反抗阵线（Front de la Résistance Patriotique de Djibouti, FRPD）和吉布提恢复秩序行动党（l'Action pour la revision de l'ordre à Djibouti, AROD）组成了恢复联合和民主阵线（Front pour la Restauration de l'Unite et de la Démocratie, FRUD）。党主席仍为穆罕默德·阿多雅塔，党的主要口号是“民主、平等与正义”。[②]吉布提政党制度遭遇严重冲击，坚持十余年的一党制面临严峻考验。

面对阿法尔人的武装反叛、反对党的政治压力和法国等国的外交压力，阿普蒂敦政府在内战硝烟中被迫开启多党制改革，走上民主化道路。阿西巴惨案爆发后，阿普蒂敦政府内部出现由卫生部长

---

① Peter J. Schraeder, “Ethnic Politics in Djibouti: From ‘Eye of the Hurricane’ to ‘Boiling Cauldron’”, *African Affairs*, Vol. 92, No. 367, 1993, p. 210.

② Mohamed Kadamy, “Djibouti: Between War and Peace”, *Review of African Political Economy*, Vol. 23, No. 70, 1996, p. 516.

穆罕默德·德贾玛·伊拉贝（Mohamed Djama Elabe）为首的反对派。他谴责阿普蒂敦总统的“战争逻辑”，认为他已经不适合领导吉布提。他创立了超种族政党和平与和解运动（Mouvement pour La Paix et la Reconciliation）。伊拉贝得到法国支持，被认为是阿普蒂敦的继承者之一。他和阿普蒂敦总统同属伊萨人，他的出现影响很大。1992年2月28日，恢复联合和民主阵线发表宣言，单方面停火，等待法国调停。作为回应，阿普蒂敦政府释放恢复联合和民主阵线发言人阿巴特·艾博·阿杜（Abatte Ebo Adou），并部分解除对北部城市奥博克和塔朱拉的经济封锁。4月6日，阿普蒂敦公布了宪法改革大纲。内容包括改变行政过于集中的状态，解除对媒体的限制，保护人权和建立不少于4个党的多党制等。①

但吉布提的多党民主化缺乏体制外反对派的参与，是政府主导的民主化。吉布提的军事反对派和其他反对派都没有参与到这一进程中。1992年6月20—24日，恢复联合和民主阵线和全国民主党（Parti National Démocratique）等反对派的代表聚集在巴黎，共同组成了吉布提反对派联合阵线（FUOD），并签署《巴黎协定》（“Accord de Paris”）。该协定反对阿普蒂敦政府主导的民主化，要求立即成立由反对派领导的过渡政府，进行真正的改革。阿普蒂敦总统否决了这一提议。

1992年9月4日，吉布提公布《宪法草案》，并进行全民公决。虽然反对派全面抵制，但多党制宪法以96%的得票率顺利通过。这标志着吉布提多党制民主化正式开启。

新《宪法》在《序言》中宣布吉布提将建立法制，实行多元主义民主。这表明吉布提在国家制度方面将进行重大调整。总体而言，新《宪法》兼具变革与延续。比如，新《宪法》保证吉布提公民享有广泛的政治权利，诸如信仰、言论、结社、自由迁徙等。新《宪法》规定吉布提是三权分立的国家，行政、司法、立法分别属于总统、

① Peter J. Schraeder, “Ethnic Politics in Djibouti: From ‘Eye of the Hurricane’ to ‘Boiling Cauldron’”, *African Affairs*, Vol. 92, No. 367, 1993, p. 216.

最高法院和议会，但再次确认总统是国家领袖和内阁首脑，总理在总统的领导下发挥职权，但其地位仅仅相当于首席部长。总统拥有立法建议权，与议会分享立法权。议会的选举采取单一选区和简单多数方式。议会由 65 名议员组成，可以审议预算。如果预算在议会被驳回，总统可以授权以上一年预算方案执行。新《宪法》规定，吉布提公民可以组织政党，但任何政党不得建立在种族、宗教和性别基础之上。

9 月 6 日，吉布提政府宣布新政党成立需要满足的条件。这包括：新成立的政党拥有 200 万吉郎的存款，提交 30 名政党创建者名单，其中 18 名创建者应当来自吉布提市的 6 个区等内容。[①] 新的政党法对政党的组建设置了很高的门槛。9 月 20 日，登记日期截止，只有 3 个政党获得合法性，即执政党人民解放联盟、由伊拉贝新组建的民主革新党（Parti de Renouveau Démocratique, PRD）和流亡法国 6 年的阿瓦勒领导的全国民主党。

吉布提历史上首次多党制议会大选原定于当年 11 月 11 日举行，但由于各种原因延期。12 月 3 日各个政党才获准开展竞选活动。12 月 18 日，吉布提正式举行首次多党制下议会大选，但除了民主革新党，其他反对党因为不满宪法中规定总统职权过大，议会没有多大实权而予以抵制。来自法国、非洲统一组织和阿拉伯国家联盟的观察员全程监督了大选的进行。结果显示此次选举的投票率仅为 50%。执政党人民进步联盟以 72% 的得票率获胜，取得议会全部 65 个席位。1993 年 2 月 4 日，阿普蒂敦总统任命巴尔卡特·古拉特·哈马杜（Barkad Gourad Hamadou）为政府总理，符合西方标准的多党民主制正式被引入吉布提。

由于处于内战期间，阿法尔人政党没有参与选举。1994 年，阿法尔人反对党被各个击破后，阿普蒂敦的统治更加牢固。吉布提的民主化继续处于政府的控制之下。

---

① Peter J. Schraeder, “Ethnic Politics in Djibouti: From ‘Eye of the Hurricane’ to ‘Boiling Cauldron’”, *African Affairs*, Vol. 92, No. 367, 1993, p. 218.

阿普蒂敦统治后期的吉布提政治

90 年代，不仅阿普蒂敦政府面临族际冲突，吉布提政府内部围绕权力继承也暗流涌动。1994 年，阿普蒂敦总统身体欠佳，其健康问题使得权力继承成为一个紧迫的问题。

权力斗争主要发生在掌握权力的各部落之间，其中总统所在部落和总统夫人所在部落的影响最大。根据伊萨人的部落传统，选择领袖时往往看重的是候选人的个人出身和才干。因此，总统及其夫人所在部落的候选人具有得天独厚的优势。和阿普蒂敦总统一样，出身美玛桑部落（Mamassan）的司法部长穆米勒·巴赫敦·法拉赫（Moumin Bahdon Farah）是总统职位的有力竞争者。法拉赫生于 1939 年，政治履历丰富。独立之前曾担任过内政部长与邮政和电信部长。1977 年吉布提独立后，短暂担任内政部长，1978—1993 年担任吉布提外交部长，1993—1996 年担任吉布提司法、穆斯林事务和监狱部长。法拉赫反对古拉特总理和盖莱的政策，对政府与阿法尔温和派签署协议持不同意见。来自总统夫人所在的霍罗纳部落（Horoneh）的穆萨·布拉赫·罗布勒（Moussa Bouraleh Robleh），在他所掌管的港口和海军事务部安插亲信，引起总统的警觉。罗布勒是一个强烈的民族主义者，而且与阿拉伯国家关系密切。当上述两人发觉阿普蒂敦总统有意培养其侄子，即总统办公室主任伊斯梅尔·奥马尔·盖莱（Ismail Omar Gelle）为接班人时，他们联合起来，共同反对总统的这一决定。

在吉布提权力继承中，法国作为前宗主国，也有很大的发言权。当初阿普蒂敦之所以能够上台，很大程度上是法国有意选择的结果。在上述三位候选人中，法国更倾向于法拉赫，不满罗布勒和盖莱的疏离倾向。

但阿普蒂敦总统权衡利弊，果断处置，支持盖莱掌握实际权力。盖莱虽然遭到法国的反对，不是法国支持的人选，但阿普蒂敦总统不为所动，反而对他更加信任，将其作为接班人培养。1995 年 4 月和 1996 年 3 月，他先后将罗布勒和法拉赫解职。阿普蒂敦总统选择接班人的方式在一定程度上摆脱了部落选举习俗和宗主国法国的掣肘，体现了吉布提政治不断走向成熟的趋势，维护了作为主权国家的尊严。此后，阿普蒂敦给予盖莱更大的活动空间，吉布提权力继承问题暂告一段落。

为了落实 1994 年 12 月的和解协议，阿普蒂敦政府吸纳阿法尔人反对派进入内阁。1995 年全国大选之后，新政府开始执政。但由于受到内战影响，吉布提面临严峻的内外形势。北部阿法尔人武装虽被击败，但仍有零星反抗。国内局势由于族际政治的影响并不稳定。吉布提邻国一直在注视吉布提局势的发展，准备干涉。国际非政府组织对吉布提的人权问题提出严重质疑，不利于吉布提进一步展开行动。新政府面对压力，只能采取和解政策。

1995 年 5 月，吉布提政府进行改组，两名阿法尔人进入内阁。恢复联合和民主阵线主席阿里·穆罕默德·达乌德（Ali Mohamed Daoud）被任命为卫生和社会事务部部长。达乌德成为与政府密切合作的阿法尔人政治家的代表。1997 年、2002 年和 2007 年，达乌德三次当选为“恢复统一和民主阵线”（FRUD）主席。他是阿法尔人政治家中唯一能和迪尼相提并论的政治家，他的温和态度对于吉布提的政治稳定发挥了至关重要的作用。该党秘书长乌古赫·凯富勒·艾哈迈德（Ougoure Kifle Ahmed）被任命为农业和水产部部长，阿法尔人的古拉特总理则继续留任。这表明吉布提的族际政治问题还得依靠其本身的力量解决。

另外，约 300 名阿法尔游击队员加入了吉布提国防军。[①] 这是阿普蒂敦总统清洗军队后，对阿法尔人态度的明显转变。其主要原因在于阿法尔人一直在为其正当利益斗争，给阿普蒂敦政府造成很大压力。阿普蒂敦总统被迫改变政策，争取并维持来之不易的和平。阿法尔人加入后，增强了吉布提政府的合法性。不过，许多阿法尔

① Susanne Thurfjell Lunden ed., “Djibouti”, *The Horn of Africa Bulletin*, Vol.7, No.3, May–June 1995, http://www.africa.upenn.edu/Newsletters/menu_Hab5695.html, 2018-7-5.

人政治家仍然被排除在政治之外。艾哈迈德·迪尼及其支持者宣布对联合政府进行抵制，扬言要采取军事和政治手段继续与阿普蒂敦政府斗争。但是，恢复联合和民主阵线已经被成功离间，无法对吉布提政府造成威胁。吉布提族际政治中伊萨人主导、阿法尔人被边缘化的形势更加明显。处于边缘地位的阿法尔人虽然不会立即对吉布提的和平造成巨大冲击，但族际政治的消极影响对吉布提的稳定不利。

经济调整

吉布提炎热干旱，生产条件恶劣，收入主要来自于三个方面：法国军事基地的消费；吉布提港口和吉布提－亚的斯亚贝巴铁路收入；其他国际援助，如沙特阿拉伯、中国、美国等国的援助。[①]但吉布提政府的支出非常庞大，80%的财政支出花费在公务员和国有企业上。公务员享有免费住房，工资待遇较高。另外，吉布提还对民众的一些生活必需品进行补贴。

受内战的影响，厄立特里亚的阿萨布港和索马里的泽拉港替代了吉布提的部分业务。吉布提政府一方面承受着巨额战争支出，另一方面面临收入锐减，债务不断飙升。安布利的牛奶厂和迪基尔的花园市场被战争摧毁。农村的许多兽医服务站也被破坏，对农牧民造成很大损失。战争结束后，这些基础设施仍然没有得到修复。[②]战争期间，吉布提政府在安全方面的支出占 GDP 的 35%。截至 1995 年 7 月，吉布提的外债达到了 2.12 亿美元，其中 1.17 亿美元为国有公司债务，9500 万美元为政府债务。吉布提政府债务中 1/3 来自世界银行，1/4 来自非洲发展银行。[③]自 1995 年 8 月，吉布提被迫按

① John Creed, Kenneth Menkhaus, “The Rise of Saudi Regional Power and the Foreign Polices of Northeast African States”, *Northeast African Studies*, vol. 8, No. 2, 1986, p. 4.

② Jannifer N. Brass, David K. Leonard, “The Political Economy of Livestock Policy: The Case of Djibouti”, *IGAD Working Paper*, No. 1–8, p. 3.

③ Ali B. Ali-Dinar ed., “Djibouti”, *Horn of Africa Review*, Issue Twelve, June 1–July 31, 1997, http://www.africa.upenn.edu/Newsletters/har_797.html, 2018-7-12.

照世界银行和国际货币基金组织的要求进行改革。

吉布提政府宣布进行财政紧缩，号召所有公民做“爱国贡献”（the patriotic contribution）。金融部长穆罕默德·阿里·穆罕默德（Mohamed Ali Mohamed）宣布所有公务员工资降低60%，政府不再向公务员提供免费住房。吉布提试图通过紧缩措施节约政府经费，为进一步改革做好准备，但此举遭到民众强烈反对。300多名教师在工会组织下宣布罢课，影响吉布提各级学校的30000多名学生。不过，双方最终达成妥协，教师复课，学习和教学秩序恢复正常。[①]

吉布提的经济结构决定了其难以完全按照国际货币基金组织的指示完成经济结构调整。政府改革的前期成果并没有争取到国际货币基金组织的全力支持，经济结构调整计划搁浅。吉布提政府在稳定国内局势后，再次将目光投向国外。阿普蒂敦总统先后访问法国、日本等国争取援助，这是吉布提获得收入最为便捷的方式。大量援助的流入，往往对吉布提的经济产生立竿见影的效果，但也带来巨大的负面效应。

三、盖莱时期吉布提的新发展

权力交接顺利完成

90年代以来，吉布提面临复杂多变的国际国内环境，伊萨人内部争权夺利加剧，阿普蒂敦总统开始考虑权力交接问题。身兼总统办公室主任和安全机构负责人的伊斯梅尔·奥马尔·盖莱深得阿普蒂敦总统信任，成为吉布提总统的热门候选人。

盖莱出生于1947年，是阿普蒂敦总统的侄子。他青年时代投身民族解放运动，是阿普蒂敦总统的左膀右臂。1968年，他辞去殖民政府职务，两年后正式成为争取独立非洲人民联盟（LPAI）的积极

① Ali B. Ali-Dinar ed., “Djibouti”, *Horn of Africa Review*, Issue Twelve, June 1–July 31, 1997, http://www.africa.upenn.edu/Newsletters/har_797.html , 2018-7-12.

分子。1977年,作为谈判代表之一,盖莱参与和法国政府的最后谈判。1977—1999年，盖莱一直是阿普蒂敦总统的办公室主任，协助阿普蒂敦总统处理政务。1978年他还兼任了国家安全局长。从1994年起，盖莱基本上掌握了吉布提大部分权力，并将其支持者安插在各个岗位上。1997年，81岁的阿普蒂敦总统出现健康问题，盖莱承担了更多的政务。

1999年2月4日，阿普蒂敦总统第三个总统任期结束。他宣布，由于身体原因，不再谋求新的总统任期。随后，执政党争取进步人民联盟党召开非常会议，提名盖莱为总统候选人。反对派则提名穆萨·艾哈迈德·伊德里斯参与总统竞选。4月，盖莱与穆萨·艾哈迈德·伊德里斯展开竞争，盖莱以74%的得票率在大选中获胜。5月8日，盖莱正式就任总统。

盖莱就任总统后，有意增加阿法尔人的代表权。除选择阿法尔人古拉特担任总理外，在其他岗位上也擢升了一些阿法尔人。外交部长也来自阿法尔人。但在外部观察家看来，盖莱的接班水到渠成，他的行政班子在几年前已经形成。因此，吉布提的权力交接最大程度上保持了政治稳定和政策的延续性。

内战的结束与族际关系的缓和

盖莱总统秉承和解政策，将化解内战视为关键问题。虽然恢复联合和民主阵线支持政府，并与执政党组成联盟，但阿法尔人深孚众望的领导人迪尼仍然在埃塞俄比亚与吉布提边境地区从事反政府活动。迪尼领导的阿法尔人反政府武装对吉布提政府无法造成真正威胁，但其象征意义和破坏性不可小觑。

2000年2月初，在盖莱总统释放善意的基础上，迪尼和政府开始谈判。2月7日，迪尼和吉布提政府在法国巴黎达成协议，吉布提结束了长达十年的内战。吉布提政府宣布对阿法尔人公正对待，为他们提供平等机会。迪尼则承诺放下武器，不再组织反政府活动。迪尼和支持者结束9年流亡生活，回到吉布提。不过，盖莱总统并没有给与迪尼部长职位，阿法尔军人也没获得多少机会。

盖莱继任总统以及阿普蒂敦和迪尼相继退出政坛，宣布一个时代的彻底结束。阿普蒂敦是伊萨人政治家，他虽然致力于国家的长治久安，但也是族际政治的推行者。他在掌握吉布提的最高领导权后，不断强化伊萨人在吉布提政治中的主导地位，用伊萨人替代重要岗位上的其他族群。内战的爆发使得他的思想有所改变，但并没有发展到实现族际政治和谐的程度。迪尼是吉布提最有影响的政治家之一，他长期致力于为阿法尔人争取平等权利。他的政治生涯与两任总统都有交集，是无可争议的反对派领袖。[①] 但迪尼并没有成为两大族群共同支持的政治领袖，他的事业没有取得完全成功。

在武装斗争之外，迪尼始终没有创造出新的斗争方式，尤其是没有争取到法国以及阿拉伯国家等外部力量的支持。他与埃塞俄比亚的密切关系没有为他实现阿法尔人地位的提升。相反，埃塞俄比亚境内大量阿法尔人的存在，使得这种合作关系难以持续。迪尼之后，阿法尔人政治家中鲜有旗帜鲜明为阿法尔人平等权利奋斗的人物，这在一定程度上加剧了阿法尔人的边缘化，提高了族际冲突的可能性，对吉布提的未来打上了阴影。

埃厄战争对吉布提的影响

埃塞俄比亚是吉布提的重要邻国，亚吉铁路是连接双方的经济纽带。埃塞俄比亚 80% 的进口都是从吉布提港卸货、装运，通过吉亚铁路运输。吉布提每年从港口和铁路运输中获得大量关税和服务费用。埃塞俄比亚虽然对吉布提非常重视，但由于法国的军事存在很难将其收入囊中。海尔·塞拉西和法国殖民当局签订的边界协定保障了吉布提的独立地位。埃塞俄比亚政府为了保障国家安全，在门格斯图时期也曾大力开发位于厄立特里亚的阿萨布港口，降低对吉布提港口的依赖。但厄立特里亚民族解放运动威胁了埃塞俄比亚

① Daoud A. Alwan, Yohanis Mibrathu, *Historical Dictionary of Djibouti*, p. 9.

这一战略的实施。

埃塞俄比亚和厄立特里亚的矛盾由来已久，双方在民族、宗教等方面有明显差异。非洲民族解放运动兴起后，厄立特里亚摆脱埃塞俄比亚的控制，获得民族独立的愿望日益迫切。埃塞俄比亚以奥罗莫族（40%）、阿姆哈拉族（20%）为主，厄立特里亚则以提格雷尼亚族（50%）、提格雷族（31.4%）为主。[①]1974 年 9 月，门格斯图·海尔·马里亚姆（Mengistu Haile Mariam）发动军事政变上台，埃塞俄比亚在政治上的激进倾向使其与邻国的关系不断恶化。

20 世纪 80 年代以来，埃塞俄比亚中央政府与厄立特里亚省之间的矛盾不断加剧。1988 年 3 月，反政府武装组织“厄立特里亚人民解放阵线”和“提格雷人民解放阵线”（TPLF）向政府军发动进攻，埃塞俄比亚大规模内战爆发。1989 年，“厄立特里亚人民解放阵线”占领厄省大部。1991 年 5 月 28 日，以“提格雷人民解放阵线”为主的军队进入亚的斯亚贝巴，门格斯图政权宣告瓦解。厄立特里亚随即成立临时政府，并与埃塞俄比亚过渡政府达成协议。厄立特里亚获得自主决定命运的机会。1993 年 4 月 23—25 日，厄立特里亚举行全民公决，以 99.8% 的绝对优势顺利获得独立。5 月 24 日，厄立特里亚正式宣告独立。虽然埃塞俄比亚政府对厄立特里亚的独立予以承认，双方还在 1993 年签订了友好合作条约，但很难接受失去厄立特里亚造成的重大损失。双方的矛盾并没有随着厄立特里亚的独立而得到解决。1998 年 5 月，两国在有争议的巴德梅地区爆发大规模边界武装冲突，关系急剧恶化。2000 年，双方签署和平协议，联合国安理会随后成立联合国埃厄特派团。后因埃塞对边委会裁定先接受后拒绝，和平进程陷入僵局。

埃塞俄比亚－厄立特里亚战争（Ethiopia-Eritrea War）爆发后，对吉布提的安全造成了重大威胁。一方面，大量难民涌入吉布提。另一方面，由于埃塞俄比亚频繁使用吉布提港进口军事装备和在吉

① 《埃塞俄比亚国家概况》，中华人民共和国外交部网站，2019 年 8 月，http://www.fmprc.gov.cn/web/gjhdq_676201/gj_ 676203/fz_677316/, 2019 年 12 月 20 日。

布提港部署舰队，吉布提遭到厄立特里亚的敌视。吉布提政府虽然在两国间保持中立，但在一定程度上偏向了埃塞俄比亚。盖莱总统对埃塞俄比亚有特殊感情。他出生在埃塞俄比亚德雷达瓦，并能说流利的当地语言阿姆哈拉语。战争期间，他是吉布提的实际统治者。他当选为吉布提总统后，访问了埃塞俄比亚，并在埃塞议会发表演讲。吉布提与埃塞俄比亚关系有实质性增强。厄立特里亚为了对抗和削弱埃塞俄比亚，利用活动在吉布提北部的阿法尔游击队，制造混乱局面。这引起法国政府的重视。法国接连出动米拉奇战机和侦察机在红海附近巡逻，迫使厄立特里亚放弃颠覆吉布提的打算。

另一方面，埃塞俄比亚 - 厄立特里亚战争进一步提高了吉布提港的经济地位，增强了埃塞俄比亚的依赖。埃塞俄比亚在失去位于厄立特里亚的马萨瓦（Massawa）和阿萨布港后，彻底变为内陆国家，选择余地缩减。埃塞比亚进口的 90% 都需要通过吉布提。因此，埃塞俄比亚 - 厄立特里亚战争为吉布提经济提供了有利条件，很大程度上改善了吉布提因为内战导致的艰难局面。但是，吉布提与厄立特里亚的关系则比较冷淡，后者成为吉布提的重大安全威胁。

21 世纪初期吉布提的政治发展

盖莱总统以民主改革者的形象上台，在吉布提国内燃起了变革的希望。1999 年总统选举被普遍认为是公平、公正的。他当选之后，任命专门的官员负责调查徇私舞弊，从制度上纠正和杜绝选举不公，创造民主政治的条件。另外，他在全国掀起民主观念的教育活动，宣传民主价值。[①] 盖莱总统也坚决推进多党制发展。自从 1992 年修改宪法之后，吉布提的反对党获得更多参与竞争的权利。

盖莱总统从内战中吸取经验教训，在政治中维系族际平衡。他不仅在执政党争取进步人民联盟内部保持一定的阿法尔人代表，而且把阿法尔人的主要政党恢复民主统一阵线（FURD）团结在政府

---

① Claire Metelits, Steph Matti, *Deserting Democracy: Authoritarianism and Geo-strategic Politics in Djibouti*, Davidson College, Turquoise Mountain, Afghanistan, July 2015, p. 2.

周围。在历次大选中，恢复民主统一阵线都与执政党保持一致，支持盖莱总统的连任。阿法尔人担任政府总理成为惯例。阿法尔政治精英在吉布提政治中也获得一定代表权，因而选择与政府合作，不再谋求武装斗争。在盖莱总统执政期间，吉布提基本保持了稳定局面。

但吉布提的民主化进展并不顺利，相反，威权主义趋势在不断加强。作为2001年和平协议的一部分，吉布提政府承诺进行分权（décentralization），授予包括阿法尔人地区在内的地方政府更多权力。分权的目的是在宪法和制度上为全体国民在国家和地区层面上提供参与政治的机会，从而调动全体国民的积极性。① 2006年4月，吉布提进行地方议会选举。奥博克、迪基尔、阿里·萨比赫等县，以及吉布提市都建立地方议会。但事实上，这一计划没有产生实质性影响。地方议会可以和外部援助者协商援助，但资金流入和分配必须经过中央政府。② 地方议会没有财政权，很难开展各项必要的活动。而且，地方行政长官的任命权也属于总统，总统借此牢牢控制地方政治。2011年11月，吉布提内政部对分权计划进行修正，修改了之前的设置。③

进入21世纪，随着国际局势的变化，吉布提民主化明显减速。一方面，美国等西方国家虽然鼓吹民主变革，但力度有所放缓。相反，他们对各自的战略利益更加看重。吉布提重要的地缘位置以及相对稳定的政治局势让西方国家非常重视。因而，它们不再强求民主化的进展。另一方面，盖莱总统在稳固政权后，推动民主化的热情也在消退。

2003年1月10日，吉布提举行议会选举，政府允许反对派参加。自从1977年以来，吉布提出现第一次多党公平竞争。执政党人

---

① Abdoulkader Hassan, *La Décentralisation en République de Djibouti: Cadre Juridique et Institutionel*, Paris :Karthala, 2013, p. 20.

② Jennifer N. Brass, "Djibouti's Unusual Resource Curse", *The Journal of Modern African Studies*, Vol. 46, No. 4, 2008, p. 530.

③ Abdoulkader Hassan Mouhhoumed, "La Décentralisation, Cadre Juridique et Institutionel", à Amina Saïd Chire, *Djibouti Contemporain.*, Paris : Karthala, 2013, p. 103.

民进步联盟在总理古拉特带领下与“恢复统一和民主阵线”（Front for Restoration of Unity and Democracy）、“全国民主党”、“社会民主联盟党”（Social Democratic People's Party）组成“总统多数联盟”（Union for the Presidential Majority）。他们号召民众支持其促进就业、经济增长和实现减贫的目标。反对派则在艾哈迈德·迪尼的领导下，结合“民主共和联盟”（Republican Alliance for Democracy）、“民主革新和发展运动”（Movement for Democratic Renewal and Development）、“吉布提发展党”（Djibouti Party for Development）和“吉布提争取民主和正义联盟”（Djibouti Union for Democracy and Justice）组成了“民主联盟”（Democratic Union）。①他们指责政府在内政外交上的失败，承诺当选后为吉布提带来变革。

在竞选过程中，阿瓦勒领导的全国民主党临阵倒戈，从反对派阵营转向执政党阵营，严重削弱了反对派力量。最终总统多数联盟以 62.7% 的得票率击败反对派，获得全部 65 个议席。选举结果表明，盖莱总统和执政党获得了更多民众的支持。但选举结果还是让执政联盟大吃一惊。在计票过程中发现，执政联盟仅获得了 3000 票的优势。②这表明如果放松控制，反对派也有可能在选举中获胜，取代执政党。虽然执政联盟最终以胜者全得的规则获得了议会主导权，但反对派力量的壮大不容小觑。此后，盖莱政府明显加强镇压，以应对反对派的挑战。

根据宪法，盖莱总统在连任两届后，应当退出总统竞选，但他没有信守诺言。2010 年 4 月，吉布提议会通过修正案，取消了对总统的任期限制。这引发了人们的不满，吉布提出现了民众抗议。2011 年 2 月，吉布提大学爆发学生示威，抗议政府，盖莱政府迅速进行镇压。在冲突中，至少 2 人死亡。虽然面领着考验，但盖莱

① Amedee Bollee, “Djibouti: From French Outpost to US Base”, *Review of African Political Economy*, Vol. 30, No. 97 , 2003, p. 482.

② Ibid.

总统仍然牢牢掌握政权。2013 年 2 月，吉布提举行大选，反对党在 2008 年抵制之后，再次参与角逐。选举结果显示执政党获胜，执政党获得 65 席中的 49 席，但反对党不予承认，并指控政府舞弊。2016 年 4 月，吉布提举行总统大选，盖莱总统再次获胜，从而开始其第四个总统任期。

在中东北非普遍经历变革的形势下，吉布提的威权主义政治不但没有发生根本性变化，反而在加剧这种趋势。盖莱总统通过各种手段严厉打击竞争对手，控制媒体和市民社会组织，因而很难出现可靠的替代人选。吉布提国有企业控制唯一的网络服务和电信服务，网络和电话都处于政府的监控之下。不仅媒体不能发挥监督作用，网络也无法反映社会舆论。只有执政党能够利用媒体宣传政治主张，反对派很难利用媒体发声。工会虽然合法，但政府可以通过更换领导人，干扰会议，或成立政府御用工会的方式予以管控。[①]

吉布提政府的行政能力存在很大问题。政府管理缺乏预估和计划，以“应急管理”和“紧急状态”为主。政府部门没有可信赖的统计数据，人口、医疗、贫困状况、预算等方面数据都没有完整档案。[②] 政府行政效率非常低下，且缺乏系统。外资在吉布提建立企业往往要完成冗繁的行政审批手续，其间还不得不承受官员索贿。吉布提的官僚政治发展仍然带有相当程度的侍从主义倾向，官员的选用是基于权力分配的逻辑，而不是建立科层制的需要。[③] 吉布提的政治发展还有很长的路要走。

减贫计划

盖莱总统就任之初，面临严峻的经济形势。吉布提内战的后遗症仍然存在。战争破坏，加上旱灾和国际贸易的变化，严重打击了

① Jennifer N. Brass, “Djibouti’s Unusual Resource Curse”, *The Journal of Modern African Studies*, Vol. 46, No. 4, 2008, p. 532.

② Ibid., p. 533.

③ Ibid.

吉布提经济。吉布提军队超过了10万人，58%的居民处于失业状态，国民经济年增长率仅为1%。吉布提的贫困人口不断增加，成为世界上最不发达的国家之一。1996—2002年，吉布提贫困率急剧上升。相对贫困率从64.9%上升至74.4%，绝对贫困率则由35%上升为42%。[①]糟糕的经济情况导致社会发展水平很低。适龄儿童的毛入学率仅为42.7%，15岁以上民众识字率仅为18.3%，婴儿死亡率和婴幼儿死亡率分布为94.6‰和106.2‰[②]

盖莱政府为解决削减贫困，实现联合国千年发展计划，使出浑身解数。吉布提政府最早的尝试是接受经济结构改革的“药方”。早在1999年10月，国际货币基金组织决定，为进一步推动吉布提经济结构调整，给予其2650万美元的贷款。国际货币基金组织要求吉布提增加税收，并切实加强征收能力；实现预算平衡；对腐败且效率低下的半国营企业进行私有化；进一步削减公务员队伍，尤其是军队。[③]但是，这一计划执行得并不顺利。2000年10月，国际货币基金组织对吉布提的经济结构改革提出质疑，认为吉布提的减贫战略（The Poverty Reduction Strategy）力度太小。2001年2月，国际货币基金组织宣布终止这一计划。

因此，吉布提政府开始放弃经济结构改革战略，转而开发本国人力资源，加强社会保障，促进国家治理现代化，从根本上应对人民生活贫困增加的趋势。2004年5月，吉布提制定2004—2006年三年计划，试图大规模降低贫困率。吉布提的目标是使经济年增长率达到4.6%；将绝对贫困率削减至36.1%；毛入学率提高至73%。[④]该计划取得了部分成功。2004—2006年，吉布提经济年平

---

① Claire Metelits, Steph Matti, *Deserting Democracy: Authoritarianism and Geo-strategic Politics in Djibouti*, Davidson College, Turquoise Mountain, Afghanistan, July 2015, p. 4.

② International Monetary Fund, *Djibouti: Poverty Reduction Strategy Paper—Annual Progress Report*, IMF Country Report, No. 12/131, June 2012, p.2.

③ Amedee Bollee, “Djibouti: From French Outpost to US Base”, *Review of African Political Economy*, Vol. 30, No. 97, 2003, p. 483.

④ International Monetary Fund, *Djibouti: Poverty Reduction Strategy Paper—Annual Progress Report*, IMF Country Report, No. 12/131, June 2012, p.2.

均增长率为3.7%，超过了人口增长速度（3%）。但小学入学率只达到66.2%，15—24岁女性识字率为47.5%。[①]

2007年1月9日，吉布提政府公布第二个减贫计划“社会发展国家倡议”（“Initiative Nationale pour le Développement Social”）。盖莱总统指出，该计划将为吉布提提供一个社会发展纲领。到2015年，吉布提将建立一个和平、现代、公平、开放、经济繁荣、管理有序的国家。社会分裂、贫穷、边缘化以及公民被排斥在发展计划之外的情况将彻底得到克服。[②]社会发展国家倡议是一个雄心勃勃的计划，包括四个层面。第一个层面致力于增强吉布提经济竞争力，为经济可持续发展创造条件。第二个层面为开发吉布提人力资源，促进城乡发展，保护环境计划。第三个层面主要以削减贫困为主。吉布提政府希望集中力量对贫困人口集中的地区发力，助其脱贫。第四个层面旨在为加强政治、经济、地方、经济和金融治理，提升政府计划和管理水平，引进现代化管理手段。2008—2012年为第一个阶段。吉布提虽然实现经济年增长率5%，但在减贫方面进展较慢。主要的原因是监督和评估机制落后，外部投资主要以资本密集型为主，没有创造足够的就业岗位。[③] 2011—2015年为第二个阶段。受全球经济形势下滑影响，吉布提经济发展有限。2015—2019年为第三个阶段。吉布提对其发展战略进行微调，转向基础设施建设方面。吉布提专门修建港口出口盐和石灰，提升机场起降能力，修筑新吉亚铁路。在新的规划中，吉布提希望实现8.5%的发展目标，通过经济发展减少贫困。[④]

但吉布提的减贫计划进展有限。2002—2013年，吉布提的总体

---

① International Monetary Fund, *Djibouti: Poverty Reduction Strategy Paper—Annual Progress Report*, IMF Country Report, No. 12/131, June 2012, p.2.

② Ibid., p.4.

③ World Trade Organization Secretariat, *Trade Policy Review: Djibouti*, World Trade Organization Paper, Sept. 17, 2014, p. 12.

④ Ibid.

贫困率从 47% 下降到 41%，绝对贫困率从 24% 降到 23%。[①] 城镇和农村贫困率非常悬殊。农村主要以糊口经济为主。吉布提人口相对年轻，75% 的人口在 35 岁以下，但吉布提民众的经济参与率比较低，只有 62% 的民众参与经济活动，人力资源优势没有得到有效发挥。[②] 吉布提的贫困问题是一个结构性问题，民众收入不高是主要原因。吉布提第一、第二产业吸收就业的能力非常有限，就业岗位主要集中在服务业，而政府雇员占大多数。吉布提民众很难在教育、医疗、饮用水、基础设施方面投入较多资金，这就进一步制约了其发展。因而，吉布提很难为现代企业提供高素质人才，无法吸引外部投资。再加上自然条件恶劣，吉布提民众仍然在为生存而斗争。吉布提的贫困问题，从根本上而言是发展问题。解决贫困的关键也在于实现充分、可持续发展。

2035 愿景

2014 年，吉布提政府推出“2035 愿景”（Vision Djibouti 2035），对未来发展进行布局。正如盖莱总统所言，吉布提正在走向一种新的发展道路，这是吉布提第一次以长期计划的形式进行战略布局。“2035 年愿景”的发展项目阐述了以五大范式为中心的新战略指导方针。主要内容包括：促进和平与民族团结；善治；经济多样性和竞争力；人的能力建设；区域一体化。从宏观方面，该战略对吉布提未来的发展道路进行了全面规划。族际政治是一直困扰吉布提关键问题；国家治理能力滞后是制约吉布提发展的主要障碍；经济多样化是促进吉布提均衡稳定发展的唯一出路；人力资源提升是吉布提经济发展的重要保障；与地区国家保持协调，发展友好关系是发挥其区位优势的基本考量。

盖莱总统表示将在未来 20 年，把吉布提建设成红海灯塔。吉布提将摆脱传统文化的限制，将不适合现代社会的习俗进行彻底改变，

---

① Alexei Kireyev, *Djibouti's Quest for Inclusive Growth*, IMF Working Paper, Dec. 2017, p. 9.

② Ibid., p. 12.

与普世价值接轨。吉布提将改革经济结构，实现可持续发展，人均GDP翻两番。吉布提将创造20万个就业岗位，失业率从50%降至10%，绝对贫困率降至1/3以下，同时缩小贫富差距。居民可以获取充分的能源、饮用水和健康医疗。吉布提在民选官员、市民社会和市民代表的参与下，建立一个更加公平、开放的现代化社会。

具体而言，吉布提政府选择港口建设、旅游、教育、渔业、新技术的引进为实现这一战略的突破口。吉布提经济主要依赖港口、运输和物流等方面，但这些部门都面临升级改造。吉布提政府计划在20年时间里，大力发展旅游业，充分利用其独特的地貌特征、丰富的旅游资源和便捷的交通条件。同时，政府认识到只有发展教育，才能对港口软件实现升级。吉布提渔业资源丰富，但利用率仅为0.73%。[①] 通过该计划，吉布提将充分利用其长期被冷落的渔业生产。这将为国家提供新的经济生长点。吉布提总理阿卜杜勒卡德尔·卡米勒·穆罕默德（Abdoulkader Kamil Mohamed）明确指出，“2035愿景”的目标是在20年内将吉布提转变为新兴经济体。[②] 商务部长优素福·穆萨·达瓦勒赫（Youssouf Moussa Dawaleh）称，再过20年，吉布提将变成迪拜或新加坡。[③] 到2035年，吉布提将成为一个区域和国际经济，商业和金融中心，人民享有和平，安全和清洁的环境中的现代化福祉。[④] 吉布提计划在10年时间创造34万个工作岗位。[⑤]

在该战略推出前后，已经有14项基础设施建设项目陆续上马，价值190亿美元。它们包括塔朱拉港建设工程、北部巴尔列－梅凯

---

① Jennifer N. Brass, “Djibouti’s Unusual Resource Curse”, *The Journal of Modern African Studies*, Vol. 46, No. 4, 2008, p. 540.

② “Djibouti Today”, The Permanent Mission of the Republic of Djibouti to UN, https://www.un.int/djibouti /djibouti/djibouti-today，2018-7-16.

③ “Megan Palin”, “Tiny African country becomes playground for world super powers”, ECADF in News, Sept. 3, 2017, https://www.news.com.au/world/africa/tiny-african-country-becomes-playground-for-world-super-powers /news-story/0fa72ddc2df6efc9ac437d8681977fd6，2018-7-16.

④ “Djibouti: Vision-2035, Republic of Djibouti”, http://www.djibouti.dj/en/about-djibouti/djibouti-vision-2035/，2018-7-12.

⑤ “Djibouti Today”, the Permanent Mission of the Republic of Djibouti to UN, https://www.un.int/djibouti/djibouti/djibouti-today，2018-7-16.

尔勒（Balho-mekhele）道路修筑工程、阿萨勒盐湖矿产开采工程、亚吉铁路改造工程和吉布提国际机场改建工程等。近年来，这些项目大多都取得了不错的进展。

然而，吉布提在保持安全与稳定的同时，仍有许多短板，这使得外部投资者望而却步。吉布提缺乏技术人才，甚至连一些初级技工都需要从邻国招募。腐败在政府各个部门不断增长，已经被一些机构的清廉指数排名证实。2018 年，外债占 GDP 的比重达到了 87%。埃塞俄比亚通过吉布提进出口货物的比重达到 95%。这使埃塞俄比亚对吉布提的依赖进一步提升，从而对吉布提的关注和干预的欲望也在增长。

吉布提还存在一些违反国际贸易规则的行为。2014 年，吉布提与利比亚石油公司和法国道达尔石油公司单方面解约，引发国际关注。2018 年 2 月，吉布提单方面终止与阿联酋迪拜港的合约，再次引起贸易纠纷。而根据约定，迪拜世界港（Dubai World）租借多哈雷港（Dohare）到 2026 年才期满。在外部投资者看来，吉布提这种违反国际贸易规则的毁约行为完全是坐地起价，不利于保护投资方利益。

四、现代吉布提的社会与文化

社会阶层的变化

吉布提两大民族伊萨人和阿法尔人都属于游牧民族，且都信仰伊斯兰教，绝大多数属于逊尼派。移民到吉布提的也门人也以逊尼派居多。独立之后，吉布提人的生活方式悄然发生变化。

吉布提独立前夕，有权参与投票的公民为 186,522 人，其中伊萨人 98,604 人，阿法尔人 74,490 人，阿拉伯人 10,014 人，其他族群 3414 人。但在第一届议会总共 65 个议会席位中，伊萨人和阿法尔人各31人，其他族群仅为3人。[①]在吉布提的社会阶层中，法国人处于主导地位，法国行政官员操纵一切。阿拉伯人和阿法尔人受到法国殖民政府的重视。阿拉伯移民（主要来自也门）在商业方面比较活跃，而且愿意和法国殖民当局合作。法国从分而治之的策略出发，大量起用阿拉伯人。阿法尔人则由于其历史上的优势地位，被法国所重视。在吉布提民族解放运动兴起和索马里人追求独立的诉求变得日益炽烈之际，法国殖民当局感受到索马里人的强大压力。1967年，法国将法属索马里更名为“法属阿法尔人和伊萨人辖区”。因此，吉布提独立之前的社会阶层大致为法国人、阿拉伯人、阿法尔人、索马里人和移民。[②]吉布提民族主义发展过程中，许多民族主义运动领导人在推动族际政治。阿里·阿里夫主张排斥阿拉伯人，阿普蒂敦总统为了宣传的需要，也曾表态排斥阿拉伯人。此后，虽然没有确切数据，但族群政治的格局基本确定。

吉布提独立后，社会阶层经历深刻变化。法国殖民者将权力移交吉布提政府，逐渐撤出所有管理人员，仅剩下少数技术人员和教师等。伊萨人由于集中在吉布提市，生活方式以服务业为主。除此之外，在迪基尔县等其他地区有一些人从事农业。阿普蒂敦总统掌握权力后，伊萨人，尤其是美玛桑族人占据了政府高层。部落政治非但没有削弱，而是进一步增强。吉布提族际政治中，伊萨人不仅在政府中处于绝对领导地位，而且在公务员、军队和港口管理中占据优势。在吉布提的人口分布中，伊萨人和其他索马里部落开始取代阿法尔人，首都吉布提被伊萨人接管。

阿法尔人崇尚牧业，不习惯定居生活方式。吉布提独立后，他们受到伊萨人以及索马里难民和移民的冲击，开始向北部的奥博克和塔朱拉等县集中。有一部分甚至逃亡埃塞俄比亚。吉布提内战期间，有16,000余名阿法尔难民涌入了埃塞俄比亚。阿法尔人逐渐被排除

---

① Samson A. Bezabeh, “Citizenship and the Logic of Sovereignty in Djibouti”, *African Affairs*, Vol. 110, No. 441, 2011, p. 602.

② Ibid., p. 594.

在权力之外，首都吉布提定居者人数下降。大量移民的涌入和伊萨人向北部的拓展，压缩了阿法人的生存空间。加上吉布提气候炎热、植被稀少，牧场严重不足，阿法尔牧民生活更加艰难。没有取得吉布提公民身份的埃塞俄比亚人、索马里人和其他移民以及难民处于社会最底层。

在家庭内部，男权社会的特征明显。男性，尤其是族长的权力很大，妇女的地位很低。独立之后，吉布提努力推动社会现代化，摈除一些陈规陋习。在国际组织帮助下，吉布提努力提高教育水平，改善国民教育。吉布提政府重视提高妇女地位，努力改变一夫多妻和童婚现象以及女子割礼等行为。1980 年，总统夫人艾莎·柏古赫（Aicha Bogoreh）创建了“吉布提妇女全国联盟”（Union Nationale des Femmes Djiboutiennes, UNFD），从反对割礼和提高识字率等方面提高妇女地位。[①]但是，受部落文化影响，吉布提社会现代化的进展比较有限，妇女地位没有明显提高。

部落变迁与城市化

部落构成吉布提社会的基础，部落主义也是吉布提社会组织的基础形态。吉布提学者奥马尔·奥斯曼·拉比赫（Omar Osman Rabeh）认为，部落拥有以下功能：提供司法体系、防卫机制、惩罚标准、教育标准，而且部落还在发挥传递这些准则的中等学校的职能。[②]当部落成员受到不公正对待时，部落长老可以为他们伸张正义。在部落社会中，个人是部落集体的一员，受到整个部落的保护，使其免于外部攻击。部落习惯法可以方便地提供惩罚标准。各种习惯一代又一代传承，保证传统文化受到重视。部落成员的基本习惯和生活常识、社会规则都来自部落。但部落主义在为其成员提供保护的同时，也造成了隔离和冲突。吉布提至今仍深受部落主义的影响。

① Daoud A. Alwan, Yohanis Mibrathu, *Historical Dictionary of Djibouti*, p.118.

② Abdourhman Yacin Ahmed, “Djibouti au Centre Discours Littéraire”, à Amina Saïd Chire, *Djibouti Contemporain*, Paris : Karthala, 2013, p. 330.

在吉布提农村，尤其是北部阿法尔人聚居区域，游牧生活仍然是主要生活方式。他们依赖骆驼在沙漠里穿行，甚至超过对现代交通工具的使用。[①]这种粗放经营难以适应环境的变化，无法对农民生活水平的提高发挥作用。

吉布提政府旗帜鲜明地反对部落主义，将其视为阻碍吉布提发展的重大障碍。[②]吉布提政府禁止任何人利用部落从事政治活动，或操纵部落政治。吉布提一党制的建立，据称也是为了打击部落主义，将吉布提统一在同一个政党之下，实现有效的政治动员。[③]然而，在现实政治中，各个派别之间的斗争仍然掺入了部落政治的因素。在伊萨人长期执政的情况下，阿法尔人和其他索马里部落之间的互动和交流非常频繁。西方自由主义民主的引入，使得各个政党之间对于选票的争夺成为主要目标。各个政党为了获胜，往往专注于经济和社会议题，淡化了部落政治特征。在文学方面，除了瓦贝里以部落为题材的小说之外，出现了更多反部落主义的作品。吉布提当代作家达赫尔·艾哈迈德·法拉赫（Daher Ahmed Farah）和威廉·赛亚德（Willam Syad）就持这种观点。

城市化是吉布提社会发展的一个显著特征，也是影响部落生活方式的重要因素。1997年之前，吉布提城市化速度比较慢。1997年之后，吉布提的城市化迅速推进。2009年，吉布提城市化水平超过70%，大约577,000人住在城市里。[④]2007—2017年，吉布提城市人口占总人口的比例仍在缓慢增长，从76.85%增长到了77.52%。[⑤]城市化的迅速进展在一定程度上消解着部落主义的基础。现代生活

---

① Rob Crossan, “Djibouti: Meet Nomadic Tribes and Brave Flying Fish in the Tiny Former French Colony”, *Independent*, May 2, 2009, https://www.independent.co.uk/travel/africa/djibouti-meet-nomadic-tribes-and-brave-flying-fish-in-the-tiny-former-french-colony-1677541.html, 2018-7-26.

② André Laudouze, *Djibouti: Nation Carrefour*, Paris: Editions Karthala, 1982, p. 168.

③ Ibid., p. 169.

④ Moustapha Nour Ayeh, “Les Villes De Djibouti Entre Explosion Démographique, Paupéris et Violences”, à Amina Saïd Chire, *Djibouti Contemporain*, p. 65.

⑤ “Djibouti: Urbanization from 2007 to 2017”, *The Statistics Portal*, Dec. 2019, https://www.statista.com/ statistics/529272/urbanization-in-djibouti/, 2019-12-29.

方式和节奏的改变，使传统价值难以维系。不断迁徙的家庭失去和原先部落的联系。民众在为生计奔波的过程中，已经混淆了部落之间的差异，这尤其体现在城市，以及城乡接合部的贫民和移民中间。物质主义的发展也助长了个人主义，年轻人更加注重自我。

吉布提城市化迅速发展并不是经济增长的结果。吉布提自然资源贫乏，生存条件恶劣，促使国民更多选择在城市定居。吉布提的经济结构中，第三产业即服务业居于主导地位，只有城市能提供这种工作机会。

吉布提市是吉布提最大的城市。1983 年，吉布提市人口为 213,083 人，2009 年，吉布提市人口增长到 475,322 人。[①]吉布提市构成了吉布提城市人口的绝大多数。吉布提表现出了明显的城市国家属性。首都吉布提市在政治、经济、文化、对外交流等方面发挥关键作用。不过，由于吉布提城市人口的迅速发展，也产生了许多城市病。吉布提贫富差距悬殊，上层社会和底层民众之间几乎生活在不同的国度。从人口结构来看，年轻人占据最大比重，15 岁以下人口占总人口的一半以上。由于失业率居高不下，大多数年轻人处于失业状态。除了少数富人区，吉布提郊区充斥着大量贫民窟，住房供应严重不足，居民缺乏必要的社会保障，因此生活消费在总消费中占大多数。吉布提的犯罪率，尤其是底层民众犯罪率居高不下，政府不得不投入大量精力维持治安。但由于难以消除产生犯罪的土壤，政府的行动左支右绌，不能从根本上提升安全治理。

除此之外，还有一些小城市。阿里萨比赫、迪基尔、塔朱拉、奥博克、阿尔塔等城镇都有上万人口。但相对首都吉布提而言，这些城市的人口增长并不明显。随着首都吉布提市城市规模的不断膨胀，它们不断被边缘化，难以发挥重要作用。

---

① Moustapha Nour Ayeh, "Les Villes De Djibouti Entre Explosion Démographique, Paupéris et Violences", à Amina Saïd Chire, *Djibouti Contemporain*, p. 68.

多元文化和教育

吉布提独立 20 多年来，文化事业发展缓慢。同许多非洲国家一样，当地传统文化多系口头文化。[①] 吉布提作为非洲、欧洲、亚洲之间交往的桥梁，受到非洲文化、阿拉伯文化、欧洲文化的多重影响，形成多元文化特征。吉布提的文化就是非洲文化、阿拉伯文化和伊斯兰文化的结合体。[②] 吉布提位于非洲，其文化扎根在非洲大地上。同时，吉布提属于阿拉伯世界，传承了阿拉伯文化的许多内容，从诗歌、音乐、绘画各个方面融入了阿拉伯因素。另外，伊斯兰教从陆上、海上进入吉布提后，已经与吉布提的文化融为一体。为了获得海湾阿拉伯国家的援助，吉布提在社会生活方面有意做出了一些改变。吉布提将伊斯兰教作为官方宗教，阿拉伯语列入官方语言。此外，政府在全国禁酒，在公共场合增加了伊斯兰文化标识。吉布提人民是非洲大陆上最早接受伊斯兰教的民族，保持并恢复伊斯兰文化也符合其民族性的发展。

吉布提独立以来在音乐、电影、艺术等方面的成就有限。吟游诗人创作和传唱的诗歌、传说、散文、史诗尚未退出历史舞台。[③] 阿法尔人和索马里人部落民更擅长口头创作，文学作品大都使用本国语言以外的语言完成。吉布提有许多游吟诗人传承并发展民族文化，但传播范围不广。[④] 和非洲之角其他国家一样，一些使用殖民国家语言的作家在西方文化圈获得了声誉，他们主要用法语发表著作。阿卜杜拉赫曼·瓦贝里（Abdourahman Waberi）就是其中的典型代表。阿卜杜拉赫曼·瓦贝里是吉布提当代最著名的作家。他 1965 年出生于吉布提市，1985 年前往法国求学，毕业后在法国定居。他创作了

---

① 顾章义、付吉军、周海泓编著：《列国志·索马里 吉布提》，社会科学文献出版社 2006 年版，第 282 页。

② André Laudouze, *Djibouti: Nation Carrefour*, p. 172.

③ Abdourahman Yacin Ahmed, “Djibouti au Centre du Discours Littéraire”, à Amina Saïd Chire, *Djibouti Contemporain*, p. 319.

④ “Djibouti”, *Everyculture*, http://www.everyculture.com/Cr-Ga/Djibouti.html, 2018-7-26.

大量关于吉布提的小说、诗歌、散文，作品主要反映吉布提在后殖民时代的文化变迁。

阿卜杜拉赫曼·瓦贝里积极传播非洲文化，他以自己的著作，改变人们对非洲、吉布提的固有看法和僵化观念，提供全新的视角。[①]瓦贝里主要采用讽刺手法揭露殖民者在西方形成的关于非洲的刻板印象。在瓦贝里的作品中，旅行见闻、传统神话、诗歌等被反复使用。他的作品被翻译成十几种语言，流传非常广阔。他的主要作品包括：《无影之国》（*Le Pays Sans Ombre*［1994］），《巴拉巴拉》（*Balbala*［1998］），《游牧之书》（*Cahier nomade*［1999］），《游牧之眼》（*L'œil nomade*［1997］），《我的游牧兄弟用瓢饮酒》（*Les Nomades, mes frères vont boire à, la Grande Ourse*［2000］），《裂谷，道路，铁轨》（*Rift, routes, rails*［2001］），《过境》（*Transit*［2003］），《头骨的收获》（*Moisson de crânes*［2004］），《非洲合众国》（*Aux Etats Unis d'Afrique*［2005］），《流泪》（*Passage des larmes*［2009］）等。

20 世纪 40 年代，索马里音乐家首先将传统游牧乐曲改变为现代音乐，开始风靡整个非洲之角地区。60 年代，吉布提音乐也开始发展起来。一方面，他们吸取索马里和埃塞俄比亚的经验，将传统乐曲改编之后传唱。另一方面，他们也开始组建自己的乐队，进行独立创作。来自西方的管弦乐器、电吉他等传入吉布提。美国爵士乐、黑人福音颂歌、蓝调等在吉布提都有传唱。吉布提自己的乐队在城市公开演唱，如巴登（Baadon）乐队、吾友（Amigos）乐队，以及阿卜杜拉·李（Abdallah Lee）和丁卡拉（Dinkara）组织的流行乐队等。[②]1997 年，吉布提阿达娇协会（Association Adagio）成立，进一步促进了民族音乐的发展。

---

① Kate Kelsall, "How Djibouti Writer Abdourahman Ali Waberi Subverts African Stereotypes", *The Culture Trip*, Dec. 27, 2016 , https://theculturetrip.com/africa/djibouti/articles/abdourahman-ali-waberi-subverting-african -stereotypes/, 2018-7-26.

② Mohamed Houmed Hassan, "Emergence et Evolution D'Une Culture Populaire Urbaine à Djibouti", à Amina Saïd Chire, *Djibouti Contemporain*, p. 302.

吉布提在绘画方面，引进西方油画创作方法，表现形式更加多样。吉布提艺术家在传统题材基础上，展示更多的现代元素。

吉布提独立后，仍延续法国殖民者曾经实行的教育制度，法语被定为官方语言之一。吉布提国内培养的少数优秀高中生，毕业后被派往法国留学。法语教学在吉布提保持其重要地位。由于吉布提与阿拉伯国家的密切联系，在基础教育方面，伊斯兰教育是主要内容。尤其是沙特阿拉伯援助的小学中，重视传统伊斯兰教育。近年来，吉布提将发展教育提升到战略地位。吉布提谋划建立了几所大学，在本国延揽知识分子担任教师，自主培养大学生。经过一段时间的实验，吉布提现在也能培养各级岗位需要的高层次人才。

五、吉布提的对外交往

与邻国的关系

吉布提的独立是本国民族解放运动和国际政治发展的共同产物，内外交往在现代吉布提的发展过程中发挥了非常重要的作用。吉布提处于国际政治中各方力量交会的十字路口，受外界的影响非常大。

吉布提独立之初，面临复杂的地区形势，因而把睦邻外交放在优先地位。欧加登战争和也门内战给吉布提制造了难题。吉布提的选择是严守中立，秉持不结盟运动的立场。[①] 吉布提呼吁冲突各方放弃武力，在相互尊重对方权益诉求的基础上，通过谈判解决问题。1980 年 9 月 4 日，阿普蒂敦总统提出确保非洲之角和平的三点建议；一、保持国际水道安全；二、开放欧加登地区人员往来的通道，保障和平迁徙；三、建立经济合作的基础设施。[②] 吉布提愿意为埃塞俄比亚和索马里之间的和解提供沟通渠道。虽然在实际沟通过程中，吉布提并没有完全保持中立，但吉布提的劝谈促和还是取得了重大

① André Laudouze, *Djibouti: Nation Carrefour*, p. 189.

② Ibid., p. 192.

进展。埃塞俄比亚和索马里在两败俱伤的战争结束后，在吉布提签署了和解协议。

冷战期间，吉布提从港口贸易中获得丰厚受益。冷战结束后，世界局势经历激烈动荡，非洲之角也受到波及。1991 年，吉布提两大邻国埃塞俄比亚和索马里同时发生政权更迭，不同程度陷入内部冲突，这对吉布提政治经济发展产生重大影响。如前所述，埃塞俄比亚最终发生分裂，吉布提港口地位在提升的同时，在北部出现了一个竞争对手。而索马里的内乱则一直持续至今，成为影响吉布提的一个关键地区问题。索马里内政对吉布提的影响主要体现难民危机、海盗问题和恐怖主义威胁三个方面。索马里内战的外溢效应首先在于产生了大量难民。由于地理上的便利和族缘关系，许多难民选择到吉布提避难，或者以吉布提作为中转前往阿拉伯半岛寻求生活机会。截至 2015 年，移民和难民占吉布提总人口的比重达 12.7%。[①] 这对吉布提形成了巨大压力。

索马里内战还导致了海盗问题。索马里问题延宕不决，军阀混战频发，使得民不聊生。一些拥有武装的无业人员转而铤而走险，开始在海上劫持商船，索取赎金，对国际贸易造成很大干扰。吉布提作为重要的国际港口，深受其害。

索马里内战还为恐怖主义势力的蔓延和滋生创造了条件。基地组织积极向这一地区渗透。索马里青年党趁势崛起，成为非洲之角最大的恐怖主义组织。地区大国埃塞俄比亚和厄立特里亚为了各自的战略利益，在索马里展开角逐，一定程度上形成了代理人战争。2000 年，吉布提政府提出了“和平倡议”，在索马里冲突各方之间劝谈促和。8 月中旬，冲突各方达成初步共识，同意放弃武力，成立索马里过渡政府。但是，该政府成立后，其权威仅限于首都摩加迪沙一隅。2008 年，联合国推动索马里和平进程，经过艰难谈判，实现“吉布提进程 2008—2009”（Djibouti process 2008—

① “Djibouti”, International Organization for Migration, https://www.iom.int/countries/djibouti, 2018-7-18.

2009）。吉布提在其中再次发挥关键作用。

吉布提与厄立特里亚都是非洲之角战略地位非常重要的国家。两国同处红海和曼德海峡的关键节点，战略诉求存在激烈竞争。吉布提与厄立特里亚有110公里的边界线，在拉斯·杜梅拉（Ras Doumeira）地区存在边界纠纷。1898年，双方曾爆发冲突。1900年，法国和意大利划定了两国之间的边界。但由于游牧民居无定所，这并没有限制边界地区民众的流动。1993年，厄立特里亚独立后，双方关系并不亲睦。1996年，双方曾爆发冲突，且持续两个月时间。埃塞俄比亚和厄立特里亚爆发战争后，吉布提由于受到厄立特里亚的指责而宣布与其断交。2003年3月，双方恢复外交关系。2006年11月，伊萨亚斯总统赴吉出席东南非共同市场第11届峰会，并会晤吉总统盖莱。2007年7月，厄国防部长访吉，但并没有就边界问题达成协议。

2008年初，厄立特里亚以修路为名，在两国边境地区部署军队。2008年4月7日，厄立特里亚军队开进吉布提境内，并在边境两边修筑工事。厄立特里亚事实上占领了拉斯·杜梅拉。4月7—22日，双方进行了多次谈判，但都没有取得成功。22日，谈判中断，双方边境冲突升级。5月5日，吉布提向联合国安理会、非洲联盟和阿拉伯联盟等国际组织申诉，要求进行干预。非洲联盟和阿拉伯联盟要求双方保持克制。也门等国积极斡旋，但被厄立特里亚拒绝。6月10—13日，双方在拉斯·杜梅拉发生交火。吉布提军人至少9人死亡，50余人受伤。① 联合国安理会先后通过第1862号、1907号决议，要求厄从有争议领土撤军。6月16日，对吉布提安全负有责任的法国派出三艘军舰支援，向吉布提提供医疗、给养和情报支持。法国虽然没有直接接入冲突，但对冲突降级发挥了一定作用。6月底，冲突逐渐降温。吉布提军队撤出冲突地区，由联合国派驻的力量维持秩序。2009年12月，联合国安理会通过对厄立特里亚制裁的决议。

---

① “Djibouti-Eritrea Border War”, *The History Guy*, June 2008, https://www.historyguy.com/eritrea-djibouti_2008 _war.html, 2018-7-20.

厄立特里亚支持索马里反对派和破坏吉布提和平的行为遭到国际社会的反对。

2010 年，在卡塔尔的调解下，厄从两国边界撤军。2010 年 6 月，吉布提与厄立特里亚签订协定，同意以和平手段解决两国分歧。2016 年 3 月，厄释放 4 名吉战俘。近年来，两国边境总体平静，人员往来正常。但 2017 年 6 月，因吉布提降低在卡塔尔外交代表级别，卡撤回部署在厄吉争议边界吉方区域的维和部队，厄吉边境局势一度紧张。7 月，吉外长表示，厄已从争议地区撤军，该地区局势趋缓。[①]但两国围绕边界问题产生的争执并没有完全解决，吉布提仍然面临北部地区的不稳定形势。

与法国的关系

法国是吉布提的宗主国，独立之后仍然是吉布提最为重要的盟国。吉布提虽然偶尔表露出对法国的不信任，但一直依赖法国的保护。

独立初期，由于法国人员和资本的撤离，吉布提度过了一段非常艰难的时期。阿普蒂敦政府在积极寻求替代国的同时，勉强留住法国的援助。虽然法国的援助有所下降，但对吉布提仍然至关重要。而且，两国关系的重要性还体现在法国的军事存在和政治影响。法国在吉布提独立之后，部署在吉布提的军队人数从 10,000 人下降为 4000 人，[②]但仍可以为吉布提提供重要的安全保障。这支军队完全有能力压制吉布提国内的反对派，维护阿普蒂敦政府的统治。同时，法国长期在吉布提的经营，已经彻底将其纳入法国的历史轨道。吉布提仍然是法国的“势力范围”。不论两大超级大国美国和苏联，还是吉布提的邻国埃塞俄比亚和索马里，都对法国的影响力表现了尊重。美苏两国支持下的欧加登战争，并没有将战火烧到吉布提。

阿普蒂敦政府的上台得到法国政府的支持，双方的合作良好。

---

① 《吉布提》，中华人民共和国外交部网站，http://www.fmprc.gov.cn/web/gjhdq_676201/gj-676203/fz_677316/1206_677558/1206x0_677560/，2018-7-20.

② André Laudouze, *Djibouti: Nation Carrefour*, p. 188.

在吉布提独立问题上，法国利用并操纵了吉布提族际政治。但在吉布提独立之后，法国政府一直保持与吉布提中央政府的友好关系，并没有过多介入伊萨人和阿法尔人之间的冲突。法国政府没有支持阿法尔人的反抗。在吉布提内战中，法国保持中立，但有偏向伊萨人的倾向。毕竟这种不偏不倚本身就是对伊萨人优势地位的承认和保证，以及对阿法尔人的无视和反对。

在吉布提权力继承问题上，法国表现得并不明智。盖莱成为阿普蒂敦继承人的趋势非常明显，但法国政府的判断存在一定失误。其主要原因在于法国试图延续其宗主国的特权，继续干涉吉布提内政。

另外，伯纳德·博雷尔（Bernard Borrel）法官死亡事件，给两国关系蒙上了阴影。1995 年 10 月，来自法国的法官博雷尔前往吉布提调查该国的腐败和选举舞弊问题，却遭遇离奇死亡。时任总统办公室秘书长和总统继承人选的盖莱成为嫌疑人之一。法国政府表示强烈不满，并要求吉布提彻查。但盖莱坚称清白，并反对法国政府的指责。这一事件延宕十余年之久。2007 年 10 月，吉布提出现 20,000 多人参加的反法集会。反法歌曲在电台播放，清真寺伊玛目在星期五聚礼演讲中谴责法国的无端指责。[①]

盖莱总统上台后，着手提高法国在吉布提海军基地的租金。盖莱此举一方面是为了表达对法国的不满，促使法国政府消除对其执政的成见；另一方面，则是为了增加吉布提的财政收入。对法国而言，吉布提海军基地是法国在海外保持的最大基地。该基地不仅具有象征法国大国地位的重要意义，而且对法国具有重要战略价值。法国保有并使用该基地，可以保障其能源通道的畅通，以及在中东非洲地区投资的安全。但是，法国并不希望增加租金。直到美国在吉布提开辟基地之后，这一谈判才取得重大进展。2003 年 8 月，双方重新签订为期 10 年的协议，法国被迫提高了租金。在这一协议下，法

---

① “Djibouti–France Relations”, Global Security, https://www.globalsecurity.org/military/world/djibouti/ forrel-fr.htm, 2018-7-20.

国每年支付 20 万欧元支持军民两用项目，另外支付 2500 万欧元的现金和 500 万欧元的设施使用费，合计 3000 多万欧元。[①] 其他的技术援助保持不变。

2006 年以来，吉布提与法国关系稳步发展。法国向吉布提提供 7600 万欧元的一揽子援助。双方承诺双边提升会晤机制，共同“面向未来”。在希拉克总统的干预下，博雷尔事件最终完满解决。[②]2008 年，吉布提 - 厄立特里亚边境冲突爆发后，盖莱总统公开赞扬法国的支持，双边关系进一步改善。2011 年 12 月 21 日，双方签订新的协定，法国重申尊重吉布提独立和领土完整的保证，并承诺给予吉布提更多的援助。这一协议在 2014 年正式生效。[③] 吉布提与法国的关系迎来进一步发展的历史机遇。

与美国的关系

吉布提战略位置重要，扼红海咽喉，对非洲和中东以及印度洋都能形成威慑。美国政府一直非常重视这一地区。冷战期间，美苏在非洲之角的争夺十分激烈。只是由于吉布提安全地处于美国盟友法国的影响之下，美国没有直接干预吉布提事务。美国与吉布提之间的商业往来并不多，但美国一直没有停止对吉布提的援助。

冷战结束后，美国出于全球布局的需要，开始更多地关注吉布提。“基地”组织反美活动不断升级，促使美国认真考虑在吉布提部署军事力量。1998 年 8 月 7 日，美国驻坦桑尼亚和肯尼亚领事馆发生爆炸。2000 年 10 月，美国“科尔号”驱逐舰在亚丁湾遭遇袭击。美国军舰停靠吉布提的次数明显增加。

---

① “Djibouti-France Relations”, Global Security, https://www.globalsecurity.org/military/world/djibouti/forrel- fr.htm, 2018-7-20.

② 2008 年，萨科齐总统就任后，博雷尔的遗孀曾专门控告希拉克总统帮助盖莱总统掩盖罪行。参见“Murder case Sparks Anti-French Reprisals in Djibouti”, *Expatica*, Jan. 24, 2005, https://www.expatica.com/fr/news/ country-news/Murder-case-sparks-anti-French-reprisals-in-Djibouti_125822.html, 2018-7-22.

③ “Djibouti-France Relations”, *Global Security*, https://www.globalsecurity.org/military/world/djibouti/forrel-fr. htm, 2018-7-20.

对吉布提而言，外国军事基地是其重要的收入来源。法国在吉布提每年花费 1.6 亿美元，其中 1000 万美元是维护费用。另外，美国还每年向吉布提提供 2500 万美元的援助。但是，这笔费用产生的效益有限。因此，吉布提一直试图提高租金，并吸引其他国家建立基地。利比亚、意大利、德国都曾有过尝试。“9 · 11 事件”后，美国加大反恐力度，决定在吉布提建立军事基地。2001 年 9 月 20 日，美国助理国务卿迈克 · 韦斯特法尔（Mike Westpha）访问吉布提。2002 年 1 月，德国与吉布提签订军事备忘录，在吉布提部署小型反恐部队。2002 年 10 月，美国海军首批 700 人进驻雷蒙尼尔基地（Camp Lemonie）。2003 年 1 月 20 日，盖莱总统访问美国，并签订军事协议。美国每年向吉布提支付 300 万美元的租费。同时，美国之音获准在吉布提建立广播站。[①] 但吉布提政府也明确反对美国政府的单边主义政策，尤其反对美国肆意打击伊拉克，对其强行进行改造。

2014 年 5 月 5 日，美国与吉布提签订新的租让协议，为期 10 年。吉布提将租金提高到 6300 万美元。[②] 随着叙利亚战争、也门战争接连爆发，美国利用吉布提起降战机和无人机的频率大幅增加，吉布提基地在美国反恐战略和全球战略中的地位不断提升。雷蒙尼尔基地已经成为美国在中东、非洲开展军事行动的关键支点，同时辐射亚、欧、非三大洲。

与日本的关系

吉布提与日本的关系一直比较紧密。日本是最早承认吉布提独立的国家之一。1978 年，双方正式建立外交关系。双方高层交往

① Amedee Bollee, “Djibouti: From French Outpost to US Base”, *Review of African Political Economy*, Vol. 30, No. 97, 2003, p. 484.

② Zachary A. Goldfarb, “U.S., Djibouti reach agreement to keep counterterrorism base in Horn of Africa nation”, *The Washington post*, May 5, 2014, https://www.washingtonpost.com/politics/us-djibouti-reach-agreement-to-keep-counterterrorism-base-in-horn-of-africa-nation/2014/05/05/0965412c-d488-11e3-aae8-c2d44bd79778_story.html?utm_term=.1c8c670da0be, 2018-7-22.

连续不断，阿普蒂敦总统 1995 年、1998 年两次访问日本。盖莱总统 2003 年、2010 年也曾两次出访日本。1993 年以来，日本通过“非洲发展东京国际会议”（The Tokyo International Conference of Africa Development），与包括吉布提在内的非洲国家，建立广泛的经贸关系。2009 年，日本国防部长访问吉布提，成为访问吉布提最高级别的官员。日本也是吉布提重要援助国之一。日本政府看重吉布提的战略地位，通过援助吉布提，与吉布提发展良好外交关系，争取吉布提在国际组织中的支持，保障日本在西印度洋、红海和海湾地区的庞大利益。

索马里海盗猖獗，严重威胁日本在红海和海湾地区的利益，在联合国框架内打击海盗成为日本的一个重要关切。2007 年，日本的化学品运输船“黄金丸”遭索马里海盗劫，直到日本交付赎金后才获准放行。2008 年，日本 15 万吨油轮“高山”号被海盗火箭推进榴弹击中，所幸油轮最终被德国巡逻舰营救。[①] 两起劫持事件经日本媒体报道后对日本舆论产生重大影响，支持日本政府派兵海外的呼声渐高。日本以此为契机，迅速完成在海外军事基地的开拓。2009 年，日本加入由西方国家组织的打击索马里海盗计划，在吉布提的雷蒙尼尔部署海上自卫队。日本从而迈出了向海外派兵的关键一步。日本通过参与打击索马里海盗活动，以保护本国海外利益为由，获得海外驻军的合法基础。

2010 年 11 月，吉布提与日本政府正式签订协定，同意日本在原有基础上扩建基地。基地面积为 12 公顷，位于安布利机场东北部。海军基地建成后，日本自卫队派驻吉布提的人数从 150 上升至 180 人，包括一个指挥部、兵营和活动中心。[②] 海军基地租金每年为 4000 万美元。日本成为继法国、美国之后，在吉布提设立海军基地

---

① 孙德刚、陈友骏：《试析日本在吉布提军事基地的部署与影响》，《国际展望》2015 年第 3 期，第 147 页。

② Mohamed Osman Farah, “Japan Opens Military Base in Djibouti to Help Combat Piracy”, *Bloomberg News*, July 8, 2011, https://www.bloomberg.com/news/articles/2011-07-08/japan-opens-military-base-in-djibouti-to-help- combat-piracy, 2018-7-22.

的第三个国家。

2010 年 12 月 19—22 日，盖莱总统率领代表团访问了日本。日本承诺向吉布提增加援助，并在吉布提加大投资。日本在吉布提建立海军基地，为其经济和政治目标提供关键支点。一方面，日本海外利益得到有效保障，不仅使既有投资处于相对安全的范围，也进一步加强了与非洲中东国家的经济联系。另一方面，日本大国地位有所提升。日本不仅加强与盟国的联系，也更多参与非洲中东事务，话语权有所增加。日本在与世界大国的竞争中，占据了一定的有利地位。

第十章　科摩罗的历史演进

一、独立前科摩罗的历史发展

科摩罗的早期历史

长期以来，科摩罗的古代史缺乏清晰而准确的脉络，充满了各种各样的民间传说。总体而言，外来人口的不断迁移是现代以前科摩罗历史的鲜明特征。但时至今日，科摩罗群岛上的最早居民究竟是谁依然没有定论。学者伊恩·沃克经过详细考证认为，说着班图语的非洲人曾在公元前 1000 年末期从坦桑尼亚和莫桑比克海岸来到大科摩罗岛。[①] 考古学家在昂儒昂岛上发现了公元 6 世纪的人类定居点。历史学家推测，在 1000 年之前，印尼移民曾把科摩罗群岛作为前往马达加斯加的中转站。由于科摩罗群岛处于非洲、阿拉伯和马来 - 印尼影响的交会处，早期科摩罗人在人种、语言、社会结构、宗教和文化等方面融合了多种因素。来自非洲东海岸、阿拉伯半岛、波斯湾、马来群岛和马达加斯加的人都曾在科摩罗群岛上活动。当地传说认为，科摩罗群岛最早的居民是来自阿拉伯半岛的两个家庭。

伊斯兰教在当地的传播经历了比较漫长的过程。依据传说，公元 632 年，岛上的居民听闻伊斯兰教兴起的消息后，派遣一名使者到阿拉伯半岛的麦加。但当他到达麦加时，先知穆罕默德已经逝世。

① Iain Walker, *Becoming the Other, Being Oneself: Constructing Identities in a Connected World*, Newcastle upon Tyne: Cambridge Scholars Publishing, 2010, pp.43–44.

后来，当他返回大科摩罗岛后，岛上居民开始逐渐皈依伊斯兰教。当地传说还称，11 世纪初，一个名叫侯赛因·伊本·阿里的波斯国王曾在群岛建立定居点。① 这位国王来自波斯设拉子，为躲避战乱，他率领族人乘坐 7 艘大船，来到东非海岸一带。后来，阿里家族建立了东非历史上著名的桑给帝国，它包括科摩罗群岛在内，是一个松散的政治实体，融合了波斯文化、阿拉伯文化和班图黑人文化。② 事实上，阿里家族只是迁居东非的设拉子人的一个组成部分。

设拉子人的到来成为科摩罗历史的一大转折点。它完成了群岛的伊斯兰化，大大推进了当地经济和文化的发展。自此，伊斯兰教成为影响科摩罗人日常生活的一个关键因素。设拉子人源自今日伊朗的重要城市设拉子，他们是逊尼派穆斯林，遵循的是沙斐仪学派伊斯兰教法。设拉子人在非洲东海岸来往做生意，最远到达了印度和马尔代夫。设拉子人曾登陆马达加斯加西北海岸以及大科摩罗岛和昂儒昂岛，在各地建立了定居点。设拉子人把大科摩罗岛分为 13 个苏丹国，把昂儒昂岛分为 2 个苏丹国。他们甚至把自己的势力扩展到了马约特岛和莫埃利岛。在科摩罗群岛上，设拉子人建造清真寺，确立伊斯兰教在群岛的主导地位。由于设拉子人的联系作用，科摩罗成为非洲斯瓦希里文化圈的一部分。设拉子人给当地引入了波斯太阳历以及石头建筑、木工、棉花织布、水果种植等技术，提高了当地的经济水平。与此同时，当地贸易快速发展。非洲大陆的商船前往马达加斯加时，往往停靠科摩罗群岛。15 世纪末，著名的阿拉伯航海家艾哈迈德·伊本·马吉德撰写的印度洋航海指南中，把科摩罗群岛称为“人们做买卖的地方”。③

16 世纪以来，随着“地理大发现”，世界历史开始进入殖民时代。

---

① Ralph K. Benesch ed., *A Country Study: Comoros*, US Department of the Army, 1995, http://lcweb2.loc.gov/cgi-bin/query/r?frd/cstdy:@field (DOCID+km0012), 2015-3-10.

② 刘鸿武、暴明莹：《东非斯瓦希里文化研究》，浙江人民出版社 2014 年版，第 93—94 页。

③ Malyn Newitt, *The Comoro Islands: Struggle against Dependency in the Indian Ocean*, Boulder: Westview Press, 1984, p.15.

大约在1505年，欧洲人中的葡萄牙人最先抵达大科摩罗岛，1527年，科摩罗群岛第一次出现在欧洲人的地图上。科摩罗的历史进入了一个新时期，在非洲文化和阿拉伯－伊斯兰文化之后，西方文化开始深刻影响科摩罗。欧洲人的到来，给科摩罗群岛带来前所未有的商机。16世纪，科摩罗成为地区贸易的中心，丹麦人通过科摩罗，与非洲东海岸和马达加斯加进行贸易，印度人、阿拉伯人和葡萄牙人在大科摩罗岛做生意，科摩罗群岛的经济呈现繁荣景象。实际上，在苏伊士运河开通之前，科摩罗是欧洲人前往远东和印度的重要中转站。昂儒昂岛发现的瓷器证明，贸易线路曾把科摩罗群岛与马达加斯加、非洲东海岸、阿拉伯半岛、波斯湾和印度联系在一起。科摩罗群岛把大米、香料和奴隶出口到东非和中东，交换鸦片、棉布和其他商品，尤其是昂儒昂岛不仅成为中转站，还成为奴隶的来源地，按当时的一位土耳其旅行者的说法，岛上的居民“就像羊一样养奴隶”。[①] 16世纪末，随着丹麦和英国船只抵达印度洋，欧洲人对食物的需求进一步增加，科摩罗成为圣赫勒拿岛之外首要的补给地。对贸易的激烈竞争，导致各苏丹国之间战争频发。大科摩罗岛的苏丹们彼此征战，只是偶尔承认其中一位苏丹是提伯（tibe），即最高领导人。

到17世纪初，在科摩罗群岛的其他商品继续输出的同时，为了满足欧洲人的需求，奴隶成为科摩罗最重要的出口商品。由于大科摩罗岛缺乏安全，欧洲人选择莫埃利岛和昂儒昂岛作为贸易对象，大科摩罗岛不得不把商品送往其他岛屿再卖给欧洲人。由此科摩罗其他岛屿处在了欧洲人的影响之下，大科摩罗岛则保持着斯瓦希里文化的特色。“整个18世纪，大科摩罗岛在斯瓦希里世界塑造认同。与此同时，它维持着与群岛其他岛屿的经济和社会联系；政治联系则依然是象征性的。”[②] 17世纪中期以来，由于阿曼苏丹国控制了非洲东海岸，科摩罗与阿拉伯人的联系恢复，并得到了强化。

---

① Iain Walker, *Becoming the Other, Being Oneself: Constructing Identities in a Connected World*, p.69.

② Ibid., pp.74–75.

在欧洲人的影响下，科摩罗的酋长们开始使用奴隶劳动力。1785 年，马达加斯加西海岸的萨卡拉瓦人（Sakalava）频频袭击科摩罗，挟持人口作为奴隶。他们抓获当地居民，把其用独木舟运往法国占领的马达加斯加、毛里求斯和留尼汪岛（Reunion）出售，在当地甘蔗种植园充当苦力。科摩罗的贸易遭到破坏，人口迅速减少，距离马达加斯加最近的马约特岛几乎到了无人居住的境地。科摩罗人请求法国和其他欧洲国家的帮助，却没有得到回应。到 19 世纪 30 年代，在马达加斯加中部内陆的梅里纳人（Merina）征服萨卡拉瓦王国后，这种劫掠才停止。但是，马达加斯加人对科摩罗群岛事务的影响不仅没有消失，反而进一步扩大。科摩罗群岛各苏丹之间矛盾重重，他们竞相邀请马达加斯加人打击自己的对手，结果后者成为岛屿的主人。到 1840 年，昂儒昂岛、莫埃利岛和马约特岛都处于马达加斯加军事贵族的统治之下。[①] 外力的介入加剧了科摩罗群岛内部的仇恨。此后，伴随着科摩罗人参与从东非到留尼汪岛和马达加斯加的奴隶贸易，科摩罗又恢复了原先的繁荣景象。据估计，1865 年科摩罗多达 40% 的居民是奴隶。[②] 对于那些重要人物而言，在田间和家里有大量奴隶服务是地位的象征。

在法国占领之前，科摩罗社会由三个阶层构成：设拉子苏丹以及他们的家族；自由人或者平民；奴隶及其后代。19 世纪以来，科摩罗人就构成和来源而言，具有鲜明的多样性特点，这成为科摩罗实现社会整合的不利因素。1870 年，据一位学者估计，在莫埃利岛居民中，10% 是阿拉伯人后裔，20% 是马达加斯加人，40% 是非洲裔，其余 30% 是早期非洲和马达加斯加移民融合而成的本土居民。[③] 长期以来，科摩罗群岛从未处在一个独立而统一的政治权威以下，各岛虽然文化和人种相近，但彼此之间缺乏政治认同。即便在大科

---

① Malyn Newitt, *The Comoro Islands: Struggle against Dependency in the Indian Ocean*, pp.23–24.

② Ralph K. Benesch ed., *A Country Study: Comoros*, US Department of the Army, 1995, http://lcweb2.loc.gov/cgi-bin/query/r?frd/cstdy:@field(DOCID+km0012), 2015-3-21.

③ Malyn Newitt, *The Comoro Islands: Struggle against Dependency in the Indian Ocean*, p.74.

摩罗岛内部，也不存在遍及全岛的政治权威，涵盖科摩罗群岛的国家对于各岛居民而言，完全是陌生的概念。根本而言，科摩罗现代国家的诞生完全是法国殖民统治的结果。

法国殖民统治的确立

法国殖民势力在西印度洋的存在可以追溯到17世纪初。1634年，法国在马达加斯加南部建立了定居点，并占领了留尼汪岛和罗德里格斯岛（Rodrigues）。1715年和1756年，法国先后宣称毛里求斯和塞舌尔是其殖民地。1814年，法国把毛里求斯、罗德里格斯岛和塞舌尔被迫让给英国，留尼汪岛依然属于法国，但它不适合充当天然港。因此，法国急需在印度洋寻找新的港口。1840年，法国派人对科摩罗群岛展开调查，发现马约特岛作为港口的条件最为优越。1841年，法国留尼汪岛总督与马约特岛的马达加斯加统治者安德里安·苏利（Andrian Souli）谈判，后者把马约特岛割让给了法国，条件是法国每年向他支付5000法郎，并为他的两个儿子提供法国教育。[①]1843年，法国政府正式签订条约。由此，法国在印度洋获得了一个条件优越的港口。此后，控制整个科摩罗岛成为法国的重要目标。英国与其展开竞争，1848年，英国在昂儒昂岛建立领事馆，把其置于自身控制之下。到19世纪50年代，两大殖民列强在科摩罗群岛的势力处于均衡状态。法国支配马约特岛，英国主导昂儒昂岛。大科摩罗岛免遭殖民侵略，日益受到桑给巴尔苏丹国的关注，莫埃利岛受马达加斯加人的统治，也处于欧洲人势力之外。1869年苏伊士运河的开通大大降低了科摩罗在东西方贸易中的地位，但是，种植园的发展又使得科摩罗群岛在旧式贸易衰落后有了新的经济来源。

1884—1885年，欧洲列强在柏林召开瓜分非洲的会议，法国获得了对马达加斯加和科摩罗群岛的控制权。1886年4月，莫埃利岛苏丹阿卜杜拉三世与法国签订条约，接受法国成为该岛的保护国。

① Martin Ottenheimer and Harriet Ottenheimer, *Historical Dictionary of the Comoro Islands*, New York: The Scarecrow Press, 1994, p.14.

同年，大科摩罗岛的一位苏丹赛义德·阿里为了换取法国对其统治整个岛屿权力的承认，擅自与法国签订了保护地条约。1908 年，上述三岛被作为一个实体，处于马达加斯加法国总督的管理之下。1909 年，昂儒昂岛苏丹赛义德·穆罕默德被迫退位，1910 年，大科摩罗岛苏丹赛义德·阿里退位，1912 年，莫埃利岛苏丹退位，这三个岛屿由此彻底成为法国的殖民地。1914 年，科摩罗群岛成为法国殖民地马达加斯加的一个省[①]，行政中心位于马约特岛的藻德济（Dzaoudzi）。1940 年 6 月，科摩罗的殖民政府开始忠诚于法国维希政府，1942 年 9 月，科摩罗和马达加斯加都处于英国占领之下，“二战”结束后，法国政府恢复了对科摩罗的权力。在 1914 年之后的 22 年里，科摩罗群岛和马达加斯加虽然形式上是一个国家，但两者之间严重缺乏整合，实际上，由于科摩罗群岛的发展遭到漠视，公共服务高度集中于马达加斯加，科摩罗人不可能对这个国家产生认同。

1946 年，法国开始从管理上把科摩罗从马达加斯加分离出来，科摩罗群岛成为法国的海外领地，在法国议会中开始有自己的代表。1948 年，法国利用科摩罗人镇压了马达加斯加人的起义，这给科摩罗人和马达加斯加人的关系蒙上了严重的阴影。[②] 1952 年，科摩罗建立了自己的关税制度。1957 年 8 月，科摩罗四个岛屿依据 1956 年 6 月的授权法，选举产生了管理委员会（Governing Council）。1958 年，在全民投票中，绝大多数科摩罗人都赞同继续作为法国的一部分。1961 年，法国殖民者颁布了有关科摩罗实行内部自治的宪法，据此，科摩罗享有了管理方面的自治权，并建立了政府，这包括选举产生的议会和推选出的管理委员会，委员会由 6 到 9 位部长组成，其主席是自治政府的首脑。自治政府之上有法国高级专员，

① Andre Bourde, “The Comoro Islands: Problems of a Microcosm”, *The Journal of Modern African Studies*, Vol.3, No.1, 1965, pp.91–102.

② Martin Ottenheimer and Harriet Ottenheimer, *Historical Dictionary of the Comoro Islands*, p.54.

后者住地由原先的马达加斯加转移到科摩罗群岛。自治政府的权力受到很大限制，高级专员执掌所有有关外交和国防的事务。1965年，科摩罗人参加了法国总统选举，99.4%的投票者支持戴高乐将军。[①]1967年12月，法国议会通过了科摩罗自治宪法修正案，其内容相比1961年宪法没有发生根本变化。管理委员会主席对内部安全负全责，科摩罗人对司法问题享有更大独立性，但科摩罗依然严重依赖法国。

法国殖民统治的影响

法国的殖民统治对科摩罗产生了复杂而深远的影响。法国的殖民统治给科摩罗引入了现代的政治和法律制度，粉碎了苏丹们的权力。至今，科摩罗的许多法律制度发源于殖民时代，正如一位科摩罗律师所言，"科摩罗国家是从法国复制而来的，它是复印件"[②]。法国初步实现了科摩罗的政治整合，科摩罗的四个岛屿历史上第一次处于一个政治实体之中，但由于交通等因素的限制，行政权力无法抵达边缘的城镇和乡村，现代政治对绝大多数科摩罗人的影响十分有限。现代医学的引入提高了健康水平，人口在1900—1960年增长了大约50%。[③]1899年，法国殖民者废除了奴隶制度，但是前奴隶和自由人以及他们后代之间的社会经济差别依然存在。

在殖民时期，法国完全主宰着整个科摩罗的经济，使其处于严重的畸形状态。长期以来，科摩罗的人口和自然环境之间保持着基本的平衡。1870年，科摩罗群岛的人口大约只有6.5万人，规模较小，且增长缓慢，在不破坏生态平衡的情况下能够利用岛内资源维持生计。少部分居民居住在城镇，主要从事海上贸易和向过往船只提供服务。大部分人从事自给自足的农业，种植稻米和木薯，生产

---

① Malyn Newitt, *The Comoro Islands: Struggle against Dependency in the Indian Ocean*, p.47.

② Iain Walker, *Becoming the Other, Being Oneself: Constructing Identities in a Connected World*, p.183.

③ Ralph K. Benesch ed., *A Country Study: Comoros*, US Department of the Army, 1995, http://lcweb2.loc.gov/cgi-bin/query/r?frd/cstdy:@field(DOCID+km0012), 2015-3-21.

香蕉和椰子。但是，19 世纪以来，种植园的涌现彻底而永久地改变了科摩罗的农业生产和经济结构。唯利是图的殖民者首次把大量热带经济作物引入科摩罗，试验种植，最初是甘蔗，其后是咖啡、可可、香草、丁香、剑麻和依兰，最终经过选择，香草、丁香、依兰和椰子成为最主要的四种经济作物。种植稻米的土地被大幅度压缩，森林被肆意砍伐，沼泽被大量排干，而且，殖民者竭泽而渔的耕作方式导致土地质量退化，科摩罗的生态环境遭到前所未有的破坏。19 世纪 40 年代，庞大的种植园首先在马约特岛出现，随后其他岛屿的农作物也出现根本性变化。1907 年，昂儒昂岛三分之二的土地属于外国人控制的种植园，大科摩罗岛一半以上的土地是种植园，马约特岛和莫埃利岛上的种植园所占面积较小。[①]1893 年，两个法国人在昂儒昂岛建立了巴姆堡公司（The Bambao Company），其所属的种植园遍布科摩罗群岛，1938 年它控制了大科摩罗岛一半以上的土地。[②]科摩罗的经济严重依赖出口收入，[③]种植园农业的发展使得科摩罗第一次成为国际商品市场的一部分，科摩罗人的收入开始严重依赖他们无力控制的国际市场。

出口的大部分利润流往法国，而不是用来投资科摩罗的基础设施。法国在经济上的掠夺和歧视政策导致大批科摩罗人移居马达加斯加，这些移民的存在成为科摩罗和马达加斯加关系长期紧张的一个根源。土地的集中化和出口农业的发达导致粮食严重依赖进口。1971 年，大米产量只有 3700 吨，玉米只有 1400 吨，但进口的大米却超过 2 万吨。[④] 30%—40% 的进口产品是食品，1974 年，出口换

---

① Martin Ottenheimer and Harriet Ottenheimer, *Historical Dictionary of the Comoro Islands*, p.69.

② Ibid., p.80.

③ Barbara Dubins, "The Comoro Islands: A Bibliographical Essay", *African Studies Bulletin*, Vol.12, No.2, 1969, pp.131-137.

④ Eliphas G. Mukonoweshuro, "The Politics of Squalor and Dependency: Chronic Political Instability and Economic Collapse in the Comoro Islands", *African Affairs*, Vol.89, No.357, 1990, p.557.

来的外汇甚至无法抵消进口食品的花费。[①]不仅如此，科摩罗的经济严重依赖法国，1974 年，科摩罗进口的商品 37.8% 来自法国，出口的商品 66.6% 送往法国。种植园虽然长期存在，却没有为科摩罗创造任何现代经济发展所需的基础设施。种植园除了使用必要的机械，建立自己的工作坊，以及修建自用的道路，没有采取任何有益当地发展的措施。除了使用劳动力，种植园与当地经济几乎没有产生任何关联，它们利用在国际市场出售经济作物得来的收入进口几乎所有自身所需的设备和物资。殖民时期的科摩罗由此存在两种经济：一个属于种植园以及法国行政和军事人员，他们出口经济作物，进口所有的生活用品；另一个是本土科摩罗人的自给自足经济，它由于丧失土地和人口增长而日益受到压力。[②]投资的缺乏导致科摩罗独立时没有任何现代工业，即便是蔗糖、香皂和食盐等当地原料充足的简单工业品也都全部进口。1975 年独立时，法国几乎没有为科摩罗留下任何发展现代经济的条件。因此，就经济角度而言，法国殖民者对科摩罗经济的影响基本是负面的，经济作物的广泛种植、种植园的大规模发展以及人口的快速增长，致使科摩罗自给自足的经济成为不可逆转的历史，如何解决吃饭问题成为独立后历届政府面临的最大难题。

在殖民时期，作为大地主和公务员，设拉子人继续处于显要地位，许多重要的政治家是设拉子人的后裔。60 年代以来，随着现代经济和教育的发展，科摩罗的社会结构出现一定变化。少数科摩罗人前往法国接受教育，他们回国后在政府和技术部门就职，成为中产阶层的主要来源。法国的有限投资导致城市工人的出现，1964 年莫罗尼成为行政中心后，迅速成为科摩罗最重要的城镇，居民由 1958 年的 3279 人增长至 1975 年独立时的 2.5 万人，[③]部分人开始依靠工资

① Malyn Newitt, *The Comoro Islands: Struggle against Dependency in the Indian Ocean*, p.114.

② Ibid., p.100.

③ Ibid., p.78.

生活。人口的聚集为现代政治生活创造了条件。此外，移民的大量存在是独立前科摩罗社会的一大特征。长期以来，种植园侵占优质土地的行为迫使大量科摩罗人离开家园，到外地谋生。1974 年，大约 6 万名科摩罗人在马达加斯加，1975 年，4 万—5 万名在非洲，其中大多数在坦桑尼亚。1975 年，在国外生活的科摩罗人占全国人口的四分之一。[①] 这些移民相对较早受到现代思想影响，成为科摩罗现代政治运动的重要源头。

独立前夕，科摩罗处于严重的贫困状态，文化凋敝，教育落后，教育投资极为有限。1931 年，在 1.94 万适龄儿童中，只有 472 人上学，就学率只有 2.4%；1945 年“二战”爆发时，只有大约 1000 名儿童在上学，他们只占适龄儿童的 3%；1953 年就学率为 10.8%，1969 年为 20%，1975 年独立时达到约 41%，但只有 8% 的儿童继续接受中学教育。[②]1939 年，科摩罗只有 10 所小学；1963 年，才出现了唯一一所中学，同年中学毕业生中只有 3%—5% 的学生有机会到法国接受高等教育。[③] 学校教学语言是法语，科摩罗语遭到禁止，教师和教材都来自法国，科摩罗历史和文化完全遭到漠视。[④] 在殖民教育下，法国文化成为科摩罗现代文化的重要来源，至今，科摩罗群岛四个岛屿的法文名称更加知名。[⑤]但由于入学率低下和教学质量很差，绝大多数科摩罗人在独立时是文盲或者半文盲，并且对法国文化一无所知，据估计，1975 年科摩罗只有 5% 的人懂法语。国内没有出版社，没有报纸，只有一个广播电台。虽然经历法国长期的殖民统治，现代因素对科摩罗的影响比较有限。1975 年独立时，科摩罗是一个以传统社会结构为根基的国家，少数接受了法语教育的精英与广大

---

① Malyn Newitt, *The Comoro Islands: Struggle against Dependency in the Indian Ocean*, p.78.

② Ibid., p.91.

③ John M. Ostheimer, “Political Development in Comoros”, *The African Review*, Vol.3, Issue 3, 1973, p.493.

④ Abdourahim Saïd Bakar, “Small Island Systems: A Case Study of the Comoro Islands”, *Comparative Education*, Vol.24, No.2, 1988, p.185.

⑤ 科摩罗居民原本分别把四个岛屿称为 Ngazidja、Mwali、Ndzuwani 和 Maori，法国人则分别称之为 Grande Comore、Moheli、Anjouan 和 Mayotte。

民众之间处于严重的分离状态。

独立运动的兴起

长期以来，前殖民时期苏丹统治家族的后裔构成科摩罗社会和经济精英的主体，在政治上，他们保守而亲法，因此，科摩罗独立运动兴起缓慢，且力量弱小。而且，法国殖民者鼓励科摩罗人向外移民，这导致国内精英的流失，进而延缓了独立的进程。此外，科摩罗人绝大多数文化水平低下，政治意识的觉醒很晚。1958 年，就在第三世界民族独立运动如火如荼进行之时，科摩罗群岛举行全民投票，高达 97.3% 的投票者不支持摆脱法国殖民统治而独立。[①] 进入 60 年代，国内依然极少有人敢于设想独立。依据当时的政治形势，一名学者在 1962 年认为，科摩罗“不可能在可预见的未来获得独立”[②]。

在自治时期（1961—1975 年），科摩罗境内存在两个保守而松散的政治组织，它们都参与议会选举，与法国关系密切。一个是科摩罗民主联盟（Comoros Democratic Union），又称为绿党（Green Party），因选举时候选人名字写在绿纸上而得名；另一个是科摩罗人民民主大会（Democratic Assembly of the Comoran People），又称为白党（White Party），因选举时候选人名字写在白纸上而得名。两者都建立于 1968 年，直接目的是参加 1970 年选举。白党的领导人是赛义德·易卜拉欣，他要求土地改革，主张外国种植园主放松对科摩罗经济作物的控制。同时担任绿党和管理委员会主席的赛义德·穆罕默德·谢赫（Said Mohamed Cheikh）在 1970 年去世之前是科摩罗最重要的政治领导人。他反对科摩罗独立，向来认为，科摩罗如果脱离法国，既没有能力自卫，也缺乏生存的必要资源和治

---

① Denis Venter, “The Comorian Comitragedy: Final Curtain on Abdallahism?”, *Africa Insight*, Vol.20, No.3, 1990, p.141.

② John M. Ostheimer, “Political Development in Comoros”, *The African Review*, Vol.3, Issue 3, 1973, p.495.

理技巧。绿党的二号人物艾哈迈德·阿卜杜拉（Ahmed Abdallah）是富有的种植园主和法国议会议员，1970 年继承赛义德·穆罕默德·谢赫成为科摩罗管理委员会主席。总体而言，绿党和白党是法国殖民统治的获利者。因此，在 20 世纪 60 年代末，这两个政党关注的首要事情不是如何实现独立，而是在获得法国经济援助的同时，怎样维护与法国的良好关系。那些在政治上活跃的科摩罗人效忠于两个政党的领导人，以此获得利益和好处。

科摩罗的独立运动不是兴起于科摩罗群岛，而是坦桑尼亚的科摩罗移民中。1963 年，科摩罗知识分子在坦桑尼亚首都达累斯萨拉姆建立了名为“科摩罗民族解放运动”（National Liberation Movement of Comoros）的组织。非洲统一组织下属的解放委员会当时在达累斯萨拉姆，它和坦桑尼亚政府长期支持科摩罗民族解放运动。该组织受到坦桑尼亚和桑给巴尔激进思想的影响，从一开始就要求法国撤军，科摩罗马上独立。坦桑尼亚政府允许它使用广播电台，非洲统一组织向其提供资金。直到 1967 年，科摩罗民族解放运动才通过秘密活动，把自身影响扩展到科摩罗群岛，但其支持者一直有限。1969 年 8 月，又一个政党科摩罗社会党（Socialist Party of Comoros）在境外建立，以学生为主的年轻人是其主要的支持者。它主张科摩罗独立，严厉批评法国的殖民统治。它在科摩罗主要城镇建立了支部，参加了 1972 年议会选举。

20 世纪 60 年代末、70 年代初，越来越多的科摩罗人由于憎恨法国漠视科摩罗群岛的发展，而要求独立。与此同时，莫桑比克海峡对岸非洲大陆殖民地的独立运动大大激励了科摩罗人，而且，法国鼓励下马约特岛日益明显的分离倾向也促使科摩罗领导人试图通过独立把该岛留在科摩罗之内。总之，国内外形势的变动使得科摩罗保守的政治家逐步改变了政治立场。鉴于法国对科摩罗支持不够和年轻人日益激进化，绿党领导人艾哈迈德·阿卜杜拉开始认为科摩罗独立是“遗憾的需要”。与世界其他地区一样，学生是要求科摩罗独立的先锋。1968 年，学生发起要求独立的抗议运动，结果遭到殖民者暴力镇压，科摩罗民族解放运动被认为是幕后的操纵者。1970年，管理委员会主席赛义德·穆罕默德·谢赫逝世，意味着保守派力量遭到削弱。1972年，科摩罗民主联盟和科摩罗人民民主大会统一立场，开始要求独立，但希望继续保持与法国的友好关系。由保守派和温和派政党结成的联盟“科摩罗进步党”（Party for the Evolution of Comoros）是独立运动的主要力量。该联盟排除了科摩罗社会党，认为其崇尚暴力革命，但联盟与科摩罗社会党还是存在一定合作。

1973年，各岛地方政府与法国谈判，同年6月15日发布共同宣言，确定科摩罗群岛5年内通过全民公决独立。与此同时，管理委员会主席艾哈迈德·阿卜杜拉成为科摩罗总统，法国高级专员的权力受到限制，但法国依然控制着科摩罗的外交、国防和货币。①1974年12月22日，科摩罗群岛举行全民投票，大科摩罗岛、昂儒昂岛和莫埃利岛95.96%的居民支持独立，但马约特岛63.8%的居民却选择继续作为法国的海外领地。1975年6月，法国议会决定延迟科摩罗独立6个月，并举行第二次全民公决。法国的拖延政策遭到了科摩罗的反对，同年7月6日，艾哈迈德·阿卜杜拉单方面宣布独立，成立科摩罗共和国，他就任新国家的总统，法国立即中断了与科摩罗的关系，并停止了对科摩罗的经济援助。1975年11月，联合国接受包括马约特岛在内的科摩罗为成员国。由此，科摩罗开始正式以独立国家的身份出现于世界政治舞台。

二、萨利赫与阿卜杜拉的统治

萨利赫的激进变革

科摩罗是非洲独立很晚的国家之一。与第三世界许多国家不同，

① Martin Ottenheimer and Harriet Ottenheimer, *Historical Dictionary of the Comoro Islands*, p.5.

科摩罗的独立是以完全和平的方式实现的，既没有经过大规模的政治动员和民族主义运动，更没有经过长期的武装斗争。“由于科摩罗人的文盲率和死亡率在非洲最高，人均收入是全世界最低之一，科摩罗根本无法提供大规模民族主义运动所必需的‘原材料’。”①因此，在独立之时，科摩罗绝大多数人还处于现代政治之外，全国不存在统一的社会整合，也没有公认的政治领袖和纪律严明、影响广泛的政治组织，主导国家政治的是极少数接收法式教育的精英，他们普遍对科摩罗传统缺乏足够的了解和尊重。所谓的政党是少数精英获取政府职位或者政治权力的工具，严重缺乏稳定性、组织性和群众基础。长期以来，科摩罗政权频频变动，但它们与民众没有关系，只是少数人玩弄阴谋的结果。因此，到70年代中期，科摩罗作为国家虽然已经出现于国际舞台，但民众严重缺乏国家认同和民族认同，科摩罗的“先天不足”决定了该国的政治发展之路必然困难重重。

当1975年7月科摩罗独立时，5个政党主导着国内政治，它们除了象征性地谴责殖民统治外，都缺乏清晰的行动方案和足够的群众基础。总统艾哈迈德·阿卜杜拉领导的绿党是执政党，但它主要代表的是他的家乡昂儒昂岛的利益。其他三个政党组成了民族联合阵线（United National Front），扮演着反对党的角色。第五个政党社会主义目标党（Socialist Objective Party）仅不定期运转。8月3日，即科摩罗宣布独立28天后，科摩罗民族联合阵线在鲍勃·德纳尔（Bob Denard）等外国雇佣兵的帮助下，推翻了阿卜杜拉政权。科摩罗国内许多人认为，正是法国秘密提供了政变所需的资金和人力。这次政变标志着外国雇佣兵成为影响科摩罗政治的一个重要因素。

政变发生后，艾哈迈德·阿卜杜拉和其卫兵逃往昂儒昂岛，企

① Eliphas G. Mukonoweshuro, “The Politics of Squalor and Dependency: Chronic Political Instability and Economic Collapse in the Comoro Islands”, *African Affairs*,Vol.89, No.357, 1990, p.559.

图在当地建立独立国家。9 月底，首都莫罗尼派遣的军队占领昂儒昂岛，逮捕了他，终结了昂儒昂岛的分离主义。这次政变的结果是穆罕默德·贾法尔成为总统，由 6 个政党组成的民族革命委员会掌握了政权。但政府内部矛盾重重，缺乏统一的政策。每个部门都有两个部长，各自追求个人的利益。在民粹主义推动下，新政权驱逐了国内所有的法国文职人员。在熟练人力资源匮乏和文盲率很高的情况下，这一行动致使国内的管理更加处于混乱状态。独立之前，法国的援助占科摩罗财政支出的四分之三，[①] 由于法国停止了援助，科摩罗经济遭受重大打击，全国陷入严重的粮食危机，科摩罗人不得不依靠联合国粮农组织提供的救济粮维持生活。1976 年 1 月，科摩罗议会选举政权内部的强人、国防部长阿里·萨利赫（Ali Soilih）替代贾法尔成为总统。这样，在独立后的短短半年内，科摩罗就先后出现了 3 位总统，政治的无序可见一斑。4 天前，即 1975 年 12 月 31 日，法国正式承认了科摩罗的独立（马约特岛除外）。

阿里·萨利赫出生于大科摩罗岛的农村普通家庭，原本是农学家，曾在法国留学学习农业，1968 年当选科摩罗议员，1970—1972 年担任公共工程部部长，是科摩罗人民民主大会的重要领导人。在其统治的两年多（1976 年 1 月—1978 年 5 月）时间中，科摩罗和法国关系的对立是典型特征，马约特岛的地位问题是一个主要的负面影响因素。与法国关系的恶化造成了严重的后果。法国中断了经济援助，导致科摩罗政府财政极度困难。法国还撤离了大部分技术人员，致使科摩罗许多公共机构无法运转。原本科摩罗医疗人员十分匮乏，1974 年全国平均 1.5 万人才拥有一名医生，法国人离开后，情况最糟糕的莫埃利岛竟然没有一位医生。[②]

在内政方面，萨利赫以政治权力为依托，粗暴地推动国家的科摩罗化，试图割裂其与殖民者和传统的联系，以此培育全新的民族

---

① Malyn Newitt, *The Comoro Islands: Struggle against Dependency in the Indian Ocean*, p.116.

② Ibid., p.92.

认同。萨利赫信奉激进的社会主义思想，科摩罗被宣布为民主世俗的社会主义共和国。萨利赫认为，不对社会和经济结构实行激烈的变革，科摩罗就不可能取得进步。萨利赫试图通过不断的革命，清除法国和传统文化对科摩罗人生活的影响。萨利赫把革命分为三个阶段：第一个阶段是摆脱法国实现独立；第二个阶段是社会革命，要废除昂贵的婚礼[①]、妇女戴面纱的做法以及传统的丧葬仪式，动员包括年轻人在内众多科摩罗人在革命武装部队服役；第三阶段是对政府进行非集权化改革，在地方建立人民公社“穆迪利亚斯”（moudirias）。每个公社大约有9000名成员，都修建有房屋作为中心和办公室。公社为居民提供消费品以及邮政、电话、医疗和基础教育等服务。到1978年5月，全国修建了57个办公室，[②]这既推动了建筑业的发展，但也给政府造成了沉重的经济负担。

萨利赫强调年轻人在革命中的中心作用，他把投票的年龄降低为14岁。他动员年轻人加入一支特殊的革命民兵“莫伊斯”（Moissy），在农村他们打击保守分子。他还推行全面的土地改革计划，每个公民都被分配给1至2英亩不等的土地。但这种做法丝毫无助于提高农业产量，反而造成农业生产的混乱。由于法国取消援助和出口锐减，科摩罗国库不久就处于亏空状态。为了解决预算赤字和显示对过去的决裂，1977年4月，萨利赫焚毁了所有以前的文件和档案，解散中央政府，解雇了大约3500名公职人员，但这使得科摩罗陷入了近乎无政府的状态。

经济方面，萨利赫推行国有化。1975年，科摩罗航空公司51%的股份由法国航空拥有，剩余的49%属于科摩罗政府，1977年4月，科摩罗政府掌握了全部股份，但由于管理不善和专业人才缺乏等方

---

① 科摩罗人的传统婚礼称为 grande mariage，它盛大而奢华，具有重要而复杂的社会功能，但造成了十分沉重的经济负担。

② Martin Ottenheimer and Harriet Ottenheimer, *Historical Dictionary of the Comoro Islands*, p.59.

面原因，航空公司的经营出现严重问题。[①] 1978 年 2 月，萨利赫制定了经济发展的五年计划，其核心目标是实现粮食的自给自足，但效果与期望相差甚远。实际上，萨利赫并不知道如何发展经济，向国际社会"乞讨"成为其应对国内经济危机的最主要策略。1976—1977 年，日益严重的食物短缺促使科摩罗政府在国际上寻求援助，它不得不利用有限的出口收入来购买大米等主食。早在 1975 年 12 月，联合国就科摩罗紧急提供了 2500 吨大米，但这只够全国 3 个月的消费量。1976 年以来，请求国际社会的援助成为科摩罗政府的主要任务。[②]

萨利赫大张旗鼓地推进教育的普及化、职业化和科摩罗化。为了提高识字率，政府不仅兴建了大量小学，还第一次在边远的农村地区建立了中学。萨利赫雄心勃勃地要把全国学校的数量从 366 所增加至 1300 所，但直到其政权被推翻，这一目标也没有实现。为了满足发展农业生产的需要，中学教育趋于职业化，学校开设了农业规划、经济和管理、建筑、机械和电力以及健康与卫生等实用性课程。在科摩罗独立后，绝大多数法国教师和管理人员都纷纷离开，教育师资由此处于严重的短缺状态，阿尔及利亚、突尼斯、坦桑尼亚、塞内加尔和苏联等国家提供了教师[③]和技术援助，政府也鼓励学生到友好国家接受培训。但尽管如此，师资需求依然无法得到满足，政府于是让大量中学生到农村任教，讲授任何需要的课程，这直接导致教学质量的严重低下。萨利赫确定科摩罗语为官方语言，宪法用科摩罗语书写，公共会议一律使用科摩罗语。语言学家制定科摩罗语字母表，开发科摩罗语教材。1978 年 1 月，实行教育改革，宗教教育使用阿拉伯语，幼儿教育使用科摩罗语。[④]

---

① Martin Ottenheimer and Harriet Ottenheimer, *Historical Dictionary of the Comoro Islands*, p.12.

② Malyn Newitt, *The Comoro Islands: Struggle against Dependency in the Indian Ocean*, p.63.

③ Ibid., p.92.

④ Abdourahim Saïd Bakar, "Small Island Systems: A Case Study of the Comoro Islands", *Comparative Education*, Vol.24, No.2, 1988, p.187.

萨利赫尽管自称为虔诚的穆斯林，但主张建立世俗国家和限制穆夫提（伊斯兰教法说明官）的权力。萨利赫的改革被人们普遍视为在打击科摩罗人的传统。日益严重的经济危机也削弱了民众对政府的支持，因而发生了几起针对萨利赫的未遂暗杀事件。在1977年10月的全民公决中，只有56.63%的投票者支持政府提出的新宪法。莫伊斯对真正或假想的政治反对派的打击有增无减，政府支持者袭击清真寺的行动不断发生，大量科摩罗人逃往马约特岛。1976年4月，大科摩罗岛上火山爆发，农业遭遇重创，2000人无家可归。12月，马达加斯加爆发屠杀境内科摩罗人的行动，至少1400人遇害，大约1.8万名难民涌入科摩罗。① 国内形势进一步恶化。1978年3月，在首都莫罗尼南部的城镇伊科尼（Iconi），数名渔民因抗议政府强行要求把捕获的鱼卖给国家而被杀。

在萨利赫执政的两年多时间里，曾发生至少7次未遂政变。到1978年初，萨利赫的统治已经岌岌可危，他个人变得极其敏感多疑。② 当年5月13日，鲍勃·德纳尔率领主要由法国伞兵组成的50名雇佣兵在距离首都2公里的伊特桑德拉海滩（Itsandra Beach）登陆时，科摩罗的正规军没有进行任何抵抗。大多数科摩罗人支持政变，把雇佣兵视为解放者。③ 5月29日，萨利赫被秘密处死，官方的解释是他企图逃跑。

在两年多的时间内，萨利赫无视科摩罗的客观现实，试图以激进的变革，重构科摩罗的社会结构和政治制度，但是均以彻底失败而告终。萨利赫政权生命的短暂和覆灭，实际上暴露了科摩罗国家存在的问题。“一小队雇佣兵轻而易举地占领科摩罗和推翻萨利赫政权，与其说是总统不受欢迎的结果，不如说是他的政府彻底缺乏

① Abdourahim Saïd Bakar, “Small Island Systems: A Case Study of the Comoro Islands”, *Comparative Education*, Vol.24, No.2, 1988, p.181.

② 一次，他由于梦见自己被一个带着狗的人暗杀，便要求把岛上所有的狗都杀死。

③ Eliphas G. Mukonoweshuro, “The Politics of Squalor and Dependency: Chronic Political Instability and Economic Collapse in the Comoro Islands”, *African Affairs*, Vol.89, No.357, 1990, p.563.

组织性的产物。”[1]科摩罗虽然已经独立3年，但国家力量十分有限，萨利赫解散政府的做法进一步使得国家脆弱不堪，严重缺乏抵抗外部势力的能力。科摩罗的几乎每位统治者都想大权独揽，但科摩罗始终是个典型的弱国家，政府无力承担职责，给国民提供必要的公共产品。

阿卜杜拉的集权统治

1978年政变成功几天后，政变的资助者前总统艾哈迈德·阿卜杜拉和前副总统穆罕默德·艾哈迈德从流亡地巴黎返回莫罗尼，成为联合总统，鲍勃·德纳尔及其朋友在新政府中获得了肥差。鲍勃·德纳尔取了穆斯林的名字，到清真寺礼拜。雇佣兵不仅解除了正规军的武装，而且招募和训练了一支总统卫队。很快，阿卜杜拉成为唯一的行政首脑，独自掌握了实权。作为对雇佣兵干涉科摩罗内政的回应，非洲统一组织开除了科摩罗的成员身份，马达加斯加中断了与科摩罗的外交关系，联合国威胁对新政权进行经济制裁，法国也施加压力。9月底，鲍勃·德纳尔离开科摩罗，但后来多次访问科摩罗，其他雇佣兵则继续留在当地。

阿卜杜拉生于1919年，40年代开始从政，之前是成功的商人，科摩罗独立前曾在多个政治职位任职，包括法国议会科摩罗代表（1953—1959）、科摩罗群岛议员（1959—1972）和管理委员会主席（1972—1975）。阿卜杜拉执政后，逆转了萨利赫的科摩罗化政策。他积极发展与法国的关系，不再像萨利赫那样积极宣扬科摩罗传统。学校教育中更加强调法语和阿拉伯语，科摩罗语的地位大大降低，法语和阿拉伯语成为官方语言。萨利赫政权建立的农村学校大多停止运转，扫盲运动不再进行。政府更加强调正常学龄段的学校教育，学生数量明显增加，但教育质量没有改观，成人基本被排除在国家教育之外。

---

① Malyn Newitt, *The Comoro Islands: Struggle against Dependency in the Indian Ocean*, p.64.

高度集权成为阿卜杜拉统治时期的典型特征。他通过多种方式扩大和巩固权力，制定新的宪法是其首要途径。新宪法把联邦制和中央集权制融为一体。它一方面授予每个岛屿立法权和向个人及企业征税的权力，另一方面使得总统拥有强大的行政权力。依据宪法，国名为科摩罗伊斯兰联邦共和国（The Federal Islamic Republic of the Comoros），伊斯兰教为国教，但同时承认非穆斯林的信仰权利。政府实行行政（总统）、立法（联邦议会）和司法（最高法院）三权分立。总统由全国选举产生，任期 6 年，最多任两届，总统有权任命总理和内阁；国民议会实行一院制，由选举产生的 42 名议员构成，任期 5 年。每个岛屿选举各自的省长和岛议会。[①]1978 年 10 月 1 日，新宪法获得了全国 99.31% 的投票者的支持，阿卜杜拉也顺利当选总统。

以各种方式清除政治对手是阿卜杜拉的一贯做法。1979 年，阿卜杜拉逮捕了大量萨利赫政权的成员，前政权的 4 位部长永久消失，大约 300 名前政权的支持者未经审判遭到关押。1982 年 2 月，阿卜杜拉修改了宪法，取消了联邦制，扩大了总统的权力，各岛省长不再由普选产生，而是由总统直接任命，财政权力更加集中于中央政府。为了防止在政治反对派的组织化，阿卜杜拉使得科摩罗成为一党制国家，政府指定阿卜杜拉新建立的科摩罗进步联盟（Comoran Union for Progress）是全国唯一的政党。尽管个人能够参加地方或者全国的选举，但只有进步联盟能够代表候选人组织参选。在 1982 年 3 月的选举中，阿卜杜拉钦点的进步联盟候选人除一人外，全部顺利当选。进步联盟的候选人还主导了 1983 年 5 月的国民议会选举。7 月，参加各岛屿议会选举的反对派候选人被内政部从选举名单除名。

1984 年 9 月，阿卜杜拉再次当选总统，作为唯一候选人，他获得了超过 99% 的选票。在 1987 年 3 月的国民议会选举中，政府逮

① Martin Ottenheimer and Harriet Ottenheimer, *Historical Dictionary of the Comoro Islands*, pp.40–41.

捕了400名反对派的选举观察员，最终没有一位反对派候选人当选。阿卜杜拉还通过重组政府和修订宪法来加强权力。1985年的宪法修正案取消了总理职位，使得总统既是国家元首，又是选举产生的政府首脑。它还剥夺了国民议会议长的诸多权力，包括现任总统去世后成为临时总统的权力，总统任命的最高法院院长有权继任总统。1987年3月，阿卜杜拉下令进行“自由”的议会选举，但反对派政党被禁止推选候选人，许多人因被怀疑反政府而被捕，最终阿卜杜拉的政党赢得了所有议席。1988年，在第二任总统任期过半之后，阿卜杜拉组建一个委员会来修改宪法，试图允许他在1990年能再次参选总统。宪法修正案的全民公决在1989年11月4日举行，依据官方说法，它获得了92.5%的投票者的支持。在就任总统近12年之后，阿卜杜拉试图使自己成为事实上的终身总统。

雇佣兵的强势地位

外国雇佣兵深刻影响科摩罗政治和经济是阿卜杜拉统治时期最鲜明的特征之一。正是在鲍勃·德纳尔（Bob Denard）为首的雇佣兵成功发动政变之后，阿卜杜拉才最终掌握了国家政权。尽管鲍勃·德纳尔在1978年的政变之后离开了科摩罗，但在80年代，他又公开在该国活动。雇佣兵专门为阿卜杜拉组建了总统卫队，并掌握了其指挥权。作为最著名的法籍雇佣兵，鲍勃·德纳尔[①]担任总统卫队队长，与阿卜杜拉关系密切。他在科摩罗权力巨大，甚至被外界视为科摩罗的实际统治者。总统卫队是阿卜杜拉镇压反对派和维护自身统治的重要工具。总统卫队的成员在300人到700人之间，主要是本土的科摩罗人，由大约30名法国和比利时雇佣兵指挥，他们大多数都是鲍勃·德纳尔的密友。[②]总统卫队听命于阿卜杜拉，享有在法

① 鲍勃·德纳尔（1929—2007年）原名吉尔伯特·布尔热（Gilbert Bourgeaud），被称为“法国第一雇佣兵”，20世纪60—90年代，他曾在安哥拉、尼日利亚、贝宁、津巴布韦和科摩罗等多个非洲国家，发动二十多场政变。

② Ralph K. Benesch ed., *A Country Study: Comoros*, US Department of the Army, 1995, http://lcweb2.loc.gov/cgi-bin/query/r?frd/cstdy:@field(DOCID+km0012), 2015-3-24.

律之外活动的权力，不受国家武装部队的节制，实际上是超然于政府之外的军事政治力量。

总统卫队的首要职责是保护阿卜杜拉，防止政府被推翻。在1983年7月各岛屿立法委员会的选举中，总统卫队殴打和逮捕了抗议一党制的示威者。总统卫队内部的科摩罗士兵由于遭受歧视而与外国雇佣兵关系糟糕。1985年3月8日，总统卫队的30名科摩罗士兵发动兵变，反对欧洲指挥官和阿卜杜拉。这些士兵与遭到政府禁止的民族主义政党民主阵线（Democratic Front）存在联系。兵变很快遭到镇压，3名士兵被杀，其他的被送入监狱。阿卜杜拉利用这次兵变，大举抓捕异议者，虽然民主阵线否认参与其中，但还是有多人被捕。1985年年底，77人被定罪，包括民主阵线总书记穆斯塔法·赛义德·谢赫（Mustapha Said Cheikh）在内的17人被判处终身监禁和服苦役。1986年，在国际组织和法国的压力下，这些人大部分被释放。1987年11月，一些异议者要求释放政治犯，却被定性为试图政变，总统卫队逮捕14人，并把其中7人拷打致死。总统卫队不允许政府官员参与审问，而阿卜杜拉当时正在埃及进行国事访问。总统卫队，尤其是雇佣兵的特权和滥用暴力的做法引发了正规军和科摩罗人对其的普遍憎恨。

雇佣兵不仅频频干预政治。在阿卜杜拉的默认甚至帮助下，鲍勃·德纳尔和总统卫队指挥官利用与科摩罗政府的特殊关系，成为该国经济中的重要角色。鲍勃·德纳尔是科摩罗最大的进出口公司的部分拥有人，而其最大的拥有者正是总统阿卜杜拉。鲍勃·德纳尔拥有和运转着科摩罗和南非之间的商业飞机，并以此赚取了大笔利润。雇佣兵的存在对于科摩罗的经济发展构成了不利影响。

总统卫队的指挥官与南非政府关系密切，他们是南非在科摩罗投资和施加影响的渠道。鲍勃·德纳尔拥有一家私人安保公司，依据协议保护科摩罗群岛上的南非酒店。南非在科摩罗的投资项目往往由雇佣兵撮合和管理。由于南非因种族隔离受到国际社会的制裁，总统卫队安排南非商业飞机以科摩罗国家航空公司的名义在中东和非洲部分地区飞行。总统卫队还协助南非把科摩罗作为在莫桑比克海峡收集情报的基地和向莫桑比克右派叛军运送武器的出发地。总统卫队每年接受南非的资助高达约 300 万美元。[①] 一定程度上，科摩罗成为雇佣兵发展与南非关系并因此获得利益的工具。

依附性经济

在阿卜杜拉的统治之下，科摩罗的经济在整个 80 年代几乎停滞不前。阿卜杜拉虽然是国家元首，却没有依据国情，制定切实可行的政策，以改善国家的经济状况。他把自己的利益置于国家利益之上，政权实质上是他谋利的工具。阿卜杜拉本人垄断着全国大米的进口，他拥有一个大型的进出口公司，借助鲍勃·德纳尔的帮助，赚取了大量财富。他和其他两家公司主导着科摩罗的丁香、椰子和依兰的出口，大部分进口的食物、建筑材料和消费品也是通过阿卜杜拉公司的商店和超市向民众出售。

在阿卜杜拉统治时期，科摩罗依然是个农业社会，拥有殖民地经济的典型特征。少数人垄断着商业和政府部门，绝大多数人被边缘化，处于贫困状态。科摩罗沦为一个严重依靠出口经济作物和获取外部援助的“附庸国家”，对出口和外援的双重依赖使得科摩罗随时面临着经济崩溃的危险。由于生活和医疗条件的相对改善，科摩罗人口在 20 世纪以来迅速增长。1870 年，科摩罗全岛人口只有约 6.5 万人，人口密度只有 32 人 / 平方千米，1966 年人口达 244,905 人，密度达 120 人 / 平方千米，依据 1978—1979 年的统计，全国人口达 38.4 万人，密度高达 189 人 / 平方千米，[②] 科摩罗由此成为全世界人口增长速度最快、密度最大的国家之一。但是，经济增长严重滞后于人口增长，庞大的人口压力使经济状况雪上加霜。

---

① Ralph K. Benesch ed., *A Country Study: Comoros*, US Department of the Army, 1995, http://lcweb2.loc.gov/cgi-bin/query/r?frd/cstdy:@field(DOCID+km0012),2015-5-28.

② Malyn Newitt, *The Comoro Islands: Struggle against Dependency in the Indian Ocean*, pp.100–101.

由于国内机会有限，许多技术人才移民国外，80 年代末，仅仅法国就有约 4 万科摩罗人。[①]

科摩罗自然资源匮乏，基础设施滞后，制造业几乎为零。农业是首要的经济部门和绝大多数科摩罗人生存的支柱，贡献了全国至少 40% 的 GDP，就业人数大约占全国劳动力的 80%。但农业主要生产的不是科摩罗人最需要的粮食，而是以出口为目的的经济作物。由于粮食产量低下，全国人口至少一半的食物需要进口，尤其是大米更是如此。“大米问题”对科摩罗整个国家至关重要。1987 年，大米的进口量高达 3.8 万吨，几乎占当年全国进口总金额的 28%。[②]在阿卜杜拉时期，大米进口花费了科摩罗 50% 的出口收入。但是，阿卜杜拉根本无意实现科摩罗粮食的自给自足。长期以来，国际社会施压要把种植香草的土地用来种植玉米和水稻等粮食作物，但阿卜杜拉联合香草种植者拒绝这一要求。他也拒绝世界银行对进口的大米征收关税和消费税的建议，因为阿卜杜拉的公司全面参与了出口香草和以来源地三倍价格进口远东地区大米的活动。[③]实际上，畸形的经济结构也使得科摩罗政府处于两难的境地：要实现粮食的自给自足就必须扩大大米生产，缩减经济作物的种植，但经济作物产量的降低必然导致出口和财政收入的减少，因为科摩罗没有其他的替代出口产品和重要收入来源。

科摩罗的出口创汇主要来自 4 种经济作物，即香草、依兰、丁香和椰子。它们常年占全国出口收入的 90% 以上。[④]由于受天气和国际市场等因素的影响，出口经济经历了从繁荣到衰落的转变。

---

① Eliphas G. Mukonoweshuro, “The Politics of Squalor and Dependency: Chronic Political Instability and Economic Collapse in the Comoro Islands”, *African Affairs*, Vol.89, No.357, 1990, p.570.

② Denis Venter, “The Comorian Comitragedy: Final Curtain on Abdallahism”? *Africa Insight*, Vol.20, No.3, 1990, p.147.

③ Ralph K. Benesch ed., *A Country Study: Comoros*, US Department of the Army, 1995, http://lcweb2.loc.gov/cgi-bin/query/r?frd/cstdy:@field(DOCID+km0012), 2015-3-25.

④ Malyn Newitt, *The Comoro Islands: Struggle against Dependency in the Indian Ocean*, p.107.

1979 年，香草的出口量达 169.9 吨，出口额占全国总出口的 61%，1980 年，由于国际市场价格大幅度下跌，出口量只有 12.9 吨，出口额只有 1979 年的 8.4%。在出口创汇剧减的同时，国际市场的食品价格却一路攀升，大米、肉类、食糖、牛奶、食用油和鱼类的进口金额大量增加，科摩罗因此处于越来越严重的入超状态。1976 年，出口额为进口额的 71%，1978 年为 49%，1980 年进一步降为 25%。[①]政府预算的 70% 依靠香草出口，但 1984 年的香草出口额剧减，1986—1987 年，政府虽然延迟支付公务员工资，但依然入不敷出。

在此情况下，总统阿卜杜拉的首要回应方式不是调整经济结构，加大粮食生产，而是向各国政府和国际组织四处游说，争取贷款和援助。主要的支援者有法国、南非、欧共体、阿拉伯君主国、世界银行以及地区性金融机构，比如阿拉伯非洲经济发展银行和非洲开发银行等。在 80 年代，国家依赖外援而运转，1981 年，政府接近一半的预算来自外援；1988 年，政府每年 80% 的公共开支依靠外部援助。经济形势的恶化导致严重的债务危机。1988 年，科摩罗外债额为 1.5 亿，其中 6800 万来自国际组织，4900 万来自阿拉伯国家，其余来自法国等西方国家，当年利息为 800 万美元，利息额超过同年出口额的 50%。[②]1989 年，科摩罗全国人口 40.9 万，GDP 仅有 1.6 亿美元，但外债却高达 1.98 亿美元。[③]

科摩罗虽然依赖外援，但外援的使用质量却不高。部分援助的项目，比如建立独立的新闻媒体和改善通讯状况等，具有无可争议的价值；但大部分援助却问题重重，比如许多援助资金和贷款被用来支付超编的公务员的工资。1989 年，科摩罗人均 GDP 只有 240

① Malyn Newitt, *The Comoro Islands: Struggle against Dependency in the Indian Ocean*, p.115.

② Eliphas G. Mukonoweshuro, "The Politics of Squalor and Dependency: Chronic Political Instability and Economic Collapse in the Comoro Islands", *African Affairs*, Vol.89, No.357, 1990, p.570.

③ Denis Venter, "The Comorian Comitragedy: Final Curtain on Abdallahism?", *Africa Insight*, Vol.20, No.3, 1990, p.148.

美元，但公务员人均月工资却高达 160 美元，年均工资是人均 GDP 的 8 倍。[①] 虽然科摩罗实施了修建港口、发电厂以及连接各岛屿滨海定居点公路等资本密集型项目，但由于没有配套的地方性发展项目，国内贸易几乎没有从这些公路网以及电力和世界级港口设施中受益。大量建筑材料和设备的输入让科摩罗的进出口公司获利，而阿卜杜拉的公司恰是其中最大的公司。

总之，阿卜杜拉的短视和自利的政策使得科摩罗经济依附于国际市场和国际社会，科摩罗是一个经济上严重缺乏自主性和可持续发展能力的国家。

阿卜杜拉统治的终结

早在 1979 年，科摩罗已经出现反对阿卜杜拉政权的力量，反对派分别组建了名为民族联合阵线（United National Front）和科摩罗联盟（Union of Comorans）的组织，后来它们合并为科摩罗民族联合阵线。1980 年，科摩罗驻法国大使赛义德·阿里·凯末尔（Said Ali Kemal）辞职建立了另一个反对派组织国家公共救助委员会（National Committee for Public Salvation）。1981 年 2 月，前萨利赫政权官员领导的未遂政变导致大约 40 人被捕。

但是，政治反对派分散而软弱，根本无力对阿卜杜拉政权构成实质性威胁。阿卜杜拉依靠总统卫队和军队，严厉禁止国内出现反对派的政治组织，致使反对派无法发起大规模、组织化的反政府运动。1983 年，前驻法国大使赛义德·阿里·凯末尔试图借助雇佣兵发动军事政变推翻阿卜杜拉的统治，但以失败而告终，事件本身大大损坏了反对派的形象。科摩罗人普遍厌恶雇佣兵干涉国内政治。在推翻政府无望、反对派缺乏意识形态基础的情况下，一些反对派领导人为了个人的前途和利益，甘愿与阿卜杜拉谈和结盟。1988 年 7 月，反对派组织科摩罗民族共和国联盟（Union for a Democratic Republic

① Denis Venter, "The Comorian Comitragedy: Final Curtain on Abdallahism?", *Africa Insight*, Vol.20, No.3, 1990, p.147.

in Comoros）领导人穆扎瓦尔·阿卜杜拉（Mouzaoir Abdallah）和总统一起出现在独立日庆典上。9月，另一个反对派领导人赛义德·海齐姆（Said Hachim）同意参加旨在修订宪法的委员会。

80年代中期以来，阿卜杜拉的统治危机日益加剧。1989年年底，一位评论者称，“科摩罗依旧像一个乡村一样被管理”。[①] 在国际货币组织和世界银行的督促下，公务员的数量被缩减；而且，由于出口收入减少，在职的公务员自夏天起就没有领到薪水。这引起了公务员及其家庭的强烈不满。11月4日，科摩罗人就允许阿卜杜拉参选第三任总统的宪法修正案进行投票，官方宣布绝大多数投票者表示支持。但投票过程充满了争议。政府阻止反对派的选举观察员进入选举现场，军警在投票没有结束之前就拿走了投票箱。投票受到了国内外的普遍质疑，民众以暴力回应政府的舞弊行为。在大科摩罗岛，投票者破坏了投票箱；在昂儒昂岛，政府官员的办公室被放火焚烧。全国有100多人被捕，科摩罗的局势日益恶化。12月26—27日夜间，阿卜杜拉在寓所中被枪杀。

宏观而言，阿卜杜拉的死是80年代科摩罗国内严重的政治经济危机的逻辑结果，但其直接原因与阿卜杜拉生前试图对总统卫队采取行动有关。80年代末，南非不再支持雇佣兵，法国也想除掉他们，阿卜杜拉也不愿再受他们的支配。雇佣兵的存在引发了科摩罗民众的愤怒，损坏了阿卜杜拉在民众中的形象，被视为对科摩罗国家主权的严重损害。1989年9月，阿卜杜拉聘请了一位法国军事顾问，后者主张把总统卫队纳入正规军管理。阿卜杜拉与法国和南非政府协商后，决定年底驱逐鲍勃·德纳尔和总统卫队中的外籍军官。这无疑严重威胁到鲍勃·德纳尔等人在科摩罗的利益，促使他们对阿卜杜拉采取行动。11月29日，在阿卜杜拉被杀后两天，鲍勃·德纳尔和总统卫队控制了科摩罗政府。在此过程中，27名科摩罗军官被杀，数百人被捕，所有的记者都被关入宾馆。雇佣兵解除了正规军

---

① Ralph K. Benesch ed., *A Country Study: Comoros*, US Department of the Army, 1995, http://lcweb2.loc.gov/cgi-bin/query/r?frd/cstdy:@field(DOCID+km0012), 2015-3-25.

的武装，废除了临时总统哈利本·车巴尼（Haribon Chebani）[①]，安排穆罕默德·赛义德·乔哈尔（Mohamed Said Djohar）[②]为科摩罗第三位总统。科摩罗的政治剧变引来了两大援助国法国和南非的强烈反应。南非停止了所有的援助，法国在马约特岛集结部队，也停止了援助。科摩罗人坚决拒绝雇佣兵继续统治。12 月 7 日，约 1000 名学生和工人示威游行，反对鲍勃·德纳尔。同时，学校关闭，公职人员罢工。12 月 15 日，鲍勃·德纳尔未经战斗，就向法国军队投降。他被押解到南非首都比勒陀利亚软禁起来。[③]

马约特岛争端

马约特岛的归属问题既是法国对科摩罗群岛长期殖民统治的一个遗留问题，也是影响科摩罗和法国关系的最大负面因素之一。马约特岛面积约为 374 平方公里，依据 2012 年统计，岛上居民约 21.3 万。在科摩罗群岛的 4 个岛屿中，马约特岛最早成为法国的保护地，因此受法国的影响最大、最深。早在 1841 年，马约特岛的马达加斯加统治者安德里安·苏利就把马约特岛割让给了法国。1912 年，包括马约特岛在内的整个科摩罗群岛成为法国殖民地马达加斯加的一个省[④]，行政中心在马约特岛的藻德济。1964 年，行政中心转移到了大科摩罗岛的莫罗尼，马约特岛居民在经济和心理上受到沉重打击，这为以后马约特岛拒绝独立埋下了伏笔。

长期以来，马约特岛是科摩罗群岛中经济状况最好、从法国殖民统治获益最多的岛屿，但随着大科摩罗岛和昂儒昂岛精英的崛起，马约特岛在法国的殖民体系中开始被边缘化。科摩罗广播电台也被转移到大科摩罗岛，马约特人内心出现巨大的落差和不满。1966

---

① 他原为最高法院院长，按照宪法刚刚继任总统。

② 萨利赫同父异母的哥哥。

③ 1993 年 2 月，鲍勃·德纳尔返回法国，被逮捕和审判，并被免除参与暗杀阿卜杜拉的罪行。2007 年 10 月，鲍勃·德纳尔在法国逝世。

④ Andre Bourde, "The Comoro Islands: Problems of a Microcosm", *The Journal of Modern African Studies*, Vol.3, No.1, 1965, pp.91-102.

年，科摩罗管理委员会主席赛义德·穆罕默德·谢赫访问马约特岛时，当地居民示威游行，向他投掷石块。20 世纪 70 年代初，科摩罗和法国双方就科摩罗独立谈判时，对于 1974 年的全民公决是就整个群岛进行，还是以每个岛各自进行的问题，产生了分歧。马约特岛的许多居民反对独立，其组织力量是马约特人民运动（Mayotte Popular Movement），它建立于 20 世纪 60 年代，代表了该岛店主们的利益。科摩罗群岛的行政中心从马约特岛转移到大科摩罗岛后，他们的生意受到很大影响。马约特岛居民不想在科摩罗内处于从属地位，成为二等公民。马约特人民运动的领导人认为，马约特人到其他岛屿时遭到歧视。[①] 无论就心理还是经济角度而言，马约特人都不愿和其他三岛处于同一个政治实体之内。

1974 年 12 月投票时，马约特岛高达 65% 的居民反对独立。首先，马约特人认为，他们在文化、宗教和语言上与其他岛屿的居民有鲜明差别，就像留尼汪岛或塞舌尔一样，与法国悠久的联系（自从 1841 年）赋予马约特岛独特的特征。第二，马约特人认为，鉴于马约特岛人口较少，自然资源丰富，生活水平较高，他们在法国联盟之内经济上能够自立，他们不愿把生活降低到和其他三个穷岛一样的水平。第三，大部分马约特人不愿在科摩罗国家之内，他们憎恨首都从马约特岛转移到大科摩罗岛，他们认为这是对他们的有意漠视。因此，马约特岛的独立具有比较强烈的民意基础。

法国欢迎投票的结果，但科摩罗领导人则指责马约特人民运动伪造马约特人“独特性”的幻觉，以保护马约特岛基督徒的权利。1975 年 6 月，法国议会投票决定延迟科摩罗独立 6 个月，并举行第二次全民公决。作为回应，科摩罗政府在 1975 年 7 月 6 日单方面宣布包括马约特岛在内的所有科摩罗岛屿独立，马约特独立运动则宣称马约特岛继续留在法国之内。法国随即停止了对科摩罗的经济援

① John M. Ostheimer, “Political Development in Comoros”, *The African Review*, Vol.3, Issue 3, 1973, p.492.

助。为防止科摩罗强行控制马约特岛，法国派遣三艘军舰巡航马约特岛周围海域。1975年11月，联合国大会通过决议，授予科摩罗联合国成员国身份，并承认科摩罗对马约特岛的主权。1976年，联合国安理会讨论了马约特的归属问题，安理会的15个成员国中，有11个国家（包括中国）支持科摩罗对马约特的主权要求，但因为法国的否决（5个常任理事国中唯一的反对票），使得这一决议未能通过。但是，联合国大会几乎一致通过了决议，谴责法国，呼吁国际社会支持科摩罗的主权和领土完整。

在1976年2月的全民公决中，马约特岛99.4%的投票者要求维持与法国的关系而不独立，但联合国和非统宣布投票非法。[①] 马约特人彻底拒绝与科摩罗其他三岛合并，试图取得和留尼汪岛同等的地位，享有法国公民的一切权利，但法国当时在国际压力下又不想完全接纳马约特岛，它给予该岛一个特殊的地位——集体领地（Collectivite Territoriale）。1979年12月，法国议会投票决定延长该岛的特殊建制5年，之后再征求该岛居民的意见。1984年底，在马约特岛绝大多数居民都选择与法国保持联系的情况下，法国无限期推迟了该岛的全民公决。

科摩罗的对外交往

前殖民宗主国法国是科摩罗最重要的国际交往对象。在科摩罗单方面宣布独立后的前3年，在民族主义的作用下，科摩罗与法国关系糟糕，但法国对科摩罗依然具有重要影响。1977年，科摩罗加入了法语国家联盟，表明它与前宗主国存在无法割舍的联系。1978年阿卜杜拉上台后，科摩罗与法国的关系迅速改善，亲法是科摩罗外交政策的鲜明特点。许多科摩罗人移民法国，阿卜杜拉总统拥有

① Claudia Schlaak, *Island Language Policy and Regional Identity East of Africa*, Postdam: Universität Potsdam, 2013, p.5.

法国和科摩罗双重国籍，[1] 积极发展与法关系。法国恢复向科摩罗提供经济和技术援助，并负责训练科摩罗军队。1978 年 11 月，科摩罗和法国签订 5 项协定，涉及经济、军事和文化等多项内容。据此，法国海军有权使用科摩罗所有的港口设施；在科摩罗遭遇外敌入侵时，法国有义务提供帮助。两国的总统等高级领导人曾多次互访，法国成为科摩罗的主要贸易伙伴和最大的资助金援助国，每年提供的发展援助大约为 2500 万美元。将近 130 位法国技术人员管理着科摩罗的公共服务部门，邮政、水务、电力和海关等全部由法国人负责，军事专家负责训练科摩罗军队。[2] 因此，由于科摩罗在政治和经济等方面严重依赖法国，马约特岛争端对两国关系并没有产生根本影响，80 年代，在政治、经济、外交和军事等几乎所有领域，法国依然具有无可比拟的影响力。在 1989 年政变之后，法国军队恢复了科摩罗的秩序，并负责重组和训练科摩罗军队。

80 年代中后期，南非后来居上，成为与科摩罗关系最密切的国家之一。1986 年，法国政府决定向马约特岛投资 2.5 亿美元，以修建深水港和扩建机场，这一决策意味着法国开始把莫桑比克海峡的战略重点转向马约特岛，科摩罗在法国外交中的地位被降低，南非借此填补了空白。早在 1985 年 1 月，南非外交部长访问科摩罗，标志着南非的力量开始向科摩罗渗透。此后，南非国防部开始扮演更加重要的角色，国防部部长多次公开或者秘密访问科摩罗，南非在科摩罗的影响急剧增长。对于南非而言，科摩罗具有重要的战略意义。南非白人政权的飞机被非洲大陆除马拉维以外的所有国家禁止飞行，但科摩罗却允许其着陆，补充燃料后前往近东和亚洲。南非还在大科摩罗岛安装了精密的无线电监控设施，它不但能随时跟踪过往船只，还可以监控在对岸国家坦桑尼亚活动的非洲国大党。南非也通

---

① Iain Walker, *Becoming the Other, Being Oneself: Constructing Identities in a Connected World*, p.194.

② Denis Venter, “The Comorian Comitragedy: Final Curtain on Abdallahism” ? *Africa Insight*, Vol.20, No.3, 1990, p.143.

过科摩罗，支持莫桑比克的反政府武装，并向伊朗输送武器。

在法国之后，南非承担起保证阿卜杜拉政权生存的角色。南非向总统卫队提供武器和资金，每年的花费约1300万美元。[①] 南非人占据着科摩罗首都中学的教师职位，教材也大量从南非输入。南非在科摩罗大量投资，不仅修建道路、房屋、学校、医疗中心，还利用先进的农业技术，经营着1300英亩的试验农场。整个80年代，南非对科摩罗的援助高达5000万美元。80年代末，南非给科摩罗贷款2500万美元，以发展当地旅游业[②]，南非公司赢得了科摩罗旅游业方面的主要合同。科摩罗所有的钢材、木材、建筑材料、机械以及部分食物和饮料都来自南非，科摩罗大约50%的进口商品来自南非。[③] 在南非遭到制裁的情况下，科摩罗是少数与其保持密切经济往来的国家，科摩罗也由此在经济上严重依赖南非。

发展与阿拉伯世界的关系是科摩罗外交的优先方向。1977年，萨利赫政权向阿拉伯国家联盟提出了加入申请，其目的不仅是为了获得经济援助，更是为了表示与被殖民历史的决裂，但阿盟拒绝了申请。1978年，阿拉伯语被确定为官方语言，尽管只有约10%的科摩罗人能阅读阿拉伯语。80年代以来，科摩罗政府重点发展与沙特和科威特等产油国的关系。1980年，阿卜杜拉访问科威特，1982年，访问利比亚。经过努力，它从这些国家以及其资助的地区性金融机构（如非洲阿拉伯经济发展银行和阿拉伯经济和社会发展基金）那里获得了大量援助。

科摩罗与非洲近邻国家保持着良好关系。1983年，在加蓬的倡

---

① Eliphas G. Mukonoweshuro, "The Politics of Squalor and Dependency: Chronic Political Instability and Economic Collapse in the Comoro Islands", *African Affairs*,Vol.89, No.357, 1990, p.576.

② Denis Venter, "The Comorian Comitragedy: Final Curtain on Abdallahism" ? *Africa Insight*, Vol.20, No.3, 1990, p.143.

③ Eliphas G. Mukonoweshuro, "The Politics of Squalor and Dependency: Chronic Political Instability and Economic Collapse in the Comoro Islands", *African Affairs*, Vol.89, No.357, 1990, p.575.

议下，9 个说班图语的国家[①]创建了班图国际文明中心（The Centre International des Civilizations Bantus），科摩罗是创始国之一。1985 年，马达加斯加、毛里求斯和塞舌尔接受科摩罗成为印度洋委员会（Indian Ocean Commission）[②]的第四个成员。阿卜杜拉时期，尼日利亚和坦桑尼亚也与科摩罗保持着良好的关系。

科摩罗与日本的关系也十分友好。长年以来，日本是科摩罗的第二大援助国，其内容包括向渔业、食品和高速公路提供资金。1977 年，科摩罗与美国建立了外交关系。

为了争取经济援助，科摩罗也大力发展与国际组织的关系。1975 年 11 月，科摩罗成为联合国的第 143 个成员国。科摩罗也是非洲统一组织、世界银行、国际货币基金组织和非洲开发银行等组织的成员。

三、90 年代以来科摩罗的发展

90 年代的政治动荡

阿卜杜拉的死亡代表着 11 年强人统治的结束，科摩罗进入了新的历史时期。雇佣兵被驱逐后，科摩罗政治呈现出前所未有的新气象。政治反对派纷纷返回国内，力图分享政权。1990 年 3 月，科摩罗举行总统选举。这被视为科摩罗政治的重要转折点，该国举行了历史上第一次真正的民主选举，8 位候选人参选，经过两轮投票，法国和南非支持的临时总统赛义德·穆罕默德·乔哈尔当选。他随后组成科摩罗独立以来的第一个多党联合政府，原阿卜杜拉政府的所有部长都没有被任命。

制定或者修订宪法是独立以来科摩罗政府的普遍现象，乔哈尔也不例外。1992 年 6 月，科摩罗以全民公决通过新宪法。按规定，

---

① 包括加蓬、科摩罗、安哥拉、刚果、赤道几内亚、卢旺达、扎伊尔、赞比亚和圣多美。

② 1982 年建立，旨在促进地区合作。

伊斯兰教为国教，总统由直接选举产生，任期五年，最多两届。总统是国家元首和政府首脑，总理职位被恢复，总统有权任命总理和部长。国民议会分为上院（参议院）和下院（联邦议院），上院有15名议员，每岛5名议员，下院42名议员。联邦议会中议席最多的政党成员担任总理职务。新宪法依然能赋予总统最大的权力。

在乔哈尔执政的前几年，科摩罗政治比较稳定，但雇佣兵再次打断科摩罗的政治发展进程。1995年9月28日，鲍勃·德纳尔秘密返回科摩罗，再次发动政变，囚禁乔哈尔总统。法国立即强烈谴责，并派军队进驻科摩罗。10月4日，鲍勃·德纳尔宣布投降，被送往法国，遭到关押。卡阿比（Caambi）总理成立过渡政府。乔哈尔获释后被送往留尼汪“治病”，并宣布成立合法政府，科摩罗第一次出现两个政府共存的局面。

1996年1月，总统派和总理派实现和解，于3月16日组织新的总统选举，穆罕默德·塔基·阿卜杜勒卡里姆（Mohamed Taki Abdoulkarim）当选总统，建立了第二届多党联合政府。1996年10月，科摩罗举行全民公决，通过宪法修正案，规定总统任期六年，国民议会为一院制，限制各岛屿议会的权力。在总统权力得到强化的同时，科摩罗政府却更加腐败。公职人员数量庞大，1998年，政府雇佣的人数接近6000人，第二大雇佣者海滩酒店（Beach Hotel）的员工只有300人。[①] 公职人员消耗了大量紧缺的财政支出，投资则主要集中于大科摩罗岛。总统塔基是大科摩罗岛人，与其他岛屿没有家族联系，他主要站在大科摩罗岛的立场考虑问题，缺乏对其他岛屿文化差异和经济问题的理解。在此情况下，出现了昂儒昂岛和莫埃利岛要求分离的重大事件。

1997年8月，在昂儒昂岛首府穆萨穆杜（Mutsamudu），7000名抗议者撕毁科摩罗国旗，升起法国国旗和昂儒昂岛最后一位独立苏丹的彩旗。他们宣布昂儒昂岛独立，并建立了自己的政府，同时

① Iain Walker, *Becoming the Other, Being Oneself: Constructing Identities in a Connected World*, p.184.

要求再次附属于法国。两天后，同样的一幕在莫埃利岛首府丰博尼上演，分离主义者设立路障，升起法国国旗。两个岛屿分离主义者的请求让法国尴尬不已。在新的政治形势下，为了避免不必要的麻烦，法国不愿重新确立对两岛的权威。法国拒绝了它们的请求，并谴责分离行动，主张科摩罗各岛在维护国家统一的基础上，通过协商化解危机。在非统的干预下，中央政府和两个分离岛屿举行谈判。1998 年 11 月，塔基·阿卜杜勒卡里姆因心脏病去世，联邦最高法院院长塔基丁（Tadjidine）任代总统。1999 年 4 月 19—23 日，科摩罗各岛和各党派代表在非统和马达加斯加等主持下召开岛际会议，达成了《安塔那那利佛协议》（"Antananarivo Agreement"），规定成立科摩罗国家联盟，各岛实现高度自治。科摩罗联盟总统任期四年，由各岛候选人轮流担任，第一任联盟总统由大科摩罗岛人担任，接下来分别是来自昂儒昂岛和莫埃利岛的代表，大科摩罗岛和莫埃利岛接受协议，但昂儒昂岛代表拒绝在协议上签字。

昂儒昂岛的不妥协在首都莫罗尼引发了骚乱。1999 年 4 月 30 日，上校阿扎利（Azali）发动不流血政变，推翻了临时总统塔基丁，恢复了首都的秩序。阿扎利宣布自己是总统、总理和国防部长。这是科摩罗 1975 年独立以来发生的第 18 次成功或未遂政变。

阿扎利的统治

阿扎利以政变上台后，马上试图以宪法使自身的权力合法化。1999 年 5 月，阿扎利颁布新宪法，使自身享有了行政权和立法权。与此同时，在投票率只有 15% 的情况下，分离主义者赢得了昂儒昂岛的议会选举。12 月，由于受到国际社会的批评，阿扎利任命了平民总理拜礼斐·塔米德（Bainrifi Tarmidi），但他依然是国家元首和军队统帅，掌握着最高权力。2000 年 12 月，阿扎利任命了新的平民总理哈马达·马迪（Hamada Madi）。

由于昂儒昂岛继续拒绝放弃分离立场，非统准备进行军事干预。在压力之下，2000 年 8 月，阿扎利与昂儒昂岛领导人阿贝德签署《丰博尼共同声明》，原则同意进行民族和解，决定成立带有邦联性质的“科摩罗新集体”，明确规定昂儒昂岛独立或者与法国重新确立关系都不是选择。2001 年 2 月，在非统和法语国家组织等的斡旋下，科摩罗政府、反对党、昂儒昂岛当局、各岛代表及非统等签署《科摩罗和解框架协议》（“Framework Accord for Reconciliation in Comoros”），对民族团结政府的组成及有关问题做出界定，科摩罗全面民族和解进程正式启动。2001 年 12 月 23 日，科摩罗以全民公决的形式，通过宪法修正案，决定在维护国家统一和领土完整的基础上成立由大科摩罗、昂儒昂、莫埃利和马约特四岛组成的科摩罗联盟。联盟国徽由红、黄、蓝、白四色，四颗五角星和一个绿十字组成。各岛享有除外交、国防、宗教、国籍、货币、国家象征以外的高度自治权。联盟设 1 名总统和 2—3 名副总统，取消了总理职位。联盟总统为国家元首、政府首脑和军队最高统帅，由各岛总统轮流担任，任期四年。

2002 年 3—4 月，在国际社会的压力下，依靠武力上台的阿扎利进行重大政治改革，举行了科摩罗有史以来最公开、公正的总统选举。经过两轮（岛屿和联盟）选举①，阿扎利当选联盟总统，并于 5 月 26 日宣誓就职。这意味着科摩罗政治在 1999 年政变之后向制度化方向发展。在选举之后，阿扎利和各岛总统就预算分配争论不休。2003 年 12 月 20 日，在南非、马达加斯加和毛里求斯等的协调下，科摩罗联盟政府与三岛达成《科摩罗过渡措施协议》，就议会选举以及联盟和三岛之间权力分配等问题达成妥协。按规定，每个岛处于半自治状态，享有一定的独立决定内部事务的权力。每个岛除向联盟政府上缴一定比例的收入外，自主处理财政事务。每个岛都可自行制定法律，只要不与联盟宪法矛盾即可。2004 年 3 月和 4 月，在非盟观察员的监督下，科摩罗地方议会选举和全国议会选举先后顺利举行，反对总统的党派主导了联盟和三个岛的议会。在剩余的

① 第一轮由大科摩罗岛的居民投票，得票数前三位的总统候选人在全科摩罗举行投票，获得简单多数选票的人当选联盟总统。

任期里，阿扎利与各岛围绕关于中央与地方分权的问题矛盾重重。

治理问题和萨姆比的改革

2006年4—5月，在非盟代表团的直接监督下，科摩罗联盟举行两轮总统选举，昂儒昂岛独立候选人、宗教领袖穆罕默德·萨姆比以58%的得票率当选。阿扎利尊重选举结果，由此科摩罗实现了和平、民主的权力交接。萨姆比是一个成功的商人和逊尼派宗教学者，曾在苏丹、伊朗和沙特学习宗教，被追随者称为“阿亚图拉”[①]。他是温和的伊斯兰主义者，宣称科摩罗没有为成为伊斯兰国家做好准备，不想强迫科摩罗的妇女戴面纱。萨姆比对外实行开放政策，获得援助成为发展对外关系的主要目的。

尽管2008年科摩罗和毛里塔尼亚被总部位于美国的自由之家（Free House）认为是阿拉伯世界仅有的两个实行真正选举民主的国家，但科摩罗面临着严重的治理问题。实际上，无论就政治还是经济而言，科摩罗政府的治理能力都十分有限。庞大的公职人员队伍一直是科摩罗发展的严重障碍。2004年，科摩罗公职人员多达1.05万人，他们消耗了47%的政府预算，公职人员的工资不得不拖延发放6—7个月。[②]2005年，政府实行改革，清除那些不在职位但领取薪水的公务员，并且把某些公共管理的职能向民间和私人转移，但效果不佳。因为每个公职人员都不愿触动自身利益，政府严重缺乏大张旗鼓改革的动力和决心。对于科摩罗人而言，在政府任职是地位和特权的象征，政治人物通过分配国家资源扩大势力。

除了争取外援，科摩罗政府从未制定长远的经济发展战略，经济规划和方案经常改变，税收法律没有得到一贯执行，政府与公司的交往缺乏透明度，各级政府部门都充斥着腐败行为。虽然政府也有惩治腐败的法律，但它们从未被严肃执行。联盟议会弱小，无法

---

① 有人声称萨姆比秘密皈依了什叶派，但这遭到萨姆比的坚决否认。

② Bruce Baker, “Comoros: The Search for Viability”, *Civil Wars*, Vol.11, No.3, 2009, p.225.

对总统形成有效制约。全国只有5份报纸，最主要的《祖国报》（*al-Watan*）发行量只有1000份，媒体声音微弱，起不到监督政府的作用。民间组织数量少，力量弱，普通科摩罗人难以发出声音，对政府决策形成影响。更重要的是，警察经费缺乏，装备很差，大多是文盲，没有能力为民众提供必要的安全。2008年，依据大科摩罗岛警察局长的说法，他们虽然肩负全岛的安全，但只有1辆汽车、20辆摩托车，没有轮船。警察的薪水很低，且拖延6个月支付。制服不足，警察普遍士气低落，贪污腐败盛行。2008年7月，昂儒昂岛甚至没有警察，只有一个法院，法官只有5人，且都没有经过专业培训。

此外，宪法所规定的联邦制和分权制造成了严重的效率问题和经济问题，2007年的昂儒昂岛危机表明联盟政府与各岛屿间如何划分权益成为科摩罗面对的一大难题。依据宪法，联盟和各岛都有总统和议会，宪法虽然对联盟和地方政府的权威都做出了规定，但许多具体问题并没有明确化，由此造成了巨大的管理混乱。按规定，联盟教育部长负责国家教育政策和高等教育，每个岛的教育部长负责中学和小学教育，其结果是当2004年各岛教育部长失职导致教师罢工抗议工资延迟发放时，联盟教育部长却无法解决问题。总之，政府根本无力提供必要的教育、医疗或安全等服务，民众对国家缺乏认同和信任。正如学者伊恩·沃克所言，在科摩罗，“由于国家资产被精英侵吞，国家象征被商品化，任何真正意义上的民族认同都不可能出现”①。科摩罗政府总是面临着严重的信任危机。2008年后半年，在首都莫罗尼，人们示威游行，抗议食物、汽油和电力短缺，物价奇高，要求总统萨姆比辞职。

面对上述问题，总统萨姆比认识到必须精简机构，集中国家权力，他认为，科摩罗有4个总统、4个议会太过荒唐，“一个像我

① Iain Walker, “What Came First, the Nation or the State? Political Process in the Comoro Islands”, *Africa: Journal of the International African Institute*, Vol.77, No.4, 2007, p.597.

们一样的小国家，无力担负所有这些机构存在的奢侈”[①]。为了加强中央权威和削减各岛权力，萨姆比也建议修改宪法。萨姆比和莫埃利岛总统阿里·赛义德就权力分配问题进行了激烈协商，并对其施加压力。他解除了莫埃利岛的国有公司总裁和联盟官员，被阿里·赛义德称之为“管理政变”。2009年5月17日，不顾各方反对，科摩罗联盟政府就宪法修正案组织全民公投，其内容包括设立伊斯兰教为国教、各岛屿总统地位降低为省长以及总统有权解散议会等。投票前夕，由于怀疑萨姆比试图借此扩大自身权力，部分地方出现零星暴力活动。在大科摩罗岛的莫罗尼，由来自昂儒昂岛的店主经营的商店被投掷燃烧弹；在莫埃利岛，联盟政府代表的办公室被纵火。在军队的介入下，投票才顺利结束。据官方宣布，投票率为52.7%，投票者中93.8%的人支持修正案，但反对派认为投票率在10%和20%之间。[②]莫埃利岛政府发言人指责萨姆比想成为独裁者。总体而言，这次宪法修订缩小了三个岛屿的自治权，有利于联盟政府权威的确立。2009年12月，科摩罗举行了两轮国民议会选举[③]。总统萨姆比的联盟获得19席，反对派获得5席，其中3席来自莫埃利岛。

2010年11—12月，科摩罗举行两轮总统选举。按照宪法规定的轮流原则，该莫埃利岛居民担任总统职务。原副总统伊基利卢·杜瓦尼纳（Ikililou Dhoinine）当选新一任联盟总统，他是执政党的成员，得到了总统萨姆比的支持。作为药剂师，他是科摩罗第一位来自莫埃利岛的总统。2011年5月26日，伊基利卢在就任联盟总统的仪式上，宣布要对腐败作坚决的斗争，为此他成立了“全国预防和打击腐败委员会”（National Commission for the Prevention and Fight Against Corruption）。2013年10月，萨姆比建立朱玛党（Juwa

---

① Bruce Baker, “Comoros: The Search for Viability”, *Civil Wars*, Vol.11, No.3, 2009, p.225.

② Simon Massey and Bruce Baker, *Comoros: External Involvement in a Small Island State*, Chatham House, July 2009, p.5.

③ 科摩罗全国划分为24个选区，每个选区产生1名议员，此外，三岛议会各选择3名代表，组成33名成员的国民议会。

Party），公开表示想参加 2016 年的总统大选。这对现有的法律形成挑战，按规定，联盟总统由三个岛屿的居民轮流担任，下一任总统应该来自大科摩罗岛，而萨姆比来自昂儒昂岛。总体而言，自萨姆比选举上台以来，尤其是 2009 年宪法修正案通过后，科摩罗的政治在朝制度化方向发展。

2015 年 1 月，科摩罗举行国民议会选举，支持总统伊基利卢的“科摩罗发展联盟”（Union for the Development of the Comoros，2013 年 2 月建立）获得 8 个席位，成为议会中的最大政党，前总统萨姆比的朱玛党得到 7 个席位，是第二大党。政党成为近年来科摩罗政治中的重要力量。2016 年 5 月，在科摩罗总统及三岛省长“二合一”选举中，前总统阿扎利（复兴公约党）以 41.43% 的得票率当选新总统。现任副总统兼财政部长索瓦里希（发展联盟党）以 39.66% 的得票率及大科摩罗岛省长巴拉卡（民主联盟党）以 20% 的得票率败选。这意味着阿扎利在 2006 年之后再次崛起为科摩罗的首要政治人物。6 月，阿扎利组建了第一届政府。2017 年 7 月，阿扎利宣布解散政府。2018 年 8 月，阿扎利公布了改组后的新内阁名单，取消了三位副总统职位，成立经济、投资兼经济一体化部，充分表明阿扎利总统加快经济发展，吸引投资，实现“2030 新兴国家战略”的决心。而且，本届内阁成员均为经验丰富的实干家，是清一色的“亲阿派”。

昂儒昂岛危机

萨姆比执政期间遭遇的最大挑战是如何应对 2007 年爆发的昂儒昂岛政治危机。根本而言，这场危机是科摩罗长久以来存在的昂儒昂岛与联盟矛盾尖锐化的结果。与 1997 年昂儒昂岛分离危机和平化解不同的是，这次危机在非盟的军事干预下才得以平息。

昂儒昂岛是科摩罗群岛中经济状况最好的岛屿，它主要以出口香草和依兰等经济作物为主，旅游业相对发达，世界旅行和旅游理事会估计，2007 年昂儒昂岛旅游业贡献了 1270 万美元，雇用了全岛5.5%的劳动力。[1]该岛离岸银行业、航运业和赌博业也较发达，还拥有科摩罗唯一的深水港，这使得其控制了科摩罗的大部分国际贸易和关税收入，港口还促进了当地贸易和制造业的发展。因此，就经济角度而言，昂儒昂岛对于整个科摩罗具有极为重要的意义，科摩罗联盟政府无论如何不会放弃对该岛的主权。

争夺财政收入是昂儒昂岛与联盟政府久已有之的矛盾。联盟政府试图获得更多的收入，但经济较好的昂儒昂岛则认为自身遭受联盟政府和大科摩罗岛的盘剥，因此存在离心倾向。依据各方达成的分配协议，在扣除外债本息后，科摩罗剩余的财政收入由三个岛屿与联盟政府按固定份额分配，联盟政府为37.5%，大科摩罗岛为27.4%，昂儒昂岛为25.7%，莫埃利岛为9.4%。昂儒昂岛认为联盟政府和大科摩罗岛的份额太高，严重缺乏上缴税收的积极性。不仅如此，四方开支的增长速度远远超过财政收入的增长。2002—2005年，科摩罗财政收入年均增长4%，但支出却几乎翻了一倍。[2]由于财政入不敷出，政府无力按时支付工资，2006年，工资一般延迟4—8个月。工资是许多科摩罗家庭的唯一收入来源，因此获得财政收入不仅关系到政治人物的命运，也关系到各岛政治的稳定。早在2006年，各方对于财政收入分配的争议越来越大。进入2007年，昂儒昂岛停止参加各方会议，而且上缴的税收也低于预期。

就在这种情况下，昂儒昂岛的总统选举问题成为政治危机的导火索。2007年5月，科摩罗各岛屿总统选举在即，非盟为此专门建立了负责监察的代表团。6月10日，大科摩罗岛和莫埃利岛顺利举行了总统选举。此前，联盟政府鉴于昂儒昂岛局势紧张，决定延缓该岛的总统选举。早在2001年8月，昂儒昂岛警察局长穆罕默德·巴卡尔推翻时任昂儒昂岛总统奥贝德，并于2002年当选昂儒昂岛总统，任期五年。巴卡尔虽然支持昂儒昂岛留在联盟之内，但拒绝放弃手

① Chrysantus Ayangafac, *Situation Critical: The Anjouan Political Crisis*, Institute for Security Studies, Mar. 5, 2008, p.3.

② Ibid., p.4.

中的权力。由于经济管理不善和破坏人权等原因，许多昂儒昂岛居民不支持他，但他获得了安全部队的效忠。2007 年 4 月，巴卡尔任总统期满，但拒绝放弃职位。依据联盟宪法法院的决定，萨姆比为昂儒昂岛任命了一位临时总统，让其担任至 6 月总统选举举行，但巴卡尔却拒绝屈服，坚持选举。联盟派遣军队前往昂儒昂岛阻止，却被巴卡尔的武器和训练更好的武装人员驱逐。巴卡尔印发选票举行选举，并随即宣布大胜。在非盟的支持下，科摩罗联盟政府宣布选举无效。10 月，非盟决定对昂儒昂岛实行海上封锁，对巴卡尔政权的领导人有针对性地施行制裁。虽然制裁被更新两次，但无法达到期望的效果。在征得联盟政府的许可后，非盟准备武力干涉，利比亚、苏丹、塞内加尔和坦桑尼亚等 4 国承诺提供军事协助。萨姆比总统本人得到了大科摩罗岛和莫埃利岛总统以及非洲国家、阿盟和伊朗的支持。2008 年 3 月 25 日，在“科摩罗民主行动”中，科摩罗政府军和非盟联军以绝对优势控制了昂儒昂岛①，巴卡尔逃往马约特岛。②6 月，在全国独立选举委员会（Independent National Electoral Commission）③的组织下，昂儒昂岛总统选举顺利进行，穆萨·托伊布（Moussa Toybou）以 52% 的得票率当选。这次选举的公正性和透明性得到了国际社会的普遍认可。这次行动是非盟的一次成功的军事干预，昂儒昂岛重新被置于科摩罗联盟政府的权威之下，但是昂儒昂岛与联盟政府的矛盾并没有因此而消除。

积重难返的经济问题

自殖民时代至今，科摩罗经济一直结构失衡，问题重重，可持续发展成为难以实现的目标。进入新千年后，科摩罗依然是全世界最落后的国家之一。2005 年，科摩罗 54.7% 的人口生活在贫困线以

---

① 最终，坦桑尼亚和苏丹派出军队，塞内加尔和利比亚没有派遣，但利比亚帮助运送苏丹军队，并向非盟军队提供装备，法国则提供了后勤方面的支持。实际兵力超过 1500 人。

② 法国拒绝了科摩罗把巴卡尔交还的要求，先把他押往留尼汪岛，后又送往贝宁最大城市科托努。

③ 由非盟支持建立和提供资助。

下，65% 的人口每天的生活费低于 2 美元。2013 年，非洲的人均收入是 1657 美元，而科摩罗则大约只有一半，即 840 美元。据科摩罗《祖国报》2017 年 8 月 28 日的报道，2015 年科摩罗人类发展指数为 0.497，在全球 188 个国家中列第 160 位，远远落后于邻国塞舌尔（第 63 位）和毛里求斯（第 64 位）。而在 2005 年，科摩罗人类发展指数为 0.547，居第 132 位。

就经济结构而言，科摩罗是一个农业为主的国家，制造业极少。农业贡献 40% 的 GDP，使用着全国 80% 的劳动力，服务业占 GDP 的 56%，工业只占 4%。政府虽然也曾尝试制定经济发展计划，但都未能实现。2000—2009 年，科摩罗年均经济增长率只有 1.9%，远远低于非洲绝大多数国家。由于经济发展迟缓，人口增长率很高，失业率逐年攀升，尤其是年轻人失业率更高。2003 年科摩罗失业率为 13%，2012 年为 24%，15—24 岁人口中高达 52%。2013 年，科摩罗经济增长率是 3.5%，2014 年是 3.4%，达到了近十年来的最高水平，但依然低于同期撒哈拉以南非洲。2014 年，在透明国际的腐败指数表上，科摩罗在 175 个国家中排名 142，位居最腐败国家之列。

由于国内经济状况糟糕，大量科摩罗人为了生计，前往他国。2009 年，科摩罗总人口约 94.8 万，其中 20 万人生活在国外，8.5 万—15 万在法国的大都市。还有不少科摩罗人非法移民马约特岛，向马约特岛偷运科摩罗人成为一项重要的贸易活动。法国估计在马约特岛的移民有 4.5 万人，国际红十字会则认为数量高达 6 万人。移民的汇款成为维持科摩罗国内许多人生存的重要手段。2003 年，汇款相当于科摩罗 GDP 的 12%。[①] 2004 年，世界银行估计，每年的汇款额为 3600 万美元，此外还有 1500 万—2000 万美元以实物形式运回国内。[②] 2014 年，汇款进一步增加，相当于科摩罗 GDP 的 26.4%。[③]

① Timothy S. Rich, “Island Microstates and Political Contention: An Exploratory Analysis of Cape Verde and Comoros”, *African and Asian Studies*, Vol.7, No.2-3, 2008, p.228.

② Bruce Baker, “Comoros: The Search for Viability”, *Civil Wars*, Vol.11, No.3, 2009, p.219.

③ International Monetary Fund, *Union of Comoros*, Country Report, No.15/34, Feb. 2015, p.5.

科摩罗一直严重依赖官方发展援助，由于此，公共外债稳步增加。据估计，2008年12月，外债高达2.95亿美元[①]，这严重超过了科摩罗的承受水平。依据非洲开发银行，2007年科摩罗的债务相当于其出口额的419%，这一数字远远超过了国际社会公认的负债严重国家150%的水平。2008年12月，国际货币基金组织提供了510万美元的经济援助，但这依然无法帮助科摩罗面对全球金融危机。一方面国家缺乏发展资金，另一方面政府收税的能力却十分有限。1994—2014年，在20年内，科摩罗税收和GDP的比率年均仅有10.5%。低于13.5%的平均水平。[②]

科摩罗能源匮乏，基础设施落后。2009年，科摩罗54%的人没有电力可用。在大科摩罗岛，53.6%的居民使用电灯照明，莫埃利岛是28.4%，昂儒昂岛是22.6%。木材提供了全国78%的能源需要。[③]科摩罗自然资源匮乏，全国没有石油、煤炭和天然气，也没有铁路，道路维护状况很差，机场很小，没有前往欧洲的航班。由于投资缺乏、电力不足和机械化水平低下等原因，农业产量很低。大米是主要的食物，但95%的大米需要进口。为了发展经济、扩大就业，政府大力鼓励外国投资，2008年7月，萨姆比访问美国时，极力鼓励企业家投资科摩罗。但由于基础设施差、缺乏熟练劳动力、腐败严重、司法瘫痪和办事缺乏透明度和电力匮乏等原因，外来投资很少。联合国贸易和发展会议（UNCTAD）发表的2017年全球投资统计报告显示，2016年科摩罗直接投资流量为800万美元，截止到2016年底直接投资存量为1.15亿美元。

科摩罗向来是存在严重贸易逆差的国家。据国际货币资金组织估计，2009年科摩罗出口仅占GDP的1.3%，贸易逆差占GDP的33.8%。2009年，在科摩罗的出口中，丁香占46.8%，香草占

① Simon Massey and Bruce Baker, *Comoros: External Involvement in a Small Island State*, Chatham House, July 2009, p.9.

② International Monetary Fund, *Union of Comoros*, Country Report, No.15/34, Feb. 2015, p.35.

③ World Peace Foundation: *Country Brief: Comoros*, Estandard Forum, Jan. 11, 2010, pp.6–7.

30.1%，依兰占 23.1%。在进口中，石油和石油产品占 15.3%。[①] 旅游业是收入的主要来源，但相比毛里求斯等国，旅游业发展滞后，政局不稳和没有到欧洲的直达航班等是重要的负面因素。人力资源的开发严重制约社会经济发展。15 岁以上人口的识字率为 75.1%，相比其他非洲国家并不低 [②]，但高素质人才十分缺乏。

2016 年 5 月，阿扎利当选总统后，制定了 2016—2021 年经济发展五年规划，力图在 2030 年将科摩罗建设成新兴国家。依据计划，2016 年科摩罗政府的工作重心是在全国范围内改善电力生产和供应条件，2017 年的优先领域是在科摩罗三岛修建 900 多公里的公路。科政府大力争取沙特等国的外来援助，试图促进经济的发展。

总之，科摩罗的经济问题是结构性的，若非大力改革不可能解决。人口的稳步增长、生态环境的持续恶化以及政府治理能力的欠缺，决定了最基本的吃饭问题是科摩罗政府长期面临的难题。早在 20 世纪 60 年代，科摩罗重要领导人赛义德·易卜拉欣就意识到，“没有经济的独立，就没有政治的独立” [③]，但是，时至今日，科摩罗远非一个经济上独立的国家。

科摩罗的对外关系

科摩罗是一个往往被国际社会忽略的小国，自身影响微弱，国际媒体极少关注。时至今日，只有极个别国家曾在科摩罗建立外交使馆。后冷战时代，在科摩罗的对外交往中，前宗主国法国以及南非影响缩小，阿拉伯国家、伊朗、印度和美国等国地位上升。

加强与阿拉伯国家的关系，突出阿拉伯民族认同是 90 年代以来科摩罗外交的鲜明特点。1993 年，总统乔哈尔再次申请加入阿盟，终于获得批准。11 月 20 日，科摩罗正式成为阿盟第 22 个成员国，

---

① World Peace Foundation: *Country Brief: Comoros*, Estandard Forum, Jan. 11, 2010, p.7.

② 2009 年，撒哈拉以南非洲平均识字率为 62.3%。

③ Malyn Newitt, *The Comoro Islands: Struggle against Dependency in the Indian Ocean*, p.129.

也是最后一个加入的成员国。科摩罗人由此被阿拉伯世界接纳，承认是阿拉伯人。许多科摩罗人认为，科摩罗是阿盟成员国的事实证明了科摩罗人是地道的阿拉伯人，但部分科摩罗人却不这样认为。无论如何，靠拢阿拉伯世界是科摩罗外交的既定政策。加入阿盟后，科摩罗第一大报纸《祖国报》从原先一个纯粹的法语报纸，转变为一个更加强调阿拉伯认同的报纸。2005 年，报纸名称由法语变为阿拉伯语，4 个版面使用阿拉伯语，国际新闻偏向于报道阿拉伯世界。[①] 阿拉伯国家的身份给科摩罗带来了现实的利益。2006 年，萨姆比当选科摩罗总统后，第一个访问的国家是沙特阿拉伯，他获得了急需的建筑材料和技术援助。在 2009 年的首脑峰会上，阿盟决定向科摩罗援助至少 1700 万欧元，这相当于科摩罗每年政府预算的三分之一。同时，阿盟还通过决议，谴责法国同意马约特岛就成为其海外省的做法。2016 年底，应科摩罗政府的要求，沙特决定通过该国发展基金会（SFD）向科摩罗提供 2200 万欧元（约合 110 亿科郎）的无偿援助，用于修建公路。

但是，就地理和文化的角度而言，科摩罗无疑处于阿拉伯世界的边缘地带。科摩罗不仅在阿盟声音微弱，也不受其他国家重视。阿拉伯国家中，只有利比亚曾在科摩罗首都莫罗尼有大使馆，阿盟甚至没有常设的办公室。科摩罗问题从来不是阿盟峰会讨论的优先议题，[②] 阿盟更愿意让非盟涉入和处理科摩罗问题。实际上，科摩罗之所以成为阿拉伯世界的一员，首先是出于现实的利益需求，而非真实的民族情感。相比阿拉伯文化，非洲斯瓦希里文化对科摩罗的影响更大。

90 年代以来，科摩罗与南非的关系明显趋于冷淡。冷战的结束降低了科摩罗对南非的战略价值，南非民主政权不再把科摩罗作为

---

① Iain Walker, *Becoming the Other, Being Oneself: Constructing Identities in a Connected World*, p.196.

② Hamdy A. Hassan, “The Comoros and the Crisis of Building a National State”, *Contemporary Arab Affairs*, Vol.2, No.2, 2009, p.237.

关键的地区交往对象。尽管南非继续向科摩罗提供援助，也继续对其建筑业和商用航空业抱有兴趣，但它在 1992 年关闭了驻莫罗尼的领事馆，也不再介入科摩罗的旅游业。2007 年昂儒昂岛危机发生后，南非积极调解，主张通过和平协商的方式化解矛盾。总体而言，进入21世纪后,南非对科摩罗的影响已经远远无法与80年代相提并论。

与印度关系趋于密切成为近年来科摩罗外交的新现象。2007 年 11 月，总统萨姆比访问印度。2008 年，印度政府允许向科摩罗出口 2.5 万吨大米。2012 年 12 月，在科摩罗遭受暴雨灾害后，印度向其提供了 10 万美元援助。2013 年，印度政府通过印度进出口银行向科摩罗提供 4160 万美元，以在莫罗尼修建一个发电厂。印度还积极对科摩罗人进行技术培训。

伊朗也向这一“阿拉伯群岛”提供经济援助。对于伊朗而言，发展与科摩罗的关系有分化阿拉伯国家的作用。曾在伊朗学习宗教的总统萨姆比也积极发展与伊朗的关系，2006 年双方签订了合作协议，涉及渔业、贸易等领域。伊朗向科摩罗供应柴油和汽油，提供安全顾问和 50 个奖学金名额。伊朗在科摩罗建立诊所等福利机构，萨姆比的个人卫队中有伊朗军事人员。2009 年 2 月，艾哈迈德 - 内贾德访问科摩罗时，受到了热情接待。

后冷战时代，由于反恐需要、科摩罗战略位置重要以及科摩罗与伊朗关系深化等原因，美国对科摩罗给予了一定的重视。科摩罗人阿卜杜拉·菲兹勒（Abdullah Fazel）涉嫌参与 1998 年美国驻肯尼亚和坦桑尼亚大使馆爆炸事件，使得科摩罗这个被国际社会遗忘的群岛国家受到媒体和美国的关注。美国与科摩罗政府签订了一系列协议，美国向后者一些小型工程提供资助，也对科摩罗军队提供部分训练。2008 年，美国多兵种训练小组访问科摩罗。同年，总统萨姆比两次访问美国，商谈与美国签订自由贸易协定的事宜。萨姆比是少数与伊朗和美国都保持良好关系的国家元首。

1990 年以来，科摩罗与法国的关系出现变化。法国消减了援助，限制科摩罗移民，减少法国大学接受的科摩罗学生人数，但法国对科摩罗经济依然有重大影响。2005—2006 年度，法国对科摩罗的开发援助为 1970 万美元，这大约相当于法国给马约特岛援助的十分之一。[①]2006 年，科摩罗对法国的出口额占其出口总额的 18.3%，从法国的进口额占科摩罗进口总额的 24.8%。[②]科摩罗需要从前宗主国法国那里获得紧缺的援助资金。

马约特岛争端始终是科摩罗与法国关系中的不利因素，但随着马约特岛逐步完全成为法国的一部分，其影响也越来越小。1995 年 1 月，法国决定科摩罗人进入马约特岛需办理签证。2000 年，马约特岛居民举行全民公决，73% 的投票者支持成为法国的海外省。2001 年 7 月，法国通过法律，规定马约特岛成为“省级行政区域”，有权将来选择成为全权的法国省。2009 年 3 月，马约特岛举行全民公决，95.2% 的投票者赞成在 2011 年成为法国的海外省。2011 年 3 月，马约特岛正式成为法国的第 101 个省，并成为欧盟的一部分。这样，经过多年努力，马约特岛已经实现了政治整合，完全成为法国的一部分，岛上居民由此享有了法国公民的一切权利。法国彻底关闭了与科摩罗和谈的大门。

自 1976 年以来，联合国大会每年都要通过决议要求法国把马约特岛返还科摩罗，非统（非盟）也每年对此进行谴责，但 1995 年以来，联合国大会再未讨论过马约特问题。科摩罗始终没放弃对马约特岛的主权要求，历次宪法都明确规定科摩罗由大科摩罗岛、莫埃利岛、昂儒昂岛和马约特岛组成。科摩罗政府多次要求法国谈判解决马约特岛问题，但法国根本不予回应。当前，马约特岛回归科摩罗已经没有丝毫可能，关键原因是马约特岛居民对科摩罗国家没有丝毫认同，经济状况较好的马约特岛彻底拒绝并入科摩罗。2010 年，马约特岛的人均 GDP 尽管只有法国本土的五分之一，却是科摩罗其他岛

① Bruce Baker, “Comoros: The Search for Viability”, *Civil Wars*, Vol.11, No.3, 2009, p.228.

② Simon Massey and Bruce Baker, *Comoros: External Involvement in a Small Island State*, Chatham House, July 2009, p.23.

屿的 8 倍。[①]在法国的治理下，马约特岛总体上享有和平与稳定。[②]法国对马约特岛的殖民统治比科摩罗其他岛屿长约半个世纪，法国控制该岛也已超过 170 年。马约特岛居民普遍把自己视为法国人，随着历史的演进，他们对法国更加认同和忠诚。马约特岛居民“请求法国殖民”，清楚地说明了科摩罗国家发展存在极为严重的问题。

① Nicolas Roinsard, “Post-colonial Governance on a French Island”, June 20, 2012, http://www.booksandideas.net/The-101st-Department.html, 2015-4-9.

② 90 年代以来，由于经济的吸引，大量科摩罗人非法移民马约特岛，2009 年，人数高达 4.5 万—6 万人，参见 Bruce Baker, “Comoros: The Search for Viability”, *Civil Wars*, Vol.11, No.3, 2009, p.221.

参考文献

一、中文文献

1. 著译作

〔荷兰〕H. L. 韦瑟林：《欧洲殖民帝国：1815—1919》，夏岩等译，中国社会科学出版社 2012 年版。

〔英〕I. M. 刘易斯：《索马里近代史：从民族到国家》，钟槐译，商务印书馆 1973 年版。

〔英〕I. M. 刘易斯：《索马里史》，赵俊译，东方出版中心 2012 年版。

〔英〕阿莱克斯·汤普森：《非洲政治导论》，周玉渊、马正义译，民主与建设出版社 2015 年版。

陈伟宏：《非洲之角形势》，国际事务学院出版社 1981 年版。

〔美〕弗吉尼亚·汤普森、〔美〕理查德·艾德洛夫：《法属索马里——吉布提与非洲之角》，卞亦实译，上海人民出版社 1975 年版。

〔苏联〕格·伊·米尔斯基：《“第三世界”：社会、政权与军队》，力夫、阜东译，商务印书馆 1980 年版。

葛佶主编：《简明非洲百科全书（撒哈拉以南）》，中国社会科学出版社 2000 年版。

《各国概况》编辑组编：《各国概况》，世界知识出版社 1979 年版。

顾章义、付吉军、周海泓编著：《列国志·索马里　吉布提》，社会科学文献出版社 2006 年版。

刘鸿武、暴明莹：《东非斯瓦希里文化研究》，浙江人民出版社 2014 年版。

潘光、张家哲主编：《各国历史寻踪》，上海辞书出版社 2001 年版。

潘汉典：《潘汉典法学文集》，法律出版社 2012 年版。
世界银行编著：《2010 年世界发展指标》，王辉译，中国财政经济出版社 2010 年版。
涂龙德、周华：《伊斯兰激进组织》，时事出版社 2013 年版。
王启文、沪生、沪东等编著：《东非诸国（一）》，军事谊文出版社 1996 年版。
〔苏联〕伊·谢·谢尔盖耶娃：《索马里地理》，南京大学地理系非洲地理组译，江苏人民出版社 1977 年版。

2. 论文

陈挺：《索马里民族英雄哈桑和他的反帝战歌》，《外国文学研究》1979 年第 1 期。
黄盛璋：《中国和索马里的传统友好关系》，《世界历史》1981 年第 3 期。
马句:《索马里革命社会主义党简介》,《当代世界社会主义问题》1987 年第 3 期。
孙德刚、白鑫沂：《中国参与吉布提港口建设的现状与前景》，《当代世界》2018 年第 4 期。
孙德刚、陈友骏：《试析日本在吉布提军事基地的部署与影响》，《国际展望》2015 年第 3 期。
徐守魁：《索马里重视畜牧业》，《世界农业》1989 年第 4 期。

二、外文文献

1. 著作

Abdullahi, Abdurahman, *Making Sense of Somali History*, Vol.1, Adonis & Abbey Publishers, 2017.
Abdullahi, Mohamed Diriye, *Culture and Customs of Somalia*, London: Greenwood Press, 2001.
Ahay, Shaul, *Somalia between Jihad and Restoration*, Pisctaway, NJ: Transaction Publishers, 2008.
Ahmed, Ali Jimale, *The Invention of Somalia*, New York: The Red Sea Press, 1995.
Allard, Kenneth, *Somalia Operations: Lessons Learned*, Washington, D.C.: National Defense University, 1995.

Alwan, Daoud A., and Mibrathu, Yohanis, *Historical Dictionary of Djibouti*, Lanham, Maryland, and London: The Scarecrow Press , 2000.

Amir, Osman G., *Wildlife Trade in Somalia*, Zoo Landau in der Pfalz, 2006.

Bereketcab, Redie, *State Building and National Identity-Reconstruction in the Horn of Africa*, Cham: Palgrave, 2017.

Brons, Maria H., *Society, Security, Sovereignty and the State in Somalia: From Statelessness to Statelessness?*, Utrecht: International Books, 2001.

Bryden, Matt, *Rebuilding Somaliland: Issues and Possibilities*, New York: The Red Sea Press, 2005.

Cassanelli, Lee V., *The Shaping of Somali Society: Reconstructing the History of a Pastoral People, 1600–1900*, Philadelphia: University of Pennsylvania Press, 1982.

Castagmo, Margaret, *History dictionary of Somalia*, Maryland and London: The Scarecrow Press, 1975.

Chire, Amina Saïd, *Djibouti Contemporain*, Paris: Karthala, 2013.

Drysdale, John, *The Somali Dispute*, New York: Frederick A.Praeger, Publisher, 1964.

Finalay, Trevor, *The Use of Force in UN Peace Operations*, Oxford: Oxford University Press, 2002.

Finaldi, Giuseppe, *A History of Italian Colonialism, 1860–1907: Europe's Last Empire*, London: Routledge, 2017.

Fitzgerald, Nina J., *Somalia: Issues, History and Bibliography*, New York: Nova Science Publisers, Inc., 2002.

Harper, Mary, *Getting Somalia Wrong? Faith, War, and Hope in a Shattered State*, London: Zed Books, 2012.

Hashim, Alice Bettis, *The Fallen State:Dissonance, Dictatorship and Death in Somalia*, New York: University Press of American, Inc., 1997.

Hassan, Abdoulkader, *La Décentralisation en Républiqúe de Djibouti: Cadre Juridique et Institutionel*, Paris: Karthala, 2013.

Hersi, Ali Abdilahim, *The Arab Factor of Somalia History*, University of California, Ph D. Dissertation, 1977.

Hess, Robert L., *Italian Colonialism in Somalia*, Chicago: The University of Chicago Press, 1966.

Hoffmann, Elias P., *Somalia:Economic, Political and Social Issues*, New York:

Nova Science Publishers, Inc., 2010.

Jhazbhay, Iqbal D., *Somaliland: An African Struggle for Nationhood and International Recognition*, Midrand: Acumen Publishing Solutions, 2009.

Kapteijns, Lidwien, *Clan Cleaning in Somalia: The Ruinous Legacy of 1991*, Philadelphia: University of Pennsylvania Press, 2013.

Latin, David D. and Samatar, Said S., *Somalia: Nation in Search of a State*, Boulder: Westview Press, 1987.

Laudouze, André, *Djibouti: Nation Carrefour*, Paris: Editions Karthala, 1982.

Lewis, I. M., and Samatar, Said, *A Pastoral Democracy: A Study of Pastoralism and Politics among the Northern Somali of the Horn of Africa*, Verlag Berlin-Hamburg-Münster, 1999.

Lewis, I. M., *Saints and Somalis: Popular Islam in a Clan-based Society*, New York: The Red Sea Press, 1998.

Lewis, I. M., *Understanding Somalia and Somaliland: Culture, History, Society*, New York: Columbia University Press, 2008.

Luling, Virginia, *Somali Sultanate: The Geledi City-State Over 150 Years*, New York: Transaction Publishers, 2001.

Malito, Debora Valentina, *Somalia:The End of the State—The Fragmentation of Sovereignty in the Horn of Africa*, Saarbrucken: LAP Lambert Academic Publishing, 2011.

Markakis, John, *National and Class Conflict in the Horn of Africa*, Cambridge: Cambridge University Press, 1987.

Mazrui, Ali A., *General History of Africa-Ⅷ, Africa since 1935*, Berkeley, Calif: University of California Press, 1993.

Nelson, Harold D., *Somalia:A country Study*, Washington, D.C.: The American University, 1982.

Newitt, Malyn, *The Comoro Islands: Struggle against Dependency in the Indian Ocean*, Boulder: Westview Press, 1984.

Njoku, Raphael Cjijioke, *The History of Somalia*, London: Greenwood Press, 2013.

Oberlé, Philippe, and Hugot, Pierre, *Histoire de Djibouti: Des Origines à la Republique*, Paris: Présence Africaine, 1985.

Ottenheimer, Martin and Ottenheimer, Harriet, *Historical Dictionary of the Comoro Islands*, New York: The Scarecrow Press, 1994.

Patman, Robert G., *The Soviet Union in the Horn of Africa*, Cambridge: Cambridge University Press, 1990.

Samatar, Abdi Ismail, *The State and Rural Transformation in Northern Somalia 1884–1986*, Madison: The University of Wisconsin Press, 1989.

Samatar, Said S., *Oral Poetry and Somali Nationalism*, Cambridge: Cambridge University Press, 1982.

Schlaak, Claudia, *Island Language Policy and Regional Identity East of Africa*, Postdam: Universität Potsdam, 2013.

Shay, Shaul, *Somalia between Jihad and Restoration*, Pisctaway, NJ: Transaction Publishers, 2008.

Smith, Richard L., *Premodern Trade in World History*, London: Routledge, 2009.

Strangio, Donatella, *The Reasons for Underdevelopment: The Case of Decolonization in Somaliland*, Heidelberg: Physica-Verlag, 2012.

Tholomier, Robert, *Djibouti: Pawn of the Horn of Africa*, Maryland and London: Scarecrow Press, 1981.

Touval, Saadia, *Somali Nationalism: International Political and the Drive for Unity in the Horn of Africa*, Cambridge: Harvard University Press, 1963.

Tripodi, Paolo, *The Colonial Legacy in Somalia*, London: Macmilian Press LTD, 1999.

Trunji, Mohamed, *Somali: The Untold History (1941–1969)*, Leicester: Looh Press, 2015.

Walker, Iain, *Becoming the Other, Being Oneself: Constructing Identities in a Connected World*, Newcastle upon Tyne: Cambridge Scholars Publishing, 2010.

2. 论文

Adepouju, Aderanti, “The Refugee Situation in the Horn of Africa and Sudan”, *A Journal of Opinion*, Vol. 12, No.1–2, 1982.

Aguilar, Mario I., “The Constitution of Somaliland: The Problem of Constitutional Generations and Clan Dissolution”, *Sociology Mind*, No.5, 2015.

Arnoldi, Mary Jo, “The Artistic Heritage of Somalia”, *African Arts*, Vol.17, No.4, 1984.

Augelli, Enrico, and Murphy, Craig N. “Lessons of Somalia for Future

Multilateral Humanitarian Assistance Operations", *Global Governance*, Vol.1, No.3, 1995.

Bakar, Abdourahim Saïd, "Small Island Systems: A Case Study of the Comoro Islands", *Comparative Education*, Vol.24, No.2, 1988.

Baker, Bruce "Comoros: The Search for Viability", *Civil Wars*, Vol.11, No.3, 2009.

Barnes, Cedric, and Hassan, Harun "The Rise and Fall of Mogadishu's Islamic Courts", *Journal of Eastern African Studies*, Vol. 1, No. 2, 2007.

Baum, Matthew A., "How Public Opinion Constrains the Use of Force: The Case of Operation Restore Hope", *Presidential Studies Quarterly*, Vol.34, No.2, 2004.

Bezabeh, Samson A., "Citizenship and the Logic of Sovereignty in Djibouti", *African Affairs*, Vol. 110, No. 441, 2011.

Bollee, Amedee, "Djibouti: From French Outpost to US Base", *Review of African Political Economy*, Vol. 30, No. 97, 2003.

Brass, Jennifer N., "Djibouti's Unusual Resource Curse", *The Journal of Modern African Studies*, Vol. 46, No. 4, 2008.

Casson, Lionel, "Ptolemy II and the Hunting of African Elephants", *Transactions of the American Philological Association*, Vol. 123, 1993.

Clarke, Walter S., "The Esayi Dream: A Footnote to the Ogaden War", *Northeast African Studies*, Vol. 13, No. 1, 1991.

Creed, John and Menkhaus, Kenneth, "The Rise of Saudi Regional Power and the Foreign Polices of Northeast African States", *Northeast African Studies*, Vol. 8, No.2, 1986.

Freeman-Grenville , G. S. P., "East African Coin Finds and Their Historical Significance", *The Journal of African History*, Vol. 1, No. 1, 1960.

Gibbs, David N., "Realpolitik and Humanitarian Intervention: The Case of Somalia", *International Politics*, Vol.37, No.1, 2000.

Hassan, Hamdy A., "The Comoros and the Crisis of Building a National State", *Contemporary Arab Affairs*, Vol.2, No.2, 2009.

Hussein, M. Adam, "Political Islam in Somali History", in Hoehne, Markus V. and Luling Virginia, eds., *Peace and Milk, Drought and War*, New York: Columbia University Press, 2010.

Kadamy, Mohamed, "Djibouti: Between War and Peace", *Review of African*

Political Economy, Vol. 23, No. 70, 1996.

Lewis, I. M., "Sufim in Somaliland: A Study in Tribal Islam I" , *Bulletin of School of Oriental and African Studies University of London*, Vol.17, No.3, 1955.

Lewis, I. M., "The Somali Conquest of the Horn of Africa" , *The Journal of African History*, Vol. 1, No. 2, 1960.

Marchal, Roland, "Islamic Political Dynamics in the Somali Civil War" , in Waal, Alex de, ed., *Islamism and Its Enemies in the Horn of Africa*, Bloomington and Indianapolis: Indiana University Press, 2004.

McGregor, Andrew, "Perspectives on the Future of the Somali Jihad", *Terrorism Monitor*, Vol. 7 Issue 34, Nov. 13, 2009.

Mehdi, Syed Sikander, "UN Peacekeeping: An Overview" , *Pakistan Horizon*, Vol.47, No.4, 1994.

Michaelson, Marc, "Somalia: The Painful Road to Reconciliation" , *Africal Today*, Vol.40, No.2, 1993.

Mire, Sada, "Mapping the Archaeology of Somaliland: Religion, Art, Script, Time, Urbanism, Trade and Empire" , *African Archaeological Review*, Volume 32, Issue 1, 2015.

Mukonoweshuro, Eliphas G., "The Politics of Squalor and Dependency: Chronic Political Instability and Economic Collapse in the Comoro Islands" , *African Affairs*,Vol.89, No.357, 1990.

Ostheimer, John M., "Political Development in Comoros" , *The African Review*, Vol.3, Issue 3, 1973.

Phillips, Jacke, "Punt and Aksum: Egypt and the Horn of Africa" , *The Journal of African History*, Vol. 38, No. 3, 1997.

Rich, Timothy S., "Island Microstates and Political Contention: An Exploratory Analysis of Cape Verde and Comoros" , *African and Asian Studies*, Vol.7, No.2-3, 2008.

Schraeder, Peter J., "Ethnic Politics in Djibouti: From 'Eye of the Hurricane' to 'Boiling Cauldron' ", *African Affairs*, Vol. 92, No. 367, 1993.

Shehim, Kassim, and Searing, James "Djibouti and the Question of Afar Nationalism" , *African Affairs*,Vol. 79, No. 315, 1980.

Shilling, Nancy A., "Problems of Political Development in a Ministate: The French Territory of the Afars and Issas," *The Journal of Developing Areas*,

Vol. 7, No. 4, 1973.

Stevenson, Jonathan, “Hope Restored in Somalia? ”, *Foreign Policy*, No.91, 1993.

Venter, Denis “The Comorian Comitragedy: Final Curtain on Abdallahism?” , *Africa Insight*, Vol.20, No.3, 1990.

Walker, Iain, “What Came First, the Nation or the State? Political Process in the Comoro Islands” , *Africa: Journal of the International African Institute*, Vol.77, No.4, 2007.

Williams, Paul D., “Fighting for Peace in Somalia: AMISOM’s Seven Strategic Chanllenges” , *Journal of International Peacekeeping*, Vol.17, Issue 3–4, 2013.

3. 报告

Ayangafac, Chrysantus, *Situation Critical: The Anjouan Political Crisis*, Institute for Security Studies, Mar. 5, 2008.

International Crisis Group, *Biting the Somali Bullet*, Africa Report, No.79, May 4, 2004.

International Crisis Group, *Negotiating a Blueprint for Peace in Somalia*, Africa Report No.59, Mar. 6, 2003.

International Crisis Group, *Salvaging Somalia's Chance for Peace*, Africa Briefing, Dec. 9, 2002.

International Crisis Group, *Somalia: Continuationa of War by Other Means?* Africa Report, No.8821, Dec. 21, 2004.

International Crisis Group, *Somalia: Countering terrorism in a Failed State*, Africa Report, No.45, May 23, 2002.

International Crisis Group, *Somalia's Islamists*, Africa Report, No.100, Dec. 12, 2005.

International Monetary Fund, *Djibouti: Poverty Reduction Strategy Paper: Annual Progress Report*, IMF Country Report, No. 12/131, June 2012.

International Monetary Fund, *Union of Comoros*, Country Report, No.15/34, Feb. 2015.

Kireyev, Alexei, *Djibouti's Quest for Inclusive Growth*, IMF Working Paper, Dec. 2017.

Massey, Simon, and Baker, Bruce *Comoros: External Involvement in a Small Island State*, Chatham House, July 2009.

Metelits, Claire, and Matti Steph, *Deserting Democracy: Authoritarianism and Geo-strategic Politics in Djibouti*, Davidson College, Turquoise Mountain, Afghanistan, July 2015.

Svensson, Emma, *The African Union's Operations in the Comoros*, Swedish Defence Research Agency, Sep. 2008.

World Trade Organization, *Trade Policy Review: Djibouti*, World Trade Organization Secretariat, Sep. 17, 2014.

译名对照表

Abboud, Ibrahim, 易卜拉欣 · 阿布德
Abdallah, Ahmed, 艾哈迈德 · 阿卜杜拉
Abdallah, Ahmedou Ould, 阿赫穆德 · 乌尔德 · 阿卜杜拉
Abdallah, Mouzaoir, 穆扎瓦尔 · 阿卜杜拉
Abdi, Basche Ahmed, 巴斯赫 · 艾哈迈德 · 阿卜迪
Abdi, Muse Bihi, 穆赛 · 比希 · 阿布迪
Abdoulkarim, Mohamed Taki, 穆罕默德 · 塔基 · 阿卜杜勒卡里姆
Abdullah, Sryyid, 赛义德 · 阿卜杜拉
Abelua-Daraud, 阿贝鲁阿 – 达劳德人
Abgal, 阿布加尔（部落）
Abokar, Ismail Ali, 伊斯梅尔 · 阿里 · 阿博卡
Aboker, Aden, 阿登 · 阿卜克
Aboubaker, Dini Ahmed, 迪尼 · 艾哈迈德 · 阿布巴克尔
Abruzzi, 阿布鲁齐（公爵）
Abshir, Mohamed, 默罕穆德 · 阿布希尔
Abtirsiinyo, 谱系
Abyssnia, 阿比西尼亚
"Accord de Paris",《巴黎协定》
Adal, 阿达勒王国
Aden Protectorate, 亚丁保护地
Adou, Abatte Ebo, 阿巴特 · 艾博 · 阿杜
Adoyta, Mohamed, 穆罕默德 · 阿多雅塔
Afar, 阿法尔人
Afgoye, 阿夫戈耶
African Union Mission, 非盟驻索马里特派团
Afwerki, Isaias, 伊萨亚斯 · 阿费沃尔基
Agatharchides, 阿伽撒尔基德斯
Agip Petroli, 阿吉普石油公司
Ahmadiyya, 艾哈迈迪耶教团
Ahmed, Abdiweli Sheikh, 阿卜迪韦利 · 谢赫 · 艾哈迈德
Ahmed, Abdullahi Yusuf, 阿卜杜拉西 · 优素福 · 艾哈迈德
Ahmed, Ougoure Kifle, 乌古赫 · 凯富勒 · 艾哈迈德
Aidid, Mohammed Farah, 穆罕默德 · 法拉赫 · 艾迪德

Ainanshe, Mohamed, 穆罕默德・埃纳什
Ajuran, 阿居兰（部落），阿居兰苏丹国
Aksumite, 阿克苏姆王国
al-barakat, 汇款银行
al-Hashimi, Shaykh Ishaq ibn Ahmad, 谢赫・伊萨克・伊本・艾哈迈德・哈什米
al-Ikhwan, Yusuf, 伊赫万
al-Itihaad Al-Islaami, 伊斯兰团结组织
al-Jabarti, Abdirahman bin Ismail, 阿布迪拉赫曼・本・伊斯梅尔・贾巴尔提
al-Jabarti, Sheikh Ismail, 伊斯梅尔・贾巴迪
al-Kawneyn, Yusuf bin Ahmad, 谢赫・优素福・本・艾哈迈德・卡文尼
Al-Shabaab, 青年党
Al-Sufiyyah, 苏非派
al-Watan,《祖国报》
Ali, Abdiwali Mohamed, 阿卜迪瓦里・默罕穆德・阿里
Ali Sabieh, 阿里萨比埃
Alliance for Restoration of Peace and Counter-Terrorism, 恢复和平和反恐联盟
Alliance for Salvation and Democracy (ASAD), 拯救民主联盟
Alliance for the Reliberation of Somalia, 索马里再次解放联盟
Alula, 阿鲁拉
Ambassador Hotel, 大使酒店
Ambouli, 安布利
Amharic Language, 阿姆哈拉语
Amigos, 吾友乐队
Amministrazione Fiduciaria Italiana della Somalia, 意大利索马里托管政府
Ankala, 安卡拉
Ankali, 安卡利
"Antananarivo Agreement",《安塔那那利佛协议》
Aptidon, Hassan Gouled, 哈桑・古莱德・阿普蒂敦
Arabini, 阿拉比尼
Arhiba, 阿西巴
Arhiba Massacre, 阿西巴惨案
Arta, 阿尔塔
Arusha, 阿鲁沙
Aruusi, Abdillaahi, 阿布迪拉希・阿鲁西
Asharaf, 阿斯拉夫
Assab, 阿萨布
Assagueila, 阿萨格拉
Association Adagio, 阿达娇协会
Atiya, 阿提亚
Atto, Osman Ali, 奥斯曼・阿里・奥托
Aux Etats Unis d'Afrique,《非洲合众国》
Awaleh, Aden Robleh, 亚丁・罗布勒・阿瓦勒
Aweys, Hassan Dahir, 哈桑・达赫尔・阿维斯
Awrtable, 阿维塔布（部落）
Awsa, 阿乌萨苏丹国
Ayro, Adan Hashi, 阿丹・哈什・阿伊罗

Baadon, 巴登乐队

Bah Gari, 巴加里（部落）
Baidoa, 拜多阿
Bakool, 巴考尔
Bakr, Ahmad Abu, 艾哈迈德·阿布·巴克尔
Bakr, Sharif Abu, 阿布·巴克尔
Bal'ad, 巴拉德
Balbala, 《巴拉巴拉》
Balho-mekhele, 巴尔列－梅凯尔勒
Bali, 巴里
Bantu, 班图人
Baraawe, 巴拉维
Barbars, 巴博斯
Bardale, 巴尔达尔
Bardera, 巴尔代雷
Barghash, 巴尔哈什
Barkhadle, Aw, 阿瓦·巴哈迪尔
Barre, Abdirahman Jama, 阿布迪拉赫曼·贾马·巴雷
Barre, Mohamed Siad, 穆罕默德·西亚德·巴雷
Battle of Adowa, 阿杜瓦战役
Beach Hotel, 海滩酒店
Beel, 比尔，为氏族或社团之意
Belet-Wayn, 贝莱特－韦恩
Benadir Coast, 贝纳迪尔海岸
Bequina, 贝奎那
Berber, 柏柏尔人
Berbera, 柏培拉
Berlin Conference, 柏林会议
Bes, 比斯神
Bevin, Ernest, 欧内斯特·贝文
Bianchi, Gustavo, 古斯塔沃·比安奇
Bimal, 比玛尔（部落）
Biyamaal, 比亚马尔（部落）
Bogoreh, Aicha, 艾莎·柏古赫
Boni, Abdi Hassan, 阿布迪·哈桑·包尼
Boosaaso, 博萨索
Borama, 博拉马
Borrel, Bernard, 伯纳德·博雷尔
Bourgeaud, Gilbert, 吉尔伯特·布尔热
Bourhan, Ali Aref, 阿里·阿里夫·布尔汗
Bradbury, Mark, 马克·布拉德伯里
Brava, 布拉瓦
British Military Administration, 英国军事当局
Burao, 布劳
Burton, Richard Francis, R. F. 伯顿

Caambi, 卡阿比
Cahier nomade, 《游牧之书》
Calan Cas, 克兰·克斯
Caletti, 卡勒蒂
Camp Lemonie, 雷蒙尼尔基地
Cape Gwardafui, 瓜达富伊角
Caulfield, Richard, 理查德·考菲尔德
Cavaliere Ufficiale, 共和国骑士勋章
Cecchi, Antonio, 安东尼奥·切基
Champions for Peace and Prosperity, 和平与繁荣捍卫者组织，简称 Hormood
Chebani, Haribon, 哈利本·车巴尼
Cheikh, Mustapha Said, 穆斯塔法·赛义德·谢赫
Cheikh, Said Mohamed, 赛义德·穆罕默德·谢赫
Choa, 绍阿王国

Christopher, William, 威廉・克里斯托弗
Churchill, Winston, 温斯顿・丘吉尔
clan cleaning, 部族清洗
Collectivite Territoriale, 集体领地
Colonial Corporation, 殖民地总公司
"Colonial Development and Welfare Bill",《殖民地发展与福利法案》
Comoran Union for Progress, 科摩罗进步联盟
Comoros Democratic Union, 科摩罗民主联盟，又称为绿党（Green Party）
Corpo di Polizia della Somalia, 索马里警察力量
Côte Française des Somalis（CFS）, 法属索马里海岸
crash Program, 突击计划
Cruttenden, 克鲁特登
CTF-151,（多国联合部队）151 联合特遣队
Cushitic, 库希特语

da Gama, Dom Christoval, 克里斯托弗・达・伽马
Dakka, 达克卡
Dakkar, 达卡尔
Dalha, 达尔哈
Danakil, 丹纳吉尔，丹纳吉尔人
Daoud, Ali Mohamed, 阿里・穆罕默德・达乌德
Dara, 戴拉
Daraawiish, 德尔维什准军事组织
Darod, 达鲁德（部落）
Dawaleh, Youssouf Moussa, 优素福・穆萨・达瓦勒赫
Dawaro, 达瓦罗
De Bono, Emilio, 艾米立欧・德・波诺
de Gaulle, Charles, 夏尔・戴高乐
De Martino, 德马迪诺
de Sepúvelda, João, 若昂・德・沙普华达
De Vecchi, 德・韦基
décentralization, 分权
Decken, Carl Von Der, 卡尔・冯・德・戴肯
Deir el-Bahri, 德巴哈里神庙
Democratic Assembly of the Comoran People, 科摩罗人民民主大会，又称白党（White Party）
Democratic Front, 民主阵线
Democratic Union, 民主联盟
Democration Front for the Salvation of Somalia, 拯救索马里民主阵线
Denard, Bob, 鲍勃・德纳尔
Department of Refugée Affairs, 难民事务部
Depretis, Agostino, 阿戈斯蒂诺・德普雷蒂斯
Dericul, Rochelle, 罗歇・戴里库尔
Dervish, 德尔维什
Deshiishe, 德士舍（部落）
Deval, Denis, 德尼・德里瓦尔
Dharoor Valley, 杜哈罗河谷
Dhoinine, Ikililou, 基利卢・杜瓦尼纳
Dhulbahante, 杜尔巴汉特（部落）
Digil, 迪吉尔（部落）
Dini, Ahmed, 艾哈迈德・迪尼
Dinkara, 丁卡拉
Dir, 迪尔（部落）
Dire Dawa, 德雷达瓦

Divine Truth, 神圣真理
Djibouti, 吉布提
Djibouti Party for Development (DPD), 吉布提发展党
Djibouti process 2008—2009, 吉布提进程 2008—2009
Djibouti Union for Democracy and Justice (DUDJ), 吉布提争取民主和正义联盟
Djohar, Mohamed Said, 穆罕默德·赛义德·乔哈尔
Djohar, Said Mohamed, 赛义德·穆罕默德·乔哈尔
Dohare, 多哈雷港
Donbira, 当比拉
Dubai World, 迪拜世界港
Dulmadobe, 杜尔马多贝
Durogba, Sheik Ali Maye, 阿里·梅伊
Dzaoudzi, 藻德济

Eebbe, 艾比
Egal, Mohamed Ibrahim, 穆罕默德·易卜拉欣·埃加勒
Elaayo, 艾拉尤
Elabe, Mohamed Djama, 穆罕默德·德贾玛·伊拉贝
Eldoret, 埃尔多雷特
Election Monitoring Board, 选举监督委员会
Eliot, Charles, 查尔斯·埃利奥特
Elmi, Mohamed Hashi, 穆罕默德·哈什·艾尔米
Enclave Economy, 飞地经济
Eratosthenes, 埃拉托色尼
Eritrea, 厄立特里亚
Erythraean Sea, 厄立特里亚海
Ethio-Sabaean, 埃塞俄比亚－赛伯伊风格
Ethiopia-Eritrea War, 埃塞俄比亚－厄立特里亚战争
Ethiopian Somaliland, 埃属索马里
EU NAVFOR Somalia Operation Atalanta, 欧盟海军索马里亚特兰大行动

Faduma, 法度玛
Farah, Daher Ahmed, 达赫尔·艾哈迈德·法拉赫
Farah, Moumin Bahdon, 穆米勒·巴赫敦·法拉赫
Farole, Abdirahman, 阿布迪拉西·法罗里
Fath al-Habasha, 征服阿比西尼亚
Fazel, Abdullah, 阿卜杜拉·菲兹勒
Federzoni, Luigi, 路易吉·费德佐尼
Filonardi, 菲洛纳尔迪（公司）
Filornardi, Vincenzo, 文森佐·菲洛尔纳迪
Fisher, Gerald, 杰拉尔德·费希尔
Fornari, 福尔纳里
"Framework Accord for Reconciliation in Comoros", 《科摩罗和解框架协议》
Free France, 自由法国
Free House, 自由之家
Front de la Résistance Patriotique de Djibouti the (FRPD), 吉布提爱国反抗阵线
Front de Libération de Djibouti (FDLD),

吉布提争取解放民主阵线
Front de Libération de la Côte Somalie (FLCS), 索马里海岸解放阵线
Front for Restoration of Unity and Democracy, 恢复统一和民主阵线
Front Patriotique, 爱国阵线
Front Populaire pour le Restauration du Loi et de l'Equalite the (FRDE), 恢复法制和平等人民阵线
Front pour la Restauration de l'Unite et de la Démocratie, the (FRUD), 恢复联合和民主阵线

Gaalka'yo, 盖拉卡尤
Gabiley, 加比雷
Gabio, Adan, 阿丹・加比奥
Gabroon, 加布朗
Gadabusi, 加达布赫斯人
Gadabuursi, 戈达布斯（部落）
Galad, Ali Khalif, 阿里・哈里发・盖莱德
Garen Dynasty, 盖伦王朝
Garib, Jama Abdila, 贾马・阿布迪拉・加里布
Garowe, 加洛韦
Gasar Gudda, 加萨尔・古达（部落）
Gedo, 盖多州
Geedi, Ali, 阿里・基迪
Geele, Ismail Omar, 伊斯梅尔・奥马尔・盖莱
Geledi, 吉勒迪（部落）
Geledi Sultanate, 吉立迪苏丹国
Gelib, 杰利布
Général Germain, 热尔曼将军
Général Le Jean Dieme, 勒・让・缔约姆将军
Geography, 《地理》
Geury, Jean, 让・乔里
Ghazi, Imam Ahmad ibn Ibrahim al, 伊玛目・艾哈迈德・伊本・易卜拉欣・加齐
Global Partnership for Education, 国际非政府组织"全球教育伙伴关系"
Goba'ad, 高巴德，高巴德苏丹国
Godane, Ahmad Abdi, 艾哈迈德・阿布迪・戈丹内
Gode, 戈德
Golaha Guurtida, 长老院
Golaha Wakiillada, 下议院
Golis, 戈利斯山脉
Gorrahei, 高拉赫伊
Gourat, Barkad, 巴卡德・古拉特
Gouverneur DuPont, 总督杜邦
Governing Council, 管理委员会
Great Somalia, 大索马里
Grechko, Andrei, 安德烈・格列奇科
Guban Plain, 古班平原
Guelleh, Ismaïl Omar, 伊斯梅尔・奥马尔・盖莱
Gulaid, Ahmaed Mohamed, 艾哈迈德・穆罕默德・古莱德
Guled, Sheik Muhammad, 穆罕默德・古利德
Gulf of Aden, 亚丁湾
Gurey, 格雷（即左撇子）

Habar Awal, 哈巴尔・阿瓦勒（部落）
Habar Gidir, 哈布尔・吉迪尔（部落）
Habar Tol Jalo, 哈巴尔・托尔・加洛(部

落）
Habar Yunis, 哈巴尔·尤尼斯（部落）
Hachim, Said, 赛义德·海齐姆
Hadramaut, 哈德拉毛
Hadya, 哈德亚
Hafun, 哈丰
Halane, 哈兰
Hamadou, Barkad Gourad 巴尔卡特·古拉特·哈马杜
Haqq ad-Din Ⅰ, 哈克丁一世
Haradere, 哈拉尔德
Harar, 哈勒尔
Harbi, Mahamoud Farah, 马哈茂德·法拉赫·哈比
Hargeisa, 哈尔格萨
Hargeysa Group, 哈尔格萨自助小组
Hasan, Sayyid Muammad Abd Allāh, 赛义德·穆罕默德·阿卜杜拉·哈桑
Hassan, Abdulqassim Sald, 阿卜杜勒卡西姆·萨拉特·哈桑
Hathor, 哈托尔
Haud, 豪德高原
Hausa, 豪萨
Hawiye, 哈维耶（部落）
Hersi, Mohamoud Mussa, 默罕穆德·穆萨·赫尔斯
Hertz, 赫尔兹
Hiltir, Au, 圣徒赫勒提
Hmyr Kindom, 希木叶尔王国
Hobyo, 霍比亚
Horn of Africa, 非洲之角
Horoneh，霍罗纳（部落）
Howe, 豪
Humphrey, Hubert Horatio, 休伯特·霍拉蒂奥·汉弗莱
Hunt, J.A., 亨特
Hussein, Abdirizak Haji, 阿布迪扎克·哈吉·侯赛因

Ibn Ahmed, Sheikh Ishaq, 艾哈迈德
Ibn al-Fasi, Sayyid Ahmad, 赛义德·艾哈迈德·伊本·法西
Ibn Mohammed, Hamed, 哈迈德·本·默罕默德
Ibn Zabair, Abdullahi, 扎拜尔
Ibrahim, Mohamed, 穆哈麦德·埃布拉希姆
Iconi, 伊科尼
Ifat, 伊法特，伊法特王国
IGAD Multi-Donor Trust Fund, 多边捐助方信托基金
Iidagalle, 伊达盖拉（部落）
Iise Mussa, 伊赛·穆萨（部落）
Ijara, 征税
Illegal, Unreported, Unregulated, 不合法、不报道、不管制
Illig, 伊利格
Imi, 伊米
Independent National Electoral Commission, 全国独立选举委员会
Indian Ocean Commission, 印度洋委员会
“Initiative Nationale pour le Développement Social”, “社会发展国家倡议”
Inter-Governmental Authority on Development, IGAD, 东非政府间发展组织（又称“伊加特”）
International Cooperative Administration,

国际合作总署
Isaaq, 伊萨克（部落）
Isaq, 伊萨克人
Ise, Abd ar-Rahman Ali, 阿卜德·拉赫曼·阿里·伊萨
Isimo, 伊兹莫（对长老的尊称）
Islamic Association, 伊斯兰协会
Islamic Party, 伊斯兰党
Islamic Union, 伊斯兰联盟
Ismael, Ahmed, 艾哈迈德·伊斯梅尔
Ismail, Khedive, 赫迪夫·伊斯梅尔
Isman, Adan Abdulle, 阿丹·阿卜杜勒·欧斯曼
Issa, 伊萨（部落），伊萨人
Issa, Abdillahi, 阿卜杜拉希·伊萨
Issa, Sheikh, 谢赫·伊萨
Itsandra Beach, 伊特桑德拉海滩

Jalal, Muse, 缪斯·加拉勒
Jama, Jama Ali, 加玛·阿里·加玛
Jama'a, 教团组织
Jess, Omar, 奥马尔·杰斯
Jidabale, 吉德巴里
Jigjiga, 吉格吉加
Jihad, 圣战
Jiidali, 吉达利
Jowhar, 乔哈尔镇
Juba River, 朱巴河
Jubbaland, 朱巴兰地区
Jumiya, 爱国福利联盟
Justice and Welfare Party (UCID), 正义福利党
Juwa Party, 朱玛党

Kaahin, Daahir Rayaale, 达希尔·拉亚乐·卡辛
Kahin, Mohamed Moussa, 穆罕默德·穆萨·卡辛
Kamil, Abdallah, 阿卜杜拉·卡米勒
Kaund, Kenneth, 卡翁达
Kay, Nicholas, 尼古拉斯·凯
Keenadiid, 肯纳迪
Kemal, Said Ali, 赛义德·阿里·凯末尔
Kenadid, Isman Yusuf, 伊斯曼·优素福·克纳迪德
Kenyatta, Jomo, 乔莫·肯雅塔
Kharsi, Mohamed Siad, 穆罕默德·西亚德·哈尔西
Khartoum, 喀土穆
Khorshel, Jaama Ali, 贾马·阿里·霍舍尔
Kifle, Ougouru, 乌古鲁·吉福勒
Kilwa, 基卢瓦
Kinshasa, 金沙萨
Kinzelbach, Gottlob, 格特罗普·金策尔巴赫
Kirrit, 基里特
Kismaayo, 基斯马尤
Kiswahili, 斯瓦希里语
Kob Fardod, 科布法多德
Kolonya, 科洛尼亚
Kontinentalpolitik, 大陆政策

l'Action pour la revision de l'ordre à Djibouti (AROD), 吉布提恢复秩序行动党
L'œil nomade, 《游牧之眼》
Laas Geel, 拉斯·吉尔

Lagarde, Léonce, 莱翁斯・拉加尔德
Lahej, 拉赫吉
Lake Assal, 阿萨勒盐湖
Lambert, Henry, 亨利・朗贝尔
Lamu, 拉木岛
Land of Punt, 蓬特之地
Las Khorey, 拉斯・赫雷
Le Pays Sans Ombre, 《无影之国》
Lee, Abdallah, 阿卜杜拉・李
Legislative Assembly, 立法议会
Lennox-Boyd, Alan, 阿兰・伦诺克斯-博伊德
Les Nomades, mes frères vont boire à, la Grande Ourse, 《我的游牧兄弟用瓢饮酒》
Leylkase, 雷卡斯（部落）
Liban, Mohammed Awale, 利班
Ligue Populaire Africaine pour l'Indépendance (LPAI), 非洲人民争取独立联盟
"London Agreement", 《伦敦协定》
Lootah Group, 迪拜路特集团公司

Maay, 马阿伊
Mabala, 马班拉
Madar, 马达尔
Madi, Hamada, 哈马达・马迪
Mahaa, 马哈阿
Mahammad, Aw Gaas 阿加斯・穆罕默德
Mahamuud, Ismaan, 伊斯曼・穆罕默德
Mahamuud Saleebaan, 穆罕默德・萨勒班（部落）
Mahdi Uprising, 马赫迪起义
Mahfuz, 马赫福兹
Majeerteen, 米朱提因（部落）
Makhzumi Dynasty, 马克祖米王朝
Malindi, 马林迪
Mamassan, 美玛桑（部落）
Mancini, Pasquale, 帕斯夸莱・曼奇尼
Mandera Prison, 曼德拉监狱
Marehan, 马雷汉（部落）
Mariam, Mengistu Haile, 门格斯图・海尔・马里亚姆
Masjid al-Qiblatayn, 齐卜海亚清真寺
Massawa, 马萨瓦
MasterCard, 万事达借记卡
Mayotte Popular Movement, 马约特人民运动
Mbagathi, 穆巴嘎斯
Mecca, 麦加
Meit, 梅伊特
Menelik Ⅱ, 孟尼利克二世
Merca, 马尔卡
Mercatelli, 梅卡特利（总督）
Merina, 梅里纳人
Merka, 梅尔卡
Mijerteinia, 米朱提尼亚州
Milner, 米尔纳（勋爵）
Mirashi, 米拉西
Mire, Ismaa'iil, 伊斯玛仪・米热
Mogadishu, 摩加迪沙
Mohamed, Abdoulkader Kamil, 阿卜杜勒卡德尔・卡米勒・穆罕默德
Mohamed, Mohamed Abdullahi, 穆罕默德・阿卜杜拉希・穆罕默德
Mohamed, Mohamed Ali, 穆罕默德・阿里・穆罕默德
Mohamud, Hassan Sheikh, 哈桑・谢赫・马

赫茂德
Moi, Daniel Arap, 丹尼尔·阿拉普·莫伊
Moisson de crânes, 《头骨的收获》
Moissy, （革命民兵）莫伊斯
Moresby, 莫尔斯比（船长）
Morgan, 摩根
moudirias, 穆迪利亚斯（人民公社）
Mouloud, 穆鲁德
Mouvement de Libération de Djibouti (MLD), 吉布提解放运动
Mouvement Diboutien Pour l'Instauration de la Démocratie (MNDID), 吉布提恢复民主运动
Mouvement Populaire de Libération (MPL), 人民解放运动
Mouvement pour l'Unité et la Démocratie, MUD , 统一与民主运动
Mouvement pour La Paix et la Reconciliation, 和平与和解运动
Movement for Democratic Renewal and Development (MDRD), 民主革新和发展运动
Muhammad, Al-Nasir, 纳希尔
Muhammad, Uways, 乌维斯·穆罕默德
Mukha, 穆哈
Murad Ⅳ, 穆拉德四世
Muscat, 马斯喀特
Mussolini, 墨索里尼
Musyoka, Kalonzo, 卡隆佐·穆西约卡
Mutsamudu, 穆萨穆杜
Muzaffar, 穆扎法尔（王朝）

Na'ibs, 纳伊比
Nabataeans, 纳巴泰王国
Nad, Au, 圣徒纳德
National Commission for the Prevention and Fight Against Corruption, 全国预防和打击腐败委员会
National Committee for Public Salvation, 国家公共救助委员会
National Demobilisation Commission of Somaliland, “索马里兰国家”复员委员会
National Electoral Commission (NEC), 全国选举委员会
National Eligibility Commission, 国家资格审查委员会
National Liberation Movement of Comoros, 科摩罗民族解放运动
National Mobilization Law, 《国家动员法》
National Organising Council for Somalia, 索马里民族组织委员会
National Salvation Council, 索马里拯救阵线
Negus Yeshaaq, 耶萨克国王
Northern Frontier District, 北部边疆区
Nuerta, Pierre, 皮埃尔·努埃勒塔
Nugaal Valley, 努加尔河谷
Nur, Hasan, 哈桑·努尔

Oakley, Robert, 罗伯特·奥克利
Obbia, 奥比亚
Obock, 奥博克
Ogadēn, 欧加登（部落），欧加登
Ogo, 奥戈山脉
Omar, Haji Farah, 哈吉·法拉赫·奥马尔

Omo-Tana, 奥莫－塔纳语
On the Erythraean Sea,《论厄立特里亚海》
Operation Atatlanta, 阿塔兰特行动
Operation Ocean Shield, 海洋盾牌行动
Operation Restore Hope, 恢复希望行动
Order of the Colonial Star, 殖民星章
Oromo, 奥罗莫人，奥罗莫语
Oromo Liberation Front, 奥莫罗解放阵线
Osmaniya, 奥斯曼尼亚文

Pan-Somali, 泛索马里意识
Parahu, 帕拉胡
Parti de Renouveau Démocratique (PRD), 民主革新党
Parti National Démocratique, 全国民主党
Parti Populaire Djibouti (PPD), 吉布提人民党
Party for the Evolution of Comoros, 联盟科摩罗进步党
Passage des larmes,《流泪》
"Peace Treaty of Paris",《巴黎和约》
People's Rally for Progress, 争取进步人民联盟
Pestalozza, 佩斯塔洛扎
Peters, Karl, 卡尔·彼得斯
Petrov, Vasily Ivanovic, 瓦西里·伊万诺维奇·彼得罗夫
Philip, Louis, 路易·菲利普
Pount, 蓬特人
Private Education Network in Somalia, 索马里民办教育网络
Ptolemais Theron, 托勒密·塞隆
Punt, 蓬特国
Puntland, 邦特兰，"邦特兰国"
Puntland People's Party (UDAD), 邦特兰人民党

Qaad, 卡特
Qadiriiya, 卡迪尔教团
Qallaafo, 卡拉法
Qorahay, 科拉哈伊

Rabeh, Omar Osman, 奥马尔·奥斯曼·拉比赫
Rahaita, 腊黑塔苏丹国
Rahanwein, 拉汉文（部落）
Randa, 兰达
Ras Doumeira, 拉斯·杜梅拉
Red Sea, 红海
Rees, Gerald, 杰拉尔德·里斯
Republican Alliance for Democracy (RAD), 民主共和联盟
Reunion, 留尼汪岛
Reynal, 雷纳尔
Rifa'iyya, 里法伊教团
Rift, routes, rails,《裂谷，道路，铁轨》
Riveri, Carlo, 卡洛里·维里
Robleh, Moussa Bouraleh, 穆萨·布拉赫·罗布勒
Rodrigues, 罗德里格斯岛
Roosevelt, 罗斯福
Rudolf Lake, 鲁道夫湖

Sa'ad ad-Din Ⅱ，萨德丁二世
Saad Musa, 萨德·穆萨（部落）

Saar, 萨尔舞
Sab, 萨卜，萨卜人
Sabr ad-Din Ⅰ，萨卜里丁一世
Sabr ad-Din Ⅱ，萨卜里丁二世
Sadler, Hayes, 哈耶斯·萨德勒
Safari Park Declaration,《萨法伊公园宣言》
Sahnoun, Muhammad, 穆罕默德·萨赫农
Saho, 萨霍语
Sahure, 萨胡尔
Sakalava, 萨卡拉瓦人
Saleh Group, 萨里希派
Saleh, Said Mohammed, 赛义德·穆罕默德·萨里希
Salihiyya, 萨里希教团
Salisbury, 索尔兹伯里
Samaale, 萨玛勒，萨玛勒人
Samaale, Irir, 伊里尔·萨玛勒
Samantar, Mohammed Ali, 穆罕默德·阿里·萨曼塔
Samatar, Said 赛义德·萨马塔尔
Saraman, 萨拉曼（部落）
Sayyid, 赛义德
Seed, Timiro, 蒂米罗·希德
Selassie, Sanlai, 桑来·塞拉西
self-help program, 自助计划
Seyla, Abd ar-Rahman, I, 阿卜杜·拉赫曼·赛拉伊
Shanshiya, 珊辛亚（部落）
Shari'a Implementation Council, 沙里亚执行委员会
Sharif, 谢里夫
Sharmarke, Omar Abdirashid Ali, 奥马尔·阿卜迪拉希德·阿里·舍马克
Sharqa, 萨尔卡
Sheba Kindom, 萨巴王国
Shebeli River, 谢贝利河
Sheekh Conference, 谢赫会议
Sheikh, 谢赫
Shimbiris, 桑比勒斯山
Shingani, 辛佳尼
Shirawi, 希拉维
Shirdon, Abdi Farah, 阿布迪·法拉赫·希尔顿
Shirweynaha Beelaha Waqooyi, 北方人民大会
Showa, 索瓦
Sinclair Oil Corporation, 辛克莱石油公司
Social Democratic People's Party the (SDPP), 社会民主联盟党
Socialist Objective Party, 社会主义目标党
Socialist Party of Comoros, 科摩罗社会党
Societa Agricola Italo-Somala, 意索农业公司
Société Commerciale France-Ethiopie, 法国－埃塞俄比亚贸易公司
Société Obock France, 奥博克法国公司
Sodere, 索德雷
Soilih, Ali, 阿里·萨利赫
Solomonid Dynasty, 所罗门王朝
Somali, 索马里人
Somali Democratic Association, 索马里民主联盟

Somali Democratic Republic, 索马里民主共和国

Somali Islam Association, 索马里伊斯兰教协会

Somali Money Transfer Association, 索马里货币转移协会

Somali National Academy of Arts, Sciences and Literature, 索马里国家艺术、科学和文学研究院

Somali National Alliance, 索马里民族联盟

Somali National Consultative Constitutional Conference, 索马里全国协商制宪会议

Somali National Movement, 索马里民族运动

Somali Officials Union, 索马里公务员联盟

Somali Patriotic Movement, 索马里爱国运动

Somali Republic, 索马里共和国

Somali Restoration and Reconciliation Council, 索马里恢复与和解委员会

Somali Salvation Democratic Front, 索马里救国民主阵线

Somali Salvation Front, 索马里救国阵线

Somali Socialist Revolutionary Party, 索马里革命社会主义党

Somali Youth Club, 索马里青年俱乐部

Somali Youth League, 索马里青年联盟

Somaliland Alliance for Islamic Democracy (SAHAN), 索马里兰伊斯兰民主联盟

Somaliland National Party, 索马里兰国民党，又称瓦达尼（Waddani）

Somaliland National Society, 索马里民族协会

Souli, Andrian, 安德里安・苏利

Speke, 斯皮克

Stephen, David, 戴维・斯蒂芬

Strangio, Donatella, 唐纳泰拉・斯特兰吉奥

Stroyan, 斯特罗杨

Suakin, 萨瓦金

Suez Canal, 苏伊士运河

Sulṭān Barakat 'UmarDīn, 苏丹巴拉卡特

Sultan of Zanzibar, 桑给巴尔苏丹

Sultanate of Oman, 阿曼苏丹国

Sultanate of Zanzibar, 桑给巴尔苏丹国

Supreme Council of Islamic Courts of Somalia, 索马里伊斯兰法庭最高委员会

Supreme Revolutionary Council, 最高革命委员会

Swain, 斯韦恩

Syad, Willam, 威廉・赛亚德

Tadjidine, 塔基丁

Tadjoura, 塔朱拉

Taleeh, 塔勒赫

Tālib, Akīl ibn Abī, 阿吉尔

Talib, Aqeel ibn Abi, 阿基尔・本・阿比・塔利卜

Tanganyika, 坦噶尼喀

Tarmidi, Bainrifi, 拜礼斐・塔米德

Tenneco Oil, 天纳克石油公司

Territoire Français des Afairs et des Issas (TFAI), 法属阿法尔和伊萨领地

The African Union Mission to Somalia (AMISOM), 非盟驻索马里特派团
The Bambao Company, 巴姆堡公司
The Centre International des Civilizations Bantus, 班图国际文明中心
The Cult of Saint, 圣徒崇拜
The Federal Islamic Republic of the Comoros, 科摩罗伊斯兰联邦共和国
The Garowe Principles, 加洛韦原则
"The Helgoland-Zanzibar Treaty",《赫尔戈兰－桑给巴尔条约》
The High Commissioner's Global Initiative on Somali Refugees (GISR), 索马里难民全球倡议
the patriotic contribution, 爱国贡献
The Periplus of the Erythrean Sea,《厄立特里亚航海记》
The Poverty Reduction Strategy, 减贫战略
The Rahanweyn Resistance Army, 拉汉文抵抗军
The Tokyo International Conference of Africa Development, 非洲发展东京国际会议
The Unified Task Force, 联合国特遣部队
The United Nations Assistance Mission in Somalia, 联合国索马里援助团
tibe, 提伯
Toumal, 图马勒人
Toybou, Moussa, 穆萨・托伊布
Transit,《过境》
Transitional Federal Charter,《过渡联邦宪章》
Transitional Federal Government, 过渡联邦政府
Transitional National Government, 过渡国民政府
Transitional Puntland Electoral Commission, 邦特兰过渡选举委员会
Tuur, 图尔

Ugaz, 乌加兹
Umani, 乌玛尼（部落）
UNCTAD, 联合国贸易和发展会议
Union des Mouvements Démocratie (UMD), 民主运动联盟
Union du Progrès Populaire (UPP), 人民进步联盟
Union for a Democratic Republic in Comoros, 科摩罗民族共和国联盟
Union for the Development of the Comoros, 科摩罗发展联盟
Union for the Presidential Majority, 总统多数联盟
Union Nationale des Femmes Djiboutiennes (UNFD), 吉布提妇女全国联盟
Union Nationale Pour l'Indépendance (UNI), 全国独立联盟
Union of Comorans, 科摩罗联盟
United Democratic People's Party, 统一民主人民党
United National Front, 民族联合阵线
United Nations Operation Ⅰ, 第一期联合国索马里行动
United Party, 统一党，简称 Kulmiye
United Somali Congress, 联合索马里大

会党

United Somali Front, 统一索马里阵线

United Somali Party, 统一索马里党

Unity of Islamic Youth Union, 伊斯兰青年联盟

Villagio Duca Degli Abruzzi, 阿布鲁齐公爵村

Vision 2016, 2016 年愿景

Vision Djibouti 2035, 吉布提 2035 愿景

Waaq, 瓦克

Waberi, Abdourahman, 阿卜杜拉赫曼·瓦贝里

Wadaad, 瓦达德

Wadadeed, Hassan Adan, 哈桑·阿丹·瓦迪德

Walashma, 瓦拉什玛王朝

WalWal, 瓦尔瓦尔

Wardeer, 沃德尔

Warsangeli, 沃桑杰利（部落）

Western Somali Liberation Front, 西部索马里解放阵线

Western Somaliland, 西索马里兰

Westpha, Mike, 迈克·韦斯特法尔

Wituland, 维图

Wohlde, 沃尔德

Yades Ababa Djibouti Railway, 亚吉铁路

Yalahow, Muse Soodi, 穆塞·苏迪·亚拉豪

Yasu, Lij, 里吉·雅苏亲王

Yeshaq, 耶萨克

Yusuf, Abdillahi, 阿卜杜拉希·优素福

Zabid, 扎比德城

Zanj, 僧祇

Zanzibar, 桑给巴尔

Zār, 扎尔（天神）

Zeila, 泽拉

Zinc Palm Hotel, 锌棕榈酒店

后 记

本书是王铁铮教授作为首席专家主持的国家社科基金重大项目八卷本《非洲阿拉伯国家通史研究》之子项目《非洲阿拉伯国家通史·索马里、吉布提和科摩罗史》的最终成果。本卷由李福泉（西北大学中东研究所教授）和闫伟（西北大学中东研究所教授）等撰写，李福泉统稿，全书最后由王铁铮教授审定。

具体撰稿分工：

绪论：闫伟　李福泉（闫伟撰写索马里和吉布提；李福泉撰写科摩罗）；

第一、二章——闫伟；

第三、四、五章——张燕军（西安外国语大学国际关系学院副教授）；

第六、七章——陈利宽（延安大学历史文化学院历史学博士）；

第八章一、四节——李福泉；

二、三、五节——陈丽蓉（长安大学马克思主义学院讲师）；

第九章——李竞强（洛阳师范学院历史文化学院历史学博士）；

第十章——李福泉。

图书在版编目（CIP）数据

非洲阿拉伯国家通史：全 8 种 / 王铁铮主编 . —北京：商务印书馆，2023（2024.4 重印）
ISBN 978-7-100-21910-5

Ⅰ. ①非… Ⅱ. ①王… Ⅲ. ①阿拉伯国家—历史—非洲 Ⅳ. ① K370.0

中国版本图书馆 CIP 数据核字（2022）第 241189 号

非洲阿拉伯国家通史

（全八种）

王铁铮　主编

商　务　印　书　馆　出　版

（北京王府井大街 36 号　邮政编码 100710）

商　务　印　书　馆　发　行

北京捷迅佳彩印刷有限公司印刷

ISBN 978 - 7 - 100 - 21910 - 5

2023 年 3 月第 1 版　　开本 710 × 1000　1/16

2024 年 4 月北京第 2 次印刷　　印张 237¼

定价：1580.00 元